生态文明时代的主流文化——中国生态文化体系研究

Mainstream Culture of Ecological Civilization Era
the Study of Chinese Eco-Culture System

华夏古村镇生态文化

纪 实

Ecological Culture Record of
Chinese Old Village and Town

【上卷】

江泽慧◎主编

人民出版社

责任编辑：杨美艳　翟金明

封面设计：林芝玉

版式设计：庞亚如

图书在版编目（CIP）数据

华夏古村镇生态文化纪实／江泽慧　主编 . —北京：人民出版社，2019.1

ISBN 978－7－01－019803－3

I.①华… II.①江… III.①乡镇－介绍－中国 IV.① K928.5

中国版本图书馆 CIP 数据核字（2018）第 217559 号

华夏古村镇生态文化纪实

HUAXIA GUCUNZHEN SHENGTAI WENHUA JISHI

江泽慧　主编

人 民 出 版 社 出版发行

（100706　北京市东城区隆福寺街 99 号）

北京新华印刷有限公司印刷　新华书店经销

2019 年 1 月第 1 版　2019 年 1 月北京第 1 次印刷

开本：880 毫米 ×1230 毫米 1/16　印张：62.25

字数：966 千字

ISBN 978－7－01－019803－3　定价：298.00 元（上、下卷）

邮购地址 100706　北京市东城区隆福寺街 99 号

人民东方图书销售中心　电话（010）65250042　65289539

主　编　江泽慧

撰稿人

绪　论　汪绚

第一编

一、单霁翔　二、李季

第二编

第一章

一、吴江海　二、陆辉　三、吴江海　四、胡一民　蔡登谷

五、吴江海　六、吴江海　七、张敬波　八、陆辉　九、谢根义

十、舒寒冰　十一、刘江静　十二、张绍斌　十三、林明海

十四、余辉　十五、刘小虎

第二章

一、任重　二、任重　三、王延隆　四、许利群

五、李红娥　苏文　六、李洋　七、王丹俊

八、胡张佳慧　九、陈仪　薛群慧　十、任重　冯博杰

十一、江丹　任重　十二、李锦威　十三、余乐　张扬南

十四、朱新法　庹祖权　十五、吴雪春　十六、郭宋

十七、郭宋　十八、郭宋　十九、郭宋　二十、郭宋

第三章

一、迟晓旭　二、赵淑贤　三、杨俊平　赵素贤

四、乔云　迟晓旭

第四章

一、卡若区林业局　二、芒康县林业局　三、洛桑仁青

第五章

一、余戈壁　李娜　刘翔　二、蔡立新　李娜　刘琨

三、蔡立新　李娜　刘琨

第六章

一、刘丽艳 那雪霞 二、刘丽艳 闫丽巍

三、刘丽艳 高蕊 于长超 四、郭华强

五、陈丽微 刘琨 栾先福

第七章

一、才姝娟 刘忠 二、陈雯雯 李明 三、才姝娟 刘忠

四、陈雯雯 王娟 五、陈雯雯 李晓玲 六、孙阁

七、李振勇 八、孙闯 刘丽娟 九、范明祥 十、韩朝晖

十一、王志强 韩朝晖 十二、韩朝晖 王志强

十三、翟洪武 杨振宇 十四、翟洪武 十五、翟洪武

十六、翟洪武

第八章

一、李会军 二、牛群 连飞鹏 三、李平民 赵侠

四、李平民 赵侠 五、李平民 赵侠 六、李平民 赵侠

七、李平民 赵侠 八、石宇清 九、于清海 兰全江

十、李明昆 十一、张虎 曹小龙 十二、南娅 十三、刘启舒

第九章

一、甘霖 二、胡平和 程建春 三、谭良耀 高绪伟 刘清华

四、晏绍良 雷仲才 五、熊心春 胡平和 程建春

六、湖南省林业厅 七、湖南省林业厅 八、蔡登谷

九、熊静 韩胜 十、熊静 韩胜

十一、熊静 张璐 十二、韩胜 张璐

十三、梁全康 十四、韩胜 张璐

第十章

一、谢陶 二、重庆生态文化协会 三、重庆生态文化协会

四、汪茂文 五、刘家奇

第十一章

一、文明 二、林光辉 三、虎亮 四、和灿林

五、李维锦 林光辉 六、李维锦 林光辉 七、杨金晶

八、曾子玉天 九、张庆留 十、林光辉

第十二章

一、员宁珠　二、员宁珠　三、员宁珠　四、员宁珠　五、员宁珠

六、郭平生　吴世良　七、郭平生　吴世良　阳晶晶

八、骆卫坚　黄应锋　九、黄应锋

十、海南省琼中黎族苗族自治县红毛镇政府宣传部

第十三章

一、庄慧萍　二、傅凯峰　纪小菁　三、程沛森　四、沈　闪

第三编

一、汪绚　二、汪绚　三、汪绚　李楠　四、汪绚

五、汪绚　李楠　六、汪绚　李楠　七、汪绚　李楠

八、尹发权　张一栗　九、陈幸良　十、汪绚　孙雯　李楠

十一、洪崇恩　陶康华　周国祺　李鸿波

十二、汪绚　孙雯　李楠

统稿专家　汪　绚　尹刚强　蔡登谷　李智勇　樊宝敏

统筹协调　李晓华　唐红英　孙　雯　李　楠　陈　雷　冯艳萍　付佳琳

前　言

当今中国"两个一百年"奋斗目标铸就"中国梦";党的十九大进一步勾画出由第一个百年目标向第二个百年目标迈进的宏伟蓝图,作出了乡村振兴战略的重大部署。如此,全党全国人民齐心协力朝着既定目标走下去,2020年,实现现行标准下农村贫困人口脱贫,贫困县全部摘帽,解决区域性整体贫困,中国将全面建成小康社会;2035年,乡村振兴,农业农村现代化将基本实现;2050年,乡村全面振兴,农业强、农村美、农民富,中国将建成富强、民主、文明、和谐、美丽的社会主义现代化强国,实现中华民族的伟大复兴!

一、乡村全面实现小康是中国全面实现小康的重要标志

当前,我国正处在决胜全面小康的关键时期,更是乡村振兴的重大机遇期。从提升文化自觉和文化自信入手,挖掘乡村多种功能和价值,是统筹谋划、协同推进乡村全面振兴的新动能。

生态文化是生态文明建设的重要支撑。2018年3月,十三届全国人大一次会议通过宪法修正案,将生态文明、美丽中国发展目标和新发展理念入宪,构建了宪法保障;2018年5月,在全国生态环境保护大会上,习近平总书记强调:"生态文明建设是关系中华民族永续发展的根本大计。中华民族向来尊重自然、热爱自然,绵延5000多年的中华文明孕育着丰富的生态文化。生态兴则文明兴,生态衰则文明衰。"首次提出"要加快构建生态文明体系,加快建立健全以生态价值观念为准则的生态文化体系,以产业生态化和生态产业化为主体的生态经济体系……",确立了中国生态文明体系建设的指导思想。

生态文化体系包括人与自然和谐发展、共存共荣的生态意识、价值取向、制度保障和社会适应。中国生态文化协会成立 10 周年来，致力于保护传承、创新发展中华优秀传统文化，深入挖掘、培育和传播中华生态文化的思想理念、道德规范和人文精神，使其永保持久魅力、焕发时代风采。自 2010 年起，协会秉承"弘扬生态文化、倡导绿色生活、共建生态文明"的宗旨，组织开展了全国生态文化村创建活动，截至 2018 年，共计遴选命名"全国生态文化村"806 个。同时，以全国生态文化村为载体，以人与自然和谐发展，生态文化遗产与生态文化原生地、原住民一体保护，发掘生态文化哲学智慧，激发生态文化与时俱进的生命活力，培育生态文化的坚强支撑，实现中华民族伟大复兴为主导思想，在原国家林业局和省级林业主管部门的大力支持下，自 2013 年开始，协会先后组织开展了"从乡村中国到城市中国——城镇化进程中的文化印记""中国生态文化村——美丽乡村纪实"和"华夏古村镇生态文化纪实"等项目的研究，并在《生态文明世界》期刊设立专题和专刊，组织省级生态文化协会和生态文化主管部门项目研究团队，与全国生态文化村进行互动，开展了"华夏古村镇生态文化纪实"项目研究工作，历经五年，最终形成《华夏古村镇生态文化纪实》。

二、华夏古村镇是乡村振兴的"富矿"

华夏古村镇是农业文明数千年历史积淀的宝藏，是乡村振兴必须开掘的"富矿"。中国生态文化协会开展"华夏古村镇生态文化纪实"项目研究，目的在于将乡村社会及其族群所拥有和展现的人类与自然和谐相处的生存智慧、历史文化信息、原生地自然景观和民俗文化技艺等有形和无形的优秀活态文化保护下来、传承下去，创新发展，使其生生不息，与中华民族的生命同在。

项目参研团队通过分类筛选，深入到全国各省区市具有数百年甚至上千年历史，在自然地貌、聚落形态、人文历史、民族风俗、民间技艺等方面具有典型性或代表性的古村镇，进行实地调研，通过访谈、采集、挖掘、探究、整理，以纪实的笔触，图文并茂、全方位、多方面地讲述和展示了 120 多个古村镇人与自然和谐依存的生态智慧和珍贵的文化遗产，及其新时期创新发展的时代风貌。

在项目开展中，我们逐步解读，越来越清晰地意识到，华夏古村镇正是生态文化演进的活态经典，对于乡村振兴具有重大的时代价值，引发了我们对城镇化进程中如何建设美丽乡村，如何对华夏古村镇历史积淀的宝藏进行抢救性保护修复，如何在实施乡村振兴中，深度开掘华夏古村镇生态文化思想精髓，培育与发展生态文明基础支撑的政策思考。

一是发掘古韵悠远、最为朴素自然的乡村生态文化形态和现象，探究"天人合一"的生态理念、生态智慧和行为方式。探索华夏古村镇带有时代印迹、地域和民族特色的乡土生态文化生长的本源，梳理其蕴藏在诸如典籍史志、聚落历史、民居古建、民族民俗、传统技艺、古树名木中的生态文化遗产，揭示古村镇人与自然关系的本质、表现形态、行为方式和发展路径及其繁衍兴衰对经济社会发展的影响。开拓人文美与自然美相融合、人文关怀与生态关怀相统一的人类审美视野。

二是普惠民生福祉，坚持人与自然和谐共生，以绿色发展引领乡村振兴。尊重自然、传承历史，牢固树立和践行"绿水青山就是金山银山"的理念，将绿色低碳理念融入城镇化建设全过程；着力加强生态系统、文化（物质文化和非物质文化）和自然遗产保护；综合整治农村环境，大力推进生态家园、清洁水源、清洁田园、清洁能源建设，全面提升华夏古村镇作为美丽乡村经典的品质；积极发展生态文化宣教示范基地，培养传播载体和生态文化研究与传承人才。

三是依托古村镇得天独厚的资源禀赋和人文积淀，实施休闲农业和乡村旅游精品工程，以生态产业大发展带动生态文化大繁荣。加强华夏古村镇基础设施建设，保护原生态气息、保持地域民族特色和优秀的民间传统习俗，依托森林和野生动物文化、海洋文化、草原文化、湿地文化、荒漠绿洲文化、竹文化、茶文化等，因地制宜、适度规模地发展古村镇生态文化旅游业。打造具有资源潜力、市场驱动力、可持续发展活力的生态文化产业和创意产品；建设各类休闲观光园区、森林草原人家、渔村人家、康养基地、乡村民宿、各类生态文化博物馆、传统工艺制作作坊等，加快发展森林草原旅游、河湖湿地观光、冰雪海上运动、野生动物驯养观赏等项目。注重古村镇旅游开发与历史文化遗产的传承、保护与发展统一和谐，物质文化遗产与非物质文化遗产协调开发，以生态文化大繁荣带动民生改善和素质提升。

四是在发展现代农业中重视对农业文化遗产的传承，特别是对生态文化历史资源的保护、修复和留存，以及农业景观与自然达成的和谐与平衡。农业文化遗产是农民与其所处环境长期协同进化和动态适应下形成的独特的土地利用系统，至关农业、农村、农民的未来和生态文明建设的进程。在发展现代农业中必须高度重视对农业文化遗产的保护传承、挖掘和提高。贯彻落实 2018 年《中共中央、国务院关于实施乡村振兴战略的意见》，传承发展提升农村优秀传统文化，并创造性转化、创新性发展，不断赋予其时代内涵、丰富表现形式。划定乡村建设的历史文化保护线，保护好文物古迹、传统村落、民族村寨、传统建筑、农业遗迹、灌溉工程遗产。

五是着力生态文化的制度融合，保护传承具有生态文化品质的美丽乡村。在提升自然村落多种功能基础上，保持乡村风貌、民族文化和地域文化特色；保护有历史、艺术、科学价值的传统村落和民族村寨及其民居古建；研究和挖掘具有历史研究价值的乡规民约和农林契约等非物质文化遗产，将生态文化思想精髓融入生态文明制度建设，形成体制、机制和制度保障，实现延续生态文明根脉与增进百姓福祉的统一。

三、华夏古村镇生态文化保护传承与创新发展

从原始社会人类敬畏、屈从于自然，农业文明有限地改造自然，工业文明征服控制自然，到生态文明奉行人与自然和谐共生，深刻地折射出不同历史发展阶段，人类经济社会发展转型对主流文化的选择关乎人与自然的关系和人类的可持续发展。生态文化是人性与自然交融，最本质、最灵动、最亲和的文化形态，是生态文明的基础支撑。从人类文明形态内涵看，生态文明是构建人类社会文明体系的根基，支撑物质、政治、精神、社会等文明形态协同发展。

建设生态文明的美丽中国，追求的是人类全面发展与自然和谐之大美，是生态系统众多生命之间及其生存环境相互支持、互惠共生的协调关系与可持续发展的和谐机制；是生态文化哲学智慧融入生态文明建设目标的追求与创造——人与自然平衡相安、平等相宜、价值共享、和谐相生，蓬勃旺盛、永续发展的生命力。

华夏古村镇是美丽中国的经典，"一村一景""一村一品""一村一韵"，传承了中华民族优秀传统文化与生态智慧，融合了现代文明成果与时代精

神，构筑了人与自然和谐共荣的精神家园。

深入学习领会习近平生态文明思想，坚持社会主义先进文化的前进方向。将生态文化作为促进民心相通的重要纽带，融入生态文明建设，在实施乡村振兴战略中，唤起人们对本民族、本地区、本村镇世代传承下来的生态文化的珍惜和保护意识，提升文化自豪感和凝聚力；在继承中创新、在创新中发展，增强华夏古村镇建设的针对性、实效性、先进性和适应性；让广大民众找回最值得尊重的文化自觉和文化自信，让更多的人了解中国对世界文明发展所作的巨大贡献，加倍地关爱生态文化遗产、关注生态文化保护传承与创新发展，走中国特色社会主义乡村振兴道路，华夏古村镇和其他广大农村地区全面实现小康，必将成为中华民族伟大复兴的中坚力量！

具有数百年甚至上千年历史的华夏古村镇，是生活在我们身边的生态文化活态经典；是人类与自然不断磨合、相互契合、相互依存的生态家园；是传承着生态哲学智慧，烙印着民族人文足迹，珍藏着历史文化瑰宝的生态博物馆；是记载华夏心路历程、与生命同在的史书……

2018 年 10 月

目 录

华夏古村镇生态文化纪实
HUAXIA GUCUNZHEN SHENGTAI WENHUA JISHI

绪 论：与生命同在的史书

文化是一个国家、一个民族的灵魂。"文化自信是一个国家、一个民族发展中更基本、更深沉、更持久的力量。"① 古往今来，任何一个国家、一个民族文化的延续，都源自其优秀传统文化的丰厚积淀和世代传承；而文化自信正是建立在坚持与时俱进、创造性转化、创新性发展，不断弘扬光大优秀传统文化时代价值的基础上，铸就国家综合国力和国际竞争力的坚强支撑。

"天地者，万物之父母也"②。"天人关系"是人类永恒的主题，人与自然和谐是人类追求的理想境界。泱泱五千年，中华民族楷模天地、师法自然，孕育、培植、传承和发展了博大精深的生态文化，是人类在与自然相互依存的交往互动中所创造的精神家园。

人与自然和谐是生态文化的主旨。在人类生存、繁衍、发展的历史长河中，生态文化是人性与自然交融最本质、最灵动、最亲和的文化形态：以"天人合一，道法自然"的生态智慧，"厚德载物，生生不息"的价值取向，"仁爱万物，协和万邦"的道德情怀，"天地与我同一，万物与我一体"的道德伦理，揭示了人类与自然关系的本质，开拓了人文美与自然美相融合、人文关怀与生态关怀相统一的人类审美视野；以"平衡相安、包容共生，平等相宜、价值共享，和而不同、永续相生"的道德准则，树立了人类的行为规范；以"和谐"取代"征服"，奠定了生态文明人与自然关系的主流价值观。

生态文化的灵魂是生态哲学，表现为生态智慧，是生态文化的思想精华。即把"自然—人—社会"看作是一个复合生态系统，表现在：对生态

---

① 习近平：《决胜全面建成小康社会 夺取新时代中国特色社会主义伟大胜利》，在中国共产党第十九次全国代表大会上的报告，人民出版社 2017 年版，第 23 页。
② 《庄子·达生》，杨柳桥：《庄子译注》，上海古籍出版社 2007 年版，第 129 页。

系统的科学认知，对人与自然关系的和谐发展，对生态文化价值的高度自觉，对生态文明的根本追求，包括人与自然和谐发展，共存共荣的生态意识、价值取向、制度保障和社会适应。

一、华夏古村镇生态文化的时代价值

具有数百年甚至上千年历史的华夏古村镇是我们身边的中国乡村生态文化活态经典。她如平凡沉寂的清流，或许奔忙于喧嚣世界的人们忽略了她的存在，无暇探究其源自何方、流向哪里；又似乎她会永远地在那里等候着你即兴而至……

然而，我们可曾想过，这历尽沧桑、顽强而脆弱的古村镇是否已经消失在"千村一面"的新村中？或许史官墨客们会将其中与名人轶事有关的村镇载入史志，但那也不过是凤毛麟角；而有些古村镇已被某些旅游开发者杜撰历史，以牵强的传说涂抹神秘色彩，原住民被迁出，血脉传承的生态文化正在悄然流逝；更或许在经济发展、城市扩张初期，有的地方已经将那古老的村镇摧枯拉朽变成瓦砾，水泥浇铸的钢筋丛林替代了乡土田园；而那些具有典型意义的古民居、古建筑、文物遗址，因年久失修残损严重，口口相传的非物质文化遗产正面临着后继乏人、市场缺失的现状……

我们可曾意识到，承载着千百年历史的华夏古村镇，独具特色的地域自然风貌、传统村落规制、民族民俗传承、生产生活方式和聚落氏族社会关系等"活态文化"，是何等弥足珍贵的文化和自然遗产，更是华夏文明发展不可或缺的基础支撑……

（一）华夏古村镇是人类与自然长期磨合、相互契合、相互依存、和谐共生的生态系统，承载着数百年甚至上千年的历史遗存和生态文化资源，烙印着农业文明社会发展的历史脉络，遗留着工业化进程中乡村中国发展变革的人文足迹；蕴含着"一方水土养一方人"、相生共融（荣）的生态关系，传承着"天地一体，万物同源，天人合一"的生态道德伦理；彰显着生态文化"道法自然，和实生物，和而不同"的生态哲学智慧，是中华民族文明发展的源头活水和文化基因。透视其自然地理环境、历史文化背景、村寨聚落风貌、民族民俗特色，华夏古村镇生态文化带有共性的主要特征：

一是族群聚落、民居古建体现出"天人合一，道法自然"的生态理念和生态智慧。一般保存较好的古村落选址和构建，都是顺应自然地理气候环境、资源状况和中国传统天文风水理论，规划结构整体建筑格局，就地取材，形成了各具地方特色和民族风格、既能够防御风险又宜居美观、且百年不朽的村寨聚落。同时，依据藏风聚水的风水原理，古村落合理利用河水、地下水、山涧水、雪水和雨水，其水利设施在河坝选址、引渠灌溉、汲水和排水方法人性化设计上，都体现出崇尚自然、人与山水亲和的生态智慧。

二是祖训家风、文脉传承体现出"厚德载物，生生不息"的价值取向。古村落保留了中华民族传统文化里最贴近土地、贴近先祖生存方式的那部分遗存，传承着"仁孝为本，崇德尚学，勤耕苦读""齐家治国平天下，尽孝竭忠处世间"等立家旺族兴国之道。

三是乡规民约体现出"天地与我同一，万物与我一体"的生态道德伦理。众多古村落乡规民约延续至今，成为村民生态环保、和谐相生、互利共融（荣）的行为道德准则。

四是民族民俗文化充满浓郁的自然气息和图腾崇拜意识。不少古村镇多民族聚落，呈现出大杂居、小聚居的格局，民族文化艺术多元交融、异彩纷呈，世代传承的民间工艺，其创作灵感源于自然，创作资源取于自然，彰显着民族信仰和生态文化的交融关系。

五是与"一带一路"有着深远的历史渊源。一些位于西部、西南和沿海等地的古村镇，传导着"海陆一体协同发展""协和万邦""四海一家"的和谐辩证法。

（二）华夏古村镇生态文化对于乡村振兴具有重大的时代价值。在实施乡村振兴战略中，对其自然和文化遗产进行抢救性保护修复；深度开掘其生态文化思想精髓，培育与发展生态文明基础支撑。"按照产业兴旺、生态宜居、乡风文明、治理有效、生活富裕的总要求"，具有重大现实意义：

一是华夏古村镇生态文化对乡村产业振兴、文化惠民具有强大引导作用。以生态文化大繁荣带动生态产业大发展，是实施乡村振兴战略中农村经济新的增长点。

二是华夏古村镇生态文化在实现生态宜居中具有示范作用。历经千百年保存至今的古村镇，基本上都是在顺应自然之中利用自然，人们以对自然的亲和与敬畏之心，守护着身边的绿水青山，珍爱着自然万物。

三是华夏古村镇生态文化在乡风文明建设中具有文化支撑作用。农民、农村社会与自然界构成一个复合的生态系统，而乡风文明就是这一生态系统所表现出的，农村自然生态环境、农民思想意识和行为方式以及农业经济社会发展状况的和谐统一。华夏古村镇是中国几千年来农业文明生态文化资源的富集地。在现代农业建设中，深度挖掘传统农业生态文化，创造性转化、创新性发展，使其精髓融入现代化农业高科技发展理念与行为方式，达到人与自然更高层次的协调发展，将"绿水青山就是金山银山"的生态文化哲学智慧，作为新时代推进现代农业发展的重要支撑。

四是华夏古村镇生态文化对生态文明制度建设有启示意义。研究具有历史价值的乡规民约和农林契产等非物质文化遗产，将生态文化思想精髓融入生态文明制度建设，形成体制、机制和制度保障，保护有历史、艺术、科学价值的传统村落、民族村寨及其民居古建，建设具有生态文化品质的美丽乡村；着力生态文化的制度融合，提升文化自觉和文化自信，实现延续生态文明的根脉与增进百姓福祉的统一。

在实现"两个一百年"奋斗目标进程中，华夏古村镇生态文化是支撑乡村振兴的文化"富矿"，对于中华文明优秀基因的传承具有重大的时代价值；在城镇化进程中，华夏古村镇正在保护和传承优秀传统文化的基础上，开拓性地注入现代化、科技化、创新化元素，创建美丽乡村发展新模式，以实现小康、走向全面振兴的文化自信，成为中华民族伟大复兴的中坚力量！

二、华夏古村镇生态文化纪实

2012 年 4 月，由国家住房和城乡建设部、原文化部、国家文物局、财政部联合启动中国传统村落的调查，全国汇总的数字表明，中国现存的具有传统性质的村落近 12000 个；2012 年 9 月，由国家住房和城乡建设部、原文化部、国家文物局、财政部联合成立专家委员会，评审《中国传统村落名录》，2012 年至 2016 年共计 4153 个。截至 2014 年，住建部与国家文物局公布中国历史文化名镇名村至第 6 批，国家级历史文化名镇名村数量达到 528 个。中国生态文化协会秉承"弘扬生态文化、倡导绿色生活、共建生态文明"的宗旨，组织开展了全国生态文化村创建活动，自 2010 年至 2018 年，共计遴选命名"全国生态文化村"806 个。在此基础上，中国生态文化协会以全国生态文化村为载体，以项目研究为统领，以省级参研团队为骨干，历时 5 年，最终成就本书。该书内容包括"保护传承、创新发展华夏古村镇的'活态文化'"相关论述，"华夏古村镇生态文化纪实"，"从'乡村中国'到'城市中国'——城镇化进程中的文化印记"三大版块主体内容。

1996 年，我国第一座生态博物馆——贵州梭戛生态博物馆及资料中心建成开放。随之，生活在贵州偏僻山区的苗族、侗族、布依族等 19 个少数民族村寨，作为中国实践的先行者，将国际博物馆界"生态博物馆"运动的全新理念，应用于中国文化和自然遗产保护，在文化的原生地，建设没有围墙的"生态博物馆"，开启了博物馆学研究的新领域。

2013 年至 2018 年期间，参研团队深入古村镇开展实地调研考察，发掘其古韵悠远的聚落历史和社会现象；探究其"天人合一"的生态理念和生态智慧；搜集其朴素自然、特色鲜明的原生态民族民风民俗和民间艺术等；着力于中华文明的根脉，考量城镇化进程中"乡村中国"的文化印记。

为探究坎儿井传奇，2013 年我们来到新疆吐鲁番。坎儿井是极度干旱地区人民与荒漠交往中勤劳智慧的创造，是千百年来人—水—绿洲结成的一个生命链环。随着城镇化建设，人口增加，农业灌溉面积和用水量不断增大，长期无节制地开采地下水、拦截地上水，坎儿井断流走向衰败。试想，明天坎儿井还会有水吗？ 2013 年地震灾后重建收官前夕，我们走进青海玉树"三江源"自然保护区腹地巴塘乡查来村和仁青岭寺，了解到藏传佛教的精髓就是"'和平'、众生平等，不伤害生命、利益众生，人与自然之间的关系要和谐"。2014 年我们来到大兴安岭林区托扎敏乡希日特奇猎民村，触摸到鄂伦春民族在新中国成立后，从原始社会末期地域公社阶段，走上社会主义道路，生产生活方式三次历史性变革中的森林情怀。我们来到深圳，其作为中国改革开放第一个特区享有"天时"，比邻香港享有"地利"，八方聚才、和谐共生结成"人和"，"三生万物"，成就了深圳由渔村小镇向国际都市的蝶变。2015 年为了纪念中国人民抗日战争暨世界反法西斯战争胜利 70 周年，我们两进大别山区，在走访中深切地感到，大别山革命老区农村尚未真正富起来，经济社会发展还处于弱势，一些古村镇历史文化遗产亟待抢救性保护修复。2016 年我们步入广西金秀大瑶山，瑶家寨山腰起屋，林莽掩映，隔山可见，近千百里；淳朴的瑶家人想看到山外的世界很难，让山里人能够走出去、山外人能够走进来，搭建心路的桥梁就更难；领悟到乡村的城镇化必须解决人的城镇化，乡村振兴务必要文化振兴，而华夏古村镇则是文化振兴必须开掘的"富矿"。

不同的自然地理环境和资源禀赋，造就了不同的地域经济社会发展方式和人文精神；不同的民族文化背景造就了不同的社会结构和民风习俗；而自然变化、经济社会变革和人口迁徙流动，又促进了不同民族、不同文化的多元交织与融合发展。

从典型性、代表性和时代价值出发，我们在全国 31 个省区市，实地走访发掘了 120 多个具有数百年至上千年历史的古村镇，从地域文化特征出发，将其分为徽派古村镇、江南古村镇、草原苏木嘎查、青藏古村镇、西域古村镇、关东古村镇、华北中原古村镇、黄土高原古村镇、荆楚湘黔古村镇、巴蜀古村镇、南诏古村镇、岭南古村镇、闽台古村镇等 13 大类型。

徽派古村镇地处皖浙赣三省交界。徽州文化被学术界誉为与敦煌学、藏学并列的中国三大走向世界的地方显学之一。传统徽派建筑整体保留了明清皖南民居的独特韵律，尤其以文房四宝、徽州四雕闻名；徽商、徽学崇文重教、礼义育人；桐城学派，新安画派、新安医学、芜湖铁画、阜阳剪纸等传统文化与技艺，丰富并发展了祖国的科学、文化、艺术宝库，极具地方特色和整体系列性。

安徽省黟县西递风光

江西乐安县流坑村"天人合一"的村落布局 摄影 / 黄清华

　　安徽地跨长江、淮河南北，2015年确定了首批千年古镇11个、千年古村落10个。其中，古徽州首府歙县呈坎村，始建于东汉，至今已有1800多年历史，现保存古建筑140多处，明代建筑居皖南各地之首，被誉为"中国古建筑艺术博物馆"。黟县西递村，始建于北宋皇祐年间，村中明清民居124幢，粉墙黛瓦，飞檐翘角，马头墙高低错落，砖木石徽州"三雕"艺术和90多副木竹制古楹联跃然其中。歙县雄村（原名洪村），明清两代曹姓学子中举者多达54人，建于清乾隆年间的竹山书院折射出徽商独特的思想印记，走出了清三朝参政的"父子尚书"曹文埴和曹振镛；徽班进京为开创国粹京剧奠基。绩溪县瀛洲镇所辖5村中有4村跨越千年。仁里村曾是徽杭古道上的重镇，"思诚学堂"在清末开办新学之先河，耿氏古街千年而往。龙川村被誉为古徽州人居与山水完美结合的典范。建于宋代的胡氏宗祠堪称"木雕艺术厅堂"，奕世尚书坊为徽派石雕之最。

　　江西山川秀美，人民崇文重教、勤劳勇敢、富于创新。书院跨越千年，名师巨儒"独领风骚"；万年县仙人洞和吊桶环遗址发现的距今1.2万年的栽培水稻植硅石，成为世界上年代最早的水稻栽培稻遗存；商周时期的青铜文明堪比中原，北宋张潜著《浸铜要略》，元代王祯著《农书》，明代宋应星著《天工开物》，成为中国科学史的巨匠；"千年瓷都"景德镇，陶瓷制作艺术成为中国文化的象征，远播海外，更是"星星之火可以燎原"的红色革命根据地。江西吉安市吉州区兴桥镇钓源村，建于唐末，距今1100多年。村子被3万多株古香樟环抱，明清古建筑保存完好，是欧阳修后裔及宗裔聚居地，这里"文章节义并重"，崇文重教，耕读传家。抚州市乐安县流坑古村，建于五代南唐昇元年间，赣派民居建筑彰显"天人合一"的境界；宗法文化、傩舞、乡射遗乐等，传承着地方民俗文化。抚州市金溪县竹桥村，距今约900年历史，有109栋古建筑。村内保留着清代雕版印书作坊——养正山房和苍岚山房，绵长书香沁人心脾。

江南古村镇分布于浙江、江苏、上海等地。浙江省地处中国东南沿海长江三角洲南翼，1149 个历史文化村落分布在 11 个地市，其中约 81.8%在山区丘陵地带。古村落共拥有古建筑 3.3 万多处，其中古民宅 21578 处、古祠堂 1624 处、古城墙 91 处、古塔 69 处，还有古牌坊、古桥、古道、古渠、古堰坝、古井泉、古街巷、古城墙、古寺庙、古墓等，共 14 类。江苏地处长江三角洲，京杭大运河贯穿而过。有 2400 年"六朝古都、十代都会"的历史，汇聚吴、金陵、淮扬、中原等多元文化，是苏绣和昆曲（昆山腔）的发源地。上海古村镇大多兴盛于宋室南迁之后，特别是明清时期远近闻名的工商业中心城镇，是介于乡村和城市之间的人类聚居地和经济网络空间，历史文化底蕴浓厚。其中：

浙闽赣三省交界的江山市廿八都镇，一溪滋养三古村，140 余个姓氏、13 种不同的方言，沿着仙霞古道汇聚于此；整体保存完好的明清古建筑，规划布局充满了生态智慧，"雨不打伞，路不湿鞋"。诸暨市赵家镇，古名兰台，是会稽山腹地香榧文化底蕴深厚的美丽小镇。这里有香榧古树群126 个，百年以上的香榧古树 3.7 万株。村民敬重香榧树，与其相生共荣，

浙江安吉尚书圩村 供图/安吉县林业局

浙江舟山花鸟岛渔村

以祈福丰产。认榧亲、取榧名、陪嫁榧树等民俗，已成为当地生态文化的厚重底色。舟山花鸟岛，形如一只羽翼拍岸的巨大海鸥，临海而渔、依海而生。至今延续着造"木龙"、船饰画、船神信仰、海上礼让等技艺和独特民俗，特殊的海岛环境孕育了丰富多彩的海洋生态文化。

江苏江宁横溪山脉深处的石塘村，保留着原始清丽的模样。翠色逼人的竹海，古朴宁静的村落，清一色的青砖小瓦马头墙，瑰丽的民间传说和民风民俗……宛若一个遗世的旧梦。

上海金山区枫泾古镇，有着 1500 年历史。春秋时期吴越界河在此流淌，"三步两座桥，一望十条巷"交织着吴越文化市井风情。南汇区新场古镇，是宋元时期的海水晒盐场，曾盐商云集，繁华程度超上海、赛苏州，是传统民居保留完整的江南水乡古镇。青浦区朱家角古镇，建于明万历年间，是上海保存最完整的江南水乡古镇。私家园林建筑风格朴素恬淡，借景为虚、造景为实、空间开阔明朗，形成了一派诗画合一的水乡生态文化现象。

草原苏木嘎查主要集中在内蒙古。这里拥有丰富灿烂的民族文化资源。呼伦贝尔高原、锡林郭勒高原、乌兰察布高原和巴彦淖尔、阿拉善及鄂尔多斯高原，分布着辽阔的草原、部分沙漠和耕地。这里有植根于草原游牧生活，传承至今的"那达慕"大会；人们以祭敖包的形式表达对高

9

山的崇拜、对神灵的祈祷；充满自然气息和生命活力的蒙古族舞蹈，与诗歌、长调、呼麦结合在一起，展现出蒙古族热情奔放、彪悍豪迈的精神风貌和图腾崇拜的思想情感。其中：锡林郭勒萨如拉图亚，被称为"月亮光华"，神奇的"响泉"相传是成吉思汗的宝马用蹄刨出来的，古寺杨都庙已有360余年历史；"黑马文化"可追溯到13世纪前，游牧文化与蒙古族风俗习惯传承至今。在呼伦贝尔额尔古纳蒙兀室韦苏木，早在清朝年间，俄罗斯人就经常越过额尔古纳河来这里淘金、在草原放牧。"木刻楞"民居、饮食、婚嫁、礼仪、歌舞、节庆，无一不彰显中俄文化的融合。

青藏古村镇主要分布在青海和西藏。世界屋脊青藏高原拥有独特的生态系统、生物区系和五彩缤纷的民族文化艺术。青海是中华民族三大江河发源地，西藏被誉为藏传佛教圣地和人间净土。雪山冰川、高原草甸、神山圣湖，独特的地域风貌；高亢委婉的民歌、长袖翻飞的卓舞；神秘的藏传佛教及其深邃的"天人合一，众生平等"的生态境界与虔诚信仰，令踏入这方土地的人们，眼界洞开、灵魂洗礼……其中：昌都县嘎玛乡里土村，是国家级非物质文化遗产地，是"嘎玛嘎赤画派"唐卡第十代杰出传

内蒙古锡林郭勒草原盛会——那达慕赛马　摄影／敖东

西藏昌都芒康县上盐井村盐田　供图／芒康县林业局

人——唐卡大师嘎玛德勒的家乡。早在 800 多年前，大批藏区、汉地和尼泊尔的工匠汇聚噶玛乡，并在里土村留下了唐卡绘制、佛像锻造和石像雕刻的技艺。至今，村民们仍在以生命的延续传承精湛技艺，描绘、锻造、雕刻藏传佛教的真善美。康芒县纳西乡上盐井村，至今保留着世界上唯一的原始盐场和古老的制盐术，背桶的女人们，将卤水浇灌到自家的盐池进行沉淀，扎曲河畔几千块盐田层层叠叠，形成了茶马古道上的一道风景线；这里酿制的葡萄酒味道纯正、保健功效明显，被誉为西藏的"波尔多"。阿里地区普兰县科加村，是尼泊尔、印度的宗教信徒朝圣的必经之路。宗教圣地科加寺始建于公元996 年，寺内供奉多尊富有持力的佛像、佛塔和大量藏文典籍、古壁画、古唐卡等珍贵佛教文物。科加村被列为全国重点文物保护单位，科加服饰被列入国家级非物质文化遗产名录。

西域古村镇分布于中国西北边陲新疆。西汉张骞出使西域，开辟古丝绸之路，是通往中亚、西亚并连接地中海各国的陆上通道。雪山河谷、瀚海戈壁与原始森林、草原牧场、绿洲家园相生共存，巧夺天工的坎儿井、温润如脂的和田玉、特色瓜果美食……无不闪烁着人类与自然和谐相处的生态智慧；西域风光、民族歌舞、民俗风情，神秘而美好。如，阿勒泰地区布尔津县的喀纳斯，系蒙古语，意为"美丽而又神秘的地方"。人们说"走过喀纳斯三道湾，从此不想做神仙"。神仙湾的河水把森林和草地切分成一个个小岛，水流环绕小岛如同融化的翡翠，阳光为山水树木披上七彩，宛若天堂；"月亮湾"是喀纳斯河在峡谷间迂回蜿蜒划出的一道"S"形弧线，宛若一轮弯月落入林木葱茏的峡谷；喀纳斯河在"卧龙湾"突然开阔，水流减缓、水波浮动、清澈洁净、碧蓝透明，宛若蓝宝石熠熠闪光，有巨龙戏水的传说。和布克赛尔蒙古自治县是蒙古族英雄史诗《江格尔》的发源地。蒙古族史诗《江格尔》与藏族史诗《格萨尔》、柯尔克孜族史诗《玛纳斯》并称为中国文学史上"三大英雄史诗"。那仁和布克牧场江格尔村居住着世界上演说《江格尔》最全面的加·朱乃老人和他的弟子们。村里连续10年举办《江格尔》演唱和说唱等文化旅游活动，以江格尔文化传承为主题的旅游业前景广阔。古丝绸之路上的重镇吐鲁番，世界四大文化体系交汇于此。大自然赋予这块土地最热、最冷、最干、最

西藏昌都嘎玛乡里土村——"嘎玛嘎赤画派"唐卡第十代传人嘎玛德勒的家乡

供图 / 卡若区林业局

新疆和布克赛尔蒙古自治县江格尔村首届"江格尔"文化旅游节　供图／新疆林业厅

甜、最酷的神奇魅力。炎炎火焰山下，葡萄沟闻名遐迩；终年积雪的天山北麓，分布着雪岭云杉原始森林，堪称世界奇观。这里有茫茫戈壁拥抱着瓜果飘香的绿洲，有别具风格的民族民俗风情，是西域文明人与自然和谐互动的神秘乐土。

关东古村镇主要集中在东北辽吉黑三省。 这里地理单元完整，多民族融合，森林、江河（湿地）、土地和矿产等自然资源丰厚，是我国生态保护和经济发展重地。大小兴安岭和长白山脉是中国最大的天然林区；三江平原、辽河平原和松嫩平原汇聚而成的东北平原达 35 万平方公里，是我国"三大平原"中最大的平原。三江平原地区汉魏时期众多古城址、聚落址形成庞大的遗址群落，是北疆古代华夏文明的遗存。辽河流域是中华民族灿烂文化的发祥地之一。金牛山人化石及其遗址，距今已有 28 万年；鸽子洞遗址及出土的石器，距今有 5 万年左右；朝阳牛河梁红山文化遗址，距今约 5000 年；清朝遗存的沈阳故宫、清初三陵，反映了末代封建王朝的政治、文化、历史面貌。其中：

辽宁省新宾县赫图阿拉村环抱的赫图阿拉古城，是后金政权第一首府、清代第一都城，也是迄今保存最为完整的女真人山城。1559 年，爱新觉罗·努尔哈赤出生在这里。明万历四十四年，努尔哈赤在此创建了史

辽宁本溪满族自治县东营坊乡　摄影／秦波

称后金的大金国，之后率"八旗铁骑"，建立了大清王朝。本溪东营坊乡，
相传唐朝薛礼东征和明清两朝都曾在此驻扎兵营，故称东营坊。北方流派
的满族剪纸，率性简洁、民族气息浓郁，本溪社火、东北秧歌调和演出阵
式传承至今；神秘的木兰谷、神奇的大石湖相传是龙居宝地，五湖四瀑阶
梯式排列于陡峭山涧之中，湖水湛蓝清澈，瀑声如雷贯耳，其中一湖深不
可测，由地下暗河通向东海。原生态自然景观与长城遗迹、抗联史话、民
俗风情融为一体。丹东东港市北井子镇獐岛村，位于我国海岸线最北端
起点的第一岛上，是四面环海的渔村。这里山青崖峻，合欢树遍及全岛，
"四季常青、三季花开"。村里现存有建于明朝万历年间的中国最北端、最
大的妈祖庙，"妈祖文化"是岛内渔家的文化信仰。

　　吉林省安图县长白山北麓茫茫林海中有一个朝鲜族风情浓郁的茶条
村。全村森林覆盖率约达93.6%，北国林海风光绮丽；非物质文化遗产朝
鲜族"农乐舞""踩地神""拔草龙"等传统民族歌舞，蕴含着独特的农耕
文化；卢城稻米、朝鲜族大酱和北方松茸等农林产品和原汁原味的朝鲜族
美食历史悠久，使茶条村成为乡村旅游的一颗新星。

　　大兴安岭山系纵贯内蒙古自治区东北部和黑龙江省北部，又叫大鲜卑
山，是蒙古族、鄂伦春族和鄂温克族等北方少数民族的发祥地。在其历史
画卷上，凝结着鄂伦春民族生息繁衍的轨迹和割舍不断的森林情怀，记录着
这片土地上人与自然的关系和几代林业人在时代变革中卓绝奋斗的无悔青春。

　　华北中原古村镇坐落于京冀鲁豫一带。历史上这里是中华文化的中心

和主干。北京，3000 余年建城史、860 余年建都史。紫禁城皇家文化，胡同、四合院市井文化，在这里熔融，传统古村落更增添了北京的魅力。河北，是燕赵之地、华北粮仓，万里长城、红色太行、环渤海等地理风貌和人文历史在这里汇聚，汉民族农耕文明和北方游牧民族草原文明在这里融汇。河南，古为豫州，居九州之中故称中州。裴李岗文化、仰韶文化、大河文化发源于此；从夏代到北宋，先后有 20 个朝代建都或迁都于此；诞生于这片土地上的"老庄哲学"，商鞅、张衡、张仲景、韩愈等一批古代杰出人物，对华夏历史文明产生了深远影响。山东"沂源人"可上溯至远古，北辛文化、大汶口文化、龙山文化见证其历史悠久。这里是儒家文化发源地，孔子、孟子的故乡，尊尚"仁义礼智信"道德伦理，是以和为贵的"礼仪之邦"，影响了中国几千年来的传统思想与文化。其中：

北京门头沟"琉璃之乡"琉璃渠村，琉璃烧造工艺传承千年，为历代皇家御用，琉璃窑火 750 余年常燃不熄。村中琉璃厂商宅院、三官阁过街楼等建筑文物尚在，万缘同善茶棚、关帝庙等古遗迹犹存，数十套古民居院落和数条古道保存完好。门头沟斋堂镇的爨底下村，曾是京西古道上的繁华驿站，距今有 500 多年历史。村口巨大的"爨"字，"兴字头、林字腰、大字下面架火烧"，意味转圜贫寒、兴旺发达。山地四合院错落有致，扇面坡地组合式明清古建筑群落，被绘画大师吴冠中誉为"北方民居的周口店"。

河北省邢台市沙城市柴关乡王硇村，130 座石楼纵横交错贯通，红砂岩砌墙、青瓦布顶，雄浑而秀丽；村内两条弧形巷子，称作"和谐巷"与"不和谐巷"，象征着人际关系；村外一道道梯田胜似江南。太行山腹地大梁江村，构建充满生态智慧。蓄水、排水设计合理，在青石铺好的院子里留有取水口、入水口和污水道；"一门九宅"，院中有院，院中有楼，楼上建楼，楼顶建院，楼能通楼，院能通院，楼院相连，院楼相通；村口阁楼二层的影壁上，雕刻着一幅"贪"兽图，以警示要戒除财色之贪念，清白做人。张家口市蔚县暖泉镇，被誉为"河北民俗文化第一村"。泉水数九寒天流出数里不结冰；风格独特的古堡、古民居、古寺庙、古戏楼、古店铺等 200 多处，古朴粗犷；传承 500 多年的民俗表演"打树花"，被列入省级非物质文化遗产。

豫东平原上的商丘古城，始建于明正德年间，乃兵家必争之地，是中国八大古都之一，这里商贾云集、人才济济。应天书院居北宋"四大书院"之首。明清时期出了两阁老、五尚书、三侍郎等。现遗存的"归德府城"

河北井陉县大梁江民居　摄影／李振勇

叠压了周、秦汉、隋唐、北宋、元朝时期的六座古城,是古代城池典范之作。社旗县赊店镇,较完整地保存了明清时期建筑原貌,十里城墙护卫,九座城门分设、72条街道、36条胡同对称布局等原始商业街道与商铺风貌,国内罕见、独具特色。禹州市神垕古镇保留了唐宋以来灿烂的钧瓷文化,明清时代的"七里长街",使神垕中外驰名。

山东济南市泰山北麓朱家峪村,是中国北方地区典型的山村型古村落,有近200处明代以来的古建筑,石桥99座,井泉66处,自然景观100余处。民国时期建造的"山阴小学","要达强国富民之目的,若忽视教育将一事无成"的校训传承至今。该村被誉为"齐鲁第一古村,江北聚落标本"。沂蒙山区竹泉古村,是诸葛故里、红色老区。在城镇化建设进程中,竹泉村保留了原有的民俗风貌和乡村生活的恬静。苍翠竹林、汩汩泉水,伴随着生命的延续;打造了"诸葛故里、红嫂家乡、温泉之都、休闲胜地"四大旅游品牌,建成了沂蒙影视城、沂蒙教育基地、孟良崮战役纪念馆。荣成市东楮岛村,世代过着"农耕渔猎"的传统生活。极具生态智慧的海草房,可追溯到新石器时代;"东楮岛村乡村记忆馆"陈列着木

山东东楮岛村的海草房 摄影/王志强 韩朝晖

山西阳城县北留镇皇城相府 　摄影／卫凯

帆船、石磨、犁、耧等近百件先辈们的生产生活用具，让历史和现实一起融入淳朴的民俗风情、神奇的渔村传说和独特的海岛风光。

　　黄土高原古村镇坐落于晋陕甘宁一带。黄河流域是中华文明的摇篮，黄土高原在黄河环抱之中，是我国原始人类活动较为集中的区域之一。黄土高原文化以陕西北部为中心，包括与之接壤的晋西北山区、内蒙古河套南部以及甘肃、宁夏靠近陕北一带。山西是中原华夏民族与北方游牧民族文化交融之地。云冈石窟与五台山寺庙群，成为佛教石刻、雕塑的艺术宝库；王勃、王维、柳宗元等山西籍文坛巨匠是唐代文学史上的杰出贡献者；宋金社戏、元杂剧、明清梆子等，对中国戏曲影响深远；晋商至明清两代已成为中国十大商帮之首。陕西是中华文明的重要发祥地。先后有14个王朝在此建都，包括中华文明最为辉煌的周秦汉唐四大王朝。这里有72座古代帝王陵墓，西周青铜器、秦代铜车马、汉代石雕、唐代金银器、宋代瓷器和历代碑刻等历史珍宝不胜枚举。黄土风情、黄河风光、民间艺术和延安红色文化，户县农民画、西府民间泥塑彩绘、蒲城焰火、安塞腰鼓、陕北秧歌、民间剪纸等，彰显着浓郁的地方特色。甘肃，穿越8000余年历史，被誉为"河岳根源、羲轩桑梓"。相传中华民族的人文始祖伏羲、女娲和黄帝诞生在这里；周人崛起于庆阳，秦人肇基于天水、陇南。世居回、藏、东乡等16个少数民族，属"陇右文化"区，是古丝绸之路的要塞。宁夏是古丝绸之路东西部交通贸易的重要通道。这里有秦长城，有开创黄河引灌历史的秦渠，是中原农耕文化、北方草原游牧文化、西域中亚文化交融之地，黄河文明、丝路古韵、回族风情、西夏文史、红色文化、大漠风光等各展风采。其中：

山西沁水湘峪村，建于明万历四十二年的三都古城，被誉为中国北方乡村明代第一古城堡；阳城县皇城村，有近400年历史的古堡皇城相府，乃清《康熙字典》总阅官、曾辅佐康熙帝半个世纪之久的一代名相陈廷敬的府邸，被誉为"中国北方第一文化巨族之宅"。今天的古村，通过挖掘历史文化，盘活传统文化，变成了具有古堡文化、现代文化、生态文化于一体的社会主义新农村。

"中国泥塑第一村"陕西凤翔六营村，将起源于春秋中期的"泥耍活"传承下来，推陈出新，使乡村泥塑成为了国家名片，显耀于世界民俗文化

甘肃敦煌玉门关　供图／敦煌市林业局

增冲鼓楼 *摄影／梁全康*

之林。太白县黄柏塬村，是森林野生动植物资源丰富的王国，活跃着大熊猫、金丝猴、白肩雕等 7 种国家一级保护动物和 29 种国家二级保护动物。始于商末周初、兴于盛唐的傥骆古道经过这里，是古代中国南北交通要道；相传李白和杜甫由此地去往长安，三国姜维在此领兵伐魏，杨贵妃回川省亲、马嵬坡之变后暗度东瀛两次经过此处；红军时代，红四方面军李先念、徐向前、陈昌浩部都曾在这里浴血奋战。蒲城山西村被誉为"明清村落的活化石"，村北有唐明皇泰陵，西有唐高力士墓，东有"悬空柏树"，见证着岁月变迁；西城门"三槐并茂"，诉说着明朝人口大迁移中王氏家族的历史命运；面塑、剪纸、土织布等，延续着民俗技艺的生命力。蜀河古镇，融秦楚文化于一身，距今已有 1700 多年的历史，它北倚秦岭，南傍巴山，挟汉江携蜀河，自西晋太康元年置县，逐渐成为驰名汉江中上游的商贸重镇。

　　甘肃省敦煌市阳关镇，阳关、玉门关、渥洼池、寿昌城等古迹坐落其中，自古就是通往西域的门户和"丝绸之路"南路的关隘。文县铁楼藏族乡是东亚最古老的部族白马人的主要聚居区，其族源可以追溯到 3000 多年前殷商和西周时期的古氐羌人部落。白马人崇敬始祖神、太阳神和五谷神，性情豪放、能歌善舞，服饰图案绚丽和谐、意蕴深厚，"池哥昼""土司宴"等民俗文化原始古朴。建于明万历三十五年的甘肃省景泰县永泰龟城是我国少有的保存比较完整的明代古城。城址所在地水磨沟山口是历史上重要的军事防御关口，古城轮廓犹如一只活灵活现的大龟，城周军事设施痕迹仍存。

"宁夏黄河第一村"——中卫市南、北长滩村。这里黄河穿越峡谷，群山环抱、古树参天，古长城见证黄河文化、游牧文化相撞相融。公元1200年前后，成吉思汗率兵征伐西夏时，党项族拓跋氏一族为逃避战乱而来到南长滩村，建村筑庄居住至今。北长滩村与南长滩村隔河相望，榆树台子石器遗址、明代长城、传统民居古祠等保存至今。始建于元明时期的永宁县纳家户村，纳家户清真寺驰名中外，回族节庆民俗、清真美食民族特色浓郁。回族花儿等非物质文化遗产彰显魅力，伊斯兰文化与传统汉文化交相辉映。

荆楚湘黔古村镇分布于湖北、湖南、贵州三省。湖北古村落以农立世，视土地为生命。"耕居结合"的居住形态，勤劳自力、安居乐业的价值观，极富地域性。家族式、防御式、连体式等建筑群和独特的生态文

贵州江口县云舍村土家唱山歌　供图／江口县旅游局

重庆梁平县银新村　摄影 / 汪茂文

化，透视出天人之和、人际之和、身心之和，同源同构、相生共荣的生态智慧。湖南湘楚之地，勇于创造、敢为人先，培育国之栋梁，名人辈出，尤其对中国近现代历史产生了深远的影响。100 多处古村镇悠久的历史风貌和潇湘文化留存至今。贵州，多民族聚居与不同民族文化的融合，共同创造了贵州古老文明和丰富多彩的民族原生态文化。在 49 个聚居民族中，世居少数民族有土家族、苗族、布依族、侗族、彝族、仡佬族、水族等 16 个民族。丰富的森林资源，包括蕴含人文精神、图腾象征的珍贵古树名木，凝聚着深厚的森林自然文化遗产价值。在我国与挪威共建的 7 座生态博物馆中，贵州就有 4 座。

　　湖南嘉禾县晋屏镇千年古村雷公井，相传神农教耕于禾仓时，炎黄九族中的丙族曾在此搭建茅屋，时名"燕子衔泥"。茶马古驿道穿村而过，90 多栋百年古建筑，气势恢宏。26 栋明清湘南特色民居，灰墙黛瓦飞檐、雕梁画栋，印刻着穿越时空的记忆。永兴县高亭镇板梁古村，始建于元末，距今 650 多年，是运用传统风水学原理建造的典型湘南宗族聚落。民居古建工艺精湛，民俗文化底蕴厚重，延续中国古老的宗法仪式、儒学传统、风水观念、生态哲学和建筑技艺等，被誉为"湘南民俗民居博物馆"和"湘南第一村"。

湖北麻城市黄土岗镇小漆园村，是"古孝感乡"孑遗大别山的"活化石"，已有500多年历史。心口相传的农耕方法，沿袭数百年；由"麻乡约"延续的亲情传递，至今绵绵不绝……咸丰县黄金洞乡麻柳溪古村，是"荆楚第一羌寨""中国中部最后一个香格里拉"。羌族木楼秀外慧中，土家族吊脚楼"均衡界定，谐和有情"；古老的山歌、民谣、舞蹈和民俗，向世人诉说着乡愁。

贵州黔西南兴义市南龙布依古寨，600多年历史，集绮丽自然风光、浓郁民族风情、神秘布依建筑于一体。寨中房屋按九宫八卦形排列建构，巷道环环相扣、道道相通，160多栋布依杆栏式吊脚楼，掩映在300多棵参天古榕之中。发源于此地的"布依八音座唱"，被誉为"民间艺术活化石"，被列入"国家非物质文化遗产名录"。黔东南锦屏县文斗苗寨，村民们数百年来形成了"开坎砌田，挖山栽杉，山田互补，林粮间作"的传统

靖州苗族侗族自治县地笋村花桥　供图／湖南省林业局

生产方式，延续和保存着生态保护村规民约和林业契约，成为生态文化的历史见证。铜仁市江口县太平镇云舍土家族民俗文化村，至今仍保留着古老的土家民风习俗。傩戏文化，婚嫁习俗，山歌、情歌、盘歌、哭嫁歌等，摆手舞、金钱杆、茶灯等参与性极强的民间艺术丰富多彩；秦代的土法造纸手艺，唐代的水排作坊，明末清初的"筒子屋"建筑，形似迷宫、四通八达的古巷道，神龙泉、云崖大峡谷、仙人洞等，将来者引入集自然风光和民俗文化于一身的神奇世界。

巴蜀古村镇位于四川盆地。四川为"天府之国"，是承接华南华中、连接西南西北、沟通中亚南亚东南亚的重要交汇点和交通走廊，巴蜀文化源远流长。以广汉三星堆和成都金沙遗址为代表的殷商西周时期古蜀文化，展示了古代玉器文化和青铜文明震惊当代的奇诡浪漫和卓绝风采；两汉和唐宋时期农耕文明巴蜀文化达于鼎盛，历代文人巨匠辈出。重庆的大山大川及其巴渝文化、移民文化，铸就了这个位于长江上游城市的民族文化个性和坚韧豪迈的人文情怀。国家级非物质文化遗产"川江号子"，是船工们的生命之歌和长江水路运输史上的文化瑰宝。其中：

重庆忠县涂井乡友谊村，古巴人曾在此建都，距今已有2000多年历史。48座石屋大型崖墓群建成于东汉至六朝时期。其考古发现将盐井开发追溯至商代晚期，早期制盐工艺的挖掘填补了盐业科技史空白。万州凤凰村，巴渝特色浓郁的古民居掩映在森林中、散布在梯田畔。唐宋诗人刘禹锡、范成大曾先后在此地留下诗句；村中有宋代的法隆寺、明代的胡牟家寨、清嘉庆年间的丁家楼子和司南祠等古院落及古祠堂为代表的传统建筑；有树龄1300余年的"中华金桂王"、千年檬子树；唐代贡茶产地和千余年历史的大石板梯田，承载着三峡地区传统的农耕文化。南川区德隆乡茶竹村，原名箕山，古称苍龙道山，与峨眉仙山、青城道山、九寨美景并称蜀汉四景。茶竹村千里竹海苍茫俊秀，现存双府院、仙人洞、天堡寨、天子殿、古墓等古迹29处，其中道观寺庙遗址14座，佛教、道教、儒教文化浓郁。梁平县新盛镇银新村"一脚踏三县"，梁平癞子锣鼓、梁平狮舞等被列为非物质文化遗产，原生态山歌、开山号子、抬儿调、薅秧歌等地方民谣独具浓郁的巴渝魅力；保存完好的明清民居建筑和家喻户晓的红军故事展示着历史；"生态农业""白果之乡""百里竹海"，丰富的自然资源、深厚的文化底蕴和着美丽乡村建设的好政策，让银新村人奔向小康之路。

四川泰安古镇环抱于青城山中，因该镇始建于唐代的泰安古寺而得名，是从成都平原西入大小金川必经古驿道和川西地区通往藏地的茶马古道上的重镇，洞经古乐、春苔会、放水节等民俗文化传承至今。历经汶川地震，它仍如"空谷幽兰"灿烂盛开。

南诏古村镇位于云南。云南地处中华、印度与东南亚三大文化圈交汇点，古老辉煌的青铜文化约始于公元前12世纪，更是稻作文化和茶文化发源地之一，南诏文化、贝叶文化、东巴文化等蜚声海内外。分属于古老的氐羌族系、百越族系、百濮族系和苗瑶族系后裔的25个少数民族，与偏隅此地的汉族同胞世代交好，呈现大杂居、小聚居的分布格局；云南所特有的15个少数民族传统文学、服饰、音乐、歌舞、建筑等独树一帜，风格各异。其中："极边第一城"腾冲和睦村，有因翡翠而被世人熟知的和顺古镇、火山热海，有纪实滇西抗日战争时期中国远征军历史的国殇墓园，更是"世界红花油茶物种基因库""中国红花油茶第一村"。素有"夹江"之称的鲁史镇，是西部茶马古道第一镇、南方丝绸之路支线经过地，在700多年的历史长河中，南来北往驮出茶叶、药材和山风民俗，带入先进的中原文化。澜沧江和萨尔温江流域山区的翁丁村，是世界佤乡的远古遗存、中国最后的原始部落，充满生态智慧的民居、婚恋自由的民俗、被视为通天神器的木鼓、朴素的美食等，形成了佤族活态博物馆。保山温泉

云南束河古镇茶马古道博物馆

镇，千年茶乡有8个古茶群落和7.4万多株古茶树，驿道石拱廊桥、森林温泉、浪漫樱花谷、碧水青山、岩壁热泉，成为生态文化创意的源泉。玉龙雪山脚下的丽江古城龙泉村，是纳西族最早的聚居地及其文化发祥地。依山势走向错落有致的古民居建筑群被列入"世界文化遗产名录"，"三方一照壁""四合五天井"的古民居，追求人与山水的亲和；古道、小桥、流水、人家，古潭、古寺、古树、古街、古商、古壁画等多元文化，渲染着小镇特色；茶马古道博物馆文物藏品526件，"文化遗产经济"带动了该村的"旅游经济"。

岭南古村镇分布于广东、广西、海南等地。岭南文化，从地域上大体分为广东文化、桂系文化和海南文化。其中，广府文化、客家文化和潮汕文化又是岭南文化的主体。广西壮族的歌、瑶族的舞、苗族的节、侗族的楼和桥，被誉为"民族风情四绝"；"灵山古人类洞穴"贝丘文化、百越土著民族文化、古代"海上丝绸之路"文化、合浦南珠文化等，独具海洋生态文化特色和人文历史价值。其中：

广东广州市海珠区琶洲东端的黄埔村，是"海上丝绸之路"东方发祥地，曾经是中国对外贸易的唯一口岸，见证了我国对外贸易的历史和"海上丝绸之路"的繁荣。赫赫有名的黄埔港和黄埔军校，其名均源自黄埔古村。18世纪，瑞典"哥德堡号"曾三次抵达这里，美国的"中国皇后号"

海南琼中黎族苗族自治县什寒村传统黎锦纺织表演 *摄影/盘志强*

广西南丹县怀里村粘膏树下摊晒的百褶裙像一朵朵盛开的鲜花 摄影／周军伊

在黄埔港开启了中美贸易的第一船。地处珠江三角洲腹地的沙湾古镇，在800多年的宗族聚落发展过程中，形成了独具广府历史和乡土韵味的岭南文化。这里自古商业繁荣，素有"三街六市"的美誉，广东音乐、飘色、龙狮、兰花、饮食等民间艺术和民俗文化长盛不衰，成为闻名珠江三角洲，蜚声中外的古镇之一。

广西防城港企沙镇簕山渔村，是北部湾靠海最近、有着567年历史的渔村。吉祥六宝、"天文大潮"、百年渔联、民居民俗等，体现了簕山人与海的生态关系和海洋生态文化的积淀。桂林市永福县百寿镇，福寿文化生态智慧源远流长，保存有我国同字异体书法史上，字体最多的古代"寿"字摩崖石刻，被誉为中国"文字太阳系"。南丹县里湖瑶族乡怀里村白裤瑶，将对祖先的缅怀穿在身上；视雄鸡为图腾，"鸡时"婚俗奇特；将铜鼓视奉为神明，形成了集冶炼、铸造、雕刻、绘画、装饰、舞蹈等于一体的铜鼓文化，白裤瑶也因此被联合国教科文组织认定为民族文化保留最完整的一个民族，被称为"人类文明的活化石"。

海南之心琼中黎族苗族自治县什寒村，藏身在黎母山和鹦哥岭之间的高山盆地中，海拔近千米，是海南岛最高的黎苗村寨。这片神奇多彩的土地，被 10.4 万亩热带雨林三面环抱，黎风苗韵独具特色，自然景观与黎苗文化交相辉映。这里曾是琼中最贫困的村庄，如今通过"产业富民、黎苗文化传承"等工程建设，正发生着由贫困山村向原生态休闲旅游村的蝶变。

闽台古村镇集中在福建、台湾地区。福建省素有"东南山海"之称。古代先进的造船业和"海上丝绸之路"通商贸易的开放性，闽南、客家、莆仙、闽东和侨乡等文化的多元性，造就了福建极具个性魅力的文化特质。山歌、渔歌和"音乐化石"福建南音，在中国民歌中占有重要位置。其中：

福建土楼被誉为世界民居建筑史上的奇葩，仅南靖县就有 15000 多座。其中，600 多年的田螺坑土楼群繁衍了黄氏家族 26 代子孙；裕昌楼已逾 700 年，保存完整，人称"土楼之母"。寿宁县闽浙边界犀溪镇西浦村，建村 1100 年，是"状元故里，廊桥之乡"。状元祠、缪氏宗祠、太阴宫、古戏台、廊桥、蟾潭……交织演绎着古桥流水人家的动人传说；北路戏被列入国家级"非遗"名录；革命战争时期，刘英、粟裕、叶飞、曾志等老一辈革命家，在这里领导过轰轰烈烈的革命斗争，涌现出 40 多位革命英烈。

福建与中国的宝岛台湾隔海相望。昙石山遗址是闽台文化交流的重要起点之一，也是南岛海洋生态文化的起源地之一。台湾南投县南丰村眉溪部落的赛德克人是高山族的一支，祖辈以务农为生，拥有独特的生命信仰、传统风俗和狩猎、编织、纹面、音乐、语言、歌谣与舞蹈等多彩文化。眉溪至南山溪河谷有 200 余种蝴蝶，是著名的"赏蝶圣地"。这里长眠着台湾抗日英雄莫那·鲁道。智慧的赛德克人从大自然获取织染原料，织布工艺的优劣是他们区分女性地位高低的重要标志之一。随着部落文化旅游日渐兴起，眉溪部落逐步恢复了"年祭""播种祭"和"收获祭"，重新建造了濒临消失的传统谷仓、半穴居家屋。

华夏古村镇生态文化纪实，是一次深入中国乡村的社会调查和对民间生态文化瑰宝的深度发掘，以及全方位、多视角地诠释与展示，对于提升中华民族的文化自信和文化自觉，指导基层生态文明建设，具有重要的引领与示范作用。

华夏古村镇生态文化，从人与自然关系的本质，开启了人文美与自然美相融合、人文关怀与生态关怀相统一的生态文化审美视野。使进入其中的人们，在与其真实存在地接触和对话中，触摸到民族文化的灵魂和根脉，感悟认知、保护和抢救文化瑰宝的迫切性，坚定了华夏古村镇生态文化传承与发展的文化自觉与文化自信，摄人魂魄、感人情怀、发人深省。

福建南靖县土楼群　摄影 / 沈扬

台湾眉溪部落搭建的半穴居家屋模型　摄影 / 白胜文

其中：

浙江参研团队体会到，蕴含着生态文化的古村镇，首先应该是历史的，其次应该是美丽的；生态是古村镇的基础和肌肤；乡愁记忆是古村镇生态文化的核心呈现；每一次美丽的蜕变，都与百姓的幸福相伴。

山东和湖北参研团队感慨，在城市化过于严重的社会背景下，越来越多的村庄被遗弃、改造、忘却，古村落历史遗存的传统文化记忆，正随着当地高龄老人的离去和古村落的消失而失传……

湖北参研团队提出，一个古村镇就是一个文化宝库，对于古村镇生态文化的梳理是一项功在当代、利在千秋的工作，需要长期坚持，古村落的保护与发展是新农村建设的重要内容。

宁夏参研团队提出，当前的问题是如何进一步认知古村镇历史文化资源的综合价值。宁夏古村镇开发大体分为政府主导、公司开发和经营权出让三种模式类型，不同程度地存在着盲目开发、过度开发，产品单一、项目同构；只注重既有景观资源的开发，而忽视历史文化资源的再生和社区营造；忽视当地群众在古村镇文化传承和文化营造中的重要作用，"古"的味道正在逐渐"变味"，地方特色风貌逐步丧失；乡村振兴要保护和传承文化遗产的真实性、完整性和可持续性。

广西参研团队在调研中发现，如何在村民渴望富裕的现实需求与古村落保护之间找到平衡点，几乎是城镇化建设进程中每个古村落都会遇到的问题。其中，政府和村民没有意识到，古村镇的自然历史人文价值和原住民就是这方土地"活态文化"的灵魂和主人，缺乏文化自觉和文化保护传承发展的内生动力，是问题的关键。传统村落有大量独特的历史记忆、宗族传衍、俚语方言、乡约乡规、生产方式等，作为一种精神文化遗产，因村落的存在而存在。所以，保护古村落必须保护其灵魂性的精神文化和原住民，让原住民参与到古村落的保护和开发中去。

基于对中华民族生存与发展的深刻思考和长远谋划，《中共中央、国务院关于加快推进生态文明建设的意见》首次提出，"坚持把培育生态文化作为重要支撑。将生态文明纳入社会主义核心价值体系……"2018年5月，习近平总书记在全国生态环境保护大会上强调："生态文明建设是关系中华民族永续发展的根本大计。中华民族向来尊重自然、热爱自然，绵延5000多年的中华文明孕育着丰富的生态文化。生态兴则文明兴，生态衰则文明衰。"首次提出"要加快构建生态文明体系，加快建立健全以生态价值观念为准则的生态文化体系"，深刻地阐述了新时代弘扬生态文化的战略要义，对生态文化保护传承、创新发展，以及生态文化体系建设做出了重大部署，为生态文化的理论和实践提供了坚强支撑。而华夏古村镇生态文化创新发展是其中的重要内容。

一是建立华夏古村镇数据库，完善分区分类分级保护名录和保护制度体系。深度挖掘具有自然地理风貌、地域民族特色、历史文化渊源和传承创新发展时代价值的古村镇，针对古村镇所蕴含的文化形态、行为现象和思想意识等生态文化积淀等，组织深度普查，收集梳理典籍史志、民族风俗、人文轶事、建筑古迹、文学艺术、古树名木中的生态文化；通过数据库的建立，完善分区分类分级保护名录、保护制度、保护建设规划和实施政策，对具有历史记忆、文化底蕴、地域风貌、民族特色的华夏古村镇，进行抢救性保护和修复，打造崇尚"天人合一"之理、倡导中华美德之风、遵循传承创新之道、践行生态文明之路的美丽乡村，创新各具特色的发展模式。

二是将华夏古村镇作为政府精准扶贫、精准脱贫的重点，实施生态文化遗产与其原生地和原住民一体保护。据国家统计局《2017年国民经济和社会发展统计公报》显示，按照每人每年2300元（2010年不变价）的农村贫困标准计算，截至2017年年末，农村贫困人口3046万人。① 到2020年，让农村贫困人口和贫困地区同全国一道进入全面小康社会，是全面建成小康社会的底线和标志性指标。为此，在西部地区、民族地区、贫困山区和革命老区等生态文化原生地，要着力落实文化惠民精准扶贫政策，注重扶贫同扶志、扶智相结合，提升保护地民众文化自信和文化自觉，从而使文化遗产的原生地，包括原住民与文化遗产得到一体保护、传承和创新发展，并与消除文化原生地的贫困同步，决胜小康，实现乡村振兴。

三是建设文化原生地这座没有围墙的博物馆，引导民众广泛参与、自觉保护、传承和创新发展华夏古村镇文化遗产。古村镇的自然景观、聚落历史、民居古建、民风习俗、生产生活方式、传统技艺等文化传承，成就了一座座积淀深厚的"生态文化博物馆"，而原住民是其中的重要组成部分和传承载体。因此，必须实现生态博物馆本土化，民族文化瑰宝藏富于民、发掘于民、保护于民、传承于民、致富于民。在具有历史传承和科学价值的生态文化原生地，进行抢救性保护和村寨修缮。在当

---

① 参见 http://www.stats.gov.cn/ztjc/zdtjgz/yblh/dczsc/201710/t20171010_1540831.html。

地政府部门的支持、培训和指导下，发挥文化部门和社会组织的力量，协助当地古村镇建立优秀传统文化普查小组，收集梳理本村本镇的自然历史文化积淀，建立文化遗产保护名录和村镇文化博物馆，由村民自治、保护和管理，留住中华优秀生态文化传承创新、与时俱进、生生不息的鲜活生命。

四是合理开发利用本地区、本民族的生态文化资源财富，打造华夏古村镇生态文化产业。以保护传承和发展为前提，以原住民为主体，打造和扶持具有区域民族特色、市场潜力和品牌效益的生态文化旅游、休闲养生、历史文物典籍展示、民间工艺制作、歌舞技艺民俗表演、"农家乐""渔家乐""森林人家""草原人家"等生态文化产业和创意产品，发展本源性的森林、草原、湿地、沙漠，竹、茶、花卉、园林等自然人文景观相融合的生态文化特色村镇和精品区域；特别要以沿海、岛屿古村镇为支点，着力打造海洋生态文化精品，开发海岛生态文化旅游。

五是拓展、创新生态文化进校园活动的空间和形式，培养优秀传统文化的传承人。充分发挥课堂主渠道及课外活动相融合的作用，使中华优秀传统文化全面、全程渗透。从学校特点和当地原生文化出发，创立文学社、书画社、合唱团、摄影小组等形式的第二课堂，将生态文化进校园活动拓展到华夏古村镇，让学生们参与当地民族民俗活动和艺术节，身临其境纪实、践行，亲身体验活态文化博物馆的滋养，并自觉成为古村镇优秀传统文化的传承人。

六是延展华夏古村镇"一带一路"的桥梁和纽带。以华夏古村名镇为载体，连接茶马古道、沿海、沿边等古丝绸之路地区，搭建开放多元、形式多样的生态文化交流平台，举办丝绸之路开拓史、航海史和名人轶事展览、生态文化创意产品博览和民族艺术精品等交流展示活动，赋予古丝绸之路团结互信、平等互利、和平发展、合作共赢等新的时代内涵。特别要重视祖国港澳台地区和内地在华夏古村镇文物、文化领域的交流合作与实地参观旅游，通过文物的展览和村镇风貌、民族艺术等交流展示，让人们了解灿烂的中华文明和祖国的文化遗产，增加对祖国的归属感。以点带面、从线到片、从陆到海，逐步创建走出去、请进来，互联互通的条件和环境，编织陆海丝绸之路双边、多边，国家间和区域间生态文化合作交流、互惠共赢、民心相通的桥梁和纽带。

三、华夏古村镇——与生命同在的史书

中国创造的汉字，是世界上最古老的四大自源文字中唯一沿用至今的文字；中华文明是世界上唯一没有断流的文明。"观乎天文，以察时变；观乎人文，以化成天下。"[①]"天人合一，人文化成"是中华生态文化的精髓，中华民族正是以其本体优秀文化基因的世代传承，化育、滋养和支撑着中华文明源远流长、生生不息，历史以其不争的事实告知世人，"文化传承"与生命同在!

21 世纪是实现中华民族伟大复兴的新时代，建设生态文明的美丽中国，追求的是人的自由全面、可持续发展与自然和谐共生之大美。生产发展、生活富裕、生态良好是美丽中国的基本要素；农业强、农村美、农民富是乡村全面振兴的标志，人类生命的意义正是在与天地自然的交往互动中得以拓展，在人与社会、人与人的相互作用中得以创造。而生态文化植根于民众之中，传承中华民族优秀传统文化与生态智慧，融合现代文明成果与时代精神，构筑中华民族人与自然和谐共荣的物质财富和精神家园，已日益成为民族凝聚力、向心力、创造力的重要源泉和综合国力的关键元素。建立健全以生态价值观念为准则的生态文化体系，顺应与契合了生态文明时代发展大趋势，代表了社会主义核心价值观和先进文化前进方向。

华夏古村镇山水相依、文脉相连、血脉相亲，维系着中华文明绵延不断的文化基因；华夏古村镇以生态文化"和"之智慧，确立了人与自然和谐相生的关系，构筑了"和实生物，和而不同；求同存异，和谐包容"的精神境界和我们共同的美好家园。让我们珍重她，携手同心，一起奔向小康、实现乡村全面振兴；一起走向世界，以其深厚的亲和力，融合别国优秀文化元素，屹立于世界民族文化之林，共创新时代中华民族的伟大复兴。

---

① 《周易·贲卦·象传》，黄寿祺、张善文：《周易译注》，上海古籍出版社 2007 年版，第 132 页。

第一编

保护传承、创新发展
华夏古村镇的"活态文化"

生态博物馆将一种全新的理念引入和应用于中国文化遗产保护和博物馆领域，并将重心转向文化原生地。华夏古村镇作为生态博物馆中国实践的主体，启示我们：努力将乡村社会及族群所拥有和展现的人类与自然和谐相处的生存智慧、历史文化信息、原生地自然景观和民间传承的有形和无形的"活态文化"整体保护下来，具有重要的时代意义；村落文化景观所蕴含的自然和文化多样性是未来理想生活的活力源泉，而原生地和原住民是重要的文化载体和支撑，因此，必须提升文化自信和文化自觉，实现文化遗产原生地与原住民一体保护，生态博物馆建设本土化并与消除贫困同步。

一、保护传承民族"活态文化"

——生态博物馆建设的中国实践

随着人类活动对生态环境的改变，人口、环境、资源间的矛盾日益尖锐。于是，人们试图用生态学的观点来认识人与自然的关系，树立起新的生态价值观，认识到人类只是生态系统中的一部分，人类社会应该进入一个用生态文化适应新环境、建设生态文明的新时代。19世纪末，瑞典斯坎森建立了露天博物馆；20世纪初，北欧国家还曾出现过保护乡土文化的"活态博物馆"运动。在这个文化空间里，当地的文化节日、集市贸易、婚丧嫁娶、民居民宅、表演游戏、歌舞弹唱、玩具器物等各种可移动与不可移动文物、有形与无形遗产都是其组成部分和表现形式，借以弘扬当地传统文化。

生态博物馆的概念及其实践

生态博物馆的概念及其实践，首先诞生于20世纪70年代的法国，随后才在欧洲获得迅速发展。"生态博物馆"一词来自于法语 écomusée，是生态和博物馆概念的结合。第一代生态博物馆是在法国博物馆学界两位承前启后的开创性人物 G. H. 里维埃（G. H. Rivière）和 H. 戴瓦兰（H. de Varine）推动下得以实现的。1968年，G. H. 里维埃强调指出，民族学博物馆的目标是在世界历史的框架中建立人与自然的联系。

国际博物馆界出现的生态博物馆运动，是一场文化复兴运动，是对近现代公共博物馆基本理念的回归，是对后工业化社会反思的结果。伴随

春到小漆园 摄影／兰俊民

城市化的迅速推进，工业社会的生态危机日益加深，社会生活质量日益低劣，机器产品日益泛滥，带来了人们意想不到的"城市病"：住室拥挤、交通堵塞、空气污染、环境喧嚣、资源枯竭、污染严重、人口过剩、贫富差距大、犯罪率居高不下，以及人生观、价值观的扭曲和道德水准的下降，使后工业社会陷入层层困境之中而不能自拔。

人们开始厌倦城市，崇尚自然，向往乡村的宁静生活，促进回归自然的情感与行动，追求一种朴素的社会生态，出现逆城市化的潮流，城市空心化现象开始出现。而生态博物馆的产生，成为现代生态意识、环境意识不断觉醒的积极力量。近50年来，人类社会逐步进入一个用生态文化适应新环境、建设新社会的时代。

G. H.里维埃在1985年曾将生态博物馆定义为："生态博物馆是由公共（或地方）权力机构和当地人民共同设想、共同修建、共同经营管理的一种工具。"他指出，生态博物馆像一面镜子，当地民众可以通过这面镜子照出自身的形象，通过这面镜子追寻到当地的历史演变。生态博物馆在结构上还原了被传统博物馆生硬分离了的物和它的原生环境，使之具有整体认知感。生态博物馆理念与传统的文化遗产保护和博物馆建设理念的本质区别是，生态博物馆强调在文化的原生地保护文化遗产，并且由当地民众自主管理和保护文化遗产，从而使文化遗产及其原生环境得到一体保护；生态博物馆是指特定的文化社区，一个没有围墙的博物馆，开启了博物馆学研究的新领域。生态博物馆顺应了当代人类生态环境保护意识日益觉醒和高涨的潮流，顺应了当代要求文化遗产权益回归原生地和原住民的呼声，顺应了人类要求协调和可持续发展的愿望。

目前世界上已有 300 多座生态博物馆。其中，西欧、南欧约有 70 座，主要集中在法国、西班牙和葡萄牙；北欧约有 50 座，主要集中于挪威和丹麦；拉丁美洲约有 90 座，主要集中于巴西和墨西哥；北美洲约有 20 座。另外，亚洲地区的日本、韩国等也有类似的保护文化生态的形式。与其所在地社会发展紧密结合的生态博物馆，呈现出不同的组成形态和运作方式。

1999 年 10 月，国际古迹遗址理事会第 12 次大会在墨西哥通过了《乡土建筑遗产宪章》强调："乡土建筑遗产在人类的情感和自尊中占有重要的地位。它已经被公认为有特征的和有魅力的社会产物。""应尊重和维护场所的完整性、维护它与物质景观和文化景观的联系以及建筑和建筑之间的关系。"

进入 21 世纪，国际博物馆领域推进保护文化遗产的重心转向社区、转向文化原生地的努力不断加强。意大利乡村"生态博物馆"通过一个个具体村庄的历史和文化，让青少年知道自己故乡的历史，了解祖先们曾经历过的生活和走过的道路，了解他们所创造的物质和精神文化。乡村"生态博物馆"更大的展示空间在有形的室内博物馆之外，整个社区生活的自然环境和农牧生活场景都被纳入生态博物馆的视野之中。有的乡村"生态博物馆"还包括"艺术和工艺园"，设计了通往各个自然景观、文化景观的参观路线和与宗教信仰相关的文化路线，反映村庄民众的宗教信仰生活，包括教堂、村庄民众在随季节迁移过程中所用的路旁祭坛、民间信仰中的神山等，还包括村庄民众收藏的各个时期的宗教绘画、雕塑作品、宗教装饰品、圣经，以及文艺复兴时期的各种宗教题材的艺术品等。

古代形态的博物馆在我国有着悠久的历史，而近代形态的博物馆则是从西方传入并得以逐渐发展。我国博物馆界自 20 世纪 80 年代开始，关注国外生态博物馆的理论与实践。1986 年，国内开始引进国际生态博物馆的思想理念和实践经验。苏东海先生曾定义："生态博物馆是对自然环境、人文环境，有形遗产、无形遗产进行整体保护、原地保护和居民自己保护，从而使人和物与环境处于固有的生态关系中，并和谐地向前发展的一种博物馆新理念和新方法。"

学者们针对我国第一座生态博物馆创建的经验，研究提出了《六枝原则》：村民是其文化的主人，有权认同与解释其文化；文化的含义与价值必须与人联系起来，并应予以加强；生态博物馆的核心是公众参与，必须以民主方式管理；旅游与保护发生冲突时，保护优先，不应出售文物，但鼓励以传统工艺制造纪念品出售，避免短期经济行为损害长期利益；对文化遗产进行整体保护，其中传统技术和物质文化资料是核心，观众有义务以尊重的态度遵守一定的行为准则；生态博物馆没有固定的模式，因文化及社会的不同条件而千差万别；促进社区经济发展、改善居民生活。这些实践原则的产生是为了更好地在文化原生地保护文化，更好地尊重村民的主人地位。村内也建有室内博物馆，作为生态博物馆的一个组成部分，让孩子们知道自己故乡的历史，了解祖先们经历过的生活和走过的路，了解他们所创造的物质和精神文化。

如果没有民生问题的思考，当地民众作为文化资源的拥有者，必然会对以社区文化保护者自居的"外人"产生抵触情绪。因此，在当地民众生存的"活态"社区建立生态博物馆，社会发展是先决条件。在这里经济生活的改变是正常的改变，文化生活的发展是不可阻挡的发展。事实证明，文化虽然可以相对独立于经济，但文化最终不能脱离经济基础。生态博物馆必须为促进社区经济社会发展作出贡献，才能真正地实现自己的使命。

我国生态博物馆的实践首先选择了西南地区的贵州，该省境内现有苗族、侗族、布依族等 19 个少数民族，大多生活在比较偏僻的山区，因而生活方式、民间习俗和文化观念等受外界影响较小，民族文化保存较好。同时，当地气候温暖，山清水秀，大片的原始森林和奇特的喀斯特地貌构成一处处人间仙境。独特的民族文化加之得天独厚的自然环境，具备发展生态博物馆的良好基础。

我国 5000 年的历史就是一部农业文明史，至今农业人口仍占全国人口的 50% 以上。所以，村落文化景观在我国文化遗产中占有重要的位置，但是在城市化的进程中，它所面临的巨大危机显而易见。农村社区文化是从农业生产、农村生活和人与自然亲密接触之中形成的，是当地民众世世代代积淀与传承下来的，最有泥土芬芳、最富亲情的文化。但是，其价值却长期被忽视。而生态博物馆就是在这样特定的地域内，在相对独立的社区群体中，仍然保持和延续着包括建筑、语言、服饰、饮食、工艺、知识、信仰、道德、法律、风俗，以及生活能力在内的比较完整的文化形态。

蒙古族图瓦人生活 *摄影 / 欧阳宏生*

1995 年，《在贵州省梭戛乡建立中国第一座生态博物馆的可行性研究报告》得到了我国政府的重视和挪威政府对这一项目的支持。这里山高缺水，每年有三个月要到山下背水，生产生活十分艰苦。在建立生态博物馆时，当地仍保存和延续着自己独特、古朴的文化传统。有平等的原始民主，丰富的婚嫁、丧葬和祭祀的礼仪；有别具风格的音乐、舞蹈和精美的刺绣艺术。但是他们没有文字，靠刻竹记事，过着男耕女织的自然经济生活。这一生态博物馆社区内分布有 12 个行政村寨，社区总面积达到 120 多平方公里。1998 年 10 月，梭戛生态博物馆及资料中心建成开放，此后贵州又相继建立了花溪镇山村布依族生态博物馆、锦屏隆里古城生态博物馆、黎平堂安侗族生态博物馆等，初步形成了贵州民族文化生态博物馆群。

2001 年在内蒙古敖伦苏木建立了中国北方地区第一座"草原文化生态博物馆"；2003 年 12 月，广西南丹里湖白裤瑶生态博物馆展示中心在怀里村奠基。这里延续着白裤瑶包括染织文化、礼仪文化、制度文化、铜鼓文化、丧葬文化、建筑文化等极为独特，完整和丰富的传统文化；2006年，南西双版纳地区建立了布朗族生态博物馆。近年来，新疆、福建、湖南、黑龙江等地也陆续提出建设生态博物馆的目标、构想和实践。

我国在文化的原生地建立了第一代生态博物馆，突破了传统博物馆的局限性，实践了文化保护社区化和民主化的博物馆新理念。"生态博物馆就是一种补偿传统博物馆缺陷的新形式"，使整个社区和它的周围环境一起构成场所型的生态博物馆。其范围可能有若干个自然村，还可能打破行政区划的界限，包括同一"文化色块"的更广阔的区域。其鲜明特征：一是对自然环境、人文环境、有形遗产、无形遗产的整体保护与展示；二是强调原地保护展示和当地社区居民的参与；三是在发展中保护，即注重社会文化、环境的和谐与发展，在文化原生地保护文化、尊重村民的主人地位。

人类对自身的文化遗产，从任其自生自灭，到开始自发保护，再发展到全球性协作保护；从对有形文化遗产的保护，扩展到对无形文化遗产的保护，这期间经历了十分漫长的过程，这一过程反映出人类对自身文化遗产价值的认识正在逐渐深化。传统博物馆是将文化遗产搬到一个特定的博物馆建筑中，远离了它们的所有者及其所处的环境，而生态博物馆是建立在文化遗产原状地保存在其原生地，其范围可能是它的核心区域，也可能是它的全部。如贵州黎平堂安侗族生态博物馆，包括了8个邻近侗族村寨组成的生态博物馆社区，约50平方公里；三江侗族生态博物馆，将三江境内苗江15公里流域范围内的高定、独洞、座龙、岜团等村寨列入生态博物馆范围，保护范围内侗族传统建筑文化底蕴丰厚，其中包括风雨桥13座，鼓楼26座。

生态博物馆"是自然与人文、有形与无形的结合，包括自然环境的一切因素，生活于其中的人的一切物质生活方面，习俗、传统、观念、仪轨等一系列非物质形态的表现，可以说是一个小型社会自然的完整系统"。壮族是广西的主体民族，在靖西县旧州街，壮族刺绣、织锦、土司遗存、民居建筑、山歌艺术、壮剧、木雕、节日等民族文化保存的丰富性及完整性，使之成为壮族文化的一个典型代表。像这样具有文化多样性和独特性的民族村寨，在我国的边远地区还有很多。如果说生态博物馆是传统博物馆走出神圣的象牙塔，将博物馆特有的保存与延续理念，带入文化和历史得以创造的原初土壤中，那么，将传统博物馆工作的重心由馆藏文物转向内涵更广泛、层面更多样的文化遗产，则是博物馆领域从"馆舍天地"走向"大千世界"的积极实践。

贵州苗寨

2008 年 10 月，"村落文化景观保护和可持续利用国际学术研讨会"在贵州贵阳召开。会议认为，乡村文化景观是自然与人类长期相互作用的共同作品，体现了乡村社会及族群所拥有的多样的生存智慧，折射了人类和自然之间的内在联系，区别于人类有意设计的景观和鲜有人类改造印记的自然景观，是农业文明的结晶。乡村文化景观展现了人类与自然和谐相处的生活方式，记录着丰富的历史文化信息，保存着民间传统文化精髓，是人类宝贵的文化遗产。乡村文化景观所蕴含的自然和文化多样性是未来理想生活的活力源泉，具有重要的文化象征意义。倡导保护乡村赖以生存的田地、山林、川泽及其生态环境，保护村落的居住环境，保护村落文化记忆，保持村落发展的基础和动力，实现自然和文化、物质和非物质、历史和现时的整体保护。延续村落的文化脉络，维护现代社会文化的多样性，维护乡村文化景观发展途径的多样性。

2009 年 11 月，第二届"中国乡土建筑文化抢救与保护暨建德·新叶古村研讨会"召开，会议归纳出具有典型推广意义的《建德新叶共识》，强调历史村落保护必须由政府引导、社会参与，把文化遗产保护和民生建设结合起来，在加强文化遗产保护的同时，注意做到自然、文化和社会三个生态环境的和谐；建议地方各级政府发布的法规和乡规民约相互补充，逐步建立起以适应社区民众自主管理为基础，以地方政府政策配套为支持的历史村落保护法治环境；特别要在保护物质文化遗产的同时，积极探寻历史村落保护与经济社会和生态环境协调发展的模式。严格注意避免那种为了促进旅游而"创新"的伪文化、伪民俗、伪传统的渗透和玷污，避免唯利是图的商业文化对于地方固有物质和非物质历史文化遗产的侵害。历史村落保护还是一项民生工程，保护历史村落不能简单地对其进行封存，而要有活生生的耕读渔猎文化的延续，因此，在保护工作中必须充分考虑社区民众的发展问题。

动态保护民族的"活态文化"

文化是一条流动的长河，处于永恒的变迁过程之中，所有历史积淀的传统都将经过今天的变化而形成新的传统，并成为明天变化的基础。任何"静态地"保护民族文化的愿望，都是不可能实现的。而世界上从来就不存在超然的可以衡量民族文化优劣的价值标准。必须平等地看待每一个民族的文化，对之采取尊重、宽容乃至欣赏的态度，也就是费孝通先生晚年反复强调的"各美其美，美人之美，美美与共，天下大同"。因此，只能对每一个民族的传统文化进行价值评估，重点选择那些在各民族社会生活中仍然发挥着作用的"活态文化"，将一个民族最核心的，最能体现其民族特征的，最符合时代要求的，最能实现人与人、人与社会、人与自然和谐相处和可持续发展的文化要素保护下来。

生态博物馆理想的实现，取决于当地民众出于文化的目的而参与的程度，取决于生态博物馆能否营造和培育出适合农村社区生存与发展的环境。"我们必须认识到：弱势群体可能珍视自己的文化传统，也可能自动地将其全部或部分加以抛弃。当社区居民因强势文化的撞击，而选择有可能背离传统文化的道路，并仅仅把生态博物馆视为改善社区生活的工具时，生态博物馆就会面临很大的危机。"一些地区的生态博物馆把借助旅游谋求经济效益看作是唯一发展道路。

H.戴瓦兰曾经指出，"由于所选择作为生态博物馆的村寨，将在日后会变得对旅游者非常具有吸引力。如果村寨居民没有充分准备好面对危险和挑战，在多种诱惑面前，小规模的村寨丰富的文化遗产同时会变得非常脆弱"。

我国生态博物馆创建实践面临的问题

冯骥才先生对我国东部历史村镇发生的变化充满担忧，"神州大地上一个个风情各异的古村古镇，转瞬之间变成一片片洋楼群。它们傲立于山野，突现于平原。它们和这里的历史没有关系，和周围的自然环境与人文环境全无关系，这些金发碧眼的小洋楼就像是从天上掉下来的"。

农村社区文化是最有泥土芬芳、最富民间亲情的文化，却长期被忽视。据中国社科院社会学所李培林所长提供的调查数字：从 1985 年到 2001 年，我国农业村落的个数，从 94 万余个锐减到不足 71 万个。仅 2001 年，我国延续了数千年的农业村落就减少了 25000 余个，平均每天减少约 70 个。

生态博物馆是在一个特定的区域内，在相对独立的社区群体中，仍然保持和延续着包括建筑、语言、服饰、饮食、工艺、知识、信仰、道德、

雾锁白哈巴 摄影／岳丽辉

云南大理巍山古镇 摄影/陈建伟

法律、风俗，以及生活能力在内的比较完整的文化形态。这样的社区群体有着双重性：一方面，拥有原生态的、唯一性的、独特的传统文化，保存得十分完整和丰富；另一方面，由于长期封闭，经济十分落后，物质生活条件较差，处于贫困的状况，脱贫几乎是其所面临的最大问题。对此，生态博物馆建设必须承担起社区发展和文化遗产保护的双重重任。既要考虑社会公众意识与整体利益，更要考虑区域内民众的现实需求，而采取适当的支持与补偿措施。

有些地方在新农村建设中出现了背离文化、劳民伤财的误导。在乡村文化景观中，不同民族、不同地域的传统民居是人们识别不同乡村文化景观最重要的符号，其实用性与地域美，都是当地民众千百年来的文化创造。一座有着五六百年历史的民族村寨，靠山面水、依山而建，村寨中一条石板路自然曲折延伸到尽端，数条纵向小道与之相连，整个村寨曲径通幽，充满情趣。但是被列为新农村建设的示范村"雾锁白哈巴"后，拟规划建设纵横交叉的"十字街"，将原本完整的村寨人为割裂成四个部分，还要拆掉数十户传统民居。一旦规划实施，村寨的历史文脉将被肢解和割裂。有些地方推倒传统民居，造起别墅式住宅，结果是客厅变成了储存粮食、放置农具和杂物的仓库，门口搭起了鸡窝、猪圈和牛棚。更有一些人对本民族所处的环境和文化存在着一种自卑心理，对自己的家园和文化感情淡漠，认为家乡的一切都不如城市。"城市化妆运动"，向农村地区大举进军。不少历史文化村镇盲目复制城市文化景观，将大量雄伟气派的房地产开发项目移植到历史文化村镇之中，导致乡村文化景观存在规则化和庸俗化倾向，导致"万村一面"的同质化。按照城市风格建造的村落和民居，正在改变着我国成千上万的美丽乡村，使它们变得浅薄和粗俗。

一些民族村寨的建设与发展，彻底将古村镇变成一个提供"真实建筑，虚假生活"的主题公园。干脆将居民全部或者部分搬迁到新村居住，白天再让其回到古村镇工作，新的项目主要功能是为旅游服务，以营利为目的，缺少民族传统文化的真实性，掺杂其间的伪民俗却十分丰富。在这些所谓的"民族村""民族风情村"里，"新的文化产业的发展中，我们发现许多民间的传统文化成为了一种艺术的表演形式，在这些表演形式背后，与农民们的宇宙观、道德观、生命观乃至生产方式紧密相连的传统文化，似乎正在碎片化、甚至空洞化。这里面隐含了一系列令人担忧的问题"，缺少对本地文化与自然资源价值的准确认识，盲目开发甚至进行破坏性开发的行为突出，大体量豪华客栈越来越多，逐渐失去地域特色和民族风格。同时，对旅游从业人员缺少"负责任旅游""可持续旅游"方面的培训和监督，不少导游缺乏必要的历史文化知识和文化遗产保护理念，在讲解中随意迎合参观者的喜好任意编造讲解内容；原生态文化标签随意贴在来自各地的旅游商品上，鱼龙混杂；文字影像方面的旅游产品更是缺乏权威性，漏洞百出，严重影响了民族村寨温馨平和的文化氛围，使民族传统文化受到伤害，使物质和非物质文化遗产在不断地悄然消失。

在乡村文化景观中，最基本的要素是传统民居。这些民居建造于自然环境和文化背景之中，不同民族、不同地域的传统民居千姿百态，是人们识别不同乡村文化景观最重要的符号。传统民居的实用性与地域美，都是当地民众千百年来的文化创造。如今，民居的建造、保护与修缮，如果背离了历史文化之根，另搞一套，就必然造成对乡村文化景观和历史文脉的伤害与破坏。

生态博物馆理想的实现，取决于社区居民出于文化的目的而参与的程度，取决于生态博物馆能否在传承的基础上，营造和培育出适合自己生存的环境。黄春雨在《理想与现实——生态博物馆必须的对接》一文中说道："弱势群体可能珍视自己的文化传统，也可能自动地将其全部或部分加以抛弃。当社区居民因强势文化的撞击，而选择有可能背离传统文化的道路，并仅仅把生态博物馆视为改善社区生活的工具时，生态博物馆就会面临很大的危机。"

这些年随着旅游业的蓬勃发展，历史文化村镇旅游逐渐成为热点。与此同时，历史文化村镇作为生活场所和文化空间的功能却面临着诸多挑战。各地的生态博物馆似乎都把借助旅游谋求发展看作是唯一道路，如果均以此维系参与生态博物馆的热情，生态博物馆也就仅是一处旅游之地，而失去了它存在和发展的意义。

在此，可以看到我国与欧洲在发展阶段上的差距。欧洲生态博物馆提出在 20 世纪 70 年代，其经济社会发展已经达到了一定水准，却面临着能源危机和生态的压力，在此文化背景下的反思，使其产生了保护文化与生态的思想，这是一种文化自觉的行为。而我国的生态博物馆，大多数是建立在西部民族地区偏远的贫困山村，经济发展水平远未达到一定的富裕程度，文化发展水平也尚未达到自行创办生态博物馆的觉悟意识，于是一些生态博物馆是在当地民众对自己的文化缺乏认识和自信的情况下建立的，"官办"色彩浓厚，是由外来力量主导的一种被动行为，或者只是为了在此名义下努力地摆脱贫困，他们甚至不知道生态博物馆是什么、该怎么创办和维持，甚至成为生态博物馆建设的旁观者或被动参与者，外来力量一旦撤出，生态博物馆就将面临偃旗息鼓的局面。

如此产生的生态博物馆，很难成为一种教育的工具和阻止文化退化的方式，更难以应对突然间对外开放时，来自世界上高度发展的社会和技术的交流，以及文化影响的涌入。

就像至今我们还不敢挖掘秦始皇和武则天的陵墓一样，因为一旦挖掘了，我们又没有能力保护，里面所有的文物都会在瞬间遭到氧化，有些甚至会化为灰烬。文化也一样，尤其是没有文字记录的口头非物质文化更是如此。一些民族村寨兴建了为旅游服务的"民族村""民族风情村"，把相邻民族的文化元素聚合在一起，试图展示各民族的传统文化和生活习俗。许多民间传统文化成了一种艺术表演形式，而与村民们的生存环境、生产生活方式紧密相连的传统文化，乃至其生态道德伦理观和农耕文化生存智慧，似已支离破碎，渐行渐远……

生态博物馆文物和民间手工艺保护

在生态博物馆的建设过程中，还始终存在着民族民间可移动文物和手工艺品流失的问题。民族民间文物的非法贩运，是目前国际文化遗产保护的最大难题之一，在我国生态博物馆中同样存在。当旅游者，特别是一些外国收藏家、文物贩子或者文物收藏机构来到民族村寨，并发现精美的民族民间文物时，往往会拿出一定数量的钱购买这些居民的祖传物品，最终使这些文物离开了文化原生地，甚至流落异国他乡。

另一方面，长期以来，民间艺人和民众手工制造的工艺品或生活用品，是为了满足家人或本地居民的需求，其中包含着使用功能、文化象征、精神寄托、场景装饰，以及综合意义。但是，随着旅游市场的需求增长，这些手工艺品变成了批量生产的产品，用"典型"的样式销售给不懂行的旅游者，使成为产品的传统手工艺品逐渐失去了文化含义，质量也变得粗糙，降低了当地传统文化的声誉。同时，当地民间艺人和从事手工艺品制作的民众也因此而受到剥削，和他们所付出的劳动相比，销售价格过于低廉。

1993年，吴良镛、周干峙等学者正式提出建立"人居环境科学"，着重探讨人与环境之间的相互关系，强调把人类聚居作为一个整体，而不像城市规划学、地理学、社会学那样，只涉及人类聚居的某一部分或是某个侧面。生态博物馆要成为提高人们的文化意识，保护文化遗产所在地的自然环境，促使人类社区可持续发展的积极力量。

生态博物馆思想产生于欧洲的后工业社会之中，是一种深刻的理念，不可能在距离这个时空十分遥远的我国原始民族村寨中自发产生。在我国这些正在摆脱贫困的村寨中建立生态博物馆就是为了保护文化传统的多样性，使这些村寨在现代化进程中不会丧失自己。要使村民接受生态博物馆，还需要走很长的路。

生态博物馆必须本土化才能生根

将生态博物馆思想进行中国化、本土化的实践。所谓本土化就是和我国乡村的实际相结合。

苏东海先生指出："在中国建立一个生态博物馆并不难，而巩固它比建立它就难多了。因为建立它是政府和专家的行为，而巩固它只有文化主导权回归到村民手中，村民从名义上的主人回归到事实上的主人时，生态博物馆才得以巩固。"

生态博物馆所保护的不是单独的文物，也不仅仅是古老的建筑，实际

苗绣 *摄影 / 盘志强*

上是一个完整的文化空间，一个活态的文化肌体。对文化遗产的保护，从简单的收集、整理、展示到在文化原生地系统全面的保存、展示和传承，是文化遗产保护和博物馆实践上的一次飞跃。生态博物馆理想的实现，取决于社区居民出于文化的目的而参与的程度，取决于生态博物馆能否营造和培育出适合自己生存的环境。

生态博物馆建设并没有一个标准的模式，但是，人们已经通过实践，看到了生态博物馆在延续乡村文化景观、保存珍贵文化记忆、提升民众文化自觉、保障民众主体地位、推动社区经济发展、促进社会各界合作、扩大社区文化传播和完善自身能力建设等方面的积极作用。

生态博物馆的工作对象是特定社区文化与社区民众、社区发展的关系，横向既包含了文化遗产和自然遗产、可移动文物和不可移动文物等有形存在的，也包括语言、规则、信念、行为、人际关系和人地关系等无形存在的，还包括社区民众对待自己的文化和文化遗产的认知和评价状况等；纵向是过去、现在和未来，研究复杂系统的人文科学和社会科学。生态博物馆同时保护文化遗产和自然遗产，可移动文物和不可移动文物，物质文化遗产和非物质文化遗产，鼓励社会多元因素参与生态博物馆的各类项目；鼓励跨学科、跨行业、跨系统、跨领域的各方面专家参与合作；鼓励运用人类学、历史学、语言学、考古学以及社会学等多种研究方法和理论，解读生态博物馆所在社区的深层文化结构，构建生态博物馆的创新理论。

生态博物馆文化的互动传播

现代人对于乡村文化景观的依恋可以追溯到观光农业的兴起，而自然村寨的旅游吸引力则与逆城市化的价值认同相适应。生态博物馆将美丽的自然风光与多彩的民族风情完美结合，以其特有的方式向参观者展示全部的文化信息，慰抚着人们的怀旧和思乡情结。

生态博物馆中文化景观与自然景观之间直观的和谐关系在研究和观赏方面极具吸引力。生态博物馆强调地方特性和地方感觉，其价值和意义正在被人们所认识和理解。如果一个民族村寨拥有独特的传统文化，而不向外界传播，没有得到外界的欣赏，就难以展示文化多样化的价值。越是能为外界所欣赏的文化越有生命力，外界的赞叹应作为激励文化传承的重要动力。应科学评估大众旅游带来的负面影响，正确认识两者和谐发展的重要性。

事实上，大批参观者来到生态博物馆，激发了当地民众的文化活力，参观者对当地传统文化的高度评价，提高了社区民众保护的热情，增强了他们在外来文化面前对自己文化的信心。此时社区民众的表演和展示，已不仅仅是为了商业目的，而是出于文化自豪，他们真正感悟到成为自己文化的主人，文化遗产也才拥有自觉传承的基础。生态博物馆周边其他村寨的民众，通过参观生态博物馆，也会认识到保护自己家乡文化遗产的重要性，从而扩大了生态博物馆的社会影响。

当地居民是社区文化的创造者、亲历者和拥有者，应该拥有更多的参

湖南靖州苗族侗族自治县地笋村"新娘担水"民俗 *供图／湖南省林业厅*

与机会，主导生态博物馆的发展。生态博物馆要更加积极地探讨与文化主体，也就是与当地居民的合作方式，同时，生态博物馆中人们的传统知识系统必须受到尊重、发扬与保护。要根据文化多元性的特点，突破原有的学科界限，以平等、尊重的态度欢迎社会各界的参与实践，更广泛地吸收不同领域的成果，使生态博物馆成为不同学科交流和互动的空间，推动生态博物馆文化的广泛传播。

例如菲律宾拉博拉多生态博物馆，持续地开展社区活动，包括节日庆典、河流清淤、森林保护、电脑网络、青年培训等，受到社区的广泛支持和赞扬，体现出可持续发展的社区特性。随着终生学习时代的来临，应使终生学习包括在生态博物馆的发展中，通过生态博物馆的活动，增加为当地居民和参观者提供知识，并把知识传递给下一代的机会，可以使当地居民和参观者增强对文化遗产的感情，正确理解文化遗产的价值。

生态博物馆的延伸与拓展

村落文化景观是自然与人类长期相互作用的共同作品，是人类活动创造的并包括人类活动在内的文化景观的重要类型，体现了乡村社会及族群所拥有的多样的生存智慧，折射出人类和自然之间的内在联系，区别于人类有意设计的景观和鲜有人类改造印记的自然景观，是农业文明的结晶。

村落文化景观展现了人类与自然和谐相处的生活方式，记录了丰富的历史文化信息，保存了民间传统文化精髓，是人类宝贵的文化遗产。村落文化景观所蕴含的自然和文化多样性是未来理想生活的活力源泉，具有重要的文化象征意义。

苏东海先生在总结我国生态博物馆建设的基本经验时指出：生态博物馆的思想必须本土化才能生根。生态博物馆的思想具有普世价值，但它存在的形态却是千差万别的。它是一颗思想种子，必须种在土壤中才能生根。一切从国家的、社会的、本地的实际出发，生态博物馆才有希望自下而上地发展下去。今天不应试图把生态博物馆模式化，生态博物馆应该根据地域特点而千姿百态。

从"文化代理"回归到"文化自主"

在我国诞生的第一批生态博物馆，建馆至今也已经有 20 年的历史，"保护的难度就在于我们企图让这一'活化石'在现代'污染'无处不在的社会环境中接近'原生态'地活下去"。在生态博物馆中，文化遗产的保护不能由政府和专家包办代替，不能让当地民众缺位，只有当被保护对象认识到自身所创造的文化价值和保护的必要性时，才能进行有效的保护；只有被当地民众认同的、认可的文化遗产，才能被进行有效的传承。

"文化不是血缘的东西，是心理的东西，是要传承的"，任何一种先进理念和由此催生的新生事物，只有和现实的需求相契合才能具有生命力。实际上，在我国古老民族村寨中建立生态博物馆，无论对于农村社区，还是村庄民众来说，都是一种超前的行为，要使生态博物馆得到巩固和发展，当地社区和民众都必须超越自己的固有观念和能力。生态博物馆在理想与现实的对接过程中，最容易实现的是技术层面的对接，例如记录、维护、保存文化遗存，建立信息资料中心等，这些可以通过借鉴传统博物馆的已有做法，结合当地实际来完成。但是，社区民众对于自己传统文化和生活方式的认识，参与生态博物馆建设的目的，是否与建立生态博物馆的

山乡如画　摄影／高峰

目标相一致，则是生态博物馆在理想和现实对接的过程中所面临的最大挑战。

从文化代理回归到文化自主，社区民众需要"经过三个文化的递升的层面。这就是利益驱动层面、情感驱动层面和知识驱动层面"。当地民众保护自己文化的动力来自于利益的驱动，也来自于对自己文化的天然感情，但是，对自己文化的价值往往缺乏科学认识。这三个层面都需要提高，而且将是一个长期的提高过程。在过去20年里，清华大学陈志华教授率领建筑学院乡土建筑研究小组的200余名学生，调查了我国13个省份100余个不同类型的村镇，用3000余张建筑测绘图纸和40余部关于乡土聚落的研究报告，记录了变化中的我国乡村，总结出了乡村聚落和乡土建筑保护的8项原则：

一是保护乡村聚落和乡土建筑的原生态；二是保护乡村聚落的整体，也就是保护历史信息的完整性和系统性；三是保护乡村聚落的各类建筑及其各种公用生活设施和生产设施，如池塘、沟渠、石磨、水井等；四是要收集、保护各样日常的和劳动的器物及用具，表现村民们的智慧和技巧、反映乡村聚落生活的细节；五是要细心地发现和保护乡土建筑上的细节和历史痕迹；六是尽可能地保护乡村聚落的原生态环境；七是保护一个乡村聚落，就要保护它一切可以收集到的文字史料和口传史料，把它们展示出来，最好是编纂村志正式出版；八是广泛收集保存与乡村聚落共生的其他物质性和非物质性的东西，力争完整全面地保护乡村聚落和乡土建筑的多方面综合价值。

生态博物馆提供了最丰富的原址展示，既包括山脉、河流、森林、草地等人们生存所依赖的自然条件，也包括居住建筑、文物古迹、传统节日和民间习俗等人们日常生活的文化环境。其更大的展示空间在有形的博物馆建筑之外，除了那些有着数百年历史的寺庙、戏台、民居等古老建筑被精心保护外，传统的磨坊、酿酒作坊、打铁作坊，甚至过去烧炭的土窑、饮用的水井等，都可作为乡村文化景观的组成部分而保留下来，而且自然村寨周围和谐的生态氛围，依山傍水、植被良好，同样是生态博物馆的组成部分。生态博物馆因人的生活而存在，能够实现历史与现实的完美结合，关键在于它是"活态的""动态的"，生态博物馆中的文化遗产拥有生命，与村庄民众休戚相关，或是以村庄民众为传承载体。生态博物馆的时间是现实的历史时间的延绵，又流向未来。生态博物馆的首要任务是文化记忆的保存，活态文化的传承，对所有物质与非物质遗产，都应予以科学的记录，妥善的保护。生态博物馆应制订文化遗产和自然遗产的保护规划、社区保护管理规章，设立社区文化保护基金；建立以资料信息中心为基地的研究机构，指导年轻的村民掌握信息记录技能，并带领他们开展文化记忆工程；指导当地民众用本民族的语言记录自己村寨的口碑历史和传说，通过采访村寨老者，录制能够长期保存的音像资料，建立"文化记忆数据库"；建立民族民间艺人和非物质文化遗产档案，培养文化传承人。

培训阶段，当地政府和专家学者的责任在于帮助农村社区和当地民众，从文化自在上升到文化自觉。生态博物馆是一种增强自我文化认同与文化遗产保护意识的工具，更迫切的是帮助当地民众科学地理解自己的文化，认识身边文化遗产的价值，更加关心社区的前途和长远利益，帮助他们揭示和肯定自我的潜力和方向。社区民众要在生态博物馆的各项活动中承担重要角色，与当地政府和专家学者平等地共同讨论生态博物馆的建设与发展事宜。培养他们对农村社区文化遗产的自觉保护意识，学会珍惜自己的文化传统，树立自己的文化尊严。

生态博物馆的实践，为博物馆回归社会公众开辟了新的道路。从当地民众眼中看到的世界，才是思考发展问题的基础和应有视野。尊重社区民众的知情权、参与权、监督权，实现社区民众的文化自觉和文化自主，才是真正意义上的生态博物馆。

生态博物馆建设必须坚持以人为本，推动社区经济发展。生态博物馆的根本目的是保护物质与非物质文化遗产，而不是保护贫穷与落后。任何人都没有权力凝固其中文化和自然遗产与社区民众生活之间的关系，任何人都无权阻止当地社区为可持续发展而进行的努力，任何人都无权剥夺当地民众拥有享受现代化生活的权利。一个贫穷与落后的农村社区，在未来市场经济的大潮中，不可能保护好自己的文化遗产。努力提高社区民众的生活水平，是生态博物馆建设的重要内容。需要各级政府在政策导向、资金投入、技术保障和资源整合等方面，对生态博物馆所在地加大支持力度。生态博物馆要以严肃的学术研究为基础，促进社会各界合作。生态博物馆的建设为专家学者深入了解、研究和挖掘各少数民族地区文化提供了一个活态的基地。从横向看，既包含乡村文化景观、文化与自然遗产等有形存在的，也包括语言、规则、信念、行为、人际关系和人地关系生态教育培训和道德讲堂活动等无形存在的，还包含社区民众对待自己的文化和文化遗产的认知和评价状况等；从纵向看，则包括了过去、现在和未来。生态博物馆诞生以来，始终离不开传统博物馆的帮助和博物馆学者的指导。近年来，广西民族博物馆帮助新建了10座生态博物馆，同时将其作为自己的科研基地，形成了民族博物馆的科研力量和社区民众之间的互动互益体制。而广西民族博物馆和生态博物馆结盟建成联合体，则是中国生态博物馆实践中一种新的探索，也是中国传统博物馆与文化原生地接近的一种努力。以科学的方法、专业的视野对"活态文化"标本进行科学研究，再把研究成果以通俗的方式传授给当地民众，在专家学者与当地民众之间建立起不断互动的机制，直接提升了当地民众对自己文化价值的认识和保护的自觉性，并有利于当地专业人才的培育。

二、文化遗产保护与生态文明建设

自人类文明起源以后，人与自然的关系，始终既是困扰也是激励人类的最重要的问题。从这个角度说，生态文明始终是人类文明的组成部分，伴随着人类文明的进程，并且在不同地区和不同时代有着不同特点，反映出不同的兴衰规律。

文化遗产是人类文明的历史遗存，记录和见证了人与自然关系的延续与变迁，是人类智慧的总结和积累。同时，又为人类谋略今天和未来的应对之策，提供了翔实的资料和丰富的启迪。

如今，建设生态文明、建设美丽中国的热潮，为我国文化遗产的保护提供了难得的历史机遇和坚实的现实支撑，应当给予足够的重视与研究，寻找更加合理有效的措施与路径。

人类文明起源发展进程中对生态文化的不断探索

世界上不同的文明都有关于自己起源的神话传说，在 20 世纪大都得到了考古印证。虽然对于人类远古究竟是几大文明还有不同的说法，但是，例如古埃及文明、两河流域文明、古印度文明、爱琴海文明、华夏文明，无论是旧大陆的远古文明，还是新大陆的玛雅文明、印加文明等都是无可争议的人类灿烂文明，他们留下的珍贵遗产都真实反映了当时人与自然、人与生态的关系。

人类的早期文明原本具有同一个特点，即在对待人与自然的关系问题上，都承认自然的重要与不可代替性。有西方建筑师曾说："古希腊人在从事建筑布局时，很注意周围的自然景色，以便使大自然的形式与人为的形式，彼此和谐协调。"这表达了人类必须顺应自然条件来从事创作活动的思想。

当然，同样是古希腊时期，哲学家普罗泰戈拉也提出："人是万物的尺度，是存在的事物存在的尺度，也是不存在的事物不存在的尺度"，此后的犹太—基督教进一步发展了这种观点，其教义中用世界缔造者上帝的口吻指示人类："你们要生养众多，遍布地面，治理这地，也要管理海里的鱼，空中的鸟和地上各种行动的活物。"这种西方哲学和宗教世界观中人与自然既有相亲亦有相抵的观念不断博弈，使人们在实践中逐渐探索与自然和谐相处的轨道。

曾经有学者指出，动物世界只能通过个体的遗传、变异进化来适应大自然生态的变化，而人类文明形成后，则通过群体社会组织形态的演化来调适，尤其随着科学技术的进步和生产力的提高，其规模和效率不可同日而语，反过来对生态环境的影响也与日俱增。

从考古遗址看中国文明历程中对生态文化的认识

根植于农业文明的中国传统文化中尊重自然、珍爱生命的生态观念源远流长、深入人心。尽管其思想体系内部各流派之间存在这样那样的差异，然而在对待人与自然的关系上，无论儒家的"仁民爱物"，道家的"自然无为"，释家的"妙造自然"，以及法家、阴阳家等，整体特点都是尊重自然、爱护生命。

李约瑟说过，古代中国人在整个自然界寻求秩序与和谐，并将此视为一切人类关系的理想……人是主要的，但并不是为之创造的宇宙的中心。有一项任务要去完成，即协助大自然，与自然界自发的和相关的过程协同地而不是无视于它地起作用。

中国新石器时代的考古发现表明，人们从聚落的选址到渔猎活动，在依赖、顺应自然的同时，也在努力提高自己生存的质量。摆脱单纯从大自然的动植物中索取的采集和渔猎经济，逐步实现家畜家禽的驯养和粮食作物的栽培，找到可循环、可控制的食物来源途径，就是一场深刻的、划时代的生态革命。目前的考古发现与研究表明，西亚濒临地中海的"新月形

紫禁城，中国古代天人合一观念下皇宫建筑的巅峰之作

地带"，是大麦、小麦和山羊等的最初驯化地区。而中国的北方应是粟、黍类粮食作物的起源地，大豆的起源还在这一区域探索中。中国南方则有很大可能与水稻的驯化有关。中国古代家畜中猪是很早被驯养的，其后陆续出现了绵羊、黄牛、狗、鸡等。最近有研究表明，对绵羊的饲养已经有专门留作剪取羊毛的可能，踏上了对资源的多次重复利用的台阶。马在商代晚期才大量出现，多认为是从西面传入的。总之，农业与畜牧业的起源，是人类发展与自然生态的第一次根本性调适。

人类文明形成的标准虽然一直也有争议，但是城市的出现是得到广泛认可的文明门槛。历史时代城市的兴起和繁荣，城市人口聚集、公共设施的营建，为政治、经济、文化的发展提供了基础条件，更给人与自然的关系提出了新的挑战，也带来了全新的生存方式。中国古代从部族聚落、古国中心聚落、方国都邑，到二里头文化时期的都城遗址，屡毁屡建，在漫长的岁月中留下一处处曾经一度辉煌的城市遗存。直至明清时期的北京城和其中的皇城、紫禁城，更是集天地人一体的思想之大成，通过元气、风水、阴阳五行等中国传统文化特有的逻辑和语言代码表述，把山川形胜、万物生长与人居生活系统地、有机地统筹布局，成为人类文明史上的人与自然关系的最杰出创作之一。

生态文明建设为文化遗产保护迎来了新契机

　　世界遗产的申报将人文与自然资源融为一体。过去我国对文物古迹的保护，由于经济、文化发展历史的局限，主要精力集中于文物建筑、古遗址、古墓葬的本体的保护。行政管理部门的分工分割，也使文化与自然遗产管理一直各自为政。1985 年，中国正式加入《世界遗产公约》，1987 年，故宫等 6 处文物古迹第一次列入《世界遗产名录》。截至 2015 年 7 月 5 日，中国"世界遗产"总数已达 48 项，仅次于意大利，居全球第二。按照规定，被提名的遗产必须具有"突出的普世价值"以及至少满足以下十项基准之一：一是表现人类创造力的经典之作；二是在某期间或某种文化圈里对建筑、技术、纪念性艺术、城镇规划、景观设计之发展有巨大影响，促进人类价值的交流；三是呈现有关现存或者已经消失的文化传统、文明的独特或稀有之证据；四是关于呈现人类历史重要阶段的建筑类型，或者建筑及技术的组合，或者景观上的卓越典范；五是代表某一个或数个文化的人类传统聚落或土地使用，提供出色的典范，特别是因为难以抗拒的历史潮流而处于消灭危机的场合；六是具有显著普遍价值的事件、活的传统、理念、信仰、艺术及文学作品，有直接或实质的联结（世界遗产委员会认为该基准应最好与其他基准共同使用）；七是包含出色的自然美景与美学重要性的自然现象或地区；八是代表生命进化的记录、重要且持续的地质发展过程、具有意义的地形学或地文学特色等的地球历史主要发展阶段的显著例子；九是在陆上、淡水、沿海及海洋生态系统及动植物群的演化与发展上，代表持续进行中的生态学及生物学过程的显著例子；十是拥有最重要及显著的多元性生物自然生态栖息地，包含从保育或科学的角度来看，符合普世价值的濒临灭绝物种。从以上标准不难看出，要想被列入《世界遗产名录》，人文与自然生态之间的联系是非常密切的。

　　世界文化遗产虽然区分为文化遗产和自然遗产，其实两类遗产多有交叉，很难截然区分。例如作为自然遗产的三清山，就是中国最著名的道教名山之一，拥有重要历史价值的文物古迹。

　　而在多数以文化遗产申报的项目中，与周围自然环境的和谐相处，则是专家评估的特别重要的标准。以我国成功申报的世界文化遗产为例，敦煌莫高窟基本保持着开凿时期戈壁绿洲的地形地貌，可惜损毁的木构窟檐

世界文化遗产敦煌莫高窟坐落在沙漠绿洲 *摄影／李季*

建筑在早年维修中被钢筋混凝土所代替，颇感遗憾。

承德避暑山庄及周围寺庙，与自然环境一起生动诠释了游牧狩猎与农耕及汉地与藏传佛教之间政治、经济和文化的交融。

广东开平碉楼与村落、福建土楼，都包括了多处散布在当地山水田园的民居村落。集安高句丽古墓群和山城遗址在江边依山而建，是当时中国的地方政权开拓、经营这一区域的历史见证。

元上都遗址不仅坐落在广袤草原的怀抱，也与宗教祭祀活动密切相关。2010 年，世界遗产委员会将登封"天地之中"历史建筑群列入《世界遗产名录》，标志着国际社会正式接纳系列遗产可以用一个概念将不同的人文、自然要素联系起来的方式。2014 年，大运河和丝绸之路：长安—天山廊道的路网被列入《世界遗产名录》，则标志着线状分布在上千公里辽阔复杂自然环境的文化遗产系列概念得到公认。

鉴于有些文化遗产项目更加突出的自然生态背景，国际组织又细分出文化景观类别。一般是指由人类有意设计和建筑的景观，包括出于美学原因建造的园林和公园景观。它们有可能产生于最初始的一种社会、经济、行政以及宗教需要，并通过与周围自然环境相联系或相适应而发展到目前的形式。庐山、五台山、杭州西湖和元阳哈尼梯田先后成为我国"世界遗

从避暑山庄远眺群山环抱的寺庙　摄影／李季

产"中的文化景观，是人与自然关系的大手笔之作。

　　对于文化和自然价值都很突出的遗产项目，另立为混合、兼容型遗产类别，俗称文化与自然双遗产。我国这类遗产目前拥有山东泰山、安徽黄山、四川峨眉山—乐山风景、福建武夷山4处，也是世界自然与文化双遗产数量最多的国家之一（与澳大利亚并列），反映了人文与自然完美结合的双重价值。这些遗产地按照我国现行法律和行政体系，涵盖了多处已经依法公布的文物保护单位、风景名胜区和自然保护区。申报世界遗产的工作促进了当地政府不同行政管理部门的协调与整合。

国家考古遗址公园的兴建使文化遗产融入生态环境

　　国家考古遗址公园，是指以重要考古遗址及其背景环境为主体，以遗址为内容，以公园为形式，具有科研、教育、游憩等功能，在考古遗址保护和展示方面具有全国性示范意义的特定公共空间。

国务院先后分 7 批公布了 4295 处全国重点文物保护单位，国家文物局从中公布设立了 150 处大遗址，并于 2010 年首批公布了北京圆明园和周口店、吉林集安高句丽、江苏鸿山、浙江良渚、河南殷墟和隋唐洛阳城、四川三星堆和金沙，以及陕西阳陵、秦始皇陵、大明宫等 12 处国家考古遗址公园。

2013 年国家文物局公布了第二批入选的辽宁牛河梁、黑龙江渤海中京及渤海上京、江西景德镇御窑厂、山东曲阜鲁国故城、山东大运河南旺枢纽、河南汉魏洛阳故城、湖北熊家冢、湖南长沙铜官窑、广西甑皮岩、四川钓鱼城和新疆北庭故城等 12 个国家考古遗址公园。

上述国家考古遗址公园兼顾了不同历史时期和不同地域的代表性遗存，其中有的已经成为世界文化遗产。例如：良渚遗址反映了当时古国在水网地带建城筑坛的历史，出土玉器则代表其走向文明的高度发达阶段。鸿山春秋战国时期的贵族墓群出土了大量高等级珍贵文物，遗址公园的设计则尽量贴合古代吴越地区的地理环境。三星堆遗址祭祀坑出土的青铜面具、铜人、神树让世人震惊，表明这一区域的文明程度足以与中原夏商王

南靖怀远楼霞光　摄影／简喜梅

63

三星堆遗址考古发掘出土的青铜面具　摄影 / 李季

朝媲美。金沙遗址出土的上千根象牙使人们对当时成都平原的生态环境有了新的认知。

河南殷墟遗址从 1928 年以来基本持续进行了考古发掘，是最早被确认的中国古代文明标志。秦始皇陵是以其随葬坑兵马俑蜚声世界，其实整个陵园还埋藏着大量文明密码，遗址公园的建设保证了文物保护所必需的良好生态环境。集安高句丽古墓群和山城建成国家考古遗址公园后，着力再现了当年山清水秀的宜居景象。

隋唐洛阳城和长安城大明宫遗址公园都建立在历代城市叠压的人口密集区域，当地政府在市民支持下排除万难建成城市中的园林景观，不仅有利于遗址保护，也给周边居民提供了高质量的生态休闲场所。新疆北庭故城遗址作为世界文化遗产丝绸之路长安—天山廊道路网的重要节点，是唐代中央政权经营西域的历史见证，建成的遗址公园是戈壁沙漠中的一抹绿色，以河渠、林木、湿地、栈道、围栏等构成土质遗址的多重保护屏障，以保护大棚和博物馆覆罩佛寺遗址和极其珍贵脆弱的佛教造像、壁画遗存。江西景德镇御窑厂是明清两代的皇家官窑，建成遗址公园后，不仅在市区稠密的居民区中有效地控制了环境，还为长期持续开展考古发掘和科学研究创造了条件。北京圆明园遗址一直有复建与原址保护的争议，但是先建成遗址公园予以科学规划保护，同时作为爱国主义教育基地和园林景区向公众开放，再从容进行考古与科研，应该是最现实的考量。

国家考古遗址公园在对古遗址、古墓葬的利用方面进行了积极有益的探索，将大遗址变成了传承和感知中华民族传统文化的公共空间，并在开放和服务方面体现了显著的公益性特征，带来了当地环境的改善，彰显了文化遗产与自然环境不可分割的密切联系，树立起区域和城市生态环境中极富特色的地标，有效实现了面向社会、服务公众、惠及民生，成为我国生态文明传承体系的重要组成部分。

方兴未艾的生态文明建设热潮为遗产保护开拓了更广阔的未来

"十三五"经济社会发展规划确立了以创新、协调、绿色、开放、共享五大发展理念引领我国阔步迈向"两个一百年"的奋斗目标，特别强调了优化国土空间开发格局，要求按照人口资源环境相均衡、经济社会生态效益相统一的原则，控制开发强度，调整空间结构，促进生产空间集约高

北庭故城的土质佛寺遗址　摄影／李季

哈尼梯田　摄影／陈建伟

效、生活空间宜居适度、生态空间山清水秀，给自然留下更多修复空间，给农业留下更多良田，给子孙后代留下天蓝、地绿、水净的美好家园。

只有在这种格局中，我们各处的世界遗产、文物保护单位、历史文化名城和街区、传统村落等，才能更好地安身立命、发扬光大，才能彰显其价值和尊严，才能得到有效的阐释与传播。

环境整治，给予文化遗产更舒朗、安全的保护与开放空间；生态修复，给予文化遗产更和谐、舒适的旅游、休闲空间。在生态文明建设中保护文化遗产，可以从更高的战略角度、更开阔的国际视野，得到更广泛的各行各业各界协调支持，使得我们美丽中国青山永续、绿水长流，传统弘扬、古迹重光，万物和谐、生生不息……

第二编

华夏古村镇生态文化纪实

　　具有数百年乃至上千年历史的华夏古村镇，是生活在我们身边的生态文化活态经典。我们以人与自然和谐发展、生态文化遗产与生态文化原生地一体保护，发掘中华民族生态文化哲学思想，延续中华民族伟大复兴、永续发展的生命活力为主导思想，历时五年，最终形成了《华夏古村镇生态文化纪实》。华夏古村镇是人类与自然不断磨合、相互契合、相互依存的生态家园；是传承着生态哲学智慧、烙印着民族人文足迹、珍藏着历史文化瑰宝的生态博物馆；是记载华夏心路历程、与生命同在的史书……

第一章　徽派古村镇

呈坎古名龙溪，是全国独一无二、保存最完好的明代古村落，其中"罗东舒祠"和"呈坎村古建筑群"两处为全国重点文物保护单位。古村落巧借山水形势，按"先天八卦图主四卦"布局形成。呈坎的先人对于《易经》八卦之学的深刻领悟，着力演绎并弘扬徽派古典建筑艺术，使今天的呈坎成为古村落文化的标尺。

一、呈坎，枕山环水和谐共生

呈坎古名龙溪，原为徽州府治歙县辖地，始建于东汉，至今已有1800多年的历史，是典型的徽州文化古村落。位于黄山风景区南麓，是国家5A级旅游景区古徽州文化旅游区组成部分。

呈坎地处青山翠竹之中，集自然景观、人文景观为一体。1996年5月，呈坎古村被命名为"安徽省历史文化保护区"；2013年6月，被列入国家文物保护样板工程；2014年，被列为全国古村落保护利用综合试点。

一村双国宝

呈坎村至今完整保存着宋、元、明等朝代具有很高历史研究价值的古建筑群体，是全国独一无二保存最完好的明代古村落。其中，49处古建筑先后被纳入"呈坎村古建筑群"和"罗东舒祠"两处全国重点文物保护单位。

呈坎村古建筑群是徽文化和徽商造就的。村中老人介绍，其有三个特点：一是时间跨度长，至今保存有宋代建筑长春社和元代建筑罗会泰宅，其中长春社是古徽州仅存的古代祭祀土地神的公共建筑；二是古建种类多，村中聚集着不同风格的亭、台、楼、阁、桥、井、祠、社及民居，精湛的工艺和精美的石雕、砖雕、木雕、彩绘将徽派古建艺术的古、大、美、雅体现得淋漓尽致；三是现存数量大，全村现保存较为完好的各类古建筑有140多处，其中保存下来的明代建筑居皖南各地之首，有"呈坎民居甲天下"之誉，被中外专家和游人誉为"中国古建筑艺术博物馆"。

"罗东舒祠"是呈坎镇的标志性建筑，始建于明嘉靖年间，占地3300多平方米，共有11个开间，分前、中、后三进，五层山墙，层层升高，气势不凡，登楼可远眺黄山天都、莲花两峰烟云。宝伦阁集古、雅、伟、美于一体，是整个祠堂的精华部分，圆穹形的屋面和飞扬的檐角，梁柱之间的层叠木雕，令人眼花缭乱，横梁上的彩绘，图案优美、色彩绚丽，虽历400余年，依然夺目。

呈坎历史上科甲不断、英才辈出，特别是宋代以后徽商兴起，贾而好儒，儒政相通，文化教育事业兴旺发达，在徽州文化历史发展中独树一帜。至今仍保留着董其昌、林则徐等历代名人题写的牌匾30余块。宋代吏部尚书罗汝楫、安徽省第一部地方志《新安志》的作者罗愿、制墨大家罗龙文、地理学家罗洪先、扬州八怪后起之秀罗聘、文物鉴赏家罗长铭、当代物理学家罗辽复等名人，都是从呈坎走出去的。苏东坡也曾为这里留下了"文德武功名留简竹，理学真儒后先继续"的评说。

天然八卦图

呈坎整个村落依山傍河而建，坐西朝东，以《易经》的阴为坎、阳为呈，阴阳和谐、天人合一之说和"枕山、环水、面屏"的意境，巧借山水形势，按"先天八卦图主四卦"布局形成。

村内有二圳五街九十九巷，其中五街大体平行众川河延展，呈南北走向；小巷与大街垂直，呈东西走向。村北、村南以众川河为起点，向村外发射八条街巷，把整个村庄分割成大小八块，街巷相连、巷巷相通，成为一个完整的九宫内八卦。全村长街短巷宛如迷宫，外人进入小巷，往往好进难出，甚至迷失方向。

奇妙的是，呈坎村内古老的众川河宛如玉带，自北向南呈"S"形穿村而过，自然形成了八卦阴阳鱼的黑、白分界线，而村落周边矗立着八座大山，形成环抱之势，俨然八卦的八个方位，共同构成了天然八卦布局。

魅力呈坎 *摄影/陈晓明*

从空中俯瞰，呈坎村既有山川形胜、又有村落朝向布局的组合，人文八卦与天然八卦巧妙融合。

呈坎的街巷由花岗岩铺筑，两侧民宅纵横相接、错落有致。漫步街头，但见青墙黛瓦、黑白相间，一步一景、步移景异。年过八旬的村民罗会定介绍，两条水圳伴随南北向的竖街与东西向的横巷纵横交错，把全村切割成一个个大小不等的消防区。在火灾发生时，高墙对峙的横巷就成了防火隔离带和居民逃离火场的安全通道，因此村里的横街短巷，又有"防火巷"的叫法。村中的十字路口，原来大多建有更楼，既分割空间，增加街巷层次，避免一览无余，又起着打更报时、悬灯照明、问道引路、纳凉休闲等作用，尤其当有火警盗情时，一个更楼鸣锣报警，所有更楼一起锣响，全村人便会一起出动防火防盗。

"谦让墙"演绎为"拐弯抹角"的典故。踏着青石板路漫步村中，一条小巷的拐弯处，一个墙角被切了45°角，仿佛被刀生生切去一块。村里的老人说，过去徽州山多地少，村子的小巷狭窄，空间非常宝贵，为了方便大家，各家各户建房时都主动拐个弯、抹个角，把自家房子的外墙修得缩回去一角。有意思的是，拐弯抹角的墙体只是中间一部分，上部不切屋角仍呈直角，地基也仍然完整保留这个角。这传达着当地先民敬畏上苍、尊敬祖先留下宅地的理念。同时，寓意做人做事要讲原则：该让的让，不该让的一寸也不能让。

2011 年 6 月，第三次世界易学大会在徽州区举行，来自海内外的 400 多名专家学者实地考察呈坎后，普遍认为呈坎古镇的建设布局体现了"负阴抱阳"的风水理念，把深奥的《易经》原理，与人类生存环境、社会和谐、村落布局有机联系在一起，是最佳风水模式的村落典范。

美名扬四方

呈坎的先人对于《易经》八卦之学的深刻领悟，以及对地理学、环境学的完美实践，加上依附徽商故里的强大实力，着力演绎并弘扬徽派古典建筑艺术，使今天的呈坎成为古村落文化的标尺。国画大师刘海粟曾感慨："登黄山不可不去呈坎"；著名女作家毕淑敏实地踏访后也由衷感叹："中国最应该去的地方就是呈坎。"

从 2001 年以来，呈坎古村落先后投入近 5 亿多元，在开展景区及其周边环境综合整治、完善旅游配套服务设施的同时，重点挖掘和开发水口、八卦、宗祠、祭祀、儒学等文化旅游产品，恢复建设了古水口园林，新建了水口广场、游客服务中心、呈坎文化交流中心、乡村客栈等一批旅游基础设施以及《易经》展示馆、罗聘书画艺术纪念馆等主题旅游展示馆。

目前，呈坎村围绕"生态立镇、工业强镇、农业稳镇、旅游兴镇、文化塑镇"的发展战略，还将进一步建设文化休闲旅游度假区，着力打造集旅游观光、休闲度假、文化体验于一身的文化旅游综合体；实施"百村千幢"古民居保护利用工程；积极探索旅游、文化、生态"三位一体"融合发展的乡村旅游发展路径；推动旅游产业转型升级，大力发展现代服务业，争创旅游文化生态示范镇，加快建设经济繁荣、生态良好、人民幸福、社会和谐的"美好呈坎"。

西递村原名西川，始建于北宋皇祐年间，是胡姓子孙聚族而居的古村落。至今村中古民居 124 幢、祠堂 3 幢，从整体上保留了明清村落的面貌和特征。俯瞰西递古村，如同一艘面向西南的大船，静静地停泊在如画的山水之间。目前，西递村围绕遗产展示和非遗传承两大文化遗产核心，积极打造浓郁徽州文化精神和特色的遗产小镇。

二、古风徽韵话西递

安徽省黟县西递村，始建于北宋皇祐年间，发展于明朝景泰中叶，鼎盛于清朝初期。坐落于黄山南麓，距黄山风景区仅 40 公里，是一个历史悠久、源远流长的古朴村落。2000 年 11 月，西递被联合国教科文组织列入世界文化遗产名录。

历经近千年的岁月沧桑，西递依旧保留了明清村落的面貌和特征，那高高耸立的牌坊，古朴宁静的街巷、傍水而建的民宅、风格独特的庭院、绿意盎然的徽派园林，气势恢宏的宗族祠堂，在周边青山绿水的映衬下，显得那么秀美恬静、如诗如画，宛如桃花源里人家。

传承千年的宗族古村

要说黟县的桃花源境地，莫过于西递村了。相传，唐代大诗人李白曾到过黄山脚下的黟县，并留下"黟县小桃源、烟霞百里间，地多灵草木、人尚古衣冠"的诗篇，把美丽的黟县比作桃源般仙境。在古代，由于交通极为不便，必须乘船沿漳水逆流而上，在桃源洞前弃船登岸，穿洞而过，再沿山间小路蜿蜒数里才能到达西递，其地形结构酷似陶渊明在《桃花源记》中所描述的世外桃源景象。

西递原名西川，又称西溪，是一处以宗族血缘关系为纽带、胡姓子孙聚族而居的古村落。现有村民1200多人，大多姓胡，其始祖胡昌翼为唐昭宗李晔之子。唐天祐元年(904)，因遭朱温之乱，唐昭宗被迫迁都途中，皇后何氏生下一个男婴。时徽州婺源人胡三正在陕西为官，秘密将婴儿抱回婺源考水抚养，取名胡昌翼，直到他考取后唐明经科进士后，才告知身世。昌翼公从此放弃功名，潜居考水研究经学，并教诲儿孙不得复宗重新姓李，以示感恩铭德。

北宋皇祐年间（1077），其第五代孙子胡仕良，因公赴金陵（南京），途经西递，见此地峰峦环抱、山清水秀、植被茂密，并有"天马涌泉之胜、犀牛望月之奇"的风水布局和山形地貌，决定将全家从婺源考水迁居到西递，从此胡氏子孙聚族而居，代代繁衍生息下来，枝繁叶茂，迄今已传至第三十六代，在徽州历史上就有"真李假胡"之说和"明经胡氏"之称。

迄今在西递村的胡氏祠堂——追慕堂供奉的祖先画像是唐太宗李世民，两边的人物，全是扶持他出生入死打天下的英雄好汉。

西递在清代道光年间，因村头三华里处为徽州府西古驿过道，设有"铺递所"，所以改称西递。村庄四面环山，前边溪、后边溪分别从村北、村东经过村落，在村南会源桥汇聚入西溪。村落以一条纵向的街道和两条沿溪的道路为主要骨架，东西长约700米，南北宽约300米，构成东向为主、向南北延伸的村落街巷系统。

站在村后的观景台上向村中望去，古老的村落如同一艘面向西南的大船，静静地停泊在如画的山水之间。西递"东水西流、吃穿不愁，船形布局、大吉大利"，是块难得的风水宝地。来到西递，那斑驳的粉墙、黝黑的屋瓦、飞挑的檐角、高低错落的马头墙，绵亘着一幅徽州宗族生息繁衍的历史长卷。穿行其间，思绪随着青石板巷步移景异，仿佛走进了历史深处。

古建绝佳的徽派村落

走近西递，首先来到村头的水口，水口是徽州村落的点睛之笔和公共场所，"水口者，一方众水所总出处也"。徽州人习惯将下山、下游的方向作为村落的入口。西递水口曾建有文昌阁、魁星楼、水口亭、凝瑞堂等设

古老的村落如同一艘面向西南的大船　摄影 / 刘琨

施，近年来，镇村两级对这些水口建筑进行了恢复和修缮，重现当年的古风古貌，成为进入西递古村落的第一道风景。

来到村头，一座工艺精美、气势雄伟的"胡文光刺史牌坊"呈现在人们面前。牌坊兴建于明万历六年（1578），通体采用本地的"黟县青"大理石修筑而成，经过 400 多年的风雨磨砺，依旧巍峨耸立，气度不凡，就像是西递这艘古老"轮船"的高大桅杆，挺立于船头，见证着西递的过去、现在和将来。

走进村中，仿佛进入了一座开放的中国明清民居建筑博物馆。一座座粉墙黛瓦、飞檐翘角的徽派民居鳞次栉比，那高低错落"五岳朝天"式的马头墙，以其抑扬顿挫的起伏变化，体现了皖南民居独特的韵律感，加之大量的砖、木、石雕等徽州"三雕"艺术佳作点缀其间，令人目不暇接。

西递村经过胡氏子孙几百年的建设，成为黟县境内一个较大村落。在明清时期，一大批西递胡氏弃儒从贾，经商成功，大兴土木，将故里建设得非常舒适、气派、堂皇。尤其在清代的"乾嘉"年间，村中的宅院多达600 多座，有 99 条巷子、90 多口水井、34 座祠堂，近万人口，号称"三千烟灶九千丁"。

历经岁月沧桑，时至今日，村中仍有保存完好的明清民居 124 幢、祠堂 3 幢，从整体上保留了明清村落的面貌和特征。经整理开放有凌云阁、瑞玉庭、桃李园、东园、西园、大夫第、敬爱堂、履福堂、青云轩、膺福堂、笃敬堂、仰高堂、尚德堂、枕石小筑、惇仁堂、追慕堂等一大批民居古建。

徽派古宅的堂前，正中的供桌上通常摆放一座自鸣钟，钟的右边摆放一只瓷瓶，左边摆放木雕底座的一面镜子，取谐音"平静"，当钟声敲响时，这钟声与"瓶镜"的谐音合在一起就是"终生平静"了，这一客厅布局蕴含着徽州人对和谐安康、安居乐业美好生活的深深祈盼。西递众多的古民居，是徽派古建筑的典型代表，集中反映了徽州的地域特征、风水意愿和审美倾向，在一处处老宅里，那精美的木雕、砖雕和石雕，总是让人忍不住细细品味。

尤其值得一提的是西递的民居楹联，处处彰显着深厚的历史底蕴，让人感受到中国经典文化的熏陶。全村现有木制、竹制的古楹联 90 多副，内容涉及读书、经商、为官、治国、齐家、修身、立业、和谐等诸多方面。如"清风明月本无价、近水远山皆有情""读书好营商好效好便好、创业难守成难知难不难""几百年人家无非积善、第一等好事只是读书""慈孝后先人伦乐地、诗书朝夕学问性天""万石家风性孝悌、百年是世业在诗书""世事洞明皆学问、人情练达即文章"等，内涵丰富，蕴意深远，让人回味无穷、深受启发。

多年来，国内外众多专家学者来到西递，纷纷对精美的徽州古建赞不绝口："我们终于找到了中国古代和现代历史的衔接点""西递是古民居建筑的艺术宝库""人类古代文明的见证，传统特色建筑的典型作品，人与自然结合的光辉典范"。

时尚醇厚的遗产小镇

随着西递旅游的迅猛发展，西递的知名度也逐步提高，继入选世界文化遗产之后，2001 年 6 月，西递村被国务院批准为国家重点文物保护单位，2011 年 5 月荣升国家 5A 级景区，近年来先后获得全国生态文化村、中国历史文化名村、中国十佳最具魅力名镇、全国文明村镇、全国环境优美乡镇、中国最值得外国人去的 50 个地方前 10 名、中国首份"名村排行榜"

魅力指数全国第 7 等一系列荣誉。

2016 年，西递景区年接待游客 90 万人次，旅游收入 4460 多万元，村民人均纯收入达 14233 元。旅游业作为支柱产业，为提高群众生活水平、增加农民收入起到了极大的促进作用。

千年古村生机勃发，目前，西递正按照供给侧改革的要求，围绕遗产展示和非遗传承两大文化遗产核心，积极打造浓郁徽州文化精神、充满时代品质、富有徽州特色、环境优美宜人的遗产小镇。加快建设遗产小镇展示厅、西递村史馆，围绕"旅游休闲度假产业生态系统"和"最美私人度假客栈群"建设，不断壮大具有徽州特色的民宿接待、农家乐等现代服务业，加强对非物质文化遗产资源的保护和挖掘，着力提高西递的整体品位。同时，强化与上海同济规划研究院、西安建筑科技大学等院校的对接合作，利用现有明清建筑打造徽派古建筑研学中心，精心呵护遗产小镇的文化肌理，不断扩大对外影响力和美誉度，让更多的人品味徽州、体验乡愁，一座古朴醇厚、风华绝代的遗产小镇正在脱颖而出……

胡文光牌坊前游人如织　摄影/刘琨

徽派建筑　摄影／刘琨

雄村是个如诗如画的地方。竹山书院折射出徽商独特的思想印记，走出了"父子尚书"曹文埴和曹振镛，经历乾隆、嘉庆、道光三朝，参与朝政75年；新安江畔桃花坝绵延"十里红云"，为雄村聚人气、开视野；庆升班首创徽班进京，促进了京剧的形成和发展；休闲农业和乡村旅游业同步发展，蒸蒸日上的现代化新农村景象徐徐展开。

三、雄村，褪尽铅华存隽秀

青山环抱，竹林婆娑，新安江静静地从村前流过，斑驳沧桑的古民居、古牌坊和色彩斑斓的桃花、油菜花，倒映在清澈的江面上，一派纯朴恬静的田园风光如诗如画，这便是远近闻名的雄村。

雄村原名洪村，元末曹姓人迁入，聚族而居，据《曹全碑》中"枝分叶布，所在为雄"句，改名为雄村，距今已有800多年历史。村里的老人介绍，当地自古崇文重教，历代名流辈出，歙县的清末翰林许承尧曾赞叹"吾乡昔宦达，首数雄村曹"。

桂花厅，走出"父子尚书"

雄村距歙县城约7公里。村口屹立着一座"四世一品"牌坊，四柱冲天、三间三楼，细细阅读上面的刻文，原来是清乾隆皇帝为褒奖户部尚书曹文埴及其祖上三代而敕建的。

在雄村，最为当地人津津乐道的是"父子尚书"曹文埴和曹振镛。据雄村曹氏文化研究会会长曹政训介绍，曹文埴、曹振镛父子，经历乾隆、嘉庆、道光三朝，参与朝政75年。特别是曹振镛从政长达53年，年届80岁才退休，其官宦岁月之长几乎无人能及。相传嘉庆皇帝出巡，曹振

"四世一品"牌坊 *摄影 / 吴建平*

镛以宰相身份留守京城处理政务，代君三月，歙县民间至今仍流传"宰相朝朝有，代君三月无"的谚语。

相传寓居扬州的两淮八大盐商之一的曹堇饴，自幼受程朱理学熏陶，称富一方却不忘投资家乡兴学，在弥留之际，再三叮嘱两个儿子回家乡建文昌阁、修书院，竹山书院即由此而来。

竹山书院于清乾隆二十年前后建成，深深地折射出徽商独特的思想印记。这座典型的徽派园林建筑，临江坐落，由文昌阁、清旷轩等组成。穿过书院曲廊，便是书院设堂讲学的地方——清旷轩，轩前小巧的庭院中遍植数十棵桂花树，遮天蔽日、葳蕤茂盛。清旷轩又名"桂花厅"，曹氏族约规定，凡族人中有中举者，可在这里种植一棵桂花树。

据史料记载，仅明清两代，雄村曹姓学子中举者多达54人，其中进士30人、举人24人，而曹文埴、曹振镛父子就是从竹山书院走出去的。清旷轩小院繁盛的桂花树，也从侧面反映出当地学风之盛、成就之高。现在的"竹山书院"已被列为全国重点文物保护单位。

新安江畔桃花坝，重展古村风采

在雄村村前的新安江岸边，有一道绵延数里长的石堤，相传是当初建造竹山书院时为防洪而建。竹山书院前的古渡口那段石堤，当地人俗称"桃花坝"，占地约500平方米，坝上遍植桃花。曹文埴在《石鼓研斋诗钞》记："竹溪有桃数百株，花时烂漫如锦，春和景明，颇堪远眺。"

桃花盛开的时节，桃花绵延"十里红云"。每年3月，前来赏花采风的游客络绎不绝，每天都有几千人。雄村景区是国家4A级景区，政府依托厚重的人文历史、优美的生态环境以及新安江自然风光，整合雄村观光、休闲、研学、摄影、民俗以及邻近的卖花渔村赏花观景、富岱村杨梅采摘体验等特色旅游产品，引导群众积极发展休闲农业和乡村旅游。2015年7月，雄村乡被列为第三批全国特色景观旅游示范乡镇。仅2015年前3个季度，雄村景区接待游客就超过了10万人次。

竹山书院 *摄影/吴建平*

庆升班首创徽戏进京

雄村中有一块"歙县怀古"的石壁，介绍古徽州文化的来源以及父子尚书曹文埴、曹振镛的生平。其中曹文埴的简介刻有："乾隆五十二年，不愿与和珅为伍，以母老为由请求归养，帝从其请，加太子太保。后文埴二次进京，为乾隆帝祝福、贺寿，乾隆帝对文埴及其母多有赏赐。"

徽班进京是促进京剧形成和发展的里程碑事件。"曹文埴二次进京是给皇上祝寿，也是第一个带领徽班进京献演的。"曹政训介绍，相传曹文埴的母亲喜欢看戏，曹文埴在归养故里途中，便从扬州带回了一批昆腔艺人，并从太平、旌德、怀宁石牌镇等地找来一些"徽池雅调"老艺人，组成了"华廉科班"。乾隆五十五年，适逢乾隆皇帝八十大寿，曹文埴奉诏赴京。他便以"庆圣"谐音，将曹家班改名"庆升班"进京献演，并亲自修改《水淹七军》等剧目，在宫中连演两天两夜，深得皇亲国戚的称赞。"庆升班"一炮打响，给当时在京城献演的"三庆"徽班壮了声威，也为后来的春台、和春、四喜等徽班进京开辟了道路。"庆升班"活动时间近200年，江南一带民间至今还流传着徽戏唱腔，它对徽州的影响更为深远。

旅游为雄村带来了客流、积聚了人气，开阔了当地群众视野、提高了发展休闲农业和乡村旅游业的积极性，推动了美好乡村建设。近年来，村里借助新安江生态补偿机制试点，探索建立"河长"管理、村庄清洁等长效机制，整治村容村貌和旅游环境，促进乡村旅游转型发展；同时，融书院、民俗、军事等特色文化元素于一体，修建了桃花坝农民文化广场，开设文化礼堂和道德讲堂，建设以"崇功报德、书香雄村"为特色的农民文化乐园。雄村乡有两个村的村歌先后入选全国十佳村歌，雄村村歌《雄村，美好的村庄》被评为第五届中国村歌大赛"十佳村歌奖"，并在2014年全国乡村春节联欢晚会上演唱；有近1/3的村民从事旅游及其相关产业，蒸蒸日上的现代化新农村景象正在雄村徐徐展开。

唐模之名，源于"唐朝规模"或"唐代模式与风范"。以"中街流水之美、十桥九貌之胜、千年银杏之茂、造湖娱亲之孝、镜亭碑刻之精、同胞翰林之誉"至今传诵不衰，被世人誉为"风雅山水田园，徽派古建长廊"。一株古树、一条水街、一座古园，倾诉着悠远的历史文化，体现着人与自然的和谐。

四、皖南生态文化第一村

——唐模掠影

倘若有人问：在中国数以万计的古村落中哪一座可谓民族文化的经典，我会毫不犹豫地回答：徽州唐模；假如有人再问：在皖南古村云集的富庶之地何处最能体现人与自然和谐的理念，我会同样回答：徽州唐模。

一株古树吐深情——人与山林树木和谐共荣

唐模之名，源于"唐朝规模"或"唐代模式与风范"。何以为证？由传承有序的古银杏为凭。当你来到唐模村，最先发现的就是这株具有1200多年树龄的古银杏树。它树高21.5米、树干周长7.9米、平均冠幅11.5米；雌株，至今尚可结实。五个粗壮的分枝仿佛五条巨臂自然向上，托起村中一片云天，半亩华盖的绿荫之下，庇护着檀溪两岸一排排民居，呵护着古村四周一片片良田。

它是唐模先人卜居的活文物。唐代元和元年（806），年近古稀的越国公汪华11世孙汪思立返回故乡，准备定居于狮子山下，为择定村址方位，便在备选居所的两个不同方位各栽下一株银杏树苗，择其优而从之。最终率家人在现存的这株生长茂盛的银杏树旁打井建屋，安泰定居。在族人的汗水、心血浇灌下，小村落不断巩固、拓展，打造出徽州经典生态文明古村落——唐模。这株古银杏也理所当然地成了唐模村的社树，成了见证唐模乃至皖南沧桑变迁的生命载体。千百年来，村中程、汪、叶、许"四大家族"的主事长者，曾在树下摆开案桌合署议事，评判处理村中大事小情。其中不乏崇尚自然、铭记祖训、遵从族规、勤勉耕读之类的文治教化。既有法不容情的决断，也有恩威并济的通融，以维护一方乡土的和谐稳定，保障千年古村的繁荣兴旺。

正是这株古银杏，承载着唐模人亘古不变的情感寄托，演绎着唐模村千年传唱的感人故事。无论是兵荒马乱的年代，还是和平建设时期，汪氏后人都不敢有半点闪失。"唐朝古树，不得损害"的木牌常年悬挂树上，以警示街坊四邻细心呵护。"树与人一体，人与树相依。"古银杏成了护佑一方百姓平安的"神树"，至今四里八乡还流传着白果树神为百姓消灾治病的故事。末代翰林许承尧更是对乡里古树情有独钟，他曾于1901—1902年间写下《诘老树》和《老树对》两首古体诗，赋予古树人格内涵，借树抒怀，表明自己"浩劫但凭天，立脚不移地"的志向和对人世间悲欢离合的同情，字里行间直击对满清政府腐败的不满。1994年4月，我国著名古树名木保护专家丛生先生等一行获悉唐模古银杏树因保护不当濒临枯萎，便在考察黄山迎客松之后直奔唐模，提出了包括拆除钢筋护栏、清除根边杂物、排除污水、改良土壤、禁止授粉和异体嫁接输养等在内的一系列古树保护复壮技术措施，终于使古树重新焕发了生机，实现了名副其实的"公孙合体"。至今，古树下尚有村里老人捡拾掉落的白果，经炒制加工供游人品尝，其味香浓，堪称一绝。

唐模之美，美在檀干溪畔的水口园林与古树群落，美在天人融合与人文景观。唐模人推崇、践行着人与自然山水、林木田园和睦共荣的发展理念。

一条水街叙幽情——人与源远清流水乳交融

檀干河上的风雅水街，诠释着唐模生态文明的经典。徽州普遍流传着一种山水理念："山清水秀，性之贞也；山峻水直，性之刚也；山缓水平，性之和也；山弯水斜，性之邪也。"由村东头筠谷水和上川水汇合而成的

唐模水街 风雨廊桥 摄影 / 蔡登谷

檀溪水穿村而过，谓之水街，折向东南，在黄檀木、紫荆花的掩映下，奔向练江，汇入新安江。檀溪、檀干河之名的由来，一是过去在河流的上游或河畔，包括荒园山、狮子山均生长有大量合抱黄檀巨树，虽因当年民用砍伐，至今尚存不多，但是檀干河段两岸尚可见到不少黄檀桩蔸萌发的株丛，即为实证；二是取《诗·魏风·伐檀》篇"坎坎伐檀兮，置之河之干兮"之意。古徽州有不少河流、集镇取《诗经》篇名或寓意命名，如扬之河、斯干村、甘棠镇等，饱含着深厚的生态文化底蕴，崇尚劳作、反对贪鄙是徽州人的传统文化诉求。唐模先人取"檀干"之名，在于取古诗的寓意训导子孙、教化村民，也就相当于今天的"寓教于名"吧！

檀干河千年流淌，自西向东贯穿唐模约1公里，河道宽6—7米，为唐模人当之无愧的母亲河。河上建有10座形态各异的石桥，两侧紫砂岩石垂直垒砌驳岸，沿街用青灰色茶园石板铺成3米宽的通道，排列着四五十米风雨长廊、七八家商家店铺、百余幢徽派民居，构成了一幅小桥流水、恬静淡雅的古村风貌。河中筑有3道水坝和水闸，用以减缓流速、提高水位，便于引渠汲水，承担着全村灌溉、消防、洗涤和抗旱的使命。正是这条亲和上善之水，长年累月浸染唐模人敦厚平和的性情，磨砺出唐模村从容古朴的格调。

幽情水街，最宜人处在北侧覆盖街面行道的三段风雨长廊，似断非断，若离若合。廊道一面黛瓦坡顶，一排方梁圆柱矮凳，椽、梁、柱、栏、凳，清一色原木本质，倍添几分古朴自然。既有"秦淮河风光"之妙，也有《清明上河图》之韵，彰显唐模古村生态文化之灵气。

月朗星稀之夜，纳凉闲暇之时，当你有兴斜倚水街廊桥木椅，凝视缓缓东逝的流水，远眺如诗如画的山峦，你能体会到徽州唐模的先民日出而作、日落而息的农耕气息，感悟到一种人与人、人与自然融合的神圣境界。

一座古园诉亲情——人与自然环境和谐共融

隐身檀干河南岸的秀水绿荫之中的檀干园，堪称徽州水口园林与私宅园林巧妙结合的典范。它集唐模人孝亲、睦族、文明于一体，收江南园林、西湖胜景、历代名家上乘佳作于一园，可谓移步换景，美轮美奂。据民国《歙县志》载："檀干公园在唐模，昔为徐氏会馆，乾隆间增修。"传说明末清初村里有一许姓富翁，在杭州等地开有三十六个当铺，人称"三十六典"。许翁是孝子，每次回乡省亲探母，常在老母面前谈论杭州西湖美景，老母听其所言，亦有游览西湖之念。但因当时交通不便，便生出仿造西湖以供母娱老之念头。于是，出巨资在唐模水口挖塘垒坝，修筑亭台楼阁，栽种奇花异草，居然把唐模水口打造成了一个浓缩版的"西湖"。现存檀干园占地约十亩，不仅有里湖、外湖，而且还有三潭印月、平湖秋月（镜亭）、苏堤、白堤、断桥（玉带桥）、花香洞里天等多处仿西湖景点。昔日周边平民常在逢年过节之时，来此观光游玩，以圆畅游西湖之梦。

檀干园的看点在镜亭，而镜亭的亮点在楹联与碑刻。其一为亭柱留下许承尧先生撰写的一副长联。楹联写道："喜桃露春浓，荷云夏净，桂芬秋馥，梅雪冬妍，地僻历俱忘，四序且凭花事告；看紫霞西耸，飞布东横，天马南驰，灵金北倚，山深人不觉，全村同在画中居。"楹联巧妙地将唐模四时花事景色、周边山峰名胜融于其中，上下照应，构思巧妙，使人如入诗境画意。其二为镜亭中陈列的自宋元至明清历代书法大家的18方镌刻书法碑藏，包括黄庭坚、米芾、苏轼、蔡襄、倪元璐、赵孟頫、董其昌、罗洪先、罗牧、程京萼、陈奕僖、朱耷、祝枝山、文徵明、查士

镜亭 摄影／蔡登谷

标、陆一岳、郑簠等大家精品，书法传神，篆隶楷草四体俱全，镶嵌于镜亭四壁。这些传世珍宝至今保存完好，供世人赏识。

站在檀干园门前，你不得不佩服，唐模先人是如何将荒园山、檀溪水、"小西湖"与人居环境恰到好处地谋划在一个有限的空间里，使人与周边环境的和谐共融显得天衣无缝。

初春时节，万物更新，漫步唐模青石板大道，从"槐荫"樟下穿过，入沙堤亭，走"同胞翰林坊"，你耳边会传来檀干河的潺潺水声，隐约听到"坎坎伐檀兮"的吟唱，仿佛见到先民们在檀干河两岸辛勤劳作的情景。在这条走出大山的青石板路上，多少先贤达人从这里一步三回头，走向大千世界，步入五湖四海，开创一片崭新的天地；他们将山里的薪炭、香菇、茶叶、桐油等乡土特产，沿着这条古道源源不断输往沿江、沿海的大码头；又将赚取的银两，连同布匹、食盐等生活必需品运回故里，用以回赠乡里、兴修水利、购置庄园、扩建宗祠、创办学堂……一砖一瓦构建起今天的唐模古村。

当代唐模人将以更加开放的理念，传承生态文明精髓，并加以弘扬光

唐模村水口林景色　摄影／蔡登谷

大。它将以发展乡村特色生态旅游为主导产业，创新中外合作开发旅游产品模式，培育、生产乡土特色农产品，同时实现生活垃圾填埋化、生活污水全净化、人畜粪便沼气化、生活生产燃料无害化，合力打造一个全新的生态唐模、文明唐模、幸福唐模、美好唐模！

岩寺镇，徽商故里和徽文化发祥地之一。传统农业的兴盛，商贸流通的兴起，使其成为农副产品集散地；"上九庙会"是皖南最负盛名的物资交流活动；徽墨是徽州文化的重要代表，徽雕已成为当地最具特色的富民文化产业；这里还曾是当年新四军集结地、整编地、成军地和东进抗日出征地。如今的岩寺镇跨越千年时空，焕发出新的时代风采。

五、岩寺，古徽重镇的精彩转身

黄山市徽州区岩寺镇，历史上就是皖南重镇、徽商故里和徽文化发祥地之一。专家根据岩寺近郊桐子山新石器文化遗址考证，早在4500年前，岩寺一带已有人居住。唐代宗年间，名僧山蕴禅师在此创三摩圣地，大兴寺庙于石壁岩洞前，"岩寺"因此得名。后南宋高宗诏命建镇，到清朝，岩寺已是"鳞次万家，规方十里，商贾云集"的繁华重镇。

"上九"看嬗变

岩寺是皖南山区最大的盆地之一，新安江支流丰乐河穿镇而过，周边盛产茶叶、木料、粮食及其他山货土产。由于特殊的地理位置，岩寺很快成为皖南主要的交通枢纽和商贸重镇，当地人很早便在丰乐河上做起了盐商木客，成为后来崛起的徽商的一支重要力量。

传统农业的兴盛，商贸流通的兴起，使岩寺成为皖南重要的农副产品集散地和商贸重镇。岩寺"上九庙会"最初是为了纪念唐朝御史中丞张巡、睢阳太守许远举行的游神活动。相传安史之乱时，张巡、许远率部坚守睢阳，为屏蔽江淮作出巨大贡献，终因粮尽援绝而牺牲。南宋时，岩寺建起

岩寺街景 *摄影／刘琨*

"双烈庙"，因二公殉难日是正月初九，当地人便在正月初九期间举行纪念活动，后来慢慢演变成自发的物资交流集会。据当地老人介绍，过去庙会期间，岩寺十里长街，人山人海，热闹非凡，赶集的人们从初七开始，就从四乡八镇赶来，竹、木、铁器沿街市两侧一字摆开，各种农耕具和农副产品应有尽有。

改革开放后，岩寺恢复了"上九庙会"。近年来，随着当地经济社会的发展，"上九庙会"交易品种从过去单一的春耕备耕物资扩大到日用百货商品，交流范围从物资交易拓展到科技文化宣传、企业用工招聘等方面。如今，"上九庙会"不仅是物资交流盛会，也是群众性科普文化的集会和农民求职的平台。

"徽墨"写春秋

徽州素有"东南邹鲁"美誉，明清时期徽商崛起，古徽州腹地的岩寺，逐渐成为经济、文化、贸易中心，至今仍流传着"书声喧两市，一镇四状元"的佳话。明代徽州人汪道昆《太函副墨》中"岩镇什七贾而什三儒"之说，即是说岩寺多徽商，教育蔚然成风。

　　徽墨是徽州文化的重要组成部分，在清时期徽商的崛起，地处古明嘉靖万历年间，岩寺的制墨大师程君房、方于鲁和呈坎的罗小华三足鼎立，使徽墨生产达到新阶段。其中程君房、方于鲁研制出超漆烟墨，推动徽墨成为文人祝寿、喜庆、交友的礼品，并开始兼有实用、欣赏和收藏功能。到清代，岩寺的曹素功继承我国悠久的制墨工艺，专为权贵和名流定板制墨，产品至今蜚声中外，有"天下之墨推歙州，歙州之墨推曹氏"之说，岩寺镇广惠村现仍有"曹素功墨厂"，生产的徽墨销往海内外。

　　近年来，与徽墨传统制作技艺一样，岩寺镇十分重视非物质文化遗产的传承，加快发展文化产业。该镇洪坑村村民洪建华自学徽派雕刻艺术，成长为"中国木雕艺术大师"，其竹刻作品"竹林七贤"笔筒被故宫博物院收藏，并创办了竹溪堂竹木雕刻艺术馆。

　　龙井居委会居民朱伟、朱泓兄弟从一个徽派竹木雕刻的小作坊起步，如今已发展成为集室内装饰、商务礼品、旅游纪念、文化产品包装为一体

文峰塔

的文化产品生产企业，先后获"国家文化出口重点企业""全国工业旅游示范点""安徽省文化产业示范基地""黄山市非物质文化遗产保护传习基地"等殊荣。如今，徽派雕刻已成为岩寺镇最具特色的富民产业和文化产业，全镇现有 3 家雕刻企业，年产值 4.5 亿元，从业人员 1000 余人。

"铁军"传精神

建于明代的文峰塔，是岩寺镇的地标。在古塔南侧，有一处衬托塔景的装饰性建筑——现在当地人称之为"点将台"，抗日战争时期，叶挺、项英曾在这里检阅新四军。

岩寺曾是当年新四军集结地、整编地、成军地和东进抗日出征地。随着抗日战争爆发，国共两党第二次合作，南方 8 省 14 个地区的红军游击队改编为国民革命军陆军新编第四军，1938 年开赴岩寺集结接受点验。

昔日的"点将台"，如今已成居民休闲广场；当年的新四军军部旧址，也已投资 1.2 亿元整修一新，其中新建成近 4000 平方米的纪念馆，被列为全国国防教育示范基地。岩寺镇负责人介绍，在"铁军精神"激励下，岩寺镇坚持工业化、城镇化"双轮驱动"，引进项目资金逾 20 亿元，综合整治岩寺老街等建筑，使旅游和现代服务业成为古镇经济发展新的增长点。规划建设了全市首个循环经济园，2015 年全镇工业总产值突破 43 亿元，财政收入 2.3 亿元，农民人均纯收入 1.2 万元。荣获"省产业集群专业镇""全省最佳旅游乡镇""全省首批千年古镇""黄山市综合十强镇"和"黄山市镇域经济发展先进乡镇"等称号。

2012 年 11 月底，徽州区岩寺镇有两件事颇引人注目：一是新四军军部旧址纪念馆建成开放，被纳入全国红色旅游经典线路；二是全省首条长 10 公里的标准绿道投入使用，成为市民和游人休闲健身的好去处。这一"红"一"绿"，是岩寺镇推进旅游、文化、生态一体化的得意之作，也是由千年古镇迈向宜居新城的华丽转身。

如今，古老的岩寺镇，正从传统的蔬菜基地和物资集散地，变身为工业基地和旅游目的地。丰乐河两岸，新建的滨河大道、生态护岸景观带及市民公园，姹紫嫣红、流光溢彩。岩寺镇跨越千年时空，焕发新的时代风采。

万安是全国历史文化名镇，以商埠、罗盘、山水、书院"四绝"闻名遐迩，其文化底蕴深厚，史籍与典故比比皆是。百年名校休宁中学与万安老街遥遥相望。万安罗盘是现存全国唯一的以传统技艺手工制作的罗盘。走在万安老街蜿蜒曲折、凹凸不平的石板路上，两侧依然可以看到老字号商铺遗迹，见证着古镇昔日的繁华。

六、"罗盘之乡"古镇万安

万安是全国历史文化名镇，以商埠、罗盘、山水、书院"四绝"闻名遐迩，旧有"小小休宁城、大大万安街"之美誉。

万安自古人文荟萃、物产丰饶。省级重点文物保护单位古城岩地处古镇东侧，距今已有 1800 年的历史，至今保存有被唐代封为"徽国公"的"汪王故宫"遗址，明朝开国皇帝朱元璋避难的仙人洞，明末抗清英雄金声讲经论道的"还古书院"，明清时期的四个牌坊，一个水口亭，七个老宅，一个祠堂，一座古塔。

万安镇东寿山，即古城岩。寿山上建于嘉靖初年的万寿塔，又名古城塔，是休宁的地标。走进古城岩景区先有义字坊和双节坊，穿过水口亭，之后是孝字坊和忠字坊。

从三国至唐朝，万安镇曾作为县治和郡（州）治，总辖歙、宣、杭、睦、婺、饶六州，是当时皖南的政治、经济、文化、交通中心。

书香润百年

万安镇东边的古城岩下，是清碧如镜的横江，江面上横跨着一座古老的石拱桥，与远处山顶上的宋代古塔交相辉映，构成一幅风光秀丽的天然

陶行知启蒙馆 *摄影 / 黄俊军*

山水图。百余年前，一位刚满 17 岁的青年，从这里登上木船去杭州求学。这位青年便是后来被毛泽东称赞为"伟大的人民教育家"的陶行知。

陶行知生在歙县，但外祖父母是万安人，他的幼年时代基本上在万安度过。从 7 岁到 14 岁一直拜在当地名师吴尔宽门下"寒窗苦读"，打下了厚实的古典文学基础，万安老街的皂荚巷至今还存留着他少年时代读过书的蒙童馆。

走进万安老街的陶行知启蒙馆，一座四进三开两层楼的徽州老屋，是陶行知启蒙老师吴尔宽先生的故居。有学者认为，陶行知的"生活即教育""社会即学校""教学做合一"等教育思想体系的形成，与他少年时期的经历有很大关系。站在启蒙馆的书桌前，耳边似乎传来童年陶行知跟着老师朗诵古文的声音。

百年名校休宁中学与万安老街遥遥相望。1912 年初，根据孙中山先生提出的普及义务教育之纲领，绩溪人胡晋接先生在万安创设省立第五师范学校，开徽州师范教育之先河。此后学校数易其名，于 1952 年更名为安徽省休宁中学，并被定为省属重点中学。从这所学校里，先后走出孙起孟、吴象、许根俊、洪德元、许泽永、胡裕树、朱自煊、程道德等一大批名流学者，万安老街也随这些名人的足迹蜚声遐迩。

盘中蕴乾坤

提到万安，人们就会想到万安罗盘。人们对罗盘的了解，大多局限于"指南针"作用。其实，中国古代罗盘制作主要分两派：一是以广州、香港为中心的沿海派，罗盘主要用于地理、航海；二是最早以江西赣州为中心的内陆派，主要用于堪舆。宋元时期，内陆派制作中心从赣州转移到休宁万安镇，由于制作罗盘的质量和规模可观，在历史上曾一度被称为"罗盘之乡"。1915年，在美国举办的巴拿马万国博览会上，万安罗盘和日晷被评为金奖。

万安成为"罗盘之乡"，主要有两方面原因，一是与地理条件有关，万安坐落在新安江上游的横江之滨，是古徽州水陆两栖的四大商埠集镇之一，水路交通十分便利，同时，当地山多林茂，盛产的银杏树和虎骨树是制作罗盘的上等材料；二是与徽商崛起有关，古代徽商在外发迹后回乡大兴土木，修水口、建豪宅、迁祖坟，都十分讲究龙脉、风水，带动了堪舆学的兴起，而看风水、定方向、卜时辰等都离不开罗盘，万安罗盘就这样随着徽商走出大山，风行天下。

2012年11月7日，全国首家罗经文化博物馆在万安正式开馆。这个博物馆是在吴鲁衡百年老店的基础上进行扩建，总面积达1600平方米，共分为吴鲁衡百年老店旧址、非遗技艺传习馆（万安罗盘）、万安罗经文化博物馆主馆三个板块，其中展出古罗盘、日晷、风水尺、风水古籍、古图谱、制作工具等文物400多件。

据万安吴鲁衡罗经老店第七代传人、国家级非遗传承人吴水森介绍，万安罗盘是现存全国唯一的以传统技艺手工制作的罗盘，2006年入选首批国家级非物质文化遗产保护名录，2013年成为国家地理标志保护产品。近年来，伴随黄山旅游的快速发展，万安罗盘制作技艺成为黄山文化旅游体验的一大亮点，万安罗盘也成了中外游客喜爱的旅游工艺品。

"炒青鼻祖"松萝茶

松萝茶属绿茶类，为历史名茶，创于明初，产于黄山市休宁县休歙边界黄山余脉的松萝山，已有500多年历史。其采制技术早在四五百年前已达到精湛娴熟的程度，素有"炒青鼻祖"美誉，产于该镇西北部海拔800多米的松萝山上，不仅色绿、香高、味浓，还兼具降血压、降血脂的功效。

"徽州松萝，专于化食"。1930年赵公尚编著的《中药大辞典》中说松萝茶：消积滞、油腻、清火、下气、降痰。据有关资料介绍，过去徽州休宁一带流行伤寒、痢疾时，初染此病的患者，用沸水冲泡松萝茶频饮，三五日即可痊愈；病重者，用炒至焦黄色的糯米，加生姜片、食盐与松萝茶共煮后喝下，也有很好的疗效。松萝茶具有较高的药用价值，古医书中多有记载。

据报道，中国茶叶博物馆珍藏的"哥德堡号"沉船上打捞出来的茶叶，就是产自这里的松萝茶。2012年1月，国家质检总局批准对松萝茶实施地理标志产品保护。

老街焕生机

明清时期，万安与屯溪、岩寺、渔亭并称为徽州四大古镇，长约3.5公里的万安老街店铺多达400多家，行业100多种，雄居休宁九大街市之首。

走在万安老街蜿蜒曲折、凹凸不平的石板路上，两侧依然可以看到德泰裕米行、垣丰自运官窑瓷器等很多店铺的老字号遗迹，无不见证着昔日的繁华。当地群众介绍，镇上有3座古桥、12处古码头和10条巷弄，至今完好保存着38幢明清古建筑、300余幢古店面房。随着黄山旅游的升温，万安老街的名气也越来越大，《新四军》《王稼祥》《大转折》《徽州女人》《聊斋》等影片和电视剧都曾在这里取景、拍摄。

1989年，万安镇被省政府确定为省级历史文化保护区；1999年，被列为省级中心建制镇；2012年，入选第四届"中国历史文化名街"。近年来，万安镇确立"农业稳镇、工业富镇、旅贸活镇、科技兴镇、以德治镇"的发展思路，依靠独特的区位和资源优势，做活农业结构调整、小城镇建设、旅游开发和招商引资四篇文章，努力把万安建成环境优美、市场繁荣、特色鲜明、百姓富裕的旅游型小集镇，重现昔日商贸集市的风采。

古徽州绩溪县瀛洲镇所辖5村中4村拥有千年历史。其中，仁里村系徽杭古道上的重镇，徽商发源地之一；思诚学堂开办新学之先河，文风昌盛、尊师重道、贾而好儒；耿氏古街，千年而往。龙川村，古徽州人居与山水完美结合的典范，徽派民居隔河成街、高低错落、水墨倒影；胡氏宗祠"木雕艺术厅堂"，奕世尚书坊"徽派石雕之最"。

七、瀛洲镇上寻古村

——千年仁里、龙川

"海客谈瀛洲，烟涛微茫信难求。"诗仙李白在千古绝唱《梦游天姥吟留别》里表达了对东海仙山瀛洲缥缈难寻的怅惘，而在以"徽商故里"和"邑小士多"著称的绩溪县，却有着一个叫瀛洲的乡镇，辖区不大名头大，人口不多名人多，建镇不长历史长，成为寻访徽州地域文化和历史风情的绝佳范本。

徽风扑面看仁里

瀛洲镇撤乡建镇时间不长，但其所辖5村中，拥有千年历史的就有4个。初秋时节，天高云淡，踏进其中的仁里村，沉淀在岁月深处的徽风古韵扑面而来。

循着悠悠的青石板路，来到仁里村赫赫有名的思诚学堂，"千年仁里徽风古韵，百载思诚老树新花"的对联映入眼帘；开门进去，便是思诚希望小学。何谓"思诚"？"诚者天之道也，思诚者人之道也"。据介绍，这是清末徽州第一所新式小学堂，由村里的富商程序东、程松堂等捐资兴建，为徽州废科举后开办新学之先河，培养了近现代出版家王子野、淮南

思诚巷和思诚学堂 摄影／刘琨

铁路建设先驱程士范、旅台教育家程本海等一批杰出人才，是绩溪县20世纪初、中期的"人才摇篮"。

仁里村是徽商发源地之一，文风昌盛、尊师重道、贾而好儒。新文化运动领袖之一的胡适先生就学上海，受程松堂之子程乐亭慷慨资助200块银洋得以成行，遂称乐亭系一大恩人。"这里还是徽商会集的水陆码头，聚财蓄气，千丁万灶，素有'小小绩溪县，大大仁里村'之说，系徽杭古道上的重镇。"

回溯仁里千年过往，行进在风雨剥蚀的"百步钦街"，不免有物是人非之感。据《鱼川耿氏宗谱》载，南朝梁大同五年（539），工部尚书耿源进衣锦还乡途中，因雅慕新安山水，与弟耿汝进游历于此。在梁安（绩溪）仁里，见其地山环水抱，风光旖旎，不惜轻弃生长里居，迁居此处，并取村名为"仁里"，喻义"里仁为美"。后来这里成为程姓世居之村，故又名"程里"。千年而往，耿氏遗迹仅存古街，徜徉其间，粉墙黛瓦，店铺林立，游客相呼，生机勃勃。

人文盛景旅游兴

为了延续文脉，建设新村，仁里古村结合美好乡村建设，大力推进"农民文化乐园"建设，利用老祠堂建设文化健身广场，先后编辑出版了《思诚百年》《千年仁里》等书籍，挖掘整理《插秧苗》《十绣鞋》等绩溪民歌，开发了特色旅游产品——闹花轿等民俗表演活动，恢复了徽墨制作老作坊，使千年古村焕发了新的生机和活力。

到了绩溪，必到龙川，方不虚此行。从仁里村出来，十几分钟即可到达龙川5A级旅游景区。阳光下，龙川青山如屏美如画，清溪一曲抱村流。

胡氏宗祠 *摄影／龙琳*

奕世尚书坊　摄影／龙琳

沿着 500 多米的水街漫步，清澈见底的龙川河穿街而过，两岸河堤隔河成街，祠堂、牌坊、马头墙……徽派古建筑鳞次栉比，游客三五成群信步游览。

景区所在地龙川村被誉为古徽州人居与山水完美结合的典范。整个村落呈船形，东耸龙峰，西峙凤冠，南则天马奔腾，北有登源之水逶迤而来；龙川溪穿村而过，徽派民居得水为上、高低错落，水墨倒影、相映成趣。山水之外，胡氏宗祠、奕世尚书坊、胡炳衡故居等著名人文景观荟萃，江南第一祠——胡氏宗祠有"木雕艺术厅堂"之称，是全国重点文物保护单位；而奕世尚书坊是徽派石雕之最。

胡氏宗祠始建于宋代，明嘉靖年间修缮，坐北朝南，三进七开间，总面积 1564 平方米，集徽派砖、木、石"三雕"和彩绘为一体，尤以 600 多件木雕独树一帜。祠堂正厅两侧隔扇门裙板木雕群荷图，技艺精湛，美轮美奂，是中国传统和谐文化的完美艺术体现，堪称大师级的经典之作。正厅，亦称享堂，是宗族祭祀祖先和决议族中大事的厅堂。群荷代表本固枝荣，与正厅四根白果树圆柱、底部枣木莲瓣柱基和花岗岩八角鼓墩柱础，寓意家族基础牢固，人丁兴旺。这样就把享堂变成"荷（和）堂（塘）"了。荷花图除群荷以外，均有各种不同的既有情趣又有内涵的小动物和植物，形成既可独立欣赏又整体生动和谐的画面，寓意"以和为贵、和而不同、和谐共荣"。宗祠后进为寝堂，上下两层，两厢隔扇门裙板均为木雕花瓶图，共计 100 幅（至今尚留 48 幅），形态各异。一"和（荷）"一"平（瓶）"，和谐、平安，可谓寓意深远。

和谐发展、科学发展，龙川村的未来更和美。为了发展旅游业，龙川村一方面加快旅游基础设施建设，另一方面加强综合整治，努力实现居民生活、村容村貌、景区建设和党的建设全面提升。龙川村目前已跻身全省历史文化名村、全国特色旅游景观名村、全国生态文化村、全国文明村镇行列。

文旅联姻促发展

瀛洲镇以"修缮古民居、保护古村落、发展乡村游、延伸产业链"为思路，走出了一条美好乡村建设与乡村旅游紧密结合、协同发展的路子。

龙川古村　　供图／龙川村村委会

近年来，坚持以城乡一体化为目标，以环境卫生综合整治为突破口，以特色产业发展为重点，抓点建线带面，精心打造以仁里等徽文化古村落为特色的人文旅游景区，建成进村旅游公路和临仁旅游公路；多方投入，修缮了程氏宗祠，修复了村内石板路和"四门"；全面推进大建设、大发展，努力打造环境更加优美、经济更加发展、特色更加突出、社会更加和谐的新瀛洲。

　　顺着新安江源头——登源河一路向前，看不尽的绿水青山，听不完的传奇故事，悟不尽的徽州文化。明天会更好！

昌溪村，一座拥有厚重徽文化和优美山水的千年古村落。始建于唐，山川秀丽，文风拂郁，名人辈出，古屋、古井、古树、古牌坊众多。现存宋、元、明、清古建筑300余幢，凝聚了典型的徽派建筑精华。周边的古树成为悠久历史和灿烂文化的见证。至今还保留着"打观音醮""祭八老爷""舞狮""正月戏灯""舞草龙"等丰富多彩的民间传统习俗。充分利用山水、人文、古建等特色资源，科学规划传统文化和遗存的保护，着力挖掘独具魅力的非物质文化遗产，因村制宜发展生态旅游，使这个历经沧桑的古村焕发新的生机。

八、文风昌盛、乡风文明的徽州古村
——安徽省黄山市歙县昌溪乡昌溪村

在灿烂的古徽州，有一座古村叫昌溪，始建于唐。这里山川秀丽，文化灿烂，名人辈出，风俗纯正，被称为"古歙南乡第一村"。昌溪古村地理条件优越，距中国历史文化名城——歙县县城30公里，离著名的山水画廊——新安江7公里。村落的形态特别，像一只巨大的蝴蝶匍匐在山水之间，灵动地扑闪着翅膀，因而又叫蝶形村。走进昌溪古村落，那悠长的古风、昌盛的文风、和谐的乡风新风扑面而来，让人不由沉醉在徽州那温润的意境里。

徽派村落，古风悠长

慕名来到昌溪，只见弯弯的昌溪河，清清的昌河水，绕村边而过。昌溪河发源于皖浙交界的昱岭关，穿谷越峡，蜿蜒百余里流经此地。河水清澈见底，有深潭，有浅滩。深潭是村民的天然游泳池，浅滩任凭戏水和洗衣。沿河道路一色的石板路，靠河一侧还建有石栏杆，可倚杆远眺山光水色，近瞧水中游鳞和戏水的鸭群。绿树、翠竹、流水、石栏构成环境优美的水口。我们从村子的北面进入，首先映入眼帘的是一个江南式的水口。昌溪河水拍打着浪花从村旁顺势而过，几座粉墙黛瓦的房舍坐落河畔，轻盈而安静地依河而卧，在茂密的修竹掩映下，参差错落勾勒出山村风情。黑白两色是徽州民宅质朴的灵魂，漫步昌溪，不施粉黛的古民宅群落，历经岁月的风霜，黑得坚决，白得透彻，以朴素的大美、平和的姿态，掩映自然风采，融入日常百态，静静地搁置在清雅如归的灵山秀水中。

历经岁月沧桑，昌溪村现存宋、元、明、清古建筑201幢，凝聚了典型的徽派建筑精华。村中古祠堂星罗棋布，计有太湖祠、寿乐堂、承恩堂、怀远堂、理和堂、细和堂、敬严堂、安礼堂、积善堂、荣泽堂、敬义堂、存理堂、务本堂、贻清堂、敬伦堂、保和堂、嘉庆堂、怀德堂、仁裕堂、作德堂、明湮祠、思成祠。村中周姓建有周氏宗祠、员公支祠；徐姓建有爱敬堂。一村之中拥有20多座祠堂，实为罕见。其中元建清修的"忠烈庙"，元末始建的"太湖祠"，清建的"寿乐堂——木牌坊"，明建"周氏宗祠""吴承仕故居"等更是古建中的佳品。穿行其间，那一处处房屋精美的砖雕镂饰，画栋壁陈，把村落衬托得古色古香，质朴典雅。当你推开厚重的木门，步入其中，弥漫周身的古旧气息一定会让人慢慢沉静。一幅幅砖雕、石雕、木雕浅绘深刻着花鸟虫鱼、福禄寿喜、人物故事，将历史和文化再一次风云聚汇。徽州空间容纳的乾坤万象和博大深厚令人称奇。建于元末明初的太湖祠，祠长40米、宽17.5米，两边建有"议事厅""生活区所"、戏台和其他配套建筑。主墙角翘起，八只鳌鱼凌空而立，马头墙高低错落，麒麟瑞兽傲立其间，交替起伏，优美的韵律令整个建筑群既壮观又雅致。主厅内两根楠木大柱直径达5.1尺，柱上悬挂的一副楹联特别引人注目："惜衣惜食缘非惜财而惜德，求名求利只须求己莫求人。"它告诫吴氏子孙以道德处人处事，以勤奋成名成仕。与屋脊八条栩栩如生的鳌鱼相呼应的，还有大量精美的石雕、砖雕、木雕。大门坊上有明太祖朱元璋御笔题赐的"第一世家"匾额，祠前有可容七八千人的广场，每逢二月十八、十月十八（昌溪人祭拜汪公大帝第八子的盛大节日）、春节，广场上搭花戏台演出村人自导自演的节目，太湖祠员公支祠周氏宗祠或三天三夜，或七天七夜，煞是热闹。护祠墙下有月池，月池中"映日荷花别样红"。员公支祠的门坊，四柱三楼。四柱为优质柏木，抱鼓

元末始建的太湖祠　摄影／吴文杰

石紧抱，上部木质宫殿式，明间高出次层一层。匾上楷书"员公支祠"，高瓴垂脊，八角翘起，圆檐滴水。《中国建筑史》称"此坊与坊前月池和坊后颇深的祠堂建筑浑然一体，给人以气吞山河的感觉"。周氏宗祠始建于明孝宗弘治十年（1497），坐北朝南，北靠来龙山，门临昌源河，祠前辟有上下两个大坦，全以卵石缀成，通街大道，穿坦而过。周氏宗祠建筑为明代徽派古建筑典型风范。整个祠堂布局分栅棚、丹墀、正厅、后进和寝陵五大部分，是"三进两明堂"的代表作。正门之上高悬"周氏宗祠""钦点主政""恩赐进士""四世二品"，正厅左右大梁之上悬挂"进士""文魁""少廷尉""吏部尚书"，匾额昭示着周氏的显赫功名。横梁两端有一米大小"和合"诸仙木像，神采飞扬，栩栩如生。厅内四根一人合抱的茶园石柱和两根一米五腰围的白果木柱挺立其间，浑厚庄重，气势非凡。

在昌溪古村，静静地走，静静地看，一边回味着村里老人们口中吐出的"九子巷""三眼井"等称谓，一边不经意地走过那一幢幢精美的砖雕门楼下虚掩的朱门，仿佛时光倒流，那亲切而熟悉的气息让人醺醺然误以为自己就是归人。在小巷里走着，思绪也会随之曲折萦纡，留下一串串细心的解读和悠长的品味。

宗族和睦，文风昌盛

　　从空中俯瞰，整个古村落沿昌溪河西岸呈南北方向条状分布，由三个自然村组成。位于北部福金山南侧的是沧山源，又称燕窝山庄，是经学大师吴承仕的出生地。位于村落核心区的是昌溪，它被划分为两个行政村，主要是吴氏家族聚居地。南端是昌溪下村周邦头，以周姓为主。

　　据村中老者介绍，吴周二姓自古以来和平相处、凝心聚力，营造了天时、地利、人和的良好环境，共同推动了昌溪古村的繁荣发展。在徽州广泛流传着一句俗语："吴茶周漆潘酱园"，"吴茶""周漆"指的就是昌溪人所从事的茶业和漆业。昌溪人凭着吃苦耐劳、精明守信和公平竞争赢得了自己的成功，在这两个行业独领风骚，成为著名徽商形象的缩影。

　　漫步昌溪古村，无论是村中环境，还是建筑格局，无不让人感受到浓浓的文化气息。历史上的昌溪人在经商的同时，特别重视教育，文化层次也颇高，富而张儒，仕而护贾，形成官、商、学一体的文化形态。据资料

明建周氏宗祠　摄影／吴文杰

清建员公支祠 摄影 / 吴文杰

介绍，昌溪殷实人家从来就有设家塾（族塾）的古风。吴氏十七世祖吴大冀创"桃花书屋"，吴大蕟建"梅花书屋"，吴大楠设"杏花书屋"等，在当地志史中均有记载。此外，昌溪家塾还设有"养正书室""枫林夜读"之处。家塾在中国教育领域历来占有一席之地，像王茂荫、吴承仕等财界、学界泰斗都是从昌溪家塾中走出来的。昌溪家塾中还出了不少官员。据《吴氏太湖族谱》记载，元、明、清三代昌溪吴姓从科举考试入朝为官者从一品至七品竟达 100 余人。昌溪下村（周邦头）六顺堂内自明初永乐至清末光绪的 400 多年间共出了 4 名进士，19 名举人，23 位贡生，74 位秀才，共计县丞以上官员 77 名，这对人丁不满三百的小村来说，实属罕见。

　　昌溪村不仅人文景观丰富，名人辈出，古建绝佳，千百年来还保留了不少民间习俗活动，如"打观音醮""祭八老爷""舞狮""正月戏灯""舞草龙"等。"草龙舞"选在每年的八月十五中秋节举行，一来可以增加节日气氛，二来正值气候逐渐干燥，可以广泛提醒村民防止火情，保一方平安，同时还有祈求来年风调雨顺、五谷丰登、人丁兴旺、四季平安之意。扎制草龙的材料主要是竹篾、稻草、麦秆等，一般长 20 米。在手艺精湛的民间艺人手下，草龙形状酷似真龙，龙头威武神气，龙鳞清晰可辨，龙体遍插神香，轻巧机灵且活节相连，便于舞动。入夜，舞龙队伍从村头出发，途经村中主要街道，直至村尾。所到之处，锣鼓声、爆竹声不绝于耳。经商的店铺此时也会敞开大门，用爆竹、百子（小爆竹）迎接神龙的到来，图个吉祥如意、生意兴隆。"草龙"随着锣声翩翩起舞，或摇头或摆尾或盘旋或昂首。行至村尾，在群众的热烈欢呼声中，将"草龙"送入昌源河中，龙归大海，举村平安。

古树参天，乡风文明

来到昌溪，你不得不被众多的古树所折服。古树名木，是古村落的历史见证，更是悠久历史和灿烂文化的实物佐证，蕴含着丰富的人文价值和美学价值。昌溪周边的古树有 17 个树种，数量在六七十株以上，是古村落的一笔宝贵财富，也是昌溪人重视林业、保护生态的鲜活证明。

村中的庙坦上，有两棵互相依偎而神态奇异的樟树，一株像龙，一株似凤，人称"千年龙凤樟"。它们树围粗大，直径 3.3 米，高 38 米，枝干粗壮，树叶茂密，树冠像一把张开的大伞，罩地近 1000 平方米。夏能遮阴避暑，冬能挡风御寒，成为防风防洪避寒避暑的天然屏障，也是供人游憩的好地方。老一辈人说，原先这沙墩东临昌溪河，下有深潭，一年四季均有人在此垂钓，故有"昌溪十景"之一的"沙墩垂钓"之美称。溪两旁石磅中各长有一株数百年古槐，相对而立，枝叶相缠，遥相呼应，被唤作鸳鸯槐；还有柿子树、紫檀树等稀有古树。这里是昌溪人乘凉、晨练、垂钓、消遣的理想场所。像这样的古樟树，昌溪村还有许多棵，像形似牛顶部的"牛顶樟"，两株大小相仿、形状相似的"孪生姐妹樟"，神奇古怪、一桩四树的"四有樟"，还有人们难得一见的"槠怀樟"。在几百年树龄的古槠树的朽心中，生长出一棵樟树，形如伞状，两树怀抱，相互关爱，树冠各占一半，树围 3 米，高 10 米。据当地人介绍，是因为早在古槠树的朽心中安家的小松鼠，常常经过古藤相连的枝干东去西来，寻果觅食。由于樟树的核果有香气，小松鼠就采了一些带回家去，樟果经过了老槠树的孕育，便从其树心中生长出一棵高大的樟树。

昌溪村的"千年银杏树"，人称奇树，离原生地平面以上 3 米高处，粗围有 8 米，树高 42 米，主干挺拔，枝干匀称，枝叶茂盛。据村里人介绍，十多年前因遭火灾，千年龙凤樟高大的树顶被烧断，但古树仍存活至今，现侧枝继续生长拔高，枝繁叶茂。此外，村里还有保护完好的具有数百年以上树龄的古松树、古槐树、古罗汉松和古采椤树等。这些古树生长在村头路边或寺院内外，有的风姿古雅，有的挺拔秀丽，有的青翠浓郁，有的耸立参天，春华秋实，四时异果，增添自然美景，丰富人们的生活情趣。村里的古老水口，现在成了"村中公园"。清晨在古树下漫步，傍晚在小溪旁长谈，冬日在坦上晒太阳，夏日在石栏上纳凉，好一幅乡村娱乐休闲的美丽图画。古村之中有此景象，令乍到此地的人顿生欣羡和眷念之情。

美好乡村，新风扑面

承接着先人留下的丰厚遗产，今天的昌溪人续写着古村新篇。近年来，该村充分利用山水、人文、古建等特色资源，按照"保护为主、抢救第一，合理利用、加强管理"的方针，成立了"昌溪古村落旅游发展服

青山绿水环抱中的昌溪村 摄影／吴文杰

务中心",积极发展乡村旅游业和林茶等特色产业。目前,村内茶园面积5139亩、桑园1605亩,林业用地10572亩,林木覆盖率达88%;2013年接待游客近10万人次,村民人均收入8600多元。一方面,结合美好乡村建设,加强村落公共卫生治理,对重点古建筑进行修缮,对非徽派建筑改徽整治,整修古街石板路,挂牌保护古树名木,开展村庄环境整治保洁,不断美化净化村容村貌;另一方面,编制10多项保护和开发规划,不断提高村民保护古村落的意识,村里有个不成文的规矩,乡村每做一件工作,首先要考虑给古村落保护加分。该村还着力挖掘独具魅力的非物质文化遗产,每年冬季举办民俗文化节、文物展览,向世人充分展示昌溪的历史传承,弘扬博大精深的徽文化。

如今,昌溪村已成为《歙县旅游总体规划》"141"格局的重要组成部分,成为歙县旅游发展四大板块——乡村旅游的代表,她与新安江山水画廊组成一个"徽商足迹故里游"产品,同时与上游摄影胜地——石潭构成了一条优美的乡村旅游线。结合美好乡村建设,昌溪村目前正不断加大农村清洁、环境综合整治、小流域水土保持生态、古村落保护等工程建设力度,使昌溪的山更青、水更秀、天更蓝,使昌溪的历史文化源远流长。一个生态、文明、和谐的魅力昌溪正大踏步地向我们走来……

大山村坐落于发洪山下，枫沙湖之滨，是一个崇文尚武、文武双全的美丽乡村。该村历史悠久，存有百年以上古屋22间，古树18株。经过综合治理，村境内山场全部得到绿化，森林覆盖率达80%以上。山内有洞有瀑，有数十处的"山石景点"和民间传说。该村是享誉海内的"东乡武术"发源地，传统武术在这里发扬光大；"崇文尚读"之风日趋浓郁，每年从这个仅有2000人口的小山村考入高等学府的学子就达20人左右。

九、文武双全
——安徽省安庆市枞阳县周潭镇大山村

安徽省安庆市枞阳县东部的发洪山下，枫沙湖之滨，有一个名叫大山的村庄（原名山边章）。全村560户，2060口人，拥有6300亩山场，3700亩水面，980亩土地，素有"六山、三水、一份田"之称。这里风景秀美，鸟语花香，溪水潺潺，四季常青。

沿周澄公路驱车不到10分钟就到达该村，映入眼帘的是整洁宽广的水泥大道，道路两旁是高大葱郁的樟树，树下交织着错落有致的民居。一条大涧曲折而下，穿村而过，溪水清澈见底，冲击着卵石，卷起层层浪花。

越过迎宾大道，跨上迎宾桥，迎面而来的是大山村民休闲健身广场，属于村中心地带。一片苍翠欲滴的绿化带，中间矗立着一块巨石村标，上面雕刻着鲜红的"大山"二字。巨石后面，是20世纪60年代初期兴建的大山村大会堂，占地约500平方米，目前已成为村民的综合文化活动中心。会堂四周存列着数十张宣传牌，上面记录着村庄的发展变迁。

该村历史悠久，是著名的武术之乡，取名叫山边章。当时该地区主要有周、章两大姓。明初，大山章姓的一位姑娘嫁给鹞石周氏的三世祖，后世代联姻。章家的武功传到了周家，周家的习武之风亦大兴起来。到了清

青山映秀田园居 摄影／龙琳

初，以周潭为中心，周围五十里居民都争相习武，习武之风遍及整个东乡，形成了"东乡武术"。为维护各宗族利益，各族长不惜钱财，请武师、办学堂，培养武术人才，推动了东乡武术的发展。东乡武术初属福建少林门派，在不断完善发展过程中，吸取南、北少林拳的精华。其特点是转辗幅度小、讲究贴肉分枪术，真所谓拳打卧牛之地。肢体动作以拳、掌、肘、腿的动作为主，注重手、眼、身、步并用，招式古怪，出手凶狠。典型的招式有"钢叉翻麦""野猫偷鸡""落地金钢剪""兔子蹬鹰""鲤鱼背包""黑狗钻裆"等，技击刚劲，灵活多变，勇猛凶悍，攻防合一，讲究实用，逐渐形成了地方特色的传统武术。

东乡武术鼎盛时期，是清初至咸丰年间，高手辈出，著名的有清嘉庆甲子科第二名武举章慕斌、技艺高超的拳师章观鳌、具有正义感的教练章启勋、为父报仇的侠女章素芸等。清道光二十八年（1848），东乡"三十六名教"率领百名武术精湛的乡民，乔装香客，藏带暗器，进入九华山，生擒财色双贪的恶僧贾某等人，为民除害。东乡武术从此英名远扬，威震大江南北，历史上号称"打不过东乡"由此而来。

随着外国列强的入侵，国门被迫打开，洋枪洋炮涌入，"武术无用论"的思想在群众中日趋渐浓。受这种思想影响，会武的不教武、不练武，不会武的更是不学武了。高手拳师死的死，老的老。壮年拳师经久不练，功夫荒废，套路记不清了。于是武术世家相继湮没，武术精华渐趋失传。

新中国成立，特别是中共十一届三中全会以后，"东乡武术"才枯木逢春，享誉海内的"东乡武术"发源地就是现今的大山村。据《枞阳县志》记载，"东乡武术"始兴于山边章氏，后传于社会。翻开《章氏族谱》，上面清楚地记录了大山章氏原是福建浦城人，其祖章仔钧系唐朝武将兵部尚书章岩仕的后代。南宋末期，其一房子孙迁居到如今的周潭镇。2013 年，在中国体育文化、体育旅游博览会上，"东乡武术"被评为首批"中国体育非物质遗产保护与推广项目"。为弘扬"东乡武术"这一古老的传统文化，大山村组建了青少年武术队，聘请了村中的老拳师当教练，练拳习武成为村民们农闲时期强身健体的必修课。

大会堂向北 50 米是大山村村部。这里原是大山章氏祠堂，有三进，占地约有 600 平方米。该祠堂建于明末清初，前进在"文革"期间损毁，现已修建了大山村委会办公室。中、后进保存完好，现成为村中老年活动

大山小学习武少年英姿飒爽　摄影／孙永新

室和青年民兵之家。中、后进之间以大天井连接，仰望中进顶部，全是摆梁、鼠梁、金钩梁、五架梁、鸿门梁衬托各式卷棚，梁衬上刻有各种吉祥动物图案和匀称得体的线条。后进是祭祖厅，重檐结构二层，楼上像鼻梁衬托；祖龛上供奉着章氏祖先牌位。整座祠堂为典型的徽派风格，精美的木雕、石雕、砖雕，高墙翘角，庄严肃穆，体现出族法、族规的神圣威严，代表了章氏祠堂的较高水准。目前，村委会正着手申报安徽省文物保护单位。

村部的北面与之相连的是大山小学。大山村虽是武术之乡，但"崇文尚读"之风日趋渐浓，尊师重教已蔚然成风。大山小学以"面向新时代，创一流学校"为宗旨，致力于课堂教学的优化、学生能力和知识结构的优化，实现轻负荷、高效率的突破，树立了良好的三风：校风——勤奋、守纪、精美的传统文化遗产文明、卫生；教风——开拓、进取、敬业、爱生；学风——好问、多思、友爱、进步。近四十年来向各业输送数千名人才，每年从这个仅有2000人的山村考入高等学府的学子就达20人左右，且优秀学子不断涌现。

大山村2006年被列为枞阳县建设社会主义新农村试点村，先后被授予"全国生态文化村""安庆市首届最美乡村"等荣誉称号。2013年，该村被列为全省首批美好乡村建设示范村，村两委积极响应，筹措资金，以村庄亮化、引水净化、环境美化、道路硬化的"四化"工程为落脚点，扎实推进美好乡村建设，使村庄"水更清了，路更宽了，家更美了"。开拓进取、勇于拼搏的大山人民用自己勤劳的双手，将家园建设得越来越美好。

离村部不远的村东头有一口古井，据说是章氏祖先迁居到此不久后修建的。井口呈圆柱形，高出地面1米多，是石岩凿成的，从井口向下望，井口窄，井腔渐大，井壁是用一个个卵石杂乱而紧密砌成的，卵石上长满了厚厚的翠绿的苔藓，苔藓下挂着一滴滴水珠，晶莹透亮。村里大部分人都是喝此井水长大的。长喝此水，不仅有利健康，还能长寿。目前，村里八九十岁的老人比比皆是。几百年来，古井像一位温情的母亲，用她甘甜的乳汁哺育着一代又一代大山人。

离村部不到100米的村西头是大山停车场，这里有数十棵参天古树。其中最老的古树距今已有250多年树龄。在大山人的"植绿、护绿、爱绿"的精心呵护下，这些古树仍枝繁叶茂，青春焕发。

大山村有6300亩山场，过去由于忽视了管理，乱砍滥伐现象时有发

精美的传统文化遗产 *摄影／左文　孙永新*

生，加之牲畜的糟蹋，自然植被破坏，水土流失严重，生态失去平衡。20世纪90年代中期，省政府发出了"林业二次创业"的号召，该村积极响应，发出了"向荒山进军"的动员令。全村男女老少齐上阵，先后出工近10万人次，使村境内山场全部绿化。村里还配备了专业技术人员和专业队伍，实行目标管理责任制。请来了林业专家指导规划工作，根据山林走向和小气候特点，形成了"山顶防风林，山腰用材林，山脚经果林"的林网格局，森林覆盖率达90%以上。大山村先后获得"全国造林绿化千佳村""全国绿色小康村""安徽省十佳生态村""安徽省农家乐示范点"等多项殊荣。

离停车场向西北不到100米就是国家AA级景区、大山村农家乐示范点。这里是一派山清水秀、百花争艳的自然风光。放眼远望，红色的桃花、白色的李花、黄色的油菜花……相互辉映，美不胜收。该村背靠一座海拔500米的发洪山（又名"笑天狮"），山顶上有一座300多年前修建的龙王庙，古色古香，别具一格。离发洪山不到200米处有个海燕洞，洞门前云梯登月，洞边有瀑布高数丈，状如水帘，穿瀑布进洞，海燕乱飞，奇景万千，洞内大洞套小洞，洞洞相连，最大的洞可容纳 200 多人，洞外不远处有"金鸡报晓""戴帽石""乌龟撵鳖""仙女散花""海船撑倒"等山石景点。这一带峰峦叠嶂，石怪岩奇，素有"不是黄山，胜似黄山"之美称。在海燕洞附近，新建了一座拱坝高 22 米，坝长 83 米，库容量 16 万立方米的大山水库，"高峡出平湖"在这里成为现实。天蓝、水清、山美、石奇，每年吸引着数十万游客前往生态休闲、旅游、观光，成为周边城市居民流连忘返的"氧吧"。生态旅游业的蓬勃兴旺，拉动了林、果、茶、饮食、家禽产业和林业经济的飞速发展。2013 年全村经济总收入 7480 万元，村民人均纯收入 8210 元。

道路林荫化，农田林网化，庭院花园化，四旁皆绿化，是大山村人与大自然和谐共处的生态模式。这是一片美丽的土地，这是一个崇文尚武、文武双全的美丽乡村。让我们一起来这里修身养性，放飞心绪，享受大自然的恩泽！

十、马元古村，云峰深处的"活标本"

在大别山腹地的安徽省岳西县黄尾镇云峰村，完整地保存着一个传统自然村落——马元。古建筑、古村落研究专家认为，无论从民居民俗，还是从生产生活方式看，马元都是大别山区农耕文化活态传承的典例，因其具备系统、完整、纯粹与可持续等特点而弥足珍贵。

乡愁如炊烟在青瓦上袅袅升起

"初上马元寻旧踪，大河藏在绿荫中。老村古屋转山见，咳嗽一声有古风。黑瓦黄墙苔上蝶，木栏草垛院旁松。村妇争说当年事，伛偻斜阳一老翁。"这是我第一次去马元传统村落时的感受。自 2013 年夏季开始，为了认识马元、保护马元、开发马元，我曾 15 次进入这个深山老林里几乎被人遗忘的古村落。

到达云峰村部，沿银珠河向西南方上溯约 7.5 公里，一路奇峰幽峡、茂林修竹、村舍依稀、牛羊成群，转过一个山隘，就进入了马元。古老的梯田，碧绿的茶园，夯土而筑的民居，依山邻水、错落分布，宛如古老的画境，美丽的乡愁如青瓦屋顶上的袅袅炊烟。

马元总面积约 15 平方公里，保留着 2 万多亩天然次生林，现有居民 97 户 396 人，以何、黄、刘、郑、谭、储等姓氏为主，传统民居 89 处，多集居在牛草山北麓，少数分散居住。村内有祖师殿、银河土窑等古建筑

大别山深处的古村落　*摄影/储青*

或遗址 10 处，以及大量的老梯田、老茶园、老牧场。

据闻，银珠河两岸早年是原始森林，渺无人烟。元末明初，朱元璋、陈友谅争江山，在安徽、江西一带激战，一群难民逃进深山，沿银珠河峡谷而上，至海拔 1442 米的牛草山，伐木垒石，搭棚而居，开荒种谷，牧牛放羊，日出而作，日落而息，繁衍生息，久而久之，在牛草山莽莽森林中开出数千亩旱地和草场。后战火平息，棚居的山民逐渐向周围的山下迁移，开荒垦田，筑屋定居，并在牛草山北麓形成马元自然村落。

牛草山上的旱地全部成为牧牛的草场，山亦因此得名。牛草山现以高山草甸闻名遐迩，山上有观音寺，是户外运动和摄影爱好者的天堂。一方水土养一方人，马元地处深山老林，交通闭塞，资源丰富，勤劳的山民们靠种田种地、采茶采药、伐木烧炭、打猎放牧为生，悠然富足，自得其乐。

至今，马元仅有一条 2 米多宽的泥土路连接山外，车辆难以进入，较好地保存了村落的原始风貌。

结构巧妙的古民居散发着乡土气息

马元古民居是真正散发着泥土气息的乡村建筑。岳西县文物局的老局长储诚发认为，"马元的老房子，全部是干打垒的黄泥巴建筑，这是皖西大别山区传统民居的代表。依山临水，黑瓦黄墙，牢固实用，冬暖夏凉"。

马元的老房子，一般布局多为明三暗六，中间堂轩，左右对称，辅助

用房与主房呈直角连体侧建；屋子进深大，内设走廊，外部看是三间房，走进去是六间房；也有明五暗十的格局，建筑材料都是就地取材。基础用山石清砌，墙体采用干打垒方法筑就，即用木制模型分层夯筑，在模具内置木竹为筋骨，填黄土以杵夯实，去模后用木巴掌拍光，墙体内外不加粉饰，呈天然老屋外观黄土色。屋顶采用悬山式，呈45°斜坡，挑檐斜出一米左右，有利于排水护墙。

梁柱皆用大木，堂轩梁柱上画有图案，内容不一，有双凤朝阳、龙凤呈祥，也有八卦图、太极图、莲花图。盖屋顶用的是当地土窑烧制的小青瓦盖，部分房顶留亮瓦透光。屋子多内分两层，下为正屋，上为木阁楼。屋内布置也很有讲究，堂轩是建筑中心，进大门后抬眼看到中堂上"天地国亲师"五个大字，依次表示祭天、拜地、报国、爱亲、尊师之意，天地人伦，道儒合一，纲常伦理，层级井然。两旁有对联，内容因姓氏不同而异。

除了这些依山而建的老房子外，马元境内还保存着不少古建筑、古遗址，如祖师殿、观音寺、武猖庙、银河土窑、土地庙、古茶园、高山草甸、高山梯田、牛草山棚居遗址等。

非物质文化遗产在马元传承

年过五旬的叶庆华是马元一带远近闻名的建筑工匠，"现在做老房子的老工匠已经不多。在农村，做房子是大事、喜事，有一整套的程序和习俗"。看地基，建房前要找地理先生相风水，选定依山傍水、背阴朝阳的宝地；起手，即择良辰吉日破土动工，起手之日要祭地神；树门框，根基下好之后要择时树门框，开始筑墙；上梁，即墙体夯筑完成后安放大梁，是建房过程中最重要的仪式，上梁时要放鞭炮、祭天地、撒喜果、唱喜曲，亲戚朋友都要送贺礼、喝喜酒；上庄，即搬进新房居住，大户人家也要请人喝喜酒、唱喜曲。

岳西县地处大别山腹地，保存着丰富的非物质文化遗产，包括国家级非遗黄梅戏、岳西高腔、桑皮纸手工制作技艺，以及省级非遗吹打乐春富贵、岳西翠兰手工制作技艺等。作为岳西县的深山区，这些非物质文化遗产在马元传统村落群均有保留和传承。例如，古老的剧种岳西高腔就广泛地融入了当地的民俗，进新房、闹新房、舞狮子、舞龙灯，都要唱喜曲，多为高腔的剧目和唱腔。此外，马元一带还保存着大量原生态的民歌、民俗、传说、老手艺，有待进一步挖掘、保护和传承。

茶叶是当地的支柱产业，其中岳西翠兰是闻名遐迩的"国礼茶"，曾被赠送给多位国家元首。马元的村民多会手工制作这种茶，制作过程很复杂，需要经过采摘、摊放、头锅、二锅、初摊、毛火、复摊、足火等八道工序，手法有抓、抖、撒、捞、滚、甩、拢、带、磨等，工具有摊青架、竹匾、铁锅、小棕帚、烘笼等。2011年，手工岳西翠兰制作技艺被列入省级非物质文化遗产名录。

穿越时光，梦回老家

走进马元，仿佛时光倒流，穿越回梦里老家，这里没有一座现代建筑，除了用电设施外几乎很难发现现代元素，完整而系统地保留着半个多世纪以前的村庄风貌和生产生活方式。漫步田野，放眼望去，古老的森林、竹园、梯田，水库、茶园、农舍，石板路、木桥、水车、草垛，炊烟、农事、耕牛、羊群……仿佛走入古人笔下的乡村山居图；跨进农家小院，次第入目的，是散发着古老气息的铁犁、铁锄、铁耙，石碾、石臼、舂米杵、石磨、打谷板，油篓、木桶、畚箕，耙、碓、风车、木犁，香柜台、八仙桌、长条凳、站柜、架子床，饭甄、水筒、筛子、豆腐箱，火桶、马灯、老式座钟……每一个物件，都能唤醒我们沉睡的记忆。

众多媒体记者、作家、摄影家、画家、户外运动者纷纷前来寻幽访

堂轩内景 *摄影/储青*

古，一批民俗学、建筑学专家学者陆续进入考察，均给予很高的评价。马元传统村落以其极具地域代表性的建筑风格、原生态的农耕文化资源，以及丰富的民俗资源，为我们保存了一份珍贵的文化基因、一个活着的古村落，一缕美丽的乡愁。但我们也发现，近10年来，马元的人口在逐渐减少，很多年轻人移居山外，留下一幢幢老房子风雨飘摇。但仍有部分上了年纪的人留守山里，如桃源中人。近年来，政府加大对马元传统村落的保护力度，正在组织马元申报国家第四批传统村落。为行将消失的农耕文化活标本注入新的血液，让一个古老的村庄活得更久。

钓源古村是北宋文学家、政治家欧阳修后裔及宗裔聚居地；建筑布局顺乎山势，其灿烂之处在于合应太极八卦；村中古驿道边有一片三万多棵的樟树林，将古村包裹在一片绿色之中；钓源村现存102处古建筑，包括始建于北宋末年祭祀欧阳修的"文忠公祠"；钓源民居隐含着深意，自然人文相得益彰，见证了钓源曾经丰厚的人文和拥有的繁华。

十一、钓源古村，庐陵文化的缩影

位于江西省吉安市吉州区西北部的钓源古村，是北宋文学家、政治家欧阳修后裔及其宗裔聚居地，居民以复姓欧阳为主，全族共有350余户，1500多人。钓源古村始建于唐朝末年，距今1100多年，可称为一部浓缩的古代庐陵文化史。

欧阳修后裔及其宗裔的聚居地

欧阳氏是江南望族，据钓源欧阳族谱及地方文献记载，唐天宝年间，其祖先欧阳琮为吉州刺史，称吉州始祖。延至第五代祖欧阳万，为安福县令，定居安福，后其子孙繁衍，徙至安福黄石、庐陵钓源、永和岗头、永丰沙溪和分宜防地等地，而称一世祖，因而钓源欧阳氏与沙溪欧阳修、永和欧阳珣、欧阳守道等为同宗氏裔。

唐末时局动荡时，欧阳弘为避时祸，举家卜居于先祖择定的分流生息地——钓源。自明中叶起，受"东林党案"连累，许多钓源人转仕入商，到清代中叶，钓源商贾、号铺遍及两湖两广，富甲一方。致富后在家乡兴建宅院，铺路架桥，规划街区，使钓源终于成为显赫于庐陵地域的乡村闹

文忠公祠　摄影／刘琨

市"小南京"。鼎盛时期的钓源，设有钱庄、戏楼、跑马场等；达官贵人则建有私家园林以至"三美院""五美院""七美院"。整个村庄达1500余户，人口逾万。

钓源欧阳氏族民风淳朴，文化深厚，人才辈出，崇尚诗书礼仪，推崇功名进取。其传承先祖"文章节义并重"的精神，崇文重教，耕读传家，为赣中的名门望族。据残存史料记载，钓源培养了科举进士9名，举人34名，五品以上官员20多名。《明史》中列传记载的西南三边总都欧阳重等名臣，正气凛然，名垂千古。村内至今还留存专祀欧阳修的祠堂——文忠公祠，宋代大书法家米芾书写的欧阳修名篇《昼锦堂记》青石碑，苏东坡赠给钓源人的大端砚，清代名臣曹秀先所书的青花瓷对联，记载了村中名人的两米多高巨大墓碑，几十块象牙酒令牌，大学士解缙题写的"定安"寺名等珍贵的文物，见证了钓源曾经丰厚的人文和拥有的繁华。

万樟环绕的钓源古村　摄影／张英能

合应太极八卦的建筑布局

钓源古村建筑布局顺乎山势，它的灿烂之处在于无处不在地合应太极八卦。该村古建筑群主要由庄山和渭溪两个自然村组成，由东西走向如"S"形的一座人工填造的"长安岭"隔开，村庄依照太极图的双鱼形坐落在"S"形弯里，西为庄山，东为渭溪，两村又各自根据八卦图形依山就水而建。离村三里外开始，一直到村口，筑有三道人工堤，堤内有一座庙、一座塔，称之为"三门两锁"。

目极钓源的村头巷尾，没有一条笔直的路，没有一条直筒的巷，有的墙院折角，有的大门偏向，甚至每幢房屋的四边也寻觅不到四方皆直的四沿。喇叭巷南窄北宽，青条石铺就，路面平坦整洁，路下水沟相连，两边墙壁曲折勾连，更有巧设的钓鱼窗，集中反映了钓源"村座鱼尾，依山就势，面水而居，四方为大"的建村理念和"墙折、路弯、巷曲，分房向祠"的村落形态。

万樟环绕的秀丽环境

村中原有一条古驿道（官道），是以前吉安通往安福的必经之道。古驿道边三万多棵樟树，密密麻麻、郁郁葱葱，将古村包裹在一片绿色之中。走进钓源古村，清风飘香，纤尘不染，如入仙界。万棵香樟环绕，千年垂柏矗立；堂前屋后，蕉翠欲滴，竹风如涛。村内池塘星罗棋布、众星捧月，黛顶翘檐倒映水中；村外稻田、水塘、青山交映，林木扶疏、山禽唧唧、花红柳绿、蜂飞蝶舞，空气如洗、沁人心脾。古村内外环境浑然一体，宛如世外桃源。钓源人在樟树林的怀抱中，生存繁衍，春种秋收，耕读传家，尽享大自然的恩赐。

保存完好的赣派民居建筑

钓源村现存的 102 处古建筑中，上可追溯至宋元，下则延绵于明清。包括唐墓 1 座、庙观 1 栋、祠堂 8 栋、书院 5 栋、清代别墅 1 栋、民居 87 栋，古民居总建筑面积 21356 平方米，保存完好率在 90% 以上。

钓源古村是赣派民居建筑的典型代表。香港城市大学把钓源列为古建筑学的示范点，认为它汇集了我国南方古代民间建筑的主要类型和风格。民居以青砖灰瓦、一厅六房的砖木结构为主，又变化成不同的格式，有两进四厢，有前宅后院，有边宅边院，有院落式群宅，有中西合璧的别墅。

钓源古建筑中，营造时间最早的、规模最大的是始建于北宋末年的祭祀欧阳修的"文忠公祠"。这座祠宇历经元、明、清各代多次修葺，前有 30 多米长的甬道，门坊上饰宝顶，内有天井、回廊、串楼、殿堂，整个建筑群落布局严谨，气势恢宏。

钓源古建筑最显著的特色是风格丰富多样。既有常见的单檐屋面，又有罕见的重檐瓦顶；既有遍及南方民宅中的马头墙，又有建在前后瓦檐上的骑瓦风火墙。建筑构建中的枋檩雀替、藻井漏窗，往往雕刻有寓意吉祥如意的鳌鱼、蝙蝠、麒麟、奔鹿、走象和梅、菊、兰、桂等花木，以及栩栩如生的文臣武将人物造型。

钓源村有栋建于明崇祯末年，被村民戏称"歪门斜道"的古民居。其首进式一厅六房，厅壁木雕八卦暗寓主人家男女人口，正面墙体平直，大门却左凸右凹，呈歪门状，东面墙体又内折，使巷道斜出，为八卦夹角原理巧借风水营建民居的典型样式。

忠节第牌坊为礼派宗祠前标志性建筑，是全村 16 座牌坊中的唯一遗存，三檐单门，砖砌双堡，正面颂近代科第名贤，家乘风范，背面追远祖功名业绩，支派绵延。坊前璎珞柏又名香扁柏，为钓源外迁后裔元代远从广西引种，历 500 余年，为欧阳氏族繁衍延绵的活见证。

欧阳杰民居，创建于清道光末年，院内布局别致，雅趣横溢，四季桂花飘香；经祖祠，创于明正德二年（1507），原有堂、廊，祠前有坊，今仅剩一隅；纶祖祠，建于明弘治十三年（1500），面阔三间，一井两进，祠前置聚星池，现主体建筑为清乾隆遗存。

寓意深厚的民居文化

钓源民居家家户户金碧辉煌，石雕、板雕等雕刻的工艺均出自大师级手笔，浮雕、微雕、镂雕等工艺精湛。门扉、窗棂、床架、脸盆架的木雕图案和门楣、屏墙石雕图多以八卦图案为内容，隐含着深意，自然人文相得益彰，呈现出天地人合一的景象。

钓源有 70 多张各具特色的古床，造型奇特、雕饰巧妙、床文化寓意深厚。雕花床一般分为老人床、新婚床、闺女床三类。人的一生三分之一的时间在床上度过，把平安吉祥的祝愿和避邪纳福的祈求集中蕴含在床上，合乎情理。

来到钓源村，有幸的可以观赏到舞龙和千百年流传下来的村民自创的"戏渔翁"、颠轿、传统民乐等社戏表演，还可以吃到米果、粽子、腊肉、米酒、酱菜等特色美食。

永叔宗裔聚居区、庐陵古建博览园、商贾文化寻踪地、万樟环绕生态村。近几年来，钓源古村的知名度不断提升，对外影响力不断加强，向外界诉说着她曾经的繁华和今天的传承与富庶……

流坑古村建于五代年间，全村为水所围，正符合"天人合一"的境界。宗法文化是流坑文化的精髓，傩舞、乡射遗乐等民俗是流坑文化的重要组成部分，典型的赣派民居建筑代表是流坑文化的集中体现，"中国第一古樟林"国内外罕见。"千古第一村"的流坑，是一座珍贵的历史文化宝库，向人们诉说着她的古往今来。

十二、流坑，天人合一的"千古第一村"

流坑古村建于五代南唐昇元年间（937—942），被誉为中国封建社会的"活化石"。她位于江西省中部，抚州市乐安县西南部，地处道教圣地龙虎山与红色革命摇篮井冈山的连接中心地带，交通便利，环境优美，在全省乃至全国享有"千古第一村"的美誉。

"天人合一"的村落布局

流坑古村面积 3.61 平方公里，位于乌江之畔，四周青山环抱，三面江水绕流。居民 1300 多户，近 7000 人，95% 为董姓族人。流坑最早由唐僖宗国师、风水大师杨筠松设立风水格局，后人在这基础上逐渐完善，定型于明嘉靖年间，由当时的刑部郎中董燧在杨筠松的基础上进行全面规划和整治。

古村南北一横巷、东西七纵巷，构成梳子形状，每条巷口都朝向乌江河岸，与岸边的码头相对应，河风顺各纵巷吹至横巷，俗称"横补纵泻"。董氏族人按房派支系分区分巷居住，并与各房派宗祠结合在一起。而全族大宗祠建于村庄的左前方，并在村西挖掘人工湖，将天然雨水与生活用水从东到西引入湖中，再将湖水与乌江相通，全村为水所围，形成山环水抱的佳境，正符合"天人合一"的境界。

流坑古村全景　*摄影 / 黄清华*

灿烂辉煌的历史

　　流坑董氏是一个单姓聚族而居的大家族，尊西汉大儒董仲舒为始祖，据族谱记载，董氏先祖为唐朝宰相董晋，董晋孙子董清然迁居宜黄，董清然的孙子董合于五代南唐昇元年间（937—942）迁徙于此，距今已有1000多年的历史，"五百年耕读，五百年农商"。自宋至清，流坑有"文武两状元、两朝四尚书、进士三十四、秀才若繁星"。元代以后，流坑村遭兵祸，明清时期，村中有识之士绍继祖业，修谱建祠，并依托乌江水道交通，发展竹木贸易，开始走亦农亦商的道路，在族内逐渐形成了商人群体。他们发达后，捐资买官、修祠建路、立学助教，使流坑村又一次繁荣兴盛。

源远流长的民俗文化

从五代南唐建村以来，其科举之盛、仕宦之众、爵位之崇、经商之富、建筑之全、艺术之美、家族之大、延续之久，在江西是独一无二的，在全国也属罕见。

宗族文化是流坑文化的精髓，修家谱、建祠堂是维系血统的具体表现。现村中仍保存众多的族谱、房谱，大小祠堂50多座。村中一批像董燧的有识之士，长期致力于理学的研究，将儒学理论与治村实际结合起来，形成了一套有理有法、理法相融的道德规范。

流坑民俗是流坑文化的一个重要组成部分。流坑人通过一千多年的文化积淀，创造了傩文化、酒文化及傩舞、游神、乡射遗乐、宫廷小吹会、竹编、刺绣、雕刻、舞龙、赛诗、轻乐吹奏等极为丰富的民间文化。其中，乡射遗乐2008年5月27日被列入省级非物质文化遗产名录。

最为著名的是傩舞，素有中国舞蹈"活化石"之称，是赣傩的主要表演形式，起源于周代的宫廷"大傩"之礼，在《周礼》中有明文记载。傩舞表演时一般都佩戴某个角色的面具，有神话形象，也有世俗人物和历史名人，由此构成庞大的傩神谱系，"摘下面具是人，戴上面具是神"。民间傩舞多用于驱鬼逐疫、祭祀。2006年5月20日，南丰跳傩、婺源傩舞、乐安傩舞被列入国家级非物质文化遗产名录。

精美绝伦的建筑艺术

流坑建筑艺术是流坑文化的集中体现。流坑村现保存完好的明清古建260余处，清一色的青砖灰瓦，高峻的马头墙，是赣派民居建筑的典型代表，以规模宏大的传统建筑、风格独特的村落布局闻名遐迩。建筑装饰十分讲究，集木、砖、石雕（刻）及彩画、墨绘于一体，质朴简洁，风格明快，工艺精湛。室内格局多为二进三开间，堂前均有较为狭小的天井，既采光又取四水归堂之意。室内装饰主要有木雕、砖雕、石雕、彩画和墨绘，其风格明快、图案丰富、内涵深邃。全村数以百计的屋宇，堂上有匾，门旁有联，据统计，全村保存完好的匾额楹联有682方（处），且皆有来历，不乏出自朱熹、罗汝芳等名人之手的。流坑的古建筑具有浓厚的地方特色，代表了江西赣式民居的典型风格和特点，街巷仍为传统风貌，有很高的历史价值、人文科学价值及环境与建筑艺术价值。

风景秀丽的千年古樟林

自流坑沿乌江而下，两岸古樟掩映，被誉为"中国第一古樟林"。现存面积1100多亩，有古樟10000多株，最大胸围1100厘米，其中500年以上的有3000多棵，800年以上的有1400多棵，绿荫覆盖、景色宜人，国内外罕见，是进行科普教育、旅游休闲和艺术创作的极佳目的地。

"千古第一村"的流坑，是中国古典民居建筑的标本和民俗文化的典型，更是一座珍贵的历史文化宝库，向人们诉说着她的古往今来。

文馆　摄影/黄清华

十三、绿海上堡，最大的客家梯田

绿海中的上堡，望得见山，看得见水，记得住乡愁。上堡乡拥有中国"最大的客家梯田"，传承着千年的农耕文化，描绘出"天人合一"的生态文明画卷。"舞春牛""客家山歌"等朴实而厚重的乡土文化，满足人们久违乡愁的渴望。上堡美食"九层皮""黄元米果"将客家风味展现得淋漓尽致。壮阔的梯田、巍峨的山峰、震撼的瀑布、迷人的峡谷、秀丽的茶园无不体现出上堡人崇尚自然、天人合一的文化追求。

上堡客家梯田

梯田之旅，俗尚朴野。上堡梯田始建于元代，共约4万亩，被吉尼斯大世界评为"最大客家梯田"，与广西龙胜梯田、云南元阳梯田并列为中国三大梯田风景区，被誉为"中国三大梯田奇观之'秀丽天梯'"。梯田依山势开建，连绵数百亩，零星村落点缀其间，几万亩高山梯田群落，散落在水南、良和、赤水、竹溪、正井一带。位置最高的田块在海拔1260米处，最低海拔260米，垂直落差近千米。梯田从高到低不断延续，有的竟然达百层之多，就像一条条架搭在山间岭谷的长梯，高高低低，层层叠

上堡客家梯田壮美景观　供图 / 上堡乡政府

叠，涌向天际，令人叹为观止。

关于上堡梯田，当地民间有个美丽的传说：不知何年何月，有天傍晚，两个疯癫客人路过南安府西北的一个棚野店。店里有一个妇人专给过往客人提供喝水、吃饭、住宿之便。这两个疯癫客先喝了一百碗茶，将碗叠在一起；又吃了一百碗饭，也将碗叠在一起。再回看那妇人，妇人不嫌他俩喝多了吃多了，还是笑嘻嘻的。疯癫客很感激，问店妇："这个地方叫什么？"店妇长叹说："叫上堡，是石山荒岭无田无土的穷地方。"疯客把茶碗、饭碗拢在一起，捂着肚子说："不妨，一层山一层田，吃得上堡人成神仙。"店妇知道这两人有些来历，忙又说："光有山有田没有水也活不了命呀！"那个癫客试探着问："要有一碗酒糟就好了。"店妇果然端出一碗满满的甜酒糟来。癫客提起水壶就往酒糟上筛，一边筛一边念："上堡、上堡，高山顶上水森森。"第二天店妇请疯癫客起来，两位客人却不见了踪影。走出门外一看，远远近近的山坡上全是一层一叠的水田，如同上楼的梯子一样，后来人们就把它叫作"梯田"。

上堡梯田见证着客家先民的智慧和汗水，成为客家农耕文明的一道奇观。传说固然美好，终难考证，史书中关于上堡梯田的记载，最早见于明代王守仁撰写的《立崇义县治疏》，徐光启的《农政全书》也有所提及。文史里记载，从广东迁入的客家先民来到这荒山野岭，为了维持生计，便依山建房，开山凿田。坡度平缓处则开垦大田，坡陡狭窄处则开垦小田，甚至沟边坎下石隙之中，无不奋力开凿。从山脚开到山顶，不浪费寸土块石，让它们都变成田地，长出粮食。这一排排、一垄垄的梯田犹如横在天地间的一部厚重史诗。

自 20 世纪 70 年代，赣南著名摄影家李雪明在报纸上发表了第一张反映上堡农民在梯田中劳动的黑白照片之后，上堡梯田渐渐闻名全国，以至每年不计其数的摄影家、作家、画家们来到上堡，走进梯田群，以照片、彩画、诗文，让山里的风情走向外面的世界，吸引了八方游客不断走进上堡梯田，领略壮丽的风光。

诗云："耕云播雨图，壮观天下无。山水谁莳弄？客家带月锄。"上堡梯田最美的季节是春播阶段，五月末，中稻莳田前，尚未插下秧的梯田里田水如镜，倒映着青山和蓝天，层次感最为丰富。插过秧后的梯田泛着绿色，不规则的田畴与规则的绿苗，生长着诗情与画意；夏至，佳禾吐翠，似排排绿浪从天泻；金秋，梯田里的稻子已呈金黄色，在山里的劲风舞动下，飘逸起伏的稻浪，韵律般轻奏起天地之梵音，悠扬亦醉人；隆冬，雪兆丰年，若环环白玉砌云端。

上堡红色胜迹

上堡红色胜迹，"军旗不倒的地方"。1927 年 11 月朱德、陈毅同志领导南昌起义保存下来的部队在崇义上堡进行的一次整军，史称"上堡整训"。其主要内容是纪律和信念整顿，开展军事训练和农民运动。粟裕、毛泽覃、李硕勋、周士弟、王尔琢等参与了"上堡整训"。保存至今的故居旧址，成为红军革命时期峥嵘历史的见证。

朱德故居——万和堂位于上堡街旧农贸市场，为市场茶楼，坐东朝西，两层土木结构平瓦房，五墙七间，三天井，当年朱德住于南面第二间二楼后间。房东刘桂凤是个非常活跃、交际非常广泛的"女强人"，嫁至上堡李世财后，经商有道，生意兴隆。她曾一反常规，拜本乡梅甲村钢门武师谢世为师，学得一身好武艺。因其身材高大，仗义疏财，乐善好施，街上人都称她"大只嘛"。朱德住在万和堂，很快与刘桂凤成为好朋友。通过刘桂凤掌握了上堡的乡情、民情，结交了许多农民朋友。后来刘桂凤介绍师傅谢世同朱德认识，谢世受朱德的教育启发，发动贫苦雇农举行"梅甲暴动"，他亲任暴动队的队长，儿子谢振华12岁就为暴动队送信，也投身革命，后成为共和国的将军。目前该茶楼已修缮完毕，内中保留有大量红军标语。

司马第位于上堡村树下黄土坳上堡通往赤水村公路旁，距上堡街约400米，坐北朝南，土木结构二层房，十墙九间，两天井，房屋至今保留多处整训标语及陈毅同志用过的生活家具。

为了更直观、更有效地发动群众，陈毅在此积极组织文艺宣传队演文明戏，组织动员群众参加打土豪，分粮分财产，投身革命运动。上堡的梅甲、南流、古亭、文英在起义军的教育和影响下，于次年先后都举行了革命暴动，将崇义革命推向了新的高潮。

彭德怀旧居位于上堡村水北村民小组，是个大屋场，几十栋房子一字排开坐落在山脚下。最高大气派的是李姓族人在康熙二十八年（1689）建筑的两栋祠堂。整训期间三分之二以上部队在此驻扎，并在此设军纪讲习所，只要不操练，全体官兵就在此处学习纪律、战略、战术。红三军团总部移至上堡期间，彭德怀就居住在水北李氏宗祠，运筹帷幄，指挥战斗。

上堡高山茶场

上堡乡得益于优越的自然条件和较高的地势，近年来高山茶产业发展十分迅速，已成为当地的主要农林产业之一。主要茶场有赤水仙茶场和万长山茶场。

赤水仙茶场位于上堡乡赤水村，为20世纪70年代初创建的万亩茶园，地处齐云山与诸广山山腰，海拔在800—1200米之间，在国家级自然保护区齐云山范围内，现存面积2000亩，已整修原茶校办学场所为茶园山庄，被称为"赤水仙云雾茶场"。茶山冬有积雪，夏无酷暑，常年云雾缭绕，雾天在240天以上，绿茶自然生长条件得天独厚。四周森林密布，高山崎峭，处于幽雅、无任何污染的生态环境中。所产的赤水仙茶也深受消费者喜爱，多次获得殊荣。

万长山茶场坐落在上堡乡竹溪村境内，全年有 266 天被云雾缭绕，气候温和，雨量充沛，四季分明，土地肥沃，富含硒，周边无任何污染。日照短，多雾天，土偏酸，湿度大，原生态的环境，造就了高山富硒茶特有的韵味。登高望去，一道道、一圈圈，漫山遍野的千亩富硒茶坐落在千米高的万长山梯田茶庄里，随着基地的不断扩展，将成为赣州市规模最大的高山有机茶生产基地。届时，一个"观万亩梯田、品云雾珍茗、游高山美景、住人间仙境"的生态休闲美丽山庄将呈现于世人面前。

上堡客家屋脊

华仙峰，又名赤水仙山，位于上堡乡赤水村，主峰海拔 1741 米，山崖壁立千仞、裸岩秃石，是赣南地区第二高峰，属罗霄山脉南端诸广山脉的余脉，地势西北高东南低，也是江西与湖南两省的天然界线；山上原始森林郁郁葱葱，清流激湍，穿流而过；山下层林叠叠、茗气悠悠，宛如仙境。

距峰顶 50 米处峰坳有清初建造的庙宇，供奉着梁老真君和肖颜二氏菩萨，香火常旺，惠泽两省善主。华峰仙庵还一度成为当年中共赣粤湘边区特委的据点，赣南省军区司令蔡会文就牺牲在山腰雷打石的松林里。他们在华仙峰演绎了悲壮的历史。庙旁有一个奇妙的天然大水池，日可供 200 名善男信女膳浴，却能始终维持水平，被称为"江南第一圣水"，是华仙峰又一处景观。

上堡客家文化

省级非物质文化遗产"舞春牛"舞出农耕文明新气象。每逢农历的牛年春节或逢一年二春时举行。民间"舞春牛"，一庆国泰民安，二保风调雨顺，三能升官发财，四为四季平安，五祈五谷丰登，六祝六畜兴旺。如今，春牛词改编了新内容，用以歌颂新社会、新生活。尤其融入湘南地区渔、樵、耕、读闹春的特色，结合本地风情，对舞春牛从内容到形式都进行了加工升华，力求更贴近农家生活，增强戏剧性，为乡民所喜闻乐见。

春牛队用锣鼓、唢呐、胡琴营造气氛。其中有方形灯牌一盏，一面绘牛像，一面嵌"春"字。每面的两侧都有吉联。另有四盏春灯，灯面都饰以浮雕的龙凤呈祥图案和五谷丰登、国泰民安等吉联。所有的灯内都可插蜡烛，以便晚间演出。

主道具是"春牛"。牛头用篾扎骨架，经糊纸、绘形而成。两角高翘，是公牛形象；牛身由二人合扮，一人舞牛头，另一人用短弯木缠棕丝系于臀后作牛尾，二人围裹被罩，只露出四脚。两个身穿开襟衣的牧童执鞭，在舞蹈时负责规范牛形和引导"春牛"的走向；有白鬓黑发、执鱼竿背鱼篓的老渔翁，豁达、开朗、风趣；有束腰短襟、拿刀斧挑柴担的樵夫；有短衣赤脚、背犁耙的农夫；有拿书阅卷的文弱先生；有男扮女装的村姑和老太婆，村姑挑牛草、饭桶，忸怩作态，老太婆手摇蒲扇，是一个十足的"老来俏"，人称老茶婆。婆、姑两人四处逗趣，穿行不定；还有财主家的庄公和算手，拿着账本和算盘，穷富善恶，尽在其中。

让绿水青山变成金山银山，让层层梯田化为致富阶梯。曾经的客家先民为了生存，艰苦奋斗，开垦出了万亩梯田，创造出灿烂的农耕文化；如今的上堡人民继续沿着前人的道路，徐徐展开一幅生态文明的画卷；上堡乡向着全面建成小康社会迈出了腾飞的步伐。

距今约 900 年历史的竹桥村，有 109 栋古建筑。青石板路、门楼、民居和祠堂都是明清时的老样子，年代最久远的是建于明代初期的余氏大宗祠。村内保留着清代雕版印书作坊——养正山房和苍岚山房，绵长书香更沁人心脾。漫步在古色古香的竹桥村，你会被原生态的古韵陶醉，心灵好像被宁静的清泉洗过一样，格外的舒爽。

十四、竹桥村，书香环绕的古韵家园

金溪县竹桥村距今已有约 900 年的历史，村内有古建筑 109 栋，另有祠堂、门楼、古井、古雕版印刷作坊众多古文化遗存，其中，"余大文堂"是金溪书商中最大最早的著名房堂，由此肇始，逐步成为古代雕版印书中心。

闪耀智慧、彰显文化的明清古村

进入竹桥村的人，时时会有种幻觉，好像成了古人或者画中的人。村前一溪如带，良田万顷。村内房屋是清一色的板石墙基，连成一体。道路、门楼和房屋都是明清时的老样子。竹桥的古建筑外墙基本没有棱角，就像成语"拐弯抹角"形容的，房子没有棱角，这是竹桥村人的低调，以提示村人，做人要不露锋芒，同时，这也是古代竹桥人一种安全意识的体现，外墙没有锋利的棱角，不容易磕伤过往的行人。

明清古居。村里有明代所建民居 8 幢，明代祠堂 1 幢（文隆公祠），其余为清代建筑，均为青砖灰瓦，朴实素雅。在这些明清古建筑中，最突出的当属"八家弄"和"十家弄"两个建筑群。"八家弄"是八个亲兄弟

"人""本"路 摄影／余辉

的八幢房子，相互连接；"十家弄"是十幢房子连在一起，都有高高耸立的山字墙，既有艺术观赏价值，又有防火防风的实用功能。房子多为上下两堂，厅堂居中，左右为卧室，中间是一方天井，上露天光，厅堂采光全赖于此；下为石砌的泄水池，天井四周檐水如四柱珠帘流入池中，随即排出而不四溢。门楣、屋檐及屋内墙壁、门柱、窗棂、柱磉、坊头、揎板、天花板等多有雕绘装饰，令人叹为观止。

竹桥有余氏大宗祠（文隆公祠堂）等七个祠堂

余氏大宗祠，原名文隆公祠堂。这是竹桥的总祠，建于明代初期，是为纪念余文隆而建。《竹桥族谱》记载，文隆公祠堂建成时面宽 15 米，进深 29 米，建筑面积总共是 435 平方米。从族谱上来看，这座祠堂至少在清朝乾隆年间修缮过两次，1993 年和 1994 年又修缮过两次。光绪十九年，文隆公祠堂宗人打击广昌流氓的故事流传至今。

步云公祠堂是清乾隆五十八年（1793）后人为纪念步云公而建，祠堂面宽 14 米，进深 23 米，是土地革命时期金溪县第一个苏维埃政权——竹桥村革命委员会所在地。这里流传着：1933 年 1 月底，赣东北红军主力红十一军军长周建屏和政委邵式平率军进入金溪县。周建屏回到老家竹桥村，就住在步云公祠，并在这里召开群众大会，将自己家里的房屋和几十亩田地分给村里的贫苦农民。

"品"字井。竹桥总门楼前，有三口按"品"字形排列的古井，提醒村人做人要注重人品、讲究品德；三个"口"字意蕴"三人行必有我师"提示村人，做人不要自傲，要看到自己的缺点，认识到别人的长处，以人为师。

"人""本"路。竹桥村中门楼前空地上，可见用青石板铺就的一个"本"字，门楼后面有一个"人"字。本者，根也。这个"本"字告诉一代代竹桥人，不管在外读书做官，还是经商致富，你的"根"都在这里。落叶要归根，人不可忘本，这也是中华民族传统文化的一个理念。懂得"本"字，家族才有亲和力，民族才有凝聚力。"人"和"本"连在一起，即是先人谆谆教诲后代不要忘记"以人为本"的祖训。这一文化现象在别处是很少见的。

"二尺巷"。竹桥村内有很多用青石板铺设而成的巷子，大都只有二尺左右宽度，如两人同向而行，则不时会有身体接触；如两人对向而行，则必须互相礼让才可顺利通过。据村人介绍，这种"二尺巷"设计的初衷是为了让村里人团结互助、讲究和气，只有团结和气，才能通达顺利。

排水沟和青石板路。竹桥村的排水沟，用石块砌成，形成一个封闭式防御系统。自北向南流入村中呈"七星伴月"分布的八口水塘中，再流到村外。青石板路贯穿全村，青石板上有一道道深浅交织的车辙。村人介绍，这些车辙都是先人推独轮车留下的痕迹。青石板上印下的岁月痕迹，折射出竹桥村昔日的繁华，诉说着过往和曾经的坚持，以及这方水土百姓不离不弃的秉性。

沁人心脾、悠久绵长的不散书香

竹桥村的古色古香让人沉醉，绵长书香更沁人心脾。村内有两个保存较为完好的古代雕版印书作坊——养正山房和苍岚山房。虽历经了几百年岁月，但走进房中，仍可感受到浓浓的书香氛围。

竹桥历史上出了许多比较大的商人，他们不做别的生意，都在外开设书店。既卖本村作坊印制的书籍，也卖其他地方出版印制的图书。据《竹桥族谱》记载，清朝时期在北京琉璃厂大街就有不少竹桥人开的书店，镇川公祠内有一块石匾是当时竹桥人做书生意在全国影响较大的明证。

石匾上"对云"两个字苍劲有力，作者曹秀先的姓名和印章清晰可见。整块石匾完好无损，是竹桥的镇村之宝。追其历史，清乾隆年间，竹桥大书商余仰峰与四库全书馆多有印书、买书方面的生意往来，与时任四库全书馆副总裁的翰林曹秀先私交甚厚，方求得"对云"墨宝。

面对苍岚山房里精致的晒书楼，不禁让人浮想联翩，某一个阳光充足的午后，作坊主人把刚刚印制好的书摊在这里翻晒，淡淡的书墨香气缓缓飘出，弥漫开来……

漫步在竹桥，你会被原生态的古韵陶醉，会为弥散不去的书香所沉迷，心灵好像被宁静的清泉洗过一样，格外舒爽。

石坑村，千年古村，古楠木群与村民朝夕相处，庇风雨、挡烈日、护众生，深深植根于村民心中。充满生机和灵性的楠木成为石坑村的灵魂和主色调。良好的生态环境，深厚的文化积淀，以楠木为主题的乡村旅游，让石坑村赢得了"全国生态文化村"的美誉。

十五、江西石坑村古楠木群

——植根村民心中的生命树

井冈山脚下的遂川县，群山叠翠，林木葱郁。特别是东北之隅石坑村的楠木林，其树龄、其传说、其风韵，更是别具一格，令人啧啧称奇。

"社开北宋千年石坑村灵地，溪颂达先百世文昌尧舜天。"千年古村山清水秀，风光旖旎，生态文化底蕴厚重，伟岸挺拔、苍劲浓碧的古楠木，成为石坑村的灵魂和主色调，成为村民的一种精神寄托，也让这个偏僻的小山村赢得了"全国生态文化村"和江西省"最优美村庄"的美誉。

石坑村由邹姓始祖于北宋真宗天禧五年（1017）开基，全村98%为邹氏后裔。村里先人"风水"意识浓厚，在邹氏宗祠的后龙山，遍种上百棵楠木，任其自然生长。年深日久，长得密密匝匝，一棵棵楠木就像一把把擎天的巨伞，冠盖一方，遮天蔽日，可谁都不敢去折一枝一叶，因为那是"龙脊"，动了的话，会给村子带来灾难的。一直以来，村民们都怀着敬畏之心和虔诚之意，呵护着这片楠木林。被赋予了生命和灵性的楠木，也承载着村民们朴素的信仰，成了石坑村当之无愧的"风水树"。

人们都知道，楠木并不是容易栽活的树种，且生长极为缓慢。为什么村里人却喜欢种楠木呢？除了楠木材质坚硬耐腐、防风固土作用明显外，更重要的原因是楠者，"男"也，"楠"与"男"谐音，隐喻后代男丁兴旺。自古以来，这里的村民地处大山深处，靠山吃山，需要更多身强力壮的男人上山伐木、采药、狩猎，养家糊口。这种生男孩种楠木的风俗一直沿袭至今，当女方生子后，男人所做的第一件事并不是前去看儿子，而是扛着锄头，在自家的山上或者是房前屋后种下一棵楠木，这既是一种祝福，也是一种寄托。

村民们把楠木视为风水之树、兴村之林，在后龙山、村庄路口、自留山上都种上了楠木，年复一年，植根于村民们生命中的楠木再也不是眼前的存在，而是成了他们心中的精神圣树。村民们和楠木朝夕相处、共荣共生，一起迎来春夏秋冬，送走风霜雨雪。

时至今日，村里保存下来的古楠木有300多株，其中600年以上的就有160多株，还有3处千年古楠木群落。村东最大的一株楠木直径达数米，要四五个后生牵着手才能合围。

石坑村历来尚文，每年的正月初一，邹氏18岁以上男丁必到祠堂拜祖，温习祖训，教育后代。村内建有启蒙点读的"关帝阁"、开课讲书的"文昌阁"。村东头原先还有个学堂叫"树德院"，就盖在硕大的楠木底下，先生的谆谆教诲和学童的琅琅书声萦绕树间。在楠木的怀抱中，饱学之士脱颖而出，成为国之栋梁。村里人说，是后龙山的那片楠木林聚集了藏龙卧虎之气，使不足600人的小山村，自宋代以来，考中进士、贡生、举人、秀才的多达262人，其中两人官至四品知府。村里为褒奖功名、鞭策后人，给每位考取功名的学子立了"功名碑"，可惜在"文革"期间被毁，有的做了磨刀石，有的垫在溪边做了捣衣石，有的埋进土里做了铺路石。

进村水口楠木林　摄影/方院新

　　说起楠木，村民们总是忘不了一些往事：明朝时，这里曾进贡了100余株楠木，用于建造北京紫禁城的立柱；1957年，中国农科院把这里一株围径3米多的楠木作为全国的"楠木王"标本，运到北京展览；人们曾在楠木林下举行隆重仪式，把找回的69块"功名碑"整齐地立于祠堂前，成为全村孩童的"劝学碑""励志碑"，也成为全村人的"荣辱碑"；特别是2008年的那场冰冻灾害，周边的村子被冰雪压得墙倒瓦碎，唯独石坑村的房屋安然无恙，而原来枝繁叶茂的楠木却已伤痕累累，"断臂残肢"，村民们感恩"树神"的保佑，见证了楠木的神奇。

　　千百年来，这些古楠木以绿色情怀庇风雨、挡烈日、护众生，深深植根于村民的心中。村民们爱惜楠木、保护楠木，祠堂刻有碑文族规，村口立有护林禁碑，让村里的楠木完好保存至今。曾有人特意到村里来，欲出高价购买楠木，被村民婉言谢绝。村之兴旺，皆因楠木的繁茂和庇佑。如今，石坑村的森林覆盖率达93.6%，如果没有这些楠木，石坑村也不可能绿得那么丰腴、那么浓重、那么深邃。每每农闲时节，楠木林下，老人们谈今讲古，孩童们玩沙弄土，后生们弹唱弈棋，女人们缝衫补衣，偶尔还有几只水牛在旁边悠闲地甩尾吃草。树和人和谐融洽，自然的美丽、恬静的生活、真挚的情感，让人怡然陶醉。

　　良好的生态环境，深厚的文化积淀，引得寻梦者鱼贯而来，乐而忘返。近年来，以楠木为主题的乡村旅游、农家休闲给石坑村带来了生机和活力。2008年，江西开展了"名人名家江西生态文化行"活动，著名书法家张世俊、著名作家傅溪鹏、著名海洋画家宋明远等来这里采风，体验着千年古村的魅力，张世俊当即挥毫泼墨，在石坑村留下了"厚德流光"的墨宝。

第二章　江南古村镇

浙江省兰溪市诸葛镇诸葛村是国内仅有的"江南传统古村落、古民居典范"。村庄布局酷似八卦阵式，被誉为"华夏一绝，八卦奇村"。民风朴实，孕育出浓郁的乡土农耕文化，将诸葛药业发扬光大。诸葛后裔祭祖仪式、"戒子书"活动及龙灯狮舞、烹制药膳等生态文化技艺，已被列为国家非物质文化遗产。

一、从历史中走来的诸葛八卦村

诸葛八卦村位于浙江金华兰溪城西 18 公里，古称"高隆"。全村 5000 多人口中，诸葛姓氏占 80% 以上，为全国最大的诸葛亮后裔集中聚居地。村中明清时代民宅有 200 多座，"青砖灰瓦马头墙，肥梁胖柱小闺房"，徽派建筑特色鲜明，更因其建筑质量之高，规模之大，气势之豪华壮丽，而被古建筑专家称为"中国古民居的富金矿"。诸葛村历史文化积淀深厚，是目前全国保护得最好、群体最大、形制最齐的古村落，1996 年被国务院列为全国重点文物保护单位。

诸葛村以姓为村名，一村实为一族，世代绵延，今已传至第 69 代。

回溯历史，诸葛亮生于山东，少时随叔父移居湖北隆中，后出任蜀国丞相，辗转多地，却唯独在兰溪形成了众多后裔聚居的诸葛村。从留存至今的《高隆诸葛氏宗谱》中可知：诸葛亮 14 世孙诸葛浰（952）宦游山阴（绍兴）后任寿昌县令，卒于寿昌。其子青由寿昌徙往兰溪西陲砚山下，传至 27 世孙诸葛大狮（1280），因原址局面狭窄，觅得地形独特的高隆岗，不惜以重金从王姓手中购得土地，以先祖诸葛亮九宫八卦阵布局营建村落。

必是得先祖诸葛亮真传，诸葛村布局精巧玄妙，犹如迷宫。时至今日，村中仍保留着完整的明清时代建筑，古朴典雅，雕梁画栋，连绵成片，堪称一大奇观。

从高空俯视，整个村落以"钟池"为核心，酷似八卦图。钟池并不大，一半水塘一半陆地，两面各设一口水井，形成极具象征意义的鱼形太

诸葛八卦村 供图／浙江兰溪林业局

极图。钟池周围的八条弄堂向四周辐射，使村中的所有房屋自然归入坎、艮、震、巽、离、坤、兑、乾八个卦位，村落的八卦阵图式随之形成。各家各户，面面相连，背背相承，巷道纵横，似连却断，似通却闭，虚实难料。

更为神秘的是村外八座小山环抱古村，构成天然的外八卦阵形，使人不禁联想到诸葛亮的"八卦阵"。因此，后人推测，诸葛村亦可能是根据"八阵图"来设计布局的。

丞相祠堂是高隆诸葛氏的宗祠，始建于明万历年间，坐西朝东，平面呈"回"字形布局，由门庭、中庭、庑廊、钟鼓楼和享堂组成，总面积1400平方米。中央三间为正门，檐柱间设置了栏杆，金柱间设板门，每间四扇，外间设抱鼓石，左右是精致的磨砖影壁。正门开在围墙以内，人却只能从围墙左右开门出入，据说这里有讲究：原来丞相祠堂地形成伏虎状，兴建祠堂时对面住着两户王姓人家，风水上谓煞气太重。考虑到两户王姓人家的安危，故而不开正门，只从两边门出入，体现出诸葛家族宽厚善良的美德。

丞相祠堂的门屋、寝室、两庑，尺度规模疏密得体，装饰简朴，线条明快而精致，围合成一个宽23米、深18米的方形院子，正中是轩昂壮丽、五开间的中庭，进深三开间是歇山顶敞厅。檐柱和山柱都是青石方柱（共44根），脊檩高8.9米，中央四根金柱直径约50厘米，分别用松树、柏树、桐树、椿树为材料，谐音"松柏同春"。金柱上的楹联写道：薄田十五顷，桑树八百株，完其淡泊，永垂百代清廉典范；雄文廿四篇，珠玑数万字，教我子孙，宜享万年俎豆馨香。中庭的梁架宏壮而华丽，雕饰十分丰富。大梁上浅刻浮雕图案，蜀衔柱左右有猫梁，柱头上有牛腿，梁端之下有梁托，做工精细。猫梁上的浮雕九狮图，狮鬣根根清晰，卷曲有致。正脊上原装饰着雕砖的行云游龙、白鹤净瓶，"文革"期间被拆。这座中庭无论在尺度、规模、形制，还是装饰上，都与周围朴素的廊庑、寝室和门屋形成强烈的对比，愈加显得庄严高贵。

中庭两边的廊庑各七间，每间塑有一位有功名或对家族作出了杰出贡献的后裔塑像。左右两庑的尽端有台阶，上十二级有月台，有青石栏杆，刻麒麟、天马、如意盒子等，钟楼和鼓楼在左右的高台基上。再上十级是寝室，寝室中央供奉的是先祖诸葛亮的塑像，两旁站着关兴、张苞，右侧的塑像是捍卫绵竹而阵亡的儿子诸葛瞻，左侧是与父同时遇难的武侯公长孙诸葛尚，寝室最右一间展示着诸葛亮的生平和《高隆诸葛氏宗谱》，供游人阅览。

据《清朝文献通考·群庙考》记载，三品以上高级官员的宗祠大堂可用五开间，台阶五级。丞相祠堂的中庭、寝室和门屋都是五开间，显然是按诸葛亮汉相的身份来定形制和规模的。每年冬至节，丞相祠堂都要举行名为"祭冬"的祭祖仪式，这是诸葛村最隆重、最高层次的仪式。主祭人须是60岁以上的长辈，祭冬当天祠堂大摆宴席，凡60岁以上的老人才能赴宴，70岁以上的4人一桌，80岁以上的1人一桌，其余是8人一桌，吃不完还可以带走。凡族中老少各发馒头两个。

钟池位于诸葛村的中心，面积0.24公顷，边上一块与它逆对称的陆地，是村民的晒场。《易经》有云"东南为阳、西北为阴"，再加上"天圆地方"之说，空地和钟池正呈阴阳太极图形。陆地靠北和钟池靠南各有一口水井，正是太极中的鱼眼。钟池和空地四周全是房屋，形成了一个闭合的空间。沿塘是一圈路，塘的北岸西头是大公堂的院门，东侧有一小花园，美人蕉的片片绿叶和红红的石榴花衬托着大公堂，与池中的倒影相映成画。钟池的南岸是一个陡坡，顺势而建的几幢大房子从北岸望去一幢比一幢高，加上前面临水一溜小平房，跌宕起伏，峭拔优美。

大公堂依钟池而建，奉祀诸葛亮的神主和画像，是诸葛家族举行春秋两祭的地方，也是江南唯一的诸葛亮纪念堂。

据《高隆诸葛氏宗谱》所载：大公堂为始迁祖宁五大狮公于元代中叶所建，历经修葺规模有所扩大，民国十九年大修过一次。1991年大公堂后进基本倒塌，村委会向全国各地和海外的诸葛亮后裔发起捐款，重修大公堂，1992年重修完工。

大公堂建筑面积达700多平方米，为五进三开间，前进和中堂都是大三开间，最后一进供奉诸葛亮的神主画像。大门牌楼式、中央歇山式屋正脊高约10米，四个翼角高翘，上层的几乎与屋脊齐平，檐下用斗拱，黑柱朱楣，重楼叠阁，是全村最为华丽、醒目的建筑。正门上有"圣旨"匾额一块，横匾为"敕旌尚义之门"。据《高隆诸葛氏宗谱》记载：明正统四年（1439）武侯公第32世孙诸葛彦祥捐谷1121石用以赈济灾民，英宗皇帝褒奖他的义举御赐这两块匾，在当时是极高的荣誉。大门两边"忠、武"二字，喻指诸葛亮生前被刘备封为"武乡侯"，逝后被刘禅封为"忠武侯"。

大公堂中堂展示的是诸葛氏族的直系表，诸葛亮父亲诸葛珪为第一世祖，以诸葛亮孙子诸葛京一脉相承，五代唐时诸葛浰到寿昌做县令，几度迁徙，到27世孙诸葛大狮定居高隆，传承至今已历69代。第三进两边刻着前后出师表，中间太师匾上的诸葛亮"诫子书"，是诸葛家族世世代代的族训。两边的对联写着：六经以来有二表，三代而下仅一人。后金柱上有楹联：溯汉室以来，祀文庙、祀乡贤、祀名宦、祀忠孝义烈，不少传人，自有史书标姓氏；迁浙江而后，历绍兴、历寿昌、历常村、历南塘水阁，于兹启宇，可从谱牒证渊源。第四进的建筑较特别，三面为天井，样子似亭非亭，似屋非屋，在建筑学上称为"四梁八柱"，据说只有官至丞相的才能营造，实属罕见。后进高悬着诸葛亮的画像，两旁放着八张太师椅，村中如有大事，族长就在此召集各首事议事，每年的农历四月十四和八月二十八都要在大公堂举行隆重的祭祖仪式，至今不辍。

此外，诸葛村家家户户都有门联，贴在两片门扇正中靠近中继的位置，并配有一对窄而短的副联。副联很简单，常见的是"开门大吉，迎春接福"之类不拘平仄的颂祷，门联则讲究对仗，如"诸葛大名垂宇宙，孔明后裔承祖训""不须着意求佳境，自有其逢应早春"。若有丧事，则门联第一年为蓝色，第二、三年为绿色，常见的有："慈竹当风空有影，晚萱经雨仍留芳""径扫丹枫皆丧礼，门临白马尽佳宾"。门联下方，门钹外侧，家家都贴一对元宝，金银剪纸，在元宝形轮廓里剪出"喜鹊登枝"之类的图样。门框两侧的抱柱上，各挂一只木雕的葫芦形或花瓶形香插。

三间两搭厢、对合、前厅后堂楼、三进两明堂、对合加楼上厅，是诸葛村最基本的住宅形制。三间两搭厢上面有楼，通常只作储藏之用，大型的三间两搭厢，正屋三间，两厢各一间，当中为天井。对合就是密闭的"口"字形的四合院，它的正屋叫上房，隔天井建屋三间叫下房。风水术士说：门厅有堂门，上房堂屋有太师壁，二者平面合成一个"昌"字，有利于发家。前厅后堂楼建筑是前进为落地大厅，单层，用以迎宾接待客人。后进为三间两搭厢，有楼，为住室生活场所。大厅坐落在地上高敞宏阔，很有气派，大厅前有左右两厢和天井。三进两明堂三进都有楼，前后可穿通，房子的屋脊从前到后一个比一个高，叫"连升三级（脊）"。对合加楼上厅的形制是三开间，通敞而高，梁架很华丽，它用材考究，制作精细，雕刻讲究，富丽堂皇，连楼上铺瓦的椽木都刻有流畅的线条，精细工巧。这是诸葛村形制最高档的建筑，也是江南民宅中唯诸葛村所特有的。

村中很多民居大堂内天井照壁上写有"福"字，很是特别，左边偏旁为鹿，谐音同"禄"，右边偏旁为"鹤"，代表长寿，鹿鹤相逢为"喜"，本字为"福"，蕴含"福、禄、寿、喜"之意。

诸葛村本身就是一部厚重的民间史。自明朝后半叶基本形成，历经岁月流逝，世代传承，不仅孕育出浓郁的乡土农耕文化，还将诸葛药业发扬光大。诸葛亮的后人们继承了蜀相先贤"乐躬耕于陇亩兮，吾爱吾庐"的耕读传家精神，淡泊明志、宁静致远，文人辈出，科第蝉联。同时诸葛亮后裔遵从先祖"不为良相、便为良医"的族训，识草用药，学医用药者甚众，明清至民国期间在全国开有 200 多家药店，中医中药称雄江南数百年之久。

浙江江山廿八都古镇地处浙、闽、赣三省交界处，含浔里、花桥、枫溪三个村，至今已有千年历史，曾被收录于《徐霞客游记》。山水回环、人文荟萃的仙霞古道，接纳南腔北调和异风异俗，融汇浙闽赣民居建筑精华，布局出华夏民族独一无二的古民居建筑群落。从街道的合理布局，到河坝选址、引渠巧妙、汲水多法和排水的人性化，无不彰显古镇先民的生存智慧。

二、廿八都古镇，一溪滋养三古村

浙江省江山市廿八都古镇地处浙、闽、赣三省交界处，至今已有千年历史，曾被收录于《徐霞客游记》当中。古镇有三个村，分别是浔里、花桥、枫溪，遍布徽式、浙式、闽式古民居，较好保存了各代的建筑、壁画、墨迹、楹联等。一条北水南流之溪穿镇而过，流经三个古村落，从浔里流至花桥叫浔溪，流到枫溪村叫枫溪。

仙霞古道上的江南古镇

水乃生命之源，人文兴盛之脉。江南的古镇尤因水之滋润而濡养、而性灵、而韵致。廿八都古镇又不同于江南的其他古镇，没有池湖，没有浩渺烟波，没有河渠纵横；但有群山环抱，谷溪长流。仙霞山脉莽莽葱葱，逶迤到天台。四季更迭，滴源汇聚；北渐钱塘，远赴长江。廿八都独特的地形地貌造就了钱塘江水系和长江水系。浔里村到花桥村的浔溪段，纳小竿岭、乌峰尖、洪岗岭、磨盘山、蜡籽岗的水流，分前街和后街，名曰浔溪、开叉河，在花桥头相汇，清流湍急下达枫溪段。涓涓水流，弯弯曲曲，清波拍岸；吻半边街，亲水安桥，掠竹瓦亭，又接纳林丰溪、巾竹溪，浩浩荡荡拢溪口、南下古溪，折而西去汇闽水，达赣地，绕信江，注鄱阳湖，赴长江。

人类依水而居，因水而繁衍生息。大禹治水而洪水消退，梳理江河而华夏繁育。历朝历代迁徙廿八都的先民们，自然晓得五千年积淀下来的璀璨文化，并把这种文化在山水回环、风景四季变换、人文荟萃的仙霞古道上，布局出华夏独一无二的民居建筑群落。

廿八都古镇地处仙霞山脉腹地的一个较大的盆地，四周高山拱列，具有盆地气候和山地立体气候的特征；又地处中亚热带北部，属中亚热带温润季风气候，因而雨量丰沛，年平均降雨量达 1846 毫米，冬暖夏凉，小气候独特。这里良田阡陌，溪水畅清，吸引八方来客迁徙定居，历汉唐宋元明，至清朝达鼎盛，仙霞古道来往重镇、浙闽赣边贸集散地因而形成。那四季不枯、绿水长流的浔溪、枫溪旁，不但接纳了南腔北调和迥异的风俗习惯，更融合了各地古村落民居建筑的精华和集镇布局规划的风水理念。

古镇先民的用水智慧

水资源的合理利用考验着历代古镇先民的生存智慧。生活用水、农田灌溉和稻谷的加工离不开水资源的引取，必须合理布局和利用河水、地下水和山涧水。平原的水是停滞的、浑浊的；山区的水是活的、灵动的、有韵致的。20 世纪 90 年代初，上海社科院的学者来到廿八都，不但惊叹于古镇街道建筑的合理布局、雕梁画栋的壮观，更膜拜的是河坝的选址、引渠的巧妙、汲水的多法和排水的人性化。

古时，河水的功能有航运、灌溉、舂米、饮用、洗涤等。廿八都的河流不能航运，却很适合现代的漂流。以前灌溉和舂米是结合在一起的，有水的静和动。有水坝必有水碓，有灌溉必有沟渠。廿八都沿浔溪的相亭寺开始，达枫溪的水口地水安桥前，有五座河坝、五座水碓。堤坝都是由光滑的大小河石筑起，当河水溢出坝顶哗哗地流下，在不平的坝面上溅起的水花如同珍珠散落般地欢跳。水渠是用石灰、黄泥、沙子混成的三合土抹到水渠的三面，以防渗漏。清清的渠水日夜不停地流淌到梯田、水碓、古镇的街巷、民居的房前屋后，滋养着这一方水土上的人们。

东升桥　摄影／陈仪

　　晨曦微明时，两溪沿岸的男人们挑起水桶，纷纷到浔溪和枫溪挑水；女人们在河边的埠石上浣衣、洗菜。水碓房的"吱咕噗砣"声一年四季如是，古镇的生活每日如是，如同水的韵致。

　　河流是从古镇的浔里村流到花桥村再到枫溪村的，弯弯曲曲，委婉生动，如古时舞女舞动的水袖，美妙而让人想入非非。于是每日从早晨到黄昏，人和水都相媚递影，和美安详，浔里街、枫溪街也蜿蜒南伸，千户民居，百余店铺，人来人往。后街也有一条河，叫开叉河，功能一样，就是显得更为婉约，也有一坝一水碓。河岸上有一座龙头山，山势低缓，蜿蜒如龙游，龙头落到水岸，如龙饮水。山脊有一宽广草地，明末清初郑芝龙、郑成功父子曾先后镇守仙霞关，兵屯廿八都，常牧马龙山，饮马此河，故有"龙山牧马"一景。

　　浔里村几乎没有水井，因为廿八都的河是北水南流，北高南低，浔里在北，不适合打井。花桥和枫溪水井较多，其中枫溪村也叫湖里，面河靠山，除了河水、井水，还有用竹筒接来的山泉水。东面的浔溪、枫溪和后街的开叉河环拥古镇而流淌不息，水坝又借沟渠而引清水穿街走巷，不时有明沟清响，门前戏水。

"雨不打伞，路不湿鞋"，规划布局显巧思

  古镇的建筑大都四水归堂，水是财，意为财不外流。每栋至少有一到两个天井，多的四五个，雨天的水都汇到天井的暗沟下，但每个天井都不会积水，而是通过街道的地下沟渠，汇流到花桥村的花桥头和枫溪村的水安桥下。有的大户人家的天井四角备有几口千斤缸，储雨水以备防火之需。

  因此，虽然古镇四季雨水颇多，但街道从不积水。河里抬来的大石块、小石块铺成的街面是小弧形的，大而光滑的大石块铺就路心，从珠坡岭到水安桥头，沿三五里长街弯弯曲曲铺下，正如当地方言所说"走路要踩到路心"，行人走在路心上特别惬意。靠近两面店铺的屋檐下是大石块铺的排水沟，这样逢雨天，雨水流渗到沟里，"雨不打伞，路不湿鞋"的古镇街道就这样形成了。

  自然的地理环境，造就了不一样的古村落；汇聚历代古镇先民的智慧结晶，规划了独特的地域水系合理利用的布局，使廿八都古镇的浔里、花桥、枫溪，青山常在，绿水长流，人脉长兴！

古镇街景　摄影/王宗星

浙江省安吉市鄣吴镇，秦汉时的故鄣旧地，是一代艺术大师吴昌硕的故里。这里依山傍水，贤才辈出，明嘉靖年间有"吴氏父子四进士"，近代有吴昌硕"诗书画印"四绝名誉中外，金銮殿、状元桥、吴家祠堂、古民居等建筑遗址庄严古朴。百姓秉承遗风，能书善画，技艺精湛，舞龙文化和文雅的扇文化已有200多年历史，是远近闻名的"扇子之乡"。

三、寻梦江南，画里鄣吴
——浙江省安吉县鄣吴村

有一个地方，依山傍水，清风朗月，"山深草木自幽清，终日闻莺不见莺"，那就是坐落在浙江安吉市的鄣吴镇。

鄣吴镇地处安吉县西北部，与安徽省广德县毗邻，是浙皖边贸重镇。它北接高禹乡，东连良朋镇，南靠西亩乡、畈山乡、孝丰镇，总面积48.51平方公里，人口10600多人，下辖鄣吴、玉华、景坞、民乐、上吴、上堡6个行政村。全镇地形西南高、东北低，成狭长袋形，风景秀丽、林茂粮丰，仅鄣吴村内森林植被覆盖率就达85%以上。这里是山区，属亚热带季风气候，雨热充足，盛产木材、毛竹、茶叶、青梅、笋干、板栗等。

历史悠久的鄣吴古地

追溯历史渊源，这里是秦汉时的故鄣旧地，见证了2000多年的历史变迁与兴亡沧桑。

《禹贡》里说的"扬州之域"，与如今的鄣吴一带有着密切联系，因此说起鄣吴，其历史可追溯至夏、商、西周时代的"防风国西陲"。在春秋时期此地属于吴国，吴灭后属越，此地出土的"越王之剑"就恰恰印证了这里的历史。相传，大约春秋时期，晏子娶吴王女之后，在故鄣一带建了城。"树冷文殊宅，田芜晏子城"是当地名人王昌硕在《鄣南道中》写到的诗句，"晏子城"代指自己的故乡。封建时期，第一个封建专制集权国家秦朝建立，推翻了分封制，在全国普遍推行郡县制，分天下为三十六郡，当时就已在此设置郡县。秦时，天目山山脉北支曾曰鄣山，因而当时郡的名字就取其中的"鄣"字，成为浙江全省境内出现最早的郡级治所。鄣吴地处郡治之南，故名鄣南，又因南宋初年江苏淮安吴姓族人躲避战乱南迁至此，吴姓为该村大户，故称鄣南吴家村，俗称鄣吴村。

北宋时，这里人口稀少，后因战乱迁居，在安宁的居住环境下，人口急速增多。明嘉靖五年（1526），吴松子吴麟、吴龙同登进士榜，孝丰县为之立双进士牌坊。嘉靖十七年和四十一年，麟子维岳、维京先后进士登科。"父子叔侄世进士"，从此名扬四方。鄣吴村中立甲第联芳等坊，孝丰县又为之立科甲坊。当地的吴氏家族名声大振，拥有强大的经济与政治势力，短短几十年间，吴家建造了豪华壮美的府邸与林苑，牌坊雄伟，祠堂庄严，陵墓精巧，村庄广阔。清末民初流传歌谣"小小孝丰城（县城），大大鄣吴村"，鄣吴村成为安吉、孝丰地区乃至浙北、皖南地区家喻户晓的大村。从此鄣吴村就一直人丁兴旺，发展至今。

春天，走在进村的小路上，看到远方的牧羊人缓缓地赶着羊群穿路而过，海浪一样的大片竹林覆盖着整个小山丘，当地居民用吴语热情地跟我们交流，环视村庄的每一隅似乎都可追忆悠远的历史。

昌硕故里，鄣吴文化的标识

清代安吉乡土诗人王显承有诗云："行到吴村香雨亭，柳丝斜拂酒旗青。玉华金华双峰峙，流水落花出晚汀。"其中提及的朦胧美色，缥缈悠扬之景就是鄣吴村。村中的溪水称为鲤鱼溪，向东北流去，注入西苕溪主流，使得整个村子都充满了灵秀之气。当地居民傍水而居，浣衣、洗菜、饮水、浇灌大多取之于河。挨水而居的房屋多保持明清时期的古石质构造，多石砖黄土墙垒砌而成，保存尚好的老墙，生机勃勃的藤蔓，五颜六色的鹅卵石，还有保存优良的八府九弄十二巷。地处青山之中的鄣吴村，

画里郭吴 *摄影／王洪*

　　拥有一份返璞归真、自然淳朴之美，也正因如此才得以孕育出当地佳人才子相继辈出。自明嘉靖时的"吴氏父子兄弟四进士"传奇之后，郭吴村吴氏族人借科举之阶进入朝廷为官的不在少数，天官墓、金銮殿、状元桥等古建筑遗址是历史的见证。

　　清时诞生于此的近代艺术大师吴昌硕（1844—1927）以"诗书画印"享誉海内外，是当地影响最为深远的文化标识，同时也加深了当地文化韵味深厚的基调。吴昌硕故居系列由吴氏祖上建筑遗址、昌硕故居、泮桥、昌硕艺术碑廊、陈列室等景观组成，位于安吉的郭吴镇郭吴村上街，占地约2500平方米，总体结构呈现四合院式、砖木结构的深宅大院，有主楼、侧厅、倒厅、"状元桥"和"半月池"等建筑。此处于1987年对外开放，1997年挖掘完善了"状元桥"和"半月池"，如今刻有精美花纹的须弥座基石、古朴的地砖、奇特的样式、神奇的影壁，以及保留完好的天井和柱网等遗迹都依然可见。

　　进入21世纪，游客不断，使昌硕故居的文化价值与历史内蕴逐渐走向了世界。昌硕纪念馆门楣上，著名书画家王个簃题写的"吴昌硕故居"非常醒目，东侧厅为木制的小楼屋，共有两层，一层存有珍贵的吴氏文书历史记载，藏有《吴氏世系图》；二楼设有吴昌硕的书斋，这位出生于1844年的大师，在这个小天地里留下了墨宝，并在此处度过了22载的岁月。

扇的精神，龙的精彩

郼吴村盛产山核桃、干竹笋、板栗等，也产少量的安吉白茶，满披茸毛，色白如银，远近闻名。而当地最为有名的当属制扇产业，古郼扇子文化展示中心就建在郼吴村上街。

制扇是郼吴古镇的特色产业，盛行"白天扛锄头，晚上拿笔头"的俗语，道出了当地居民的辛勤努力。整个制扇工艺精细而复杂，有劈篾、选材、造型、蒸煮、烘干、打磨、扇面书画、扇面装裱、整扇装配等50多道工序。也许正是凭着这份坚韧，加上当地天然的茂林修竹，使得郼吴镇的制扇业已有70多年历史，制扇企业已多达50家。早在2013年，年产各类工艺扇达140余种，企业年产量达2000万把，从业人数达3800余人，全镇的制扇年总产值可达1.4亿多元，占全镇经济总产值的将近80%。经调查，现在国内市场的扇子大约有三分之一源于本镇，很多产品还远销日本、韩国和东南亚等国，尤其以"昌硕"牌为主的扇子在海外享有极高的声誉。竹扇的成功不仅是大自然的慷慨馈赠，更是当地人们积极努力的结果。随着竹扇销往全国及世界各地，我们看到了郼吴人坚韧精神的推广。

昌硕画苑　*摄影／王洪*

山村晨雾　摄影/裘卫国

　　舞龙与古扇往往相并为当地人所津津乐道。对于郭吴古镇来说，舞龙已经有了200多年的历史，据当地居民介绍，这里的舞龙会曾受到过吴昌硕先生的点拨，动作遒劲有力，技巧与美感也更为人们所喜爱。中华民族自古是一个富有生机与活力的民族，放眼各地不同的舞龙习俗，布龙、纸龙、荷花龙、板凳龙、扁担龙、草龙等，各具神态。"七八岁玩草龙，十五六岁耍小龙，青年壮年舞大龙"，这样的俗语同时也在郭吴传播。龙是中华民族的象征，同时也是郭吴的精神象征。每年的春节龙会都会热闹地走村舞龙，体现一方风情。舞龙的人数是不做明确规定的，少则二三十人，多的时候将近百人舞一条大龙，还伴有鞭炮与锣鼓的喧嚣怒叫，气势雄伟，场面蔚为壮观，使人凝魂聚气、精神抖擞。舞龙文化的传承表达了当地人对生活与未来的美好希冀，祈求来年平安和顺、幸福安康、风调雨顺。

　　郭吴村没有车水马龙，只是简单的青山不改，绿水长流，宁静悠远，属花红柳绿满枝头的时节最美。傍晚时分，山风吹来，居民各忙其事，弄笔着墨、围棋书画，悠闲惬意。倘若你想要寻一场有关世外桃源的美梦，大可前往一观这如画的江南之美。

"中国香榧文化之乡"浙江省诸暨市赵家镇，自古文教兴盛，底蕴深厚，更因古香榧文化流芳百世。2013年被认定为全球重要农业文化遗产保护试点单位"会稽山古香榧群"的核心区，拥有世界面积最大的古香榧林、中国规模最大的香榧古树群、中国唯一的香榧自然保护区和国家级森林公园、千年香榧王、原始香榧博物馆和丰富多彩的香榧民俗文化，香榧文化源远流长。

四、中国香榧文化之乡
——浙江省诸暨市赵家镇

文脉昌盛的兰台古镇

会稽山余脉遍布浙东百里，北抵江藻，南达陈蔡，东连暨东龙头岗，人称"千山之祖"，极目望去，可见诸暨、嵊州、绍兴和萧山四城。相传勾践兵败后，有 5000 余人进此深山，"十年生聚，十年教训"，厉兵秣马，最终成就霸业。

赵家镇是诸暨会稽山腹地一个文化底蕴深厚的美丽小镇，古名兰台。"兰台"本是汉代中央档案图书典籍库，即国家档案馆兼图书馆。入元，北宋皇室、宋神宗当朝宰相赵普的后人迁到这里，第一代祖先叫赵孟良，是宋太祖赵匡胤的 11 世孙。他来到这里安家时，借用其先祖的官位兰台令史，给这里的村镇取名"兰台里"。

从此，这里文教兴盛，科举考试高中举人、进士者比比皆是，前后出了秀才 70 人，太学生、国学生 108 人，贡生 20 人，举人 7 人，进士 1 人。近代，这里甚至走出了北大第一任校长何燮侯。正如当地俗语所说，"磨石山头背横皮带多，兰台赵家读书人多"。

天下香榧出会稽，会稽香榧出赵家

赵家镇所在的会稽山麓是驰名中外的稀世珍果香榧的主产区。2013年"会稽山古香榧群"被认定为全球重要农业文化遗产保护试点单位，是世界上第一个以山地经济林果为主要特征的农业文化遗产利用系统，而其核心区就在诸暨的赵家镇。我国唯一的香榧自然保护区、国家级森林公园和"会稽山古香榧群"的核心区就坐落在这 50 平方公里的土地上，香榧古树连绵成林，千姿百态，气势壮观。

香榧早在宋代就被加工成椒盐香榧、糖球香榧、香榧酥等，列为朝廷贡品。历朝历代都是珍稀物产。北宋苏轼曾写诗称赞："彼美玉山果，餐为金盘实。"赵家镇的父老乡亲世世代代居于香榧林下，赖香榧为生。

世界面积最大的古香榧林。赵家镇属会稽山麓丘陵地区，植被属浙皖山区青冈、苦槠林栽培植被区，野生植物丰富，主要有 143 科 379 属 627种，水杉、榧树、银杏、七子花等国家保护树种 5 种，其中香榧为突出树种，共计 3.5 万亩。有古榧群 126 个，其中百年以上的香榧古树 3.7 万株，五百年以上的 2.5 万株，千年以上的 2700 多株，是世界面积最大的古香榧林，香榧产量占全国 60% 以上。数万棵古香榧树历经千年风雨，仍遒劲郁勃、姿态奇异，呈现出最原生态的自然风貌，有的盘根错节，有的内膛空虚，有的高耸苗壮，如"鸳鸯树""天鹅舞""少林拳""祖孙三代"等，堪称世界一绝，天下奇观。

中国规模最大的香榧古树群。赵家仙坪山村古香榧林漫山遍野，是目前国内规模最大的香榧古树群，素有"千年香榧生态园，珍稀古树活文物"之称。漫游在古香榧林中，感受千年香榧树的婀娜多姿和孔武有力，宛如置身世外桃源。

千年香榧树王。位于赵家镇西坑马观音的香榧王树龄有 1381 年，树高 15 米，胸围 9.26 米，平均冠幅 22 米，犹如遮天巨伞，巍然挺立，相当于一个小型篮球场，年产香榧 700 至 800 公斤，2007 年入选浙江农业吉尼斯纪录。

榧王村的原始香榧博物馆。原始香榧博物馆位于赵家镇榧王村，其馆址是原来的蔡氏宗祠。博物馆展室里陈列着早年榧农戴的斗笠、穿的蓑衣草鞋、吸的旱烟管、摘香榧用的竹钩等实物，还有香榧（细榧）、芝麻榧、

榧林休闲　*供图／浙江省林业厅*

獠牙榧、圆榧等不同品种的榧子样品，墙上张贴着 1960 年以来搞香榧科研的技术人员和本地老榧农的事迹、科研成果和介绍香榧生产流程的照片，以及新中国成立后钟家岭村年香榧产量的统计表格。在原始香榧博物馆外面的庭院，面积 100 平方米左右，种植有龙爪槐等树种，庭院中有一个气象监测点。

赵家镇古香榧民俗

　　香榧千年树龄与三代果实同树的生物学特性，享有"三代果""千年圣果""传种福果"之美誉。在漫长的文化演变中，凝练成"长寿""三代同堂""永恒""富贵"等文化内涵与情感认同，成为喜庆幸福的象征。在会稽山一带广泛流行着与香榧有关的传说、故事、祭祀、祈福等民俗活动。在赵家镇等古香榧群积聚区，香榧文化习俗非常普遍，经历代传承，形成固定的祈求香榧采摘平安、丰产、祈福、祝愿、祭祀等仪式，并呈现综合性的民俗表现形式。

古香榧树多生长在山麓斜坡，树干高大弯曲，树枝老化空心；采摘期阴天多雨，树皮青苔泥滑；香榧三代同树，必须爬到树上单粒采摘，采摘过程非常危险，尤其在过去经常有榧农从树上摔落下来。因此香榧采摘前，村民都会举行以祈求香榧采摘平安为主题的习俗活动。此类活动最大特征是以神佛传说为超自然力的载体。

朱老相公祭祀习俗。传说朱老相公是西汉时的清官，位列九卿，造福一方，成为本地民众心目中的保护神。村民在农历九月香榧采摘前，抬着朱老相公塑像"行道"，祈求香榧采摘安全。旧时每年在香榧采摘前三四天，村里的家长太公或领头人准备三牲福礼等祭品，带领全村男丁共同在某个香榧树较多的山脚下祭拜，祈求山神土地保佑大家平安。之后，在头人带领下绕山一圈，放鞭炮、土铳，以示驱赶鬼魅。若当年全村采摘香榧无一伤亡，则据经济实力做若干夜大戏庆贺。如今，此习俗已经消失，一般以家庭为单位独自祭拜，或在家门口简单祭拜。

祈求丰产习俗。香榧树是林农的"摇钱树"，香榧产业是赵家镇实现林业增收的重要产业。因此，祈求香榧丰产是香榧产区的传统习俗。每年农历5月和8月，赵家镇以村为单位，在本村七仙姑庙和最大香榧树旁的平地上依次举行"祈福、感恩、祭神"等民俗活动，祈求仙姑保佑四方平安，四季风调雨顺，五谷丰登，六畜兴旺；感谢上苍、先祖，赐予传种福果香榧；祭拜山神、土地菩萨，祈求保佑香榧采摘平安、四邻安康。活动由长者司仪主持，供奉蜡烛、香炉、五牲、五谷、果、银锭、元宝等，举行鸣炮、奏乐、上香、行礼、忏拜、供品、祭文、化纸、拜谢仪式。此后，多以家庭为单位，由家长携带供品到自家香榧树下，祈求山神保佑采摘过程平安。每年农历7月祭祀祖先时，部分榧农以香榧为供品，祈求祖先保佑采摘平安。

新年伊始，榧农于大年三十晚上在香榧树上挂红灯笼，告诉香榧新年到了，需要结出更多香榧，体现了朴素的丰收愿望。

认榧亲、取榧名习俗。香榧树千年不衰、三代同堂，在榧农的眼里与其朝夕相处的香榧树已经不是普通植物，而是力量源泉和精神的寄托，如同神佛一般，演化为可以保佑人类的神树灵木。父母会给体质弱的孩子找一棵高大、茁壮的香榧树做榧爹榧娘，大香榧树拥有几百人的"榧儿榧女"，村民中有不少叫榧庆、榧君、榧良、榧祥、榧娟、榧花、榧芹等带"榧"名字的，都是希望孩子像老香榧树那样健康长寿、茁壮成长。这一习俗反映出当地民众对香榧树的崇敬与信仰。

护榧、种榧、陪嫁树、长寿树习俗。榧乡人民祖祖辈辈与香榧树共生共长，对香榧树有着浓厚感情和依赖感，并形成独具榧乡特色的爱护榧树、尊重榧树、种植榧树，甚至以香榧树做嫁妆的习俗。他们信奉"砍柴不砍榧，年年好运气""搞掉榧树苗，一世难到老"。凡是嫁入本村的女子，都要带来一棵香榧树作为陪嫁，香榧树成活了才能被夫家真正接纳，本村至今仍有"不能看不起香榧""要尊重香榧"的传统习俗。赵家镇榧农在儿女满月这一天都要种几棵香榧树作为今后生活的依靠，生儿育女与香榧栽种"同步进行"，一代接一代，形成榧乡特有的传统文化习俗。

婚庆习俗中的香榧文化。结婚仪式上，摆上染成红绿两色的生香榧"讨彩头"，拜完堂后，小孩子争抢果子，吃到生香榧时大叫"生的"，寓意早生贵子；闹洞房时，备上包括炒熟的香榧果在内的九盘喜果子，客人说出香榧主题的吉利话就可得到香榧果，以此祝福新郎新娘。诸暨赵家镇有的地方婚庆前，挑选正宗细榧，前一天炒熟，染成红色或包以红纸，象征喜庆吉祥；拜堂后新郎新娘分别给对方吃一颗红香榧，象征夫妻恩爱，早生贵子；之后把香榧分给嘉宾，共享喜庆幸福，具有浓郁的榧乡婚嫁传统文化特色。

中国香榧文化习俗体现了榧区民众追求幸福的朴素思想意识，祈福许愿是核心内容，具有历史悠久、内涵深刻以及神圣性、广泛性、群众性、生活性特征。香榧文化已经融入产榧区地方文化，构成独特的色彩，反映了香榧文化中以人为本、天地合一、合理利用有限索取、与自然共生共息的原始生态文化思想。

当今，香榧文化旅游快速崛起。香榧文化旅游是香榧文化的非物质载体，与香榧文化民间习俗的衰微现状不同，以赵家镇香榧国家森林公园，及其周围的绍兴县稽东镇香榧省级森林公园、嵊州市谷来镇香榧森林公园、东阳市"康大香榧文化园"等，都已成为新兴森林文化旅游的热点。赵家镇香榧文化旅游年接待游客30多万人次，旅游年收入超亿元，香榧文化旅游成为最具前途的新兴朝阳产业之一。

香榧文化源远流长

赵家镇香榧栽培历史已有1500多年，人与香榧的和谐互动留下了数

千年香榧王 摄影/冯博杰

不尽的故事、传说和诗文佳话。

早在 2400 年前，就有"西施巧计破壳尝香榧"之说；公元前 210 年，秦始皇东巡至会稽山，因"榧子"香气扑鼻，遂将它改名为"香柀"，故有"秦始皇御口封香榧"之说；传说东晋大书法家王羲之，无榧不醉酒；清乾隆皇帝南巡时，因香榧风味独特而封为"御榧"。各个时期的咏榧诗也层出不穷，如《香榧赞》《卜算子·咏榧二首》《咏枫桥香榧》……历经千年的香榧文化，依然向世人展示着它原始古朴的魅力。

环溪村，坐落于三国文化的发祥地天子岗山麓、桐庐县江南镇。"门对天子一秀峰，窗含双溪两清流"，三面环水一面靠山，是宋代理学鼻祖周敦颐后裔聚居地，保存着完整的古宗法血缘建筑群；"五杏开泰"孕育古村落，爱莲堂"崇文尚志""清莲文化"传承至今，无愧为江南的历史文化名村。

五、环溪村，莲韵清风

"门对天子一秀峰，窗含双溪两清流"，三面环水一面靠山的环溪村，坐落于桐庐县江南镇，三国文化的发祥地天子岗山麓，南靠相山，东临富阳，清澈的天子源和青源溪汇合于村口。村内古树众多，高大葱茏，保存着完整的古宗法血缘建筑群，祠、庙、堂、亭、寺、桥、渡、井、塘、堰等古建筑 20 余幢、历史建筑 30 余幢，是江南历史文化名村。

宋代理学鼻祖周敦颐后裔聚居地

明洪武十七年(1384)，北宋理学家周敦颐第 14 代孙周维善迁居环溪，自此，周氏一族在环溪村繁衍生息，逐渐壮大，如今环溪村民 90% 以上为周氏后裔。

环溪村布局独具匠心，根据五行说的"离"卦，村子南侧修有太平塘镇火，而水为"润下"，财气能随水流遍全村；村口"北水南归"为村聚气。以南北为主干道，东西为巷，纵街横巷，主体设计成"卅"字形，蕴意根系兴旺、财路畅通。明沟暗渠，水沟与每条行路相附，流遍全村，不仅方便洗涤、保障消防，还将灵气贯通全村。

环溪村以周氏宗祠"爱莲堂"为中心，成纵横格局。古街道以村中池塘为界，以古银杏树为基点，向西北方向拓展。相山携东西两溪形似半包围的"周"字外框，道路与空地恰巧组成一个"吉"字，整个村落的"周"字象形令人叹其缘巧。

"五杏开泰"孕育古村落

环溪村的阳基树是五株树龄 700 多年的古银杏，雄性的两株较雌性的三株粗壮，均枝叶繁盛，树身高挑。春夏绿意茸茸，浓荫蔽日；时至深秋，一树金黄灿烂如阳。相传这五株银杏树是环溪村的发祥地，周维善来此定居时，选择将第一间茅屋建在这些已经成型的银杏之下，荫庇这一隅风土。如今"五杏开泰"已为环溪八景之一，见证了这个村庄的百年沉浮。

环溪村阳基树五株古银杏，两株雄性的胸围 5.3 米，高 30 米，平均冠幅 20 米；三株雌性的依然产果。中秋时节，一树金黄，硕果累累，如同周氏子孙世代绵延。

文化古迹·碧意安澜

安澜桥是清康熙二十一年（1682）明季诸生周希里为方便里人而建。古桥位于环溪村水口，天子源与清源溪交汇处，南北跨天子源，系单孔石拱桥，长 18.2 米，宽 4.5 米，石拱跨度 12.2 米。相传当年因拱桥跨度过大，建桥工匠忧其崩塌，不敢拆模，在未拿到薪酬的情况下悄悄溜走，后来村民自己动手将支架卸掉。石桥经受住了常年风雨，岿然屹立，村民取"安然无恙"之谐音，命名安澜桥。清光绪十七年（1891），安澜桥重修至今。古桥规正典雅，简朴庄重，拱形似月。桥头两棵古樟树枝叶如云，桥顶青石浮雕如意历历在目，桥身古藤盘根错节，藤蔓随风飘曳。桥下卵石镶底，流水潺潺。岸边芳草蔓蔓，杨柳依依，与青山脚下的田园村落蔚然成景。

五杏开泰 供图 / 环溪村村委会

清代古建·尚志寿心

尚志堂建于清咸丰年间（1850—1861），为周氏第 7 代传人周德源的先祖大公所建。太平天国忠王李秀成带兵撤退途经环溪，驻绍廉堂、尚志堂、守成堂。驻于尚志堂的官兵士气低迷，夜寒在天井挖坑取暖。翌日，队伍将行，士兵架起柴火，欲焚烧尚志堂。头领仰首环视厅堂天井，见上

171

堂屏风一字展开，屏风图括历史名流、花鸟虫鱼、神仙奇兽、绿水青山、孝子孝媳，顿生惜意，当即命人泼水灭火。炙热石板遇冷爆裂，至今遗迹仍存。尚志堂木雕276个"寿"字，后人又请民间剪纸名家作寿图20余幅饰于堂内，并设百寿宴，汇长寿老人于一堂，摆上传统的"十六回切"与子孙共享天伦。

周氏宗祠·爱莲堂

南宋著名理学家朱熹根据周敦颐的传世之作《爱莲说》，在周氏"濂溪书堂"题下"爱莲堂"三字，自此周氏宗祠皆以"爱莲堂"为名。环溪爱莲堂始建于明代，现存宗祠建于清嘉庆年间（1795—1820），已有近200年的历史。祠堂占地286平方米，观音兜硬山顶；五间三进，依次为大厅、享堂、寝宫，分别用来演戏、议事、供奉祖先牌位。堂内建筑装饰纯朴清雅，又不乏古静精巧，木雕装饰均经彩绘，部分檩条为雕花檩，精致绝伦，别有特色。随处可见的莲花标识警示着周氏族人恪守先人的"清莲文化"精神。"崇文尚志，读书明理"家训，尽显周氏家学深厚、源远流长，鲁迅、周恩来分别是周敦颐第32、33世孙，与环溪族人系出一脉，恰好佐证环溪乡贤汇聚、名士辈出。这座古老的祠堂见证着村庄里的年华流转，"崇文尚志"的匾额下，水墨荷香相映，周氏文脉在这里世代传承，经久不息。

美丽乡村古韵新风

踏着石子小路走进环溪村，绿树香莲掩映着深深古巷和崭新的农居。环溪村的村标，乍看像一口钟，仔细观察，会发现它极具意味：以"周"字为创作原型体现宗族文化；中间一支莲花出淤泥而不染；环溪双桥为村内明显标志，映于水上呈环抱之势，暗合村名；并有八卦之象，应和周氏理学渊薮。环溪人崇文尚读，在经济得到较大发展、生活条件不断改善的今天，已不满足于物质的丰裕，更希冀高雅的精神生活，爱莲书社也应运而生。

山水环抱美丽乡村 供图／环溪村村委会

　　1980 年代前后，环溪以箱包制造为主。如今，以莲为核心的美丽经济已在村庄里开花结果。街头巷尾，莲香浮动；家家门前，户户院内，莲影绰绰，莲已成为每家每户生活中的一部分。村口的九品香莲，是来自台湾的交流作物，虽不结莲蓬不长藕，但花开五到十月赏心悦目；香莲茶，提神醒目；花粉中的胶原蛋白，美容养颜。除九品香莲茶，莲子粥、莲子米糕、莲子酒、莲蓉糖等也正作为附属莲产业发展着。在环溪的莲高产种植示范田里，九品香莲与螺蛳、泥鳅、河蟹等套种。正在规划当中的莲子酒作坊与富莲山庄，也将为环溪的未来添上浓墨重彩的一笔。

花鸟岛临海而渔、依海而生，常年的海上渔业和特殊的海洋环境孕育了丰富多彩的渔文化，围绕渔船而产生了造"木龙"、船饰画、船神信仰、海上礼让之俗等一系列技艺和独特民俗。

六、人海相依，花鸟岛渔文化

嵊山渔场与黄海石岛渔场、南海万山渔场并称中国三大著名渔场。而花鸟岛海域水产资源丰富，是嵊山渔场的重要组成部分。花鸟岛名见于文献，可推溯到宋朝。南宋宝祐六年（1258），朝廷为了防备自海上而来的威胁，便在浙东沿海设立了26处预警的烽燧，海上的称作"海上十二铺"，其中一处石衕山便是现在的花鸟岛。花鸟岛曾名石弄山，元大德年间的《昌国州图志》中记为石衕山，后来又逐渐演化成花脑山、花鸟山。花鸟岛民风淳朴，临海而渔，依海而生，常年的海上渔业和特殊的海洋环境孕育了丰富多彩的渔文化，其中尤为显著的是围绕渔船而产生的一系列技艺和独特民俗。

"木龙"，渔民的生命之舟

船在海岛渔民的日常生活中，不仅是交通工具，更是赖以生存的生产工具。对于船，渔民们百般呵护，爱护备至，为拥有自家的一条船而备感自豪。旧时，经济条件好的，一家打造一条船；经济条件差的，几家合打一条船。当然，更多的是"渔行主""渔业资本家"才有经济实力打船，雇佣无船的渔民替他们捕鱼。打船习俗在海岛颇为盛行，直至如今，花鸟岛还有些渔民打造"泡沫枫子"船，以供近岛作业。渔民们将渔船尊称为"木龙"，并设立了很多打船时的规矩和仪式：

一是在造船开工前，船主先要拣一个黄道吉日开工，用三牲福礼供祭，置办酒席，请"大木"师父（造船工匠）坐上座，并送"纸包钿"。造船有上龙盘、上梁头、铺底板、上烟桅、斗颈、铺满堂板、上蒙头龙颈、压廊、上台案、起鳖壳、挑水板、铺舱板、上桅杆、装帆、上舱、上漆、画眼、下水等几十道复杂工序。

二是在新船船壳打造好后，"大木"师父用上好的木料，精制一对船眼，钉在船头两侧，叫"定彩"。请阴阳先生择定吉日良辰，并按金木水火土五行，用五色丝线扎在作船眼珠的银钉上，由船主将它钉在船头，然后用簇新的红布条或红纸将船眼蒙住，叫"封眼"。当新船下水时，鞭炮、锣鼓齐响，船主再亲自将"封眼"的红布或红纸揭掉，叫"启眼"，船就可以睁着眼睛下水了，仪式隆重。

三是安装船"活灵"，俗称"水活灵"，在新船骨架刚搭成时，"大木"师父用一块小木头，挖个小孔，里面放进铜板、铜钱或银元等物，表示船的灵魂（铜和银能镇邪驱灾）。"水活灵"被安装在水舱里，说是船为木龙，龙行于水，船活灵在水中，就是个活的生命了，船有眼，有活力才能战胜险难，渡过难关。

四是在船后舱设立一个专供"船官老爷"的"圣堂舱"，舱内设有神龛，供奉"船官老爷"，以保船只人员平安顺利。

船饰画，渔民心灵的祈愿

渔船历来为渔民所重视，并尊为圣物。渔民们会根据自己的喜好来装扮渔船，将对平安的渴望、丰收的期盼，用绘画的方式画到船身上，由此产生了船饰画的艺术。久而久之，形成了海岛渔民的一种习俗。

旧时船饰画多在冰鲜船上，除船头两侧沿船眼下来画上两条形似眉毛的绿色长条带外（古称此船为"绿眉毛"大船），还在船鳖壳前面朝船头方向的一排壁板上绘有各种"戏文名"画，多以三国演义里的折子戏为题材绘制，如桃园结义、长坂坡救主、关公走麦城、刘备东吴招亲、黄忠老将斩蔡阳、三请诸葛亮、三气周瑜芦花荡等，也有隋唐演义的内容，如秦琼卖马、罗成回马枪、锤击裴元庆等，最多的还是各种花、鸟、"岁寒三友"等。

最初画在船上的只是各种艳丽颜色，以分辨各家各户的渔船，后来大

花鸟岛　供图／枸杞乡人民政府

多数渔船都会在船上绘各种鱼类、大丰收的景象，也有绘各种花纹，写上"一路顺风""顺利发财"等字样的，个别的将某种符咒似的画绘在船尾，让它始终面对大海，说是能镇"海妖"。船饰画是渔民心灵的祈愿，其中还隐含着某些宗教的含义。船饰画一般由有经验的漆匠严格按照流程，先把白坯船板磨光，刮上石膏粉，再打光；随后用炭勾画出底稿图形的线条；再用各种颜色油漆，在相应的位置上涂抹；待其自然干燥后再涂上一层，顺便可修改第一次涂抹时出格或不足之处；最后打亮油，以起到保护内部颜色的作用，减少因海上风吹浪打和太阳曝晒而导致的褪色。

"船官老爷"，渔民心中的船神

在渔民淳朴的观念里，世间万物都有神祇护佑，山上有山神、海里有海神，而护佑渔船的船神，就是"船官老爷"。船神是渔民心目中能保佑平安、赐予丰收的尊神，因此也就有了祭"船官老爷"的习俗。

每当渔船出海捕鱼大丰收，或遇到风浪时，渔民都会祈求"船官老爷"，特别是新打好的船第一次下水前，渔民都会请"船官老爷"。首先在船上摆一桌祭祀羹饭，在涨潮时点上香烛，磕头跪拜，桌上摆三杯茶、六杯酒、全猪、全鸡、肉一刀、长面、鱼鲞、盐、水果等供品隆重祭拜，香炉底压码一张，上写"船老爷尊神"，下有"顺风得利"并在祭拜同时烧"太平经"，燃放鞭炮，主要是祈求生产安全，生意兴隆，保佑出海平安、满载而归，然后以福物酬谢来帮忙推船的人及造船师傅，也有在开捕出海时祭拜的，也有在遇到触礁、捕捞产量不高等特殊情况时来祭拜的。

海上礼让之俗，约定俗成的规则

　　渔船是渔民最重要的财产，也是赖以生存的"海上之家"，在海上航行、生产寂静的渔港作业时，为避免船只往来发生碰撞尤为重要，渔民之间形成了一些不成文的规则，如在海上若是两船相遇，要大船让小船，顺风船让逆风船，同是逆风行驶的船，橹前船要让橹后船；在作业场地，未下网的要让已下网的船，晚下网的要让早下网的船，航行中的船要让座港船的锚地，要停泊的船让正在捕捞的船。海上礼让之俗，渔民都会自觉遵守，因而也避免了很多海损事故。

　　渔民是终身与大海为伴的特殊群体，性格豪放粗犷、不拘小节，有着重情重义、团结互助、先人后己的风范。渔民们在长期的海上生产生活中形成的行为规范，无疑是我们最为宝贵的精神财富，值得一代代地传承下去。

寂静的渔港　供图／枸杞乡人民政府

灯塔村，一个三面环山、一面靠海，保留着原生态风貌的小渔村。建于1870年的花鸟灯塔，地处中国沿海南北航线与长江口分野交叉之地，被誉为"远东第一灯塔"，灯塔村也由此得名。百年古民居、百年古树群、"百岁放映师"，与百年灯塔共同见证了花鸟岛140多年以来的风云变幻和岁月沧桑。

七、灯塔村，花鸟岛上的灵秀之地

位于东海嵊泗列岛北侧的花鸟岛，奇花吐艳、群鸟低鸣，以其悠久的人文历史、优美的自然风光和丰富的民俗文化，吸引着世人的目光。

花鸟岛西北部的灯塔村，三面环山、一面靠海，村内百姓以渔业生产为主，是一个保留着原生态风貌的小渔村。建于1870年的花鸟灯塔，静静伫立在村子西北侧的山崖上，见证了140多年的风云变幻、岁月沧桑，灯塔村也因花鸟灯塔而得名。

"远东第一灯塔"

灯塔村西北角山嘴上，屹立着一座建于清同治九年（1870）的花鸟灯塔，是卫护长江口的三大灯塔之一。花鸟灯塔在中国沿海灯塔中以地理位置重要、规模最大、功能最全、设备最先进、历史最悠久而著称，被誉为"远东第一灯塔"。灯塔所在的花鸟岛处于中国沿海南北航线与长江口分野交叉之地，是中外船舶进入上海、宁波、舟山等港口的重要门户，也是上海至日本以及经过太平洋的远洋国际航线的必经之地。

花鸟灯塔塔身呈圆柱形，高16.5米，下部为白色，混凝土砖石结构；上部为黑色，材料主要是铁板。灯塔内部分四层楼面。塔顶为铜铸圆顶，

花鸟灯塔　*摄影 / 应晨楠*

装风向板。顶层使用巨大的玻璃作为墙体，安装有光源。其下一层有外置廊台，可凭栏远眺。灯塔周围还有无线电铁塔、发电房、机房、仓库、宿舍、码头等附属设施，整体占地约 2.2 万平方米，建筑和装饰均属欧式风格。灯塔的导航方式非常齐全，有光波、电波和声波等，可为不同距离的船只提供不同的导航手段。聚光灯安装在灯塔顶层中央，采用 2 千瓦卤素灯，周围置四面透镜和旋转机组，每分钟旋转一圈，使聚光灯同时射出四道光线，射程为 24 海里。灯塔周边建有两座无线电铁塔，提供的无线电远距导航方式可每 15 分钟向船只呼号一次，报告船所在的经纬度。雾天时灯塔还提供近距离声波导航，每 80 秒连续鸣笛 2 次，每次声长 1.5 秒，声音传播范围 4 海里以内，是中国传音最远的气雾喇叭，当地俗称"黄牛叫"。

　　清末鸦片战争之后，清政府被迫开放上海、宁波等港口，通过花鸟岛附近海面到日本以及太平洋的航线也日益繁忙。花鸟岛附近岛礁极多，给经过的货轮造成了极大的隐患。当时的清海关总税务司英国人赫德向清政府建议，"为了中国沿海进行贸易的船舶利益，一般地说，真正的需要如下：在远航中给予船舶以危险的警告，这就应在必要的地方设置灯塔"。赫德的建议很快得到了清政府的回复，于是，中国沿海几百座具有现代意义的灯塔相继建立，第一批灯塔中便有花鸟岛灯塔。花鸟岛灯塔由清政府出资，从上海招来劳工建造，于1870年建成。此后灯塔一直由英国人管理，1916年进行了重修。太平洋战争爆发后的1943年，日本侵略军接管了灯塔，国民政府曾派飞机轰炸，但损伤极轻微。1950年灯塔被中国人民解放军收复，终于结束了由殖民者统治的历史。

百年古树群

灯塔村自然生态保护良好，村内古树成林、枝繁叶茂，现有150年以上古树9棵，100年左右古树6棵。一到夏天，古树群浓荫匝地，形成一片清凉世界，附近的村民都喜欢到树荫下乘凉闲坐，聊聊家常，树上鸟语啾啾，好不热闹。

灯塔村民一直有护树、栽树的习惯和传统，特别是对古树抱有敬畏之心。有老年村民说，这些古树都是灯塔村先民们亲手种下的，上百年来一直守护着他们的家园。良好的地理条件和村民们高度的保护意识，使古树有了绝佳的生长环境。古树群历经岁月的洗礼，形成了灯塔村独特的自然景观。

"百岁放映师"毛阿婆

在花鸟岛，提起"百岁放映师"毛阿娥阿婆，几乎无人不晓。

在灯塔村龙舌弄，有两间建于20世纪四五十年代、用石头垒砌的旧瓦房，这就是毛阿婆的家。半个多世纪的风雨侵袭，给房屋留下了斑驳的痕迹。屋内墙上糊了层层叠叠的报纸，稍显破败，但收拾得整齐清爽。

毛阿婆一头银发，面色红润，笑着说起这份"放映师"的工作。原来，近些年村子里的年轻人相继搬迁到外地，就剩下一些留恋故土的老年人。身边没有子女的陪伴，老人们难免都感到空虚和寂寞。毛阿婆就用自己平时积攒的钱，购置了一台彩色电视机和影碟机，为村里的老人们免费放映各类戏剧。这一放，就放了十多年。

毛阿婆的放映室是一间不到10平方米的房间，也是她的卧室。每天

花鸟灯塔 *摄影/李玲*

放映戏剧的时候，是阿婆最开心的时刻。从左邻右舍聚拢过来的老人们，围坐在小小的房间里，为剧中的人物一起高兴或一起悲伤。毛阿婆现在最大的财富是家里的 300 多张戏剧碟片，有自己掏钱买的，也有政府部门送的，还有家里小辈们逢年过节当礼物带来的。

百岁的毛阿婆为孤独的老人们建造了一个丰富的精神世界，为此她也付出了很多，甚至拒绝了子女们要接她离开灯塔村的建议。老人心头不忍割舍的固然是对老邻居们的情谊，但何尝不是对于故土、对于这片有养育之恩的山海的深深眷恋呢……

徜徉在灯塔村内，山海掩映之间，一种穿越时空的气息扑面而来。百年民居依山而建，石墙青瓦，质朴依然；百年古树虬枝苍劲，生机勃发，树影里古道逶迤，青石斑驳，绿苔浮迹；百年灯塔历经风雨变化，见证着历史的变迁，仍光芒远射；百岁老人精神矍铄，爽朗健谈，阳光下的笑脸闪烁着婴儿般的真诚。灯塔村钟灵毓秀，自然与人文完美融合，山、海、灯塔、古村，动静之间皆成境界。

温州，以商贸之城享誉于世，是中国民营经济发展的先发地区与改革开放的前沿阵地。就在这座经济快速发展的城市中，却有一个古韵醇厚的畲族村落——青街王神洞村，像是在时代的流光溢彩之中，用微雨溶开的一滴淡墨，清新自然，人情与山水都随时间融进了这滴墨里，铺出了一卷千年小画。

八、青街王神洞，畲族古村的山水人情

温州，中国民营经济发展的先发地区与改革开放的前沿阵地，首批14个沿海开放城市之一，以商贸之城享誉于世。就在这座经济快速发展的城市中，却存在着一个古韵醇厚的畲族村落——青街王神洞村。古村淡然雅致，民风淳朴，就像是在时代的流光溢彩之中，用微雨溶开的一滴淡墨，清新自然，人情与山水都随时间融进了这滴墨里，铺出了一卷千年小画。

畲乡之美是自然

畲族发祥于广东潮州凤凰山，主要分布于福建、浙江、广东等南方诸省。畲族先民以游耕的刀刃征服自然，创造了富有特色的民族文化。青街原名睦源，有着1250多年的人文历史，是我国为数不多的畲族乡之一。

王神洞村位于平阳县青街乡西南部著名的白云山麓，平阳、苍南两县交界处。南通苍南名胜玉苍山，东北连红色景区山门和南雁仙姑洞，有着得天独厚的地理优势，森林覆盖率高达86%。一走过那座古香古色的牌楼，就会发现山峦连绵逶迤，大自然孕育出的绿色具有鲜活的生命力，身临其中，面对这从未被工业文明打扰过的原生态，神秘、原始、清透，迎风而起的绿涛令人心旷神怡。

来自白云山麓的呈王溪和源于玉苍山脉的青王溪在王神洞村边交汇，合成一溪流向南雁仙姑洞。顺溪而行，首先映入眼帘的是一个可容纳数人的石屋。传说在400多年前，畲族先祖派出蓝氏三兄弟四处寻觅可以安居的地方。天色渐深，他们不得不在这个石屋中暂歇一晚。第二天醒来，当他们重新打量这个地方，发现此地山清水秀、物产丰富，是个适合长居久安的风水宝地，于是蓝家人世世代代安居于此，繁衍生息。

过了石屋，就会看到道路左下方有块巨石，巨石之中有一个清澈见底的小池塘，名曰"鬼潭"。当地人说，无论池水怎样搅动，总是清澈透明，飘在水面的树叶就像是无凭悬浮在空中的小舟，似是神鬼莫测之地。潭的正前方有一条6米余长的石滑梯，到了夏天，孩子们光着屁股从石梯上一贯而下，尽情地叫喊着，纷纷跃入水中，激起清脆而快乐的水花。这是自然赠与乡间孩童们的强健体魄、分享情怀以及勇敢的冒险精神。

再往前走就是一座高20余米的飞瀑，中间被一巨大的白色岩壁拦腰斩断，激得水花四起，如雾如虹。靠近一些，飞瀑的隆隆之声越发响亮，扑面而来的水雾让人沁心透爽，由于瀑布冲击而产生的风吹得衣裙纷扬舞起，似是要在这远离尘嚣的蓬莱之境羽化而登仙了。

顺着竹径前往青王溪，就是游人慕名而来的"青山瀑"。如果说前面所见的瀑布像是一位仙风道骨的真人，那么"青山瀑"更像是一条灵气逼人、气势如虹的威威巨龙了，滔滔奔泉从42米高的悬崖直泻而下，水花纷扬横扫一切，涤荡着人间的俗尘小事，瀑布下的草木都被这恢弘之势激荡得微微颤动。

沿途上的奇石，行色各异，惟妙惟肖："母子石"似是永远定格了人间真挚的亲情；龟形石憨态可掬，背上的龟甲纹清晰可见；"神仙石"上留有一个手印和一个脚印，据说是被贬下尘世的神仙落入了洪水之中，他攀着这块石头奋力爬上岸，留下了这一痕迹……

竹林与酒能醉客

王神洞村生长着1800亩竹子，竹笋是远近闻名的一大特产，来购买品尝竹笋的人往往络绎不绝。春季悄至，庭中小草复萌发，无限天地将行

畲族人家 摄影／陈仪

绿。村子里的畲族姑娘们就背起竹篓，拿上锄头，嬉笑着上了山。竹林里的空气带着微微的湿意，晶莹的水珠打湿她们的鬓角，她们挥舞着锄头，掘出一根根鲜嫩的春笋，满载而归。浓夏相随，畲民们就躲进这清凉舒爽的竹林之中，头顶竹风带露，石间清泉有声，让人心定神宁，微微困倦，而竹枝间幽鸟相逐，如有佳语。至于秋季，竹叶泛上了淡黄色，竹林里偶有窸窸窣窣的声响，或是竹叶又落了几片，或是那林中的生灵又在忙碌着自己的事情。冬季来临，若是再遇上大雪，飞雪有声，唯在竹间最雅，淅沥萧萧，声韵悠然，忽而回风交急，折竹一声，便使人脖间增冷，裹紧寒衣。

无论何时，村子都是温暖安逸的，阡陌交通，鸡犬相闻，劳作归来的人们在田头巷尾寒暄一番，而村中灯火百家，已有炊烟。在畲乡吃饭，热情的畲乡人一定会拿出竹笋这道菜，刚从地里挖来的竹笋还满含着泥土孕育的清香，两瓢清泉，一根春笋，半把酸菜，小勺细盐，在大口锅里慢慢煮，起盖时满屋飘香，入口则是爽脆清甜，再倒上一杯畲乡的老黄酒，就可以说上一段玄而又玄、引人入胜的畲乡故事了。

"三月三"，畲族"狂欢节"

　　明代中后期，畲族的一支迁徙到青街王神洞定居，在立家创业的同时，传承、传播着多姿多彩的畲族文化。

　　王神洞村除了蓝姓畲民，还居住着雷姓的畲民。据说唐朝时，畲族英雄雷万兴领导畲军反抗官府，但不幸被朝廷军队围困在大山里，失去外援，粮草几近断绝，畲家军不得不在大山里寻找食物。时值深秋，山里大部分树木落果，可食用的食物实在稀缺，唯有一种叫乌稔树的野生植物与其他不同，虽然脱落了叶子，但是枝条上却挂着串串像珍珠一样的甜果。奉命寻找食物的人采来一把带回营地，雷万兴尝了尝，感到香甜可口，似是在绝境中看到了希望，于是传令大量采集野果充饥，军粮问题解决了，畲军取得了胜利。过后有一年三月初三，雷万兴突然忆起大山里的乌稔果，想起这个令他绝处逢生的天赐祥物。可是这时正是春天，乌稔树刚刚抽出绿叶，并没有到结果的季节。乡民只好采下乌稔树叶子加工后和着糯米一起炊煮，结果糯米也呈现出同乌稔果一样的蓝黑色，香味很浓，雷万兴吃了之后食欲大增，异常欣喜，于是下令每年畲军在三月三这一天都要煮乌米饭以示庆祝，而"三月三"也就成了畲族最为隆重的节日。

　　"三月三"是王神洞村的"狂欢节"，村民们去野外"踏青"、吃乌米饭、到山上"摆歌阵"对歌；云集宗祠，自晨至暮对歌盘唱，怀念畲族英雄雷万兴。"三月三"，畲民们会穿上他们的传统服饰：妇女上衣黑色大襟右衽、矮领，领口绣有红色花纹图案，衣襟绣有色彩艳丽的图案；男子则椎髻跣足，喜欢穿斜襟短衫，布条衣和圆缀打结；已婚妇女头上佩戴凤冠，以示怀念始祖居于广东凤凰山，以凤凰为图腾；有些妇女还在凤冠两侧各饰二条蓝色串珠分垂于两肩，前缨后尾，煞是美观。此外，畲民们会绘出畲族的凤凰图腾，祈祷着畲乡和谐吉祥，风调雨顺，提醒人们谨遵"德、义、信、仁"等古训，延续畲族民风淳朴的重要传统。

"畲山歌海"响彻云霄

畲乡人爱唱山歌，山歌是带有感情的语言，让没有文字的畲族文化绵绵不断，薪火相传。在王神洞，村民的生活中处处有山歌，生产劳动、谈情说爱、婚丧嫁娶、逢年过节……都离不开山歌。田间山头，无论男女老少都可以即兴编唱，纵情演绎，抒发自己内心的情感和对美好生活的憧憬；青年男女，以歌为媒、传情达意，寻觅人生伴侣，故有"无情则无歌"的说法；几乎贯穿婚礼全过程的山歌，有姑娘出嫁时唱的《嫁妆歌》，姑娘即将离家时唱的《嫁女歌》《劝女歌》，婚宴上唱的《劝酒歌》等，特别是新郎新娘拜堂时唱的《拜天地歌》，"一根红线两头牵，新郎新娘心相连。今日一把天地拜，结成夫妻万万年"，表达了佳人祈愿永结同心、白头到老的美好愿望；丧礼中盛行"以歌代哭"的习俗，约有25种歌类，不同的情况唱不同的歌；每年正月十五，男女老少都要穿着节日盛装，对歌如流……

畲族人能歌善舞，传统舞蹈有祭祖舞、婚礼舞、欢乐舞等；新中国成立后，还出现了牧羊舞、采茶舞等。在秋收后，还举行捣糍粑、酿十月酒庆丰收，以酒敬长辈，以酒敬宾客，表现村民们热情好客、尊长敬老的美德，与此同时，还跳丰收舞以表达喜悦之情。

王神洞村正在发生着变化，新房越盖越多，水泥路铺到了村里，村民们积极学习科学技术用于发展林产业和旅游业，生活逐渐富裕起来。而畲民们对绿水青山的坚守，对自然造化的敬畏，对民族文化的传承，以及对那种与自然相依相存、和谐发展的生活方式的热爱，始终没有改变……

九、古风悠长的文明新村

——浙江省金华市浦江县白马镇嵩溪村

嵩溪村坐落于浙江省浦江县东北部的白马镇，距县城23公里。村庄起源于两条溪水：一条是大源，发源于浙江省浦江县鸡冠岩正南麓，谚云"浦江无高山，出在嵩溪鸡冠岩"。一条是东坞源，发源于鸡冠岩东南麓，双流到村边即为前溪、后溪，于村口汇成一流注入浦阳江，全长11.8公里。

数千年前，嵩溪流域松树遮天蔽日，故嵩溪亦称"崧溪"，村庄由此得名。南宋初期，徐、邵始祖慕嵩溪地胜，双水长流，群山拱秀，先后迁居于此。现全村982户，户籍人口2870人，主要由徐、邵、柳、马、褚等12姓构成。村庄以从事三产为主，投资开办了托运部等服务企业，客户遍布贵州、四川、新疆、海南、江苏等地，2013年人均可支配收入超过了17000元，基本上实现了全面富庶。

嵩溪村依山傍水，山水兼美，诸峰屏立，山有鸡岩、狮石之险，崖有青龙、白虎之奇，峰有大青、小青、展高、卦弓之峻，谷有岩湾、双坑、东坞、西源之幽。旧有鸡冠望潮、燕诒春颂、屏山拱翠、溪桥月色、东壁石斧、西岭秋阴、石潭龙映、庵岩晴雪等嵩溪十景之谓。

嵩溪村是一个具有悠久历史文脉的古村落。建村已800多年的历史，古村因地势而成，双水潺潺穿村而过，许多建筑横跨于双溪之上，自成独特的风景。曲径通幽的石板路四通八达、百转千折，宛如一幅村落建筑全

群山拱秀嵩溪村 *摄影／王洪*

图，令人叹为观止。房屋的朝向与外观不断变换，马头墙与门头不断变换构图，整个村庄的景色也随之生动起来。

嵩溪古村历经岁月沧桑，仍被完好地保存了下来，形成规模庞大、体系完整的传统村落建筑集成。现存古建筑大部分为清时所建，有徐氏宗祠、邵氏宗祠、上下中间堂楼、小天门里、当店门里、七份头、四房四厢新屋里、大厅、四教堂新厅、邵永德堂、邵仁德堂、邵义德堂、柳店多姓合议堂、心灯故居、逸人故居、先得月、塘角里、职思居、旧屋来、光明、八字台门、石子明堂、大园门里、王姓门里、王姓书堂、故三层楼、下坑头、关帝庙、青龙佛堂、桥亭、外桥亭、大王殿、本经殿、义祭屋、下中间厅遗址、柳店和义堂厅遗址等43幢，1560余间，约54600平方米。

到嵩溪村不带相机是个遗憾，带了相机拍摄最多的要数琳琅满目的古门窗。直棂纹、拐子纹、菱花纹、井字纹、方格纹、亚字纹、冰裂纹，还有叫不出名的，各种图案的窗棂交相辉映，争奇斗艳。

窗棂中心嵌着的木雕"格心"是古门窗艺术的精华，亭台楼阁、花草树木、飞禽走兽在方寸之间栩栩如生。从"格心"的雕刻风格来看，既有浦江县民间传统的浮雕雕法，又有一种介于浮雕和工笔白描之间的雕法，即整个"格心"雕刻以线条表现为主，别有一番风韵，令人耳目一新。嵩溪村43幢、1560余间古建筑，其门窗的窗棂图案、"格心"雕刻各不相同。

是随心所欲，还是匠心独具？那些精美的雕刻是出自一人之手，还是不同工匠所为？雕刻者姓甚名谁……这些岁月镌刻的遗存在阳光下静默，仿佛诉说着那古朴久远的故事。

嵩溪村最具特色的是由泥土、石头、砖块、石灰渣混砌而成的墙壁，看上去凹凸不平，呈黑褐色或黄褐色，粗犷的风格与古建筑群的精美雕刻相得益彰。住在钢筋水泥造就的楼房、日复一日承受着"热岛效应"的都市人，看到这种"会呼吸"的墙壁，就会油然而生一种清新自然之感。

嵩溪村人文底蕴深厚。正是嵩溪村的灵秀之美激活了嵩溪人的诗情画意，自古以来这里书画诗文人才辈出。清代徐子静，善人物、花鸟画，其《观潮图》展现了翻滚的江潮与长街上前呼后拥的人流，气势非凡；又擅画墨龙，泼墨淋漓，似有烟波出没，精妙入神。近代徐品元，少年好学，诵书辄达鸡鸣，二十岁金华府试第一，继又两次应举中选，后设教于浦江、金华、义乌、东阳、诸暨、衢州等地，曾多次上书论政，与康有为等有信件往复；博通经史，善诗文，工书法，撰有《嵩溪笔耕集》《课徒草》《童子调》等。徐菊傲，自幼聪慧，致志于画，后与郑义门的郑子琳等三人结为书画四友，梅、兰、竹、菊，各擅其一；一生专画写意墨梅，老杆瘦枝，巨细疏密有致，笔法苍劲。徐心灯，善书法，尤爱画竹，且收藏甚富。徐察人，善诗文，工书画，书法以隶篆作行草而自出心裁，绘画典雅清新，以兰竹尤长，兼作山水，诗文喜赋讽刺诗，针砭时弊。徐心泉，擅壁画人物、山水、花鸟，尤精于木雕，有杨林村花厅牛腿、斗拱、雀替刻件传世，其牛腿刻有历史人物百余人，按历史故事穿插，动作各异，神态生动，构图精巧，刀法纯熟。

康熙年间，徐敬臣创立了"嵩溪诗社"，历时120余年。今人传承根脉文化，成立了嵩溪学社，有社员数十人，分诗文、书法、绘画、科技等组，用笔墨渲染，用真情讴歌，代代相传，生生不息，名噪书画之乡。

徜徉在嵩溪村，呼吸着灵动于青山绿水之间的纯净空气，注视着古色古香的石板巷中长长短短的日影，感受着弥漫于村庄世代相传的草根文化气息，你会情不自禁联想到自然之美、生命之美、智慧之美、勤劳之美和文化之美。那些与生命相关、与自然相连的美。是的，这就是嵩溪村之美。这样的美综合在一起，令嵩溪村充满了魅力，也充满了生机。

西滩村地处闽浙九龙山麓，钱瓯两江发源地，森林覆盖率91.6%，珍禽异兽，物种丰富。"习武、对歌、吟诗、龙排"是该村传统生态文化，"高山茶、野蜂蜜、山茶油、中药材"是该村特色生态产品。该村将生态环境保护与发展绿色生态产品融为一体，建立高山云雾茶、无公害白茶基地300余亩，修建村民文化娱乐健身场所，全村沼气普及率60%。以自然生态与传统文化为依托，以茶园武术与山歌龙排为载体，以森林人家与生态庄园为抓手，精心打造生态文化旅游名村。

十、森林人家，旅游名村
——浙江省丽水市遂昌县龙洋乡西滩村

西滩村位于国家级自然保护区九龙山麓，世世代代生活在这里的西滩人以他们的责任、智慧和虔诚，守住了一方青山绿水，谱写了一曲生态保护之歌。一年中的任何季节来到这里，都能切身感受这个大山里小村庄的生态魅力。

九龙山的传说

欲说西滩村，不能不说九龙山。

关于九龙山，有一个美丽的传说：玉皇大帝的灵霄宫内有九条玉柱，其上九龙盘踞，是为龙之九子。一日，九龙厌倦了天庭生活，窃得天庭的夜明珠下凡游玩。游至遂昌西乡，眼见此地山林茂密，景致宜人，便尽兴于良辰美景，乐而忘返。玉皇大帝发现夜明珠失踪，派天兵天将下凡擒拿九龙，九龙与众天兵展开殊死搏斗，最后寡不敌众，身躯化作山脉，血液

桃源人家　摄影／王洪

淌为河流，麟角变成森林，永远地留在了美丽的遂昌县龙洋乡。

　　九龙山地处浙、闽、赣边界，主峰海拔1724米，为浙江省第四高峰，地势高峻，林涛起伏，森林覆盖率高达95.8％以上，一派原始森林风光。

　　九龙山区有全省最大的鹅掌楸，树龄逾200年，高达31米，树径148厘米，蔚为大观。鹅掌楸树形端正，叶形奇特，秋季叶色金黄，仿佛一件件黄马褂，故民间又有马褂木之称，又因其花形酷似郁金香，故被称为"中国的郁金香树"，是非常珍贵的观赏树木，与悬铃木、椴树、银杏、七叶并称世界五大行道树种。

　　西滩村就坐落于浙闽两省的遂昌、龙泉、浦城三县市交界的万山丛中，钱江支流——乌溪江之源头。全村116户，360人，有林地近4万亩，人均占有林地近0.5亩。村庄四周群山连绵，峰峦险峻而奇秀，云雾缭绕，古木苍翠。珍稀树种、珍禽异兽更是随处可见。走进西滩村，黄墙黛瓦，错落有致，田园巷陌，鸡犬相闻，宛如陶渊明笔下的"世外桃源"。

风水树带来好光景

西滩村有两处古木群，古木多达 150 株，被奉为神树。村里世代流传着一种说法，村头的百年苦槠树群是全村人的风水树，如果树枝纷纷掉落，预示着村庄将遭受不幸。正是因为信奉"风水树会带来好光景"，村民们都能自觉爱护古树森林。

解放初，有村民砍伐松木运到外地造铁路，被发现后大伙要求违规伐树的村民买来猪祭祀，向树神"致歉"。20 世纪 70 年代，有一棵苦槠树的枝条遮掩了一户村民庄稼的阳光，他便把这根枝条扭弯了，后来村里对他罚款 20 元，这在当时可是一笔不小的数目。2008 年，村里有几户村民的 100 多亩阔叶林承包给了外地人砍伐，承包款都已经分发。村干部得知情况后，以村集体的名义收购了这片山林，当场撤销了砍伐合同。为了买回这块山林，村里垫付了 2 万多元。

村里至今仍保留着独特的礼树仪式，一般在秋收之后择吉日举行，村民以古乐列队迎接八方宾客，选良辰诵读祭文，村中长者带领村民手捧五谷、三牲、果品、糕点，绕大树而立，庄重地祈福、祷告，表达对神树和大自然的敬仰，祈盼来年风调雨顺、五谷丰登。尔后，村民还会为来客展示传统武术和各种绝活。

西滩村是传统的香菇之乡，以木材为原料，村民发展起了香菇、木耳种植产业，房前屋后大量阔叶林被砍伐利用。为了保护生态，村干部发动全体村民投票，决定在村庄视线范围内的任何树木一律不准砍伐，村民生火做饭所需的柴火，必须从几十里外的山头采伐。不准砍伐树木，村民种植香菇、木耳就没有原材料，在生态保护与经济发展之间，西滩村面临新的难题。后来，村干部经过多方打听，得知邻省的福建有专门用于种植香菇、木耳的木柴出售，于是带着农户采购，解决了原材料问题。

西滩的茶园自然村，村头村尾的石子小路边倒立码放着一个个小木桶，这是生产蜂蜜的蜂箱。出自深山的蜂蜜纯正天然，深受市场青睐，成为村民致富的一大来源。为了科学规划蜂蜜产业发展，村里成立了生产专业合作社，注册了深山野蜂蜜品牌，使得在深山无人知晓的野蜂蜜从原来的十几元一斤卖到 100 多元一斤。

借助优越的生态资源，西滩村又建立了高山云雾茶、无公害白茶基地

300 余亩，并注册了生态茶商标，价格从原来的每斤 20 元涨到 60 元；利用碧龙源水库优势，天然养殖鳜鱼、石斑鱼等十余个品种的生态鱼，年产值 40 多万元，人均增收 800 余元。发展红叶石楠乡土苗木基地和阔叶林苗木采种基地，为市场和当地林业技术推广总站提供优良树种。

原生态野蜂蜜、高山生态茶、生态鱼、猕猴桃、苦槠豆腐干、野山笋干……西滩村已经开发出一系列原生态农产品。

传统文化丰富村民精神世界

西滩村以武术闻名，久有习武传统，至今已有 270 余年历史，属小南拳系列。在西滩的茶园自然村，村左有一巨大岩石，村右则是数座高耸的山峰，当地村民称之为"左旗右枪"。这个天然的地形孕育了茶园村独特的生态文化——茶园武术。2007 年，村里建起了武术传承基地，并专门组建了一支民间武术队。

手持长棍，腾跃、挪转，时快时慢，棍扫时呼呼有声，落地时刚劲有力。"开四门""父子同拳""五虎下山""七步连枪""红鸡垂翅"……村民叫得出武功招式，却叫不出拳种。一直以来，茶园村武术都是口传身授，没有拳谱记载，他们只好统称为茶园拳棍。

茶园拳棍历史悠久。据说，在乾隆初年，刚从闽西连城县搬迁到茶园居住的罗姓先民因常受毛姓财主的欺压，加之当时强盗匪患不断，于是请来分散隐居在南方诸省山区的南少林武僧教习武功，以护卫家族安宁。几百年下来，村民们渐渐养成了农忙务农，农闲练武的习惯，代代相传至今，练武已成为村民们强身健体的生活方式。

武术让茶园声名远扬，美国、意大利等国的游客和国内武术爱好者纷纷前来切磋武艺。为了传承这一传统武术文化，村里建起了武术传习基地，并专门组建了一支茶园民间武术队。还将茶园武术融入全乡的小学体育课，让孩子们从小接受武术强身的熏陶。2009 年，茶园武术被列入浙江省非物质文化遗产。

除了武术，包括西滩村在内的乌溪江流域至今还保留了一千多年历史的竹、木排漂流技艺。由于该区域地处深山，旧时交通运输大都以水路为主，先民就将木头、毛竹拼成木或竹排，运往外地销售。木排上还可以搭

茶园棍拳　供图/遂昌县林业局

载外出的山民及其他山货，当地人把这种数节竹木材拼钉成的排称为龙排。随着公路的开通，龙排作为交通运输工具的作用渐渐失去，但是龙排这一传统文化遗产却被保留了下来。如今西滩村在每年的端午节期间举办"龙排节"，规模隆重，有祭祀仪式、放排开漂仪式、民间艺术展演、民间特色小吃等内容，成为游客热捧的节庆活动。

西滩人世代以农为业，但也不废颂读。门前灶头经常可以看到大人教授小孩吟诵诗文，一本斑驳的线装书可窥耕读传世的村风。

村民们至今还保留着唱山歌的习俗。常在劳动之余或农闲时节围坐一起，以胡琴配乐，吟唱着祖辈流传的山歌词，赞美青山绿水，表达对家乡一草一木的热爱之情。

西滩村将生态环境保护与发展绿色生态产品融为一体，修建村民文化娱乐健身场所，改善生活环境，树立和培养生态意识，建设生态型文明乡村。23万西滩人，默默践行着守护生态的诺言，用实际行动诠释着新山区经济发展的模式……

金灿·白革村林木覆盖率达 90%，村内古树参天，村外竹海苍翠，自然环境优美，素有"十里竹海、十景白山"之称。旅游资源丰富，朱氏宗祠、古木、古宅、古道保存完好，生态文化产业和乡村休闲旅游业繁荣兴旺，打造集观光游览、乡村休闲、康体运动、商务度假、文化养生于一体的"乡村休闲旅游度假区"。

十一、十里竹海，十景白山

——浙江省金华市武义县金灿·白革村

位于武义、永康、缙云三县市交界处的白革村掩映在古树翠竹之间。

风从村口的树林中穿过，叶落的声音在古老的村落飘荡。红红翠翠，叠叠依依，浅浅深深……村口，一雌一雄两株树龄千年的南方红豆杉，在静默中彼此守望，见证着这个古老村落的岁月沧桑。

白革村东南西三面环山，地貌造型独特。气候温和湿润，雨量充沛，四季分明，年平均气温 15℃ 左右。村旁状元峰上的"仰止亭"相平一线等温分明，线以上冬季积雪，只能种一熟中稻，线以下冬季无积雪，日夜温差大，可种两熟双季稻。

全村现有 6 个村民小组，农户 335 户，总人口 986 人。耕地面积 551 亩，山林面积 4600 亩。2013 年农民人均年收入达到 15885 元，在武义县处于领先水平。

白革村除几户姓金和姓卢的村民外，其余均为朱姓。2008 年修订的《朱氏宗谱》记载：宋朝宝庆年间，白革村的先祖在遍游采药时路过武义白革，"望元峰峻秀，峰峦罗列，貌似儿孙之像，且羡其土沃人淳，就卜居于此"。其后，朱氏后人在这里繁衍生息。白革村自古崇尚耕读传家，数百年来文运鼎盛，培育了不少优秀儿女。其中，最让白革村朱氏后人引以为豪的，是清朝康熙年间进士朱若功。在村中朱氏宗祠里，朱若功的"进士及第"牌匾仍然高挂大堂。

朱氏宗祠　摄影／王洪

关于朱若功的事迹，在武义及朱若功当过父母官的昆明等地方志中均有记载。

朱若功生于 1667 年。清康熙四十八年（1709），在族人集款资助下，朱若功上京应试，中进士。康熙五十一年，武义芦北乡一带猛虎伤人，朱若功写了《驱虎文》，义正辞严告诉城隍神要有"民先"的职责，并在文中规定时限驱除猛虎，如逾期要上告省城隍、都城隍，直至天子。康熙五十八年，朱若功赴昆明任知县，勤理政务。当时昆明县欠纳田赋的有4000 多人，朱若功经过调查，了解到是人民无力交纳，就予以分年减免。

武义籍著名诗人、篆刻艺术家叶一苇对朱若功非常推崇，认为他是"明招文化"突出的实践者，特别是坚持"民先"的思想、注重"务实"的理念，值得发扬光大，为此写下了纪念文章《民先·朱若功》。刊登这篇文章的报纸，被白革村收藏在祠堂中。

村外有一株葳蕤如华盖的钩栗树，是当年朱若功从云南昆明移栽回来的，树质坚韧，果实肉色棕红，如板栗。时值冬日，这株钩栗树历经春华秋实，只剩下光秃的枝干，但它那粗壮的树干和满布裂痕的苍老树皮却孕育着无限生机。

白革村历来"重教成风"的民风，使历代村民中有上百名学子学业有成。新中国成立后，白革村先后走出多名大学生，其中不乏毕业于北京大学、上海交通大学的佼佼者。

站在朱氏宗祠前，远眺村后的最高峰，便是远近闻名的状元峰。状元峰下，朗朗读书声仍不绝于耳。

在白革村现有的自然资源中，首屈一指的就是古树群。经武义县林业部门核实，白革村现有 400 年以上古树 100 余棵，100 年以上古树 1000余棵。其中，800 年以上古枫树 12 棵，红豆杉 10 棵。走进白革村，首先映入眼帘的就是几棵千年红豆杉和古枫树。红豆杉树干粗壮遒劲，枝叶遮天蔽日。旁边的 6 棵古枫树同样树冠巨大，树干周围铺满了厚厚的一层落叶，走在上面沙沙作响。

在白革村不远处的大士庵前，还有两棵古树很有来历。一棵是被誉为"华东第一泡桐"的古泡桐树，相传比白革村建村历史还长，这棵泡桐树为何出现在这里至今仍然是谜。另一棵是号称"华东第一杉"的古杉树，树干笔直挺拔，但长到半空却生生地断了，村里人推断或为雷击所致。

白革村竹林资源丰富，环村东南西三面山上都是竹子，竹林覆盖率50%以上，其最大特点是毫无间断的大片状分布，形成了独特的竹海景观。

灵山秀水白革村 摄影／王洪

　　白革村林木覆盖率达90％，村内古树参天，村外竹海苍翠，自然环境十分优美，旅游资源非常丰富，素有"十里竹海、十景白山"之称。这个建村已经有800余年的古村落，古木苍苍、溪水潺潺、柴门犬吠、屋舍俨然，古木、古宅、古道使村庄处处透着古朴气息。迷人的自然风光吸引了成千上万的游客前来赏玩，车水马龙，人来人往，带动了村里服务业的发展，村民们开办的农家乐，宾客盈门，生意兴隆。

　　为进一步挖掘村里的旅游资源，拓展经营规模，白革村和金灿集团达成协议，金灿集团进驻白革成立金灿旅游公司，规划开发该村的旅游和绿色产业。相毗邻的永康县卡丁车造车企业较多，为充分发挥这一优势，白革村和金灿旅游公司联手在环村的竹海中修建了5公里卡丁车车道，开展卡丁车运动，实现两地资源互补。

　　除了古树名木，白革村的人文资源同样丰厚。白革村周边有大土岩、状元峰、三叠台、八宝陵、石佛、石果、仙掌、玉屏、龙井、狮岩等"白革十景"。

大士岩位于大士庵内，清嘉庆《武义县志》载：大士庵，在县南四十公里白革山上，昔异人支大士所居。传说胡公原坐于大士岩。某日，胡公到方岩另觅新的修身之地，到达方岩后才发现其座位还不及大士岩。待胡公返回大士岩，其位已被支大士占据。胡公大怒，爬上山顶，将岩石踏低三尺。支大士也不甘示弱，一掌托回六尺。胡公只得怅然返回方岩。从此，岩洞上就留下了仙人的掌印。

从明朝起，每年农历八月，白革村都会举办盛大的迎圣佛活动，即把大士庵中的大士佛抬到附近朱姓村落游一游，以保一方百姓平安。在迎圣佛的队伍中，总少不了一群戴着光头面具、奇装异服的村民，这就是白革村沿袭千百年的大头和尚民俗活动。据传有户人家因猪瘟已不养猪，就请和尚做法事。后来，这户人家不仅又养起猪来，而且他家的猪比别人家的长得快、长得好。和尚拜猪栏、家猪能快长的消息不胫而走。如今，除了农历八月，白革村在新春元宵时节也会举办这项活动。

依托丰富的自然和人文资源，白革村被打造成集观光游览、乡村休闲、康体运动、商务度假、文化养生于一体的"乡村休闲旅游度假区"，带动农家乐发展和绿色农产品销售。多彩的山林风光与绚烂的人文景观相映成趣，使这里成为考察人文历史、探索生态奥秘、休闲养生的好去处。

大山里的外婆坑村，奇峰幽谷、山水凝翠，拥有奇绝的自然风光和质朴的山野气息；小道蜿蜒、溪水潺潺、翠峰耸立，宛若一幅宁静悠远的山水画，是远近闻名的"长寿村"。乡土民居古韵悠然，红军文化流传至今，民族文化和谐交融，传承发展先祖植茶、制茶的技艺，创造了生态茶园的"绿色传奇"。

十二、浙江外婆坑，大山深处的绿色传奇

　　大山里的外婆坑村拥有奇绝的自然风光和质朴的山野气息，进村沿途夹山经过穿岩十九峰、火山遗迹奇观、月亮湾、小九寨、丹霞赤壁等众多景观，一路奇峰幽谷，山水凝翠。古朴整洁的村落，小道曲折蜿蜒，溪水潺潺流过，翠峰耸立两旁，宛若一幅宁静悠远的山水画。高海拔的原始自然环境使得村中的负氧离子含量常年保持在2800个/立方厘米至5000个/立方厘米之间，长处其间，令人感到神清气爽、心旷神怡。据了解，村中有不少90岁以上却身体健康的耄耋老人，因此外婆坑也是远近闻名的"长寿村"。

外婆坑的由来

　　新昌县镜岭镇外婆坑村位于风光秀丽的新昌县城西南45公里处，地处曹娥江源头，与东阳、磐安、嵊州三地交界，全村占地约4平方公里。

　　村落始建于清代。相传，这里原名雷基湾，100多年前，林氏先祖（据传为林则徐后人）自福建逃难而来，无一茅屋遮蔽，如同山林野兽。为求生存，林氏向原住民讨借住地、耕地。林氏虽穷，但他们的和善好客感动了原住民。20多年后，原住民将此地赠与林氏一族，人称"林氏的

外婆比自己的外婆还亲"，又因当地有个坑，遂取名"外婆坑"，意为"外婆住的坑里"。

生态茶园的绿色传奇

外婆坑村平均海拔在 350 米以上，有 6500 亩山地，云山雾罩，土地肥沃，自然纯净，茶叶种植条件极其优越，当地植茶的历史可追溯到清代。祖辈们使用过的茶具，如清代的竹制茶筒、铜茶壶、葫芦茶壶等，整齐地摆放在当地的历史陈列馆中，成为外婆坑村种茶史的见证。

村中最早种的是珠茶，价格低廉，直至改革开放前，1 斤珠茶的价格也只有 2 元左右，全村一年的珠茶总产量约为 100 担，约合 1 万斤，一年下来全村收入也仅 2 万多元。外婆坑村，山里山，湾里湾，"开门就是山，出门就爬岭，看看面对面，走走老半天"，交通不便、信息闭塞，村民靠肩挑种植农作物，一年到头连温饱问题都解决不了，积贫日久，名声在外，

外婆坑村外婆茶　*摄影/李锦戚*

"有囡不嫁这条坑，三餐吃的六谷羹，干活行路如牛耕，缺钱缺粮缺姑娘"。

20世纪90年代初，村委确定"扬长避短，靠山吃山，发展名优茶生产"的思路，弃植珠茶，种植龙井茶。村里开始组织茶农们参加名茶炒制技术培训，花费4.5万元购入20万棵新茶苗并免费提供给农户种植，更新茶叶良种，推广名茶种植。

2003年5月，新昌县首家有机茶合作社在外婆坑成立，入股社员510人，带动茶农1002户，年产有机茶16吨，实现了管理、采摘、收青、炒制、包装、销售"六统一"，每公斤茶叶的经济效益提高了100多元。2013年，外婆坑村的生态茶园由1991年的96亩增加到1500亩，茶叶总产值由原来的2万元增加到356万元，春茶人均收入已达到8100元；联合经营茶园4090亩，并带动全镇发展生态茶园8000亩，带动农户1510户，年产值1500万元，每户增收3000元。如今，外婆坑村自己的绿茶品牌"外婆坑龙井"已走出大山，远销深圳、上海、广州、北京，并出口到美国、欧洲等地。生活在这片土地上的人们，传承发展先祖种茶、制茶的技艺，创造了生态茶园的"绿色传奇"。

乡土民居古韵悠然

外婆坑村的民居古香古色，历史悠久，保存完好。木石结构的房屋都是村民们早年就地取材，依山而建的，与山林、竹海交相掩映。家家户户屋檐下悬挂着红灯笼，吉祥喜气，更显民居古朴之美，也承载着富裕起来的村民的幸福与喜悦。村中还有明清年代古董500多件，古台门、古石墙等随处可见，为这个大山深处的小村庄增添了独特的历史文化底蕴。

红军文化流传至今

这里的红色遗存及嵊新东游击基地旧址。1935年10月25日，中国工农红军挺进师某部约30余人，从磐安县张斯岭，经石门坑进入新昌县境内，到达外婆坑村。红军战士在村民林保福家外墙上写下的"工农红军

别具一格的古宅 供图/外婆坑村村委会

是咱老百姓自己的军队""没饭吃的穷人快赶上红军"的标语,至今依然清晰可见。

1948年4月,中共浙东临时工委决定,建立嵊(县)新(新昌)东(东阳)县工作委员会,曾在外婆坑设立指挥所,游击战得到了村民们的大力支持;当时,嵊新东县工委经常在村民林相才、林喜成家召开会议,研究游击战斗形势,指挥游击战斗;时任浙东人民解放军第三支队政治处主任诸敏等曾在外婆坑大天宫自然村研究攻打澄潭区公所敌据点方案……时光流转,如今的外婆坑早已远离了那个硝烟弥漫的年代,但红军的故事和精神仍在这里流传,影响着一代又一代的村民和前来瞻仰的人们。

民族文化扮靓古村新貌

随着生活富裕起来,外婆坑摘掉了"光棍村"的帽子,招鸾引凤,来自苗族、白族、瑶族、傣族、壮族、彝族等少数民族的30多位俊俏姑娘,陆续嫁给外婆坑村的小伙子们。全村 158 户人家，501 人，分别来自 11 个民族，每个民族都有其传统的礼俗与节庆方式，不同的文化和谐交融，互相映衬，独特的跨民族文化，使外婆坑村成为"江南民族第一村"。

良好的生态自然条件与民族人文底蕴成为外婆坑发展乡村旅游的优势和潜力。2009 年，外婆坑村成功申请了上海长三角"世博主题体验之旅"示范点，于 2010 年 5 月正式迎接游客，拉开了发展乡村旅游与农家乐的序幕。通过传承和发扬民族特色文化，打响旅游品牌。充分发挥少数民族能歌善舞的特长，组建表演队，编排了具有乡土气息和民族特色的文化节目；运用乡贤资源及网络资源对青少年进行民族文化教育及民族歌舞培训，推动民族文化传承；以"民族文化村"为主题修建了一系列展馆，提炼民俗内涵，彰显民族特色。

同时，以家训、村规等为载体的"和善"文化，也受到了各地游客的好评。如当地"家规二十四条"中记载："作善降之百祥，作不善降之百殃""举止要安和，毋急遽怠缓""内外亲族，无论尊长同列，皆当以礼待之"……而当地的村规不仅对和谐守法的人际关系做出了规定，还调节着人与山林之间的关系，如村规第九条规定"严禁毁林毁草开荒，保护生态环境"等，引导村民爱护自然、善待自然。这些文化内容极大充实了当地生态文化的内涵，使得民俗文化与生态文化在交融中焕发出新生。

近年来，外婆坑村通过举办"色调镜岭，丹霞风情"全国摄影大赛、"最炫民族风"主题系列文化活动等进一步带动旅游文化产业的发展。文化产业目前已占全村经济收入的 22%，每年直接经济收入达 50 余万元。通过"一路风光一路情"的"民族村"建设，形成了"吃农家饭、住农家院、观自然景、赏民族风情"的特色农家乐旅游路线，连接大佛寺、穿岩十九峰，把一个小山村打造成为山美水清茶香、宜居宜游宜闲的旅游度假胜地。村中形成了 10 余户较为成熟的农家乐个体户，建成了一个大型旅游集散中心，村民们从事农家乐的年收入平均可达 7 万元，最高的可达 10 余万元。目前，已累计接待来自世界各地的游客 30 余万人次，营业总收入达 200 多万元，成为远近闻名的富裕村。

以秀山碧水为基质，凭路而生，依茶而活，聚民族而多姿彩，重本色而求新颜……这个静默清远而古朴温暖的村庄，正在江南大地上叙写一个愈加受到世人瞩目的绿色传奇。

石塘村，宛如桃源仙境的千年古村，有"南京小九寨沟"美称的石塘竹海翠色逼人，"青砖小瓦马头墙，回廊挂落花格窗"的前石塘村与错落有致、朱漆黑瓦的后石塘村形成前徽后苏的独特布局，王氏古井、狮背伞、王氏宗祠等文化遗存见证着历史变迁的沧桑古韵，奇幻瑰丽的民间传说和世代流传的宗规古训展现出深厚绵长的文化积淀和古老淳朴的民风民俗，形成了如今的旅游生态示范村和美丽宜居村。

十三、竹海深处桃花源

——江苏省南京市江宁区横溪街道石塘村

六朝古都金陵从不缺历史和故事。许是太过富足，这些年历史加快步伐翻新，新事物穿越山水隔阻，在古村落留下痕迹。

然而，在江宁横溪山脉深处的一个古老村庄，仍保留着原始清丽的模样。翠色逼人的竹海、古朴宁静的村落、清一色的青砖小瓦马头墙、无数瑰丽的民间传说和民风民俗……这便是江苏省南京市江宁区横溪街道的石塘村。

踏上村庄，像轻轻叩响一扇不愿被惊扰的木扉门，静待你破门而入的，是村落历经千百年沧桑的兴衰史，一村一落、一树一井、一字一句，无不体现日积月累的古老韵味和村民对传统文化的敬畏与信仰。

南宋时便有的古村落

公路蜿蜒。入夏的南京，路边随处可见不知名的野花和摇着尾巴撒欢的狗尾草。这些植物顽强而欣欣向荣：最初毛茸茸的一两片嫩叶，经历无数风雨中的挣扎摇曳，终于蓬勃成燎原之势。

古村的演变过程同样如此，只是时间更为漫长。关于石塘人家的由来，一直都有两种说法。公元 1129 年，金兀术渡江南进，攻陷建康（现南京），岳飞坚守抵抗，于次年收复建康大破金兵于郾城，收复郑州、洛阳等地，两河（淮河、黄河）义军纷起响应，想继续进军朱仙镇。当朝宰相秦桧力主和，一日降 12 道金字牌召还，以莫须有的罪名令岳飞冤死狱中，岳飞的儿子岳云及部将张宪也被害。岳家军将士对朝廷心灰意冷，无心再战。建康驻军一部沿牛首山麓向南行至现在的石塘村所在地，只见群山环绕，云蒸霞蔚，便选择弃甲归田，取名为石塘村。后来村落逐渐壮大，南北划开，又有了前、后石塘。还有一种说法更逍遥自得，也皆大欢喜。南唐年间，建康教授王会源卸任后游历山水，偶遇云雾缭绕的云台山。彼时，这里还是一处人迹罕至、仿若圣境般的仙野。于是，一两户人家扎根定居，从此家族人丁兴旺、开枝散叶，期间虽遭遇战乱，但仍逐渐形成前、后石塘两个村落。无论是何种起源，石塘古村迄今都已有近千年历史。

75 年前重修宗谱，拾起古村记忆

喧嚣的城市水泥森林渐渐落在身后，一路向南，折上一段省道、弯过两道山脊，"石塘竹海自然风景区"的村牌横亘在马路中央。车子盘旋下坡，一个岱山环抱、青砖小瓦掩映的村落出现在眼前。

山腰处的公路上随意停下，薄薄一层雾气如白色丝绒轻柔笼罩在村庄上方，高耸起马头墙的房顶鳞次栉比；几处水质清澈的池塘点缀在错落有致的民居前，宛如一条妩媚秀丽的项圈将村庄进行串联；池塘边上，一条淡红色的自行车道蜿蜒其间；向更远处眺望，是巍峨起伏的夜合山、数千株梅树，还有千亩茶园……

王氏祠堂，就位于村子的南边。修建至今，存放了不少家族亡故先辈的牌位，也是举行家族内各种仪式和处理家族事务的地方。历代精心守护，至今仍保存完好。

王氏宗祠的历史，可上溯至 1205 年。那时，祠堂刚成形，是三间二厢的规模。到太平天国年间，祠堂几乎毁于一旦。后来，祖父辈们在原祠堂的基础上进行大规模修建。20世纪六七十年代，房屋一度损毁严重。

2000年，在王氏尊长们的召集下，王氏后人再度筹集捐款、重修祠堂。每年的清明和农历十月初十，全村的王姓人家都在那里祭祖。

王氏是石塘的大姓，近九成村民都姓王。据传，王氏三槐堂的祖先就是王会源。创建王氏宗谱、兴建王氏宗祠，他自然是本宗鼻祖。王会源生于约宋乾道九年（1165）癸巳八月，卒于淳祐二年壬寅（1243），享寿78岁。他和王宁氏育有三男二女，长子世居石塘，次子迁居贾村，三子迁居南山坎，后家族子孙兴旺，村落规模也逐步扩大。

聊起这些，75岁的王允和如数家珍。"以前的族谱长什么样，谁也没见过。"不过，由于看护石塘村后来新修的《王氏宗谱》，他算得上是村中的资深老人。"75年前重新修谱，那时我刚出生。宗谱有多老，我就有多老。"王允和声音响亮、身材魁梧，一口地道的石塘方言。每年农历六月初六，担心"藏"在房屋角落的宗谱发霉，他都会拿出来精心晾晒。一页一页地掀起细细抚摸，然后重新收起放好。

古香古色的红木盒已有点掉漆了，长方形的盒子正面装有一把老式铜锁，不过已经坏了，成为宗谱阅尽人世沧桑的一枚标志。盒子上刻着几个大字——"光绪岁次庚子年重修"，落款为"三槐堂藏珍"。七大卷洋洋几十万字，道尽了一个大家族的成长史。

一本宗谱，经历数次动荡。太平天国时期，村落被毁、宗谱遗失，后来虽重新修订，但一场动乱也波及城外的小山村，宗谱被糊在墙缝间的泥巴中，幸免于难。

"'之'字辈的人最大，往后是'士''大''家'。先前有名的人物，往往记载更详细，还有配偶的名字。不过越往后越简单，写不开了。"王允和倒背如流。他的两儿一女也全部记录在册，是"宜"字辈。

前、后石塘各有风情

"好一个公鸡没母鸡高、陶吴坏了三眼井、西阳坏了后汉桥……"房前屋后铿锵押韵的诗歌，源于村落悠久的历史和无数瑰丽的民间传说。不过，石塘村也分前和后，两处自然聚集的民居群落模样上有区别，传说也不尽相同。

前石塘村和后石塘村，前徽后苏的建筑风格　摄影／徐旭东

前徽后苏。从一条小河穿过，前石塘村一排排徽派风格的农舍村庄跳入眼帘：一座座四合小院，一幢幢二层小楼，一色的白墙青瓦，一式的飞檐翘角，掩映在青山翠绿之中。

走过一户户农家，村民们有的在择菜淘米，有的在生火做饭，为慕名而来的旅客们准备美味午餐。107户村民，居住在改造后的新屋，犬吠、牛哞、鸭戏、鹅闹、鸡跑，以及山环溪流，一切都在，不再的是日出而作、日落而息的农耕岁月。如今，"石塘人家"形成了环村沥青主干道、自行车休闲沙石路、乡间漫步青石板路相结合的道路体系。漫步村间，多数人家院门顶端，挂上了某某土菜馆、某某农家乐等等招牌，许多人家在楼前挂上成串装饰的红辣椒，或是高挑红灯笼串起的店名。

前石塘村的屋舍，俨然纯正的徽派建筑，面南背北，家家"青砖小瓦马头墙，回廊挂落花格窗"。两三里外的后石塘村，民居错落、朱漆黑瓦，则是典型的苏派民居。

为何前后石塘的风格会有如此差别呢？这源于石塘村特殊的地理位置。它位于江苏和安徽的交界之地。提到安徽就会想到中国古代有名的徽商。徽商崇尚外出经商，有一句话这样形容——"前世不修，生在徽州，十二三岁，往外一丢"。

徽商出行的线路之一是东路顺新安江到达杭州，另一条则是北上到达苏南地区。沿长江顺流而下，如果走陆路，石塘村就是一条重要通道。陆续有徽商选择在石塘村定居，所以前石塘从建筑风格到生活习惯都保留了很多徽系文化的元素。

　　徽派古建筑用砖、木、石做原料，以木构架为主。梁架多用料硕大，且注重装饰。横梁中部略微拱起的部分，民间俗称"冬瓜梁"，两端雕出扁圆形或圆形花纹，中段常雕有多种图案，显得恢宏、华丽、壮美。墙角、天井、栏杆、照壁、漏窗等基本采用青石，往往利用石料本身的自然纹理组合成图纹，格外古朴典雅。墙体使用小青砖砌至马头墙。蔚蓝的天际间，前石塘高大的马头墙与天际线交相辉映，增加了空间的层次和韵律美，体现出天人之间的和谐。

　　后石塘在经历了900多年的历史变迁后，却仍然保留着江南建筑风格，院墙和建筑风格为青砖灰瓦，更简朴素雅。后来也只是在原有基础上的翻新。

　　小桥、驳岸、踏渡、码头、石板路等富有江南特色的建筑小品淡雅质朴，更突显出青山绿水的自然环境，融合成一种令人心旷神怡的田园风光，还原出"采菊东篱下，悠然见南山"的意境。四面环山的村落，背景的山一抹黛色，山上有缥缈稀薄的烟雾，充满诗情画意及神秘色彩。白墙黑瓦，木格门窗，翘角朱漆，苏派建筑，古朴典雅，韵味悠远。村中房屋，在掩映的树木间，沿山地的起伏错落有致，疏密有致。村前是一片数百米宽的河道，山景村景倒印其中，闪烁出梦幻奇异的色彩。

　　前、后石塘，一个是江宁新景石塘人家，一个是近两年声名鹊起的石塘竹海自然风景区，各具风情。隔在它们中间的，便是远近闻名的夜合山。

　　它由两座山组成，两山前后仅隔一箭之地，后山名曰公鸡山，前山名曰母鸡山。"好一个公鸡没母鸡高"，指的便是公鸡山的山势较母鸡山高大。相传公鸡山与母鸡山是两个相爱的山神，白日分开，夜晚合体、同宿一处。

村民推测，两山相隔较近，大约白天能见度好，可以分辨清楚，当夜幕四合、山岚飘浮，两座山便朦胧在一起了。于是便有了美丽的传说。

"狮背伞"、王氏古井和魏家骅墓

乡间多古风。一棵古树、一眼古井、山野中的一片古墓，无不印证着村落深厚的历史文化底蕴。

"狮背伞"是全村的"风水树"，就镇守在王氏宗祠前。一块自然形成的巨型狮子石，背负着一棵高大的树，成了庇护全村老幼的福祉。

远远望去，老树像把巨大的绿伞，周围被朱红色的栏杆合围，上面拴着祈福的五彩绸布。一阵风起，翠绿的枝叶欢快抖动。树皮斑驳，沧桑遒劲的根系向下紧裹住石头。整棵树足有三四层楼高。

榉树，自古有"高中举人"的美好寓意，常被种在房前屋后，生命力也极为顽强。也许它最初只是一粒种子，旁边的大石头出现了风化现象，或经过雨水冲刷，有了一层薄薄的土壤，这颗种子便借助它们萌芽，一直长成现在的模样。

关于古树，也流传着一段佳话。相传，王氏初建祠堂，某年大雨，洪水肆虐。雨过天晴，水去村静，形成梅溪河，田地尽毁，一块巨型狮子石挡于祠堂边，既护佑祠堂，又护佑村庄，安然无恙。巨型狮子石，形象逼真，威武雄壮，王氏祖宗称天赐神石。不久，巨石更值称奇的是，在石狮无土的正背上生长出一株血色榉树，根植石头，如一把伞，人们称"狮背伞"。世代的石塘村民，视其为神物，祈祷风调雨顺、五谷丰登、人丁兴旺、村内繁荣。至今村民或来客还有在树枝上挂红祈福、许愿的习俗，称神树灵验。

"古亭村中望风云，静默老井泉水涌"，位于村南的"王氏古井"，在一座古亭中，像一位沧桑老人述说着往事。

村里一位82岁的老人介绍，她年轻时听长辈们说，这口冬暖夏凉的古井距今至少有500多年历史，一直陪伴着近邻的古榉树。

古井的位置，曾在王氏大院大门前，井口石圈为当地麻石所凿，井深约10米。提桶索印、年轮深刻，距今约800年。由于古井挖凿在两山夹谷之间，处谷底位置，水源为山泉，充沛甜润，用之沏茶，香醇无比。在没有开通长江水之前，村民都是吃古井的水，也用于洗衣、灌溉等，井水从未干涸。

光绪十七年，举人魏家骅是江宁人。这位秣陵关东新丰人有多重身份：他是光绪二十四年（1898）的进士，曾任大学士、翰林院编修；当过山东东昌府知府；读书时就跟随老师冯煦在安徽赈济灾民，回南京后，曾在上新河办孤儿院；他还支持弟弟经营丝织业，其家族丝织企业"魏广兴"最多时拥有织机3500多张。"魏广兴"的产品质量上乘，畅销全国。魏家骅因此担任过南京商会会长。

据《江宁历史文化大观》记载，魏家骅乐助慈善事业。1923年曾与佛教名人印光大师在南京三叉河法云寺设佛教慈幼院，附设小学一所。魏家居住在秦淮区高岗里17—23号，现今魏家骅故居仍在。其墓葬地在现今陶吴后石矿，即后石塘村。

按照村里的说法，魏家骅死后葬在后石塘村的西山坡岗上，坟茔前照撑门山，后靠西山，左依来龙岗，右伴阴子岗，呈椅姿地形，风水甚好。占地约2亩，四至界桩明晰，有墓碑、祭祀用的石香炉、石供桌、石狮等，坟茔宏伟壮观，陈设华丽。当时还聘请本村王德喜（其父王懋银又名王汉卿与魏家骅为故交）作为长年守护坟地的亲家。

魏家世居于南京城内，是南京城八大家族之首，名望显赫。魏家骅故居现在南京门西高岗里17号、19号，是南京有名的晚清"九十九间半"。并有上千亩良田、桑地，农副产品的加工和储藏在陶吴大庄，该村水陆交通十分便捷，是魏家在城南重要的农副产品生产基地。解放前魏家的后人在每年清明、冬至期间都来墓地祭祀。

按后石塘村的规划，魏家骅墓将被修葺一新，在墓前400平方米空场上新建大学士纪念馆，初步设想外观是一排茅草屋，通过图片及文字介绍，还原一段不为人知的历史，建成石塘村的古景点。

流传吃婚宴剩菜能沾喜气

古井古树古墓、上千亩竹海和茶园，还有祠堂和宗谱……这些美好的事物之所以能够得以保存，都和世代流传的石塘古训有关。

王氏家规记载："禁伐木，教子弟，禁溺女，尽孝道，睦族人，戒奢侈，和亲友，戒淫逸。"意思就是，禁止乱砍乱伐，荒废山林；儿孙年小时必须传授他知识，让他识礼仪，知教化；世人生女往往淹没，有亏好生之德，纵衣食艰难，也要尽心教育；百善孝为先，父母生我育我辛苦，应尽心尽力报答养育之恩；要与族人和睦相处，戒奢侈浪费，与亲友交往要亲和，谨记不得过度淫邪安逸。王氏族人谨记家规，与石塘原住民和睦相处，慢慢在石塘形成良好的影响，石塘村民有感于王氏家规对村庄的影响之深之广，逐渐将王氏家规当作村规教化石塘村人，于是形成石塘村民淳朴的性格。

每年春节，是石塘人家迎娶的最佳时日。石塘的嫁娶有"六礼"之说，即纳采、问名、纳吉、纳征、请期、亲迎。如今，石塘村将相亲、订婚阶段的过程简化，将请期（商定迎娶日期）并于纳吉（送礼订婚）中。而亲迎之后的合卺（新郎新娘喝交杯酒）、闹洞房和婚后的"回门"等仪礼仍受到重视。

美味的酒菜让孩子们垂涎三尺：必须有清蒸的猪肘子一个，通常为四大荤、四小荤、四蔬，另有两羹汤，青菜、辣椒、咸小菜、稀饭都不能上桌。虽然现在石塘的结婚习俗相对简化很多，但是结婚宴席还是没有多大变化。

无论客人是否吃得完，菜色都不得少。每家婚宴结束都会出现特殊的几个人，他们通常是男女方家中年纪较大的女性长辈，在婚宴结束后，将未吃完的饭菜收集整理，而后，邻居和朋友会接到主人家的邀请，他们不但不会嫌弃这样的"剩菜"，反而很高兴地前往。因为这样的饭菜沾有喜气，有吉祥寓意，食物也不至于浪费。石塘村勤俭节约的风尚由此而来。

如今，在农家乐的餐桌上，仍能体会到石塘人家古老的习俗和盛情。就餐的桌上，地道的茶叶泡以泉水。飘着热气的野竹笋、马兰头、苜蓿头、香椿头、草鸡蛋、红烧土鸡等，看似平常，在城市却难得一见，难得一品，吃在嘴里，有别样的香甜。

石塘人家还有条商业街，又名九里街，从上至下，泉水从街心叮咚流过。

这里还流传着一个叫九里十三缸的传说。相传很久以前，有一个相当有钱的大财主看中了石塘的风水，认为它地形复杂像迷阵一样，经过精心设计后便埋下了十三缸财宝。他担心藏宝暴露，于是将山上泉眼打开，沿泉建房成景，使宝藏得到保护和隐匿。当时有传说："九步十三缸，围绕

石塘竹海　*摄影 / 王学东*

我与石塘共成长　*摄影 / 王学东*

来龙岗，空实五大仓，形似梅花桩。"意思是说，这十三缸财宝就埋藏在来龙岗的周围，每走九步地下就是有空有实的五个大缸，就像梅花桩一样排列，直至九个九步才能找到十三缸财宝。

围绕传说，横溪街道新建了水街。除按照古建筑风格恢复一条商业街外，还把六朝时期流传至今的"金陵小吃"汇聚其中，鲜汁锅贴、多味麻辣烫、飘香烧烤……手工精细，风味独特。

街上店铺，横溪本土"农副产品店"比比皆是，有名扬四方的横溪西瓜，有盛产的草莓、葡萄、吊瓜子、野山茶、山芋粉丝、小年糕等等，不一而足。还有"传统童玩店"，包括巧环、鲁班锁、经典魔方等等。玩具店对面的"竹门巧匠"竹器店，一件件巧夺天工的竹器，竹的苍劲、挺拔和节气，都在昭示它的神奇与魅力。乡村酒吧，是深山僻壤的奇葩。它把城市元素浓缩其间，进屋是城市，出门是山野，有内外两重天的感觉。拾级而上，飞跃彩虹旅行社、云端书屋、"棋思妙想"桌游吧、乡村国际青年旅舍、石塘人家"村史馆"等等，为来者打开的是一个不一样的世界。

竹海深处衲头庵

一方天然石塘浑然佳境，绵延的山脉上翠竹连片，有"小九寨沟"的美誉。

"曲径通幽"是竹海的一道奇景。环绕九龙潭的满山翠竹，深处有一条蜿蜒山道，通向竹海神秘幽静之处。路两边翠竹挺拔，间杂低矮灌木丛，光线明灭，九龙潭一汪碧水，忽隐忽现，高低正侧，阴晴雨雪，风采各异。有人说，竹海"无水不碧，无山不竹"。浩瀚的竹之海洋，不仅面积大，品种也较多，有慈竹、小箭竹、毛竹、楠竹、猫头竹、孟富竹等诸多品种。毛竹材质优良，用途很广，堪称竹中之王。大面积竹海能防止水土流失，调节局部小气候，净化空气，美化环境，富含的负离子对健康大有裨益，又被人们称之为"天然绿色氧吧"。行走在曲折蜿蜒的竹海小径，放眼苍翠，景致高低错落，呼吸久违山野清新，慢节奏轻生活，猎鲜探奇，不亚于人生一大享受。

"问竹亭前歇一歇，静心享凉鸟语惬"，行于竹海，不知不觉，身入深处，走得累乏了，不妨端坐"问竹亭"歇歇。不远处，架设在水溪之上的石桥，在休憩、静心时，感受两岸绿意。

再往前，就是衲头庵遗址。衲头庵始建于明代，前后两进 12 间加两间伙房。与附近云台山革命烈士纪念馆有所关联。抗日战争时期，有一支新四军在附近和日本鬼子相遇，进行了激烈战斗。当时救治过伤员，后来被日本人发现烧毁了前三间房子，剩余房舍后毁于人祸。现在仅存的三株银杏，每株一人抱不拢，两棵香椿树也有一人抱粗。不远处遗存的直径一米多青石井箍依然完好，像风中叙述往事的老人，令人浮想联翩。

石塘竹海九龙潭，美丽故事至今传。在当地，九龙潭的神话与传奇，妇孺皆知。相传，有天东海龙宫九太子游经石塘，发现这里河塘干涸，地里庄稼颗粒无收，庄户欲哭无泪。九太子宅心仁厚，急于解救百姓，未禀奏天庭，私自降雨。玉帝知道后大怒，不由分说，就把九太子贬落凡尘锁于石塘干涸的河床上。九太子备受折磨，痛不欲生。村民欲解救九太子，无奈锁链是天庭之物，无法靠近，只能每日为九太子焚香祈祷。后来观音菩萨得知九太子救百姓遭罚之事，顿生怜悯之心。她急至石塘，隐于半空，拿起杨柳枝向九太子身上洒了几点甘霖，塘中立刻泛起滟滟碧波，九太子沾到仙水，破除桎梏，摇头摆尾腾空而去。石塘百姓为感恩九太子，遂把囚禁其石塘称为"九龙潭"。因潭水为观音菩萨甘霖所化，所以清冽甘甜。

当然，这只是传说。实际上，湖水之所以甜是因富含矿物元素。湖水倒映出满山竹海，甚是美丽，吸引了大批自驾游客，也成为周边许多影楼婚纱照的拍摄基地。

青山总是隐隐，世外向来桃源。石塘村，一次偶然的山村之旅，将成为心海深处一个绮丽的田园之梦。

十四、苏北平原上的森林文化村

——江苏省宿迁市沭阳县新河镇周圈村

初夏季节，出江苏省沭阳县城西行，不一会儿就进入了森林中，路边的苗木公司随处可见，还有不少用于园林建设的亭台楼阁的样板。在人们印象中，地处苏北大平原的沭阳县农村，初夏季节应该到处是麦浪翻滚的平畴，怎么会有这么大规模的森林呢？答案都在周圈村。

古栗林：不仅是树林，而且是文化

村口岔流河边是难得一见的古栗林，上千棵栗树错落地排列在520亩地上，与寻常所见的栗树不同，这些栗树树干粗壮，伸开双臂才能合抱过来，树冠亭亭如盖，而且每棵树上都挂着一块蓝色标牌，凑近一看，标牌上注明了每棵栗树的栽植年代，绝大多数栗树都种于1895年左右。古栗林浓荫蔽日，鸟儿鸣啭；林下嫩绿的小草丛生，体现出芳草鲜美、落英缤纷的自然美感。

古栗林边立了一块碑，碑文显示，这片古栗林是宿迁市市级重点文物保护单位，碑阴文字介绍说，这片古栗林是2009年全国第三次文物普查十大新发现之一。

古树名木各地都有，而把一片古树列为文物保护单位，在全国恐怕也不多见。而且细心观察，这些古栗树的排列很有学问，整片古栗林构成了一幅太极八卦图。据说"文革"期间，曾经有人想把这片古栗林砍伐，改种粮食，但遭到村民的一致反对，古栗林才得以保存。现在，这片古栗林依旧每年开花，每年结果。尽管每棵树都已经分给村民，但每当栗子收获的季节，村民都格外小心，唯恐伤及古栗树的枝条。这不仅是爱树的行为，而且是传承一种习俗和文化。无论是乔木还是花草，都跟周圈村村民结下了深厚感情。

尊重古树，就是尊重生命

　　周友模聚精会神地欣赏着家门口的两棵黄杨木，这位 60 岁的老人神情如此专注，不知情的人还以为他在欣赏什么稀世宝贝。

　　事实上，这两棵黄杨木还真就是他的心肝宝贝。"黄杨木生长很慢，看上去这两棵树不高大，其实树龄起码有 120 年了。"前不久有人出价每棵 15 万元，但他舍不得卖掉，自从"收养"了这两棵黄杨木，周友模已经把它们当成朝夕相处的老朋友，没事时就观赏一会儿，甚至对它们说几句话。

　　"真的，树是有生命的，只是不会说话而已。"他指着附近一棵栽于 1895 年的银杏树说。这棵树是邻居家的，十来年前，这户邻居要翻盖房子，还差一点钱，家里的老人做主想卖掉门口的这棵树，买家出价 6 万元，这在当时是一笔巨款。买树的人已经喊人开挖大树了，家里的儿女得知以后，坚决不同意，说宁愿房子破一点旧一点，也不能把这棵祖上留下来的银杏树卖掉。"你看，人和树的感情是可以这么深的！"

　　周圈村村会计胡道本说，那是 10 年前，这样的古树名木还可能被挖起卖掉，换到现在，别说是树龄这么长的树了，凡是直径超过 30 厘米的大树，都是要保护的对象。去年，有个村民偷偷以 4.5 万元的价格将一棵直径达 40 厘米的银杏树卖了，拉着大树的卡车已经开到邻县的国道上了，村里知道后，派人急追，硬是给追了回来，大树被栽回到原地。"挖走一棵大树，真的像在人的心口剜了一个口子一样。"

　　胡道本又讲了一个更早发生的故事。那是 1979 年，苏南一家企业看中村里的两棵盆景，分别是名为"卧牛望月"和"双龙戏珠"的地柏，这

郁郁葱葱的古栗林 *摄影 / 李祥*

两棵地柏盆景树龄接近 400 年，那家企业给出的条件是用一辆大卡车换。当年一辆大卡车价格接近 20 万元，绝对是个天文数字。村里郑重其事地开了一个会，商量是否做这笔交易。结果，村民几乎一边倒地否决了这一提议。直到如今，这两棵盆景依然安安静静、健健康康地生长在村部附近的胡家花园里。

绿色园艺，源自几百年的传承

苗木产业是沭阳县农业的支柱产业，全县苗木基地已达 40 万亩。沭阳县之所以能够成为中国苗木之乡，发祥地就在周圈村。

清朝初年，一位姓胡的朝廷大员致仕回到沭阳，他选择在周圈村定居。这位退休官员一直喜好种树和园艺，种了很多桃树、梨树和银杏树，分别形成桃园、梨园和银杏园，还建了一个花园，就是现在的胡家花园，退休官员以莳弄花木颐养天年。胡家花园至今仍在，当年种下的两盆盆景"卧牛望月"和"双龙戏珠"保存完好，生机勃勃。如今周圈村已有 2900 人，其中 95% 姓胡，都是这位胡姓官员的后裔。

除了留下兴盛的后代，这位胡姓官员也留下了园艺这门技艺。在人口逐渐增多而土地却不见增加的情况下，胡家后人一直以种树和园艺维持生计，是苏北大平原上少见的"无粮村"。

当过 40 年村医务室赤脚医生的胡方梅老人回忆说，几百年来的积累，使得周圈村到处都是高大的乔木，蓊蓊郁郁，遮天蔽日，在苏北平原上十分罕见。繁茂的树木使村庄显得格外美丽，空气特别好，一年四季都有一股淡淡的芳香。20 世纪 50 年代，因为周圈村地势低洼，需要在四周修建堤坝防洪，不得已砍掉了一些树木作为筑堤人员做饭用的柴火。"文革"时期，因片面强调"以粮为纲"，很多树木被砍掉，种上了粮食。可是，当时周圈村人均耕地只有半亩左右，生产的粮食根本不能自给。那几年里，周圈村的村民日子过得很苦。

"但是，老祖宗留下来的园艺手艺，却顽强地传承了下来，当然是悄悄地传承的，往往是父子相传，不传外人。"改革开放以后，周圈村的花卉苗木产业逐渐恢复，土地承包到户后，周圈村的村民几乎都种起了花卉苗木。

当年的周圈村支书胡方林就是一个代表。20 世纪 70 年代末，胡方林在自己家的自留地里种了栀子花、月季等花卉，等到种苗能够移栽的时候，老胡用蒲包装着，搭火车到其他城市的农贸市场上卖，最远到过东北的哈尔滨、齐齐哈尔、大庆等市。种花、卖花的经济效益果然远远好于种粮，1980 年，胡方林成为沭阳县第一个"万元户"，别的村民也因花卉而致富。那些年里，除了到北方城市销售花卉，周圈村村民有的拉着板车，有的骑着自行车，到县城，到周边的地级市农贸市场、街头巷尾销售花卉，收入都很可观。周圈村一跃成为沭阳县最富的村，直到今天，周圈村的人均收入依然是沭阳县乃至宿迁市最高的。

俗话说，荒年饿不死手艺人。对于周圈村的村民来说，最重要的手艺就是种树养花，以及制作盆景的园艺技术。花草树木不仅是美化环境的重要载体，也是发家致富的主要手段。

盆景制作，周圈村的特色产业

周圈村的耕地资源有限。当本村所有土地种上花卉苗木、全村成为森林村庄之后，如何继续做大做强绿色事业，便成为尤为紧迫的问题。

首先当然是"扩张"。周圈村没有土地可以种树了，周边的村镇还有。这些年来，周圈村绝大多数村民走出村庄，先是新河镇成了一片绿色的海洋，接着新河镇周边的乡镇也成为周圈村村民的"根据地"，圆圈越画越大，加入这一绿色产业中来的农民也越来越多，沭阳县拥有了40万亩花卉苗木基地，从业农民达10万人，成为华东地区著名的花卉苗木基地，这是量的拓展。

周圈村村民还有一手绝活，就是制作盆景。如果说花卉苗木的培植，含金量还不是太高的话，那么，盆景制作就属于园艺技术，要求就高得多了。如今，周圈村以园艺著称，这无疑是质的提升。

胡方坚就是周圈村的一名园艺师。见到胡方坚时，他正在自家园子里忙碌。这片占地3亩多的园子共有100多盆盆景。"早几年卖掉过200来盆，现在这些盆景我舍不得卖了，卖掉一棵就会少一棵。"一来，盆景随着年代增长，价值自然增长；二来，这些年来，没事的时候他就在园里捣鼓，与这些盆景朝夕相处，已经有感情了。"有时候，我觉得这些盆景就是我的老朋友，只是它们不会说话而已。"

胡方坚是1978年开始学习园艺的。在周圈村，自从出现胡家花园之后，就世世代代传承着园艺这门手艺。不过，在"文革"中由于"以粮为纲"，村里莳弄盆景的人越来越少。那一年，村里还懂得制作盆景的，只有4个人了，其中有一位就是胡方坚的亲戚，那时，盆景艺术刚刚复苏，胡方坚就找到这位亲戚，提出向他拜师学艺。没想到被他拒绝了，事后胡方坚想起来，亲戚的这种态度是可以理解的，不是历来有句老话，叫做"教会徒弟饿死师傅"吗？

不过，从那时候起，他开始偷偷学艺。由于周圈村有做园艺的传统和氛围，胡方坚的技艺长进很快，现在他是村里名气不小的园艺师。一个看上去最多价值三四千元的"荒坯子"，经过老胡的手，捣鼓一两天后就会变成一盆售价三四万元的精品盆景。"这真是一门非常好的技术，值得终身钻研。"这几年，他经常去杭州、扬州、苏州等地的景点，不过他不是去旅游的，而是专门去看盆景和树木的。"主要是看树。"他印象最深的是去山东曲阜孔庙看到的那些松柏，历经成百上千年的风霜雨雪，枝条形状依然自然潇洒。在杭州，他印象深的是看到特大型的五针松盆景，那绝对是大师手笔。"这样的树木和盆景，不仅是有生命的，而且本身就是一种艺术啊。"

园艺装点了周圈村村民和城市人的生活环境，也给人们带来可观的经济效益。效益有多好呢？以胡方坚园艺园里的一棵黄杨木盆景为例，今年春天，济南来了一位客人，出价3万元想买走，但是胡方坚舍不得。"每年6月，我都要对这棵黄杨木的枝条进行修剪，10月份，再次加以修剪，此后长出来的枝条层次会变得十分丰富，像动物的爪子那样，懂行的人一看就知道是上品。"再过几年，这盆黄杨木就可能卖到15万元了。事实上，这些年来，胡方坚一家一直就吃"绿色饭"——做做绿化工程，种种盆景，家里6口人，年收入达30万元左右。

胡方坚只是一个代表。在周圈村，有园艺师职称的农民近300人，其中高级园艺师就有45名。一个小村庄拥有这么多园艺师，在全国也是十分罕见的。正因为拥有这么多的园艺师，1995年，周圈村建起一家颇具规模的花卉盆景市场。这家市场里的经营者有周圈村本村的，也有周边村镇的。"在周圈村，即使是没有经过专门培训的村民，也能做出一般人看来很漂亮的盆景。"胡方坚颇为自豪。

享受绿色，珍惜绿色

如今，周圈村培植的苗木，品种已增加到1200多种，而且大多是高档景观树种，如紫薇、桂花、海棠等。家家户户门前屋后都是高高低低的树木，清新的空气中夹杂着芳香。

73岁的胡方梅每天最惬意的事情就是早上和傍晚在村里转一圈，摸摸某棵树，看看某个盆景。看着自己的祖居地变成一个森林公园，变成游客越来越多的景点，他无疑是骄傲和欣慰的。他知道，当年毁林种粮的事情不可能再发生，村里的这些大树将永远安安静静地生长，在为子孙后代留下一片阴凉的同时，也为他们积累财富。因此，当村干部提出，要把周圈村创成一个4A级旅游景点时，他第一个表示赞同，并愿意尽自己的一

"双龙戏珠"地柏落地盆景　*摄影 / 李祥*

份力。他认为，如果说过去周圈村的村民培植花卉苗木，最主要还是为了生计的话，那么，现在绿色产业已经给了我们很多回报，到了该我们珍惜这些花卉树木的时候了。

几乎每天都要到一次周圈村的新河镇副镇长岳贵清说，沐阳县 474 个行政村中，周圈村是独一无二的无粮村、森林村，周圈村村民对树木的感情，可以从村民把可以利用的每一寸土地都种上树木中看出来。森林已经融入他们的生活，成为很重要的一分子。他们充分享受绿色产业带来的巨大变化，也珍惜绿色给他们的生活空间带来的美好。"没有人计算过周圈村的森林产生的生态效益是多少，也没有人计算过沐阳 40 万亩花卉苗木基地对全县的生态建设起到了多大的作用。但是，沐阳县是全省空气最好的县之一，也是生态环境最好的县之一，这已经很说明问题了，而第一功臣当然是连绵无际的 40 万亩花卉苗木。"

自古便是吴中名胜的树山村，坐落于大阳山国家森林公园北麓。这里奇峰迭起、异石林立；八百联句气势磅礴、摩崖石刻古朴大气；"树山三宝"云泉茶、翠冠梨和杨梅，深受人们喜爱。近年来，树山村以乡村复兴为目标，深入挖掘和修复当地历史文化遗存，大力发展生态旅游，精心打造"宜居宜业宜游"的生态家园，成功迈入了美丽乡村建设的先进行列。

十五、山水之间的古吴名胜

——苏州市高新区通安镇树山村

位于苏州西部的树山村，坐落于大阳山国家森林公园北麓，三面环山，西邻太湖，因其独特的地理位置，被人们誉为田园文化养生的绝佳胜地。树山村总面积 5.2 平方公里，由三山四坞构成。东北部的鸡笼山延绵不断，南部的阳山横贯东西，西北部的树山孤立突兀，整个村坐落在阳山与鸡笼山的环抱之中。站在山上远望，恍如一幅浑然天成的山水画卷。位于群山环抱中的树山村季节分明、空气清新。高达 80% 的森林覆盖率，让树山村有着"天然氧吧"的美誉。树山村自然环境优美，人文胜迹众多，生态环境良好，作物种类丰富。

树山三宝

独特的地理环境和丰富的水资源，让树山村天然具备了经济作物种植的生态优势，树山村的云泉茶、翠冠梨、杨梅等生态特产，深受人们的喜爱，随着生态观光旅游业的发展，已成为树山村三大支柱产品。

云泉茶。树山村境内有 3 座山：树山、鸡笼山和大石山，都是阳山支

梨花盛开采茶忙 供图／树山村村委会

脉。云泉便在大石山之上。这脉泉水不仅给了云泉寺和云泉茶一个诗意的
名字，更主要的是给这片山林注入了活力。《阳山志》上写：云泉庵在大石，
以庵下泉得名。庵下有泉二泓：一为"云泉"，水自石上泻纳小池，最为
清幽，有拜石轩、毛竹磴、招隐桥、宜晚屏、玉尘涧、青松宅、杨梅冈、
款云亭诸胜；一名"望湖"，又有凝霞楼、石井、石泉。这两脉泉水清凌
甘冽，历来为人称道。元代诗僧善住的《游阳山北阜至云泉亭》，就直接
描述说，美泉清流，烹茶最佳，以云泉之水煮树山之茶，美事成双，坐云
泉亭啜之，三美也！树山茶便以"云泉"命名。不仅如此，树山绝佳的自
然生态，也为云泉茶提供了绝好的生长环境。放眼茶园，四面环山，大阳
山、鸡笼山成了茶树的天然屏障，千亩坞塘，空气潮湿，冬暖夏凉。而且
山地土壤富含硒、钙、铁、镁、锌等人体所需的微量元素，所以更添了树
山茶的质量。

　　翠冠梨。树山村拥有 1000 多亩梨园。由于其独特的地理环境，生产
出来的翠冠梨品质非常好，深得消费者的喜爱。为了让更多的人了解树山
翠冠梨，这里每年举办一次梨花节。近年来，通安镇一直积极打响"树山
梨花"这一文化牌，着力打造乡村特色旅游节庆活动。经过多年的培育打
造，"树山梨花旅游文化节"已先后获得"2016 最美中国榜""2017 最具
影响力特色节庆"两大国字号荣誉。

　　杨梅。树山杨梅已经拥有四百多年的历史了！它被珍稀的高岭土质地
和江南的烟雨打造成了独一无二的吴越杨梅。据说，当年乾隆皇帝吃过后

都赞不绝口。因为树山村深处山坳中，与世隔绝，没有车流滚滚，也没有机器轰鸣，生态环境极佳，她育出的树山杨梅是无公害绿色产品。

在树山村，春可赏梨花带雨，夏可闻果香四溢，秋可论养生之道，冬可享温泉暖浴。这里有碧树掩映的农家小院，清澈的小溪和碧波荡漾的湖泊；这里有万亩果园及萦绕着的阡陌小路；这里有寄托心灵、修身养性的寺庙；更有着千百年文人墨客的历史痕迹。走进树上村，一条3公里长的木栈道将古代和现代串在了一起。栈道以下是千亩生态观光果园，栈道以上是珍贵的历史遗迹。

吴中名胜树山村

树山村自古便是吴中名胜，村内有"三山四坞五条浜"，即南阳山、鸡笼山、大石山，大石坞、戈家坞、唐家坞、白善坞，以及孙家浜、枣浜、沿河浜、沿头巷浜、戈巷浜。这里有世界文化遗产"环秀山庄"的假山蓝本大石山，有以廉洁为主题的纪念物——陆绩廉石；有莲花峰、象鼻峰、一线天等"大石山十八景"；有吴宽、汪琬等文人墨客留下的八百联句和摩崖石刻，有元代觉明高僧入山修行的云泉寺。西晋的丞相陆绩、宋代的腾元发、"节愍公"王伦、明代太仆寺卿顾存仁，皆归葬于树山村大石山。山上至今保存完好的摩崖石刻，极具考古意义和观赏价值。明末的礼部尚书王铎、吴颖培，浒墅关关官钱天锡和近代的李根源先生，都在此留有墨宝。大画家沈周游览树山村后慨然留书《游阳山，观大石》。明代的"山中宰相"王鏊曾多次游览树山大石山，并寓意深远地将大石山比喻为大朝廷。

摩崖石刻

莲花峰下"夕照岩"，为明代柳州沈弘彝题，是在山崖上凿出一个高1.74、宽1.28米的长方形框，内刻楷书体"夕照岩"及款识。方框内上两角雕如有意纹。

象鼻峰上"仙桥"，字旁款识模糊已无法识读，但根据字体与框的加

陆绩廉石 供图／树山村村委会

工方法，推测其应与"夕照岩"为同一时期的石刻，特别是在字框上方两角也见有如意纹，可以佐证。

"仙桥"上方"大块文章"，为吴县吴荫培题，滕冲李根源书。

大石山上"仙砰"，为明崇祯十六年三月，河南王铎书，袁复题。

云泉庵是大石山主要建筑，李甡、吴宽等名人的《大石联句》就是在此庵中完成的，此后又把《大石联句》刻在庵内石壁上，可见云泉庵是一处十分重要的建筑。那么庵址在哪里呢？又建筑于何时呢？

《浒墅关志》卷十载："云泉庵，在大石，以庵下泉得名。"又《浒墅关志》卷一载："大石峰，涌出山腰如莲花，上有云泉庵，佛庐精舍皆架岩壁。"再有《吴中金石新编》卷六载吴宽《阳山大石岩云泉庵记》："吴城西山连延不绝曰阳山，在稍北雄伟特甚，其阴，石巉然起如人负奇骨而伛者。当嵌峇碌砐间，有僧居在焉，号云泉庵……僧缘崖架木，有小屋在石下，益奇……盖山之有庵，相传为宋珍护禅师所创……"上述记载说明，云泉庵在大石山，且以庵下泉得名。其又建于"嵌峇碌砐间"，也就是说庵建筑在较高的山崖上。

《观阳山大石联句》是明代李应祯、张渊、史鉴、吴宽等人入阳山云泉庵观大石的联句诗，共有五百余字，并由太仆李应祯书于（云泉庵）屋壁后。之后《大石联句》被毁。所幸留下由李应祯书写，后有吴宽、沈周、都穆、文徵明、徐祯卿、杨循吉、文嘉、朱善旂等九人题识的《观阳山大石联句》册（现存辽宁省博物馆）。

226

　　吴宽题跋二页，纸本，行书，纵 26.5 厘米、横 12 厘米。款下钤朱文篆书"吴宽""原博"二方印。

　　深入挖掘和修复当地历史文化遗存，运用多种形式传承乡村文脉。引入上海伴城伴乡城乡互动发展促进中心等行业精英，共建"双创（乡创、文创）综合体"、乡伴创客学院，与知名大学建立协同创新中心；依托通安镇"高新区通安现代农业园"，积极打造了以"通安良仓"为代表的优质农副产品和民俗工艺品、以"年兽"为代表的文化 IP 和以手绘地图为代表的伴手礼等树山"新三宝"。以"我们的节日"为主题，每年在重要传统节日期间，常态化开展经典诵读、节日民俗和文化娱乐活动；保护性恢复了农历十月初八的"抬猛将"习俗，邀请刺绣大师现场教学、民间匠人教游客们制作传统兔子灯，让每一位游客亲身感受民俗的魅力；围绕瑜伽、温泉等活动，将树山温泉资源与养生相结合；依托梨花林、木栈道等基础设施，举办休闲骑行、健康徒步、新年登高等活动；以"旅游反哺民生、全民共享繁荣"为主题，邀请困难家庭的孩子们体验树山旅游，开展环保志愿行等活动。

　　树山村以乡村复兴为目标，以创建美丽村庄为契机，把生态文明建设与新农村建设有机结合，积极打造"宜居宜业宜游"的美好家园。近年来，

夕照岩　供图／树山村村委会

树山村全景 供图／树山村村委会

随着树山村生态旅游的不断开发，初步形成了集以摩崖石刻、廉石、云泉寺为主的历史文化体验游，以大石山十八景、生态果园为主的自然生态观光游和以温泉养生、野外拓展为主的养生乐活休闲游于一体的生态旅游村。

2012年至2014年，树山村又投入3000多万元建设农业特色鲜明、村庄环境优美、百姓生活富裕的美丽乡村；推进文化建设，评选文明户，定期组织培训活动，及时发放宣传资料，举办道德讲堂；倡导良俗新风，邻里互助，敬老爱幼；坚持村务公开，村民自治，民主理财，民主选举，使树山村真正成为一个"真山真水真天堂"。

2017年，树山村集体收入697万元；370家农户（1699人），村民人均年收入4万元。先后获得"全国农业旅游示范点""国家级生态村""中国美丽田园之十大梨花美景""江苏省文明村""江苏省卫生村""江苏省四星级乡村旅游区""江苏省三星级康居乡村""苏州市十大生态旅游乡村""苏州市美丽乡村""全国农业旅游示范点""江苏省示范村"等荣誉称号，成功迈入了美丽乡村建设的先进行列，生动呈现了一个生态发展、生活宽裕、乡风文明、村容整洁、管理民主的社会主义新农村的美好画卷。

十六、枫泾古镇
——吴越文化交织下的市井风情

文化交融

"天目来源一水长，玉虚高观峙中央。界桥两岸分南北，半隶茸城半魏塘"。这是清代枫泾诗人沈容城对家乡的描写。

古村镇枫泾，地处上海西南，位于上海市与浙江省的交界处，是典型的江南水乡集镇。周围水网遍布，区内河道纵横，素有"三步两座桥，一望十条港"之称，镇区多小圩，形似荷叶。境内林木荫翳，庐舍鳞次，清流急湍，且遍植荷花，清雅秀美，故又称"清风泾""枫溪"，别号"芙蓉镇"。成市于宋，建镇于元，是一个已有 1500 多年历史的文化古村镇，地跨吴越两界，因而有着浓厚的"吴越文化"的遗留。

回眸历史发展的过程，"吴文化"和"越文化"是"同俗并土、同气共俗"，逐渐在相互交融、激荡、流变与集成中形成统一的文化类型。从文化的源流与发展来看，传统的吴越文化，是海派文化乃至现今长三角文化的渊薮和根基，后者则是前者的延续与新生。

一方水土养一方人，枫泾是"吴越文化"源远流长的重要鉴证。由于文化发达，经济繁荣，枫泾又是江南少有的道教、佛教、天主教、基督教齐全的古村镇。早在南朝梁天监元年（502），枫泾南栅已建有道院。明清时，佛教盛行，街、巷、里、坊遍置寺庙，全镇共有3处寺院庙宇。清末，天主教、基督教也开始传入枫泾，成为其文化资源中不可缺少的一部分。前往性觉禅寺、施王庙、郁家祠堂等人文景观，可以寻觅到枫泾镇古代南北分治，半属吴地半属越境的历史陈迹。

枫泾秉承了吴越地区淳厚的民风，崇尚耕读，注重教育和取仕，孕育出2名状元、53名进士、125名举人、235名文化名人（其中：100名知县、3名六部大臣和2名宰相）；人才辈出，自唐代以来有历史记载的名人639人。古有唐朝宰相陆贽，宋代屯田员外郎陈舜俞、状元许克昌，明代曾跟随郑和下西洋的太医院御医陈以诚，清代状元蔡以台及官至内阁学士兼吏部左侍郎的谢墉、民间词人沈蓉城等。近代有全国人大副委员长朱学范，围棋国手顾水如，著名漫画家丁聪，国画大师程十发，革命前辈袁世钊、陆龙飞等。他们为枫泾留下了珍贵的历史遗迹和典故传说。

进入近代以来，随着全国经济中心和南方文化中心逐步向上海转移，"海派文化"愈来愈被人们所接受和吸纳。新中国成立以后，海派文化虽在特殊境遇中屡经波折，但其精神和理念仍得以传承。所谓海派文化，绝非专指上海一地的文化，而应当被视为吴越文化在深厚历史积淀的基础

吴越文化源远流长 摄影 / 沪生文

上，发展到近现代的一种必然结果。它标示的是，以上海为龙头和轴心的一种文化形态，其覆盖面应当包含如今的长三角地区，而其影响力则远远超越了这一区域的范围。

因为这些"吴越文化"的遗产，枫泾古村镇如今已经是位于上海的一个古村镇景区，每年也吸引了很多游客前往。不但拥有着"吴越文化"的遗留，而且曾经是江南四大名镇之一。为了保留那种文化，大部分的民居均没有粉饰过，保留了蕴含着"吴越文化"淳朴自然的建筑风格。

河桥街弄

作为典型的江南水乡古村镇，枫泾以河多、桥多、寺庙多、里弄多而著称。镇区内河道纵横，形态各异的古桥梁共有52座之多，现存最古的为元代致和桥，距今有近700年历史。30多处庙宇，与众多古桥形成"桥连庙，庙里桥"特有的古村镇景观，其中最具代表性的要属建于1572年由康熙皇帝御书匾额的性觉禅寺。全镇有29处街、坊，84条巷、弄，至今仍完好保存的有和平街、生产街、北大街、友好街四处古建筑群，总面积达48750平方米，是上海地区现存规模较大、保存完好的水乡古村镇。

来到古街，那熟悉的青石板路、清一色的灰瓦白墙一下子就将时光弄得温柔起来，阳光下的一切都是慵懒而透明的。河里的粼粼水光，长廊里的一串串摇摇晃晃的灯笼，在不知不觉间可以让我们把时间这个曾被我们斤斤计较的东西忘得一干二净。老街上古物店居多，那些蒙了灰尘的旧陶罐旧瓷器，古色古香的床楣门楣等，每每瞥见，不敢与其对视，陡生出仰望和畏惧的心理，时光在它的两头如影而是，随影而非。

枫泾最有名的桥当属小巧玲珑、构筑典雅的枫泾三桥，它是枫泾古村镇旅游区的标志性景观之一。漫步三桥是枫泾古村镇最具人气的旅游项目，清风桥、竹行桥、北丰桥，三桥相连，连接河岸茶楼、长廊，串起众多的景观，三桥景区的两岸，老屋河埠、石桥流水、浓厚的古色古香味道。据说每有居民婚娶，更要让新娘、新郎在喧天鼓乐声中过三桥，保佑夫妻白头偕老。从和平路登上镇东的泰平桥，这座古村镇上最高最宽的单孔拱桥，最早建于明代后期，因为北面是城隍庙，所以当地老百姓又称为城隍庙桥，站在桥上俯视桥廊风光，长长的黑色廊棚逶迤地沿河铺展开来，大红灯笼高悬屋檐，雕梁画栋，倒映在流动的河水中，廊下有人家门户敞开，聊天、做生意，一幅幅平实的生活场景。

市井生活

枫泾的泾河就是当时吴越的交界，河的一边，有着吴文化的精粹，河的另一边，有着越文化的点滴，两种文化交汇，就聚集在这条泾河里。现在看来，这条浓郁的河水还在荣辱不惊地养育着两岸的人们，把千百年的生活气息悄无声息地吸收又散发开来，把千百年来的历史文化传承讲述了一遍又一遍。古村镇中，小街两旁民宅小院，林木荫翳。这里的人们，在这种文化传承的韵律中，悠悠然然地生活着。枫泾的河街都是一边人家枕河，一边人家面河。面河的人家都搭有廊棚，白天，年轻人去上班，老阿婆们就在廊棚下洗菜浣衣，慢慢悠悠，不急不躁，天气好的时候，就躺在乌青的竹椅上晒晒太阳，打打小盹。旁边一只慵懒的猫，在认真地"洗脸"。古村镇的味道，就在这点点的光阴中，慢慢弥漫开来。

而古村镇的味道不仅留存于建筑园林，也游走于舌尖味蕾，依靠着一代又一代枫泾人传承至今。枫泾黄酒、枫泾丁蹄、状元糕、豆腐干这四大土特产被称作"枫泾四宝"。

20世纪30年代起，枫泾就成为中国黄酒业的重要产地，现在上海风行的"石库门"上海老酒，产地就在枫泾。枫泾还专门设立了一家"黄酒博物馆"，里面藏有枫泾的各式黄酒，并向游客展现黄酒的整个生产过程。枫泾"丁蹄"，即"丁义兴"熟食店特制的"红烧猪蹄"始于清咸丰二年（1852），因店主姓丁，故名"丁蹄"，迄今已140多年历史。"丁蹄"具有冷吃喷香可口、回味无穷，热吃酥而不烂、油而不腻的独特味道。1876年，这种特色蹄膀首次销往京城。1899年销售市场遍及沪杭一带，此后远销南洋和欧美等地。1910年"丁蹄"获南洋劝业会褒奖银牌，浙江省巡抚加给奖凭。又先后获巴拿马国际博览会金质奖章、德国莱比锡博览会金质奖章。"丁蹄"应该算是最早走出国门的美食精品。听说现在有老外到枫泾玩，都知道"丁蹄"的大名呢。枫泾状元糕也有200多年历史。其制作精细，片片薄如莲瓣，正、反两面均呈金黄，香脆甜糯俱全，上口时既不粘牙又香味长存。枫泾豆腐干又名"茶干"，迄今也有百余年历史，其香味扑鼻，呈酱红色，富有韧性，咸中带甜，细腻鲜软，久食不厌。

枫泾人在渔樵耕读之余，将对于美和艺术的诉求化为蜚声中外的金山农民画。枫泾人民热爱生活，蓝印花布、家具雕刻、灶壁画、花灯、剪纸、绣花、编织等民间艺术源远流长。浓郁的民间文化艺术，孕育了金山农民画。以枫泾农民画家为主的金山农民创作出了乡土气息浓郁、艺术风格独特的金山农民画，在海内外产生了广泛的影响。南大街圣堂弄的金山农民画展示中心就在清代状元蔡以台的读书楼内，尽得清雅，一幅幅画面都透露出浓郁的乡土气息。农民画与丁聪的漫画、程十发的国画和顾水如的围棋，这些在国内外都具有相当影响的"三画一棋"，集中于枫泾一镇，是国内罕见的一种地域文化现象。

枫泾，江南又一处与众不同的古村镇风貌，有着最为古朴的江南水乡景色，最为真实的江南民居。如果把枫泾喻为女子的话，则她既具有小家碧玉的灵巧秀逸，又不乏大家闺秀的雍容典雅。百年老店，让人追忆昔日的繁华；千年古村镇，让人追忆历史的沧桑。"淡月桥头，巷陌人家"，小小桥乡装下的岂止是枫泾的秀美，装下的更是普通百姓生活长河中的美丽画卷、枫泾平安和谐的古风今韵。

枫泾古镇河道　摄影 / 沪生文

新场，原名石笋滩，宋元时期，有两浙盐运司署迁盐场于此，故得今名新场。古村镇现存的大多数居民，都是盐民们的子孙后代，保持着盐民所特有的文化生活。其保存下来的传统民居数量之多、规模之大，在江南水乡中堪称典范，也是上海地区少有的保存完整且尚未建设性破坏的江南传统水乡古村镇。

十七、新场
——因盐而兴，千年古镇话今昔

千百年前新场古村镇曾是一片海滩，是当地盐民用海水晒盐的场所。随着岁月的推移，当浩瀚的大海退去后，盐场也逐渐成了盐民居住和交换商品的地方，一座因盐而生、因盐而兴起的江南古村镇应运而生。

拾久新场

拾久海上拾遗的历史渊源。据清光绪《南汇县志》记载："新场镇，邑西南二十四里，名石笋滩"，"古前京城在邑十九保三石笋里"。"石笋滩"为俗称，因濒海得名于唐代。后海退陆长，石笋滩在南宋建炎年间已是人烟稠密之处，故名"石笋里"。南宋建炎二年（1128），因下沙盐场之南迁形成新的盐场，故名"新场"。随着盐业的不断发展，商人盐贩纷纷聚集到这里，歌楼酒肆，商贾云集，其繁华程度曾一度超过上海县城，有"新场古镇赛苏州"之誉，是当时浦东平原上的第一大镇。后来因盐场变迁以及战乱等变化，曾几经兴衰，新场古村镇逐渐失去了昔日的繁华。岁月流逝，留给昔日盐都的只是铅华褪去后的本色。

水乡古村镇的河埠风情。如今巷道与建筑两侧早已斑驳的山墙形成

"高山空巷"的意境，深深留下历史蜕变的沧桑记忆。"笋山十景""十三牌楼九环龙""马鞍水桥石驳岸"，虽然有些已经不为我们所见，但是仍可以见证古村镇曾经的繁荣。洪桥港、包桥港、后市河和东横港四条河道，区划成两横两纵，保留了"井"字形格局的历史原貌。河道两侧现存石驳岸6000多米，其中1500多米建于民国之前，最早的可以追溯到元代，距今已有800多年的历史。河道上，被文物学家称为"家门口的文物"的马鞍型水桥20多座，勾连起小镇内的交通，至今还凿有展示远古生活意境的精美民俗图案，桥岸建筑考究，水桥系舟石刻有精细的暗八仙、如意图形，小巧精致，极富江南水乡情韵。

古村镇河道两侧古民居绵延铺展，街巷密集，呈现着千年以来典型的水乡人家的独特生活形态。沿河人家皆是清一色的瓦屋顶，马头墙、观音兜高低错落，新场至今保存大小不一的100多户明清古宅院，白墙、黛瓦、雕花门窗，古村镇老宅的风味油然而生。新场小镇里，户户枕河、家家临水，水埠小桥一重又一重，动态的流水和静态的建筑相得益彰，形成了动静结合、光影斑驳的整体景观。

传统民居的西式风韵。古村镇整体的传统建筑体现为清末和民国时期的建筑风貌，现存传统民居集中于新场大街、洪东街和洪西街两侧，还间有明末及清中晚期的建筑。其中奚家厅、江倬云宅、郑少云宅、郑绍康宅等规模较大、保存较好、特色浓郁的民居宅第有近百处。新场古村镇的宅第一般都建有仪门，现存各式仪门有七十多处。新场大街与后市河之间的宅第院落特色最为鲜明。后市河东侧是东西向展开的院落，西侧对应位置是该宅第的私家花园，中间多以小桥相连，花园、宅府隔河相望，秩序井然。建于民国期间的大宅第常有西式装饰，最为普遍的是彩色玻璃、铁艺栏杆和红砖拱窗以及西式的柱式和天花线脚。有时小巷的侧门上方也装饰有西式山花。整个古村镇在马头墙、云圜墙等各式封火山墙的围合下，黛瓦粉墙层层递进，西洋风韵丝丝扣扣。

保留完整的街区文化。新场古村镇的民俗节庆活动丰富，以接财神、庙会、水龙会为最盛。接财神时由镇上头面人物分别从北面的城隍庙接金面财神经洪东街，南面的杨社庙经闵家湾，从南北两面一起进入大街，迎面而行，街上的各家商铺则纷纷出门迎接，以期商铺兴旺发财。传统的庙会在郭家庙（东岳庙）举行，其时人流熙攘，非常壮观。水龙会是20世纪30年代由商会头面人物在洪桥港上举行的消防比赛。另外每逢清明、七月半鬼节、重阳、十月初一，杨社庙的昭天侯和城隍庙的孚惠伯都要进行全镇巡狩。

出彩新场

海边盐民生息之地。宋元时期，两浙盐运司署迁盐场于此，一代代熬

波造盐的盐民开始在这里成家立户、繁衍生息。盐工使用传统工艺在盐田晒盐的场景一直持续到了明代前期，才逐渐荒废。而新场古村镇现在的大多数居民，也都是盐民们的子孙后代，并保持着盐民所特有的文化生活。

商宦文人聚居之所。新场古村镇在明清两朝的科举考试中进士举人迭出，现古村镇的几大姓氏多为明朝重臣后族。十三牌楼中的"三世二品坊""世科坊""赐封坊"即是一代辉煌的佐证。古村镇区由于地处盐场与内陆要冲，商业繁华，有众多大商巨贾世居于此，现镇内众多大宅院如张厅、叶宅、奚家厅等都是明证。无论为官或经商，新场乡绅都颇崇文重教、兴办义学、热心公益，一些乡绅更以诗文和书画名扬乡里。

宗教文化依存之乡。世俗生活的繁荣，也带来了众多宗教文化的兴盛。镇上不仅有众多中国传统的佛教、道教建筑，各种民间信仰的庙宇也为数众多，而基督教建筑耶稣堂也反映了新场古村镇对外来宗教文化的包容。从元代的南山寺，到明代的青龙庙、杨社庙，直至民国的清静禅寺，小小古村镇的十几座寺庙记载着古村镇近千年的历史。宗教文化与古村镇一起绵延生息、不断发展。

江南水乡民居之苑。新场古村镇现有两纵两横主河道5000米长，从元代至清末保存下来的砖石驳岸1500多米，加上民国与新中国成立后陆

新场全景　摄影／沪生文

续修建的驳岸共 6000 余米。沿后市河、洪桥港、包桥港两岸的枕河民居鳞次栉比，处处有水乡悠然的风情。沿南北老街两侧，三进以上的大宅院四十余处，前街后河、户户相依。

更新新场

有人说，新场古村镇是上海剩下最后的未开发或原生态的古村镇，这话似乎有一定的道理。这里古村镇的开发，明显落后于上海其他古村镇，是上海地区少有的保存完整且尚未遭到"建设性破坏"的江南传统水乡古村镇。上海自贸区的建设和迪士尼乐园的开园，使新场古村镇面临全球性市场与文化的双重挑战和"城市更新""乡土重建"所带来的双重机遇。

2008 年新场古村镇被评为第四批"中国历史文化名镇"，2009 年被命名为"首批上海市文化产业园区"，国家 AAA 级旅游景区。2012 年《新场古村镇控制性详细规划》正式获批。随着电影《叶问》和《色戒》的播出，作为取景地的新场古村镇被越来越多的游客所熟悉。2015 年借上海城市空间艺术季的机遇，宣布推进更新和保护计划，打造一个"更新之地，更新之场"。同时，鼓励并吸引创新创业人才参与新场的保护开发，在保护传承历史风貌的同时，保持持续发展的活力，打造系列具有古村镇特色的城市空间艺术品牌。以新场为样本，上海将加强东部区域水乡古村镇的保护开发，并在相邻迪士尼的情况下，最大程度保留江南水乡的韵味。

新场古村镇保护开发的蓝图绘就，力争通过三年时间的保护与更新，使新场古村镇成为既具有浓郁江南水乡韵味，又具备现代化时尚元素的都市雏形。新场古村镇的保护依循"藤、叶、瓜"的空间结构：以古村镇的街巷、里弄、水系为"藤"，进行原真性保护，构成古村镇公共空间的骨架和脉络；以古村镇核心区内特色功能节点为"叶"，不断充实精致体验型都市慢生活休闲场所，逐渐培育形成文化创意产业的微创孵化平台；以古村镇协调区内创意功能板块为"瓜"，促成手工艺复兴与创意设计产业的有机结合，完善古村镇文化展示交流功能。2015 年，新场镇还围绕盐文化主题，举办了"桃源水乡·千年盐都"古村镇民俗文化节。问道论盐、怡情赏盐、记史知盐、拾遗弄盐、听海尝盐、拜水品盐六大系列活动，让广大市民、游客体验了千年江南水乡古村镇的海盐文化及原住民文化。

朱家角是一座千年古村镇，至明万历年间正式建镇，名珠街阁，自古以来，这里环境幽静，气候宜人，人才辈出。千年名镇朱家角终因 2001 年的 APEC 元首之旅再次声名鹊起。一条条的明清古弄，"重现旧时业态，发展新兴业态"是当前朱家角古村镇业态更新的理念。近年来，在保护古村镇历史风貌的前提下，对其进行现代化的生态改造，使古老街区焕发新的生机。

十八、朱家角古村镇
——古弄幽巷中的都市生活

　　古寺不知春秋转换，石板见证岁月流逝，捣衣砧上的青春少妇转眼白发零落，欸乃摇橹的风华少年也在梅雨的侵蚀下冷落在渡口。对朱家角来说，留存下来的不仅仅是时间的脚步。世事轮回，潮涨潮落，曾经崇尚繁华的人们厌弃了水乡的静谧，远走他方，把玲珑的村镇冷落在温山软水中。但那些流了几百年甚至上千年的河水，依然穿过矮矮的木桥，绕过绿绿的桧柏和女贞，在青砖的屋檐和雕花的木窗下静静流淌。

　　和大多数江南水乡一样，朱家角是一座千年古村镇，它的历史可以追溯到 1700 年前的三国时期。据史料记载，朱家角在宋、元时已形成集市，镇上的圆津禅院、慈门寺等古寺名刹均建于元代至正年间。至明万历年间正式建镇，名珠街阁，又称珠溪、珠里。

　　清嘉庆年间，由宋如林编纂的《珠里小志》这样描述："烟火千家，北接昆山，南连谷水，其街衢绵亘，商贩交通，水木清华，文儒辈出……过是里者，群羡让耕让畔之风犹古，而比户弦歌不辍也。"从中可领略到 200 年前朱家角的繁荣及人情风貌。清末至民国，朱家角以米业布业发达一跃成为江南巨镇，史书记载，"时北大街、大新街，沿街两侧，大小商号，鳞次栉比，全镇坐商有千户之多，夜市闹如白昼"，可见其当年之盛。

　　自古以来，朱家角环境幽静，气候宜人，是读书做学问的风水宝地，历来文儒荟萃，人才辈出。明清两代共出进士16人，举人40多人，其中知名度较高的有乾隆进士、官至刑部右侍郎王昶，清末御医陈莲舫，民国时期的小说家陆士谔，上海报业巨头席子佩，画僧语石等。这些历代名人贤萃中尤其以王昶最为知名，不仅是一位金石鉴赏家，更著有《明词综》《国朝词综》《湖海诗传》等书稿。然而历史变迁，朱家角并未在江南水乡古村镇中脱颖而出，被周庄、乌镇、同里、南浔这样的江南著名古村镇淹没所有光环。翘首等待，千年名镇朱家角终因2001年的APEC元首之旅再次声名鹊起，游人如织，迎来新的发展契机。

游览朱家角根本不需要事先准备，比如旅行包、远足鞋之类，朱家角一馆、二园、三湾、二十六弄，实在是袖珍的世外桃源，面积只有1.5平方公里。蒙松雨点飘落，青砖灰瓦的老宅外墙尚未被雨打湿，明清风格的镂空窗扇刚能听到雨滴的敲打，游人完全有时间三步并作两步地躲到任意一家小店里避雨。阴凉的风从水上吹来，拂过绿荫匝地的老水杉树，像是来自岁月深处，隔了百载千年，吹得人心旌摇荡，恍惚间不知自己究竟是身在故里，还是人在他乡；不知是自己漂流了时光，还是在感受人世的苍凉。走在廊桥上，脚下木板的咯吱声伴着桥下静默的河水，左右岸边点点榴花红艳，桥虽然很短，却让人不忍匆促走过，仿佛千年的风景悬于脚下，难以踩踏。扶着桥上的大红栏杆，分明扶着一幅图画，分明推开一扇窗纱，正是日落时分，正是麻雀吱喳飞过，谁家楼上一袭翠绿的衣衫招摇着少女夏季的心事，真丝的褶皱起伏着闺房里一波才平一波乍起的旖旎，真不知此时何时。

朱家角的迷人之处正在于那一条条的明清古弄。史上朱家角依湖傍水脱颖而出的名人就来自深浅不一的小巷。随便蹩入一条古弄，走不多远自会见到许多不知存在了多少年的古宅，诸如"三泖渔庄""王昶故居""福履绥祉"，还有席氏厅堂、陆氏世家、陈莲舫故居、仲家厅堂等。临近黄昏，朱家角的天色凄迷阴郁格外惹人思古。在古弄里穿行，一条一条的巷子竟然深浅不一，风格各异。有的青砖铺就，苔藓漫漶；有的雕砖刻墙，古意盎然；有的一条水泥路，月洞门里夹竹桃掩映着几户人家。

在中国进入休闲时代的大背景下，江南水乡古村镇旅游从观光向休闲全面转型升级成为必然。上海朱家角古村镇作为江南古村镇群中的重要一员，功能升级也成为极为重要的战略部署。早在景区建立伊始，景区管理方即立足于当地民众生活需要和未来旅游规模预测，提供了较为完备的基础服务设施，涵盖住宿点、医疗点、卫生间、垃圾中转站等，可满足当地旅游格局的基本需求。近年来，当地响应"建设青山绿水"的号召，把"绿色景区"作为景区的重要发展方向。在保护古村镇历史风貌的前提下，对其进行现代化的生态改造，使古老街区焕发新的生机。

古村镇肌理维护

朱家角的富庶繁荣，是由街市体现出来的。古村镇至今仍完整地保留着明清风格的条条街巷，除了9条老街外，还有许多构筑独特、呈棋盘状的小巷，这种街巷四通八达的连接格局，使人行其间如入迷宫，别有一番情趣。目前9条街两侧的任何建设活动必须与传统风貌保持一致，控制街巷宽度为2—4米，建筑高宽比应大于2：1。沿街建筑应保持高度的连续性、整体性，连续率不少于90%。街巷的水泥铺地应恢复成以透水性更佳的条石为主，辅以其他砖材。

水巷环境治理

朱家角污水厂分两期建设，一期污水处理量为1.5万立方米，二期污水处理量再增加1.5万立方米。能满足整个朱家角镇（包括沈巷社区和工业园区在内）的污水处理。老镇区污水等综合管道改建工程是项民心工程，是保护古建筑和进行河道综合治理的重大举措，它的实施使朱家角的河水变清成为现实，维护了古村镇因水而生、因水成街、因水成市的生活和生产脉络。同时对10千米长的漕港河主航段禁止机动船通过，使古村镇又能听到千年咿哑的摇橹声，重现朱家角水巷风采。

生态交通设施

朱家角水上交通游线目前已相对完备，尤其是夜游线路得到广泛认可。镇区水域依据岸线特征、景点设置和客流规模分布有水埠码头若干。游船采用人力摆渡，杜绝能源污染，保证镇区水质。在朱家角中心镇区总体规划中，在老镇区的西面，依托规划道路，布置了1条南北走向的宽200多米长的景观绿化带和主干道——珠溪路。这条绿化长廊占地34万平方米，水面积12万平方米，对老镇区和新镇区进行自然分隔，形成新老镇区2个不同的组团。

业态保护与更新

"重现旧时业态，发展新兴业态"是当前朱家角古村镇业态更新的理念。通过"前店后坊"式的布局，加深游客的体验感受。从简单的观光门票和酱菜售卖，拓展到"门票＋售卖＋体验＋餐饮＋分店招商"的经营模式。以"景点＋主力店＋辅助店铺"的模式，对古村镇街区的十余条主要步行游览街进行业态整合和主题定位，基本形成"一街一品味，一路一风情"的差异化发展格局。

北大街是目前古村镇景区内最重要的一条观光购物及餐饮一条街，是南入口游客进入后的第一条主街，整条街上分布着一家一家的礼品店，琳琅满目的商品让人目不暇接；而三步一个小吃店、五步一个饭店，让游客在饱眼福的同时，也饱了口福。景区管委会近年来针对餐饮环境进行了深入整改，以当地特色餐饮为基底，现代化管控手段为辅助，使游客得以享受更生态健康合理的膳食。

东井街由两部分构成，以放生桥为分界，西边半街还连接西井街和北大街，与尚都里南岸隔河相望。东井街具有最明显特征：小吃餐饮与创意休闲并存。目前以民居民宿为主，具有浓厚的传统小吃街氛围，夹杂着有三五处艺术家工作室，呈现一定的先锋文化萌芽趋势。

西井街作为景区北部区域的第一大街，由沿河的两侧商业街构成。目前西井街区域内具备创意文化特色的礼品店、休闲吧、工作室占据了总业态的1/5，是整个古村镇景区内文化气息最浓的街区。古村镇风景区的北入口作为景区的主入口，使西井街也成为游客的第一印象区。景区管委会鼓励和督促部分现有一般性工艺礼品店向创意礼品店、休闲吧和工作室转型，在提高经营者利润的同时，也更丰富了"第一印象区"的内涵和品质。

廊桥　*摄影/沪生文*

　　漕河街始于圆津禅寺处，止于城隍庙，漕河街呈现出内街和外街结合的建筑格局，外街部分可临水休憩。漕河街与西湖街相接，呈现出明显的创意休憩特征，整条街上分布着创意服饰店、休闲吧、咖啡吧等业态。目前管委会正致力于保持饭店、休闲吧的数量，增加商店的数量，并鼓励一部分工艺礼品店开展小型售水服务，以满足5A景区配套服务设施的需求。

"干净整洁的乡间小道，错落有致的农宅院落"，这是革新村的第一印象；作为最早的居民落脚点，召稼楼钟声唤醒了浦东大地，农人应钟声聚集，一起农耕；古村镇夹河而建，明清时谈、沈、奚三大家族支撑和推动着召稼楼发展，留下了独具特色的古街老宅。如今，这个以农耕文明为特色的古村镇，再度焕发生机。

十九、革新村

——召稼楼，浦东农耕文明的发祥之地

穿过浦东的华灯璀璨，走进革新村的粉墙黛瓦，独享闹市中的静谧。"干净整洁的乡间小道，错落有致的农宅院落"，这是人们走进浦江镇革新村的第一印象。革新村，这座位于上海市闵行区浦江镇中部东侧的美丽乡村，曾是浦东发展农业文明的象征，传统浦东文化的重要代表。随着浦江新镇建设的不断推进，特别是随着浦江召稼楼老街的开发建设，革新村已声名远播，成为浦江集古村镇旅游、农耕休闲、踏青度假于一体的好去处。

稻香何处不是梦

革新村是浦东最早的成陆地区之一，处于浦东土地熟化、人口迁移的第一地带。自北宋末至民国，浦东经历了三次大移民，最早的居民就落脚在如今的革新村召稼楼。"十里晓烟破，数声召稼钟"中的"召稼"指的就是革新村的垦荒中心召稼楼。

革新村元代初期形成村落，兴于明朝嘉靖、万历年间，至今已有700多年历史了。明代工部右侍郎谈伦为激励父老不误农时，勤耕细作，多产丰

收，特建造了一座钟楼。从此，每日清晨鸣钟不止，逢天气有变时即鸣钟告示。钟楼题名"召稼楼"，以示重农礼耕。这一带就此人勤田丰，赢得四乡好评，因此人们将这里呼作"召稼楼"。召稼楼的钟声唤醒了浦东大地，逐渐成为吸纳移民垦殖浦东、发展浦东农业的先导和上海农耕文化的起源。其中"稼"，字义又为"种田"，就这样成了地名，且与召人种田有关。遥想当年在浦东的土地上，农人应钟声聚集，一起农耕，是一件多有意思的事啊！

粉墙黛瓦忆流年

　　召稼楼是个似镇非镇的地方，不仅具备浦东集镇的繁华，同时兼有江南水乡的风情。召稼楼为五水所围，如水中之洲，鳞次栉比的商业街，把商业连起来的石桥，江南集镇常见的几家茶馆、几爿羊肉摊。但骨子里，召稼楼却透露出少有的灵气、书卷气和迟暮的士大夫气，为他镇所不及，承载的是厚重的浦东文化。

　　从召稼楼整体布局看，古村镇夹河而建，老姚家浜、复兴港穿镇而

粉墙黛瓦忆流年　摄影/沪生文

繁华的召稼楼 摄影/沪生文

过，刘家河、东小港等河流交错其间，平西街、兴东街、纯佑街等主要街巷位于河的交叉处，平面呈"丁"字形。街巷沿河道兴建起来，河道两岸的民居建筑夹河而起，朴素而不失简约，低调而不失雅致。各个商铺、酒店、农家乐与桥梁、雨廊、戏台、亭子互相杂糅，从而形成连续的空间格局。被河道分割的小块坊里之间则有小桥相连，桥的大小和形式各不相同。礼耕堂对望即是过去的老码头，供居民淘米洗衣和靠船卸货。以管窥豹，我们也能从这个侧面来审视整个召稼楼古村镇的景观特色与地形、地貌之间，存在着某种内在的、不可分割的联系。

水利主导的地缘肌理。河道三华洋、四华洋岸边是袅袅柳树和白墙乌瓦的普通人家，随处可见观音兜山墙的宅舍。资训堂、贡寿堂、梅月居、宁俭堂、礼耕堂、逸劳园等大院散落在镇的四周。庭院深深的大院总使人看不透、猜不懂。踏着浦东前进的步伐，召稼楼出现了天主堂和中西合璧的大宅。有人出国了，有人在上海办报纸了，也有人不置产业而染上鸦片瘾，穷极潦倒。沪上著名的奚家私塾开办了，黄炎培、曹汝霖也来到召稼楼接受启蒙教育了。召稼楼渐渐色彩斑斓起来，不断打上时代变迁的年轮。但"十里晓烟破，数声召稼钟"的纯朴乡味尚存。

聚族而居的历史文脉。以血缘为纽带的宗族制度是中国文化存在的基础，更是文化传承千年的重要媒介。血缘在中国发展的进程中一直处于主导地位，成为中国传统社会发展至今，仍保有其本质的不可或缺的一环。支撑和推动召稼楼发展的，正是基于明清时谈、沈、奚三大家族的宗族关系。从古村镇所有的桥名和主要大宅都是奚氏各个支系居住的"堂"名，获得证明，如礼耕、绿野、纯佑、梅园、资训、宁俭、崇本等。如今，未能恢复的还有号称"一百零八间"的东南宅（瑞凝堂）、号称"九十九间屋"的西南宅（凯寿堂）、奚家长子长孙居住两百多年的人瑞堂。在乡下还有始迁祖置地建房的老奚家宅集古堂、厚余堂、务本堂、济美堂等。清光绪《南汇县志》描述为："奚氏列第相望，书香不断，称望族焉"。在18世纪中叶到清末的160年中，奚家新宅由北向南，连绵三四里路，成了召稼楼第一大户。

当代转型势在必得

上海世博会规划师吴志强先生认为，城市内发生的重大事件作为城市的主动行为，其目的无疑是带来促进城市发展多方的积极影响。召稼楼所在的浦江镇拥有丰富的文化资源，在上海世博会召开的契机下，召稼楼于2008年开始重建。倘若缺少了上海世博会的外部刺激，古村镇老街、非遗资源也只能"养在深闺无人知"。正如十年前，如果你问上海人"召稼楼在哪里"，他们大半会一脸茫然；时至今日你再问，很多人都能如数家珍，方位、距离、乘几号地铁，有人还会告诉你那里有何景观、有何特产、有何名人。召稼楼兴起于明朝嘉靖、万历年间，时至清朝中叶时开始衰落。"十一五"期间，在上海市的大力支持下，革新村成为黄浦江东岸一个迅速崛起的美丽乡村。作为革新村靓丽名片的召稼楼，也已被打造成为浦江镇南部的核心旅游景观，游人往来，填街塞巷。

2005年，召稼楼被列入上海市历史文化风貌保护区之一。2008年，召稼楼古村镇正式启动修复改造工程，经过近3年的保护性开发，召稼楼古村镇一期工程修复历史建筑近4万平方米，完成了上海"秦裕博物馆"明代水利专家"叶宗行纪念馆、4条古村镇沿河街道、10座跨河连接桥梁等设施修复，在"修旧如旧"的原则下，召稼楼凭借上海世博会的东风，于2010年正式开街迎客。2015年被评为国家AAAA级旅游景区。从此有着800年历史的古村镇召稼楼再度焕发生机，展示了江南生态水乡、上海创意重镇的崭新形象。现如今，一个定位于"农业产业提升、农业旅游、新型农村建设"的古村镇农耕文化中心，正在紧锣密鼓地开发中。

召稼楼坚持以"人人参与文化、文化重镇、文化创意大镇"为目标，以增强整体文化实力和竞争力为内容，发展都市公共文化圈。

2012年以来，召稼楼古村镇礼耕堂开展的《传礼继世耕读传家——召稼楼"百姓讲堂"》系列活动。同时，浦江镇借召稼楼搭建起群众文化活动的平台。"古村镇周周演""社区邻里节""社区大舞台""端午文化节""百姓讲堂"等长效文化活动深得民众喜爱。

目前，召稼楼古村镇作为上海市32个历史风貌保护区之一，经新一轮规划、修复、改造，已成为上海近郊一个极富特色的游览景点，被评为上海最美乡村（镇）之一、中国历史文化名村（镇）之一。古村镇内有不可移动文物十处，如梅园、沈家住宅、礼耕堂、奚氏宁俭堂、道南桥等，都属于古建筑或近现代代表性建筑，总建筑面积约9000平方米。全镇曲水环绕，小桥纵横，礼耕堂、资训堂等明清古迹散处其间，白墙青瓦，庭院深深；叶宗行纪念馆、秦裕伯纪念馆等新建馆所，诉说着这里的独特历史。

远离城市的喧嚣烦扰，从头构建乡村幸福家园，岑卜村放弃发展养殖业和工业的机会，换来了乡村的洁净和江南水乡的美。这里从事自然农耕、遵循生态法则的耕种面积达十数公顷，虽然远离城市却也清静舒心，虽然俭约度日但也丰衣足食，吃得健康，活得开心。家住岑卜就是有这么一种闲情、舒适、安谧的感觉，对当今城市人来说是一种可以"妄想"的奢求。

二十、岑卜村，都市文明掩映下的农耕家园

"一幅春图苗岭挂，几分盘景玉窗生。谁知碧绿迷人醉，柳树枝头听鸟鸣。"中国农耕文化之真正核心在于其多样性的生态内涵，而这种兼容的多样文化的最好体现地即是中国的乡村。世界上没有任何一个国家有中国如此之多的居住和生活形态，无论是在一马平川的平原地带，还是在八山一水一分田的丘陵地区，抑或在有水有田的桑基江南，中国以其相对匮乏的自然资源，养活了如此众多的人口。一个村庄即使封闭起来，内部也可以自给自足，可以抗击一定的经济危机或者人类疫情。相反，城市则完全是一个依附系统，需要外部动脉源源不断的输血进来，否则，立刻就停止跳动。

每个乡村都有其独特的语言、作物、建筑风格、手工业、服饰、饮食文化。要了解中国，就要先了解中国的农村；要体验中国的文化，也要先体验中国农村的乡土文化。

岑卜村是洁净乡村的代表，而且还有着江南水乡的美，很难想象在繁华的大都市外还有这样的世外桃源。一对夫妻摇着桨橹，悠闲地划过水面，虽不知去往何处，但是这幅情景，恐怕是习惯都市车阵喧嚣的人们所羡慕的生活吧？百年的岁月流逝，这里的居民却好似定格在一个世纪前的日子里，恪守着农耕文明的火种和内心的宁静，真是应了李后主词里所说的"流水落花春去也，天上人间"。

事实上，岑卜村有着很好的自然环境，紧邻湖泊，民风淳朴，与金泽镇许多村子一样，为了保护淀山湖水源，岑卜村放弃发展养殖业和工业的机会，甘愿经济发展比较落后。

"减排换来环境美，低碳赢得气象新"，这是岑卜村贴在生耕农社办公室的一副对联，体现出大家对生态环境的期许。

近些年来有一些都市人在村中租了小院子，过着渔樵耕读的生活，逐步形成了小型的乡村都市农夫的社区。他们可以亲手耕种自己的田地，被上海人视为真实版"开心农场"。通过有机种植、在地生产、新鲜消费，让产地到餐桌的过程透明化，这就是生耕农社的雏形。

乐　活

岑卜的美丽，似曾停滞在人们古老的记忆中，那是一种此时还可以叙述、回味、体验往日乡村生活的淡泊、朴素、恬淡、宁静的日子。生活在

岑卜村一角　摄影/沪生文

鸟瞰岑卜村　*摄影 / 沪生文*

繁忙、紧张、诸多生活压力的大上海，有人听过朋友小声地告诉他："上海有个岑卜村！"之所以口耳相传，是因为岑卜的美丽是静悄悄的。日出日落虽然一样的华丽炫目，在岑卜可也是哗而不喧，沉寂在小葑漾轻抚微波的水岸边。

每个来过而且喜欢乡村生活的朋友，都将岑卜放在自家口袋里当作假日野游的私房菜，一有闲暇就带孩子来村里打个尖住上两天，探访乡村新鲜的空气和宁静快乐的日子。午后岑卜的天空云淡风轻一如往常，近晚的轻风带着丝丝的凉意；日近黄昏，天边映辉彩霞一时蔚然。抓起皮划艇就往河边一放，沿河划到小葑漾静观游云戏日；不远处，船家正在打鱼起网，与落日余晖相映成趣，随影似幻。

目前岑卜村内，从事自然农耕、遵循生态法则的耕种面积达十数公顷，拒绝使用化肥、化学农药、生长激素及添加剂，也拒绝采用基因工程改良的作物品种，完全依靠天然防治虫害，确保餐桌上每道菜都是100%安全天然。为了让农民收入增加，岑卜村也借由新农村建设的契机，大大改善了村里的容貌，致力发展农事旅游，目前岑卜农业体验园、农家乐、休闲垂钓已成为深受游客喜爱的活动。

在岑卜农业体验园，游客也每年只要花数千元即可认种 1 分地，在空闲时到这里亲自下田，亲手种菜，体验播种与收成的乐趣。即使认种者无法经常来耕种农事，岑卜村的蔬菜不浆网室、不洒农药、自然生长，到了收成时节，游客也能够去采摘和品味新鲜蔬菜的滋味。田里工作累了，还能够泛舟小湖上，在船上品茗、赏景。这里也是孩子的天堂，在这里他们可以自由玩乐、认识蔬菜，并体验"汗滴禾下土，粒粒皆辛苦"的真谛。

另外还有绿地集团投资的大型农庄，整合餐饮、娱乐、住宿、会议形成功能全面的服务中心。白墙黑瓦里别具江南水乡韵味，游客可以在亲水露台上享受户外餐饮，包括乡间蔬食和一般的家常小菜，还有舒适干净的住宿、标准的大会议室。为了方便游客采买当地特产，也开设了农特产超市，提供外围农特产供游客选购。游客还可以在柜台登记，租借免费的自行车，进行岑卜村环保之旅，骑着自行车穿梭在乡间小路上。凭借得天独厚的地域环境和自然风光，致力于把岑卜村打造成为上海市民心目中"最喜爱的乡村"。

心灵净土

远离城市的喧嚣和烦扰，从头构建自家在岑卜乡村的幸福家园。虽然室陋但可遮风挡雨，虽然远离城市却也清静舒心，虽然俭约度日但也丰衣足食，吃得健康，活得开心。一种放得下的心情，一种往日记忆中对乡野基因的情怀，一种踏在土地上那种芬芳久违的安全感。更是对或许会即将消失的美丽乡野的留恋。家住岑卜就是有这么一种闲情、舒适、安谧的感觉，对当今城市人来说是一种可以"妄想"的奢求。

第三章　草原苏木嘎查

美丽的萨如拉图亚，蒙语意为"月亮光华"，位于阿巴嘎旗南部、浑善达克沙地北缘，乌里雅斯台、神奇响泉、百年古刹杨都庙等，使其宛如一颗明珠镶嵌在沙源深处。这里的人们至今传承着草原游牧文化与风俗习惯，诸如歌舞、射箭、骑马等娱乐活动，沿袭着烤全羊、手把肉、奶茶等极具蒙古民族特色的风味美食。经过多年的生态保护和建设，美丽的萨如拉图亚嘎查水草丰美，牧民安居乐业，到处是人与自然和谐相处的美丽画卷。

一、萨如拉图亚嘎查，锡林郭勒大草原的"月亮光华"

在内蒙古锡林郭勒盟阿巴嘎旗大草原南部，与浑善达克沙漠相交的洪格尔高勒镇，有一个美丽的嘎查（蒙古语：村子）——萨如拉图亚（蒙古语："月亮光华"），这里有着悠远的历史，秀美的风光，神秘的传说，宛如一颗明珠镶嵌在沙漠深处。

阿巴嘎旗地处内蒙古高原东部，海拔960—1500米，地貌类型有低山丘陵、高平原丘陵、熔岩台地和沙地，属中温带半干旱草原类型，颇有"塞外江南"之风，"沙漠花园"之美。据史料记载，阿巴嘎区域，汉朝时为上谷郡的北境；晋朝时成为拓跋族的居住地；隋唐时期突厥成为这里的主人；蒙元时属于上都路；北元时属于察哈尔万户地；清朝建立了盟旗制度，由锡林郭勒盟管辖至今。阿巴嘎的历史可谓源远流长，阿巴嘎系蒙古语，与蒙古族历史上非常有名的人物——别力古台有关。

相传公元13世纪初，在成吉思汗率军攻打西域期间，一次作战失利，作为天才军事家的成吉思汗洞察到此次战役没能取胜的原因是内部透露了消息，于是召集军事会议，说谁如果承认，可以饶他不死。这时，一位彪形大汉起身鞠躬说："大汗，是我在前一段时间与西域王切磋技艺时，因

百年古刹杨都庙 *摄影/敖东*

为醉酒而不慎泄密，请大汗赐我死罪。"这个人就是蒙古摔跤鼻祖，成吉思汗同父异母的弟弟别里古台。成吉思汗有言在先，所以没有给别里古台治死罪，但为了严肃军纪，把他降为臣民，命令他带领乌冉克部落在风景秀丽的草原上繁衍生息。别里古台去世后，成吉思汗的第三个儿子，为他这位叔叔举行了隆重的葬礼及祭奠活动，并册封乌冉克部落为"阿巴嘎部"，即"叔叔"之意。因成吉思汗同父异母之弟别力古台分封领地而得名字，据说也是世界上唯一以称谓命名的地方。

　　阿巴嘎旗蒙古族是乌冉克部的后裔，阿巴嘎旗是蒙古族传统文化保留较为完整的地区之一，有着深厚的文化底蕴。在长期社会实践中，形成了博克、套马、那达慕、民俗礼仪等独特的民族文化，从服饰、饮食、民居到歌舞、婚嫁、礼仪、节庆等方面都显示出，这里的人们至今仍然完整地保留着草原游牧文化与风俗习惯，在整个蒙古民族的历史文化中具有重要的地位和代表性。

　　百年古刹杨都庙。位于萨如拉图亚嘎查 10 余公里外的杨都庙，始建于同治三年（1864），是由一个诵经会发展而来。旗王扎萨克看中了这片肥美的土地，便在阿巴嘎附近建立了这所寺庙，至今已有 300 多年历史，当时清廷赐名"施善寺"，鼎盛时期喇嘛达到 813 名，其中常住喇嘛 500 名，占地面积 3053 平方米。民国二年，也就是 1913 年，位于克什克腾旗达尔汗乌拉南麓的楚古兰庙被袁世凯的军队烧毁，该庙 300 多名喇嘛在第二年迁到杨都庙。

　　1921 年，杨都庙扩建后占地 3600 平方米，成为北方喇嘛教徒所向往的寺庙。至 1930 年，其下属已有 13 所小庙。大红院中央是主庙，主庙前方大门两侧有钟鼓楼、马哈仁兹庙（金刚庙）等。为庆祝寺庙落成，锡林郭勒盟行政公署召开了五部十旗集会的那达慕大会，第四代活佛却西·洛藏华丹隆柔嘉措主持了大会。杨都庙也因此成为锡林郭勒盟五部十旗会盟圣地，远近闻名。

　　"文化大革命"期间，阿巴嘎境内寺庙几乎全部被毁，幸存下来仅有杨都庙其中三个大殿。

　　1980 年杨都庙恢复了宗教活动，1988 年锡林郭勒盟行政公署、阿巴嘎旗政府先后拨款 13 万元进行修缮。庙内保存着各种铜、银制佛像，祭

响泉　摄影/敖东

品、乐器等共 1000 多种，还有珍品藏经等。1991 年修复完毕。为庆祝杨都庙胜利竣工，西藏活佛却西·隆柔嘉措亲临杨都庙进行了法事活动，提高了杨都庙的宗教地位。

神奇响泉的传说

在当地一个神奇的泉眼，人们称其为响泉。这个泉眼的奇妙之处是能够闻声喷涌。只要有人站在响泉边高声喊叫，喊声越大，泉水喷得越高、越急。至今，这还是个谜。此外，从这个泉眼喷涌出来的泉水据说还含有丰富的矿物质，有健胃养颜、延年益寿的功效，所以数百年来，周边居民皆饮此泉之水，长寿之人辈出。

相传，响泉是成吉思汗的宝马用蹄刨出来的神圣泉水。公元 1211 年，蒙古大军南下攻金，途经浑善达克沙地北缘安营扎寨，因为人马饮了不净河水而患上了传染性消化道疾病。这时草原深处一黄马驹发出光环，仰天长啸，顿时天空出现了一道彩虹。众将士蜂拥而至，不见马驹和彩虹，却发现喷涌的甘泉。众将士高喊"成吉思汗"，泉水喷射更加高涨，于是将士们痛饮甘甜的泉水，疾病不治而愈，成吉思汗遂命名此泉为"达古图宝拉格"（蒙古语：响泉），命名黄色神驹为浑善达克。响泉和浑善达克从此得名。

阿巴嘎黑马在这里繁衍生息

阿巴嘎旗草原是黑色骏马的中心产区。据相关文字记载，公元 13 世纪前，这里是蒙古民族世居之地、元太宗成吉思汗季弟别力古台辖域。别力古台曾跟随太祖"平诸部落，掌从马"（《元史》，1369），与马有不解之缘。至今在阿巴嘎还有一处自然形成的马蹄印岩石，当地牧民称之为成吉思汗马蹄石。相传，一代天骄成吉思汗曾率兵征战此地，非常欣赏这里的美景，下令就地安营，祭拜了此处敖包，畅饮了此处闻名遐迩的僧僧宝力格（蒙古语：最好的泉水），休兵息马，留下了马蹄迹。

成吉思汗同父异母的兄弟别力古台驻守阿巴嘎部落，为建立蒙古汗国立下了卓越功勋。他身兼数职，其中一职就是管理蒙古汗国所有战马。别力古台非常喜爱体格健壮、四肢发达、背腰长、奔跑速度快、耐力强的纯黑色马。长期以来，阿巴嘎黑马在这里繁衍生息，在长期的自然选择和人工选择的影响下，逐步形成了现在的地方良种。

"沙漠花园"风景异

在萨如拉图亚这片广袤的草原上，野生动植物资源十分丰富，一幅幅人与自然和谐相处的画卷在这里尽情展现。猞猁、狐狸、狍子、獾子、野兔、沙狐、狼、天鹅、灰鹤、野鸭、百灵鸟等野生动物在这里自由繁衍栖息；柴胡、大黄、黄芩、知母、沙参、白芍等200多种野生植物和药材在这里茁壮成长。还有在国内外享有盛名的白蘑、黄花、韭菜花和沙葱等天然珍贵食材。

来到萨如拉图亚嘎查，远远望去，最完整、最典型、最优美的草原自然生态景观展示在我们面前。起起伏伏的原野上，尺把高的牧草在阳光下闪着金黄的光泽；各色牛马羊在网围栏内的草场上，悠闲地吃着草，远处波浪般的沙丘仿佛是拱卫这块盆地的屏障；冰冻的河湾蓝幽幽地环绕周围，笔直的杨树将裸枝伸向天空，使这里春意盎然。

这里有一个叫作乌里雅斯台的地方，蒙语意为"杨树洼"。若是在八月草原酷热之季来到这里，沙漠热气蒸腾，沙丘一座接着一座，远看就像天空中的云堆。沙路弯曲，不可行也；奇花异草，不可名也；山外有山，天外有天。这里的沙丘并不荒凉，还有许多树木相伴，杨树、榆树与白桦树掺杂其间组成的林带满布在东西狭长的沟底。

登上一座沙丘，眼底是田园牧歌的景色：株株嘉树，虬枝屈曲，左右摇曳，仪态万方；踏上浑圆柔软的沙丘，溜沙下山，温暖的沙砾灌进鞋里，撑得满满的。乌里雅斯台河的源头泉眼众多，沙滩软软、树木密密、流水潺潺，间或有骑马牧牛的牧民；沙坨间、草丛里，黄、红、黑、白、花各色的牛儿，悠闲地吃着草，你会陶醉在这草原水光沙影之间。

阿巴嘎草原上的黑骏马　摄影／敖东

萨如拉图亚草原上的野生动物　摄影／敖东

风吹草低见牛羊　摄影 / 敖东

人与草原和谐共融（荣）

　　20 世纪 80 年代，牧区开始推行草原畜牧双承包制，极大地调动了牧民的养畜积极性，但因缺少对牧民的科学引导，导致牧民在追求养畜头数时加重了对草原的破坏，加之干旱少雨，草原生态急剧退化。草原是牧民的命根子，保护草原生态、实现永续发展的观念在农牧民心中悄然萌生。以嘎查党支部书记廷·巴特尔为代表的牧民提出了围封退化草原、禁牧沙化草原，实行了轮牧、休牧，让养育人们的草原得以休养生息。同时，根据草原的承载能力，减少了牲畜数量，调整了生产结构，从养羊为主向养牛为主转变，从单一牲畜生产向多种经营转变，逐步降低牲畜对草原的伤害。在廷·巴特尔的带动下，全嘎查牧民都实行了"围栏轮牧"和"减羊增牛"，开始了种植高产饲草料、发展旅游业、制作奶食品等多种经营。

　　人们的生活富裕了，环境改善了，农牧民绿色发展的生态文化意识和文明理念逐步增强，保护生态环境，爱护野生动物蔚然成风，过去的漫漫黄沙如今又变成了青青草原，春季鲜花烂漫，夏季碧水流淌，成群的狍子、野兔随处可见，成队的天鹅、百灵鸟自由飞翔，草原上到处是人与自然和谐相处的美丽画卷。

花开时节游牧家

嘎查境内著名的"北国江南"乌里雅斯台、展现"大漠孤烟、长河落日"壮丽景观的宝日呼硕等，为萨如拉图亚嘎查发展旅游创造了得天独厚的发展空间。

七八月份是游览草原最好的时节，春季的接羔、夏季的剪毛季节都已过去，牧草丰美，雪白的小羊羔欢蹦乱跳，弯弯的小河宛如银色的绸带，镶绣在大地绿袍的边上。群马伫立在水里，洗刷得浑身发亮；鸭子在水中自在畅游，得意地转动着柔软的脖子；山路上点缀着丛丛野蒿，片片红柳，几座蒙古包就像白帆船一样无声无息地停泊在草海上，美丽的草原犹如一幅展开的画卷立于天地之间。

交通条件的改善，为美丽富饶的草原注入了新的发展活力。牧民们纷纷在自家附近的原野上搭建蒙古包、建设度假村，融入具有蒙古民族特色的歌舞、射箭、骑马、篝火晚会、驯马等娱乐项目和"烤全羊"、手把肉、奶茶、奶食品、蒙古包子等特色风味的美食，大力发展绿色旅游。

如今的萨如拉图亚嘎查天更蓝了、水更清了、草更绿了，牧民们安居乐业、悠然自得，如同生活在"月光"里。

走进蒙兀室韦苏木，展现在人们眼前的是，水草丰美的草原、松涛激荡的林海、纵横交错的河流，组成了一幅绚丽的画卷。这个中俄文化融合的地方，既有古老神奇的传说，又是保存完好的集草原、森林、湿地为一体的世外桃源，漫步湿地，驻足先民生活遗址，住"木刻楞"房子，体验原生态民俗风情，令人流连忘返。

二、额尔古纳蒙兀室韦苏木，异域风情的边陲小镇

呼伦贝尔额尔古纳市北端的蒙兀室韦苏木（苏木，蒙语意为乡镇），依山傍水，宛如一颗明珠镶嵌在大兴安岭北麓的额尔古纳河畔，与俄罗斯小镇奥洛契仅一河之隔。2005年，荣获"中国十大魅力名镇"称号。

蒙兀室韦苏木虽小，但历史久远。早在隋唐时期，蒙兀室韦部落就在这里过着以游牧渔猎为主的生活。清光绪三十四年（1908），设"吉拉林设置局"管理行政事务；1920年，升为"室韦县"，所在地为"室韦村"；1948年，这里为额尔古纳旗第三政府所在地，后改为"吉拉林区"；1956年，改建吉拉林乡，2001年，原恩和俄罗斯民族乡与室韦乡合并成为"室韦俄罗斯民族乡"。2011年5月，成立蒙兀室韦苏木，苏木政府驻地仍为"室韦村"。

中俄文化交织融合

1869年，中俄签订了《尼布楚议界条约》，确立额尔古纳河为界河，南属中国，北属俄国。此后，两国人民不得擅自逾越国界，双方侨民可自由选择去留，曾经前来淘金的数千俄罗斯人就留了下来。

在 20 世纪初，俄国十月革命时，一些白俄贵族从西伯利亚逃亡到这一带定居下来，与当地居民共同生活，通婚繁衍后代，这些后代逐渐成为华俄后裔。

从 19 世纪末、20 世纪初开始，这些华俄后裔的生活生产主要以农牧产业为主导，在种植小麦、大麦等粮食的同时，每个家庭都经营奶牛、马、羊等养殖业，独特的俄罗斯民俗风情保留至今。

"巴斯克节"也叫"耶稣复活节"，是俄罗斯民族的传统节日，已被列入国家非物质文化遗产。每年 4 月末，这里都会被浓郁的节日气氛所笼罩。家家念经祈祷，户户挂松枝，家里布置一新，人们都穿上民族服饰，制作五颜六色的糖果、糕点、彩蛋，开展荡秋千、唱歌、跳舞等民间传统娱乐活动。

额尔古纳是中国俄罗斯民族同胞最为集中的地区，也是全国唯一的俄罗斯民族乡所在地，俄罗斯民族以其厚重的民族文化底蕴、独特的民俗风情，成为蒙兀室韦苏木一道靓丽的风景线。

中国俄罗斯民族的传统民居

蒙兀室韦苏木政府所在地室韦村，地处丘陵、盆地地带，三面环山、一面临水，河流众多。林草覆盖率达 80% 以上，森林以落叶松、白桦和杨树为主，生态资源极其丰富。村落被原始森林环绕，獐、狍、野鹿等珍稀动物栖息林中，呈现出人与自然和谐相处的美丽画卷。

村落布局，既有群体建筑相互簇拥，又有单体建筑形成的空旷恬静之开阔，保持了中西方相融合的特色，俄罗斯族的传统民居木屋被称为"木刻楞"，大部分保存完好。这种木屋全部为原木跺起，其建筑方法主要是用木头和手斧刻出来的，有棱有角，非常规范和整齐；房顶及室内均为木板装饰，冬暖夏凉，古朴庄重，既有西方建筑风格，又有森林文化和民族文化内涵。现存一百余栋木屋，连片分布，虽经历史变迁进行过大的维修，但原始的房屋造型、修缮工艺、居室布局、院落特点无不保持着当年的风貌，其中一间木屋始建于 1920 年。

俄罗斯族传统民居——木刻楞　　摄影／教东

额尔古纳湿地，"亚洲第一湿地"

　　蒙兀室韦所在的额尔古纳市因河而名。蒙兀室韦苏木旁的额尔古纳湿地宛若仙境，与山林、蓝天、草场以及整个自然环境相映成趣，是目前中国保存最完整、面积最大、物种最丰富的自然湿地保护区。这里涵盖了几乎所有类型的自然生态系统，被誉为"亚洲第一湿地"，吸引着世界的目光。

　　走进湿地，你会看到这里植被郁郁葱葱，遮天蔽日。主要树种有落叶松、白桦、山杨、黑桦等，灌木主要有杜鹃、绣线菊、胡枝子等，植被种类繁多，分布广泛，共有野生经济植物约658种，菌类资源114种。

　　这里还栖息着品种繁多、数量庞大的野生动物群落，兽类40余种，鸟类210余种。随处可见金雕在林中飞过，野鸭、天鹅、鸿雁在水中嬉戏，是名副其实的鸟类天堂。2011年，在寻找中国最美湿地评选活动中，这片湿地被评为"中国特色旅游最佳湿地"。

魅力古镇的嬗变新生

1500 多年前，蒙兀室韦部落就在额尔古纳河畔生息繁衍，800 多年前，成吉思汗统一蒙古草原后，蒙古人也曾在此休养生息，这里的黑山头遗址曾经是成吉思汗大弟弟拙赤·哈撒尔的封地。如今，悠远的往事掩映在边草青黄之间。

蒙兀室韦苏木政府利用绿色农畜产品生产加工输出地建设，紧抓基地、龙头、品牌三要素，加强与各龙头企业的合作，使传统农业迈进了现代化的春天。

在这里，我们见到了 50 多岁的嘎丽娅大婶，她的祖母是俄罗斯人，祖父是中国人。乍一接触，就会被她那种爽快、乐观的精神吸引。也许是正在劳作吧，嘎丽娅大婶的衣着简单，与我们没什么两样。只是她头上的头巾和那张俄罗斯人特有的脸，让她站在人群里很是与众不同。嘎丽娅大婶说，新中国成立后，俄罗斯人有的携家带口返回了故土，有的定居当地，因不断与汉族融合，后代的俄罗斯人种特征已不明显，现在看到的居民大多数都是第 3、4 代，甚至第 5 代。

据 2011 年统计，蒙兀室韦总人口 1666 人，其中常住人口 1360 人，流动人口 306 人。主要有俄罗斯、蒙古、回、满、鄂温克、土家、朝鲜等8 个少数民族构成，俄罗斯族和华俄后裔人口居多。如今，嘎丽娅大婶及小镇上的居民，在当地政府的扶持下，办起了家庭旅游宾馆，接待四面八方游客。

他们以传统的歌舞形式、丰富的饮食文化，以森林游、绿色游、文化游、休闲游等活动，让游客走进大山，洗涤心肺、扩胸吸氧。人们走进乡村，感受乡土人情，走进森林，吐故纳新、扬清激浊，尽情享受大自然赠予的"林闲文化"与"健康馈赠"。

森林广袤、河流密布，耕地肥沃、草场辽阔，这是蒙兀室韦苏木一大特色，也是独有优势。林地人均占有量居全国之首。为保护好这里的生态环境，帮助各民族兄弟姐妹共建小康社会，蒙兀室韦苏木政府加大基础设施建设，改善室韦苏木道路建设及环境治理，对原始木刻楞房进行保护和维修，为室韦苏木产业发展、提升室韦苏木旅游形象，打造了坚实的平台。

民族舞蹈 *摄影 / 曹珂香*

　　一个古老的传统，使人浮想万千；一曲动听的旋律，让人流连忘返。蒙兀室韦苏木越来越多埋藏历史深处的文化记忆被发掘出来，源源不竭的异域风情，吸引着越来越多的游客走进草原的深处，走进生命的源泉。

　　这个远在内蒙古北部边境的室韦苏木，用森林、草原、湿地的美景，呼唤着、接纳着八方客人，在这个偏僻、安静的村庄，没有奢华，没有喧嚣，没有纷争，有的是敞开胸襟回到自然的怀抱、回到心灵最自由的状态。这个来了不想走，走了又想回来的小村庄，让人留恋……

柳树营子村，"紫蒙之野"上的千年古村，村落自然生态环境良好，田园风光旖旎，物种资源丰富，有著名的古生物群落"文冠果"古树。这里还是契丹文化的发祥地之一，匈奴、鲜卑、女真、蒙古和汉等十几个民族都曾在这里繁衍生息。辽代大明塔静观岁月变迁与朝代更迭，清朝公主的陪嫁牡丹讲述着民族融合的传奇故事，老哈河见证了千年古村秉承生态理念，依托资源优势，建设美丽乡村的现代壮丽诗篇。

三、文化书传奇，古村展新颜

——内蒙古宁城县柳树营子村

悠久灿烂的文化底蕴

柳树营子村坐落在塞外名震北国的内蒙古宁城县，史称"紫蒙之野"的老哈河流域上游，内蒙古高原与松辽平原的过渡带。得天独厚的物种资源，多姿多彩的地貌特征，赋予了这片土地浩渺传奇的自然景观，从高空俯瞰，似苍茫草原，又如汪洋大海。

这里是著名的契丹文化发祥地之一，自夏商以来，先后有匈奴、鲜卑、女真、蒙古和汉等十几个民族在这里留下了生命的轨迹，创造了灿烂的文化。巍然耸立的大明塔，见证了这段辉煌的历史。这里又是国家级生态县，哈达般飘逸流淌的老哈河流水如歌如诉，讲述着多年来建设秀美山川的现代壮丽诗篇。

走进华夏文明积淀深厚的宁城，一览质朴悠远的人文古迹，令人心旷神怡的锦绣山川，感受古朴浓厚的文化氛围，宽松舒畅的开放环境以及浓郁和谐的发展气息。

三百多年牡丹花盛开的地方

柳树营子村位于小城子镇北部，八素台河下流，原称八素台，系蒙古语，义为有柳树的村庄。青砖、灰瓦、古树，小桥流水人家，这里民风古朴，四季分明，没有工业企业污染现象，树木成荫，空气清新，全村土地面积 1835 公顷，林地面积达 962 公顷，森林覆被率达到了 52.3%，有 2140 口人，住房 2100 间。

如同充满诗意的村名，小村的历史也写满了传奇的故事。推开柴门，一株远离宫廷的富贵牡丹，在乡村的风里静静生长与开放，静坐苍茫，观望人间。清康熙十五年（1676）间，为巩固北部边疆，固伦郡主以公主名义下嫁给元朝勋臣济拉玛 14 世孙额琳臣，带来了这株陪嫁牡丹，从告别宫廷喧嚣的那一刻至今，富贵牡丹已流落民间 340 年之久。每年小满前后，牡丹花开，香气浓郁，弥漫在岁月的风里，诉说着牡丹传人的故事。

和富贵牡丹相邻的普祥寺，俗称石砬子庙，始建于清乾隆年间，至今已有近 300 年的历史。寺庙殿宇辉煌，气势宏伟，共有前殿、中殿、后殿三座大殿，分别为天王殿、罗汉堂和大雄宝殿，庄重深存，殿宇四角飞翔檐主辅分明。曾占地近百亩，喇嘛六十多人，香火旺时佛事进行三天三夜，曾经的藏经楼，经书万卷，每次做佛事顶经，聚集几千人，外地人都赶来香拜，经书从没用完过，可以想见当年是何等红火。后因年久失修，加之历届运动中惨遭破坏，仅剩残墙断壁，寺内没有了佛像更没有了经书。从寺的后山上观望，寺庙背的轨迹，创造了灿烂的文化。巍然耸立的大明塔，见证了这段辉煌的历史。这里又是国家级生态县，哈达般飘逸流淌的老哈河流水如歌如诉，讲述着多年来建设秀美山川的现代壮丽诗篇。

寺门前有四百余年的"文冠果"古树大小 11 株，是赤峰地区著名的古生物群落，每年金秋时节，结有鸭梨大小的果实。据当地的老人讲，以前文冠果是寺里用来榨油供佛灯的（代替酥油），2012 年一场罕见的大雪将枝头和枝条压断，古树遭到前所未有的摧残，现在老枝发新芽，一片生机。

寺的左右两侧山间岩石上，各有一泓泉水，近年天气干旱的时候，河水干了，好多人家的井水也干了，但是这两个泉眼始终有水，清澈泠洌。附近农户挑着担子来舀这里的水，取之不尽，用之不竭，人们深信此地颇有灵气。

有着 500 多年历史的普祥寺　供图／内蒙古生态文化研究会

　　古老的风车，碧绿的菜畦，石碾磨房，农家小院，三月三的风筝，六月六的歌谣……悠长的古村在远离喧嚣中，沉淀成一幅水墨丹青。这里的百姓依托山水之势，打造山庄文化。慕名而来的游客吃农家饭，住农家屋，享田园美景，侍农耕活计，感受悠远神秘的契丹文化，沉浸在这片葱茏之地的独特风韵之中。

今日小村花更浓景更美

　　千年的历史变迁，不变的青山秀水。2004 年以来，随着国家西部大开发战略和京津风沙源工程的实施，依托当地气候优势，充分利用山地资源，村民在村支部书记白银江的带领下，及时调整产业结构，大力发展经济林项目，实行林地以联户承包、家庭承包等方式，开始栽植寒富苹果，新苹红苹果、红南果梨等 5.6 万余株。目前，全村已有林果面积 1800 余亩，逐步进入盛果期，每亩经济效益在 8000—10000 元，实现了经济、社

300年陪嫁牡丹 供图/内蒙古生态文化研究会

会、生态三重效益。

随着村民生态意识的加强和封山禁牧政策的进一步实施，柳树营子村的生态环境明显改善，昔日的荒山已草木茂盛，植被得到恢复，山绿了，水清了，群众植树造林的积极性不断高涨。特别是在宁城县政府出台了《宁城县经济林发展规划》后，柳树营子村于2009年被宁城县政府列为新农村试点村，按照新农村建设标准进行逐步实施，村容村貌得到了改善，京津风沙源、土地整理等项目逐步落实，荒山坡地变成了梯田，村民们过上了好生活。以前为生活所迫外出打工的农民也纷纷回归这魂牵梦萦的故土。

建设美丽乡村，产业发展是基础、是根本，靠山吃山，靠水喝水，因地制宜，用生态的理念，依托特色优势，促进特色发展。在林业部门的支持下，全体果农的共同努力下，柳树营子村2008年成立了"宁城县百氏兴林果专业合作社"，注册了"柳园"商标，形成了以果树发展为主，其他林木为辅的专业合作社。按照有机水果的标准，统一生产、统一技术指导、统一购销、统一包装，产品远销广州、深圳、北京等城市。目前，合作社成员已由最初的 10 人增加到 156 人，分布在辽宁、河北、内蒙古三个省（区）10 个乡镇的 26 个村。其中，懂技术、会管理的技术骨干 40 余人，技术服务队负责宁城县 6000 余亩果园的服务工作。合作社注册资金 115.89 万元，固定资产 189 万元，新建可存储 400 吨水果的保鲜库已投入使用。村中 97 岁高龄的吴素云老人脸上挂着幸福的笑容，她说："想也没想到我能赶上好时候，今天，我可以顿顿吃肉，顿顿喝牛奶，还享受着国家给予的生活上的补贴，我这辈子很幸福，很满足。"她的话见证了柳树营子村翻天覆地的变化，也让我们感受到了"绿水青山是金山银山"这句话的真谛。

夕阳西下，百鸟归林，远方的炊烟袅袅升起，月色下的小村悠然安宁，静听山谷中的绿野长风讲述千年古村的前世今生……

大甸子村，位于大兴安岭南麓的雅鲁河畔，注重挖掘北方游牧民族的历史文化，雄伟壮观的金代军事防御工程金长城（又称金界壕），横亘于村庄南侧，述说着历史上水草丰美富饶之地的百年沧桑，二人转、吹唢呐、大秧歌等地方特色文化，见证了东北移民文化在这方水土落地生根、发展延续的脉络轨迹。历史上日本人对森林资源的毁灭性掠夺、洪水灾害的无情吞噬，不仅没有消磨村民的生存意志，反而激发了他们生态建设与保护的意识。"三大产业示范区"的发展壮大，"四大产业体"的成功构建，生态旅游产业的逐步兴起，见证了大甸子村绝地重生的发展历程。

四、兴安岭下生态村
——内蒙古扎兰屯市成吉思汗镇大甸子村

　　地处大兴安岭南麓的内蒙古自治区扎兰屯市，历史文化底蕴厚重，自然山水风光优美。"雅鲁河畔扎兰屯，几派清流拥水村。铁索悬空新瀑急，吊桥桥上忆长征"，1962年叶剑英元帅来到扎兰屯时，曾这样形象逼真地诗化了扎兰屯。

　　位于扎兰屯市城南10公里的成吉思汗镇大甸子村，便是这些"水村"之一。她依山傍水，山是起伏绵延的大兴安岭山脉东南麓的丘陵山地，水是汹涌碧透的嫩江支流雅鲁河水系。5月的大甸子村，山谷、河流、农田、村庄处处呈现出一片片充满希望的绿色，各种野花竞相开放，多年不见的野猪、野兔、野鸡又出没于林间田野，蘑菇、木耳、榛子等林下产业在这里得到良好发展。

　　大甸子村由9个环山而建的自然村庄组成，每个村庄就像镶嵌在青山碧水间的颗颗珍珠，由一条真丝般的乡间水泥公路串联在一起。全村520户，2030口人，面积3200公顷，其中耕地面积1570公顷，林地面积

1410 公顷，森林覆盖率达 44.1%，人均林地面积 10.4 亩。

　　这里的村民用他们的虔诚与责任，谱写了一曲曲生态保护与建设的华美乐章，使大甸子村于 2011 年荣获了"全国生态文化村"的称号。

青山绿水好安家

　　大甸子村坐落于大兴安岭林区向松嫩平原过渡地带，为岭南次生林区，雄伟壮观的金长城横亘在村庄南侧，见证着这里的历史变迁；宛若玉带的雅鲁河从村庄东侧流过，述说着这里的百年沧桑。

林下养殖　供图/内蒙古生态文化研究会

据当地出土文物考证，早在新石器时代，这里就因水草丰美而有人类活动。金代于 1138 年修筑了军事防御工程——金长城，又称金界壕，穿过扎兰屯这段边壕就是泰州东北路；成吉思汗在统一草原各部的征战中，曾将这里分封给幼弟斡赤斤；明朝时，设立了阮里河卫；清顺治年间，清政府将居住在这里的鄂温克、鄂伦春、达斡尔人编为"雅鲁阿巴"；康熙三十年，清政府建立布特哈八旗，这里为正蓝旗和镶红旗，并派有"扎兰章京"；1897 年，中东铁路开工修建，1903 年建成通车。由于这里气候温和，土地肥沃，交通便利，陆续有辽宁、山东一带的流民迁来此地居住。在依山傍水之地，人们逐步建起房屋、村落。当时的人们看到这里水草繁盛，南北两山中间夹一平川大草甸子，遂起名为"大甸子"，一直延续至今。据村中一位 90 岁高龄的老人回忆，当时前后的山上到处都是树，大草甸子上的草有一人多高，河里的鱼随手就能捞上几条，可见当时这里的原生态是多么优美丰茂。

大甸子村由成吉思汗镇管辖。1901 年中东铁路修到这里后，取名为新站。后因这里与金界壕交叉，而金界壕一带曾是成吉思汗屯兵和管辖之地，故名"成吉思汗"镇。后来，几经沿革，1984 年 9 月 27 日，撤销成吉思汗人民公社，建成吉思汗镇人民政府。

林里做出好文章

大甸子村几经变迁，山林树木也曾遭到人为破坏。20 世纪三四十年代，日本人侵占了这里，大肆砍伐树木，并专门修建了横穿村庄的木材运输公路，毁灭性地掠夺这里的森林资源。20 世纪后半叶，为多打粮食，人们开始盲目开荒，部分森林草原变成了农田。1998 年的一场特大洪水，更是席卷了这个村庄，生态植被遭到了严重的破坏，人们的生产生活遭受了巨大损失。为了生存发展，为了恢复曾经的林茂山丰，生态建设和保护的意识开始于村民心中萌发，在保护天然林的同时大搞植树造林、退耕还林，一场声势浩大的生态建设运动与发展林下经济的绿色新路，注定要在大甸子村的优美画卷上写下浓墨重彩的一笔。治理小流域、修建道路、蓄水灌溉、植树绿化、采摘种养，大甸子村依山靠林，在林子里做出了好文章。

为了建设和保护生态，村里在镇政府、市林业局的大力支持和帮助下，确立了走发展林下产业之路。先后发展壮大了良种奶牛繁育基地、黑木耳种植基地、小笨鸡和大鹅养殖基地等"三大产业示范区"，构建了退耕还林、农业种植、林下养殖、林果产业"四大产业体"。

全村种植业有玉米、大豆、葵花等，年产粮食稳定在 2000 万斤；养殖业发展态势良好，有奶牛、肉牛、肉羊、生猪、大鹅、笨鸡等；栽植黄太平沙果树 80 公顷，年产沙果 240 万斤；退耕还林 110 公顷，主要树种有樟子松、落叶松、杨树等，获得国家直接钱粮政策补助 11 万元；作价归户农民承包野生榛林 7500 亩，全部进入盛果期，年产榛子、蘑菇 9 万公斤，仅这一项年人均收入就达 2000 元。大甸子村依托生态建设成果，逐步由单一农业向多层次、多链条产业发展，生猪、大鹅、笨鸡等农户庄园经济与野生榛子、蘑菇采摘生态产业有机结合、互促共进，为地区经济发展起到了示范作用。2013 年，全村人均纯收入已突破万元。

在农业生态建设上，大甸子村把环境保护与有机农业发展相结合，实施退耕还林，耕地面积由原来的 1680 公顷减少到 1570 公顷，农田和果园全部施用有机肥灌溉，全面推广管灌、滴灌，小杂粮已成为扎兰屯市的农业特色产品。现在，大甸子村把养殖、种植有机结合起来，建立了良好的生态循环系统，实现了美丽与发展双赢。

在种植业的基础上，为了让农民富起来，村里划出了一块工业产业园区，延长生态产业链条，引进了奶牛养殖企业，在巩固退耕还林成果专项资金的支持下，建成了全市最大的奶牛养殖基地——天骄奶牛养殖托牛所，实施"公司＋农户"战略，原料及务工均来自当地农民，以农民利益最大化、企业规模扩大化的方式发展奶牛养殖事业，让利于民，服务百姓。目前，托牛所养殖奶牛达 2000 头，年创效益 3000 万元，其中农民托养的奶牛 400 余头，农民直接获得利润达 35%。

同时，在不影响林木生长的条件下，大甸子村在退耕还林地间种药材，每亩产值在 400 元以上。另外，村里还引进了鹿、獭兔、野猪等特种养殖，在退耕地山杏中混交樟子松、落叶松，既调整了林种结构，也提高了林业的产出量。近几年来，大甸子村共栽植樟子松 1.4 万株，平均高度已达 1.5 米，以每株 120 元的价格计算，产值达到了 168 万元，为当地农民建起了"绿色银行"。

在林业政策的鼓舞下，农民参与生态建设和林业经营的热情很高，沙果、山杏等林果业带动了现代农业的全面发展，大甸子村生态环境得到较好的恢复。无论是房前屋后、田边路旁，还是荒山荒坡，村民自发植树造林地块随处可见，到处绿树成荫，生机勃勃。现在，大甸子村的农业产业逐步走上了可持续发展之路，向着林多草多—畜多肥多—粮多钱多迈进。

俺们都是东北人

一方水土养一方人，这里的青山碧水孕育了大甸子人纯朴善良、直爽豪气的性格和不屈不挠、勤劳向上的精神。这里的村民多是流民时代从辽宁铁岭、开原和吉林榆树等地迁来的，东北的民俗文化在这里得到了延续

中东铁路 摄影/张万军

和发展，二人转、吹唢呐、大秧歌等地方特色文化流传至今，长盛不衰。为了丰富村民们的精神文化生活，村里制定了村规民约，修建了村民活动场所，利用农闲季节，积极开展群众喜闻乐见的文体活动和科学知识宣传活动，极大地丰富了村民的业余文化生活。文明健康的生活方式，使村民的素质有了很大提高，村容村貌有了较大改善。

大甸子村是扎兰屯市的南大门，交通便利，扎兰屯市的生态文化活动对这里产生着深刻影响，固定的"四节一会"——"春季杜鹃节""夏季漂流节""秋季采摘节""冬季滑雪节"和"绿色食品交易会"为这里带来了无限生机与活力。

"靠山吃山，靠水吃水"，这里的山和水带给了人们优美的环境，健康的体魄，殷实的生活。历经百年的大甸子村和生活在这里的人们，在享受大自然恩赐的同时，更加懂得怎样去尊重自然，保护自然。他们正在用自己方式守护着这里的山山水水。

如今的大甸子村，春有山花烂漫，夏有绿树成荫，秋有层林尽染，冬有雪扶青松，山更绿了，水更清了，人们的生活更富裕了，大甸子村正在生态受保护，民生得发展，人与自然和谐共赢的发展之路上阔步前行。

第四章　青藏古村镇

一、唐卡大师的家乡嘎玛里土

澜沧江之源，扎曲河上游的西藏昌都嘎玛乡，因境内有藏东历史最为悠久的藏传佛教嘎玛嘎举派祖寺——嘎玛寺而得名，是西藏著名的三大画派之一——嘎玛嘎赤画派的发源地。据相关史料记载，嘎玛寺建寺期间，这里云集了来自藏区、汉地和尼泊尔的大批工匠，形成了独具特色的嘎玛手工技艺，唐卡绘画、铜像锻制、金银器配饰打造等在藏区名气很大，享有"匠才之乡""昌都画乡"等美誉。

家家会手艺、户户有传人

经过长期的历史发展，嘎玛乡民族手工业已经逐步发展壮大，几乎家家会手艺、户户有传人。

全乡现有 1455 个劳动力中，就有专职银匠 120 人，画匠 330 人，打造佛像工 230 人，石匠 570 人，木匠 19 人，主要生产宗教用品、生活用品、民族手工艺品，如唐卡、佛像、各式法号、洛加、火镰、藏刀、藏族服饰配饰、鞍具等。其中，以唐卡最为著名，曾多次在自治区、广州等地展出并获奖，产品畅销到四川甘孜、阿坝、云南德钦、青海玉树等民族地

展出并获奖，产品畅销到四川甘孜、阿坝、云南德钦、青海玉树等民族地区，深受人们的欢迎。

嘎玛德勒，妙手善心的唐卡绘画艺术大师

嘎玛乡政府附近的里土村比如自然村是画唐卡最为集中和著名的村寨，嘎玛嘎赤画派第十代杰出传人，著名唐卡老艺人嘎玛德勒就住在这里。

据介绍，今年83岁高龄的嘎玛德勒老人生于嘎玛嘎赤画派艺术世家，父亲和舅舅们都是该画派著名的画师和唐卡艺人。8岁时，对绘画表现出极大兴趣和天赋的他，拿起画笔，开启了自己的艺术人生，15岁便跟随父亲到嘎玛寺画壁画，16岁获得堪布学位，17岁就绘制了9幅唐卡画，将西藏著名的美郎热巴传说故事——《苦行者》完整地表现出来，并从此

精心作画的唐卡大师——嘎玛德勒　供图／卡若区林业局

286

名声大振，成为享誉一方的唐卡画家。

改革开放后，在党和政府的关怀和鼓励下，他创作了大量优秀的唐卡作品。如今老人已年过八旬，仍坚持作画，用心描绘藏族传统文化的精髓。他的唐卡画少则几个月，多则几年才能完成，与那些为了赚钱而粗制滥造的形成了鲜明的对比。

随着一些老艺人相继离世或年事渐高，加之缺乏文字记载，嘎玛嘎赤画派唐卡艺术的传承和保护问题日显紧迫，嘎玛德勒老人最大的愿望是"希望国家保护好嘎玛嘎赤画派唐卡艺术，把它传下去"。为此，他广收学徒，不仅分文不取，还免费提供食宿。2008年，"嘎玛嘎赤画派"唐卡入选第一批国家级非物质文化遗产扩展项目名录，嘎玛德勒也被授予了自治区级非物质文化遗产传承人称号。

目前，里土村16户人家中都有匠人从事唐卡绘画，其中12户既画唐卡又打造佛像。这12户本来大部分既是画匠又是银匠，但因打造佛像利润高，每户有1人改为打造佛像，既学习锻造技艺，又打工挣钱。村中的画匠或是受各个寺庙邀请前去绘制壁画，或是接收散客户和邻近省区各寺庙的唐卡订单，寺庙是订单少数量多，散客户是订单多数量少。其中，绘制唐卡成为村民们最主要的经济来源，平均每户年纯收入可达10万元，出自比如村的唐卡画最高价为4万多元一幅，最便宜的也要3千元左右。匠人们在绘制唐卡的同时，也在描绘着自己幸福美好的明天。

嘎仓玛，技艺精湛的佛像锻造世家

嘎仓玛，藏语意为匠人之家。走进嘎仓玛，此起彼伏的敲打声不绝于耳，宗教文化与锻造技艺在这里融为一体。

嘎仓玛是嘎玛乡有名的铜佛像锻造世家，被清华大学美术学院金属工艺的教授评价为昌都地区技艺最好的佛像锻造作坊。

佛像锻造是嘎仓玛世代相传的手工技艺，也是其家庭主要的经济来源，父、子、孙三代人沿用着古老的手工打制工艺，以红铜为基材，利用铁锤、铁钳、钢剪与砧子等工具，经过反复捶打锻造塑造形体，最后錾刻花纹。嘎仓玛传承人已经熟练地掌握了度量法，能够精确计算出佛像面部眉眼的宽度、鼻子的高度和体量比例。大型佛像均采取分段围合工艺。

　　嘎仓玛佛像打制技术精湛，雕凿技艺巧夺天工，他们打制的佛像和各类宗教器具遍布西藏昌都、那曲、日喀则，青海囊谦，四川甘孜、阿坝等民族地区的寺庙。嘎玛寺十世噶玛巴头像和供奉于青海囊谦县纳林寺的莲花生佛像，是嘎仓玛最著名的代表作，在当地享有盛誉。

藏族传统手工艺品　供图／卡若区林业局

历史上因盐而盛的上盐井村，是茶马古道入藏的门户，至今仍保留着世界上独一无二的原始盐场和古老的制盐术。含有盐分的特殊泉眼是大自然的馈赠，背着桶的女人们，将卤水浇灌到自家的盐池进行沉淀，扎曲河畔几千块盐田层层叠叠，形成了独特的人工原始晒盐风景线。

二、上盐井村，
茶马古道上唯一的原始盐场

西藏，一片壮美、神秘而又令人敬畏的土地，生活在这片土地上的藏家儿女世代传承着祖先的生态智慧，创造了丰富灿烂的民族文化。这里有举世闻名的珠穆朗玛峰、雄伟壮观的布达拉宫、令人神往的神山圣湖、络绎不绝的朝圣人群……是无数人向往的人间净土。然而，你是否知道，茶马古道上唯一的原始盐场，正延续着人类文明的历史印记。

上盐井村，自然美与人文美的交融

横断山区澜沧江东岸的藏、滇、川三省交界处坐落着西藏昌都芒康县的上盐井村，平均海拔 2600 米，气候相对炎热，盛产青稞、大麦、玉米、小米等农作物，苹果、梨、石榴、西瓜等水果。

低海拔加之沿澜沧江的地理优势，使上盐井村具有丰富的森林资源。1700 公顷的森林，为野生动植物提供了良好的生存和生活环境，熊、野兔、豹子、野猪、狼、猴子、鹿等动物出没于林间、田野，林茂粮丰。每年 3 月，当西藏高原大部分地区仍被寒冬所笼罩时，这里却已绿柳盈岸，繁花璀璨，桃红如霞，迷人的春日神韵和风姿，让人流连忘返。

上盐井村悠久的人文历史，千年古盐田，西藏的"波尔多"，热情奔放的弦子舞……无一不在诉说着古老的文明。

原始盐场，上盐井村独有的人造景观

历史上，上盐井村是吐蕃通往南诏的要道，滇茶运往西藏的必经之路，著名的"茶马古道"进入西藏的第一站。那时，这里产的盐维系着大西南各族人民的生活必需，造就了一个"盐比黄金贵"的年代。

壮阔的澜沧江绵延 2000 多公里，却唯独在盐井纳西民族乡流域自然生成一些特殊的泉眼，泉水中含有较高盐分，当地百姓正是利用这一大自然的馈赠，发明了传承千年的晒盐、制盐技艺，逐渐形成了几千块用于晒盐的盐田。

上盐井村的盐田土木结构，呈方格状，层层叠叠，静静矗立在澜沧江两岸，似镶嵌在山腰的阁楼，距今已有 1300 多年的历史，是上盐井村独有的人造景观。

世界上独一无二的古老制盐术

每年的 3 月至 5 月是晒盐的黄金季节，在明媚的阳光和强劲的河谷风作用下，晒出的盐品质最好，被视为"阳光与风的作在盐田上劳作的女人们品"。清晨的盐田上，处处可见盐民们劳作的景象：女人们背着桶，一趟又一趟地将卤水背到自家的盐池进行沉淀，然后放入盐田开始晒盐，他们用最原始的办法在这河谷中制出了盐。此时正是澜沧江两岸桃花连续开放的季节，所以晒出的盐又称"桃花盐"。

高原毒辣的阳光，在盐田百姓的脸上过早地刻上了岁月的痕迹，然而，在那一张张脸上总是能找到最质朴、最灿烂的笑容；他们将成盐当作太阳和风的恩赐，其实，那洁白的盐是他们汗水与泪水的完美结晶。

如今的上盐井村仍完整保留着世界上独一无二的古老制盐术，造就了

在盐田上劳作的女人们 *供图 / 芒康县林业局*

"茶马古道"上唯一幸存的人工原始晒盐风景线。目前这项技艺已被列入
国家非物质文化遗产保护名录，用作晒盐的古老盐田也是国家级文物保护
单位，并已申报世界文化遗产。

源于法国的西藏"波尔多"

借由"茶马古道"的开启，上盐井村不仅是由滇入藏的门户，更成为
西藏地区最早与外界接触交流之地。随着天主教的传入，葡萄酒的酿造方
法也进入了上盐井村，造就了西藏的"波尔多"。

19 世纪，法国传教士来到西藏芒康盐井传教，带来了葡萄种子"玫
瑰蜜"，也带来了法国著名葡萄酒"波尔多"的酿造技术。现今，上盐井
村的百姓户户种葡萄，户户自酿葡萄酒，传统而古朴的酿酒技艺与法国

"波尔多"一脉相承，所酿造的葡萄酒味道纯正、口感舒适、保健功效明显，在藏区有很高的知名度，被誉为西藏的"波尔多"，极具开发价值。

"古道神韵"弦子舞

说到藏族就不得不提他们的民族艺术，上盐井村的百姓在辛勤劳作的同时，也将他们的传统民族艺术融入生活之中。弦子舞是当地特有的民族舞蹈，藏语名为"蕃谐羌"，"蕃"意为藏族，"谐"为歌舞，"羌"为跳。弦子叫"白央"，是一种当地百姓自己发明的二胡，在史书中称为"胡"。据考证，唐朝时期芒康地区就有跳弦子舞的历史了。

每当节日，人们相聚一处，跟在一位或几位以弦子为乐器伴奏的男子身后，甩动长袖翩翩起舞。弦子舞舞姿圆活、狂放而流畅，有拖步、点步转身、晃袖、叉腰颤步等动作，以长袖飘飞最有特色。舞者随着弦子乐曲晃动而发出阵阵"颤声"，舞蹈动作相应产生"颤法"，这些动作多以模拟一些善良、吉祥的动物姿态为形体特征，有"孔雀吸水""兔子欢奔"等类别。

跳弦子舞不受人多人少、场地大小、台上台下等任何限制。跳舞时，人们围着篝火，呈圆圈起舞，人多时也可圈中套圈。男女分开各半，时而圆集，时而散开，时而绕行而舞，边唱边跳。唱词为"谐"体的民歌，也可即兴创作，男女分班一唱一和，歌声此起彼落，借以抒发内心的情感。跳舞的节奏快慢，以男子拉弦子的音乐节奏为准。每首歌舞的节奏一般都是先慢后快，在悠扬缓和的旋律中开始，在流畅而欢快中表现，在升腾而热烈中结束。

弦子舞那古朴、典雅、飘洒、悠扬而欢快的特点，使人百看不厌，是藏民族文化中的宝贵遗产之一，素有"古道神韵"的美誉。

时光流转，逾越千年。在如今的上盐井村，我们仍可以欣赏到原生态的弦子舞，品味源自法国、再创于上盐井的"波尔多"，震撼于壮观的盐井盐田和古老而传统的制盐技艺……然而，那些循着祖先的足迹、执着传承的盐民们，才是最令人难以忘怀的！

通天河畔的青海省玉树州称多县拉布乡拉司通村，被当地人赞誉为"拉司梅朵"，藏语意为"鲜花盛开的拉司通村落"。村中建筑参照北京故宫、颐和园等建筑布局和风格建成，兼具鲜明藏族特色。这里诞生了玉树的第一棵树，萌发了拉司通人的绿色梦想。别具藏族风情的特色美食、民间歌舞、节日习俗，使之成为"玉树核心旅游区"的旅游品牌，被越来越多的人认可与熟知。

三、玉树"小北京"，
通天河畔的拉司通村

通天河畔的青海省玉树州称多县拉布乡拉司通村，被当地人赞誉为"拉司梅朵"，藏语意为"鲜花盛开的拉司通村落"。

玉树"小北京"

"通天河畔的姑娘不如拉司通的房子漂亮"，玉树最有特色的是砌石头技术，拉司通村的石砌技术已有上千年历史，取当地片麻岩为建筑材料，削剪成砖块般大小，层层叠叠垒砌而成。走进拉司通村，一排排房屋整洁有序，一条条街道宽阔笔直，片石砌成的建筑上镶嵌着古香古色的木质门窗，石板铺就的道路两旁挺立着高大的白杨。

因整个村落整齐划一，独具特色；气候相对温和，海拔较低，人们亲切地称她为玉树"小北京"。

拉司通村原本是山坡上的村庄，搬到现在的区域已有100年。100多年前，拉拉布寺第十三世活佛江永·罗松嘉措寻访各地，返回拉司通村后，认为山上居住环境多有不便，便将整个村重新布局，把居住在山坡上的居民搬迁到河谷平坦地带，带领大家整治河床、规划道路、布局村舍、

拉司通村　摄影 / 江永格来

种植树木；参照北京故宫、颐和园等建筑布局和风格，筹建具有鲜明藏族特色的古文化村，把整个拉司通村建设成为一个干净整齐、规划有序的村落。

如今看来，这样的设计和建筑集人文和自然、生态和环保于一体。和谐的家园、宜人的环境、恬静的生活、多元的文化，使拉司通村赢得了"高原小江南"的殊荣和美誉。

玉树第一棵树

这里诞生了玉树的第一棵树。杨树属于阔叶树种，需要充足的阳光和水分，在高原地区不容易成活。

1914年，江永·罗松嘉措率随从用500多头牦牛，日夜兼程，风餐露宿，从800多公里之遥的西宁、湟源等地，驮来2000余株白杨树苗，为防止树苗干枯，白天毡裹、夜晚浸水，历经艰辛 100 多天，将树苗运达拉司通村，创造了驮运树苗徒步穿越青藏雪线的奇迹。次年，这些树苗奇迹般地吐露新芽，从此白杨树便在玉树扎下了根。

一代代拉司通人锲而不舍地传承着他们的绿色梦想，年年种树不止，延续至今，终于全村所到之处郁郁葱葱。

今天的拉布寺后山，人们已将当年成活的第一棵树四周建起院墙，悬挂上"玉树第一棵树"的金色名牌，并涂上醒目的绛红色涂料表示追念与感怀。今日的拉司通村，因群众生态环保意识强，管护措施得当，茂盛的人工林随处可见，树木成群，成为生态公园，是人们休闲、游玩、乘凉的好去处。

藏族风情浓郁的古村落

拉司通村所在的拉布乡，是"中国民间文化艺术之乡"。近年来，越来越多的游客慕名而来，热情好客的拉司通人端着美酒，唱着民歌欢迎客人。

品尝当地特色美食。巴萨玛克，"巴萨"是面粉，藏语意思是"新娘"，"玛克"是酥油，巴萨玛克是由面粉、酥油、藏糖、冰糖、奶酪等 8 种材料制作而成的特有面食，当地人将这种面食叫作八宝饭，至今仍是拉布乡特有的招待贵客的食品。据说，这道美食与文成公主有关，是当年文成公主和亲，途经通天河，藏族人民为迎接这位远道而来的汉族公主，专门做出的融合藏、汉两种风味的甜食。

此外，还有由寺院秘制的一种甜食"布达"，用"硬曲拉"、果脯和白糖（或红糖）混合而制成"凸"；营养丰富，补血养气、口感甜润的"龙庆图巴"等。

欣赏当地民间歌舞。最具代表性的是"巴吾巴姆"：100 余年前江永·罗松嘉措赴北京朝见清朝皇帝，回来后活佛参照宫廷舞蹈的样式，结合当地舞蹈精华，编排出了歌舞"巴吾巴姆"。使拉布乡变成了歌舞之乡，这里的人们会走路就会跳舞，会说话就会唱歌。歌舞"巴吾巴姆"集中展现了古老民族文化艺术的精髓，表演者均为 15 岁以下的童男童女，男童属相为虎，女孩属相为龙，有严格的规定，涵含着丰富厚重的宗教文化底蕴。还有在盛大节日、庙会、法会上演出武士舞；每年盛夏时节由锅庄舞演变而来的一种全新的舞蹈"曲卓"。

感受传统民俗节日仪式。每年藏历春节十三日，拉司通村民和周边信众聚集在格萨尔王庙欢度一年一度的隆达节，期间邀请寺院僧侣做仪式、诵经、供奉神灵，随后老百姓向天空撒隆达（风马），祈求一年出入平安、财运亨通；每年的八月初，村民们自发在树林里搭起帐篷，自由娱乐跳舞，随着时间推移，渐渐演变成了当地每年一度的节日嘻嘻节（林卡节）；纪念宗喀巴大师的燃灯节。

今日美丽拉司通

近年来，凭借规划有序的村道、古老的藏式古建筑和独具魅力的藏族文化，拉司通村自身资源特色优势，大力发展生态旅游业。

重视生态环境保护。大力推进绿化建设，大量种植了杨树、丁香、松树等适应高原型植物，公共绿化与居民住宅绿化齐抓，形成了集防护和观赏于一体的环村绿化带；在街道、农户庭院内，有针对性地补种丁香等树种，以营造优美乡村环境。重视河道保护，定期治理水污染。加大村内治污力度，全村生活垃圾定点存放清运率和无害化处理率均达到了100%。

重视发展生态产业。拉司通村为主农副牧村，主要种植青稞、洋芋和油菜。"温饱靠农业，增收靠虫草"。5—7月的虫草收入是拉司通村的主要收入来源。随着社会发展，产业类型日益增多，农民以生态产业发家致富的思路日益开阔。作为生态新兴产业，拉司通旅游业收入比重越来越大，在提高群众收入水平上的拉动效应逐年提升，藏家乐、观光赏花、度假村等旅游项目正在稳步兴起。

随着拉司通村生态旅游产业逐步走向科学化、规模化，旅游产业在拉司通村整体经济中扮演着新增亮点的角色。在确保生态先行的基础上，拉司通村开创了户户有能人、人人懂技术的科学发展脱贫之路，被评为中国"最美民俗古镇"和AAAA级旅游景区等，逐渐成为"玉树核心旅游区"的旅游品牌，被越来越多的群众认知。

第五章　西域古村镇

喀纳斯系蒙古语，意为"美丽而又神秘的地方"。其景由时而现，时因景而知，四季的轮换成为这片土地上最绝妙的画笔。走过喀纳斯"三道湾"，从此不想做神仙。喀纳斯湖是保护区的核心精华。喀纳斯村居民自称是蒙古族的图瓦人，而随着近年来对喀纳斯风景区的不断开发，喀纳斯和这个古老的民族也被越来越多的人所熟知。

一、喀纳斯：惊艳世间的美好

在新疆极北的地方，有一方纯净的土地，去过那里的人，都叫她人间仙境。壮美瑰丽的冰川雪峰、琉璃千顷的高山湖泊、绵延千里的河流山脉、佳木繁茂的原始森林，还有图瓦人的低吟浅唱，这一切组成了一个梦幻般的名字——喀纳斯。

喀纳斯系蒙古语，意为"美丽而又神秘的地方"，她位于中国新疆阿勒泰地区布尔津县北部，北与哈萨克斯坦、俄罗斯接壤，东邻蒙古国，总面积 10030 平方公里，包括喀纳斯国家级自然保护区、喀纳斯国家地质公园、白哈巴国家森林公园、贾登峪国家森林公园等。核心区域为禾木喀纳斯乡，下辖禾木村和喀纳斯村。区内景色兼具北国风光之雄浑与江南山水之娇秀。

翻开喀纳斯恬淡悠远的山水长卷，世间的所有似乎都可以置若罔闻，因为这里美轮美奂，总会让人找到内心最为深远与安静的归宿。

四季轮换的容颜

喀纳斯景由时而现，时因景而知，四季的轮换成为这片土地上最绝妙

初秋的白哈巴　摄影/刘新海

的画笔。从春入冬，喀纳斯湖水会随着季节和天气的变化而变换颜色，加之周围的山林映衬，形成一幅幅精美绝伦的自然山水画。无论何时，进入喀纳斯，总会有一种大梦初醒的幻觉，而真当定睛细看这山水丛林，又会怀疑自己是在睡梦中。

若非要在这些画卷中挑出一幅最具有代表性的，那一定是在深秋时节。那时，整个喀纳斯层林尽染，颜色迥异的云杉、山杨、白桦错落有致覆盖在一座座山体之上，如同画师无意之间打翻了五彩缤纷的颜料瓶，泼洒出一副令人叹为观止的绝世名画。

光有颜色的装点，是远远不够的，变幻莫测的天气，更是这幅"名画"的点睛之笔。风和日丽时，蓝天白云与湖光山色鲜艳亮丽，通透无比；阴雨绵绵中，山林肃穆，湖水泛波，神秘莫测；而最令人神往的，是大雾弥漫的天气。雾时，整个景区"仙气"十足，雾气如同一条条轻薄的绸缎飘荡在山水之间，真可谓：山不在高，有仙则名。水不在深，有龙则灵。

而这一系列美景的成因，则得益于特殊的水质，加之天色与山色的精妙"配合"。被群山环抱的喀纳斯湖，在不同天气的影响下，湖水受阳光和云团的映射，又将周围的山色反射在湖中，于是变化万千，斑斓流彩。

喀纳斯湖全景 供图／新疆喀纳斯国家级自然保护区管理局

最美不过"三道湾"

在新疆，有这么一句话：走过喀纳斯"三道湾"，从此不想做神仙。"三道湾"美景只应天上有，甚至天上都不一定有。

神仙湾是喀纳斯湖在山涧低缓处形成的一处浅滩。在阳光照射下，湖面背光看去闪着细碎的光，仿佛无数颗珍珠肆意洒落，加上碧水之上云雾缭绕，山景、湖水、树木相映，如临仙境，由此得名。而流淌在神仙湾里的河水更是"任意妄为"，刀劈斧凿般地将这里的森林和草地切分成一块块藕断丝连的小岛。小岛的周围环绕着的水流就像融化的翡翠，阳光一洒，宛若天堂之岛。

月亮湾迂回蜿蜒在峡谷间，是喀纳斯的标志性景点，俨然已成为喀纳斯走向世界的一张名片。喀纳斯河在这划了一道"S"形的弧线，犹如弯弯的月亮落入这林木葱茏的峡谷，令无数游人为之陶醉，故而被称之为月亮湾。月亮湾的两岸峰峦叠嶂，森林密布，古木参天，它们如同一个个昂首挺胸的侍卫，保卫着这从天而降的一轮新月。

神仙、月亮，在一切都充满着神秘的喀纳斯，卧龙湾的由来却是最写实而又最富有传奇色彩。据说很久以前，一条巨龙来此戏水，忽然天气骤变，刹那间变成隆冬，巨龙被冻僵在这里，故而得名卧龙湾。听起来，这似乎只是一个虚无缥缈的传说。而真当卧龙湾出现在眼前时，所有人都会理解眼见为实的真正含义。

卧龙湾由喀纳斯河在此长期侵蚀冲刷而成，因河湾突然开阔，河流在此流速减缓，水面微波浮动，碧蓝洁净，清澈透明，熠熠闪光。

湖的四周森林茂密，繁花似锦，绿草如茵，湖中小岛更是景色秀丽，宛如一颗硕大的珍珠镶嵌在水中央。湖的泄水处有座木桥飞架东西，站在桥上向北望去是一平如镜的卧龙湾，向南望去则是奔腾咆哮的喀纳斯河。湾内的湖心岛犹如一条巨大的卧龙，横卧于此。

每逢夏季，游人们便喜爱在卧龙湾的河谷森林中休息、赏景、乘凉，或于小湖中泛舟或在岸边垂钓。水色碧蓝洁净，柔波浮动，光线散落湖面，闪闪发亮，人与自然合二为一。

喀纳斯月亮湾 供图 / 新疆喀纳斯国家级自然保护区管理局

穿越时空的神秘之湖

　　走过"三道湾"，就能看到喀纳斯国家级自然保护区的喀纳斯湖——中国最深的高山淡水湖泊。它是神明遗落在凡间的一颗明珠，千百年来静静地躺在群山的环抱中，遗世而独立。湖周围，峰峦叠嶂、森林密布、草场繁茂，各种景致浑然一体，而多年来的种种传说，更是给这片与世隔绝的湖泊蒙上了一层层神秘的面纱。

　　"喀纳斯"除了"美丽而神秘的地方"这个意思以外，还有一层含义是"圣洁的水"或"王者之水"。相传蒙元时代，成吉思汗的军师耶律楚

材远征途经喀纳斯湖，被这壮丽的景色深深打动，吟诗道："谁知西域逢佳景，始信东君不世情。圆沼方池三百所，澄澄春水一池平。"这是有关喀纳斯的最早的一首古诗。而关于耶律楚材探访喀纳斯湖的目的，也是人们猜测的话题，耶律楚材是成吉思汗最信赖的军师，他肯定不会只是游山玩水来到喀纳斯，必定带着一个重大而秘密的任务，那这个任务是什么呢？现已无人知晓。

对于喀纳斯的种种一切，最神秘莫测的便是"水怪"的传说。多年来，关于喀纳斯"水怪"的传闻屡见不鲜，不仅当地牧民一直传说湖中有巨型"水怪"，常常将在湖边饮水的马匹拖入水中，此后不时也有游客声称见到水怪，并有相关的视频。

事实上，喀纳斯"水怪"之说并非当世所传，而是由来已久。据当地的牧民说，很久以前，成吉思汗西征，途径喀纳斯湖，见到这样一个美丽的地方，决定在这里暂住时日，休整人马。成吉思汗喝了湖水，感觉特别解渴，就问手下将领这是什么水。有一位聪明的将领答道："这是喀纳乌斯（蒙古语：可汗之水）。"众将士便齐声答道："这是可汗之水。"成吉思汗说："那就把这个湖叫作喀纳乌斯。"于是在当地的"原住民"图瓦人的传说里，他们是成吉思汗的后代，在成吉思汗驾崩之后，遗体就沉在喀纳斯湖中，图瓦人作为当年成吉思汗的亲兵，就留在喀纳斯湖中，世代守卫王陵。"湖怪"就是保卫成吉思汗亡灵不受侵犯的"湖圣"。

悠悠湖水深几许，喀纳斯湖神秘而梦幻般的魅力穿越时空，吸引着一批又一批人们，来到这里。

不会被遗忘的民族

喀纳斯居民自称是蒙古族的图瓦人。图瓦人是我国一支古老的民族，以游牧、狩猎为生。他们世代居住在喀纳斯河流域至禾木河一带，现仅存2000余人，主要分布在禾木村、喀纳斯村和白哈巴村。

喀纳斯村和禾木村与湖水相邻，坐落于铺满原始森林的群山之间，山中松杉桦树挺立，鸟鸣啾啾，涧壑清泉，野花野草芬芳馥郁。当地图瓦人居住的房屋全部由原木塞上苔藓筑砌而成，下为方体，上为尖顶结构，以适应山区多雨雪的环境。这种原生态又富有几何美感的房屋与自然环境相互辉映，融为一体。倘若居住在这样的房屋里，看看日出日落，听听大自然的声音，似乎都是一种修行。而定居在这里的人们，已然将这样的"修行"进行了几百年。

人们对幸福生活的定义是不同的，有的人看重物质，有的人热衷精神方面得到满足。但究其人类的本性之源，精神需求才是最终所追求的。就像当任何一个人远离城市的喧嚣，走进喀纳斯，应该没有人会认为生活在这里的人们是不幸福的。

他们放牧，就将牛羊放逐于喀纳斯的广阔天地之间；他们打猎，就带上自做的原始工具，在山林中追逐着猎物；他们演奏，吹的是自制的乐器"苏尔"，音质像洞箫，又像长笛，被当地居民称为"天籁之音"；他们演唱，以一种神秘的发声方法——"呼麦"。当歌声四起，仿佛听见了松涛在山谷中回荡，又仿佛是湖水在秋风中呜咽，眼前浮现出喀纳斯的美丽清晨。

由于长期以来的与世隔绝，图瓦人被人们称为被遗忘的民族，但实际

冬季赛马

吹苏尔的老人

射箭比赛

擀毡

祭敖包

上，他们自己从来没有忘记来自何方。在图瓦人的家中，都挂着成吉思汗像，按图瓦人的说法，他们是成吉思汗的后裔，是成吉思汗和其神秘财宝的守护人，千百年来驻守在这里。而近几年，关于图瓦人的来源又有了新说法，俄罗斯学者发现，图瓦人可能是印第安人的祖先，或是他们是从俄罗斯的图瓦人共和国迁徙到这儿的。

无论图瓦人来自哪里，他们终归为美丽的喀纳斯增添了一份独有的人文、民族风情，使得喀纳斯的整体魅力更为立体与饱满。而随着近年来对喀纳斯风景区的不断开发，这个古老的民族走出了被遗忘的角落，为越来越多的人所熟知。

唯有走近，才能看见，人间仙境喀纳斯，会一直在这里，守住这份惊艳世间的美好……

喀纳斯湖的秋景

美丽的草原和国家级非物质文化遗产《江格尔》史诗是江格尔村的名片。这里水源丰富，水草丰茂。那仁和布克牧场最为著名的就是新疆绒山羊。和布克赛尔蒙古自治县是《江格尔》的故乡。在收集整理中，以江格尔奇加·朱乃贡献最大。2006年9月，自治区文联将加·朱乃老人生活的额木根村命名为"江格尔文化村"。

二、英雄史诗《江格尔》的发源地，新疆和布克赛尔县江格尔村

那仁和布克牧场是一个边境牧场，位于和布克赛尔蒙古自治县西北部，江格尔村位于那仁和布克牧场西南部。东与莫特格乡相连，南与和什托洛盖镇和克拉玛依市毗邻，西与托里、额敏县交界，北与铁布肯乌散乡接壤。

美丽的草原和国家级非物质文化遗产《江格尔》史诗是江格尔村的名片，每年吸引数万名游客和国内外专家学者慕名考察访问、旅游观光。

水草丰茂的那仁和布克牧场

江格尔村位于我国第二大沙漠——古尔班通古特沙漠边缘，自然气候条件恶劣，每年至少有70多天8级以上的大风天气，其余时间也有4—5级的西北风，年降雨量仅为140.5毫米。

然而，由于那仁和布克河川流而过，使这里水源丰富，水草丰茂，并非一片荒漠景象。全村草场面积2.5万亩，湿地面积13.3万亩，绿化面积1.5万平方米，种植1万余棵树。

优良的草原也孕育了肥美的牛羊，那仁和布克牧场最为著名就是新疆

绒山羊。该羊生长速度快、产绒多、绒品细、野性强，还曾荣获全国农业标准化示范县（农场）示范产品。江格尔村60%收入来自山羊绒，优秀的山羊品种也带动了牧场及周边牧区牧民脱贫致富。

闻名遐迩的英雄史诗《江格尔》

蒙古族英雄史诗《江格尔》与藏族英雄史诗《格萨尔》、柯尔克孜族英雄史诗《玛纳斯》并称为中国文学史上三大英雄史诗。《江格尔》于12世纪前在新疆卫拉特蒙古族中产生，到15、16世纪定型。是饮誉世界的长篇史诗，被世界《江格尔》学者和专家誉为东方的《伊里亚》。

《江格尔》这部伟大的英雄史诗，代表着古代蒙古族民间文化的最高成就，是古代蒙古族人民智慧的结晶和知识的宝库。江格尔这个古代英雄的光辉形象，深刻地体现了生活在蒙古高原之上的蒙古族人民勤劳智慧、万难不屈、自强不息、勇于开拓、敢于创造的民族精神；表达了蒙古族人民希望国家统一、民族团结、众生平等、政治清明、道德高尚、生活自由、社会安定、物质富裕的美好愿望和崇高理想，热情歌颂了光明、正义和一切真、善、美的事物，有力地鞭挞了社会上一切丑恶、黑暗、伪善、残暴、欺诈和腐朽的现象。《江格尔》史诗拥有一般的民间文化所无法比拟的丰富内涵、艺术魅力、思想力量和历史价值。

和布克赛尔蒙古自治县素有《江格尔》故乡的美称。经过多年的走访、考察和论证，特别是国内外江格尔史诗专家的考证，和布克赛尔县是拥有《江格尔》流传年代长远、收集章节齐全、民间传说遗迹众多、江格尔艺人最多的地方。这其中，那仁和布克牧场也是世界上演唱《江格尔》人数和篇章最多的村，世界研究《江格尔》的学者和专家2006年确认和布克赛尔是《江格尔》的发源地。

2006年，蒙古族英雄史诗《江格尔》被列入首批国家级非物质文化遗产保护名录；2007年，蒙古族长调民歌、蒙古族托布秀尔音乐这两项民间文化，被列为新疆维吾尔自治区级第一批非物质文化遗产保护名录。

江格尔奇加·朱乃，国家非物质文化遗产保护传承人

在收集整理《江格尔》中，以江格尔奇加·朱乃贡献最大。他出生于1924年6月，能够演唱《江格尔》25章24万行，被中国《江格尔》研究会授予"著名国家级江格尔奇"以及"在英雄史诗《江格尔》传唱事业中做出突出成绩"等荣誉称号。1981年，被国际史诗学会主席、德国波恩大学教授卡尔·约瑟夫称为"当代传唱《江格尔》史诗的杰出代表，是大师级的民间艺人"。从20世纪80年代到现在，加·朱乃老人已荣获国家文化部、国家民委、自治区文化厅、自治区民委以及世界《江格尔》学会等组织授予的最高荣誉。

由于加·朱乃老人对于传承《江格尔》文化做出了重大贡献，2006年9月，自治区文联将加·朱乃老人生活的额木根村命名为"江格尔文化村"。后来，牧场党委、管委为了纪念这一具有历史意义的事件，将那仁和布克牧场称为"江格尔文化村"，简称江格尔村。加·朱乃老人一共培养了成年组、青年组、少年组三代格尔齐传人652人。那仁和布克牧场也

《江格尔》非物质文化遗产传承人加·朱乃演出时留影　供图／新疆林业厅

那仁和布克牧场上的《江格尔》传承人　供图/新疆林业厅

成为江格尔奇的培养基地。

江格尔村依托独特的自然环境和文化氛围，每年吸引数万名游客和国内外专家学者慕名考察访问、旅游观光，带动了当地牧民的脱贫致富。该村曾举办"和布克赛尔蒙古自治县第一届江格尔奇培训班暨和布克赛尔蒙古自治县第二届（达仑陶布齐）江格尔说唱比赛"等文化宣传活动，并连续10年举办江格尔演唱和说唱文化等旅游活动，突出了国家统一、民族团结，爱我家乡、爱护生态等主题，吸引了众多爱好者和群众。

随着世界《江格尔》研究的发展，加·朱乃老人和演唱团曾走出国门，在日本等国进行《江格尔》学术交流。2010年《江格尔》少年马头琴演唱队应邀前往德国参加国际文化交流，在维也纳金色大厅荣获优秀表演奖。目前那仁和布克牧场江格尔村以江格尔文化为主的旅游业前景十分广阔。

吐鲁番的葡萄举世闻名，提到吐鲁番，人们就会想起葡萄，就会联想到葡萄沟，而提起葡萄会让更多的人想起葡萄村。悠久的历史文明、独特的历史人文景观和自然生态景观、别具特色的民族葡萄文化、蒸蒸日上的葡萄产业使葡萄村闻名遐迩，享誉海内外，也让人心旷神怡，流连忘返。

三、西域文明的神秘乐土，
　　新疆吐鲁番葡萄沟葡萄村

吐鲁番的葡萄举世闻名，而提起葡萄便会使人想起葡萄沟的葡萄村。悠久的历史文明、独特的自然人文景观、别具特色的葡萄文化和民族风情，这片神秘的西域文明乐土，使吐鲁番成为世界历史文化宝库。

古丝绸之路上的重镇

吐鲁番是古丝绸之路上的一个重镇，曾经是西域政治、经济、文化的中心，世界四大文化体系的交汇点，历史悠久、文化灿烂。

距今 3000 年前，姑师（又称车师，今吐鲁番）人就生活在这里了，他们以吐鲁番为中心，包括乌鲁木齐、吉木萨尔、奇台等地。车师人建立的交河故城是古丝绸之路上的古城。公元前 138 年，张骞出使西域，出玉门、阳关后北行，由姑师沿天山南麓向西；公元前 108 年，汉朝出兵攻破楼兰、车师；公元前 68 年，汉朝派侍郎郑吉率兵再次攻占车师；公元前 59 年，因匈奴内争，其主管西域的日逐王先贤掸率万余众降汉，汉使护鄯善以西使者郑吉迎之，匈奴在西域的统治力量随之瓦解，于是汉廷使护鄯善以西南道诸地的郑吉"并护（车师以西）北道，故号曰都护"。

　　唐朝贞观十四年（640）设置安西都护府，治所安西（今新疆吐鲁番东高昌故城），统安西四镇，龟兹、疏勒、于阗、碎叶（今吉尔吉斯斯坦的托克）。经过长期的历史演变，本土居民与外来民族的长期融合，葡萄沟形成了维吾尔族、回族和汉族长期互助友好的原住民族群。

交相辉映的人文和自然生态景观

　　吐鲁番是西域最具综合性、典型性、代表性的地区之一，具有辉煌灿烂的人文景观和奇特旖旎的自然生态景观。大自然赋予这块土地以神奇的力量，既有干燥寂静的沙漠，也有飘香的果园、茂密的森林和草场；既有炎炎的火焰山，也有清冽的天山雪。就是这样一块土地，造就了最热、最

葡萄沟全景　供图／新疆林业厅

低、最干、最甜的火州，孕育出独特的自然景观和生态环境。

吐鲁番有深埋几千年前历史文化的阿斯塔那古墓，有托起《西游记》中八百里火焰的火焰山，还有满载宗教、厚重历史文化的交河故城等。但是，最令人叫绝的还是葡萄沟。

葡萄沟呈南北走向，北高南低，长约 8 公里，东西最宽处约 2 公里。地理层次分明，大轮廓的最外层以火焰山上残尾为壁，形如马槽的帮，夹着的是数千亩天山雪水带来的泥沙形成的肥沃的葡萄田。这葡萄田与火焰山颜色分明，界限清楚，远看如油画，近看似家园。

沟底是一条长年清水潺潺、令人魂牵梦绕的葡萄沟河，是葡萄沟的生命之源。

葡萄沟是吐鲁番"火洲"中的一片绿洲，沟内与新疆其他地方的干热荒凉形成鲜明对比。葡萄架组成条条绿色葡萄长廊，良好的植被和较充足的水源形成葡萄沟内独特的小气候，成为吐鲁番地区夏季避暑休闲的上乘场所，这里每年适宜室外活动的季节较新疆其他地区平均多 4 个月左右。

沟谷两岸悬崖对峙，陡峭的崖壁上长满密如帘帷的野葡萄、刺蔷薇；沟内溪流环绕，葡萄藤蔓层叠，在葡萄园之间，影影绰绰点缀着维吾尔人家的小院。远处，蝈蝈笼似的葡萄干凉房屹立在干热的漠风中，层层叠叠，错落有致。登上山坡，独有的西域田园风光尽收眼底。

说到葡萄沟，不得不提坎儿井。坎儿井是荒漠地区一种特殊的灌溉系统，遍布于新疆吐鲁番地区。坎儿井与万里长城、京杭大运河并称为中国古代三大工程。吐鲁番的坎儿井总数达 1100 多条，全长约 5000 公里。

在吐鲁番盆地大量兴建坎儿井，是和当地的自然地理条件分不开的。吐鲁番是中国极端干旱地区之一，年降水量只有 16 毫米，而年蒸发量可达到 3000 毫米，可称得上是中国的"干极"。但坎儿井是在地下暗渠输水，不受季节、风沙影响，蒸发量小，流量稳定，可以常年自流灌溉。

别具特色的民族葡萄文化

吐鲁番自古就是一个多民族聚居的地方，古代丝绸之路曾使这里繁华一时，经过漫长的自然、历史进程，形成今天吐鲁番特有的民俗文化现象。

葡萄沟是集维吾尔族风情、民俗民风为一体的民族居住区。它承载着古老的文化，融合着现代风格，浓缩延伸着维吾尔族婚俗、饮食、服饰文化，展示着吐鲁番风土人情。

葡萄村大多居住着维吾尔族和回族居民。维吾尔族传统民居非常有特色，一般大门忌朝西开，室内基本都有挂毯（悬挂在墙壁）、地毯、花毡、包钢花木箱、彩绘衣柜、铜制沐浴器具。

民族节日是最好的文化纽带，浓浓的民俗风情将各族人民紧密相连。每逢金秋八月葡萄成熟的季节，都会举行盛大的"中国丝绸之路吐鲁番葡萄节"，这已成为当地的传统节日和吐鲁番独特的旅游文化节庆。"葡萄节"不仅充实了群众的文化生活、艺术生活，还营造了欢乐的节日气氛，弘扬了丝路文化，挖掘了吐鲁番的民间艺术，每年吸引着大量国内外游客前来游览、欣赏葡萄村独特的民族风情。

除此之外还有维吾尔族民俗馆、葡萄长廊、西域酒城、葡萄博物馆、千泪泉瀑布、民族风味小吃、民俗婚庆、斗鸡表演、民族歌舞表演、达瓦孜高空走钢丝表演、世界大馕坑等项目，向大家展示葡萄沟别具特色的民风民俗。

王洛宾音乐艺术馆依山傍水坐落在葡萄村的绿树丛中，以其独特的文化内涵成为吐鲁番知名旅游景点。这位"西部民歌之父"传唱世界、脍炙人口的音乐作品与他坎坷的个人生涯资料等都珍藏于此。

葡萄品种资源丰富，葡萄产业蒸蒸日上

葡萄村是一个无污染的原生态农业村。这里种植无核白葡萄、马奶子、红葡萄、喀什哈尔、白加干、索索等 70 多个品种。其果实呈球形、卵形、椭圆形等，有的葡萄晶莹如珍珠，有的鲜艳似玛瑙，有的绿若翡翠，五光十色，翠绿欲滴的鲜葡萄令人垂涎不止。素有"珍珠"美称的无核白葡萄，含糖量高达 24%，超过美国加利福尼亚州的葡萄，居世界之冠。

葡萄村的人们生活在葡萄的世界里。人们用葡萄绿化环境、装扮庭院、点缀生活，生产和生活都离不开葡萄，葡萄和人们和谐依存、密不可分。

吐鲁番的葡萄熟了 供图／国家林业和草原局宣传办

葡萄是葡萄村的支柱产业。全村耕地总面积2305亩，其中葡萄面积1904亩，年产鲜葡萄600万公斤，葡萄干300多吨。

近年来，葡萄村始终坚持"以葡萄为龙头，旅游、劳务输出、畜牧业同步发展"的经济思路，依托地缘优势，大力发展葡萄支柱产业和以旅游业为核心的第三产业，扶持农民围绕民族餐饮、干鲜果品、民族工艺品制作销售、客运、文艺表演、导游、讲解员等服务项目就地转移，多渠道增加农民收入。

葡萄沟的情，葡萄沟的景，会让你心旷神怡，流连忘返。徜徉于清凉世界"葡萄沟"，你可以尽情领略维吾尔族民间歌舞的无穷魅力，品味吐鲁番葡萄瓜果特有的甘甜香醇，享受丝路绿洲"葡萄美酒夜光杯"的诗情画意……

第六章　关东古村镇

赫图阿拉，作为清朝皇室的祖居地、努尔哈赤建立后金政权的第一个都城，一直被视为清王朝的龙脉和启运圣地，更是被清太宗皇太极尊为"天眷兴京"。如今，古村寨历经400余年的风雨依旧巍然矗立，展示着曾经的辉煌与荣耀；古韵生态完美交融，满族生态文化在新的轮回中得到传承和升华。

一、赫图阿拉，大清王朝的启运之地

——辽宁省新宾满族自治县永陵镇赫图阿拉村

"蔼蔼兴王地，风云莫可攀。紫洄千曲水，盘叠百重山……"318年前，康熙皇帝永陵祭祖、巡阅兴京城时赋诗《兴京》，道出了当年大清王朝发祥地兴京城山环水绕的帝都气象。

如今，赫图阿拉古村寨，城垣故垒犹在，遗迹保存完好。衙门民居，班班可考；道观佛寺，香火不断。满族人民的生产生活以及礼俗信仰，在新的轮回中得到传承和升华。

追根溯源，回味古今。踏寻古人的踪迹，翻开历史长卷，大清——中国最后一个封建王朝的兴起，似乎都和这座古老的满族村寨息息相关……

赫图阿拉城，后金政权第一首府、清代第一都城

赫图阿拉（hetuala）为满语，意为横岗，是指从永陵盆地东边的山坡向西边平地伸出的一条矮岗。这里北临苏子河，过河为龙岗山；西傍二道河，隔河与呼兰哈达（满语："烟筒山"）遥遥相望；羊鼻子山耸立东南，连绵不绝；苏子河两岸沃野，开阔平坦。此地依山傍水，交通便利，是建城据守的形胜之地。

　　驰名中外的后金政权第一首府、清代第一都城——赫图阿拉城，是中国历史上最后一座山城式都城，也是迄今保存最为完整的女真人山城。清太宗皇太极尊赫图阿拉城为"天眷兴京"，乾隆皇帝东巡来此，曾亲笔题诗："赫图阿拉连兴京，依山树栅聊为城。秋风策马一凭阅，兆基缔构钦龙兴。"

　　赫图阿拉分内外两城。内城，最初建于横岗之上，大约明朝正德嘉靖年间，是努尔哈赤曾祖福满或其先人居住的城寨。《清太祖武皇帝实录》记载："福满生六子……四名觉常刚（觉昌安）……觉常刚住其祖居黑秃阿喇（赫图阿拉）地方……六子六处，各立城池，称为六王，乃六祖也。"

　　爱新觉罗·努尔哈赤于明世宗嘉靖三十八年（1559）出生于古城内，为塔克世的长子，10岁时生母喜塔拉氏病故，到19岁时努尔哈赤结婚后便分家另过。

　　万历十一年（1583）是清前史上一个最重要的年份。这一年，努尔哈赤的祖父和父亲在古勒寨（今新宾满族自治县上夹河镇胜利村南）被明官军"误杀"。为替父、祖报仇，胸怀大志的努尔哈赤含恨起兵，首先追杀唆构明官军进攻古勒寨的另部女真首领尼康外郎，攻下了其所占据的图伦城（今抚顺县上马乡苍什村北），这一年他25岁。之后努尔哈赤在二道河子南岸撒尔哈山北坡和坡下平地，"筑城三层，起建楼台"，在"建州老营"的基础上建"硕里阿拉"城。16年后，努尔哈赤毅然决定迁往赫图阿拉，在横岗上建城居住。后金建立的前一年，努尔哈赤确立了女真国家的根本制度——八旗制度，在女真发展史上具有里程碑意义。

　　明万历四十四年（1616）正月初一，明建州左卫都督、龙虎将军、五十八岁的努尔哈赤被众人拥戴登上"承奉天命养育列国英明汗"大位，建国大金（史称后金），建元天命，一个女真人自己的国家诞生了。

　　天命三年（1618）四月，努尔哈赤举行告天仪式，发布讨明"七大恨檄文"，率兵进攻他年轻时经常光顾的抚顺城，四月十五日攻入城内，轻易取得反明战争首仗胜利。次年二月底，明廷遣四路大军加上朝鲜援军一万余人，共计十余万人，分四路进剿后金，妄图合围努尔哈赤于赫图阿拉。后金采取"凭尔几路来，我自一路去"的战术，于三月初一日集中优势兵力在界藩山和萨尔浒山击败明军主力——从沈阳来的西路军杜松所部三万余人，接着北上围歼开原路马林军于尚间崖和菲芬山，后挥师向东，于三月初五击溃从东边宽甸路而来的刘所部与朝鲜援军。明军统帅、辽东经略杨镐惊闻明军三路败绩，急令辽东总兵李如柏率领的清河路撤兵回防。新生的后金政权取得了对明战争具有决定意义的萨尔浒大捷。

接着，挟萨尔浒大战的余威，努尔哈赤率军夺去了辽东重镇开原城。班师途中，努尔哈赤决定："吾等不回都城，于界凡筑城架屋居之，令兵马不济浑河，牧于边境可也。"八旗兵民全部迁到界藩城内外居住。努尔哈赤从此离开了崛起创业之地赫图阿拉，告别了苏子河畔。

明崇祯九年（1636），皇太极改大金国号为大清，改元崇德，称帝。清顺治元年（1644）八月二十日，顺治帝驾发盛京，九月十九日车驾至京，十月初一顺治行郊天大礼，重即皇帝位。史学家把这一年定为大清的开国之年——而这一辉煌的成果是在苏子河畔的赫图阿拉奠基的。

从清初直到光绪初年，赫图阿拉一直是兴京地区的政治文化中心。古村落居民繁衍，人口渐多，形成一个较大的行政村。

新中国成立后，国家重视古村落内的文物保护工作，村里也成立保护组织，精心呵护先人留下的文化遗产。1956 年，赫图阿拉城最早被公布为辽宁省第一批省级文物古迹保护单位；2006 年，又被公布为全国重点文物保护单位。

传承历史，弘扬文化

赫图阿拉城依山而筑，居高临下，三面环水，垒土围廊，地势南高北低，易守难攻。城内建筑布局既保留了女真民族的风格，又吸收了汉族中原文化的特点，特别是以中轴线为起点、南北向挺直延伸，反映出儒家"居中不偏""不正不威"的传统观念。

古城由内城和外城组成，内城主要建有汗宫大衙门、正白旗衙门、汗王井、关帝庙、塔克世故居、八旗衙门、文庙启运书院等；外城有驸马府、铠甲制造场、弧矢制造场、仓廒区等古建筑群。外城外的中华满族风情园里有显佑宫、地藏寺、满族民俗博物馆、满族老街和历史文化长廊等遗址。其中，位于城北的"汗宫大衙门"是全城的中心，称金銮殿，又叫尊号台，1616 年，努尔哈赤正是在此建立后金政权，登基"称汗"。

内城中部地势低洼，形若盆地，有全城唯一的饮水井，也是迄今国内

赫城外城　摄影 / 张玉宾

仅存的一眼木构泉水井，位于正白旗衙门岗下西南方，因努尔哈赤在此"建元称汗"，故得名"汗王井"。相传当时四处打井无果，后来努尔哈赤追随兔子的行踪发现水源，打出一口"千军万马饮不干"的水井。近 400 年来，汗王井一直水源充盈，清澈见底，井水甘凉爽口，严冬不封，酷暑清凉，是岗上人民的生命之源，也是赫图阿拉古城的历史见证。

为加速后金政权的封建化进程，努尔哈赤崇祀汉族先儒、先贤，把满文化主动融入汉文化之中。建在内城东南角高岗上的文庙，也叫孔子庙，足见一个满族首领对汉民族文化先师的崇敬。

出赫图阿拉城东行约 200 米的山岗上有两处建筑群，古朴典雅、庄严肃穆。这就是被合称为"皇寺"的地藏寺和显佑宫。地藏寺是满族人民最早修建的寺院，近 300 年来一度为辽东佛教名胜之地。至今，寺内香火仍长年萦绕，钟鼓之声不绝于耳。显佑宫亦是满族人民最早接受汉族文化中道教文化的实物力证，也是努尔哈赤时期的"堂子"所在，努尔哈赤每遇战事或重大活动之前，都要进堂子拜谒，祈求神明保佑。

古韵生态，完美交融

赫图阿拉村地处长白山系边缘，龙岗山南脉地带，区域面积 1.948 万

亩，有林地面积 1.4 万亩，森林覆盖率为 72.3%，依山傍水、风景秀丽、民风淳朴。悠久的历史文化底蕴和得天独厚的自然生态优势，使赫图阿拉理所当然地被列入了中国传统村落名录，同时被命名为"全国少数民族特色村寨"。

来到古村寨，在参天古榆的掩映下，置身于青砖青瓦的满家四合院中，时而与身着满族服饰的青年擦肩而过，仿佛穿梭于古今；行至古城，最为著名的满族秧歌、盛世锣鼓中的登基大典表演，令人叹为观止。560 余米的历史文化长廊青砖灰瓦，亭、榭、楼阁建筑，有机串联；503 幅满族历史画卷，栩栩如生，与你共同追忆历史，品评古今。满族风情园内湖光山色，晨钟暮鼓，悠远绵长。待到庙会和重大节日，赫城湖西畔的商贾街上，店铺招幌高挂，满乡特色旅游商品，琳琅满目，游人如织，热闹非凡。

400 余年的神奇古榆，形如麒麟，虽历经风雨，仍生机盎然。相传古时凡有不孕之人，来到树下诚心跪拜，乞求神树赐子，都会愿望成真，契合了汉族"麒麟送子"的典故，展现了满族人民对大自然的依赖与崇拜，见证了满汉文化的融合。

纵然历史变迁，但印证历史的古城、古井、古榆，依旧向世人展现着赫图阿拉古韵中的生态之美，庇护着古城人民世代幸福安康。

游览过古城，到满族农家做客，不仅可以体验田园采摘，亦可感受古村的生态之美。待到体乏腹空之时，美美地享用满族特色"八大碗"菜肴，可谓视觉与味觉的饕餮盛宴。

丰收的喜悦 摄影 / 金山

　　勤劳智慧的满乡儿女充分利用赫图阿拉独特而丰富的旅游资源，大力
发展了集生态、旅游、文化为一体的特色产业。同时，夏秋之际，依托众
多的水果资源，建起了"老城采摘园"；寒冷的冬季，则开展具有满族特
色的冰雪游乐、满族过大年、赶大集等农家乐休闲旅游项目。远近游人，
纷至沓来，年平均接待游客几万人次，直接带动经济增长二三百万元。

　　赫图阿拉村通过其特有的经济发展模式，在保护生态环境的基础上，
依靠先进的科学技术，将种植单一的农田作物向高效农业生产转变，形成
了农业与旅游业融合发展的良好局面，实现了经济的快速发展，取得了物
质文明和生态文明的双丰收。赫图阿拉，这颗辽东大地上的璀璨明珠，必
将放射出更加熠熠生辉的光彩。

辽东山区的东营坊乡，"九山半水半分田"。有"九寨沟的水""张家界的山"、神奇大石湖、秀美老边沟；萨满舞、秧歌、窗花剪纸、传统手工，礼节礼仪、民居古建等满族民俗技艺传承至今。如诗如画的东营坊，自然环境与人文景观兼容和谐，历史文化与现代文明传承交织。大力发展旅游业、绿色有机农业，特色优势产业，增收致富的道路越走越宽广。

二、古迹垂青史　奇景溢满乡

——辽宁省本溪满族自治县东营坊乡

在辽宁东部，曾经深藏于闺阁的本溪满族自治县东营坊乡，如今再也掩饰不住它的神奇秀美。拂开薄纱的刹那间，风光乍泄：这里有"九寨沟的水"，有"张家界的山"，春有山花烂漫，夏有满山青翠，秋有枫叶流丹，冬有疏林如画，山色奇观，浑然天成。

传承历史文化，独揽特色风情

东营坊乡是一个满族风情浓郁、山清水秀、人杰地灵的旅游之乡。满族人口占70%以上，满族萨满舞、秧歌、窗花剪纸、传统手工，礼节礼仪、建筑风格、风俗习惯等，在当地得到了较为完整的保存。

东营坊乡的满族剪纸属于我国北方剪纸流派，率性简洁，充分展现了满族风情和传统习俗。为弘扬满族剪纸艺术，东营坊乡多次举办剪纸作品展览。采用东北秧歌曲调和演出阵式的本溪社火传承至今，并于2006年列入省级非物质文化遗产。

在这里，没有人工雕琢，只有纯朴的历史与自然。层峦叠嶂、峡谷幽深、林丰草茂、古树苍虬，既有塞北粗犷豪放的阳刚之气，又有江南世外桃源的阴柔之美；原生态的"百里红叶""五花山景"绘出了森林公园的"十里画廊"；奇峰、怪石、瀑布、太子河源、原始森林，与长城遗迹、战争纪念地、乡俗民风融为一体。

据县志记载及本溪县庙后山发掘的古人类遗址证明，早在新石器时代，人类的祖先就在这里穴居渔猎、刀耕火种，繁衍生息，自夏商起至清朝，均属各朝代所设的州郡管辖。相传唐朝薛礼征东时期，因其地质地貌奇特，利于作战，便曾在此驻扎兵营，明清两朝时也曾在此驻扎兵营，故称东营坊。

1467 年，明朝为加强辽东防务修筑明长城，延伸至南营坊老边沟地区，由于年代久远，土垛而成的城墙已经倒塌，布满了青苔。1653 年（清顺治十年），陈满洲瓜尔佳氏祖先开始在东营坊地区垦荒种地，满族文化习俗至此开始广为传播。

东营坊乡湖里村是一个满族古村落，至今保留有满族贝勒府一处、满族图腾"海冬青"铜制雕塑一尊，至今仍保存着"老黄牛、弯弯犁"的满族传统农耕方式。每年农历十月十三日为满族命名日"颁金节"，满族乡民都会举办大型活动，纪念满族的诞生。

早在 70 多年前，杨靖宇率领东北抗日联军第一路军转战于本溪一带，与侵华日军展开艰苦卓绝的斗争，留下了气壮山河的抗日史话。当年的"边沟大捷"等抗联遗址在东营坊乡依然清晰可见，抗联精神在这里千古流传。东营坊乡也成为重要的爱国主义教育基地之一，每年到这里纪念、参观、考察人数达上万人次。

神奇大石湖，秀美老边沟

东营坊地区山清水秀、林密谷幽，风景旅游资源丰富，有大石湖老边沟景区、湖里景区、洋湖沟"画家村"、大地森林公园等。

神奇的大石湖以五龙湖最为壮观，五湖四瀑阶梯式排列于陡峭的山涧之中，湖水湛蓝清澈，瀑声如雷贯耳，令人惊心动魄。传说五龙湖是龙居宝地，其中第二个湖深不可测，由地下暗河通向东海。每遇干旱，远近村屯的乡民便到大石湖求雨，逢求必应，古往今来，传为佳话。大石湖龙王

神奇大石湖　摄影 / 朱万春

庙曾是明末时期铁刹山开山始祖龙门派第八代弟子郭守真云游传道之地，东北道教文化在这里广为传播。

金秋十月，秀美的老边沟层林尽染，漫山遍野的红叶成为摄影爱好者的圣地、艺术家的天堂。曾有诗人赞叹："一进老边沟，环游山水间。留连风景画，眷恋忘归返。奇美疑仙境，何思界外天？融身康乐地，增寿延华年！"

连接大石湖与老边沟的木兰谷，溪流淙淙，林荫茂密，丛林之中夹杂着成片的野生天女木兰，多达千余亩，堪称"世界之最"。天女木兰是国家重点保护的珍稀濒危树种，性喜阴凉，习惯生长在背阴坡的混交林中，花期一般在 6 月上旬到 7 月中旬。当天女木兰花辗然绽放之时，一株株亭亭玉立，一树树婀娜多姿，为初夏旅游增添了靓丽的景致。

这里自然景观与人文景观兼容和谐，历史文化与现代文化传承交织，有人概括它为："高峰林立插云天，巨石簇拥遍山川；水如玉带缠绕，湖瀑次第相连；山花春添彩，红枫秋争艳；遗址古迹垂青史，典故传说伴奇观。"

保护原生态，拓宽致富路

东营坊乡地处辽东山区，"九山半水半分田"，山高水丰，林木茂密，森林覆盖率达88%。依托独具特色的森林生态环境和民俗文化大力发展旅游业，带动"农家乐"222户，日接待能力100人以上的旅游山庄30处，森林旅游已成为全村生态产业的重要组成部分。2015年，全乡累计接待游客53万人次，同比增长13.2%。

与此同时，东营坊乡还大力发展绿色农业、有机农业，特色优势产业得到迅猛发展。"林改政策得人心，分林到户种人参。兴林富民政策好，林下遍地是黄金。"这首歌谣便出自东营坊乡。除了森林旅游、林下参，东营坊乡还发展了刺龙芽、辽五味、山核桃、红松果等林特产品项目，多措并施、一乡多业，极大地拓宽了村民增收致富的渠道。全乡种植五味子2500多亩、酿酒葡萄1500多亩、林下中药材7万多亩、干坚果经济林8万多亩、山野菜3万多亩，2015年全乡人均收入达到13000元。近年来先后被评为"国家级美丽乡村""国家级环境优美乡"。

大地韵律 摄影／聂令忠

辽宁凤城的大梨树村，是西汉时期辽东郡东部都尉治所武次县的遗址所在地，古老的历史为村庄平添古韵。梨花古朴淡雅、圣洁不骄；古训美德传承育人、传奇佳话流芳百世，进取与实干执着不懈、载誉前行。顺应自然改造自然的"干"字文化，记录着大梨树人艰苦创业的历史，诠释了生态文化的真谛，更创造了自然本天成的人间佳境。

三、辽东古寨
——辽宁省凤城市大梨树村

大梨树村位于辽宁省东部的凤城市，是个"八山半水一分田、半分道路和庄园"的满族特色村寨。古往今来，大梨树花开花落，古朴淡雅、圣洁不骄，大梨树村载誉前行，以其古训美德传承育人，以其传奇佳话流芳百世，进取实干，执着而不息。

辽东古寨的历史足迹

古老的历史为大梨树村平添古韵。20世纪70年代时，村里经常发现古代砖瓦石块，经初步调查，确定这是一座大型古城遗址。城址坐北朝南，呈正方形，长、宽均为500米，面积为25万平方米。城内地层文化堆积比较丰富，除了地表散布有大量的汉代砖、瓦和陶器碎片外，还发现西汉的房址和战国时期的钱币、工具、器物残片，足以说明早在战国的中晚期，这里的先民们已经具有相对稳定的生活环境、生产和经济活动。同时也证明，这座汉代城址是在先秦遗址的基础上建立起来的。随着对其考古挖掘工作的不断深入，专家们发现这座古城遗址的规划大于汉代一般的

凤城大梨树水乡　摄影／朱公福

县城，当时所使用的建筑材料也要好于一般的民用建筑材料。结合史料对武次县方位、地埋位置等方面的描述："辽东郡——县十八，武次，东部都尉治""武次县西北接候城、东北毗高显、西部有新罗、东南为西安平，有通往鸭绿江的孔道。"最后认定，这里就是西汉时期辽东郡东部都尉治所武次县的遗址所在地，距今已有2200多年的历史。因世代兵战、风雨侵蚀及人为取土破坏，城墙土筑已很难辨出基形，唯西墙壁还可略看出是一条高出地面的土垅。城址北侧山下立有"西汉武次县古城"的石碑，此遗址已被列为辽宁省文物保护单位。

至明朝末年，这里已变为村落，名为山前堡。因生长的梨个大味美、祛病强身而闻名于世，后作为贡品进贡京城。当地村民引以为荣，便自称是大梨树人，久而久之，大梨树便成了当地的村名。大梨树村不仅树有灵性，其山山水水更是传奇至圣，诸多脍炙人口的传奇故事一直流传至今。

大梨树后山有座药王谷，谷里随处可见药王神医的养生箴言，还曾出土过900多年的人参，灵气十足。更为传奇的当属阴阳泉，清朝嘉庆年间，此地居住着两个满洲望族，一个是镶蓝旗蔡氏，一个是正蓝旗车氏，不知何时两家结下了冤仇，形同陌路。但蔡家的青年乌伦春和车家的姑娘塔吉娜却一见钟情。正是嘉庆十二年，久旱无雨，家家户户只得到十里外的饮马河、蝲蛄沟挑水。后因二人纯真的爱情感动了柳枝娘娘，便插柳出泉，泉眼正在蔡、车两家地界，一边一个。奇怪的是，两眼泉水一个温度低，一个温度高；不但水质清冽甘甜，而且药效明显，可谓拍头头清，拭目目明，祛病健身，延年益寿。此后，蔡、车两个家族也和好如初了。

阴阳泉，现如今仍长流不止，两处泉眼分别有题名：阴泉处为"一杯天下最，两眼洞人生"；阳泉处为"双泉风骨奇，一泉乳万物"。俗话说"不喝阴阳泉，枉来药王谷"，故此成为游客旅游观光的必到之处。这里还流传着百年夫妻银杏树、药王治愈南海巨龙、盛满仙丹的宝葫芦的故事；有治病救人的龙潭、因救人而被二龙山镇压的小青蛇，以及龟背元宝送主人的传说等等。

每一个传说，都有一个正义的化身；每一段佳话，都有一段美丽的爱情……

顺应自然改造自然，"干"字精神创奇迹

大梨树村从不缺少传奇，大梨树人永远在创造着奇迹。古时以梨的味美强身而著称，而今用智慧实干将梦想的宏伟蓝图建造在这片沃土之上，使之成为家喻户晓的旅游胜地，迎纳四海宾朋。

饮水思源，大梨树今天的成就离不开优秀的带头人毛丰美书记。他是连续五届全国人大代表和全国劳动模范，共提出涉及"三农"问题的议案、建议232件，受到党中央、国务院和有关部门的高度重视，他用毕生的心血书写着人生的"干"字丰碑。

1980年，32岁的毛丰美被选为大梨树村的生产队大队长。上任当天，毛丰美就向村民许下诺言："一定要带领村党支部一班人干出个样来，让全村群众过上跟城里人一样好的日子。"

毛丰美率领村民，从最初的卖小米、土豆，到租房开旅馆，投资建宾馆、建企业，使大梨树村由最穷的村变成了远近闻名的富裕村。毛丰美兑现了诺言，然而在他的心里，还有更远大的梦想，就是"让村民过上比城

里还好的日子"。

有了初步的积累后，毛丰美开始将目光放到村里的八山半水一分田。大梨树的山已荒芜多年，在别人的眼里这里只有乱石成片，然而在毛丰美的眼里，这里满山是黄金。他说："只要我们肯吃苦肯流汗，这就是我们的金饭碗。"

1989年秋天，大梨树村在历时5年的治水工程结束后，开始了以"修梯田、栽果树"为内容的"绕山转"工程千人大会战。每天毛丰美总是第一个上山，一双解放鞋、一把铁锹，一干就是一天，曾经一个月没回过家，几次累昏在工地上。

就这样，毛丰美带领全村人一干就是十几年，愣是一锹一镐把20多座荒山治理成梯田式万亩果园。同时，建水库、修池塘、治河流、筑堤坝，把旱天干涸、雨季泛滥的小河沟改造成生态景观河，年蓄水量40万立方米，森林覆盖率提升到80%，被授予全国水土保持生态建设先进单位。

整治后的荒山变成了绿水青山，成了大梨树村的金山银山。他们在山上修建了花果山、药王谷、联珠三湖、仿古新村等大型景区，仅五味子和葡萄藤蔓盘绕成环山绿色长廊，就长达18公里，为全国最长的生态长廊，大梨树村也成为"全国农业旅游示范单位"，吸引了来自四面八方的目光，年接待游客近30万人次，旅游收入2439万元。

30多年前的穷山村成为全国新农村建设的典范，村民过上了比城里还好的日子。然而，毛书记却永远地离开了……但大梨树发展的脚步没有停歇。

特色村寨尽显异样风情

来到大梨树，入村即入景。每逢春季，可谓"千树万树梨花开"，2.6万亩的花果山上犹如花的海洋。顺着花香，进入花的世界，如醉如痴；待果熟时节，亦可体味采摘收获的喜悦。步入药王谷，林木繁茂，曲径通幽，望飞鸟，闻虫鸣，饮阴阳泉水，赏药王箴言，悠哉！游哉！

宏伟壮观的"干"字文化广场彰显着大梨树人顺应自然改造自然的深刻内涵，与800平方米的村史馆遥相呼应，记录着大梨树人艰苦创业、矢志不悔的开拓精神。苦干、实干、巧干，"干"字精神永远激励着后人前行。

自古大梨树村就是满族聚居地，为传承文化、展示特色村寨的风土人情，村内民居都是青砖黑瓦白墙，依水而建；村史馆、文体宫红柱飞檐，古朴庄严；六座牌坊门形态各异，凸显清朝满族特色。

村内的商街店铺，均有满汉两种文字。不仅可以到骏贝勒满族文化工作室里欣赏满族服饰、服装、弓箭等文化元素，研习满文，还可以到民俗文化馆里体验满族工艺，观看原汁原味的满族歌舞，品尝特色食品，切身感受民俗文化的灵魂和魅力；不仅可以参观"影视城"体验明星演艺，逛逛"知青城""青年点"回味激情岁月，还可以走进"庄稼院"，体会浓郁的满族文化，尽情享用满族饭菜，饮杯自酿的五味子酒，让人醉在浓浓的乡情里。

茶余饭后，游走于别致的古建筑之间，漫步于夕阳西下的小桥之上，聆听流水的曼妙之音，犹入江南水乡。传奇秀美的大梨树村，不仅诠释了生态文化的真谛，更创造了自然本天成的人间佳境。

梨花·童趣　供图/大梨树景区

獐岛，我国万里海疆最北端起点第一岛，位于鸭绿江与黄海交汇处，与朝鲜、韩国、日本隔海相望，有"一岛峙黄海，乔领神州六千余岛"之美誉。碧波连天的海景、鲜味十足的"八珍八鲜"、遍山曼舞的合欢花、深厚绵长的妈祖文化、美丽动人的传说、神奇的海市蜃楼景观……让人领略北国海岛渔村的文化风情。

四、海中獐岛，北疆海岛第一村

獐岛，又称小鹿岛，位于辽宁省东港市北井子镇西南部，鸭绿江与黄海交汇处，是我国1.8万千米海岸线最北端起点的第一岛，与朝鲜、韩国、日本隔海相望。

渔舟入画

曾有东港人高生源作赋："一岛峙黄海，乔领神州六千余岛。俯瞰翠浴海，更带六珠缀琲，玉带匝峦，锦亭涌气，北望绿云蔽空，红霞覆地，南眺碧波连天，渔舟入画，银滩漫张，海鲜呈珍，海风绦疾，蜃气浓淡，日晖月映，潮壮汐雄。春聆鸥鸣，夏听涛吟，秋检金波，冬阅玉璘。先得黄海旭日，首领海陬风光，亘亘方丈，奇馨异香声名久。隽辞色，朋晨心音，既膺小康嘉誉，乃遴模范核心，蒸蒸獐岛，盛世胜势日月深。民生兆祥，人气勃郁，财富隐彰，天助地佑，形盛势强。宾莅声称，客星赞誉，友美风浸人，巡看华构连街，雅亭列巷，展望彩衢铺地，明灯照夜，村名蜇香，天地汇神蕴，允居胜境群伦之首。仰瞻桃源生色，平添五德溢怀，和气盈户。"獐岛村也因其山海形胜、物华天宝、人文醇厚而成为国家级旅游景区、国家休闲农业示范点，被冠以"中国美丽乡村"和"全国生态文化村"的称号，每年吸引着大量国内外游客和商人云集。全村拥有酒店、渔家乐等 70 余家，日接待游客近 4000 人，年接待游客 20 万人次。村集体经济也由 15 年前的负债 2800 万元，发展到现在盈利 8000 万元，人均年收入已达 4 万元，是远近闻名的富裕村。

动人的传说

獐岛像镶嵌在黄海里的一颗明珠，关于它的来历也是众说纷纭：有人说是海水往下退，才露出这块地方；有人说是海底鼓胀起来，才拱出了这块地方；还有人说是天上陨落了一颗星星，掉在了黄海里，才形成了这个小岛。更为广泛的传说是在很久以前的一个春天，天帝差遣两个仙女下凡，查看万物生长情况。她们一个主宰虫鱼鸟兽，一个主宰花草树木，为避免泄露天机，分别变成了獐子和鹿。那时的黄海岸边，虎豹咆哮，虫鸟鸣唧，树木参天，花芳草艳，美透了。她们一会儿登上山顶，一会儿钻进丛林，一会儿跃进峡谷，一会儿又窜到大草甸子里，呼吸着人间清新的空气，游览山川美景，自在逍遥。

正当她们在山林里闲逛时，忽听远处一阵风声作响，只见一个威武的猎手，正在驱猎一群野羊。当猎手发现眼前的一獐一鹿时，便放弃了野羊，奔獐鹿而来。这一獐一鹿不同寻常，獐子一身金黄皮毛，闪闪发光；鹿的皮毛光滑如锦缎，全身梅花斑点，有名贵的茸角，猎手怎肯轻易放过！面对追捕，两个仙女吓蒙了，只得拼命奔逃。飞过山顶，没有把猎人甩下；穿过丛林，没有把猎人甩下；跃过峡谷，也没有把猎人甩下；窜过草甸，还是没有把猎人甩下。山走到头了，丛林钻到头了，草甸子窜到头了，前面就是波涛翻卷的大海。两个仙女既不敢现原形，又不能哀求，这时只听"飕飕"两箭，一支箭射进了獐子的咽喉，一支箭射在鹿的心口窝上。只要猎人再抢上三五步，就可以把她们俩捉到。就在这万分危急的关头，獐鹿用尽最后的气力，跃身跳入了大海。海面溅起了冲天的浪花，山呼海啸，顷刻间浮起了两块陆地，一块像獐子，一块像鹿。原来，两个仙女化身为两座小岛，繁育虫鱼鸟兽、花草树木。猎人因误伤了两个仙女，受到了天帝的责罚，被贬为巡海夜叉，日夜守卫着这两座仙女岛，庇护万千生物茁壮生长。

美丽的北疆渔村

如今的獐岛村美丽依旧，岛上山青崖峻，主峰海拔 71.1 米，林木茂盛，森林覆盖率达 75%，居民庭院和"四旁"绿化率达 100%，岛内绿化基本达到了"四季常青、三季花开"的目标。花开时节，遍野的合欢花丝丝嫣红，与风曼舞。

渔村四面环海，岛岸线长达 10 公里，高潮水深 8—10 米，低潮水深 3—5 米，涨潮时，海岛被分成六个小岛，潮落时又连为一个整体，景观奇特壮美。辽阔的海面一望无际，碧波浩瀚；成群的海鸥翱翔蓝天，追波逐浪；海岛南岸银滩漫张，北岸怪石嶙峋，破浪生花；日则白帆，云朵点点，夜来渔光，星光闪闪，形成优美动人的画卷。

海中獐岛 摄影／杜生军

　　岛上海产丰富，鱼类、贝类、虾类达百余种，仅贝类就有30余种，尤其盛产对虾、海蟹、青虾、贝类和鲈鱼等各种海水鱼类。其中，梭子蟹、文蛤、对虾、海螺、黄蚬子、牡蛎、海蜇、小人仙，被誉为獐岛"八珍"，有很好的药用价值，在《中国食疗大典》中榜上有名。褐牙鲆、鲐鱼、蓝点马鲛、石鲽、梭鱼、鲈鱼、带鱼、孔鳐，被称为獐岛"八鲜"，是具有当地特色的美味海鲜。

　　獐岛还是晨观海上日出的好地方。每当有雾之晨或雨后初雾，这里的云层就会显现出一座山的轮廓，山腰以下全部湮没在云里，只有几处高峰露出云端，呈暗绿色，如一条巨蟒盘踞在云海之中。更为难得的是，如果气候、光线、山雾等条件偶合，还会出现罕见的"佛光"，即人立于山顶之上，脚下云烟滚滚，而自己的影子却映射到云海之上，并有两层或一层光环镶嵌在影子上，似幻似真，超凡脱尘，仿若置身虚幻缥缈的仙境之中，让人不禁联想到山东蓬莱的海市蜃楼。

悠长的北方妈祖文化

　　中国的妈祖文化历史悠久，肇于宋、成于元、兴于明、盛于清、繁荣于近现代，是流传于中国沿海地区的民间信仰，在渔民中的影响力不亚于佛教。

　　妈祖，又称天妃、天后、海神娘娘，是渔民和航海者的保护神。传说她生前经常乘船渡海，云游岛屿，凭借一身好水性和一颗仁爱之心，在海上救助遇难渔民和商旅。有关"神女救船""天妃神助""庇佑漕运"等传说故事在沿海地区流传广泛。出海前祭妈祖，祈佑顺利平安是沿海渔民古老而传统的习俗，体现着汉族海洋文化的重要特质。

　　獐岛妈祖庙始建于明朝万历年间，占地1000平方米，是中国最北端、最大的妈祖庙，是沿海渔民祈福求安之圣地。每年农历三月二十三日妈祖娘娘生辰，朝拜者甚众，其中不乏朝鲜、日本、东南亚等异国香客。每年农历五月二十九日，村里都举办獐岛妈祖文化旅游节，将"热爱劳动、热爱人民、见义勇为、扶危济困、无私奉献"的妈祖精神发扬光大。

碧海山花　云帆点点　摄影 / 杜生军

景区环抱"休闲渔都"

獐岛海洋气候特点鲜明，冬无严寒，夏无酷暑，四季分明，气候宜人。海水清澈碧绿，矿化度极高，对治疗皮肤病有很好的功效。金沙滩海滨浴场纵深 1 公里，海沙呈金黄色，坡降只有 1.5 米，海底无礁石，是我国北部最大的天然沙滩海滨浴场之一，也是全国少有的天然优质浴场。岛上自然、人文景观众多，是集旅游观光、历史科考、休闲度假为一体的海滨型旅游景区。

目前，獐岛景区已形成了完善的旅游观光体系。游客可在岛上观海、垂钓、冲浪，晨观日出、夜半听涛。登岛远眺大海，犹如一匹湛蓝色的绸缎随风起伏，水天相接，别有一番风情；在海滩上捉海蟹、拾贝壳、追波逐浪，尽情享受海水浴、沙滩浴、海风浴、日光浴；乘船游弋，戏水冲浪；参观妈祖庙等历史遗迹，感受丰富浓郁的海洋文化；体验一天的渔民生活，织渔网、品尝渔家饭菜的独特风味。夜晚，霓虹倒映海中，五彩斑斓，令人心醉神迷。

獐岛景区内游憩活动海洋特色鲜明，渔家文化特色浓厚。以"吃渔家饭、住渔家屋、干渔家活、观渔家景"为主要内容的"渔家乐"旅游活动，真正让游客感受到了海岛渔家的乐趣。通过参与原汁原味的"正月渔家乐""渔家赶海""做渔家人"等系列活动和民间大秧歌、渔家号子、渔家祭海、妈祖香缘等渔村民俗节庆活动，游客可以与渔民一起赶海、垂钓、拾贝，品尝渔家特色风味餐，睡渔家大火炕，与渔村、渔家、渔民融为一体，感受渔乡纯朴的风俗和浓郁的渔家亲情，大海边，渔家姑娘织渔网的迷人风景，带给游人永久的回忆。

獐岛村的未来，将以其独特的自然与人文资源，打造"休闲渔都"，引入山、海多种元素，渗透融合绿化景观和海洋景观，形成环海景观空间，创造和谐宜人、布局合理、功能齐备、交通便捷、环境优美、文化传承的现代海滨型旅游区，让岛民、游客尽情领略北国海岛之情韵。

绵软的沙滩、奇异的礁石、美味的海鲜，会让你的獐岛之行趣味无穷；拥着海浪、荡着渔船、枕着月色，会令你心旷神怡、流连忘返……

吉林省安图县长白山北麓林海中的茶条村，是一个朝鲜族风情浓郁的小村。全村森林覆盖率约达93.6%，风景宜人、生态宜居；依托长白山丰富的自然资源、非物质文化遗产朝鲜族"农乐舞""踩地神""拔草龙"等特色民俗；卢城稻米、朝鲜族大酱和北方松茸等特色农林产品，茶条村成为乡村旅游的一颗新星，带动了脱贫致富。

五、茶条村，长白山林海中的朝鲜族民俗村

吉林省延边朝鲜族自治州安图县地处长白山北麓，境内群山起伏、沟壑纵横。延绵千里的长白山林海间，散落着很多个风光旖旎、民族风情浓郁的朝鲜族村落。

长白山林海中的珍珠

长白山脉由南向北延伸，将茶条村怀抱其中。山上林海莽莽，红松、柞树等树种，森林覆盖率约达93.6%，野生植物有2300多种，其中野生经济植物山参、龙胆草、五味子等达10多种；村内绿树成荫、风景秀丽、生态宜居。别具风格的林海风光、朝鲜族风情，历史悠久的农耕文化、农林产业等，成为乡村旅游建设的丰富资源。

风情浓郁的朝鲜族民俗

长白山下的延边朝鲜族，长期从事北方水稻生产。为了便于大面积的

茶条村村民表演的"鼓舞"　*供图／石门镇人民政府*

水稻种植和管理，他们多采取集体劳动、相互协作的劳动形式。人们每逢下地，都将扁鼓、唢呐和农具一起带到田间。休息时，人们便在明快的鼓乐声中即兴起舞，以欢乐的歌舞荡涤疲劳。随着时间的推移，这些即兴歌舞便逐渐形成了游乐性的朝鲜族民间舞蹈，贯穿于各种传统民俗活动之中。

在茶条村，最具特色的民俗便是"农乐舞""踩地神"和"拔草龙"。

"农乐舞"是一种融音乐、舞蹈、演唱为一体综合性的民族民间艺术，广泛的流传于吉林、黑龙江、辽宁等朝鲜族聚居区。它创始于农业劳作，并具有古代祭祀成分。一般有两种形式，一种是以舞蹈和哑剧形式进行情节性的演出；而另一种，是在新年伊始和欢庆丰收时节，以热烈而丰富的传统舞蹈为内容所进行的群众性表演活动。在长白山地区，每逢新年伊始和欢庆丰收时节，各个村寨都将派出自己浩荡的农乐舞舞队，参加当地的庆典。

"农乐舞"的表演包括十二个部分。有青年男子表演的小鼓舞，舞童表演的叠罗汉，多人表演的传统扁鼓舞，男女都可表演的长鼓舞，多人持大型花扇表演的源于古代巫舞的扇舞，假形舞蹈鹤舞，以及最后压阵的男子象帽舞。这些舞蹈极具民族风情，体现了朝鲜族民间舞蹈独特的艺术风貌，具有较高的历史和文化价值。

2006 年，朝鲜族"农乐舞"经国务院批准列入第一批国家级非物质文化遗产名录。2009年9月30日，在阿联酋阿布扎比举行的联合国教科文组织保护非物质文化遗产政府间委员会第四次会议，审议并批准中国朝鲜族农乐舞列入《人类非物质文化遗产代表作名录》。

"踩地神"最初源于古朝鲜时代春播秋收时的祭天仪式，反映了人们对自然的敬畏和崇拜，此后逐渐成为长白山区的朝鲜族同胞在大年三十至正月十五相互祈福、祝愿的一种习俗和民间游戏。2012年，朝鲜族"踩地神"被列入吉林省非物质文化遗产名录。

"拔草龙"是从拔河比赛发展演化而成的一种民间游戏，是朝鲜族古老的传统民间游戏之一。草龙长约8米，重约130公斤，骨干为木质长杆，外部用草绳捆绕而成，形似长龙，龙身有数条绳子，比赛时用，两条草龙头部相连，相对而放。

据传，"朝鲜族拔草龙"是部族之间联姻的一种习俗，通过力量比拼方式进行。男女各为一方，男方即新郎方胜，则用牛车迎娶新娘；女方即新娘方胜，则留下新娘，然后约适当时机再做此比赛，直到男方胜为止，但一般女方大多都表现出一定的谦让。现在已经演变成不分男女都可参加的民间游戏。

"朝鲜族拔草龙"蕴含着浓厚朝鲜族文化传统和民俗特点，是典型的朝鲜族民间文化代表，对研究朝鲜族文化具有重要的意义。2009年，"朝鲜族拔草龙"被列入吉林省非物质文化遗产名录。

原生态的朝鲜族民俗风情园

为更好地展示长白山区丰富的民族文化，安图县倾力打造了茶条村原生态朝鲜族民俗风情园，并于2012年9月正式开园。该园面积1.4万平方米，分为A、B区，A区为民俗特色饮食、风情展览体验区，集饮食、参观、体验、购物为一体；B区供游客休闲、住宿，有农家乐、生态森林、果园、水库、田野观光等旅游项目。整个园区保持未经雕琢的民俗原生态，散发着自然乡土气息。

茶条村原生态朝鲜族民俗风情园区以民俗风情为主打特色，设有秋千、跷跷板等民俗娱乐项目，还有民俗展示区，让游客了解朝鲜族群众生产、生活历史，品尝泡菜、打糕、米酒等民俗传统饮食。游客不仅能在园

"踩地神" 供图/石门镇人民政府

区欣赏朝鲜族民俗歌舞表演，还可参与朝鲜族民俗婚礼、祝寿仪式，体验传承朝鲜族礼仪文化。

历史悠久的特色农林产品

"卢城之稻"。卢城是距今 1200 年唐王朝的藩属国渤海国的城池，也就是现今安图县石门镇一带区域。卢城稻米在唐朝渤海时期就享誉全国，是渤海国作为供奉唐王朝的贡品。《新唐书·渤海传》记载："俗所贵者，曰白之菟……抚余之鹿……卢城之稻。"

茶条村的稻米源于"卢城之稻"，其米重如沙、亮如玉、汤如乳、溢浓香，是稻米中的极品。而在当地，便有"吃了石门镇茶条村稻米，小孩子不剩饭了，老人胃口好了"的美誉。如今，这种有机水稻种植已经成为当地林农的核心产业，全村年有机大米产量达 200 多吨。

朝鲜族酱。酱是朝鲜族饮食中必不可少的调料，朝鲜族姑娘以做得一手好酱为荣。很多人烧菜不用盐只用酱，可谓真是无酱不成席！以大酱为主要原料制成的"大酱汤"，是朝鲜族日常餐桌上一道必不可少的传统菜品。

茶条村被誉为"中国朝鲜族第一酱村"。这里的酱是长白山地区最为正宗、远近闻名的。主要有朝鲜族大酱、朝鲜族辣椒酱、传统蘑菇酱等等，选取了长白山地区优质黄豆、玉米糖稀、辣椒等天然有机材料秘制而成。如今已经远销海内外，成为当地林农脱贫致富的拳头产品。

松茸。松茸是野生珍贵的菌类、学名松口蘑，别名叫大花菌、剥皮菌、松蒂、为口蘑科植物松茸的子实体。在我国松茸的主要产地有云南、四川、西藏、延吉等地区。作为北方松茸，与其他地区不同的是，延吉松茸颜色发白、质地硬实，香气更加浓郁、口感好，营养成分高，同时容易保管，是不可多得的上好食材。

延吉松茸主要产于红松林中，茶条村是延吉松茸的主要产区之一。随着安图县长白山旅游的发展，延吉松茸的美味也逐渐传播到全国各地，松茸鲜品、冻品干片等产品供不应求，带动了村中林农的收入。

蓬勃发展的乡村旅游

优美的环境、特色民族风情和农林产品，使茶条村逐渐成为长白山乡村旅游的一颗新星。特别是原生态朝鲜族民俗风情园的建立和周边五虎山森林公园景区的开发，形成了朝鲜族"文化旅游"和长白山"生态旅游"的有机链接，使茶条村融入长白山旅游体系中。

近年来，茶条村秉承"生态立村、特色兴村、旅游富村"的发展理念，依托长白山丰富客源，大力发展以朝鲜族特色餐饮、民俗歌舞表演、民俗风情体验、家庭度假和农业观光为主的民俗生态旅游；如今迅速成为长白山旅游沿线重要景区之一，截至目前，全年接待国内外游客20多万人次，实现旅游收入8000多万元，提升了当地朝鲜族同胞的收入。

如今的茶条村已经成为长白山旅游沿线的重要节点。自2012年至2017年，茶条村先后被评为全省"十佳魅力"乡村、中国少数民族特色村、"全国生态文化村"和国家AA级旅游景区。在这里，不但可以领略长白山的茫茫林海，品尝原汁原味的朝鲜族美食，还可以欣赏浓郁的朝鲜族民俗风情，令人流连忘返……

第七章　华北中原古村镇

坐落于北京门头沟斋堂镇的爨底下村，依据"风水"学说择洞天福地而建，曾是京西古道上的繁华驿站，距今已有500多年的历史。"兴字头，林字腰，大字下面架火烧"，村口巨大的"爨"字，转圜贫寒，兴旺发达。依山就势的山地四合院，错落有致，古朴和谐，构成了我国北方保存最完整的扇面坡地组合式明清古建筑群落，被绘画大师吴冠中誉为"北方民居的周口店"。

一、爨底下，不灭的火焰

如今说起门头沟爨（cuàn）底下村，在大北京的各种圈子里无人不知无人不晓。崇古、猎奇、洗肺、躲静、文青、土豪……不管你身上贴着什么流行标签，只要脚一踏上那入村的弯弯山路，就会被它独特的气息所感染。

群山环抱中的爨底下村，石墙驿道，飞檐斗拱，门楼小院，古树影壁，显得古朴而深邃。村口巨大的"爨"字在老树、灰瓦和大红灯笼的映衬下格外醒目，仿佛时光倒转，看见500年前最初踏上这片土地，辛勤耕耘、开拓生活的韩氏先民。

老祖宗赐予的"爨"字

"兴字头，林字腰，大字下面架火烧"，"爨"就是个象形的灶台或烧火煮饭之意。相传建村的居民全部是明初山西"韩"姓移民，因"韩"与"寒"同音，为使韩氏一族不再贫寒，故起名"爨底下"，"大火"烧"双木"驱散寒气，转圜贫寒，名赐丰衣足食。

尽管还有传说附会上古仓颉造字来演绎村名的由来，但出于为子孙起

风水宝地爨底下　供图／北京市园林绿化宣传中心

个好名字的执念，世人还是更愿意将其归功于韩氏祖先堂里的老祖宗。我们渴望在看得见、道得明的传承中感受先祖的拳拳爱护，而不再盲目追求古老缥缈、开天辟地的传说，这是宗族文化的一种朴实沉淀。更何况，爨底下的韩家明显不是一个普通的宗族。

京西古驿道上的"风水宝地"

　　爨底下村位居京西古驿道上，太行山脉的深山峡谷中，村落四周山脉蜿蜒起伏，层层高低错落，毗邻相连，气势磅礴。村址选于向阳的山坡上，群山围合聚气，阳光充足，山水相融，是根据古代"风水理论"对地理、水文、气候等自然条件进行综合勘查分析后选择的一块吉地。据专家说，这里的传统风水选址要素一应俱全，明堂宽阔，穴位高敞，冠带之水，绕村而流；东边宽阔，吸融皇城紫气；西边一线天，纳吉避寒；村前半岛型的"门插岭"，兼具聚财和防卫作用，具有典型的风水格局意象。

　　如今我们庸庸众人鲜懂八卦勘合之机理与玄妙，但这不影响流在我们血液中的对"气势"的感应。当你爬到村南面的高处，看元宝形状的村子在灿烂的阳光下舒展全貌，就像缓缓打开一把明清古扇，让人叹为观止。老祖宗早在 500 多年前，就能在京城附近选中这个洞天福地，其智慧令人钦佩不已，也足以说明开拓者韩家的文化底蕴之深厚。

山地四合院，"北方民居的周口店"

1986 年，绘画大师吴冠中到爨底下村写生，称它是"北方民居的周口店"。爨底下村依山就势，保留有我国北方最完整的扇面坡地组合式明清古建筑群落。在以龙头山为中心的南北中轴线控制下，70 余座精巧玲珑的四合院民居分上下两层放射状排列，布局严谨而又变化和谐。

山地四合院也有等级。最高等的是真正的四合院，由正房、倒座和左右厢房组成，部分设有耳房、罩房，具有一定的轴线关系。其主要入口一般采用门楼的形式或利用厢房的一间作入口。

规整对称的三合院是爨底下民居最基本的形式，因山地地形所限，一般由正房、左右厢房和一面墙或借助另一院落的后墙围合而成，无倒座，其入口多利用左厢房或以独立门楼形式设置，少量的利用正房西北角的一间作入口。还有一种特殊合院，最大的特点就是建筑随山就势不拘一格，合院空间虽不规则，但仍有正房、厢房、倒座之分，入口也多以门楼的形式设置。

作为一个大家族，各个山地四合院之间的连接以便利为上，门楼连接、巷道连接、夹道连接、夹缝连接、门洞连接……总之想连就能连上，使这 70 多座山地四合院特别具有人情味儿。

山地四合院麻雀虽小五脏俱全。影壁、拴马桩上马石、地窖、晒棚、花棚、台地储藏室等应有尽有。生活在这里的人们也特别有生活情趣，转角、转折空间多用对景的墙面装饰，而且喜用白色对室内灯光、月光加以充分反射，增加转角空间的亮度；养猫狗的人家一定会在屋前踏步下方或者窗下墙根门槛处专设猫狗洞；有碾盘的人家在门楼外甚至给来碾粮食的人们配了石棋盘和石凳，人情味儿十足；利用山地高低获得的开阔视野，可以多角度观赏村落四周的自然景色，轻松隔窗眺望远山绿林近水红花。

老祖宗珍爱的山水自然

从选址和屋落空间的设计，不难看出开拓者韩家对山水怡情的热爱。群山山峰各种生动的形象和有寓意的故事，只要有想象力的人都编得出来。但是自然融入山水间的村道、民居，才真正代表了村人高于小农精神的情怀。

以青、紫、灰色的山石铺砌而成的石阶富有极强的自然表现力，石路与道旁绿树和村内独有的"开不够儿"花相得益彰；民居虽然质朴、简洁，但是建筑装饰异常精美，图案多以象征吉祥的花卉、鸟兽为主，如喜鹊、蝙蝠、牡丹、荷花、莲蓬等，尤其是宅院、影壁、石墩等装饰多以蝙蝠的形象为主题，可见村人最喜爱"福到人家"的心灵感受。

高密度集中的山地四合院周围，是层层梯田，种植着玉米、谷子、土豆、核桃、桑、杏。爨底下村珍惜利于农业生产的生态条件和几百年来无工业污染的自然山水，还和老祖宗初到这里时看见的一样有天生的归属感。

老祖宗传下的伦和理

全村一门，这在北京已经很少见了。而且老祖宗在村落环境中居然没有设立宗族祠堂，仅以设立家谱、记祖坟、立村规等宗族崇拜的传统形式维系韩氏家族的稳定和发展。500年来，韩家出了不少富人、大家和革命将军，直到铁路、公路畅通，原来的古驿道才变成了偏僻的山区。

人越来越少，闲房越来越多，古村落反而就这样完整地被保留下来。而家族的传统仿佛也融入了这房垣。现在爨底下村会用多种活动空间建立宗族、伦理教化的"礼乐文化"环境体系，使村中人与人亲和友善。作为京西古驿道上通往河北、内蒙古等地与京城商贸交往的必经之地，爨底下村对旅人有着特殊的适应和照顾。因此即便如今游人如织，村里的客栈、景点也丝毫不乱。临街的店铺一闭，内宅自成一体。当你在游览中越发感到这是一座原始、淳朴、温暖的小山村，自然不忍对它施予不良的影响，反而会被它所感化。

丰富的乡土民俗世代相传，比日常的敦亲睦邻更外在地体现家族特点。譬如正月十五转灯游庙耍中幡、村里的民间说唱班和唱蹦蹦戏、清明时节祭祖打秋千、拜关帝、祭龙王晒龙王以及家家信奉的天仙圣母娘娘等，都是世人日渐陌生的仪式，还有随着仪式而消亡的伦理符号。

也许韩家的老祖宗很有远见，知道祠堂不易守护，一旦损毁便会动摇家族的根基，而宗族仪式随人而保留，代代相传，只要有韩氏族人在，就有仪式中传递的韩氏精神，凝聚与传承终究还是以人为本。因此在古老的爨底下村，一代代韩氏族人度过了战火、动乱、革命、改造，奇迹般地活在古老的荣光里。

偶然在冷落的冬天，走在那彩色石头堆砌的石板地上，看大红灯笼高高挂、大红对联处处贴、大红福字门门有，是北方人都喜爱的红火热闹。即便不是春节，能和亲友们一起，走进古朴静谧的村庄，挑一处独门独院的四合院坐下，品尝韩家特色的红烧鱼、嫩棒子、炸油香、山野菜，远离喧嚣市井，避却帝都荣华，顿觉让人羡慕的天伦之乐也不过如此吧！

历经时代变迁与岁月沧桑，爨底下村已然失去了昔日的辉煌，但那原生态的自然气韵和古朴的山村环境，依然吸引着山外来客。著名古建专家罗哲文赞誉"爨底下古山村是一颗中国古典建筑瑰宝的明珠，它蕴含着深厚的北方建筑文化的内涵，不仅在北京，就是在全国也属珍贵之列"。

京西琉璃渠村坐落于京西九龙山下永定河畔，因其传承千年的琉璃烧造工艺成为闻名遐迩的琉璃之乡，当地出产的琉璃制品绚彩斑斓，成为历代皇家御用的建筑用材，造就了"琉"光溢彩、金碧辉煌的中华古建。琉璃窑火750余年常燃不熄，时至今日依然为天安门、故宫、颐和园等文物古迹修缮提供建筑琉璃构件。村中琉璃厂商宅院、三官阁过街楼等建筑文物尚在，万缘同善茶棚、关帝庙等古庙宇犹存，数十套古民居院落和数条古道遗迹完好。如今该村以琉璃烧造为主导产业，因地制宜发展生态农业和观光旅游业。

二、"琉璃之乡"
——北京市门头沟区龙泉镇琉璃渠村

五彩的琉璃，散发着夺目的光芒；精致的雕刻手法，诉说着历史的华章。京西绿林中的"琉璃之乡"——琉璃渠村，用它燃烧了700余年的琉璃窑火，续写着历史、谱写着今天的美丽乡村乐章。

琉璃渠村为门头沟区龙泉镇辖村，东距市中心26公里。村子三面环山、一面临水，风景秀丽，村域面积约3.6平方公里，分布山场林场3954.2亩。村南有丰沙铁路通过，村东有京门铁路和石担公路通过，交通便利。从空中俯瞰，红色的屋顶点缀在翠绿之间，金色的琉璃瓦反射着太阳的光芒十分耀眼，缕缕炊烟缓缓升空，好一幅悠然、宁静的田园之美。

生态环境良好

进入村子，村容村貌整洁，环境优美，空气清新。这里森林资源丰富，绿化好，村子的绿化主要是草灌坡及人工林。油松、侧柏、杨树、荆条、酸枣、白草等遍布村内各处，林木覆盖率达82%。春夏时节，蓝天与碧草交相辉映，点点阳光穿透树叶，洒下斑驳的树影。待到瓜果成熟时，隐隐能捕捉到空气中甜甜的气息。

近两年，琉璃渠村积极开发荒山荒地，荒山造林、二道绿化从未间断，并对辖区内自然村丑儿岭进行合理开发，恢复古村落原貌。村子紧邻永定河三家店拦河闸，水资源丰裕、水质洁净，为工农业生产、旅游开发提供了水源保证。这里没有工业废弃物，工业废气废水得到有效处理。煤窑矿场被关闭，琉璃烧造技术进行了改造，燃煤改成燃气，环境污染减少了很多。村内还建起了18座封闭式垃圾楼，每天都会安排专人清理。没有臭气熏天，只有清新的空气。

2007年，琉璃渠村成立了一个由农民合作专业组织建立的百果园。由村委会牵头，以150亩山坡地入股，有股民104户，共集资股金9.8万元人民币。目前种植了樱桃、枣树和香椿。这里的农户不滥用农药、化肥，人畜粪便循环利用，果树间隙还套种黑豆、倭瓜、红芸豆等小杂粮。另外，村子修建了千余米的田间步道，建了一个200立方米的蓄水池。田间步道方便出行，蓄水池保证果树的灌溉，每年来这儿采摘的游客可真不少。

琉璃渠村是历史文化名村，村中有多棵古树。为了更好地保护这些古树名木，村内实行了一系列古树名木建设工程，建立了古树名木资源档案，定期检查，掌握古树名木的变化情况。针对每一株古树名木的实际情况，采取设置围栏、培土松土、除草施肥和防治病虫害等措施加强保护和管理。

琉璃烧了 700 年

有着700多年历史的琉璃渠村，是皇家琉璃的生产基地，素有"琉璃之乡"的美誉。村内的明珠琉璃瓦厂是原故宫琉璃瓦厂。明珠琉璃瓦厂内的琉璃厂商宅院是门头沟地区保存最好的明清建筑之一。院内全部采用故宫地炕式采暖，此种特点在京西各四合院当中仅此一座。该院落原为一代皇商赵氏家族居住并接待客人办公所用。明珠瓦厂门口有一堵长100米的琉璃文化墙，墙上寓意吉祥、美好的各种动植物图案，均为琉璃烧造。西山瓦厂内的九龙壁两面各由九个大狮子和数十个小狮子所组成，整个建筑狮子造型共计上千个。

琉璃渠村在 2006 年被评为"中国历史文化名村"，辽窑文化、琉璃文化、古街文化、古代建筑遗址群是丰富的永定河文化的重要组成部分。村内诸多明清建筑保存完好，诸如市级文保单位三官阁过街楼、区级文保单位琉璃厂商宅院、关帝庙、万缘同善茶棚等。

依托"中国历史文化名村""琉璃之乡"等优势，这里成功举办了一至三届"中国琉璃文化节"，拉动了村旅游业的发展。游人来到这里，亲身参与琉璃的制作过程。绣墩、圆桌、挂饰、花台、走兽、盆景、琉璃塔、地灯等，每一件作品都透露着作者的心意。

村庄愈发现代化

村域内现有前街和后街两条主街道。前街为水泥路，后街已改造成石板路，两侧分布有商店、学校、信用社、医务室及村委会等公共服务设施。村东与水担路相接，构成本村对外最重要的通道。2000 年，村子进行农电改造，全村基本实现了电气化。2004 年全村电话安装总数已达700 多部，普及率达 95%。村内的饮用水全部由市政供应，目前已经实现"一户一表"。村区排水系统已经建立，现在，各家各户的生活污水已进入

百米琉璃文化墙 摄影 / 萧永旺

三官阁过街楼　摄影 / 郭玉金

市政系统。村内共有水冲式厕所 18 座，封闭式垃圾楼 26 座。村口有一处 6000 平方米的体育健身广场，广场内体育设施齐备，是村民休闲娱乐的好去处。村委会村内对弱势群体的关爱和帮扶也在逐步完善。村内先后制定了 60 岁以上老人养老补助金、农村合作医疗补助金、大病医疗救助、80 岁老人祝寿金、农户子女上大学奖励、服兵役奖励、福利制度、节日慰问、党员爱心基金等福利制度和方案，消除了零收入家庭，改善了低收入家庭的生活。

　　琉璃渠村先后荣获"首都绿色村庄""新农村建设先进村""中国历史文化名村""村庄建设先进村""最美丽的乡村""首都文明村""社会和谐先进村"等荣誉称号。苍山绿草间，片片琉璃正在阳光的照射下闪烁着夺目的光芒。

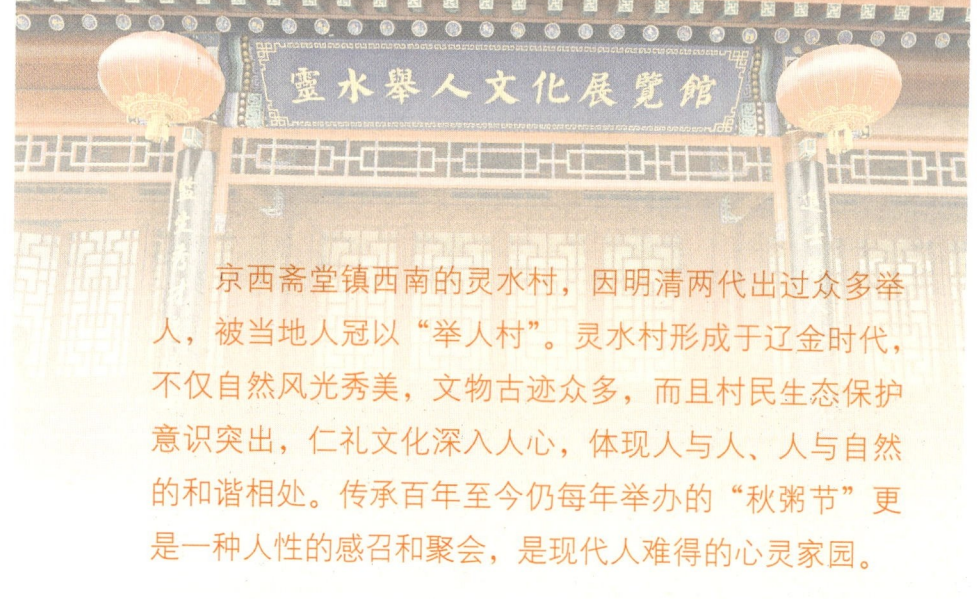

京西斋堂镇西南的灵水村，因明清两代出过众多举人，被当地人冠以"举人村"。灵水村形成于辽金时代，不仅自然风光秀美，文物古迹众多，而且村民生态保护意识突出，仁礼文化深入人心，体现人与人、人与自然的和谐相处。传承百年至今仍每年举办的"秋粥节"更是一种人性的感召和聚会，是现代人难得的心灵家园。

三、地结水蕴境界宽，山水有灵举人村

京西斋堂镇西南有一个灵水村。前有髺髻山，背靠莲花山，不足 800 人的小村子，沧桑的古庙，奇绝的古树以及古朴的历史文化和民间习俗，充满了灵动的神韵。因明清两代出过 22 名举人、2 名进士和 10 余名国子监的监生，而得名"灵水举人村"；至近代民国初年，又有 6 人毕业于北京燕京大学。京西古道的地理位置造就了灵水人开阔的眼界、博大的胸襟和远大的抱负，"穷则独善其身，达则兼济天下"更是成为村魂。

崇文重教　薪火相传

灵水村崇尚文化的历史由来已久，早在明永乐八年村里就办起了社学和诸多私塾。清光绪三十二年，在家守孝的举人刘增广倡导在木城涧的玉皇庙建起了新式学堂，并亲自撰写了碑文。1914 年，灵水村也办起了新式学堂，村里负担教师的生活，全村的孩子无论穷富都可以上学，琅琅书声，欢声笑语，不绝于耳。灵水人还把文化的种子传播村外。灵水人谭体仁 1920 年在清水创建了一所小学，1923 年又创办了清水高小。民国时期，村内数名青年先后就读京师大学。由于近现代多人从事教育，所以有教书先生遍京西之说。

遒劲古树　历史见证

灵水村最古老的灵泉禅寺就曾被改成学校。院内有一株雌雄一体的银杏树，见证了古寺历史。这株银杏树原是雄株，但居然有一雌枝，每年都硕果累累，堪称奇迹。

灵水村还有三株奇特的古柏。其中，有一株长得像灵芝，被称为灵芝古柏。灵芝古柏长在村北的半坡上，主干有磨盘粗。

它的侧枝不多，每枝都托着一朵绿云，绿云之间高低不等，远远望去，像一棵巨大的灵芝，飘逸潇洒。虽历经千年，却精气十足，如同一幅遒劲的"狂草"。

在南海火龙王庙的院子里，则有两棵树龄都在千年以上的古柏。其中一棵怀抱一棵桑树，人称"柏抱桑"；另一棵怀抱一棵榆树，人称"柏抱榆"。两株古柏，好像两位慈祥的母亲，紧紧地搂抱着被自己收养的孤儿。是人为的嫁接，还是小鸟叼来的籽粒，至今是个谜。

遒劲的古树，印证了这里的生态环境被保护得非常好。文人的知识和修养使得他们更富有保护和热爱的情愫，灵水人很早以前就有了自觉的环境保护意识和举动。

乡规民约　仁礼秉承

村西的南海火龙王庙墙壁上至今还镶嵌着一块300多年前为保护这里的八角池水源而铭刻的"三禁碑"。上书："大清康熙岁次辛未仲夏初旬，合村聚会。庙前池边，禁止污秽，堆粪洗衣，如有违反，鸣钟议罪，罚供祭神，使知警畏。凡我村民，均相劝诲，刻铭于石，流传后辈。池内三禁：凶泼投跳，愚顽搅混，儿童污溺。池台三禁：宰杀腥膻，饮畜作践，浆衣洗菜。"

这样的"乡规民约"还有许多，多由深受中国传统文化浸染的举人倡导和带头遵守。如清末举人刘增广就为灵水村留下三个美好的民风礼俗：

一是带头制定了"猪羊圈养"的规定，并且煞费苦心地"从我做起"。

灵水举人文化展览馆　供图 / 灵水村村委会

他故意将自家的两头猪放到街上，并带家人去追。待猪跑遍全村，全村人都来看热闹之时将猪捉住捆好并杀掉，把肉分给村民，带头接受惩罚。这种独具匠心的严于律己，不能不让人肃然起敬。至今灵水村的男女老幼还都能随口说出"猪有圈，狗有链，鸡有绊，养猫户户串"的民谣。

二是"君子不争"的礼节。一百年前的中国农村，人们普遍用石碾加工粮食。灵水村因为碾子少，用的人多，难免产生一些矛盾。于是举人刘增广在刘姓碾坊的墙壁上，写下"君子不争"四个大字，可惜因年深日久其题字现已无存。但这四个字的用意深深地影响着村民，使全村形成不为使用碾子而争先恐后，甚至争吵、打架的风尚，树立相互礼让的良好民风。进而也影响到与邻居莫为墙角和地头争、莫为小孩而吵等，以及提倡济贫解困，互相帮助，建设和谐大家庭等优良村风村貌。

三是传承至今的"秋粥节"俗。为纪念康熙年间灵水村刘懋恒父子三次赈灾的义举，教化村民，清末民初起，举人刘增广提议每年立秋时节村人一起喝粥，以示纪念。此后，每年立秋这一天都要举办"秋粥节"。不仅是对扶贫济困精神的弘扬，也是一种凝聚力的体现。全村人你出一斗米，我出一把豆，没钱的添一瓢凉水，加一把柴，用全村人的默契精心熬制成粥，不分男女老幼一起捧碗喝粥。这是一种多么富有人情味的和谐场面!"秋粥节"是一种人性的感召和聚会。

通过乡规民俗构建的以"仁"为核心,以"礼"为规范的社会道德体系,正通过"秋粥节"年复一年地深入人心。在古代,传统文化起着安定社会、维护乡土秩序的积极作用;现在,传统文化仍存活于民间,成为建设社会主义和谐新农村的文化基础。灵水,一本古代山乡的宝典,一座现代心灵的家园。

中国历史文化名村——灵水举人村　摄影/曲扬

通惠河畔古韵悠长的高碑店村，紧邻北京市区，突出古韵特色和环境整治绿化的旧村改造和新村建设，使这个历史文化底蕴厚重的漕运古村焕发出勃勃生机，古典家具街和国粹艺术街等文化产业，书法、剪纸、泥人等传统民间艺术，踩高跷、跳秧歌等特色民俗文化，将弘扬传统文化与发展旅游产业有机结合起来，为高碑店村的绿色发展注入了源源活力。

四、古韵高碑店
——北京市朝阳区高碑店村

通惠河畔，一股明清古风在空气中四散开来，岸边的垂柳也在青砖碧瓦的映衬下显得格外诗情画意。

高碑店村，距离天安门最近的村子，仅8公里。它是北京市近郊大村，也是一个历史文化悠久的千年古村。元朝时这里是京杭大运河的漕运码头、重要的皇粮商品集散地，沿河两岸店贾万家，文化繁荣，盛极一时。在村子里漫步，看飞檐微翘、瓦片如鳞，红墙碧瓦在阳光照耀下格外明媚。恍惚间，仿佛穿越回了明清，码头船来船走，商人在街边做着生意。身边的一切古朴又典雅、柔美又平和。

旧貌换新

高碑店村现辖区面积2.7平方公里，常住人口6123人，流动人口8830人。生态环境优美、街道干净、邻里关系和谐，高碑店村村民都说："人人都说天堂美，叫我们说，咱高碑店比天堂还要美很多很多。"其实这里以前并非如此。由于居住密集，十多年前的这里房屋破旧、垃圾遍地。

从 2002 年开始，高碑店村下大力气整治村庄环境，成立了长年保洁绿化专业队、疏灌渠、迁坟地、搞绿化、修道路、拆违章，定时定点倒垃圾、保持村内白天 12 小时无垃圾，使村里过去的脏乱差环境得到了彻底改善。旧貌换新颜，村里的村民拍手称赞。

古朴的建筑、古典的神韵，高碑店村的新面貌源于一番精心的规划与设计。从 2006 年起村里下决心整体规划新农村建设。经过三年的探索，创新改建思路，突出古韵特色，首先对西社区启动了旧村改造工程。新农村楼房建设既展现千年古村文化特色，保持明清建筑风格，又适合商业经营和自家居住的双重特点。楼房一层全部按商业用途设计，既可以自主经营，又可以对外出租，为发展村里的古典家具文化产业提供了无限商机。现在西社区 99% 的村民都将商业用房对外出租，每户每年平均收入 10 万元。在总结完善西社区新农村建设成功经验的基础上，东社区的改造也已全面铺开，分 ABCD 四个板块建设。A 板块共 20 栋 184 套楼房，已交付村民使用，其他板块包括大市政配套建设到 2014 年底全部完成。届时高碑店村将全面实现社区居民商住楼房化，楼台统一搞绿化，社区各项管理城市化。

古朴的住宅再配点儿绿色，高碑店村处处生机盎然。村里给新农村楼

通惠河畔的古韵新村　摄影／唐连庆

房的阳台统一发放蔬菜苗，聘请专家老师讲解阳台绿化知识。不仅家里有了小花园，而且村里的绿化面积得到扩大，村庄环境更美了。

打造文化产业，村民增收致富

借助千年古村的文化底蕴，村里确立了大力培育发展古典家具一条街的新思路、新模式。从 2003 年成功召开古典家具展示会开始，逐渐建起了 1800 米长的古典家具文化街，人气越来越旺，商家越来越多，交易额越来越大，古家具产品远销欧美、东南亚等一些国家和地区。家具产业富了商户，拉动了村里的房、地租价，租金在 4 年间整整增加了十倍，村民收入也随之翻了几番。2005 年高碑店古典家具文化一条街被正式命名为"市级特色商业街"。现在街上商户已增加到 600 户，单项经济总收入达到 5 亿多元。实现了经济效益、社会效益、景观效益、生态效益的同步增长。

今年新开的国粹艺术街根据发展定位，引进了中国油画院、中国雕塑院、清华美院书画高研班、中国民族文化艺术研究院、中国书画创作基地、爱德艺术院、科举匾额博物馆、中国佛文化博物馆、鼻烟壶紫砂壶博物馆、暖炉博物馆、民俗赏石园、华声天桥民俗文化园、爱家收藏臻品宫等 520 余家知名文化艺术机构和商家落户入驻；投资 9 亿元的北京"国际中医药港"项目的招商运行模式也基本敲定。这些大手笔的文化产业为今后高碑店村的大发展、快发展、高效发展、绿色发展不断注入新的活力。

无论是书法、剪纸、泥人，还是踩高跷、跳秧歌，在这里都能一溜儿玩个遍。高碑店村设计了"漕运、家居和民俗"三条旅游线路和"做一日北京人、与中国百姓同欢乐"的主题项目，随时欢迎世界各地游客的到来。凡是来到中国民间文化艺术体验馆的外国客人，这里的大师都会向他们传授中国的非物质文化，一旦客人喜欢，会毫无保留地把擅长的国粹艺术书法、剪纸、泥人等传播到国外，让国外的游客通过这个窗口了解中国的古文化、古文明。

体验馆与家具公司联手举办了端午节、母亲节、"快乐六一·我的民间艺术梦"、非遗助残进社区、进校园等活动，尝试将传统民间艺术与各种时尚聚会相结合，并积极配合"北京电视台京郊大地栏目组"和"这里

"二月二"龙抬头节学童开笔礼　摄影 / 唐连庆

是北京"栏目组来体验馆进行拍摄活动。村旅游公司还与境外中文学校建立密切合作，开启了国际学生利用假期来京旅游学习的特色项目，提升了组团来游量。结合"华声天桥·新八怪"民俗演出的开幕和国粹艺术街开街，向旅行社整合推出的特色民俗游产品，开发了旅游市场，研制了旅游商品，收到了很好的效果。

历时百年的高碑店漕运庙会，代代相承的高跷老会、小车会、秧歌队都蕴含着浓郁的民俗文化气息。这里的高跷老会、少儿高跷队四次走出国门，分别在伦敦、悉尼和洛杉矶等地一展风采，将高碑店村的民俗文化和国际旅游产品打包送到了外国人的家门。这里不仅是国家重要的民俗旅游基地，也是中国民间文化艺术体验馆。目前，村内的国际民俗旅游接待户不断扩展，接待规模、接待质量不断提高。

夜幕降临，华灯初上，色彩斑斓的霓虹灯点亮了繁忙的北京城，也点亮了城东边这颗古朴、典雅的夜明珠。红灯笼亮起来了，金色的霓虹灯将高碑店的轮廓勾勒出来，倒映在通惠河河面上，宛如江南水乡的模样。河边，三三两两的人散步闲谈，孩子们追逐嬉戏。脱离了都市的喧嚣，泡上一壶茶、研好墨、提起笔，等待月亮挂满枝头。

挂甲峪村，实践生态美村、文化育村、产业兴村、富民强村的社会主义新农村典型，充分利用生态资源，开发风能、太阳能照明，光能杀虫等新能源技术，通过致富道路通上山、水利设施修上山、优质大桃栽上山、再生能源用上山、科技文化跟上山、电信网络布上山、文体项目建上山、有机果品推上山、旅游游客住上山、生态别墅建上山"十上山"工程的实施，走出了一条生态经济型、可持续发展的山区致富之路，成功从"荒山土岭鸟不栖，有女不嫁挂甲峪"的贫困村转变成环境优美、生态良好的富裕村。

五、生态产业打造小康新村

——北京市平谷区大华山镇挂甲峪村

出北京（东直门）一路向北 75 公里，便来到平谷北部山区大华山镇镇域内的挂甲峪村。崇山峻岭之间，梯田层叠、路径缠绕，空中弥漫有蒸腾气韵。春季花果漫山，团团簇簇，逆风而香；夏季流水潺潺，绿荫翠翠，虫鸣鸟唱。这里群峰俊秀，景色宜人，好似人间仙境一般。

挂甲峪位于平谷北部山区，属燕山南麓余脉的一部分。这里北、东、南三面环山，中间为一狭小的丘陵盆地，面积约 5 平方公里。地势东南高西北低，鸟瞰之，如龙庭座椅一般。这里外环峰峦连绵不断，内伏丘壑蜿蜒起伏，海拔在 180—623 米之间，是一处不可多得的自然风景区。挂甲峪村 146 户，460 口人，历史文化悠久，相传成村于明崇祯年间，因宋代名将杨延昭抗辽凯旋在此挂甲休息，后人便取村名为挂甲峪。

走一条新时代的"愚公移山"道路

20 世纪 70 年代的挂甲峪村，贫穷落后。羊肠路，荒山头，吃水更是贵如油。有点儿老果树，挂不上几个果，卖不上多少钱。村民们只能是靠天吃饭，遇到旱年头更是没有辙。那时，村内流传着一句顺口溜："荒山野岭鸟不栖，有女不嫁挂甲峪。"100 多户的小山村，"打光棍"的就有 60 人。

1978 年改革开放的春风唤醒了这个山村。挂甲峪村完全依靠自己的力量，走一条新时代"愚公移山"道路。"要想富，先修路"，依靠自己的力量，挂甲峪村修成了一条通往村外的、全市第一条山区柏油公路。接着村里充分利用政府实行"富民政策"的好时机，从山区农村的实际出发，实施"五上山"工程：道路修上山，水利蓄上山，优质大桃栽上山，再生能源用上山，科技文化跟上山。规划的目标初步实现后，紧接着又实施了新的"五上山"工程：电信网络布上山，文体项目建上山，有机果品推上山，旅游客人游上山，生态别墅建上山。

如今的挂甲峪村，山山水水变了模样。长达 35 公里的环山路，道路顺畅，像一条蜿蜒的飘带飘落山间；拓宽后的进村主路和村内 1.75 万平方米街道全部实现了水泥硬化；总蓄水量达 10 万立方米的塘坝、水池和小水窖等与机井和田间节水设施之间互联形成网络，实现了大气水和地下水综合利用，满足了果树生长用水和生态环境用水需要；过去单一的林果生产园区随着路通水通，变成了集观光采摘、休闲度假于一体的多功能高效园区。

挂甲峪村生态资源利用成效显著，全村长达 15 公里的环村路安装了风能照明灯和太阳能照明灯；在果园安装的光能频振式杀虫灯有效减少了农药使用量，为生产生态型无公害果品提供了保障；在中国移动通信公司的大力支持下，山间建起了一座无线通信塔，来这里的游客在山间的任何角落都能收到清晰的手机信号。

生态环境大为改善，建在半山腰果林中的几十座红顶生态屋，成了全村吸引城里人的金字招牌，带动着全村民俗旅游业的快速发展。村民"坐家当老板，靠房来赚钱"，自家居住的房屋由生活资料变成生产资料，已住上新楼房的农户称这是"聚宝盆""黄金屋"。

娇艳碧绿乐而忘归 *摄影 / 李晓玲*

民俗旅游味道正

挂甲峪村林木覆盖率90%，负氧离子达到6级以上。一位国家旅游局的专家住在挂甲峪，感慨"挂甲峪是北京的生态新大寨，京东的大绿谷，天然的大氧吧，休闲的好去处，住在这里换心、洗肺又清脑，生命加油站，人体大修厂"。

挂甲峪村以旅游产业为龙头，带动多种经济发展，成立了北京天甲旅游开发集团，村总资产达2亿元，经济总收入4200万元，人均纯收入2013年达32000元，极大地改善了农民生产生活条件，走上了中国特色山区富裕美丽之路。

通过实施"十上山"工程，挂甲峪在全村拥有两条龙形山谷的万亩山场上，修起了长达35公里的水泥环山路，全村每座山峰都有新修的水泥路直达山顶，方便游客出行；依照山势建成了"五瀑、十潭、两湖"景观，湖水既可以进行农田灌溉，又可以搞水产养殖、供游人观光垂钓，不仅实现了大气水和地下水的良性循环，还丰富了民俗旅游的内容。

　　走进挂甲山庄，浓郁的民俗风情扑面而来。住农家火炕，吃农家饭菜，干农家活，如饮佳酿；坐花轿，骑毛驴，观看地方戏剧，其乐融融；"推碾子院""磨豆腐院""铁匠院""木匠院""编织院"等特色小院，大开眼界；登上仿古观赏亭高瞻远瞩，心旷神怡；绿树掩映的生态木屋，更是让人流连忘返。

　　山山水水巧安排，蓬莱仙境现人间。经过挂甲峪人十余年的奋斗，这里群峰环绕层峦叠翠、路似游龙蜿蜒起伏；"五瀑，十潭，两湖"如明镜倒映蓝天；旋转餐厅在山巅昂然傲立；春来，漫山遍野，姹紫嫣红、争奇斗艳，秋至，坡坡岭岭，流金溢彩、百果飘香；夜幕降临，山间七彩灯与满天繁星遥相呼应，仿佛人间仙境。

　　山上满目苍翠，山下田园似锦。阳春桃红李白争奇斗艳，盛夏雀欢鱼跃野趣横生，金秋瓜果飘香任您采摘，冬日山空水浅温馨宁静。造型雅致，设施齐全的山间小木屋，典型的平谷地方风格的民居建筑，处处透露着浓郁的乡土气息。间或传来几声鸡鸣犬吠，置身山间，无论是谁，都会将都市忘却。

群山簇拥下的挂甲峪村　摄影／李晓玲

悠久的历史起源、丰富的文化元素孕育出了独具特色的民俗风情和建筑精品，这是暖泉镇的标志和品牌，也是暖泉镇的根基和血脉。"传承古堡文化，彰显田园风光，做精民俗表演，打造特色名镇"不仅仅是暖泉这个历史文化名镇和最美乡村的旅游宣传口号，也是其旅游经济发展思路及路径选择。

六、暖泉古镇，
璀璨的民俗古建智慧之光

城市居民举家出行到"外面"过大年在近年成为一种新的时尚。河北张家口蔚县千年古镇暖泉镇，以其悠远绵长的历史文化、保存完好的200多处古建筑、地道的特色小吃和民俗绝技"打树花"等，吸引着越来越多的人到这里旅游过年。

来自远古的印记

暖泉镇位于蔚县西部，与山西省广灵县接壤，历史悠久，文化底蕴深厚，文物古迹众多。据壶流河谷地发现的旧石器和众多的新石器时代遗址等考古资料可以推溯，早在两万年前的旧石器时代晚期，已有人类在暖泉一带定居生活。

也有史料记载：古镇在尧、舜时期属冀州，商周时属代国，战国时期为赵、秦等国角逐之地；秦、汉、三国、两晋时，均属代郡，暖泉属平舒县治，镇西现存高大的封土汉墓群，便埋葬着当年的官僚显宦；唐宋时期，是汉族与少数民族争夺之地；元朝建镇，明清时成为张库商道上的经济、文化、军事重镇。传统的商业、手工业、铸造业繁荣兴旺，留传至今的仍有许多，其中以手工编灯、皮毛加工、生铁铸造、剪纸等最为典型。

明清时发展为"三堡、六巷、十八庄"，从此暖泉成为蔚县西部的交通枢纽和商贸中心。

以泉闻名的塞外水乡

"暖泉"闻其名自然知其义。据《蔚州志·渠道图》记载："出城西三十里暖泉堡中，泉之源以石瓮分东西流"，又说"其水澄清如鉴，三冬不冻，故云'暖泉'"。

暖泉古镇街区地下水源丰富，水文化独特。暖泉水之源有两处，一为镇中心的逢源池水，一为华严寺前佛镜之水，一年四季水温均为16℃，寒冬腊月水面积气如蒸，三伏盛夏泉水清凉宜人。两处泉水经数条明渠流出，环镇缓流，构成了"小桥、流水、人家"的塞外水乡风貌。

逢源池南是著名的凉亭书院，由元代工部尚书王敏所建，是古镇人民自古崇文尊儒的象征，也就是今天的王敏书院，书院及院内魁星楼是暖泉镇的标志性建筑。

凝固历史的古建筑群

暖泉镇是一个以农耕为主的典型北方古镇。3000多年的历史给今天的暖泉留下了保存完好的200多处古建筑，其中国宝级建筑3处，分别为西古堡、华严寺和老君观。暖泉也因此被评为中国历史文化名镇、国家AAA级旅游景区、全国特色景观旅游名镇、全国十佳旅游村镇、中国最美乡村、中国北方民俗胜景第一镇、国家级"文明乡镇"等。

西古堡始建于明嘉靖年间，其古民居可与北京的四合院相媲美，全部为砖木结构，青条基石、白灰青砖墙体、板瓦筒瓦双层覆顶，层顶起脊吻兽，富于变化，迎山、春棚、单坡、屋顶巧妙结合，门窗、门楼精雕细作，油饰彩绘。

民居的建筑布局多种多样，可分为连环套院型、里外套院型和单四合院型三种。连环套院型有"九连型""六连型""四连型"等，主要是有钱

暖泉古堡　摄影／孙阁

的大户人家居住，各房院尊卑分明，功能齐全，建筑舒适，豪华气派。里外套院型和四合院型都是中等富裕人家居住，用材考究，工艺精细，大门楼、二门楼、砖雕影壁等配置齐全。精美的木雕、石雕、砖雕是暖泉古民居的一大特色。走进古民居犹如走进雕刻艺术博物馆，大门口的上马石、抱鼓石、雕花基石、木制雕花门头、兽头、雕花木栢头、雕花窗格和房顶上的各样砖雕等，充分显示出古代建筑师的精湛技艺。

华严寺建于明洪武三十二年，2006 年 6 月被国务院评为国家重点文物保护单位。该寺现存的两座大殿庄严雄伟，殿内塑像虽已毁，但珍贵精美的壁画和天花图案被保存了下来。大殿顶部的五彩斗拱和砖雕花脊很有研究价值。寺南有一泉水喷涌而成的直径 15 米的石砌圆形水池，俗称"佛镜"，是华严寺的放生池，传说是古人修身养性、对镜思过的通灵宝地。

老君观是河北省北部地区现存最为完整的道观，始建于金代泰和年间，是金国四太子金兀术前哨行辕。主要建有一场两院、三楼七殿。正北三清殿房栢架上彩绘金国贵族官员服饰图案，北墙壁画是正一派南五祖和全真派北五祖画像，东西两壁是太上老君九九八十一化身图。道家八十一化展示了太上老君化身的由来，将道教的起源、发展与中国古代历史联系在一起，展示了人类社会的发展进程，包含了朴实的辩证法、哲学观、道德观等，是我国古文化遗产的瑰宝。

异彩纷呈的民俗文化

　　暖泉人民在长期的生产生活实践中创造了独树一帜的民俗文化，如节日社火中的牛斗虎、旱船、推车、独杆轿、花灯节和民间纸雕艺术等。其中最具特色的是延续了 500 多年的民间社火活动"打树花"。这种别具特色的古老节日社火，是用熔化的铁水泼洒到古城墙上，迸溅形成万朵火花，因犹如枝繁叶茂的树冠而称之为"树花"，其壮观程度不亚于燃放烟花。后来，暖泉镇"打树花"衍化为元宵佳节期间的习俗，作为一项古老技艺，2006 年被评为河北"省级非物质文化遗产"。

　　我国著名民间文艺家冯骥才先生曾经评价说："中国人过灯节的风俗

暖泉民俗"打树花" *摄影 / 宋忠*

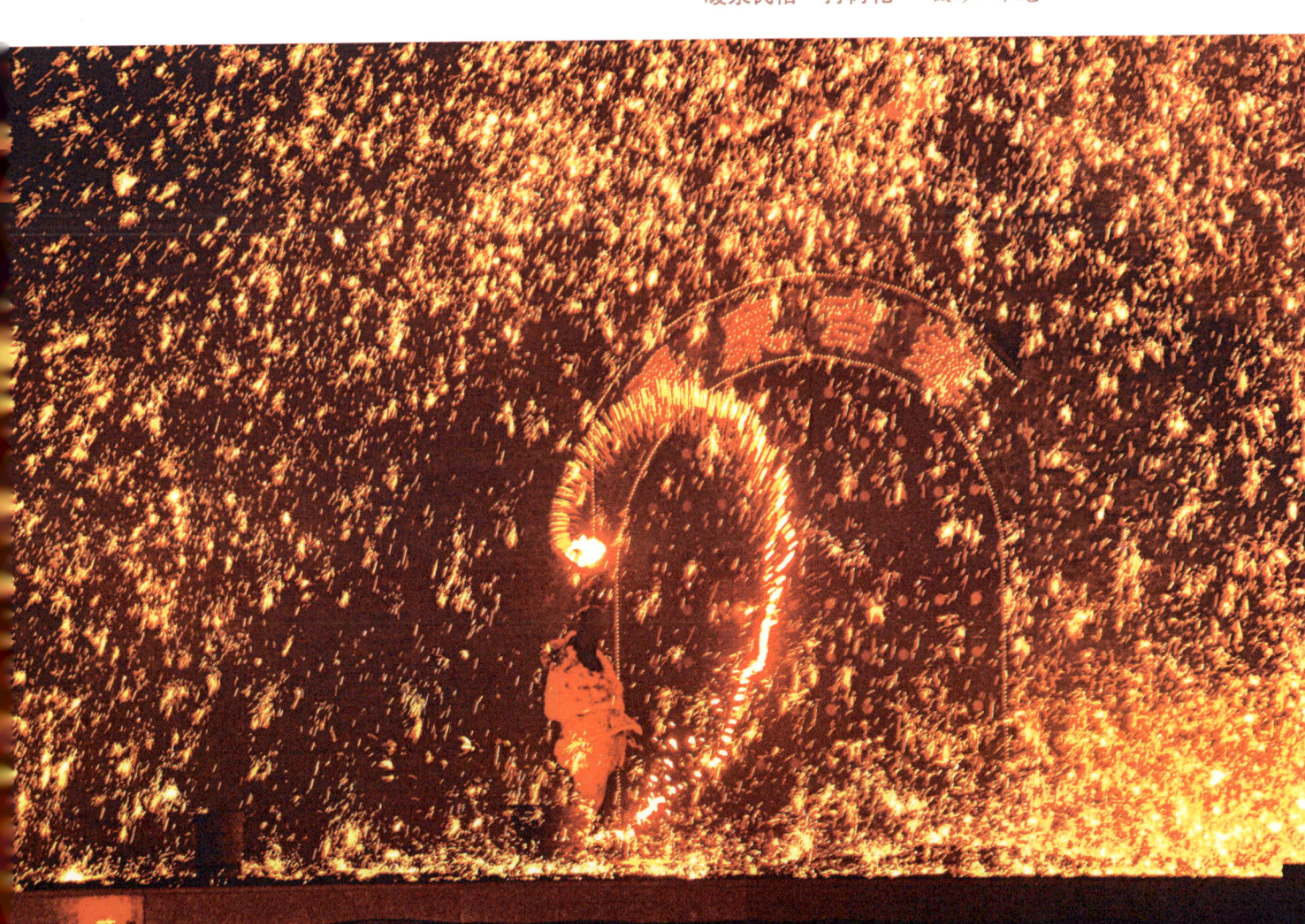

成百上千，河北蔚县暖泉镇的'打树花'却独一无二。"古镇民俗绝技"打树花"与古代生铁铸造的盛行有关。在古堡城墙上迸发出的火树银花，让全国各地的游人大呼"过瘾"。这项非物质文化遗产也让以来自全国各地的摄影人为主体的观光客趋之若鹜。

说起暖泉镇的手工编灯技艺，最正宗的要数西古堡的张家。用铁丝编灯，铁丝先去掉锌皮，再编灯笼，然后在里边糊纸，最后给灯笼上漆，黑色的灯笼框架，配上红色的纸，显得古朴而喜庆。

颇具西北特色的蔚县小吃，有古代商贾最为喜爱的豆腐干、糊糊面、粉坨、辣椒油等，凝结了冀西北古镇人民"粗粮细作"的智慧手法，也植入了这个地区农民厚重的待客情结。

民俗文化助力古镇旅游产业发展

暖泉古镇凭借良好的生态环境和深厚的文化底蕴，激活古堡、生态、民俗要素，保护与发展并重，打造古堡文化，建成了古堡历史文化、农耕文化等专题展馆，新建了明清仿古一条街，传承了历史文脉，凸显了历史气息；累计投资 6000 万元，历经四次提升，把暖泉镇独具特色的民俗社火活动"打树花"，打造成高水准的大型实景民俗表演——《火树金花》，每年五一到十一期间的周末都会有表演，成为古镇声名远扬的靓丽品牌，中央电视台多次进行了现场直播，天津、上海、浙江、河南、陕西等地方卫视也纷纷报道。

目前，"传承古堡文化，彰显田园风光，做精民俗表演，打造特色名镇"已经成为暖泉的旅游口号。坚持历史建筑与生活习俗相协调，不进行大规模搬迁，以保证文化遗产的真实性、完整性和原生性；保护性修缮一大批有明显地域特征和历史符号的古建筑，让古堡历史文化与农耕文化相辅相成，延续文化的独特性和历史气息；划定生态涵养区保护范围，将暖泉镇所在地周围 10 平方公里纳入保护范围，严禁高污染、高能耗类工业进入城镇及周边田园，最大限度地减少对田园风光的损害；深入挖掘蔚县剪纸、掐丝灯笼等民间手工艺文化，保护性发展粽子、凉粉等传统饮食文化等原生态文化主题，把暖泉古堡打造成个性突出、风貌唯一、展示历史和文化的原生态展示窗口和基地；为《鬼子来了》《敌后武工队》《母亲是

古堡乡戏　摄影 / 孙阁

条河》《大地》等 10 余部电影、电视剧提供了外景拍摄场地。

　　建筑遗存与民俗传承让小小的暖泉古镇凝聚了重要的历史文化价值、民俗研究价值和建筑艺术价值，太行飞狐古道上的商埠重镇因为这些道地的民俗和古色古香的古建民居而再现辉煌。特色旅游带动了全县经济的发展，以"打树花"扬名的暖泉镇就创造经济效益 8000 万元，"古堡文化"和"树花文化"两大品牌，真正成为暖泉发展的支柱产业和富民产业。"百万人次游古堡、十万人次赏树花"正在演绎着民俗助力古镇旅游的神话，也成为蔚县人津津乐道的话题。

龙泉关因位处战略要道、常引兵家之争而扬名天下，更因是帝王西行朝拜的必经之地而身世显赫。龙泉关长城虽然已经破损严重，但依然可以清晰地展现出它那承载过史之重、国之任的雄伟而坚韧的身躯。伴随着新时代"扶贫攻坚战"号角的吹响，古老而沉静的龙泉关镇又迎来了新的繁华与壮观。

七、万里长城龙泉关

万里长城龙泉关，龙泉关口按龙泉。

太行山上横刀处，西望五台立阵前。

这是康熙皇帝西去五台山，经过龙泉关时留下的诗篇，"万里长城龙泉关"也从此名喻天下。

坍塌了还是长城

龙泉关长城建于明永乐年间，明万历四年重修，呈南北走向，总长一公里。目前，北段保存较好，尚存垛口；南段坍塌、毁坏严重。关门位于中间，现存砖砌拱券门洞，顶部门楼已毁。两边有砖石结构的马道、战台和敌楼，敌楼现仅存条石基础，边长11.3米，残高7米。1956年，龙泉关被公布为河北省重点文物保护单位。

明长城在阜平境内有120公里，城墙下部以条石做根基，上部包大块柴烧青砖，石灰固缝，墙内装土石；城墙上筑有敌楼10座、烽火台8处、战台8座。阜平明长城总体以山为墙，就山势高低与险坦决定城墙高厚。大部分地段以山为险，只在某些山坳筑墙扼守。旧《阜平县志》记载："城西几十里亦五台孙枝，古长城台基尚存，上边有边墙，西接五台县界，东距龙泉关二十里，重山叠嶂，奔电屯云，燕晋出入之冲也。"如今，此段长城已多处坍塌，有的地方只显根基。

站在山梁上，举目远眺现存的长城边墙仍如长龙般横卧山峦，曲曲折折中记录着历史的点滴，抚摸它承载过史之重、国之任的坚韧身躯，说不清心中所思所想。在这里，依稀仍能听到当年曾惊天动地、气贯长虹的战马嘶叫、战鼓齐鸣之声。如今，所有的一切，都随历史的硝烟散去了，如天边飘过的云一般，无声无息。

显赫身世已成过去

龙泉关是明长城重要关隘，明清两代都曾派重兵把守，是兵家战略要地，更是帝王西行朝拜五台山的必经之地。因此，龙泉关镇作为龙泉关的堡城也算是"身世显赫"，是目前阜平县历史文化遗存最为集中的地区。

说起龙泉关的历史，当地村民如数家珍，如古城三道街、千年古树，还有马刨泉、六郎庙、孟寺塔、印钞石、挂甲树、三箭山、招堤寺、龙宿庵、徐霞客名人故居等，以及明朝万历古碑和康熙、乾隆、光绪御碑等碑刻。总之，这些星星点点的文化历史遗迹串联在一起，铸就了名声远扬的古镇龙泉关。据说，龙泉关古街过去曾商铺林立，有南货店、共和店、福德永、聚福堂、报德堂、恒生号、百货店、绸布店、当铺、戏馆，仅饭店就有几十家。

如今的龙泉关街道上，依稀仍能看到古城风貌。土木结构的建筑，四面有房、中间有院的"四合院"和吊脚楼，四檐错层。院子是由青黑色的方砖或石块铺成，走廊和窗户上雕着图案，有的房子一进门处还有大壁的雕花屏风和门。最引人注目的还要数那两棵600多年的古槐树。两棵老树像孪生兄弟一样，相隔仅2—3米，树干却都有3人合抱粗，双双扎根于路边房檐下，长长的枝干朝着一个方向伸展着，覆盖住整个道路。远远望去，像两条虬龙腾空欲飞，颇具威势。

走在街道上，两旁低矮古老的房屋，多数仍保持原貌，有的已破旧不堪，但街道两边打扫得却非常干净。偶然会看到一两个老人，倚在门边闭着眼睛，悠闲宁静地享受着午后的阳光。

路遇一位土生土长在龙泉关的赵姓老乡，他的祖辈曾是驻守龙泉关的

龙泉关 摄影 / 贾同温

官兵，我们就地采访。问到作为驻守官兵的后人有何感想时，他说："骄傲！为先辈浴血守卫过这片家乡的土地而骄傲。"又问及："如果再让你的后辈守长城，你还愿意吗？"他却出乎意料地说："现在？不需要了吧！当时那是因为明朝太弱，打不过鞑子，才修长城防御。现在我们的国家这么强大，不用再守长城了吧？"

　　赵姓村民的一席话，像一颗流星在我的心头划过，我一直思索的长城文化之内涵似乎有了答案。

民俗文化一脉相传

　　镇办公室主任张云梅介绍了龙泉关镇文化活动情况，并给我们播放了两段当地著名文化活动"毛掸子会"和"九曲黄河阵"的视频。

　　"毛掸子会"是采用中国戏曲中武打的表演方式，演绎中国战争场面和英雄人物高强武功的一种民俗娱乐活动。参与表演者共 22 人，包括 10

个指挥官，10 个将官，外加两个探子。指挥官以鸡毛掸子作为指挥的令箭，每个指挥官跟随一名将官。活动开始指挥官先令将官布阵，然后由探子探阵，最后由将官破阵。在破阵过程中，扮演古代英雄人物的将官逐个展示自己的武功，之后通过对打展示破阵过程。据考证，毛掸子会已有 600 多年的历史了。

九曲黄河阵是一种古老的汉族传统民俗文化活动。每年正月，龙泉关镇几乎每个村庄都要布下此阵，供人们娱乐。因姜子牙部下将领赵公明破"万仙阵"在黄河上游布下了"九曲连环阵"而得名。九曲黄河阵是用 5 根高杆，9 根次高杆和 315 根桩木横竖各 18 根插于土中，然后用横木串联起来的 9 个蜗牛状连环弯，从正上方看是一个面积 324 平方米的正方形，其中有九曲十八弯。在九曲每一弯的中心有 9 根次高杆，上挂 9 盏八角大灯笼。灯笼的八面书有隶体字，福、禄、寿、喜、富、安、康、祥、顺，其余的 315 盏悬于桩木上的五颜六色的灯分别环绕着九盏大灯，构成了颇为壮观的九曲黄河阵。现在的九曲黄河阵为民间祈福求财、祛邪去病的游乐灯阵。

或许由于龙泉关镇自古就是兵营驻军之地，"毛掸子会"和"九曲黄河阵"两项民俗文化活动都与军事有关，其节奏紧凑、规模宏大，表演者技艺精湛，着实令人惊叹。

长城文化托起龙泉关的未来

张云梅说，自从习总书记 2012 年视察龙泉关之后，龙泉关镇的名声就更大了，镇上的干部也都开始忙碌起来，忙着搞经济开发，忙着精准扶贫项目。说起这些，张云梅脸上泛着幸福的红晕，而说起龙泉关未来的规划，她的双眼更是明显亮了起来。她说："镇两委已经制定规划，决定按照发展'特色新农村文化旅游产业'的思路，依托历史文化遗迹，把龙泉关镇打造成文化、旅游、历史、商务、景观于一体的历史文化古镇……"

这里有海拔 2000 米，峭崖耸立、奇峰连天的千峰山风景区；有植被茂密、山泉叮咚、鸟语花香的人间仙境辽道背；有河北中南部第一高峰，海拔 2286 米的歪头山；还有全长 1121 米，高 133 米，被誉为"亚洲第一跨"的华北第一高桥——龙泉关黑崖沟大桥……

　　这次采访中，最后一次按下快门，是在一堵古老的已经坍塌不堪的土城墙前。它虽然没有山海关、八达岭长城的雄伟壮观、气势磅礴，但在夕阳之下，落日的余晖洒照在它硕大的身躯上，和远处冒着袅袅炊烟的村庄交相辉映，弥漫着独特的魅力。不管它是否曾有过辉煌，但它现在是宁静的，就像那些屋前晒着太阳的老人。我想这份宁静之美或许正是它的魅力所在，也应该是长城文化内涵之所在吧！

①②
③

① 古村落　摄影／贾同温

② 古城民房　摄影／孙阁

③ 龙泉关秋色　摄影／贾同温

南有"六尺巷"传递千古佳话，北有"和谐巷"彰显传统美德。600多年的历史，24代人的传承，130多座古建筑，足以显示出王硇村——这个太行山深处古村落久远的历史和深厚的文化底蕴。古老而别致的四合院建筑，不论是"五裹三"还是"七裹三"，或者"七裹五"，都是文化的符号，更是艺术的载体，展现着古人的智慧，留给现代人美的享受。

八、太行深处，古建文化底蕴深厚的王硇村

王硇，一个听起来像人名的古村寨，坐落于太行山深处的河北省邢台沙河市柴关乡。

从太行山上俯瞰，这个小村庄位于盆地之间，隐蔽而安全。沉静的石头村天圆地方、规则整齐；一处处石楼布局合理、层次分明；农家炊烟袅袅，处处农田交错，不在江南，胜似江南，鱼米之乡的幸福地。过去交通不便，要进这个村庄非常艰难。今天进出这个村庄依然要走弯弯绕绕的山路，也正因如此，这个村庄才会保存得这般完好。

历史悠久的王硇村

据有史可查，王硇村建于明朝永乐年间，王氏先祖是祖籍四川成都府两岗村的镇京总兵王得才。因当年王总兵护卫皇家贡品在河北邯郸黄粱梦镇一带被劫，按明律当灭满门，王得才不敢返家，就逃至沙河县，先到正招村落脚，因"正招"与"正找"谐音犯忌，后选择深山中的王硇安家，并在这里繁衍生息。

据介绍，王硇村除外来的媳妇，全村皆姓王，王氏家族自明永乐年间

有 600 多年历史的王硇古村落　摄影/李振勇

始建村，已传至 24 代，有 600 多年历史。

今天，这个小村还有固定人家 240 多户，800 余口人。融农耕文化、民俗文化、红色文化于一体的王硇村，2013 年被评为"中国最具魅力乡村"，2014 年被评为"国家历史文化名村"。

古朴厚重的明清古建筑群

走进村庄，给人最直观的感受是整洁，各种保存下来的古老建筑有 130 座、2000 多间，小街小巷没有垃圾、没有堆占；房子是石头砌的，道路是石头铺的，房顶也是石片盖的。石头排列切割不是特别完整、石头面不够平滑的多是明代建筑，而砌得特别整齐的多是清代建筑。从建筑学的格局来看，村里的石楼一律是红石砌墙，青瓦布顶，既有北方建筑的雄浑，又不失南方建筑的秀丽，足见华北地域丰厚的文化内涵。

村中的大街门，上有"户对"，下有"门当"。"户对"，即置于门楣上或门楣双侧的砖雕、木雕；"门当"是砌在大门脚下两侧的石雕。门当和户对既是装饰，同时在旧时也是身份地位的象征。户对大小与官品大小成正比。有户对的宅院，必须有门当，因此，门当、户对常常同呼并称。这种建筑学上讲求的和谐匹配，后被演绎成了男女婚嫁衡量条件的常用语。

走进这些石楼的内室，可以看到木制的内设楼梯一律9阶。富庶人家的楼梯两侧扶手雕有蝙蝠、石榴等装饰，在大门外墙上，雕有双桃状带鼻拴马凹槽，墙外的拴马槽是客用的，数量多少与主人的地位或财富相匹配。

在王硇村的建筑中多见"逃跑文化"的设计理念和逃避追捕的设计格局。村中院院相连，户户相通，家家有楼，地处三岔路口的石楼必有耳房，整个村庄像一座极具防御功能的城堡，与王得才丢失皇家贡品逃避追责的传说吻合。

王硇村的建筑不仅含蕴了文化、宗教等功能，也体现了科技的成分。村中最高的石楼高18米，共3层，地上2层、地下1层。该楼始建于民国八年（1919），建成于民国二十年（1932），完全依靠人工搭建而成。

盖楼的红石采自红枫山，因为当地土质不好，烧制不出上好的瓦，所以瓦一律从武安、鸡泽烧制并运送过来。墙角有一段石条间没有用白灰勾缝，使石条间留有一定的间隙，一是防止热胀冷缩导致石头挤压，二是起抗震作用。

四合院是王硇古石楼典型的建筑形式，通常为"五裹三"或"七裹三""七裹五"。"五裹三"即五间正房，左右两箱房为三间，一般与正房相对的配房为平房，为的是方便晾晒粮食。"七裹三""七裹五"以此类推。

比较著名的王树棠故居，是一处典型的"五裹三"式的四合院，坐南朝北，东北开门。门侧有护院房、犬房，院内有一口水井，堂屋仍保存有当时村民自发赠送的伴朝銮驾和学堂弟王树楠发明的纺线机。街门很有特点，共有6道门锁，并设有暗闩，要依照次序才能打开，据说当时为了抵御土匪的入侵，家家户户门最少有五重锁。

彰显文明礼让之风的"和谐巷"

王硇村有一条弧形巷子，人称"和谐巷"，也有"伸曲巷"的美称，与清代大学士张英六尺巷的故事如出一辙。

在北方农村多有这种习俗，即先建房子的房主为追求"玉带缠腰"之寓意，多把院落建成环形，从外面看屋墙不成直角而成弧形。而与其相邻、后建房子的房主如果依此效仿，巷子就会越挤越窄小。为了邻里和睦，又不影响通路，房主主动向里收缩了宅地，形成了弧形的向内弯曲的巷子，人称"伸曲巷"，意在赞扬主人能屈能伸、和睦为上的品质，在邻里间传为佳话。在王硇村重温"千里家书只为墙，让他三尺又何妨。长城万里今犹在，不见当年秦始皇"的诗句也相得益彰。

王硇村在建筑上还遵循"有钱难买东南缺"的习俗，足见该村创始人的和谐礼义之家风。

所谓东南缺，即指临街临巷的院落，外墙东南角方位缺一墙角。含义有三：一是来自八卦"巽"爻，古人认为八卦中"巽"表东南方位，同时也表"风"，为顺、为入、为平安，建筑东南缺角，意为留下平安与招财进宝处；二是满招损，即所谓物极必反，事物发展到极端，就会向相反方向转化，所以在墙角留下缺憾，表示对幸福美满永远的向往；三是为不圆满，激励后人励精图治，积极上进，向最好努力。因此，当地有"有钱难买东南缺"之说。

在王硇村，大如楼，小似石雕、木雕、砖雕，这种反映孝道、激励、自勉等"王氏家教"内涵的建筑格局和纹饰无处不在，如蝙蝠、石榴、桃子，寓福寿双全多子多福之意。

抗日战争时期的红色革命根据地

抗日战争时期，沙河抗日县政府及其附属机关曾设在王硇村，邓小平、刘伯承等老一辈无产阶级革命家曾生活战斗在这里。抗日县政府、抗日高级小学、抗日独立营、抗日交通站、抗日县政府下属机关等旧址保存至今。

王忠信家的门楼，是王硇村唯一保存完好的门楼。据说，正是刘伯承、邓小平署名授予王忠信的"为民立功"的牌匾，吓走了"破四旧"的红卫兵，使得这座古老的门楼在"文革"中幸免于难。

看王硇，不仅让我们看到了明清民居建筑的实用性，同时更加体会到

王硇村秋色 摄影 / 孙阁

华夏民族祈求和谐、幸福、团结的愿望无处不在；听王硇，一个个美好的传说都在宣扬真善美，摒弃假恶丑。这个村从始建时就有"禁牧碑"，在今天来看是何等的超前；村中建有红色文化展示、民俗文化展室和家风文化展示等，传承着华夏民族的正能量，代表着中华民族弘扬传统文化与教义的大爱情怀。

一方水土养一方人，河北井陉县大梁江村，石头垒砌的古村落，鳞次栉比的石屋高低错落、层层掩映，山乡小路在石屋的夹缝中曲折迂回。这里曾是韩信背水之战的发生地，"太行八陉之第五陉"；这里只见沟渠不见水，深谙水道构建的生存智慧；这里千年古槐以身护村，历尽沧桑却枝繁叶茂；这里传承着厚德载道的风骨和"襟山带河"的精神。

九、大梁江村，石头垒砌的古村落

知道大梁江村的人或许并不多，但说起河北井陉县，爱好历史的人应该都知道，因为它是著名的韩信背水之战的发生地，是"太行八陉之第五陉"，常被称之为"天下险塞""兵家必争"之地。大梁江村就位于井陉之西 30 公里的山区腹地。

只见沟渠不见水

从井陉县城乘车西行，远处的山峰绵延起伏，蔚为壮观。同行的人们都在点评着两边的山色，而我却探寻着路边的沟渠。相对山的壮丽来讲，我更喜欢水的柔美，然而远处的沟底却黄土漫地，甚至水的痕迹也不曾有过。心有疑惑，尚未问及，同行的老乡就主动解释道：大梁江村是石头村，最缺的就是水。大梁江村原名本叫"大梁家"，全部是梁姓人家居住，后来因为村里先后迁进不少别的姓氏，再加上村民都希望改变干旱少水的状况，才改名为"大梁江"。

说起大梁江村缺水的现状，那位老乡似乎并不沮丧，相反却有些得意的神色。一问方知，大梁江村虽然没有足够的水，但他们的先人却有足够

①阁门

②大梁江石墩

③房屋建筑

④大梁江古街道　摄影/姚伟强　范明祥

①	②
③	④

的智慧。从建村开始，村里人在建房之时，首先考虑的是水，包括蓄水、排水，所以总是先把水窖的位置选好、建好，再兴土木。一般每家每户都在青石铺好的院子里留有一个一尺见方的取水口、一个入水口和污水道，每到下雨时节，先把入水口堵住，让流在院子里的雨水把脏东西通过污水道冲走，再把污水道堵起来，让干净的雨水通过石板下的入水口流入旱井内储存起来，供全家一年四季吃水洗漱。

村内所有的雨水、污水都从地下排走。盛夏季节，由于地下排水道和地面落差较大，雨水形成巨大的冲刷力，把村内的垃圾污物全部冲扫干净。即使有些院落地势低洼，但院里没有一点积水，村内的卵石路面也始终保持着干净整洁。古人的智慧真是让人叹为观止啊！

古树参天迎客来

走近大梁江，远远地，就会看见村口一棵遮天蔽日的大树昂首而立，仿佛是在迎候着远方的宾朋。这是一棵老槐树，据村里人考证，它植于唐代，距今已有1000多年的历史。这棵树的树身粗大，要三五个成年人牵手才能合围。树干虽然已经略有空心，只能靠半边树身从地下汲取营养，但树冠依然枝繁叶茂，耸云而立。在大家啧啧稀奇之时，随行的老乡却说：现在的这棵树并不是它的本身，只是它的"第二次生命"。原来，1937年抗日战争全面爆发后，日军很快就在山西省旧关村建起了炮楼，里面的日军经常到附近的村里抢掠财物。一天，炮楼里突然传出命令，让大梁江村的人三天内必须交出一百驮木柴，不然就血洗村庄。当时的季节，山上的干柴已经被村里的百姓砍完，去哪儿找一百驮木柴呀！村里的几位老人经过商量，决定"丢树保人"。于是就锯掉了老槐树的大部分树枝，只留下了光秃秃的枯干。令人惊奇的是，经过70年的风雨，老槐树竟然只靠六分之一的主干树皮，顽强地支撑着树枝的生长，却撑起一片蓝天。如今，这部分主干树皮仍然茁壮地生长着，并且又成了这棵古槐的主干，上边的几根枝干盘根错节，枝繁叶茂，仿佛一条腾空而起的巨龙守护着村庄的安宁。

古树的坚韧和顽强深深地影响着大梁江村人，大梁江人也一样精心地呵护着这棵老槐树。由于新长出的枝杈偏向一边，树身严重倾斜，整个大树仿若一个驼背的老人，一不小心就可能"匍匐在地"，于是村民就用大理石做成一副坚实的底座，擎起了整个树身，周边还修起了保护圈。有人还在大理石底座下供起了香炉，俨然这棵老古槐已经成为村民心目中的精神图腾。

石路石房圆亦方

距离古槐树十几米远的地方，有一座古老的阁楼，阁楼下有一条通道，村民称之为阁门，是大梁江村的入口。阁楼全部用平整的青石砌成，中间用巨石券成拱形，匾额上书"襟山带河"隶楷相间四个大字。

穿阁门而入，脚下尽是鹅卵石和不规则的石块铺就的街巷甬道，那些圆圆的、被千百次的车轮和脚底磨光了的石子在阳光的照射下闪着光泽。

绿色掩映中的大梁江民居　摄影／姚伟强

房与房之间留出的小路有的地方非常窄小，仅可容一人侧身而过，走在这样的巷道，似生出一种一夫当关，万夫莫开的感觉。

在大梁江，令人印象最为深刻的要数那些全部由石头建筑的房屋宅院，依山势而上，高低错落，屋脊耸峙，檐牙高拱，集古朴、雄浑、精巧、秀美于一身。其中最为经典，也是大梁江人最为自豪的，当数清代乾隆三十三年间的武举生梁深的宅院，一座古老的四合院，坐北朝南。门口有石墩、石鼓，刻有石狮、石虎，吉祥如意，栩栩如生，门心上镶有"武魁"二字的大匾，显示了主人曾经的尊贵和荣耀。

在大梁江的宅院间出出进进，上下行走，似进入迷宫一般，一时不得要领，便不知从何出入。著名的"一门九宅"，由大门鱼贯而入，可进入九重院落。在这样的空间里，院中有院，院中有楼，楼上建楼，楼顶建院，楼能通楼，院能通院，楼院相连，院楼相通，巧妙结构，自然朴美。散落在各家各户的石磨、石碾、石鼓、石墩、石兽、石锁蕴含着一层层可触可感的温热，有些仍然被村民们使用着，在一圈又一圈的石碾、石磨的轮转中，大梁江人在年复一年地日出而作、日落而息中辛劳着。

返途中再经过村口的那座阁楼时才注意到，在阁楼的二层，面向村庄的方向，还有一面散发着古香古意的影壁。影壁由镂空的六棱青砖组合而成，上面雕满了花纹。中间一幅"贪"兽图，昂首拱尾，四蹄腾空，有欲飞欲腾之感。此"贪"据说是一种镇村神兽，借此儆示出外做事之人，切莫重财贪色，戒除贪念，清正做人。

梁家厚义薪火传

一方水土养一方人，看了大梁江的水、树和石屋建筑，其实印象最深刻的还是大梁江的人。第一位首推"武魁"梁深。推崇梁深并非因为他曾是武举人，而是他的仁义孝道。据梁氏宗祠中的资料记载，梁深自幼聪敏，酷爱习武，练就一身好武艺。清乾隆三十三年戊子科乡试中武举人，山西省巡抚授匾"武魁"挂于宅院门口，同时下令封官。可接到诏书正要赴任时，适逢家中一老人去世，梁家深知忠孝不能两全，即以孝道为重，毅然放弃做官的机会，在家守丧尽孝。当时朝廷见他豪爽重义，仍侍俸禄于他，这才有了今日之梁家大院。印象颇深的第二个人是偶然遇到的，甚至不知道他的姓名。在村里我们想寻找一处制高点，以拍摄古宅全貌，于是在村民向导的带领下走进一家简陋的院落，令人惊讶的是不大的院子里竟然摆满了大大小小的根雕，其外形有的像龙首，有的像鹿角，神态各异，栩栩如生。在另一面的墙根下还摆放着一排奇形怪状的石头，大小不一，却又各具特色。院子中间站着一位发须浓黑、略显木讷的男人，经过询问才知这些摆设竟然都是出自这位其貌不扬的男人之手。当被问及为什么要搞这些东西时，他只是弱弱地答一句："喜欢。""卖吗？""不卖。"问到那些石头是自己从山上背下来的吗，他又是毫无表情地答道："是。"真是"高手出自民间"哪！如果说古代文人寄情山水，附庸风雅是可以理解的，而这样一个普通之极的乡下人，又是什么样的精神力量，让他不失古人风骨，又如此痴迷、执着于他的爱好呢？

第三位人物是大梁江现任村支书梁瑞锁。因我们要找一本叫作《大梁江》的书，听说只有他手里仅存几本，就驱车赶到约定好的井陉县城。梁瑞锁个头不高，面色黝黑，额头很宽。走进他的办公室，宽敞气派，俨然和村支书的地位不相符。望着我们疑惑的目光，他略带无奈地说："我本来一直在经营企业，但近两年村里家族内部矛盾很多，村子发展止步不前，没办法才让我接替了村支书的位置。"说起村庄目前的发展状况，他说：按照古村落保护开发规划，目前属前期保护阶段，主要由自己的公司进入前期投入，进行保护修缮，后期将通过进一步制定远景规划，引入合作开发商，共同开发古村落生态旅游资源。当被问及目前公司投入古村落保护的资金数量时，他略做思索，沉声说："保守说的话也得五六十万吧。"又是一位重情重义的梁家汉子，临危受命，挺身而出。看他侃侃而谈村庄的发展规划时，双目中信心满满，那宽宽的额头上也泛着光芒。

走出村口，放眼望去，夕阳照耀下的大梁江，自下而上的山坡上，鳞次栉比的石屋高低错落，层层掩映，一条条山乡小路在房屋的夹缝中曲折迂回。此时并不是大梁江的最美时节，但给人的感觉依然幽深而又神秘。我还会再来的，在山花烂漫的时节，来看看雨水冲刷后的街道，看看修缮后的九院连环，还要目睹一下民间习俗——开锁儿，更要和那位不知名的老人再见上一面。我一定会来的。

朱家峪是当年"闯关东"大军的出发地之一，村中山阴小学、古圩墙、文昌阁、登云桥、双轨古道、石拱立交桥等文化积淀深厚；古建筑近200处，石桥99座，井泉66处，自然景观100余处；通过"活化保护"，将保护性开发和改造提升工程相结合，使古村成为一座珍贵的历史博物馆，被誉为"齐鲁第一古村、江北聚落标本""中国北方山村的百科全书"。

十、齐鲁聚落典型

——古村朱家峪

朱家峪位于山东省济南市章丘百脉泉群大约有五公里，地处五岳之首泰山山系北麓，西距省会济南约45公里，三面青山环抱，风景秀丽，是中国北方地区典型的山区古村落，山东省第一个由建设部和国家文物局授牌的"中国历史文化名村"，被誉为"齐鲁第一古村、江北聚落标本""中国北方山村的百科全书"，被遴选为"全国生态文化村"。

朱家峪原名叫城角峪，明朝洪武四年（1371）因为朱氏族人的迁入，而朱姓当时是国姓，所以改称朱家峪。

朱家峪村，是当年"闯关东"大军的出发地之一。"富走南，穷进京，逼死梁山下关东"，朱家峪一多半人家的祖辈都有过闯关东的经历。

朱家峪大小古建筑近200处，大小石桥99座，井泉66处，自然景观100余处。据专家考证出土陶器，夏商时期有庐于此，距今3800年以上。朱家峪自明代以来，虽经600余年沧桑，仍较完整地保存着原来的古桥、古道、古桐、古庙、古宅、古校、古泉、古哨等建筑格局，文化遗址星罗棋布；四面青峰隐隐，溪中碧水悠悠；长白、胡山诸峰拱卫、映带如画。

朱家峪朴素而天成，与江、浙、皖、赣那些富豪云集、雕梁画栋的古镇迥然不同；与江北平原的村庄也有不同，朱家峪房舍布局不是传统的正南正北、方方正正，街巷也不横平竖直、排列有序，而是顺山就势、高低

朱家峪全景　摄影 / 王志强

错落、疏密有致。朱家峪古村是中国北方山区村落建筑的典型，浓缩了中国古代农民一段艰苦创业的历史，凝聚了中国北方农村一缕浓郁厚重的乡情。

古圩墙

　　1840 年，鸦片战争爆发，朱家峪的安全面临着严重的威胁，村民们为了阻止盗贼的抢劫和掠夺，在周边的山上修筑了充满智慧的圩墙，它横亘在村庄的北面，东起白虎岭，西接雁落山，在战乱年代，村民用它来抵御盗寇，并作为防御工事。这段圩子墙全长 1.5 公里，有中、东、西三个门，中门，也叫"礼门"，出自《孟子·万章下》"夫义，路也；礼，门也"。

朱家峪为儒学昌盛之地，多有诗礼之家，中门只有最尊贵的客人来到时才会打开，体现了朱家峪人知书守礼、热情好客的品性。

文昌阁

朱家峪有座家喻户晓的"文昌阁"，这座高阁始建于清道光十八年，全部用大块的青石筑成，坐北朝南，分上下两层，上建阁楼，供奉文昌帝君神像；下筑阁洞，可通车马行人。阁楼之上为廊柱式庙宇建筑，造型浑然一体、古朴壮观。内墙四壁彩绘壁画：其中，东墙为状元魁首，身着官袍，头戴乌纱，大有"春风得意马蹄疾，一日看尽长安花"之意；西墙为龙腾虎跃，寓意"腾登龙门"之意。旧时的村民，经常到这里祭拜文昌，传说他是天上的文曲星，可以主宰读书人的功名利禄。每逢盛夏连雨之日，文昌阁若隐若现，别有一番琼楼玉宇的意境。

登云桥

文昌阁西北有座登云桥，传说很久以前，这里是一片汪洋，后来海水退去，群山显现，有一只独角兽浮出，吞云吐雾，飞沙走石，天无宁日。后如来佛祖驾云而至，用灭妖镜除去了此害，使得天地清平，玉宇呈祥。如来除妖后就在河边的大青石上登云而去。后来，村民感念如来的恩德，在这里建起一座石桥，故名登云桥。每当忠臣良将和有志之士祭拜文昌之后，便会登上石桥以示平步青云。

双轨古道

以青石为本的朱家峪，在大山的衬托下，就像是一幅清新淡雅的水墨画卷。走进朱家峪，令人印象至深的是自然风光下那些古朴的青石古路。

曾有人说，建筑是凝固的音乐；也有人说，建筑是固体的文化，这些分布在古村里纵横交错、路路相通、形态迥异的巷道，成为村子里必不可少的通行脉络，进入古村，仿佛进入了一座特别的迷宫。

其中，始建于明代的双轨古道，长约 300 米，又称"义路"，与"礼门"出自同一个典故。据朱氏宗谱记载，修建这条古道最初的设想，就是倡导人们走路必须靠右行，这种超前的交通意识，也见证了朱家峪曾经的繁荣历史。

据说，这条青石铺就的古路上还有沉睡了 4 亿年的三叶虫化石，如果耐心寻找，没准真能找到。

山阴小学

"要达强国富民之目的，若忽视教育将一事无成。"这是民国时期的教育先贤朱连厚常给学生们讲的一句话。1941 年，在朱连厚和颇有社会活动能力的朱连勋等人积极倡导下，募款助学，多方筹措资金，历时 3 年，终于建成了这座在当时影响深远的"山阴小学"。学校有四进院落，南北长，东西窄，占地 6.6 亩，房屋的建筑结构一律是青石根基，白灰粉墙，校门是仿广州黄埔军校的校门而建，以示"育世英才"之意。校门内影壁墙上的校训也是化用了黄埔军校的校训，每一条校训都充满了谆谆教诲之意，看了让人激情满怀。院子里高大的梧桐树，默默地见证着山阴小学走过的岁月，似乎它们还在等着朗朗读书声再次响彻这座古老的村落。

石拱立交桥

石桥是朱家峪先民的又一创举。因为古村群山环抱，每到雨季，山水顺坡而下，那些恣意的溪水穿街过巷，甚至夺街道变河道，给村人的出行带来极大的不便。所以在山村之内随处可见青石叠成的桥。最为著名的桥当属两座建于康熙年间的石拱立交桥。两桥相距 11 米，呈八字形横

山阴小学　摄影 / 王志强

跨这条街道，也就是行洪时的水道。桥洞高约 3 米，宽 2 米。旱季上下皆可通人，而雨季上可通人、下可行洪。

雨季来临，文峰山下长寿泉等诸泉喷涌，又汇集坛井的水，急湍而下，虽历经近 300 年的雨水冲刷，这两座桥依然屹立如初，让山村交通与排水系统完美地连为一体，充分展示了古村先民的聪明与才智。有学者曾考证，这两座桥应是"现代立交桥的雏形"。

文昌阁　摄影 / 韩朝晖

坛桥七折

村前有座文峰山，山上有松柏苍翠，山下有甘泉圣水从石洞中涌出汩汩清流，下注到位于朱家峪中心地带的坛井，与井中的水汇聚，形成文峰山下最盛的一眼泉，泉水丰盈甘冽，长年不涸。所谓坛井，就是小口、大腹，形状像坛子一样的井筒。

在坛井的北、东、南三面，建有 7 座小桥，纵横交错，曲折勾连，其形状就像是北斗七星，而坛井就像这北斗勺子中的一颗璀璨明珠，与七桥相依为伴，形成坛桥七折的奇观。

古 屋

古老斑驳的石桥，粉墙黛瓦的民居，伟岸宏大的祠堂，朱家峪的建筑代表着一段饱经沧桑的历史。她平静自得，有时候甚至像个老人，或者就是历史本身。

朱家峪的每座老房子都是有生命的，房屋基座大都由青石砌成，墙面是黄泥和石灰的混合体，整个房屋的框架结构坚硬而牢固，外表看起来朴实无华。

明经进士朱逢寅

乡愁就像一碗醇厚的老酒，让漂泊在外的游子常常念叨自己的故乡。清朝光绪年间，被皇帝钦命为明经进士（清朝"贡生"的别称）的朱逢寅从北平回到故乡朱家峪，他在这里居住，开设讲堂，教书育人，成为光绪年间著名的私塾先生。据说朱逢寅有两位得意门生，一位是当时的翰林院编修主持刘元亮，另一位则是奉天总兵刘仲度，两位门生一文一武，名震天下。

朱家峪的今生

近年来，这里成为地域文化、生态文化研究的焦点，大手笔抓生态环境规划，大投入抓基础设施建设，大动作推行"生态保护—经济发展—社会和谐"的发展模式，建设"绿色朱家峪"。在对古村落保护性开发的前提下，综合提升了基础设施建设和环境综合整治，改造后的朱家峪旅游景区，将保护开发与村民致富紧密结合。

悠久的历史文化、多姿多彩的风景名胜资源吸引着大批中外游客和学者。朱家峪的民俗博物馆、"文化创意产业园"、影视基地和画家村等，将传统技艺如篆刻、根艺、织染、剪纸等和观众体验结合，使游人在参与体验中了解古村的民俗文化；有效推进影视剧产业的发展，是电视剧《闯关东》的开篇地，《南下》《青岛往事》《靠山》等影视剧的取景地。

朱家峪1000多平方米的文化休闲广场，极大地丰富了村民们的业余文化生活，人们自发组建了歌舞队，节假日在文化广场上演出自编自导的节目，文明健康的生活方式，使村民的生态意识和文化素质大大提高。

从2008年开始大力发展生态旅游观光农业和服务业，每年都举办"赵八洞香椿采摘节"，沿街村民做起了生意，已自发开起了农家菜馆，销售山村货物。豆腐坊、煎饼坊等作坊的开办既带动旅游业发展，又促进群众就业增收。

朱家峪是祖先给我们遗留下来的一座珍贵的历史博物馆。通过"活化保护"，将保护性开发和改造提升工程相结合，既丰富了文化产业，又直接改善了当地民生，使其成为"中国北方山村的百科全书"。朱家峪闪烁着文明的光晕，体现着岁月的流痕，蕴含着田园理想，是每个人都在寻找的精神家园……

山东荣成东楮岛村的海草房，起源于新石器时代。用近海生长的苔草，构造冬暖夏凉、居住舒适、百年不腐的海草房，是沿海渔民生态智慧的结晶。东楮岛村之所以能成为"中国历史文化名村"，除了海草房，还有很多亮点，如淳朴的民俗风情、神奇的渔村传说、独特的海洋风光、先进的生态理念等，无论是科考还是旅游，这里都值得你亲身前往。

十一、乡情记忆里的渔村

——山东威海荣成东楮岛

一直感觉山东的乡土建筑缺乏那种让人沉醉的美感，虽然泰山山脉的石板房是建筑学典范，西部平原的红砖褐瓦与秋日的斜阳堪称绝配。看看现代传统建筑改造中，用来代替一切色彩的徽派灰白色调就知道，山东人对自己的传统建筑特色也缺乏认可。但是，当你看过山东半岛的海草房，一切都将变得不同。

渔村的由来和海草房的历史渊源

荣成，地处山东半岛最东端，1526平方公里的土地却拥有长达500公里的绵长海岸线，海岸曲折蜿蜒，探向大海，围成一个又一个美丽的海湾，也形成一个又一个似岛非岛的"陆地触角"，东楮岛就是其中之一。相传在400多年前的明朝万历年间，朝鲜半岛一艘木船被风暴刮到今天东楮岛村的东南海滩，获救难民为了感谢上苍的庇佑和当地村民的救护，于此修建了一座祭祀海神的庙宇，并在周围种上了适应性强、生长快、耐沙碱的楮树。生命力顽强的楮树逐渐生长起来，成为小岛的标志，后来定居

海草房　摄影／韩朝晖

的村民就称其为"楮岛"，又因为该岛在山东大陆架的最东端，所以叫作东楮岛。这里有最灿烂的阳光、最湛蓝的天空、最清新的空气、最清澈的大海、最浪漫的沙滩、最淳朴的渔家、最纯正的海鲜；这里还有浓郁的地方民俗特色文化、众多的民间传说、丰富的海产资源、淳厚的饮食文化……而作为村民祖辈居住的极具地方特色、宛如童话世界里草屋一般的民居——海草房，又是东楮岛最具特色的壮丽景观。这些海草房具有"冬暖夏凉、居住舒适、百年不腐"等特点，沉淀着浓厚的历史文化、蕴含着丰富的地域特色、承载着淳朴的民俗风情、体现着卓越的古建筑艺术，是国内外不可多得的宝贵资源。同时，东楮岛村还有7.5公里长的海岸线，5公里长的天然优质沙滩，是天然的海水浴场；有300亩的天然赶海滩涂，盛产海参、螃蟹、扇贝、牡蛎等海产品。海岸、沙滩、阳光和岛屿有机结合，形成了岛、湾、礁、石完美的海洋组合。

东楮岛村聚落呈荷花形，地势东高西低。全村住房布局大体分成两部分：村南部为新建的红瓦房和楼房的住宅群，村北部为旧有的海草房住宅群。受北温带季风型大陆性气候影响，东楮岛四季分明，多风多雨。在相当长的时间里，这里的人们驾着渔船，撑起风帆，以打鱼为生。不仅如

晒网的渔民 *摄影/王志强*

此，这里土地也异常肥沃，适宜种植，东楮岛自然而然地成为宜居之地。唯一不利之处是来自沿海多变的天气，海风、大雨、暴雪让这里的居所经常遭受恶劣天气的洗礼，平原地区的土坯房与木质房屋都难以经受海风的侵蚀，这时候，人海又一次展示了她的慷慨，大叶海藻——这个大海送给东楮岛人最珍贵的礼物出现了。勤劳而聪慧的海岛人深谙因地制宜、天人合一的真谛，用建筑创造出传承数百年的壮丽美景，直到今天，成为当地人最为宝贵的乡土财富。据有关资料统计，目前，全村现有海草房144户，共650间，建筑面积9065平方米，其中，最古老的海草房据传始建年代大约是在清顺治年间，距今有300多年历史，百年以上的海草房有83户442间，主要分布在村中部。这些海草房较好保持了历史的"原汁原味"，体现出胶东海滨传统民居特征，是国内外难得的生态民居活标本。

优美的自然环境、丰富的海产资源、浓郁的渔家饮食、众多的民间传说、别具特色的海草房民居、悠久的地方民俗特色文化，使东楮岛村当之无愧地成为"中国最美渔村"。2007年6月9日，东楮岛村入选国家建设部和国家文物局命名的第三批"中国历史文化名村"，是山东省仅有的两家"中国历史文化名村"之一。

海草房的建筑史和建筑风格

　　海草房发展于秦汉，繁荣于元明清，一直是威海、烟台、青岛等沿海地带渔村特有的住房建筑风格。现如今，留存下来的海草房已不多见，多半集中在山东省威海荣成市，其他地区已属稀有。海草房可以说是世界上最具代表性的生态民居之一，主要材料是近海生长的海草。

　　海草其实是一种在浅海中生长的野生藻类植物，通常在5—10米深的浅海水域中生长，春荣秋枯。这些藻类植物因为数量太多，当地人称之为海草。春天，它们在海底发芽生长，经过夏日阳光充分的照射迅速生长。秋天来临，海草成熟枯萎，并逐渐脱落，细长翠绿的海草被海浪成团冲卷上岸后，经日晒成紫褐色，异常柔韧，在阵阵海浪的带动下被推向海滩……每到初冬，大量的海草铺满海滩，当地村民只需要用竹耙将海草整理好，用牛车或驴车运回村里晾干即可用来建造房屋，披苫屋顶。海草耐腐蚀，苫得牢固，可保百年不漏，而且隔热隔寒，冬暖夏凉。

　　海草房的建筑史在威海地区有文字可考的历史约有2700年，而东楮岛的民居与建筑历史比文字记载的年代更加久远。据考证，海草房的起源可以追溯到新石器时代，那时的民居建筑只是简陋的栖身之所，并非成熟的真正意义上的房屋，直至宋金时期才逐渐成熟。逐海而居的先民，采用"潮上来的"海草搭屋顶遮风挡雨，逐渐发展到凿山取石、海中捞草的成型房屋，即今天的海草房。用当地老人的话讲，威海自有人居住起就有海草房。垒石为墙，覆草为顶，古朴的门檐两头翘向天空，像极了渔船的样子，典型的"建筑来源于生活"，寄托着世代与海为伍的渔家人的企盼。与山东内陆传统村落的民居不同，海草房的屋脊极高，厚厚的海草如冬日暴雪般堆积。海草房顶苫草有的厚达2米，脊部两端高于中央，并向山面做切角处理，房脊形成明显的曲线，屋脊浑厚圆润。而屋脊夹角的角度很小，仅有30°左右，层层叠叠的海草在重力下相互压紧，形成稳固的整体。同时，倾角可以使雨水顺着表层海草迅速滑落，避免浸透海草。这种兼顾美学与使用价值的建筑理念，使海草房成为民居界的"明星"。20世纪80年代，它入选中国邮电部发行的以各地特色民居为主题的系列邮票——《中国民居》。与它一同入选的是蒙古毡包、藏式碉楼、云南竹楼、福建土楼。2006年，海草房技艺被列入省级"非遗"名录，并成为山东省第三次文物普查"十二大新发现"之一。著名画家吴冠中在荣成为海草房写生之后，还留下不少精彩的赞美文字："那松软的草质感，调和了坚硬的石头，又令房顶略具缓缓的弧线身段。有的人家将废渔网套在草顶上，大概是防风吧，仿佛妇女的发网，却也添几分俏丽。"

海草房的建筑过程也与一般房屋建筑不同，先用大块石头砌成粗犷的墙，石头随方就圆，墙面纹样规则中还显灵活，寓朴于美。一进的三合院或四合院，三角山墙，方形院落，变化丰富。房脊厚厚的海草，形成浑厚圆润的优美曲线。苫海草是盖海草房的关键步骤，海草要一层压一层，一层海草加一层麦秸。屋顶大都用一排瓦或水泥压脊，用于抵御大风。苫房是一门手艺，房子的好坏，取决于苫房技艺，这是个工夫活，四间房要三四人花八九天时间。一栋海草房的建造需瓦匠、木匠、石匠、苫匠"四匠"，70多道工序，全部都是手工艺。

渔村的开发保护和利用

随着改革开放步伐的加快，旅游业大力发展，东楮岛被越来越多的人所认识和了解，海草房的知名度也迅速传播开来，以前人们熟视无睹的海草房，忽然间引起关注，保护和利用也随之成为重要问题。"以前3分钱一斤随便挑，现在3块钱买一斤都买不到。"东楮岛村村主任王本胜怎么都想不到，在政府开始重视海草房保护与修缮的当下，最困扰他们的不是其他，而是曾经最不用愁的海草。20世纪八九十年代，山东沿海地区的近海养殖业开始兴起，大叶海草的成长区域被海水养殖占据，数量迅速减少。如今，冬日的海滩上已经很难寻到大叶海草的身影。"海草房的维护和修缮，只能用收购来的旧草。这些草多是没有保护价值的海草房拆除时留下的"，荣成市文物局局长乔文江说。而在山东建筑大学教授姜波的记忆里，20世纪90年代，"海草已经与黄花鱼一个价格"。一套三间房子的海草房，屋顶用海草与麦秸轮番铺设，苫盖的海草最厚处近两米，"至少要用一万多斤以上的干海草"。不过，让文物保护部门感到欣慰的是，海草房经久耐用，一次完整的修缮之后，能够正常使用50年以上。

而在海草房里住了几十年的村民们，今天才逐渐了解海草建房的好处。阳光直射下的大叶海藻，体内的水分迅速流失，而随着这些水分一起被带出来的，还有海水中的另一种有机化合物元素——硝。随后它们附着在大叶海藻的枝叶之上，然后逐渐显现出它们本来的颜色——白色。硝的存在不仅使大叶海藻能够有效防蛀，灰白的色彩还让海草房看上去非常漂亮。高达两米的厚厚的海藻层，让海草房冬暖夏凉。夏日的阳光无法穿透这厚厚的海草，屋内清凉似秋。冬日，房子如同盖上一层厚厚的棉被，海风无从侵蚀，屋内生一个暖炉，热气在海草的阻挡下无从散发，屋内温暖如春。

渔村的传说

每一次出海都是别离，每一次靠岸却不是结束，汪洋中的渔船，动荡不安相伴一生，捕捞渔业是世界上最危险的职业之一。渔民敬海、畏海、惜海、爱海，以海为生，与风浪为伍，在以顽强的意志与海相斗的同时，也希望各路神灵能助一臂之力，祈求诸神保佑，祈愿生活太平。妈祖是沿海民间最崇拜的神祇，她具备天赐神力，显灵护佑众生、化险为夷的故事处处流传。明万历年间，东楮岛渔民出海打鱼，一向风平浪静的大海风暴突至，眼看渔船就要被巨浪拍碎，众人即将葬身鱼腹。船上一个机灵的后生想起老人曾经讲过的妈祖娘娘，遂率众人于船头齐呼"妈祖娘娘保佑"。顷刻间风浪顿息，眼尖的几个人都看到了乌云之上一道祥光。妈祖娘娘站在云头，衣袖一挥，风停了；衣袖再挥，云散了。几艘渔船不仅没翻，其后的渔获还格外丰美。回到村中，各家各户都感念妈祖娘娘的恩德，就共同出资在渔船上岸之处建起了一座娘娘庙，日夜香火不绝，但凡有渔船出海，都要进庙焚香祷告。说来也真是神奇，从此东楮岛附近的海产品就变得格外丰富、鲜美起来。

龙王庙的修建更早一些。如果说渔民对于妈祖是爱戴和崇拜，那么对于龙王的感情要复杂得多。在道教传说中，龙王统领四海，海里的所有生物都是他的子孙和属下。渔民出海捕鱼，侵犯龙王的地盘，捕捞难以计数的龙子龙孙。所以龙王时不时地发怒，兴风作浪，摧毁渔船。渔民对于龙王，更多的是敬畏、祈求。拜之外，更要祭，所以渔民在春节、正月十五、谷雨节等时间，以五谷、三牲大规模祭拜龙王，祈求风调雨顺，鱼虾满仓。只是到了妈祖娘娘出现之后，因历代加持，更兼功德无量，法力

美丽东楮岛 *摄影/王志强*

远远超过了龙王，也让时常狂涛巨浪的大海恢复了平静。所以在东楮岛，渔民们以妈祖娘娘为正神，居于正殿；以龙王为次神，居于偏殿。使人畏者不如使人爱者，在这里也是生动的一例。

至于财神，渔民盼望网网有收获，船船鱼满仓，也是对生活富足、幸福美满的一种企盼。数百年来，在妈祖娘娘这位海上最高神灵的座下，龙王与财神分居左右，共同护佑着东楮岛这个自然环境优美、民俗文化浓郁、海产资源丰富的世外桃源，如今已经成为这座中国历史文化名村不可多得的人文景观。

渔村因天鹅而改变

天鹅是坚强与浪漫的象征，每年11月到次年4月，上万只来自西伯利亚的大天鹅来到山东半岛最东端的荣成，在沿海众多的湖泊、海湾越冬，东楮岛的海湾就是其中之一。据人造卫星跟踪观察发现，天鹅大约在3月从越冬地飞走，四五月完成数千公里的迁徙到达北方，然后在那里产卵繁殖。一过10月份，它们就会结队南迁，周而复始。东楮岛确实是一片宝地，千里海岸湾岬相连，鱼虾贝藻等海洋资源丰富，属暖温带季风型湿润气候区，是西伯利亚大天鹅理想的越冬栖息地。天鹅的到来，改变了这个渔村。刚刚过去的春节，这里几乎没有燃放烟花爆竹，害怕响声会惊扰到在这里过冬的大天鹅。村里安排专人在固定时间喂食大天鹅。村民还自发组成大天鹅巡护队，经常在天鹅湖周边进行野外巡护、救助和投食喂养。

天鹅的到来也改变了村里的经济。海边有一养殖海带的水产企业就是缩影。早春的清晨，工人从码头基地出海，准备种植海带；摄影爱好者则在码头上拍摄天鹅和日出。一面是靠海吃海，一面是"天鹅经济"。近年来，来观赏天鹅的游客、"拍客"络绎不绝，天鹅不仅是村里重要的来源，还是村民的好朋友。这里已建起荣成大天鹅国家级自然保护区，并成为世界最大的大天鹅越冬栖息地之一。这里天鹅很美，而人与自然的和睦更美。虽是保护区，但人们依旧可以近距离接触到大天鹅。每当游客或村民走进海湾投放玉米粒等食物时，大天鹅就不约而同地向岸边涌来。一起过来的还有不少海鸥，天鹅在水中游弋、海鸥在空中盘旋，伴随着人们的笑脸，照相机捕捉到的是一幅人与自然和谐融洽的画面。

来吧，到东楮岛看看。住一天海草房、吃一天渔家饭、睡一天农家炕、当一天渔家人、看一天民俗情，感受一下海草房质朴古拙的渔家气息，体验一下生活在原生态渔村的感觉。这里是真正能够获得净化心灵，减轻压力，愉悦精神的世外桃源。

如果你没到过这个地方，闭上眼睛，想象着在某一天的午后，阳光明媚，村子里静悄悄的，你徜徉在斑驳的青石小巷，仿佛行走在岁月的长廊里，一排排海草房沉默地矗立着，就像饱经沧桑的老人，淡然地看着过往的游人。岁月在这些海草房身上留下了不可磨灭的印记，抚摸着青石墙的拴马石，让人忍不住回想起那一段流逝的光景；注视着山墙上的黑板报和标语，仿佛又走进那个狂热的时代。这些历史的痕迹，为我们后来人提供了复原那些遥远岁月的线索，经历了那么多的风风雨雨，海草房就是一部岁月漫漶不了的渔村记忆，融化不了的浓浓乡情。

竹泉古村位于山东沂蒙山区中部，属临沂市沂南县，村中有一泉，泉边多竹，故名竹泉。竹是村的灵魂，泉则是村的生命，竹因泉而生，泉也因竹而妩媚灵动。在这块被村民们保护下来的"净土"上，我们看到了传承的希望。山美不如竹美，竹美不如泉美，泉美不如村美。竹泉村充满着一片独特人情味的天地，朴素、自然、真淳，让人流连忘返，回味无穷。

十二、守望竹泉，山美，竹美，泉美，村美
——探访沂蒙山区竹泉村

在民间有这样一种说法，如果来到沂蒙山却未到竹泉村，就好比吃山东的煎饼没放大葱，总会缺少那一段白和一抹绿。

竹泉古村位于山东沂蒙山区中部，属临沂市沂南县，前有千顷田，背倚玉皇山，中有石龙山，左有凤凰岭，右有香山河，是中国传统的风水宝地。村中有一泉，泉边多竹，故名竹泉。泉水四季恒温，富含人体必需的十几种微量元素（经鉴定符合国家饮用天然矿泉水标准），村人饮用此水多长寿、无恶疾。该村至少有 400 年的历史，村民以高姓居多、赵姓次之，高氏族人明末兵部右侍郎高名衡、明末青州衡王府仪宾高炯都曾在此修建别墅，享受天趣，别墅屋基犹存。

竹泉村之竹

竹泉村，顾名思义，因竹而得名。竹是竹泉村的灵魂，为这北国的村落增添了气韵。在中国，竹子有特殊的含义，竹有节、虚怀若谷、耿直不阿，文人爱竹，沂南的汉子爱竹，中国君子爱竹。竹是君子的化身，无论

是郑板桥还是苏轼，无论是"竹林七贤"还是"竹溪六逸"，他们都有着竹子一样的筋骨和竹心一样的性情。

竹有它的志向、风骨和追求，以执着精神打动着我们。正如板桥诗所言："咬定青山不放松，立根原在破岩中。千磨万击还坚劲，任尔东西南北风。"或许，这也是沂蒙山区铁血男儿所坚守的原则，也是竹泉村独具盛名的缘由。

这片土地本就有着某种灵性，养育了谦恭大度、放荡不羁的诸葛亮，又养育了虚心劲节、直竿凌云、高风亮节的竹子。竹泉村的竹并不像南方的竹那样铺张浩荡，但却更显其谦卑坚韧，而又胸怀万里。

雨后竹泉村的竹子另有别样的风情。大雨过后，一片湿漉漉、娇滴滴的竹子失去了一贯的锋芒，变得灵翠、透亮。如果得了空闲，也学学郑板桥，爱竹爱到骨子里。他种竹、画竹、写竹，以竹为友、以竹自居、以竹为生。他一生对竹子倾注了太多的感情，竹对于他而言又有着诸多的含义。做官累了，他会调皮得像个孩子，耍着小性："乌纱掷去不为官，囊橐萧萧两袖寒。写取一枝清瘦竹，秋风江上作鱼竿。"想必他所画的那根竹子还未落在纸上，他心中的那竿竹子早已飞到湖边钓得一分清闲了！在竹泉村，恰有清泉可供垂钓！如若在这里垂钓恐怕难钓得鱼，更多的是一种心境吧。

竹泉村之泉

如果说竹是竹泉村的灵魂，泉则是竹泉村的生命了。竹泉村的竹子因泉而生，泉水也因竹子而妩媚灵动。

竹泉村在群山环绕之下如果缺少一眼泉，就少了一分灵气。悠悠泉水，汩汩而过，山是泉的依傍，泉是山的活力。就这样阴阳相生才使得竹泉村的景色相得益彰。

沿着溪水追本溯源，泉水沿着茅屋的门前舍后流过，冷冰冰的石壁和着泉水也不那么生硬了。不论是青石小路，还是苍翠竹林，或者茅屋小舍都在顷刻间与这泉水融为一体，就在你细细品鉴的那一刹那，把你醉倒在这沂南古村，也会让你产生"此间乐，不思蜀"的念头。

泉，拥有太多的智慧，正如老舍先生所言："它总是不知疲倦地冒、

清泉石上流 摄影 / 王志强

冒、冒。"竹泉村的村民们也学着竹泉，总在不辞辛劳地耕作着、奉献着，唯有这样才能生生不息。对于傍泉而生的人来说，泉就是他们的命根子，泉水流到哪天，他们的生命就延续到哪天；泉水流到哪里，村庄就蔓延到哪里。对于生活在竹泉村的人来说，这口泉给了他们太多的甘甜，越来越多的自来水取代了泉水，然而竹泉村的村民从未忘记过这口竹泉。正是他们对竹泉的崇敬才得以把这口泉完整地保存下来，他们深知：倘若泉死了，村子也就没了。

竹泉村之遗

对于竹泉村而言，遗并非"遗失""遗憾"之意，它所代表的是"遗留""遗传"。这是现代人对古村落田园生活的一种纪念、一种挽留。在当下城市化进程中，越来越多的村庄被我们遗弃、改造或忘却……使得生活在城市这座"碉堡"下的伪村民向往回到过去日出而作、日落而息的生活。

从村庄走出的城市人，心底的那份宁静被城市的狂野压得隐隐作痛，他们需要竹泉村这片净土来抚平焦躁。

村庄是给予我们灵魂的地方，它淳朴、贫穷、勤劳、安逸，我们每天需要面对的永远只是那一片黄土地和在这片土地上摸爬滚打的一张张笑脸。自从有了城市，我们也学会了"城府"，学会了"强颜欢笑"，学会了"阿谀奉承"，学会了"利欲熏心"。每天，我们离不开空调，离不开手机，离不开电脑，离不开钞票，离不开领导，离不开疲倦……慢慢地，城市将我们的灵魂吞蚀掉，我们才想起去寻找那遗弃的灵魂，想起了那片村庄，那片我们把头探出车窗寻找的村庄——久违了的村庄，那片有竹有泉的村庄……我们活在矛盾之中，期待着被救赎，早知如此，何不早早留下这片净土以供我们颐养天年？不是我们无力保留那片村庄，而是我们需要一种契合时代发展和灵魂需求的保护方式。

竹泉村采用一种全新的开发方式——保护性开发。他们保留了竹泉村原有的民俗风貌，小吃饮食；保留了竹泉村曾经的宁静与安逸；保留了对竹泉村及其对乡村式生活一如既往的情感……

他们充分利用人文历史资源优势，借助诸葛亮故里、孟良崮战役主战场的文化带动效应，将地方文化与旅游产品开发相结合，从历史文化的角度深度挖掘沂南丰富的文化资源，打造了"诸葛故里、红嫂家乡、温泉之都、休闲胜地"四大旅游品牌。建设成了沂蒙影视城、沂蒙党的群众路线教育基地、孟良崮战役纪念馆，打造出了"沂蒙红嫂"等品牌。在这块被竹泉村民们保护下来的"净土"上，我们看到了传承的希望。

竹泉村之韵

山美不如竹美，竹美不如泉美，泉美不如村美。村庄是一份厚重的积淀，它涵盖了太过丰富的意蕴，其中有民俗、有娱乐、有文化、有生命、有村民、有竹林、有泉水、有记忆……如果让我们回到村庄去居住，能想到更多的是亲切和亲情。

坐在休闲茶楼上，沏上一壶好茶，欣赏着沂南家乡的特色戏剧，想起了小时候每逢过节都会有诸如此类的表演。如今的娱乐形式越来越丰富，民间戏已被冷落了，可是再多的现代化娱乐，也无法弥补我们少年时对一场社戏的期待，台上演员略带粗糙的表演饱含着乡音、乡情，带给我们的是一种幸福感。我们尝遍各种珍馐海味，舌尖不再敏感。偶尔尝一下沂蒙光棍鸡、蒙山小豆沫、沂蒙煎饼、芝麻火烧、农家豆腐、乡野小菜，给我们带来的是一种记忆中的味道和刻骨铭心的回忆。

村中的空气夹杂着一股浓烈的米酒香气。黄传行师傅用竹泉水酿出的酒口感非常好，但是酿酒工艺非常烦琐。选用优质的高粱糠加泉水和酒糟搅拌，放在蒸锅当中蒸煮至糊化，取出晾料后，加入酒曲搅拌，密封发酵持续半月，发酵完成后，放入锅中蒸馏，蒸气冷却后便成了酒，即可装坛保存，存放时间越久酒香便越浓郁。村子中还保留着许多民俗手艺，这已成为人们放不下的精神寄托。

维系一个村庄的文化命脉，最重要的便是故事。历代名士的故事为竹泉村披上了神秘的面纱。竹泉村充满着一片独特人情味的天地，有着邻家孩童的趣味，有着小家碧玉的安静，还有着沂南老人的沧桑……她朴素、自然、真淳，让人流连忘返，回味无穷。

竹泉村一隅 摄影／王志强

商丘古城距今已有 500 余年历史，自古为"江淮屏障""兵家必争之地、商贾云集之所"。古城格局外圆内方、阴阳合一；"归德府城"叠压六座古城。自古人才济济，应天书院是北宋"四大书院"之首。明清时期出了两阁老、五尚书、三侍郎等，更有"八大家，七大户"之说。2014 年中国大运河成功申遗，商丘古城被列入世界文化遗产大运河后续项目。

十三、豫东平原上的商丘古城

商丘古城位于河南省商丘市睢阳区，其建城历史可追溯到 4000 多年前的颛顼时代，是当今世界上现存唯一的一座集八卦城、水中城、城摞城于一体的大型古城遗址。

"归德府城"叠压六座古城

现存地上的归德府城于明朝弘治十六年（1503）破土动工，历时八载，于明朝正德六年（1511）竣工，距今已有 500 余年的历史。城下同时叠压着元朝时期修建的归德府城、北宋时期的陪都应天府南京城、隋唐时期的宋州治所宋城、秦汉时期的梁国国都睢阳城、周朝时期的宋国都城等 6 座古城。

商丘古城自古有"江淮屏障""兵家必争之地、商贾云集之所"的美誉。尤其是隋唐时期的商丘，因大运河的通航，西到京师，南达江淮，北到幽燕，十分便利；漕运商旅，八方辐辏，粮、盐、茶、丝等商贾会聚于此，大大促进了其商业活动发展，使之成为当时闻名遐迩的商业大都市。

隋朝开凿大运河的目的是便于南北交通，促进南北政治、经济交流。

商丘是当时东方重镇，地处国都赴东部、东南部等地的交通要道。开凿大运河弃古汴水而改走睢水（通济渠），途经商丘，除为了缩短距离，也有其战略要地的因素。古人评价商丘说："襟带河济，屏蔽淮徐，自古争在中原，未有不以商丘为腰膂之地。"而大唐时期，杜甫游历商丘时写下《遣怀》一诗："昔我游宋中，惟梁孝王都……邑中九万家，高栋照通衢。舟车伴天下，主客多欢娱。"李白在《梁园吟》中写道："舞影歌声散绿池，空余汴水东流海"，盛赞其城市繁华。

商丘古城格局是古代城池的典范之作

现存商丘古城距今已有 500 余年历史，古有"四门八开"之说：城门为拱券式，至今保存完好；东门曰宾阳，西门曰垤泽，南门曰拱阳，北门曰拱辰；四门外原有四个瓮城，瓮城又各有一个扭头城门；北门向西，东门和西门向南，南门向东；根据五行相生相克的理论，为防金木相克，古城东西两门相错一条街，东门偏南，西门偏北，出现了与南北轴线分别相交的两个隅首，成为中国古城中的独一无二。

归德府城门 摄影／翟洪武

城河环城一周，只有四门通过石拱桥与外界连通。水面开阔，空气清新，使古城更有灵气。其护城河距离城墙 3.5 米，原河水面积多达 8000亩，现存 3000 亩。因河面特别宽，也被称为城湖。

城郭又称护城大堤，由黄土筑成，绕护城河一周，长 9 公里。其下部外侧砌有砖墙，非常坚固，构成了古城军事防御的第一道牢固防线。城郭呈圆形，象征天；城墙呈方形，象征地；外阳而内阴，阴阳结合，象征天地相生，古城便有了与日月同在的道理。

鸟瞰商丘古城，外圆内方，犹如一枚巨大的方孔铜钱，寓天圆地方、天地相生、招财进宝之意。古城内的四合院鳞次栉比。八卦学中，9 是最大的数字，3 是万物的源泉。所谓"一生二，二生三，三生万物"，93 是一个吉利的数字，故古城设 93 条街道，把全城分割为 200 米见方的多个小块，格局如同棋盘。

商丘自古人才济济

商丘古城呈现出一条清晰坚韧而活跃的历史生长线，成就过不胜枚举的伟大灵魂，产生过难以罗列的历史嬗变，创造过博大精深的灿烂文化，遗留下诸多追思先贤的古迹名胜。

古城内城虽只有 1.13 平方公里，但仅明清时期就出了两阁老（沈鲤、宋权）、五尚书（宋纁、侯恂、周士朴、余瑊、宋荦）、三侍郎（潘礼、杨镐、叶廷桂）、双御史（陈履中、陈履平）、五翰林（陈濂、陈崇本、陈杲、陈焯、陈坛）；而从明末至清中叶，在中州文坛上主宰了一个多世纪，侯恪和侯方域、徐作肃、贾开宗等"雪苑六子"更是名扬华夏。古城先后出现了八家达官显宦和七家豪富大户，历史上曾有"八大家，七大户"之说。

侯方域祖父侯执蒲为明朝太常寺卿，父侯恂为明末户部尚书，叔父侯恪为明南京国子监祭酒，三人都是当时进步的东林党党魁，与魏忠贤的阉党势不两立。侯方域受其先辈的教育和影响，参加了爱国团体复社，与阉党余孽阮大铖展开了积极斗争。秦淮名艳李香君对他倾心相爱，并支持他指点江山、抨击时政。明朝灭亡后，三十五岁的侯方域回到商丘老家，回想起自己遭遇坎坷、一事无成，悔恨不已，于是建造了壮悔堂，致力于研究学问，创作诗文。在这里，他完成了《壮悔堂文集》《四忆堂诗集》，流传于世。三十七岁时，因悲愤国事、思念香君，不幸染病身亡。侯方域与李香君的爱情故事，被清代著名戏剧家孔尚任编成名剧《桃花扇》。

侯方域和其父侯恂的故居均为硬山式建筑。侯恂故居是明代建筑，现存有堂楼一座，面阔3间，上下两层；堂屋一座，面阔3间，厢房3座，面阔3间，均为青砖灰瓦，雕花门窗。而位于商丘古城内的另一处古宅——壮悔堂，为侯方域壮年著书处。壮悔堂明三暗五，前出后包，上下两层；屋脊有青兽压顶，屋内有木屏相隔，门窗镂花剔线，圆柱浮雕龙凤，通体显现出清代匠人高超的建筑艺术。

商丘古城内保留较为完好的明清四合院建筑尚有20余处。其中，"七大户"之一穆氏的四合院，原有房舍80余间，是一宅三院五门相照、坐北面南的清代建筑群。宅院正堂内，陈列着一张精美的雕花床，是明朝万历年间礼部尚书、文渊阁大学士沈鲤的红木床。床上的雕刻和床壁上镶嵌的一片片彩瓷，其薄如纸，堪称珍贵文物。这张床清光绪年间曾流落到进士蔡同春家，20世纪80年代初又辗转流落到穆氏四合院。

穆氏四合院是按一定的轴线组合成的规模巨大的建筑群，它反映了上尊下卑、长幼有序、男女有别的封建礼制。现存四合院是中宅院和楼院，共31间。中宅院正堂五间，进深三间，明三暗五，前出后包，青砖小瓦，是五脊六兽的硬山式建筑。前有过厅三间，东西厢房各三间，形成一个方正的四合院，是我国传统的院落式住宅。其窗户、隔扇皆为木质透花雕刻，房檐处和山墙上的砖雕亦古朴典雅，人物、花鸟等雕刻造型别致，栩栩如生。

应天书院，北宋"四大书院"之首

城中另一处别具风格的院落——应天书院，位于商丘旧城州治之东，在北宋时与江西庐山的白鹿洞书院、湖南长沙的岳麓书院、河南嵩山的嵩阳书院并称为四大书院。其起源之早，规模之大，持续之久，人才之多，居四大书院之首。书院大门两边立柱上的对联"应天始兴学，书院冠华夏""学子频中第，后才擎宋廷"，记录着它辉煌的历史。

应天书院的前身是后晋时杨悫所办的私学，后经其学生戚同文的努力，得以发展，学子们"不远万里"而至，"远近学者皆归之"。

商丘古城归德府大殿　摄影 / 翟洪武

　　北宋政权开科取士，应天书院人才辈出，参加科举的百余名书院学子中及第的竟有五六十人。宋真宗时，因追念太祖自立为帝，应天顺时，将宋太祖赵匡胤发迹之处宋州于 1006 年改为"应天府"，于 1009 年，将该书院正式赐额为"应天府书院"。宋仁宗时，应天府书院发展成为北宋的最高学府之一。此后该书院在曹诚等人尤其是应天知府、著名文学家晏殊的支持下，大大扩展；著名的政治家、文学家范仲淹等一批名人名师在此任教，更使之人才辈出，显盛一时。后人还撰文并刻立有《范文正公讲院碑记》，以兹纪念。

　　1986 年，商丘古城被国务院公布为中国第二批"国家级历史文化名城"。1996 年，商丘古城归德府城墙被国务院公布为第四批全国重点文物保护单位。2006 年，归德府城下叠压的宋国故城被国务院公布为第六批全国重点文物保护单位。2012 年 11 月 1 日，商丘古城以其水利特色突出、文化品位高被国家水利部批准为国家水利风景区。2014 年 6 月 22 日，中国大运河成功申遗，商丘古城被列入世界文化遗产大运河后续项目。

赊店镇相传因东汉光武帝刘秀曾在此"赊旗访将，起师反莽"而得名，历史文化遗存丰富，是明清商埠的标本。镇上的山陕会馆、广盛镖局、蔚盛长票号等，见证了昔日商贾繁华与兴盛。如今的赊店古镇，已建设成为集旅游、度假、娱乐、商业、居住、文化、教育等多种业态为一体的泛旅游综合园区。

十四、商贾文化遗存深厚的赊店古镇

赊店镇位于河南省西南部，南阳盆地东北部，为社旗县城所在地。赊店镇古称"赊旗店"，因东汉光武帝刘秀曾在此"赊旗访将，起师反莽"而得名，始于汉，兴于明，盛于清。

赊店镇至今已经有2000多年的历史，地势重要，水陆交通极为发达。相传东汉建立之前，刘秀在这里赊账，并借店家印有"刘记"字样的店旗起义。刘秀称帝后，想起了社旗，于是便将当时他赊账的兴隆店改名为赊旗店，简称赊店，小镇也改称赊旗，之后慢慢被谐音"社"取代。

赊店镇，全国古代商埠的标本

明清时期，赊店镇是驰名全国的水陆码头，清乾隆年间达到鼎盛，与朱仙镇、周口镇、道口镇并称为中原四大商业重镇，素有"天下店，数赊店"的美誉。人口多达13万，各类商铺有1000多家，其中晋商占400多家。清光绪三十年（1904）《南阳县志》载："育水以东唐泌之间赊店亦豫南巨镇也，在城东北九十里。"正反映了清乾隆、嘉庆年间赊店镇商业兴隆、繁荣异常的面貌。

作为中原、江南数省货物集散之商埠，该镇水运发达，南通荆楚，北达幽蓟，东连闽浙，西接雍凉。为乾隆二十年（1755），镇内建巡检司、设营讯、把总署。鼎盛时期，21 家骡马店，朝夕客商不断；48 家过载行，日夜装卸不停。白日千帆过，夜间万盏灯。临暮，船上楚湘歌舞达旦，岸上交易灯火如昼。500 多商号总集百货，72 道街分行划市，相聚经营，生意兴隆。晋陕二省商人多发迹于此，商会捐银数万余两，建成堪称天下一绝的会馆——山陕会馆。山陕会馆见证了赊店镇昔日的繁华与兴盛，1988 年被国务院定为历史文物保护单位。

赊店镇境内潘河、赵河两河交汇、水量充沛、通信畅达、交通便利，完整保存了明清时期的城墙遗址、码头、航道、街道、商铺、民居、庙宇、会馆等，国内罕见，独具特色。十里城墙护卫，九座城门分设，72 条街道 36 条胡同对称布局，基本保存了原始商业街道肌理与商铺风貌。

赊店镇历史文化遗存丰富

赊店镇物质文化资源多种多样。火神庙是全国仅存的烟花爆竹行业会馆。广盛镖局是中原仅存的古代镖局，作为当时全国十大镖局之一，它是清代最负盛名的心意拳发祥地。而该镇厘金局是全国仅存的清代"道台"级税务衙门，蔚盛长票号是中原地区第一家票号。唐河古码头、后河古码头，是"万里茶路"南船北马的分界线，至今保存完好。

山陕会馆。社旗山陕会馆是全国重点文物保护单位，始建于清乾隆二十一年（1756），至光绪十八年（1892）竣工，共历六帝 136 年。会馆居于赊店镇闹市中心。主体古建筑呈前窄后宽之势，分前、中、后三进院落。位于中轴线上的建筑有：琉璃照壁、悬鉴楼、石牌坊、大拜殿、春秋楼，两侧相陪建筑有东西辕门、钟鼓楼、腰楼、药王殿、马王殿、道坊院等。其中春秋楼及其附属建筑于咸丰七年为捻军所焚，现存建筑 152 间。

当年寓居此地的山陕两省商人集资兴建此同乡会馆，又名关公祠、山陕庙，是一座将商业会馆类建筑与关帝庙建筑完美结合的古建筑群。因其建造时正值中国古建筑史上最后一个高潮期，加之会馆是资本主义萌芽之产物，故客居各地的富商大贾，为会馆建筑提供了强大的财力支持。

山陕会馆木雕是赊店陈氏木雕艺术的重要传承。其木雕作品以高浮雕、深透雕为主要雕刻方法，浅刻雕饰细部，透雕深达五层，刀法极为细

赊店古镇山陕会馆

腻，雕刻图案的构思之巧妙、刀法之精湛，被中外专家推为典范。

据碑文记载，社旗山陕会馆仅兴建春秋楼及附属建筑就花费白银707844两，兴建大拜殿及附属建筑花费白银88788两。如此庞大的资金来源，加之各地商人为树立本籍的商业形象，相互攀比，使社旗山陕会馆建筑之时得以"运巨材于楚北，访名匠于天下"。其选材范围之广、材质之优，延聘工匠之多，为斯时斯地建筑工程之冠。

各地的能工巧匠齐聚于此，各展绝技，从而使社旗山陕会馆的建筑艺术达到了巅峰状态。其建筑集宫殿、庙宇、商馆、民居、园林建筑之大成，特别是其装饰艺术，如木雕、石雕、砖雕、琉璃、彩画、宫灯、刺绣品等，其镂雕精巧、内容丰富、色彩华丽。会馆之整体建筑布局严谨，排列有序，装饰富丽气派，实为国内罕见的具有重要历史、科学、艺术研究价值的古建筑群，在全国现存80余座同类建筑中，成为首家于1988年1月被国务院公布为全国第三批全国重点文物保护单位。

广盛镖局，位于瓷器街北端路西，坐西面东，五间门头，中为高大门楼，门前树一高高的旗杆，上悬有"广盛镖"字样的镖旗，内为一进三的大院落，分设会客厅、签押房、仓房、镖头居室、镖师居室、练武场等，成为赊店旅游的著名景观。

赊店广盛镖局镖头戴二闾，出生于山西祁县官宦武术世家，于清嘉庆六年（1801）来到赊店，创立了广盛镖局。其镖主要走山西、陕西、湖北、

安徽、江苏、山东、河北、北京、张家口、天津等地。走镖时，镖车上插有镖旗，趟子手还要一路"喊镖"，因当时河北沧州为武术之乡，各地镖局为表示对沧州武界的尊重，一进入沧州地面都不能再喊镖。

一次广盛镖局镖走山东，路过沧州，一位新业的趟子手不懂规矩，贸然喊了镖。沧州武界尹玉文三武师拦路兴师问罪。戴二闾一再表示歉意，可三武师仍是不依，一定要与之交手。戴二闾无奈，只好与他们动手过招，结果三武师均败于他的手下。自此"戴家拳"名声大震，广盛镖局更是誉满天下。

蔚盛长票号，创建于清道光六年，是中原有史以来第一家票号，设在赊店最繁华的瓷器街路西，可在全国汇兑银票。它开张营业后，生意火爆。第二年又在相邻的关帝庙街开办了蔚盛厚分号。蔚盛长当年主营汇兑、存贷款和代办捐项，也发放银票；主要服务对象是当地工商铺户，也承汇政府业务。蔚盛长票号最初资本12万两，后来发展到16万两，至民国歇业时有资本24万两，资本较为雄厚。

赊店的这家蔚盛长，守信重诺。据地方史料记载，清咸丰七年，捻军攻陷赊店，许多商家准备逃难，拿银票拥向蔚盛长要求兑现。蔚盛长在自身遭受大损失时，克服重重困难调集资金兑付，其诚信美德被赊店商人传为佳话，生意越做越大。

赊店是历史上著名的"万里茶道"的中转站，分布有茶庄、茶社20余家。赊店古城凭借其得天独厚的地理优势和自然条件，成为茶道文化的重要载体。

赊店镇非物质文化遗产资源丰富，目前已经普查整理出 1000 多个重点名录，现珍存的商业规则碑刻等文物，为研究、发展诚信文化、商业文化奠定了坚实基础。

"万聚炉"始于清朝末期，所产刃具、铁器均采用上乘钢材锻造。山陕会馆的部分铁制构件、广盛镖局的押镖武器均出于此。该店第四代传人张金山，在原有传统工艺基础上对锻造技术又加以革新，使其产品更加经久耐用；而且设计上加大投入，使刃具、铁器的功能也有很大拓展。

瓷器街，宽不足 10 米，长 300 多米。清代时曾云集来自北方的定窑、钧窑、耀州窑、磁州窑和南方的龙泉青瓷窑、景德镇青白瓷窑等华夏六大窑系及众多名窑的瓷器，被称为"中原瓷都"。刻录在瓷器街的诚信文化，不仅是中原文化体系的重要组成部分，也是中原商业文化的瑰宝。

赊店古镇文化多种多样。烙画葫芦，图案品种繁多，有书有画；体积虽小，气象万千；烙出的色彩古朴典雅，其他颜料无法替代，是一种集拙朴自然和高雅精美于一体的民间艺术品，具有很高的欣赏价值和收藏价值。

赊店木板年画，构图饱满、主次分明，线条密实且一丝不苟，颜色丰富而对比鲜明，均衡中力求变化，制作流程沿用古法手工形式，从画墨线稿、贴版、站版、刻版到设套色、刻套色版、印刷，至少要十三四道工序。

多种业态为一体的泛旅游综合园区

千年古赊店，因水而生、因水而兴。流淌千年的古赵河，见证了古镇的岁月变迁。近年来，社旗县以历史文化遗存为支撑，通过模块化运作、标准化建设和差异化发展，先后对古镇核心区 20 多条街、21 个古民居院落实施重点改造，建成赊店文化广场、会馆广场和 10 条街道专营区；恢复建设了瓷器博物馆、广盛镖局、刘记酒馆、戴家大院、大升玉茶馆、信义轩茶馆、厘金局、福建会馆、姜家大院、火神庙十大景点，并开展"道台巡街"和"走镖"等表演；兴建赊店大酒店、赊店民俗文化美食街等，形成了集旅游、度假、娱乐、商业、居住、文化、教育等多种业态于一体的泛旅游综合园区。

神垕镇素有"钧都"美誉，是自唐宋以来驰名世界、独步天下的钧瓷艺术发祥地。钧瓷文化作为中原文化的代表，是宝贵的非物质文化遗产。神垕老街古迹保护区见证了神垕千年历史和钧瓷文化发展，也是神垕钧瓷文化和旅游开发的主题和灵魂。美丽乡村与文化有关，与钧瓷有关，唯有将乡村与钧瓷挂钩，才能彰显禹州特色。

十五、钧瓷之都神垕镇

河南省禹州市神垕镇位于河南省中南部，古称神垕店，明代称镇，属鸿畅都凌锦里，清属文风里，民国初年仍属文风里，后设神垕镇，是中国九大传统陶瓷产区之一。

悠久的历史给神垕镇留下了丰富的文物古迹。神垕镇区有省级文物保护单位1处、各种古寺庙、古民居、古祠堂等40余处，大多数分布于以老街为核心，面积达3平方公里的古镇区内。神垕镇现拥有"钧瓷一条街""古玩一条街""手工作坊一条街"，不仅充分展现了中华民族传统钧瓷文化的博大精深和陶瓷殿堂的神奇，而且游客在此还能体会民俗、民风的淳朴，接触悠久的民间工艺。

神垕镇素有"钧都"美誉，是自唐宋以来驰名世界、独步天下的钧瓷艺术发祥地。镇中部的乾鸣山呈东西走向，把神垕镇分割为两个盆地，南盆地是神垕镇内以陶瓷工业为主的工业区，北盆地是以农业为主的产粮区，并有肖河纵贯其境，矿产资源和陶土储量丰富。

神垕古镇区保留有较为完整的明清古街，俗称"七里长街"。唐宋以来，随着陶瓷业的兴盛，许多富商大贾在此置田、建宅、经商，逐步形成神垕老街由东西南北四座古寨构成的格局；从东到西，道路两侧店铺林立，古民居依势而建，炮楼、古民居、庙宇鳞次栉比，在自然景点映衬下，神垕绘出了一幅集历史、自然、人文特色于一体的旅游画卷。

伯灵仙翁庙 摄影／翟洪武

　　这里的古民居多为明清时期建造，饰以精美的石雕、木雕和彩瓷，古朴典雅，端庄大方。一进三、一进四的庭院，形成集经营、生活、制作于一体的地方特色古宅院。

　　这些民宅有三大特点：一是均为三进或五进的"深宅大院"，人口少则数十，多则上百；二是大多以一个姓氏聚居，如白家院、霍家院、温家院、辛家院等，因从明代开始多次移民，经过几百年的繁衍生息，大都成为大户人家，最多的已经发展到几千人；三是建织结构，门第高大、布局对称、雕梁画栋，砖雕、木雕、石雕细致精美，是明清式建筑风格的典型代表。

　　唐宋以来灿烂的钧瓷文化，使神垕中外驰名，与此同时，许多古典传说也为古镇增添了神秘色彩。历史上，汉高帝略地赏猎于大刘山，汉光武帝在此留下传奇遗迹，汉将邓瑜在这里屯兵打仗、智退敌兵，李自成起义军兵驻神垕，清代捻军两次攻克神垕……更有那历经沧桑的伯灵翁庙和关于它的"金火圣母"的神奇传说。

　　此外，抗日战争时期闻名豫西的神郏抗日根据地的建立，壮烈的乾鸣山保卫战的打响，钧瓷职业学校的兴办，地下党组织的激烈斗争，瓷民大罢工等诸多文化史实也在此烙下深深印记。

伯灵仙翁庙，也称"窑神庙"，位于镇区老街中心。据史料记载，始建于宋代，重建于明朝弘治八年（1496），1986年被公布为"河南省重点文物保护单位"，是钧瓷文化的象征性建筑和"钧都""瓷镇"的重要标志。

庙内主要建筑物有窑神庙、花戏楼、道房、东西日月厅。窑神殿供奉有三尊神像，第一位是窑神孙伯灵，相传为战国时期军事家孙膑，因其随师鬼谷子学艺，曾烧过炭，既是烧炭的祖师也是瓷业的窑神；第二位是"土山大王"，即历史上的舜帝，据载，舜曾"陶河于滨"，被窑民们奉为司土之神；第三位是"金火圣母"，相传是一位跃火祭钧的民间女子。庙门外设计的一个抱庭，石狮、石柱、石雕古朴庄重，引人入胜。这在河南省内众多古建筑中实属少见。

花戏楼是伯灵翁庙的主体两用建筑，即山门和戏楼合用，兼出入、演戏为一体，设计精巧，雕工细致。整个戏楼采用木结构为主的歇山、九脊飞檐，楼阁式建筑；龙飞斗拱，层层叠装；阴阳浮雕，盘龙翔凤；狮象竞争，玲珑剔透；古朴端庄，精致文雅，构成线条明朗、棱角优美、五彩缤纷的精美图案。

戏楼内雕梁画栋，粉壁彩屏，以盘龙透雕为中心的井图案，其造型设计、线条构描，别具风格、极尽精工。全楼都是彩釉琉璃瓦盖顶，在阳光下金光闪耀。楼脊中心立一麒麟，背驮钧瓷宝瓶，栩栩如生，一派祥瑞之气。由当地瓷业行帮会供养的"一把泥"梆子戏团，长年在"花戏楼"演出。

神垕古寨由东、西、南、北四座古寨组成。每座古寨都修有高大厚实的寨墙，有的高达3丈有余，厚2尺多，固如城墙，寨四周和寨墙上建有炮楼，主要作用是军事防御和抵抗匪患、防范洪灾。

每个寨子都有文雅的名字，如西寨为"天保"、东寨为"望嵩"。据说因站在寨门上可以看到嵩山，故用青石丹书"望嵩"二字，镶嵌在寨门之上，寨内有伯灵翁庙、关帝庙、花戏楼等；西寨内有文庙、二郎堂、老君庙、白衣堂、贞节牌记等，还有沿街店铺和富有时代气息、地方特色的民宅。

东寨墙建于清光绪二十年，墙体为青砖结构，墙基高2米左右，均为巨石砌成；墙高10米左右，厚80厘米见方，绕东寨一周，长约6000米。寨门洞高约4米，上部由拱形青砖砌成，门洞长约8米，寨门上有炮楼，炮楼上有三个炮孔，供瞭望和射击使用。

在行政管理上，每寨都设有保甲组织和武装民团，以维持地方秩序、防范兵乱匪患；在教育上，每个寨子都设有学校。因此，无论从政治、经

特色古宅院 摄影／翟洪武

济、文化、教育、建筑各方面看，每个寨子都像一座小城。

美丽乡村与文化有关、与钧瓷有关，唯有将乡村与钧瓷挂钩，才能彰显禹州特色。老街上有故事、有底蕴，也有看不尽的古镇文化，更有赏不完的艺术珍品。在钧瓷馆，荷叶瓶、梅瓶、吉祥尊、乳钉钵等一件件色彩艳丽、制作精美的钧瓷制品，让人流连忘返。

神垕镇烧制的瓷器，由于官窑设置在夏启建都的古钧台，所以窑名为"钧窑"，瓷名为"钧瓷"。钧瓷自古享有"黄金有价钧无价""纵有家财万贯不如钧瓷一件""雅堂无钧不可自夸富"的盛誉。

钧瓷的绝妙之处就在于难以预料的窑变。虽同着一种釉入窑，但"入窑一色，出窑万彩""钧瓷无对，窑变无双"，这"火与土的魔术"正是钧瓷的魅力所在。一件钧瓷需经历采料、粉碎、注浆、旋坯等70多道工序，其器物上呈现的窑变色泽，不仅受原料、燃料、釉料等内在条件的影响，还受季节、风向、气候等外界自然条件的影响，烧制难度之大，有"十窑九不成"之说。

钧瓷色彩丰富，素有"红为贵，紫为最，天青月白胜翡翠"的说法。从不同的角度观赏钧瓷，会产生不同的意境和图案，妙趣横生。钧瓷的开片非常奇特，"看似锤击，触之无痕"，夜深人静的时候还可以听到"咔啪咔啪"的开片声。钧瓷的开片期长达80年，自然形成的冰裂纹、菟丝纹、蚯蚓走泥纹、鱼子纹等，鬼斧神工。

钧瓷文化作为中原文化的代表，是宝贵的非物质文化遗产，在全国工艺美术行业占有重要的地位。改革开放以来，随着制瓷业的兴盛，大批的外地商人来到神垕购瓷，也有大量的神垕居民到全国各地销瓷。神垕不同时期、不同种类的陶瓷制品和大量的民间收藏吸引了外界的眼光，成为世人瞩目和向往的地方。

神垕古寨

摄影／翟洪武

"北国水乡、北国竹海、特色民俗"是重渡沟村的"三绝"。这里竹茂林密，野生动植物繁多，是世界地质公园伏牛山的重要组成部分，"水文化、竹文化、农耕民俗文化"的有机融合，生态旅游和乡村旅游的别样风光，形成重渡沟村独一无二的水乡竹韵。

十六、水乡竹韵重渡沟

当你来到重渡沟村时，你一定会为这里的碧水、青山、翠竹所震撼。杏花园、竹竿院、环翠居、故人庄等清雅质朴的名字点缀于窗含翠岭、竹环水绕的农家门楣上，也许你会以为自己正置身于南国某一个古老的村庄。

重渡沟村是河南省洛阳市栾川县潭头镇一个古老村落，因东汉光武帝刘秀二渡伊水至此，摆脱王莽追杀并成就帝业而得御赐之名。这里竹茂林密，野生动植物繁多，是世界地质公园伏牛山的重要组成部分，"北国水乡、北国竹海、特色民俗"是重渡沟村的"三绝"。

重渡沟村的水乡

北方普遍缺水，重渡沟村却因独具的中欧型岩溶地质地貌，在其28平方公里的区域内有200多个泉眼汇集成的两条溪流，四季长流不息，形成了30余条形态各异的瀑布，特别是悬挂式裂隙岩溶泉和瀑水钙华岩溶瀑布群，具有极高的科学和观赏游憩价值。

水的执着，大山的刚毅，碳酸钙的品质，雕琢出姿态万千、形状各异的泉水飞瀑，飞虹瀑狂放不羁，锋芒毕露；泄愤瀑一波三折，冰粉玉碎；水帘仙宫瀑布纤手轻抖，丝舒帘垂……林林总总举之不一。在这里水的狂放，水的轻俏，水的张扬，水的柔美无处不表现得酣畅淋漓。

重渡沟村的竹韵

重渡沟风景区植被茂密，森林覆盖率超过 93%，植物种类多达 200 余科，1600 多种，景区内有红豆杉、千年菩提树（七叶树）、五角枫等珍稀植物 15 种。

村中万亩野生竹林遍布沟沟岔岔，一年四季碧翠欲滴，平添了一座满目涌翠的天然画廊。"水清、竹多、落差大"这些自然优势，使重渡沟村有着独一无二的水乡竹韵，被誉为北国水乡第一竹海。

在这里，人们观光、休闲、度假，既可观赏如诗如画的竹林风光，居住宽敞明亮的竹楼客栈；又能吃竹筒米饭、尝竹笋烩菜、品竹叶香茗、听竹箫悠扬、跳竹竿舞；还可以挑选到制作精巧的竹制器具和竹编工艺品。

水乡竹韵 *摄影 / 孟彩虹*

重渡沟村的民俗

重渡沟村民风淳朴、好客、诚信、仗义，农家田园的农耕文化传承至今。穿着土布的山民，种的吃的喝的、用的干的玩的，全是百十年前土得掉渣的；扑鼻而来的是手工作坊的酒香油香；扑面而来的是绿色的长廊，爬满青藤的土墙茅屋，保护完整的省级重点文物保护单位——清代靳家楼。

重渡沟村还是当地有名的农耕民俗文化村。流传百年的竹竿舞、地方戏、靠山黄等，展示着豫西特色民俗文化；每年三月三庙会、三月二十八物资交流会，到这里的人们可以亲身尝试打铁、榨油、制陶器、旋木器、纺棉、织布、扶犁试耕等；可以看狮舞、品老酒、尝水磨豆腐，尽享民俗风情，别有一番趣味。

重渡沟村"水文化、竹文化、农耕民俗文化"的有机融合，生态旅游和乡村旅游的别样风光，正如著名作家张一弓所赞"高峡飞瀑藏幽径，绿水秀竹怀古情。竖看山水横看竹，上听鸟语下听泉"，充满着不尽的乡村浪漫和情趣。

重渡沟秋景 *摄影／孟彩虹*

第八章　黄土高原古村镇

山西皇城村有一座近400年历史的古城堡皇城相府，乃清《康熙字典》总阅官、康熙皇帝之恩师、曾辅佐康熙帝半个世纪之久的一代名相——陈廷敬的府邸，被誉为"中国北方第一文化巨族之宅"。挖掘历史文化，让传统文化活起来，文化自信、文化自觉和文化惠民，使今天的皇城村变成了具有古堡文化、现代文化、生态文化特色于一体的社会主义新农村。

一、皇城村，享誉三晋的帝师故里

享誉三晋、名扬华夏、继北京故宫之后获得全国旅游界第二个中国驰名商标的"皇城相府"、中国历史文化名村——皇城村，是太行革命老区的一颗耀眼明珠。

北方第一文化巨族之宅

皇城村地处晋豫交界，隶属于晋城市阳城县，辖区面积2.5平方公里，全村300户880口人走上了共同富裕的道路。

明清两代，皇城村人才辈出、冠冕如林，享有"父翰林、子翰林、父子翰林，兄翰林、弟翰林、兄弟翰林""德积一门九进士，恩荣三世六翰林"之美誉。

皇城相府由来

皇城村中的皇城相府是一座有着近400年历史的古城堡，文化底蕴厚重。皇城相府乃清康熙朝正一品光禄大夫、吏户刑工四部尚书、都察院左都御史、《康熙字典》总阅官、康熙皇帝之恩师、曾辅佐康熙帝半个世纪之久的一代名相——陈廷敬的府邸。原名"中道庄"（寓意"中庸之道"），康熙皇帝御笔亲书为"午亭山村"。

相传当年陈廷敬在北京做了大官，陈母听说京城繁花似锦，便想游玩一番，但老人年事已高，体弱多病，陈廷敬愁了几天，想了个办法，修了个城郭，老人家很满意。因该城前面有个黄阁，黄阁上边珍藏着康熙皇帝的亲笔御书"午亭山村"匾额和"春归乔木浓荫茂，秋到黄花晚节香"楹联；后因康熙皇帝两次于此下榻，故名"皇城"，俗称"皇城相府"。

皇城相府由内城、外城、紫芸阡等部分组成，御书楼金碧辉煌，中道庄巍峨壮观，斗筑居府院连绵，河山楼雄伟险峻，藏兵洞层叠奇妙；民居建筑多为传统的四合院，装潢简朴，官宦宅第则为前堂后寝之制，高敞明亮，装饰华丽。除庭堂之外，配房又为阳城特色的双层出檐楼房；将明代建筑与清代建筑巧妙结合，形成了集古代民居、官宦宅邸、庙院宗祠、书院学堂、防御工事等多种功能于一体的独特建筑风格；加之典雅

皇城相府 摄影／卫凯

别致、高品位的砖雕、木雕、石雕艺术装饰、皇家御赐牌匾和物件，是一处罕见的明清两代城堡式官宦住宅建筑群，被专家誉为"中国北方第一文化巨族之宅"。

一代帝师陈廷敬

陈廷敬（1639—1712），字子端，号说岩，晚号午亭，清代泽州（今山西晋城）人。初名陈敬，后顺治帝给他赐名陈廷敬。

康熙朝，陈廷敬官至文渊阁大学士兼吏部尚书，深受一代明君康熙皇帝的赏识和重用。他对创建可以与唐"贞观之治"媲美的"康熙之治"起着不可替代的辅弼作用，故堪称清代杰出政治家。

陈廷敬以总裁官的身份主持编修了《康熙字典》《佩文韵府》《明史》《三朝圣训》《鉴古辑览》《大清一统志》等大型语言工具书和史志巨著，为发展清代文化作出了巨大贡献，成为清代著名的语言文字学家。

陈廷敬学识渊博、文采优长，集诸家于一身，居高位而多才。这在中国古代宰辅大臣中实属罕见。他著有《午亭文编》50卷，其文其诗，品味极高，人称"燕许手笔"，被康熙皇帝赞誉为"房姚比雅韵，李杜并诗豪"，是当时著名的文学家和诗人；陈廷敬还是一位卓有建树的理学家，著有《困学绪言》，对我国的传统理学有深刻而独到的研究；他还是一位书法家，今存其书联"饮露花中如美酒，谈诗泉上似高贤"；尤其令人敬佩的是，陈廷敬通晓音律，能作乐谱曲，竟又是一位音乐家。

陈廷敬从小受到极好的文化熏陶和良好的家庭教育。其母张氏对他口授诗经和"四书"，他生性聪颖，过目不忘。6岁读私塾，9岁赋诗"牡丹后春开，梅花先春坼。要使物皆春，须教春恨释"。"要使物皆春"这一警句，使当时的人们非常诧异，就连其母都十分惊讶地说："这孩子想叫世间万物都各得其所。"有识之士知道他抱负不小，前途远大，私塾老师就同其父说："贵子聪慧过人，不是吾能教也。"极为有趣的是顺治八年，年仅12岁的陈廷敬与其父一道考秀才，竟以童子第一录取。

陈廷敬一生居官恪守清廉勤政，德高望重，能在50多年的政治生涯中做到主信僚服、善始善终，而且生前死后朝野好评如一，这在我国古代宰辅大臣中极为罕见。

改革开放后的现代皇城村

皇城相府生态文化旅游区是国家5A级景区，北有平遥古城、乔家大院、王家大院，东有王莽岭、棋子山、珏山，西有洪洞大槐树、壶口瀑布、关帝庙，南有云台山、小浪底、龙门石窟、少林寺等著名旅游景点。这些景点高速公路均可直达，形成了以皇城相府为中心、四通八达的旅游观光休闲度假"金三角"。

皇城村先后投巨资开发旅游产业，形成了人文景观、自然景观、生态农业相互配套，吃、住、行、游、购、娱功能齐全的旅游景区；近年来又开始向高科技产业进军，先后兴办起相府药业、相府酒业、节能电池和煤化工等绿色项目，形成了"生态经济型、生态景观型、生态园林型"的发展模式。

皇城村的皇城相府集团，是晋城市村级最大的集体经济组织，下辖

16 个企业，现有总资产 12.7 亿元，员工 4000 余人。98%的村民都在村办集体企业就业，年人均纯收入达到 5 万元。

挖掘历史文化，让传统文化活起来。为使这座古城活起来，皇城村先后和北大、清华、北师大、山大、中国训诂学会、中国文字学会等大专院校联合举办了名相陈廷敬暨皇城古建学术研讨会、陈廷敬诗学研讨会、海峡两岸《康熙字典》研讨会、《康熙字典》暨词书学国际学术研讨会等，从而确立了陈廷敬清代著名政治家、思想家、理学家、诗人以及中国字典创始人的历史地位，肯定了皇城相府是"中国北方第一文化巨族之宅"的称号；与此同时，还成立了专门的陈廷敬学术研究机构，编辑出版了有关陈廷敬和皇城相府的书籍 20 多部，并投资 1000 余万元建成中国第一座字典博物馆。这一切，都大大增加了皇城相府的文化旅游产品，使皇城相府的旅游产业火了起来。2015 年，皇城相府共接待中外游客 187.47 万人次，同比增长 3.63%；实现收入 14032.19 万元，同比增长 4.11%。2018 年，仅春节黄金周，皇城相府生态文化旅游区就迎客 18.91 万人。

打造文化品牌，让皇城相府名片亮起来。2001 年，皇城和《康熙王朝》剧组合作，拍摄了大型连续剧《康熙王朝》，"看《康熙王朝》，游皇城相府"，2002 年旅游人数一下就从原来的 3 万人猛增到 30 万人，门票收入从原来的 300 万元猛增到 1500 万元；后又连续拍摄了《我认识的鬼子兵》《契丹英后》《三滴血》《关中女人》《烽火别恋》《缘定今生》《文化站长》《别拿豆包不当干粮》等 10 多部影视剧，使皇城相府名扬全国。

开展文化活动，让村民生活丰富起来。一是大力兴建文化体育设施。篮球场、运动场、露天剧场，水幕电影、休闲广场、农民公园、多功能演艺厅、文化科技图书室、青年老年活动中心分布村中。二是经常开展各种文体活动。每年举办一次农民运动会，被当地群众称为樊溪河畔"小奥运"。三是村里成立了文工团、女子八音会、青年军乐队和威风锣鼓队，节假日为群众进行演出。四是远程教育进了农家、进了企业。五是生态文化走进百姓家，建成珍奇花卉园、热带风情园、奇特瓜蔬园、芳香养生园、绿色蔬菜园等高科技生态农业项目和具有皇城相府特色，集会议接待、餐饮住宿、休闲度假等多种功能于一体的"梅园山庄"。

人与自然和谐。每个农户的庭院里、阳台上、门外的过道上都栽种着风情各异的盆景和鲜花；村里制定了行之有效的生态保护村规民约，对林木花草的管理规范，措施到位，保护有效，已连续多年未发生森林火灾和林权纠纷；村民对居住环境、自然生态保护、社会治安状况和支村"两委"

工作的满意度均达到 98% 以上。

皇城村创造了"实施四项工程，打造生态新村"的绿化模式和成功经验。在当地树立了良好的公信度及口碑，对促进周边地域经济社会可持续发展发挥了带动作用；通过全国和省市县多次在这里召开现场会，对省外地区也起到了示范辐射作用。

文化自信、文化自觉和文化惠民，使皇城村生态文化建设和旅游大发展，使今天的皇城村变成了集古堡文化、现代文化、生态文化特色于一体的社会主义新农村。

御书楼 摄影／卫凯

山西沁水湘峪村，因村庄周围山环水绕，故名湘峪。这里的三都古城，建于明万历四十二年，被誉为中国北方乡村明代第一古城堡。近年来，依托三都古城，湘峪村将农村环境保护与农村人居环境改善以及旅游业健康发展相结合，湘峪村人正朝着更加幸福的生活大步迈进。

二、湘峪村，北方乡村明代第一古城堡诞生地

位于山西沁水东南部的湘峪村，有着悠久的历史和深厚的文化底蕴。从旧石器时期的下川文化，到三皇五帝时期的舜耕历山；从春秋战国时期的三家分晋、长平之战，再到明清时期的古堡古建筑群……在中原地域环境的作用与影响下，湘峪村形成了自身独特的村庄风貌与历史人文景观。

湘峪村原名相谷村，意思是出宰相的山谷；因村庄周围山环水绕，后来人们给相谷二字分别加上了水和山，是谓湘峪。这里的三都古城，远近闻名，被誉为中国北方乡村明代第一古城堡。

中国北方乡村明代第一古城堡

三都古城地处沁水、泽州、阳城三县交界，建筑北依凤山，南有金龟探水，东有青龙瀑布，西有白虎山神庙；山体之上苍松翠柏，满目葱郁；山脚流水潺潺，声如琴瑟；村里层楼叠院，错落有致，登高远眺，屋依着城，城偎着山，交相辉映，犹如一幅美丽的画卷，令人赞叹不已。

古城建于明万历四十二年，是明代崇祯年间户部尚书、总督仓场孙居相、都察院右副都御史孙鼎相兄弟的故居。

古城占地面积 3.25 万平方米，街街相连，院院相通。为蜂窝式城堡，

白虎山神庙　供图／牛群

采用砖石土木结构建造；古民居建筑工艺精湛，风格独特，融明清建筑艺术精华为一体，同时巧妙地将中西建筑工艺运用到民间，深刻揭示了明代"官而商"到清代"商而官"的社会发展史，为沁河流域古民居建筑艺术之典范。

古城南城门外有棵树名叫旱莲，已有400余年历史，江南水莲与北方的旱莲同宗同属，是非常宝贵的珍稀植物品种。古城东街有棵千年古槐，直径约2米，三个大人方能围抱，历经千年，树心已空，仍然郁郁葱葱，每逢夏季，无私地为人们遮阴纳凉。

古城里的民间传说

冰雹下一半。在古城的西南角上，有一座白龙庙。相传是天上的小白龙因年少气盛，在河南和凡人打赌，私降冰雹，天帝盛怒之下要铡小白龙，孙居相是天上文曲星下凡，夜闯天宫把小白龙救下，后玉帝把小白龙贬下凡间，小白龙偷偷把一颗冰雹带走，到古城西南角的时候和孙居相

古堡大门　*供图 / 牛群*

讲，我就在这里安家吧，我答应你，以后在古城打东不打西，打西不打东。时至今日，湘峪村在冰雹来临时可以看到东面白茫茫的一片，而西面一颗都没有，或者是西面无论下多大的冰雹而东面都没有，保证了湘峪百姓可以有一半的庄稼收成。

蛤蟆不叫唤。在三都古城有个奇怪的自然现象，蛤蟆在古城内是不会叫的。相传皇帝到过古城，时值北方大旱，在古城的东北角上有沁水城东海拔最高的山峰岳城山，孙居相在上面建有避暑山庄，上面设有求雨台，孙居相忧国忧民求皇帝代天求雨，当天晚上就天降甘霖，北方蛤蟆雨后就会叫个不停，皇帝金口一开讲，以后不允许在古城内叫，出去外面叫吧，直至今日，古城的蛤蟆还是在城内不会叫，而只要出去城门就可以听到蛤蟆此起彼伏的叫声。

三柏三石三孔桥，一柏一石一座庙。在三都广场上有三孔的三都桥，在南面的坝墙下面我们可以看到三块石头。相传孙氏兄弟排行第四的孙鼎相在他三个哥哥全部入朝为官以后为了孝敬父母，就在家陪伴父母，等他父母去世后走上了经商的道路，并且做得很成功。孙鼎相在今天的内蒙古赤峰经商的时候，他朋友曾经问他，你哥官做这么大，你的村子有多大呢？孙鼎相告诉他们说，我的村子有"三柏三石三孔桥，一柏一石一座庙"。他的朋友不相信说一个村子怎么可能有三百三十三孔桥，一百一十一座庙呢，孙鼎相回家的时候就把他们带回来，指给他们看，他们才恍然大悟。原来是在三块石头的中间有三棵柏树，桥是三孔桥，而在桥的旁边有一棵柏树、一块大石头，石头上面有一座小庙，故称为"三柏三石三孔桥，一柏一石一座庙"。

青龙化瀑布。有诗赞：泽潞雨无期，禾苗久盼迟。青龙东瀑布，愿为彩虹姿。

白虎山神庙。有诗赞：闻啸出山岗，天降虎嘴张。鼎相予怒斥，存孝佑民昌。

古城今日面貌新

随着环境设施的不断完善，群众物质文化生活的全方位满足，旅游资源的积极有效开发，湘峪村的村容村貌发生了翻天覆地的变化。

　　湘峪村"两委"班子结合本村实际，坚持生态为民、生态惠民、生态利民的理念，依托三都古城旅游区的独特优势，规划符合村庄环境保护总体要求的生态村建设方案，制定相关村规民约，培养群众良好的卫生习惯与环境意识。

　　为了满足村民各类需要，村中新建三都湖公园、文化活动广场、戏台、便民服务中心、卫生所、农家文化书屋、棋牌室等，丰富村民精神文化生活。村民们还自发组建了舞蹈队等，愉悦身心，提升自身综合素质。

　　大力发展生态旅游，广泛汲取自然、生态、景观的灵秀并从中寻找灵感，打造艺术精品、饮食等，发挥农家乐、土特产的特色和优势，结合现代健康饮食理念，提高其文化品位，丰富商品品种，推出系列产品，以不断满足不同层次人群的需要。

　　近年来，湘峪村发展经济、服务群众、推进新农村建设等先进事迹被山西省电视台、《太行日报》等多家省、市媒体争相报道；村庄更被授予"全国重点文物保护单位""中国历史文化名村""中国景观村落""全国生态文化村""全国民主法治示范村""古村落保护利用综合试点村"等国家级荣誉称号。

　　湘峪村将农村环境保护与改善农村人居环境以及旅游业健康发展相结合，经过全村人民共同的努力，现在村容整洁、生态良好、环境宜人、社会稳定、生态文化繁荣、群众文化生活丰富且形式多样，生态产业蒸蒸日上，呈现出人与自然和谐的社会主义新农村景象，湘峪村人正朝着更加美滋滋的幸福生活大步迈进。

陕西凤翔六营村，有"中国泥塑第一村"的美誉，因明太祖朱元璋曾派部将李文忠部第六营驻扎于此而得名，距今已有600多年历史。凤翔六营彩绘泥塑俗称"泥耍活"，始于春秋中期，比秦始皇兵马俑还早300多年，经江西籍士兵改良而获得新生。几百年来，六营村泥塑艺人匠心不改，推陈出新，使旧时的乡村手工艺成为国家名片，显耀于世界民俗文化之林。

三、中国泥塑第一村

——陕西省宝鸡市凤翔县六营村

在陕西凤翔这块美丽丰腴的黄土地上，不仅演绎着刀光剑影、朝代更替，还传承着周秦汉唐深厚的文化根脉，文化积淀如同黄土地一样深厚，民间工艺也如散落在大地上的秦砖汉瓦碎片，俯拾皆是。而凤翔的艺术脉气几乎全部凝聚在六营村，传承了几百年的"泥耍活"，一不小心就名扬天下，成了中华文明的名片。

积淀深厚的周秦文化发祥地

六营村所在的凤翔县，取自"凤鸣岐山，飞翔而去"的祥瑞之意，位于陕西关中平原西部，东毗岐山，南邻宝鸡，西连千阳，北接麟游；横水河环于东，千河流于西，雍水贯其中，皆南汇入渭水；千山绵亘于北，灵山雄峙于西；水泉棋布，田畴排比，四季分明，气候适宜。

凤翔县在关中平原上有着显赫的历史地位，不仅是军事、商贸、物资集散重镇，更是统一中国的秦国先祖最早建都的地方，与历史上周秦汉唐联系最为紧密。早在6000多年前的新石器时代，就有村落分布于此，开始制陶、石纺轮捻线，用石刀、石镰等从事原始生产；夏代为雍州之域，商代为太史周任之封地，谓之周国；西周为王畿地，属召公奭采邑，称雍邑；周平王元年（前770）东迁后，封秦襄公为诸侯，遂为秦地；秦德公元年（前677）迁都雍城，即凤翔；秦穆公时期，三平晋乱，灭国十二，独霸西戎，拓地千里，是当时先进的奴隶制诸侯国之一，冶铜、冶铁、铸造等技术已很发达，特别是农业发展较快，雍水河两岸膏壤沃野，林茂粮丰，为以后秦国完成统一大业奠定了经济基础；秦始皇统一六国，始置雍县，这里便是其祖庙之地；春秋战国时期，凤翔为秦都，十九代秦公经营294年，政治、经济、文化和军事得到蓬勃发展，经历了奴隶社会向封建社会的过渡。

作为闻名遐迩的文化古城，凤翔自周、秦时期就有文字记事，西周青铜器铭文、石鼓文等在我国史学界与考古界产生了重大影响。1976年发掘的雍城遗址及秦公一号大墓文物证实，秦人不仅能耕善战，而且具有相当高的艺术创造力，冶铜冶铁艺术、牛曳耕作和高贵酒器上的镶嵌等艺术发达。唐代诗人杜甫、岑参，画家辰道子、王维，书法家颜真卿等都在此地停驻盘桓，并有名作传世。宋代苏轼任府判三年，所留100多首诗和《凤鸣驿记》《喜雨亭记》《凌虚台记》《思治论》，皆载入典籍，流传至今。

这里艺文历史悠久，能工巧匠辈出。秦汉时，艺文事业相当发达，唐宋时达到鼎盛；手工艺品，技艺精湛，世代相传，这些在凹里遗址、孙家堡子遗址（距今约2500—2000年之间）以及秦公墓葬中都有大量的实物展示。凤翔木版画古朴典雅，至今县里仍保存有明正德年间的藏版作品；刺绣作品夸张概括，色彩明晰，观之赏心悦目；窗花剪纸富有生活气息，种类数以千计；木旋玩具以柳木为原料，刀刻旋制，组合装饰点彩而成。

特别是名扬华夏的彩绘泥塑，造型生动，风格古朴，富于夸张，点彩动人，具有简、艳、神、美的艺术特色，大致可分为卧虎、挂片、立人、小货、杂货五类，既是装饰品又是玩具，被誉为"史诗般的杰作"。

六营"转业"将士和黄土地演绎的"史诗"

古老的六营村依山环水，形似小船。村中六道口有一条岔道由北向南，叫"盐客路"，历来为盐商通途，直达虢镇宝鸡；船型的西南角名曰

瓦当 摄影／陈涛

1982 年和法国民间艺术考察团交流的作品，胡深老人一直保留着

摄影／陈涛

胡满科制作的泥塑

摄影 / 陈涛

"柏令岗"；东南角是船头，叫"咀上"，地势高峻，俯视万泉洴与雍水交汇处，雾气腾腾，犹如仙境；东北角是兴龙山，山下泉水潺潺，自古就是村民求福、拜祭、庙会、聚集欢庆之圣地；船型中段南部，名叫"半个堡子"，属雍水之阳，堡子下有雍水汇集成湖，传说这里就是当年秦穆公、百里奚君臣两人避暑钓鱼的地方。

六营这名字，一听就与军队有关。据传驻守在凤翔县城东的六营是当地的一支驻军。明朝初期，天下一统，出现了繁极一时的太平盛世。朝廷一声"裁军"令下，六营将士们就地定居，娶妻生子，繁衍后代，成了新的秦人，军队番号变成了村名，发展为现在的六营村。

六营村虽然只有600多年的历史，但早在6000年前，这里已有古人类活动并开始制作陶器。村东沟附近，早在春秋中期就已经由民间发展起泥塑，比秦始皇兵马俑要早300多年。秦始皇兵马俑是战国晚期由宫廷专业人员所造，仿照了六营村的泥塑形象，因为要埋在地下，所以烧成陶俑。

六营村泥塑具有明显的历史传承性。传说，秦穆公小女弄玉随仙人萧史出走后，穆公因想念女儿，不久死去。太子康公葬穆公于雍，以177生人殉葬，其中包括子车氏三子。国人哀之，后人论穆公用"三良"殉葬，以为死而弃贤。《诗经·黄鸟》记载了这件事，"交交黄鸟，止于棘。谁从穆公？子车奄息""彼苍者天，歼我良人"。据《左传》载，"秦伯任好卒，以子车氏三奄息、仲行、针虎为殉，皆秦之良也，国人哀之，为之赋《黄鸟》"。后来，住在万泉（六营村东沟）的人，为了避免活人殉葬，产生了用黄土捏制人偶的念头。他们发现万泉洴的乌土，无沙、无杂质，且土质细腻、黏合性强，比黄土坚而重，可塑其人，便以此为原料勾画出塑人的五官和服饰，制成泥塑人像，放在庙堂，供人们供奉祭奠。后来官宦人家、富贵人家用泥塑人代替活人殉葬，泥塑由此发展起来。

明代"转业"将士中，一个来自景德镇的老兵，在东沟发现了一种土，纯细、胶粘，不次于景德镇的瓷土。他们先烧制陶瓷，后又改做泥偶。江西籍士兵对传统的泥塑进行了创新，将实心泥塑翻成空心的，一半阳面，一半阴面，用泥条缝合，容易捏制，减轻了重量，搬运、携带方便，而且添加了色彩和品种，逐步形成了可供收藏、装饰、玩耍的商品。于是，凤翔、整个西府（关中西部），乃至陕甘宁青的每一条大街，每一个庙会上，便突然奔跑起色彩绚丽、造型夸张、威武可爱的泥虎、泥狮、泥麒麟和滑稽逗人的泥狗、泥猴，以及象征"早生贵子"的泥娃娃。生活中有了色彩就有了希望、有了乐趣，还能赚钱补贴生活，于是人们竞相学习，并一辈辈传承下来，使沉睡的黄土获得了新生。

从明朝至今600余年，兵燹祸乱、改朝换代，生生死死数十代人，但诞生于这片黄土地上的"泥耍活"手艺，却没有丢失。其艺术之根深扎在秦岭山脚下，扎根在民间，在周秦汉唐文化的浸润下，在六营村人的传承与再创作中，变成了轰动中国甚至全世界的工艺品和地域文化符号，变成了能体现中华文化特色的艺术典型。六营"转业"将士和黄土地的结合，演绎出一曲千载佳话，万世史诗。

"中国泥塑第一村"是这样锻造出来的

如今的六营村掩映在绿色之中，古树钟情地拥抱着村庄，路灯挺立在路边的树影中，关中传统民居和现代民居建筑排列有序，在绿树中忽隐忽现；水泥街道笔直平展，花坛内各色鲜花争相开放，生态环境优雅美观，森林覆盖率达到32%，野生动物的数量也增多了，河滩沟壕内还有苍鹭、大白鹭、池鹭、绿头鸭等。

在村庄里行走，首先感受到的是扑面而来的绿意和清新甜美的空气。村内古民居建筑已经很少了，新规划修建的前庭后楼样式，舒适宽敞、干净整洁。随便进入一家商店，泥塑、彩绘墙上挂、橱窗摆放、地上堆放，琳琅满目，仿佛进入了一个彩色世界，各种泥偶、彩绘、雕刻的皮影、多姿多彩的窗花，应有尽有。慕名而来的国内外游人络绎不绝，手里提着购买的民间手工艺品，赞不绝口。

民间老艺人锲而不舍的追求。艺术的传承，离不开那些钟情于艺术、执着探索的人。走访六营村，胡深、杜银是为村民们乐道且最具实力的老一辈艺人。我们有幸访问了出身传统泥塑之家、86岁高龄的胡深老人。他很清瘦，但精神矍铄，睿智的眼睛沉静而有神，上下楼梯腿脚灵便。老人的记忆超凡，语言清楚，每天还在进行泥塑制作。他说，六营村人制作"泥耍活"就是为了赚钱，它是作为一种谋生手段存在并传了下来。过去，特别是每年的二三月，庄稼青黄不接，关中古会多，带着这些"泥耍活"赶古庙会、物资交流会，收入很好。六营俗谚说"能舍二亩地，不舍周公会"，就是这个道理。过去泥塑价钱很低，最大的5寸左右，再大了派不

胡深老人介绍六营泥塑 *摄影 / 陈涛*

上用场，没有人买。"耍活耍活，一毛钱两个"，没有定价，随便要价，卖不出去了就以物易物，鸡蛋也换、粮食也换。所以当时制作比较单一，主要是人物、生肖、动物，都要和喜庆扯上边，迎合人们祈求吉祥如意的心理。那时，这个行当很低贱，又脏又累，又称"叫花子行当"。

胡深老人德艺双馨，不论谁问，他都会耐心讲解。据他介绍，1981年夏，人民日报社记者余永明和陕西省美术学院冯珍采访了他，并在《人民日报》上发表了介绍六营村泥塑艺术的文章，引起了国际国内的关注。第二年，法国民间艺术考察团到六营考察，并与胡深老人进行了交流。至今老人还保存着交流作品，一戴带着礼帽披着风衣的西方男士肖像和一尊中国的唐代仕女像。1982年，应北京民间艺术组织邀请，胡深和凤翔县木版年画的代表邰毅携带作品到北京参加了民间艺术展览，现场制作泥塑，受到好评，凤翔泥塑登上大雅之堂，为世人称道。

中央电视台、凤凰卫视、人民日报、农民日报、工人日报、澳门日报等媒体刊登报道了他的泥塑艺术和感人事迹。2002年，他创作的生肖马作为当年的中国生肖邮票图案发行；2003年，他创作的生肖羊也上了中国邮票主封；生肖鸡登上了鸡年的明信片；他的泥塑作品先后获得陕西省传统特色工艺品一等奖、文化部"中国民间艺术一绝"大展银奖等殊荣；本人被授予"陕西省一级工艺美术大师"称号；经第五届中国工艺美术大师评审领导小组批准，被授予"中国工艺美术大师"荣誉称号。著名漫画家华君武等都曾给予高度评价。

改革开放以后，胡深虽然进入老年，但他的艺术生涯似乎刚刚开始，积淀如火山喷发。他做过最大的泥塑是 1.8 米高的虎头挂片，最大的生肖猪高达 1.5 米、长 2.6 米，重数吨。说到泥塑，老人神采飞扬，仿佛年轻了 20 岁。更令他高兴的是，在西安上大学的孙子也迷上了这门艺术，暑假回来，跟他一起动手制作泥塑。

新秀大胆创新使古老的艺术之花越开越艳。六营村泥塑工艺经过胡深、杜银等老一辈艺人的传承和发展，带出了像胡新明、胡振华、胡小梅、敬萍、伟存锁、胡满科等一批新生代艺人。凭着对艺术的执着憧憬、较高的文化素养和更加开阔的视野，他们从形态、彩绘、制作等方面不断研究创新泥塑工艺。胡振华的大型泥塑作品在甘肃受到群众的高度赞扬；胡小梅、敬萍获得文化部巧女能手奖，她们的作品工艺细腻、线条流畅、形态逼真、粗犷中透出俊秀，严谨中不乏风趣。1993 年，敬萍创作的《斗牛》获得了新加坡银奖，并受陕西省政府特邀，参加了 1998 年欢迎克林顿夫妇的仪式，在西安城墙上当场为美国朋友献艺，受到了总统夫妇的热情赞扬。

在这群充满活力的年轻人中，胡新明可谓是一枝独秀。他是地道的六营村人，60 年代生人，出身泥塑世家，从小耳濡目染，六七岁就开始玩泥弄土，跟随父亲串乡卖泥货。他跟着村里那些著名的泥塑老艺人用模子翻制泥偶，然后晾晒、合缝；跟着擅长描花、刺绣的母亲，用各色毛笔勾线、上色。学校里上了几年美术课的他，渐渐不满足于在老辈传下来的模子里打转转了，便用黄泥开始了自己的创造，见牛捏牛，见猪捏猪，见猫捏猫，虽说不太像，可也很有情趣。大人们一夸赞，他捏得更起劲了，捏着自己想象的翅膀，捏着稚嫩的憧憬，捏着自己和这个泥塑村的未来……一个个小精灵就这样在他的手掌上诞生了。以古朴见长的凤翔彩绘泥塑家族里，富有生气的新一代正在茁壮成长。

在胡新明的成长过程中，县文化馆的美术干部老齐和马馆长对他影响很大。老齐是中国美术家协会陕西分会的会员，六营是他的基地。他从别人闲聊中听说了胡新明，便找到家里来。老齐仔细看了看这个 11 岁小学生的图画本，又看了他翻制和手捏的泥塑作品，四方脸上堆满了喜悦。此后 7 年的时间里，他一有时间就到胡新明家里上门辅导，并推荐他上艺术创作学习班，给了胡新明很大的启示，并在陕西日报上发表了刻画养鸡姑娘的年画处女作《更生》。让胡新民万没想到的是，第二年，他的恩师老齐走了，给了他很大的打击。凤翔县是伯乐的故乡，有千里马，终会引来伯乐。不久，县文化馆馆长老马亲自找上门来，馆长出考题，胡新民用泥答卷。黄泥在他的手中颤动，卧狮在他的手上伸着懒腰，喜鹊在他的手上扑棱翅膀，馆长满意地笑了。最好的"答卷"，是一尊尺把高的钟馗像，那是他给前来凤翔的法国民间美术考察团表演时当场塑的。钟馗左手以剑柱地，右手高举笏板，左腿提起，右脚蹬地，作金鸡独立状，双目圆睁，"虎须"横生，狞厉而有正气，威武而又不失可亲。法国朋友的蓝眼珠和手中的照相机一齐亮了。

1984年5月，胡新民作为"泥塑之乡"的代表，随县文化馆到南京艺术学院，举办"凤翔县民间美术展览"，有幸在泥塑系、工艺系观摩学习。几位老教授和一群大学生用同样的抓着泥巴的手，填塞、补缀着他的薄弱点，使胡新民懂得了透视和解剖，懂得了动物身体的比例，懂得了神似与形似的关系，真正懂得了艺术创作。当那些教授和大学生们如获至宝地参观并抢购他所带去的样品时，他突然认识到自己所从事的民间彩绘泥塑的价值和地位，他和他的六营村就是这种价值的创造者。20多天的时间里，胡新民无异于脱胎换骨，艺术细胞在他的身体里迅猛增加。

从南京回来后，他把学到的知识和自己的作品融会贯通，开始了新的创作：威风凛凛的关羽、抢耙逞威的猪八戒、雍容端庄的观音菩萨、落拓不羁的张三丰和神情忧郁、似在为振兴蜀汉而鞠躬尽瘁的诸葛亮。同时还增添了憨态可掬的熊猫、蛮劲十足的斗牛与惊心动魄的双鹰斗虎。他的作品开始走进各类美术艺术学院和电影学院，闯进了这些令人敬畏的艺术殿堂。

1985年3月，20岁的胡新民被选作民间艺人代表，随陕西省省长赴美国，参加明尼苏达州举办的"陕西月活动"。拿着出国通知书，他心情激动，精心准备，因为他代表着陕西、代表着中国！在美国奥斯丁市一所大学的讲台上，100多双蓝色的眼睛和4台巨眼一样的闭路电视，一齐盯着这个来自东方古国的青年农民，盯着一双黄色的手和一团黄色的泥。

胡新明一边讲述着中国民间美术的魅力与特色，一边按照美国朋友的要求现场表演，熊猫、松鼠、兔子……一个个从他的手中欢快地跳出来，从六营村带来的50斤黄泥很快用完了。第二天，当地报纸登出了胡新明的大幅照片，并特别说明：这是中国20岁的农民艺术家胡新明先生。他赢得了掌声，为中国挣得了声誉！

之后，他又应美方之邀巡回访问，东到华盛顿，西达旧金山，走一路表演一路，历时 40 天。回国后，他被评为宝鸡市新长征突击手，并被西安中国画院特聘为画家和古建艺术研究室研究员，但胡新明没有放下他手中的泥，为当年 9 月在法国巴黎举办的"陕西省民间美术展览"雕塑了一面直径足有 4 尺的大虎头，将作为整个展览的门面镶嵌在展览馆的版壁上，还为凤翔县民间美术展览馆塑了一只四五尺高的大卧虎。胡新明，以他的勤奋和智慧、执着与坚持，开创了凤翔六营泥塑的一代新风。

还有一位年轻人值得赞扬，他叫胡满科，和胡新明是同龄人。在采访时，我们无意中看到了他家门道里的木凳上，圪蹴着一个几乎和原人一般大的关中老汉，嘴里含着一个有二尺长的烟锅，眉目清朗，满脸堆笑，嘴巴上一圈胡子茬根根清楚，形象逼真。胡满科介绍说，他除了制作传统泥塑外，还把精力放在了民俗文化设计与制作、古建园林雕塑设计与制作、泥塑各种造型设计与制作方面。他的小商店里挂着各种泥塑造型挂片、皮影、木版烫画，桌子上堆放着各式各样的彩绘泥塑。在他的创作室里，摆放泥塑作品的长条桌上，堪称一条流动的世相图：举锤打铁的、说书唱戏的、喝酒划拳的、卖牲口的、帽子下捏手的、爆米花的……三教九流，应有尽有。胡满科还拿出他给陕北几个地方成功制作的民俗文化设计和实物照片给我们看，场面宏大，造型逼真，使人耳目一新。

除了这些大师级的人物外，还有一批不出名，但却称得上是艺术师的人们。不论在胡深、胡新明，还是胡满科家里，都有一批年轻妇女，她们默默坐在那里，一只手拿着冰凉的泥塑原型，一只手拿着毛笔，全神贯注地描绘。作品的鲜活的生命力，从她们灵巧的画笔下慢慢流淌出来。

智慧和创新成就"中国泥塑第一村"

几百年来，一批批热爱生活的六营村艺人，受关中本土艺术的滋养，用自己的勤劳和智慧，创造出六营"中国泥塑第一村"的金字招牌。

六营泥塑畅销美国、日本、中国香港、中国澳门等 20 多个国家和地区，被国务院确定为"首批国家级非物质文化遗产保护项目"；泥塑马、泥塑羊被国家邮政局选为 2002 年马年和 2003 年羊年生肖邮票主图案在全国发行，使六营村名声大振，享誉海内外。2005 年省文化厅授予六营村"全省文化产业示范基地"，2006 年被省乡企局命名为"发展民俗工艺、催生小企业旗帜村"，2007 年被省农业厅确定为省级"一村一品"重点示范村，被省旅游局确定为"乡村一日游"景点，是宝鸡市新农村建设综合试点村。近年来先后荣获县级以上表彰奖励 100 多项，是全县一流、全市典型、全省重点，在全国都具有影响力的"明星村"。

六营泥塑在新时期蓬勃发展，现已形成 5 大类、300 多个品种、年生产量 200 多万件的主导产业，其作品造型凝练概括，色彩对比强烈，创作手法夸张大胆，是黄土民俗文化艺术的瑰宝，曾先后荣获首届中国旅游产品大赛金奖，全国第八届"戏剧艺术节吉祥物"等 20 多项大奖，被联合国教科文组织誉为"给儿童最好的礼物"。全村现有 300 多户、1000 多人从事泥塑生产，早在 2008 年，六营村就实现了泥塑收入 650 万元，村民人均收入 3080 元，农民人均纯收入的 75% 来自泥塑，成为兴村富民的支柱产业。在泥塑产业的影响带动下，乡村民俗旅游产业日益突出。通过兴建民俗艺博园、农家乐及关中民居工程，改善村庄环境，六营村成为"乡村游"的热点之一，是凤翔县第一个民俗村、宝鸡市"乡村一日游"的主要景点。

六营泥塑品种繁多，琳琅满目，其共同特点是喜庆吉祥，弘扬正义，演绎生活，这也是泥塑存在生命力的潜在因素。不论盈盈一握的小泥人，还是高达 1 米多的虎头、牛头、羊马、龙蛇，无不带着喜色或吉祥图案，如威风凛凛的老虎头上，彩绘着莲花、石榴和云的图案；巨大的生肖猪笑呵呵的，寓意富贵吉祥；拓荒牛饱满有力、生肖马神采飞扬、生肖猴顽皮可爱，历史人物如关云长神色庄重、诸葛亮忧心忡忡、钟馗狞厉而威猛。泥塑创作多从生活中出发，表现的是现实生活，寓意深长，富有生活气息，这也是泥塑作品受人们喜爱的根本原因。

六营泥塑具有鲜明的地域特色，经过毛稿制模、翻坯、黏合成型、手工修饰、描线、彩绘、上油等 10 多道工序制作而成。它已经由过去单一的民间文化活动，发展为一个新的文化产业；从过去的单一产品，开拓出各种生肖泥塑、马勺脸谱、皮影、木版年画、麦秆画 5 大系列产品，丰富了产业内容，扩大了产业规模，带动了旅游产业的发展，引领周边群众共同富裕。

六营村的泥塑文化是中华文化这根常青藤上一颗光华熠熠的明珠，它的根扎在民间，所以能够传承；因受中国传统民间文化的滋养，所以能够发扬光大。

蜀河古镇融秦楚文化于一身，距今已有 1700 多年的历史。北倚秦岭，南傍巴山，挟汉江携蜀河，为古蜀国所在地，自西晋太康元年置县，逐渐成为驰名汉江中上游的商贸重镇，有"小汉口"的美誉。漫步古镇之中，曲径幽巷，古墙石雕，见证着岁月的沧桑；会馆寺庙、江帆码头，诉说着昔日的繁华。如今，焕发古韵、留住乡愁的蜀河镇，正在汉江边再次崛起。

四、渗透着秦楚文化内蕴的千年古镇

——安康市旬阳县蜀河镇

蜀河镇位于陕西省旬阳县太极山城以东 53 公里处，北倚秦岭，南傍巴山，挟汉江而携蜀河，东与仙河、兰滩乡接壤；南与白河县毗邻，西与棕溪镇、关口镇交界；北与双河镇、庙坪乡相连，属亚热带北缘，气候温和，雨量充沛，寒暑交替，四季分明。古镇面积 180.31 平方公里，下辖 22 个村（社区）、148 个自然村，12372 户、38658 人，境内汉、回民族相居融融，佛教、伊斯兰教、基督教和谐共处。

蜀河，既是河名，也是地名

蜀河，古称淯溪，发源于湖北省郧西县湖北口回族自治乡，是汉江流域的一条一级支流，经旬阳县红军镇、双河镇，至蜀河镇汇入汉江，全长 67.1 公里。

蜀河作为地名，由来已久。最早可推至西周建立之初、周武王封藩屏周时，封蜀国于河南南阳以北，贫穷积弱的蜀国迫于楚国扩张的压力而无法立足中原，率民西迁，曾在此停留，故取名蜀河。据《旬阳县志》（1996

年版）记载，早在 1700 多年前的西晋太康元年（280）就在此置兴晋县，时属魏兴郡（今安康市）；西魏（552）时设洵阳县，同时于洵溪口置洵阳郡，并于洵阳县西黄土山下置黄土县；北周初年（556），改洵阳郡为长冈郡，并改洵阳县为长冈县，次年移黄土县址于原长冈县地；公元 742 年，唐天宝元年改黄土县为洵阳县；公元 966 年，北宋时洵阳县并入洵阳县。仅从公元 280 年至 966 年，古镇置县历史就长达 680 多年。后在行政机构名称中曾称"蜀河里""蜀河堡"。民国后，蜀河镇虽机构名称不断更迭，但仍为洵阳县首镇。1956 年 5 月，正式设为蜀河镇，是当时全省县以下四个建制镇之一。

蜀河镇坐落于蜀河与汉水交汇的地方，融秦楚文化于一身。古往今来，商贾往来频繁，是驰名汉江中上游的商贸重镇。境内明清时期建筑群，造型古朴别致、仪态万千，历经岁月洗礼，依然透射着古风古韵，吸引着众多文人墨客、美院学生前来采风写生。

千年古镇历沧桑

蜀河古镇因水而兴，以河为名，河又因镇而出名。古镇依山傍水，主要建筑集中在主街道的两侧。沿汉江西去安康、汉中，东到丹江、武汉的船只多在此停泊。历史上沿蜀河谷地北上，为通西安的人道，人力和骡马常年往来运输，络绎不绝。外来的日用杂货、盐、糖和布匹，以及旬阳东北部地区的山货特产等多在此集散。历史上古镇人口一度超过 5000 人，有"小汉口"之称。

蜀河古镇面对奔流不息的滔滔汉江，古往今来，水运繁荣，商贸发达，是东下荆襄、西通汉中、北进长安的咽喉要地。古镇依江而建，周边数十里，高低错落有致。高者巍巍入云，低者矗立汉江边，出门即可打水浣衣。从江边码头到山顶，有长长曲曲、弯弯环环的青石路或石板路连缀每一处民居。高耸入云的建筑，飞檐斗拱，掩映于白云绿树之中，横看成岭侧成峰。从江边沿石阶上行，只见石基浑厚古朴，巍然矗立，苍苔横生。房屋的规制各不相同，或黄土捣筑围墙，或青砖砌成，白灰勾缝，或石板叠垒，或纯青石一叠到顶。从上往下看，参差错落，有飞檐斗拱的皇皇建筑，也有石板笘顶的普通民居。临江窗前，江面渔帆点点，小舟如梭；对岸青山逶迤，森林苍苍，云蒸霞蔚。夜晚，黑黝黝的江面上，偶尔有亮着灯的大船驶过，静静聆听沉雄而激荡的水声，心中滋生许多古意。"江天一色无纤尘，皎皎空中孤月轮"。

古镇太老了，1700 年是一个多么漫长的岁月！青石路被人畜车轮碾踏了上千年，曾经粗糙的路面磨得很光滑，那是岁月的痕迹；那些落满尘灰的雕梁画栋，虽然失去了往日的光华，但却留住了历史。千百年来，古镇与汉江默默对视，看得见在岸边崖石冲刷出的印痕里，积淀着比 1700 年更老的印记，那时的水比现在的更大、更深，满江的帆篷和喧嚣的码头上，有说不完的故事。

一位年逾古稀的老人回忆，幼时，每天仍可见那些停靠码头的大小帆船，载满桐油、布匹、瓷器、药材以及米面油盐等诸多杂货，顺风扯帆，御风而行；或逆水行纤，摇橹撑篙，在滩险礁恶的汉水航道上行下运，往来如梭。那些码头工人搬运货物时此起彼伏的哼嗨声，驾船汉子掘篙抢滩时响彻山川的粗犷吆喝声，拉船纤夫们背纤跋涉时荡江回旋的汉江号子……

老船工徐老回忆："我们那个时候的蜀河，南货送来了，北货运走了，每天有上百条船泊在这儿，光蜀河的船工就有 800 多人，在河滩上日夜不停修船的就有几十人。江边满是盖得严严实实的房子，喝茶的、唱戏的、议事的……那时候，蜀河是响当当的汉江上的黄金水道呐，票子是整麻包整麻包往岸上扛……"

即使到了民国初年、新中国成立初期，这里依然繁华。据县志记载："旬阳县电报局 1910 年建于蜀河。德国设备，是安康市第一家现代通讯。直到 20 世纪 30 年代初，蜀河还有商号 69 户。早在清同治九年（1870）蜀河就设厘金局，清宣统元年（1908）又设厘金卡。1941 年设税务稽征处。显而易见，经济的繁荣带来通讯的发达。""1943 年时，蜀河镇尚有商户 69 家，其中资本在万元以上的大商号有恒顺德、轩记、老生祥、益泰恒、吉庆和等 11 家。1955 年蜀河船民李凤高还曾自造一艘 40 吨摆江木船，为旬阳木帆船之最。那时候，每天都有上百条船泊在这里，光在河滩上修船的就有几十人。直到 20 世纪 70 年代以后襄渝铁路、316 国道陆续通车，水运才趋向没落。"

一位历史学家考察汉江和沿江所建城池后，感慨地比喻"汉江在大地上行走，如藤蔓在季节里生长，一个个因水而兴的城镇，就恰如藤蔓上结出的瓜"。蜀河就是这个藤上结出的金瓜，是汉水中游的货仓和大码头，号称古金州第二大重镇。

作为明清时期汉江上游商贾云集的集散地，蜀河曾经经济繁荣，南北文化在此交融，保留至今的八家巷、乾益巷、永安巷、兴文桥、六合坊和沈家楼等部分历史地名，就是古镇文化积淀的历史见证。

岁月沧桑，但古镇没有沉寂，石板房里有电视的声响，长满青苔古树的庭院里，有手机的铃声、现代化的元素融入这蕴含古意的山水画中，让人流连忘返。

华美而庞大的古建筑群

古时候，蜀河镇上旅馆、茶社、酒肆、青楼、药铺、骡马店等应有尽有，老街一街两行全是饭馆、商铺，河道里日日千帆竞发，号子声壮，经济十分发达，名震四方。听听恒玉老、复兴恒、日升恒、廖福春、同春福、源茂玉等八大商号的名称，就知道蜀河一天能有多少货物周转了。那时，各地涌入蜀河的商人，为了集会联络，纷纷修建会馆，有陕商的"三义庙"、黄州商人的"黄州馆"、回民帮的"清真寺"、武帮的"武昌馆"、江西人的"万寿宫""江西馆"、船帮的"杨泗庙"，还有本地人建的"火神庙"。小小的一座镇子南北交流、八方荟萃，秦风楚韵、蜀音闽语，繁华锦绣。可是，繁华褪尽时，一切成昨。留给今人的，还是文化，特别是具有蜀河建筑风格的三大古建筑群，尽显千年历史底蕴。

宫殿式建筑格局的黄州会馆位于蜀河镇后坡，坐西向东，南靠汉江，面对蜀河，始建于乾隆中叶，由在蜀从事商业贸易的黄州籍商号、帮会依次兴建；初创时仅正殿三间，后于道光二十七年动工，历时两年修成拜殿；同治十二年（1874）起又"刻角丹楹""几费经营""罄数千金"而修成乐楼及门楼。据现存清光绪元年（1875）碑记云：黄州馆初为黄州"在蜀贸易之诸君倡举而成"。

黄州馆全部殿宇均为清代砖木结构建筑。自前到后，作台阶式上升，以中轴线为基准，左右对称，层次分明，既与我国传统的宫殿式建筑格局相符，又具有浓厚的南方建筑特色。正殿面阔 11.65 米，进深 7.96 米，硬山式顶；拜殿在正殿之前，相距 8.25 米；乐楼为高台建筑，与拜殿相对，从形式上看，似重檐楼阁，楼顶为歇山式顶，正脊正中镶嵌瓷瓶，两端安

黄州会馆 *摄影/袁景智*

有鸱吻，岔脊上用灰泥作汉文装饰，翘角45度升起。楼上有金匾一幅，楷书"鸣凤楼"三字，相传为武昌一状元所书。乐楼门枋刻有浮雕，天花板作八卦装饰。整个乐楼上下错落，翼角重叠，制作精巧。

黄州馆门楼与乐楼相连，为乐楼后墙的随墙门。门面饰作三重檐牌楼，正楼高10米左右，大门额枋为石雕，门前有对称抱鼓，抱鼓两面分别雕刻着四种祥鸟瑞兽。正门上方竖书"护国宫"三字，两边分别书写"金塘""玉局"。中柱、边柱各用青瓷片嵌对联一副，中柱联为"帝德无私，想当年楚北声垂，万古神功昭日月；立思曰极，位此际秦西威镇，千秋俎豆祀馨香"，边柱联为"庙貌柱奇观，视当前日朗风清，恰肖黄州赤壁；神功昭赫濯，庇此地民安物阜，何分楚水秦山"。整个门楼均以青砖砌成，砖面模印有阴文楷书"黄州馆"三字。门楼与乐楼巧妙相连，浑然一体，其设计之精心，构筑之巧妙，堪称上品。

黄州馆是安康境内规模最大、工艺最为精美的南派宫殿式建筑，耗资惊人。从碑文浩繁的落款可见，参与集资的商户不下200家，足见当年蜀河商业之兴盛。

黄州因"赤壁"、苏东坡而名扬四海，是中国颇有文化品位的地方。黄州人迁移蜀河定居经商，在蜀河营建会馆，彪炳史册，使原本历史与文化深厚的蜀河镇，又更加有了名气。

船工的精神寄托杨泗庙，位于蜀河镇后坡南端，坐西向东，背倚山坡，南临汉江，面对蜀河，为清代蜀河"船帮"会馆。据残碑推断，杨泗庙大约创建于清朝中期。

现存建筑主要有上殿、拜殿、乐楼和门楼。上殿前为拜殿，拜殿对面为乐楼，与乐楼相接的是门楼，门面为牌楼装饰，门楼两侧卧龙状封火墙，具有鲜明的南方特色。

大门左侧有石碑一通，字迹已漫漶殆尽。庙内存有同治六年（1867）和光绪八年（1882）的保护船户利益碑。门庭北端有二石窟，石窟外壁嵌有同治十一年（1872）所刻《重修朝阳古洞志碑》。古洞前石岩上有明弘治十一年（1498）和万历十一年（1583）汉江洪水题刻二处，是重要的水文资料。

杨泗庙兴旺时，有"夜照万盏明灯，日受千人叩首"之称。后来公路修筑，水运衰败，杨泗庙先后做了区公所、铁路指挥部、文化站、电影院、派出所、地毯厂，近年被列为文物保护单位而清空。

清初以来，蜀河是汉江上游的交通要道，故为陕南最大的物资集散地之一。南货至此北上柞水直至西安，北货至此装船南下至老河口到武汉等地。水运极为兴盛，船楫连接数里，日泊人小船只百余艘。于是船主和船工集资在蜀河口修建古雅壮观的"杨泗庙"作为议事和来往聚会、休息场所。又因汉江滩多险急，各类船只到此停驻，至杨泗庙祭拜杨四爷以求来往平安，一帆风顺。

杨泗庙正门两侧有青瓷嵌贴对联一副，上联是"福德庇洵州，看庙宇巍峨，云飞雨卷峗屹立"，下联为"威灵昭汉水，喜梯航顺利，浪静波平任遨游"。正殿居中供有杨四爷神像一尊，身高丈余，煞是威严。因杨泗庙是"船帮"乞求神佑之地，故其戏楼又名"明德楼"。每年六月初六，举办杨泗庙会，院内搭台唱戏，上演汉剧等各种地方戏剧，热闹非凡。同时，这里又是当地群众物资交流场所。殿角右侧"洵阳知县严谨埠头讹索船户告示碑"，字迹了然，可见杨泗庙的历史作用及当时蜀河水运、贸易之繁华。

杨泗庙大门右侧是著名的朝阳古洞，修建于乾隆年间。道光元年

（1821）名医汪海峤曾在此隐居，编纂成《唱医雅言》一书。朝阳古洞深不可测，据言"民国初年，数人结伴穿行，半天余，火把用尽，暗黑气稀，中途而返"。也有民间传说，此洞通江河底可达四川，绵延千余里，号称陕南第一洞。外有石龟驮碑一通，面临汉江，据传有镇水降魔之效，此龟一修200余年，汉江涨水从不至龟角。

古朴典雅的清真寺。明代古迹清真寺在蜀河镇镇尾的北头半山上。沿着百步坎径爬上去，古朴典雅的寺院树木葱茏。院内有礼拜堂、大殿、抱厦、天井、对亭厢房、厨房等30余间。此寺建筑风格独特，兼具南北之长，曾驰名于汉江上下。站在寺前，可以瞭望古镇远景，眼前江山万里，风光如画。

蜀河镇古建筑，汉水文化的活化石。除了老街上的三座古建筑，河东本来还有个关中人建的三义庙和蜀河石堡。据说三义庙规模更大，有民谣说："杨泗庙矮铺榻，黄州馆一枝花，三义庙胜过它。"可惜三义庙已毁，只剩下一面墙，旧址现在成了学校。

蜀河石堡位于蜀河与汉江的汇合处西侧，创建于嘉庆六年（1801）。据兴安府知府周光裕《洵阳县创修蜀河石堡记》："堡周四百余丈，土筑石甃，插地四尺，外高一丈八尺，基厚盈寻。顶厚减寻之二，女墙半寻，疏为五门，楼橹备具。"今遗迹尚存，原设五门，东门1983年毁于洪水；西门尚在，用青砖券顶，其他部分石砌而成，因处于要冲，至今仍通行人。据光绪本《洵阳县志》："嘉庆初，教'匪'（指川、楚白莲教起义军）扰境，知县严如煜因此地当'贼'冲，在汉江北岸捐修石堡一座。"

秦楚风情旖旎的古镇

蜀河镇临水倚山筑城，沿山爬行，缘水蔓延，颇有些沈从文笔下的湘西小镇风味。

蜀河是千年文明古镇，古迹众多，有着很高的历史价值。受秦楚文化浸润、影响，蜀河的文化艺术深邃，群众爱好广泛，双彩车、二黄汉调等技艺广泛流传。黄州馆的鸣盛楼已成为当下蜀河的常用演艺舞台，蜀河政府与文化大院、老年活动中心等的联谊晚会常在这里举办。

这里上演的剧种很杂，但以汉调二黄为主。汉调又名"陕二黄""土二黄""山二黄"，是县域内流行最广的戏曲剧种，民间俗称"大戏"。分两个流派：一为以陕南汉中、紫阳、安康为中心的汉江派；一为以洛南、商南、山阳、镇安为中心的洛镇派。汉江派唱腔柔和婉转，长于唱功和做功戏；洛镇派唱腔刚劲有力，长于武打戏。

汉调二黄是皮黄声腔类戏种，与湖北汉剧（旧称楚剧）有着亲缘关系。旬阳汉调二黄属于汉江流派，在艺术风格和地域特色上受郧阳、襄樊和关中、商洛的影响，与正宗的汉江派稍有区别。汉调二黄戏的演出在清末民初已非常活跃。

据记载，洛镇派的二黄班社镇安"王福班"、山阳"同心社"、关中"娃娃班"以及安康、岚皋汉调二黄班社都曾在这里演出。民国初年后，镇上就有自乐班"闹万子"演唱汉调二黄，"十门角色"行当齐全。1939 年春，蒋剑灵率上海新剧二队来蜀河演出，能演文明戏（即新戏）、歌舞节目和京剧，为蜀河汉剧带来了新鲜的文化元素。

蜀河过春节表演的"站龙、滚龙、龙船（彩船）舞狮子、打花鼓、踩高跷、跑竹马、鸬鹚叨蚌壳、扭秧歌"花样齐全，演绎着汉水和本土的民俗文化，从清末至 20 世纪 60 年代初，年年如此，热闹非凡。

蜀河民歌、小调很多，以巴山蜀水之音为主。号子以汉江船工号子较为驰名。汉江自古是陕鄂航运要道，水势变化多端，急流险滩不断。船工们顺流摇橹，逆水拉纤，扬帆跑风，起锚开船等，都有不同的号子，或高亢激越，或舒展流畅，或紧促急切，或平稳悠闲，具有浓郁的川江号子风格。

下水船行险滩，船老大用力地掌着船舵，带着摇橹的船工们喊着，"哟——咳，哟——咳，嗨哟——咳，嗨哟——咳，嗨——咳，嗨——咳嗨、咳嗨、咳嗨咳，嗨咳、嗨咳、嗨咳"，整齐低沉而有力的船工号子节奏越来越快越有力，"吆——呵，吆——呵呵呵呵"，算是船终于平安下滩了；逆水行险滩时，船工们身体前倾，两手着地，用力匍匐崖边前进，领号者喊出"开头号子"，船工们凝神用力、有节奏地大声应和。随着与激流的紧张搏斗，音调更加急促，到最激昂的时候，领号者只吼着"嗨着"二字，船工们齐声应和：

风浪大呀！嗨着！

莫要怕呀！嗨着！

齐努力呀！嗨着！

夺胜利呀！嗨着！

嗨着！嗨着……

从汉口到蜀河是逆水行船，在没有上河风的时候，就得"拉纤绳"让船前行。纤绳是用竹篾编的，重量轻，吃水少，价格便宜，取材方便，结实耐用。根据船的吨位大小，纤绳一般长十几米到百余米不等。船工们在自己做的搭肩上面绑着六尺不等的麻绳，麻绳头拴着麻钱或圆形金属，再把它挽到纤绳上。挎上搭肩，"嗨喁、嗨喁、嗨喁"用力地拉着船上行：

一根纤绳长又长哎，平时盘卷性子瓢哎，

遇到险滩变了样哎，直如篙来硬如钢哎，

一头拴在哟桅杆上哎，一头在纤夫脊背上哎，

船儿行在江中央哎，纤夫爬在那石头上哎，

拽的桅杆弯了腰喂，挣的眼珠鼓鼓胀哎，

为了父母和儿郎哎，为了妻子添新装哎，男儿千里走汉江噢……

他们的脚步和汗水遍布汉江两岸的每一寸沙坝地和悬崖峭壁，上面深深地留下了纤绳的痕迹。

船行平坦的地方，也有悠闲诙谐的号子：

踏破江上万顷浪哎，莫歇气哟，朝前闯噢，明晚便可回家乡哎。看父母哟，接新娘哎，抱妻子亲儿郎哎，吆号嗨吆号嗨……

蜀河的饮食文化丰富多彩，各种小吃遍布街头。最有名的是蜀河八大件，是陕南旬河沿岸的一种乡村饮食形式，八凉八热，八荤八素。因蜀河古镇以回族居民居多，"八大件"带有"清真饮食"的特色。

斗转星移，沧海桑田。秦楚风韵就浓缩在陈旧的古庙会馆、断砖残瓦、民歌号子、戏曲舞蹈、民情风俗之中。走在蜀河镇的大街小巷里，从原住居民的口里依然能听到软软的楚音，那缭绕的呢喃燕语还能将你带回幽远的过去。

悠悠古镇，人与自然和谐发展

蜀河镇是一本书，封面是秦岭和汉江，封底是巴山和蜀河，中间的一页页，记载着厚重的历史、民俗、人文情怀和沧桑巨变，向后人陈述着过往。

过往的蜀河镇远去了，就像那匍匐在江边的船夫、千帆竞发的舟船、

纤夫的背影

喧腾嘶吼的码头、驮铃叮当的马帮……蜀河镇有过短暂的沉寂，老船工一说起这段历史就泪眼婆娑，那个既熟悉而又陌生、令祖辈们魂牵梦萦的充满古韵的小镇只能在梦中出现。然而，当 316 国道穿境而过的时候，这里又热闹起来，现代元素迅速充斥大街小巷：昔日的鹅卵石街面被平坦宽敞的水泥街道替代，河堤、街道两旁拔地而起的楼群鳞次栉比，彩电、冰箱、空调、电脑等也早已进入寻常百姓家。随着程控电话、寻呼台、手

机、有线电视的相继开通，小镇与外面世界的联系也越来越密切，西安、武汉、安康等城市流行的时髦服饰不出三五日，便穿在小镇年轻人的身上，其繁华程度，俨然一个粗具规模的当代小县城。

如今，古镇再次被人们看重，一批批国内外游人，成群结队，充斥在古镇的各个角落，看青瓦庇护、开满繁花的院落里摘菜浇花的妇人，看青石街板上走过的放学归来的孩子，看小摊的论价，欣赏老建筑檐影下老人说故经，探视旧木门板半掩的古镇人家……体味蜀河的热闹。

凭借悠久的人文历史和璀璨的现代文明，蜀河镇先后被中央文明委、住建部命名为"全国文明村镇""中国历史文化名镇""全国重点镇""全国特色景观旅游名镇"和"国家AAA级旅游景区"。2015年，接待省内外游客22万余人，实现旅游综合收入近9500万元。

蜀河古镇有水的妩媚、山的硬朗，让乡愁萦绕在飞檐斗拱上、青石板上、古会馆的壁画中、飘香的"八大件"里，荟萃成幽远而深长的记忆。一个更加美丽的、焕发着古韵味的、崭新的蜀河镇正在汉江边再次崛起。

句阳坝古镇依秦岭而雄浑，临洵河而灵秀，因唐代荔枝古道和古驿站而留名。句阳坝人世代爱林护林，如今依托森林和历史文化资源，发展生态旅游产业，千年古镇正在焕发生机。但是，生活在秦岭深处的句阳坝人仍不富裕。古村镇的保护、修缮与传承发展，当地原住民的经济收入和生活质量的提升，绿水青山如何变成金山银山都是当前亟待解决的问题……

五、句阳坝古镇，荔枝古道上的美丽驿站

秦岭深处的古道驿站

秦岭，东西走向的古老褶皱断层山脉，"脉起昆仑，尾衔嵩岳""分地络之阴阳"，连绵起伏，植被丰茂，气势磅礴，横卧云天，宛如一条绿色巨龙横亘中华腹地，素有"中华龙脉""中国的父亲山""地球送给人类的礼物"等美誉。其主峰太白山 3767 米，是大陆东半壁的最高名山，巉岩高峻，奇险无比。来到它的身旁，就会想起李白的"噫吁嚱，危乎高哉！蜀道之难，难于上青天！""尔来四万八千岁，不与秦塞通人烟"。秦岭横贯中国中部，是我国南北方的重要地理分界线，也是分割陕川的天然屏障，阻隔着南北的交通往来。

千百年间，古人开辟了一条条穿越秦岭的通道。自秦以来，关中通往川蜀的古道在秦岭上就有六条，子午道是其中开通较早的一条，北起秦岭中部的长安县，南至秦岭以南的汉中西乡，纵贯秦岭南北，连通陕川。古句阳坝驿站就坐落于子午道中部，最早用于军事，后因其居民相对集中而形成街道，成为行人、南北商旅往来和物资的重要集散地。特别是在唐开元年间，唐玄宗为了给杨贵妃运送荔枝，将子午道整修一新，方便驿卒驰

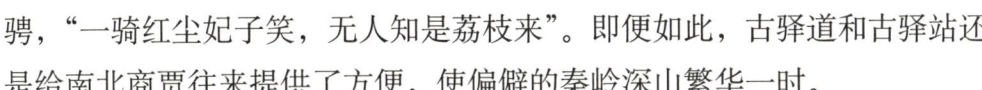

骋，"一骑红尘妃子笑，无人知是荔枝来"。即便如此，古驿道和古驿站还是给南北商贾往来提供了方便，使偏僻的秦岭深山繁华一时。

古镇旬阳坝曾因其谷地大、平坦、向阳而称向阳坝，清乾隆年间，因其地处旬河上游更名旬阳坝。全镇西南高，东北低，东西、南北均宽16公里，形似一斜置蘑菇。腰竹岭、平河梁、鸡公梁、月河梁从四面环抱中部的平坦谷地，绵延19公里的腰竹沟河与20公里长的月河，在纸坊沟口交汇，流入旬阳坝的旬河。

悠悠古镇，岁月深情

一个秋季的上午，当我再次踏进旬阳坝古镇，心里竟有久别重归的感觉。还有些火辣的太阳艳艳地照在秦岭深山里的森林、花草、清流上，流光溢彩。高山上已有红叶点缀，而古镇周围的浅山依然葱绿，肥厚油光，摇曳生姿。眼前的古镇依然简朴，上千年的街道仍然沉静而安详，街道南口遥望着平河梁的垭口，像在回忆曾经从蜀道上驰骋而来的宝马驿卒，商贾贩夫，他们在街口驿站里换马、住宿。喧嚣的街道承载着南来北往的口语，街道两边的木板门面随意地敞开着，缝纫铺、杂货店、草药房、茶楼酒肆、饭店、骡马店等，一应俱全，为出门在外的人接风洗尘。街道的北口，连接着遥远的帝都，苍白色的砂石路，逶迤地向秦岭延伸，那渐行渐远的身影在马背上起伏，驿卒手中震响的警铃在松风中传响，在山间回荡。

子午古栈道 摄影 / 杨宁

古镇在历史的怀抱中沉睡，石板铺成的街道，历经岁月沧桑，风雨剥蚀，人畜踩踏，小车碾压，表面坑坑洼洼、凹凸不平，明光可鉴，古意悠长。似乎你站在任意地方，都能聆听到历史的回音。小桥上原先的石板已经不能承载厚重的历史，终于破了，被换成了厚厚的水泥板，散发着现代气息，承接着贯通南北的使命。

老街的西边是旬河，发源于平河梁的深山老林里。一路清澈，一路歌声。河的对岸是寨子梁，林木葱绿，青松劲健。老街的东面是循着子午道新道修建的 210 国道，又称西万公路，是西安到重庆的交通要道。子午旧道因道路险峻，自唐以后，逐渐荒废，至清乾隆年间，又经修缮，成为陕西关中通往四川的交通要道，人员来往频繁，也使古镇再度繁荣。

据说，古镇当时建有 1 里多长的街道，左右建筑为清末民居样式，夯土主墙白底，房檐有雕花，描有书卷等吉祥图案，屋顶盖青瓦，院内有天井，四周为木板隔断厢房，院落多为一进天井，也有少数两进、三进天井，传说原有姜姓人家就是三进院落；镇东建有衙门，后来成为镇公所；下街建有三星庙，供奉着关公、药王、财神、火神，直到 20 世纪七八十年代才逐步被拆除，部分建筑作为小学使用至今；镇西一南北流向的河流上，曾建有观音庙廊桥、大寺沟廊桥、七里沟廊桥三座廊桥，在解放初期遭到毁坏。古镇街上的骡马店沿用至今。传说入镇主要交通路口曾建有数十座寨子，是为躲避土匪、瞭望、放哨所用，多为清代建筑。寨子为石条垒砌而成，寨内建有房屋，用以藏身。如今保存较完整的是镇西山头石寨，民国时期由当地民团加筑土墙，现存的石墙石门上仍清晰可见遗留的弹孔。

居民以古镇为中心，散居在周围的山沟、川道里。街道居民以吴、赵、张、刘、姜姓为多。据镇上的老人讲，当地住民，多为清光绪年间以前，因逃荒、躲避战乱，由湖北武昌、四川、陕西汉中等地迁徙过来的。

现在年逾八旬的老人有 20 余位，最大的 95 岁，迁居最长住户已繁衍八九代人。当地居民以务农为生，种植苞谷、洋芋、黍米，民俗与湖北、四川、陕南等地相近，春节祭灶王、祭祖，贴春联、挂灯笼、放鞭炮；正月十五舞狮子、耍龙灯、唱花鼓、扭秧歌、跑旱船等。

现存的老街全长 800 多米，宽约 3 米，已有 200 多年历史，原有的石板地面已经破损难行，在上面加固了水泥，变成了水泥路面。街道两旁住着 60 多户人家，房屋是砖木结构的土瓦房，门前两个木柱子支撑，依然青瓦覆顶。因年代久远，气候潮湿，人们用青砖代替了最初的木板门面。随着 210 国道的贯通和旅游业的开发，也为了出行方便，大部分村民在国道两边建起了新式的二三层楼房，宽敞亮丽，形成了长约 1 公里多的新街道。这条在人类历史上曾经显赫一时的古道驿站，正随着时代的步伐缓慢地蜕变着。

山水文化滋养的精魂

人类社会是在反复的繁荣与衰退中前进的。每每在这条古街道上流连时，我似乎还能感受到一种亘古的韵调：站在街道的南口，翘望平河梁澎湃的林涛，松风涛影似乎就是那身负荔枝革囊、打马驰骋的将士，潺潺的流水声，幻如行进在山间的驼铃振响；站在街道的北口，遥望秦岭，想象"长安回望绣成堆，山顶千门次第开"的情景，黑瘦的将士，在驿馆门前换上新马，又跃马扬鞭，向秦岭疾驰而去；还有那在山林里行走的商贾，长长的马帮行进着，铃声在山间回荡。

在老街里行走，看那粗糙的砖瓦、残存的石磨、石碓，精细但却老旧的门窗木雕，天井里水滴贯穿的石孔、瓦缝里摇曳的狗尾巴草……都好像在殷殷地诉说着过往的故事。再看门楼上的匾额、砖雕，堂屋上的斗拱，屋顶上的脊兽，就像一位历史学家用简略而直接的方式告诉你：老街的灵魂连接着中华文化的根脉。和街道上的老人闲聊，得知他们并不留恋这里古旧的房舍，说那里潮湿、拥挤、黑暗，而马路边上宽敞的楼房"才是享福的地方"。旅游的人喜欢在老街道上徜徉，爱拍照老房子，爱拍老房檐下长长的玉米挂，爱拍村民用碓窝捣制洋芋糍粑的劳动场面。但是，现在已经很少有人做这些费劲的饭食，偶尔做一回，大家都来吃。

村民们还是以农业为主业，开春用背篓向地里背土肥，然后种上玉米、土豆之类的庄稼，地边上套种四季豆、向日葵等作物。然后锄地松土。但据村中的老人们说，青年人已经不愿意下地干活了，他们经营商店、出外打工挣钱，甚至在外安家落户。其实这里也在变富裕，开办了"秦南菌业公司"，帮助村民们发展食用菌、种药材等。加之旅游业发展，村民年人均纯收入达到了 7620 元。

旬阳坝周围森林茂密，植被完好，有森林面积 26 万余亩，森林覆盖率达 97% 以上，林木主要有松、杉和木质坚实、供建筑用的落叶乔木等，还有国家一级珍贵保护树种红豆杉；盛产天麻、猪苓、党参、五味子等中药材；野生珍稀动物有羚牛、大熊猫、锦鸡、果子狸等；林特产品有食用菌、生漆、松子、蜂蜜等；生态旅游资源丰富，平河梁是旅游、避暑的最佳场所，月河村腰竹沟溶洞群和旬阳坝旅游度假村也正在筹建当中，旬阳坝人正在走向富裕。

古镇在秦岭深山中，自始至终都和山水老林根脉相连相通。有深山老林的庇护，战乱才不会祸害到人们，山林是人们繁衍生息的依靠，是其生活的源泉、生存的根本。

古镇人很爱这里的山水森林，与山林休戚与共、爱护有加。村民逢年过节都有祭拜山神的习俗，他们进山挖药、打猎、伐木，都要首先祭拜山神保佑平安。村民死后，就葬在山林里，可谓生在山林、活在山林、死在山林。山林文化与历史文化相交织，传承至今，滋养了他们的思想，也使他们根深蒂固地热爱着山林的一切。据一个在西安工作的旬阳坝人说，他对家乡还是很留恋的，虽然老人已经不在了，但他每年都要回去，因为他觉得自己的根脉就在那里。乡愁在古朴的小镇上，在这里的山水之间。

青山不墨千秋画，绿水长流万古诗。行走在古镇上，只见山绿水清、林幽草茂、云白风甜、翠竹青青、空气新鲜，是避暑、休憩、垂钓、赏山玩水、领略古镇古意、回味驿馆风情和驿卒商旅过往的好去处。大自然给予旬阳坝人很多无价之宝，游人来到这里，亲近自然，领略生态大美，回归自然，洗涤心灵，带走的是天然生态的山野果蔬、新鲜无污染的香菇木耳和对美的向往，留给古镇人的是生态资源和历史文化带来的经济收益。但是，我们也清楚地意识到，因为山深林密、交通相对闭塞，旬阳坝人依然相对贫穷，并不富裕。这种古村镇的保护、修缮与传承发展，当地原住民的经济收入和生活质量的提升，绿水青山如何变成金山银山，都是当前亟待解决的问题……

陕西蒲城山西村被誉为"明清村落的活化石"，至今仍保留着明清时期的建筑风貌。村北有唐明皇泰陵，西有唐高力士墓，东有"悬空柏树"，见证着岁月变迁；西城门"三槐并茂"，诉说着明朝人口大迁移中王氏家族的历史命运；面塑、剪纸、土织布等民俗技艺，延续着乡愁的生命力；生态休闲旅游等新产业与时俱进发展，让古老的村落文化活了起来。

六、明清村落的活化石

——陕西省蒲城县山西村

山西村所在的蒲城县是一个文物大县，境内文物荟萃。东部洛河沿岸有新石器时代先民遗址和战国时的秦、魏长城遗址；唐十八陵中的睿宗桥陵、宪宗景陵、穆宗光陵、玄宗泰陵，一字排列于县北山麓。此外，县城内还有杨虎城将军纪念馆、清考院、王鼎家祠、蒲城文庙和南北双塔等历史遗迹。

山西村历史溯源

山西村坐落于渭北高原东部、蒲城县椿林镇唐泰陵脚下，全村面积5.9 平方公里，一马平川，拥有广袤的黄土地，是陕西省的小麦主产区。全村 580 多户人，主要种植小麦、玉米、高粱、红薯、大豆、棉花等。2013 年发展核桃产业 5000 余亩，红提葡萄 600 余亩，村庄绿化覆盖率高于全县平均水平。村民家庭副业以养殖猪、羊、鸡为主。2014 年，全村人均纯收入 6130 元。

这里文物古迹众多，历史文化底蕴深厚。古村落的中心位于一个四方形夯土城堡内，里面有山西村最早的民居建筑，至少起源于明朝。城墙的修筑略晚于民宅。据当地老人讲，当年山西村在周围村庄中比较富裕，为了防止土匪及刁民的袭击，村民们在民宅外围修建了城墙以及护城河。城墙东边是后来修建的新村。城北大约200多米，是一块山塬台地，居住着从华阴市迁移来的村民，他们依靠台塬建造土窑，形成了一字形排开的窑洞村落形态。城外南端是最后形成的村落区域，东边和西南边入口处分别建有新老两所小学，西南边老校区是山西村的古庙遗址。位于城墙西边的王家祠堂，在新中国成立初期曾是王氏一族祭拜祖先、举行各种仪式的公共活动场所。

"三槐并茂"，明代人口大迁移的历史见证。山西村的姓氏主要由两部分组成：一部分为山西村成立之初的本家"王"姓，占80%以上；另一部分是在20世纪60年代左右，由华阴市移入的大量村民所形成的零星散姓。

据王家祠堂里保存的碑文石刻记载，山西村的村民是明代从山西太原附近迁移来的，以王姓居多。王氏家族有兄弟三人，老大留在山西，老二移居此地，老三定居陕西白水县。在山西村西城门门楣上方嵌有一块大清咸丰元年重修的碑石，上书"三槐并茂"四字，"槐"指王氏移民的始发地山西大槐树，寓意两省三地的王氏兄弟及其家族人丁兴旺，共同繁荣。可见，山西村最早是在明代的移民时期形成并逐渐壮大、发展起来的。

1960年左右，因黄河下游修建三门峡水库，陕西渭南、华县、华阴等渭河流域变为库区，不少村落向外迁移。山西村里王姓以外的村民差不多都是那一次移民来的，他们与王氏居民融合在一起，和睦相处。居住在西门外的李铸一家就是来自华阴的移民，如今已是四世同堂了。

陕西黄土埋皇上，风水宝地聚村落

山西村是椿林镇最著名的古村落，北邻唐玄宗李隆基泰陵所在的金粟山，东南紧依卧虎山，是中国风水学中所谓的"穴"之宝地。

据史料记载，泰陵是开创大唐天宝盛世的皇帝李隆基生前为自己选定的风水宝地。此地脉在民间有"龙头凤尾"之说，意为从金粟山以东的龙山到关中西府的凤翔一带为"龙脉"，有帝王之气。在黄土深厚的关中平原西北方向的外围，台原浅山逶迤环绕，灵动飞举，如龙腾凤翔。因此，建都长安的帝王陵地多选择远离长安的西北偏远地区，仅蒲城县境内就有包括泰陵在内的四座唐代帝王陵墓。

中国古代风水学中对于村落的选址很讲究"地理五诀"，即龙、穴、砂、水、向五大因子。所谓"龙"，是指蜿蜒而至的山峦，通常为气脉流贯的山体，终止之处形成风水地的靠山，或称镇山；所谓"穴"，是指风水地中"生气"出露之处，"取得气出，收得气来"，是阴阳之气结合得最好的场所。有人甚至指出"山之结穴……犹如妇人有胎、有息、能孕、能育"，即把风水穴隐喻为能聚气孕育、生化万物的地方，以象征一种生生不息、蓬勃向上的精神和力量。因此古代民居、村落和城市选址，均强调"生气"之穴的选择。风水中的第五个要素是"向"，即方向、朝向。由于中国地处北半球，所以，理想的风水地朝向是坐北朝南，或称"负阴抱阳"。

山西村的选址就兼顾了风水学中的这三点：北部有镇山金粟山，南部有案山卧虎山，村落坐北朝南兼顾了"向"的说法，因而形成了能孕育万物的"穴"之所。从生态学的观点来讲，这样的村落位置也是适合万物生长的良好的生存空间。

修筑城堡保平安

城郭的修筑早在原始社会就已经有了，缘起于部落和氏族之间的战争，每个部落都修筑自己的沟壕和城墙，以防护自身的安全。对于平原村落来说，四面通衢，进出方便，在战乱年代，安全时刻受到威胁。山西村的城堡就是保护村落内部安全和稳定的。

城墙就地取用黄土夯筑而成，底部宽约4米，顶部宽约2.5米，东西长217米，南北长144米，高6米，基本为长方形，方位正南正北。据村中老人介绍，城墙的修筑，由村中一位有名望的大户人家主持，历时3年而成。城墙上面有1米多高的护墙，即城垛，以便守城兵勇隐蔽；城墙四角建有角楼，供打更巡逻之用，现在都已坍塌，仅东北角和西北角还残留着一点城楼的痕迹。城墙历经几百年风雨侵蚀，毁坏了很多，南面的城墙破坏较为严重，有部分地段已经完全坍塌，其他三面保存较为完好，是渭北地区现存为数不多、保护较为完整的村堡城垣。

山西村城堡只有东西两个大门，西门是正门，修建得宽大精致，逢喜事和庆典时走；东门是后门，形式较西城门矮小一些，逢丧事等不吉利的事时走。随着时代的变迁和村落的不断壮大，人们观念也发生了改变，过去的一些讲究慢慢淡化，现今两个城门都成为城堡进出的主要通道。

古迹文物众多，文化底蕴厚重

山西村周围保留有很多古文化遗存，如烽火台遗址、昂首挺立在庄稼地里的石人石马、汉瓦唐砖等，与山西村相邻的唐玄宗李隆基的泰陵和高力士墓是村内重点的文物保护对象，目前仍保存完好，向世人诠释着这一方水土厚重的历史和弥漫在黄土地上的人文故事。

唐泰陵是安葬唐玄宗李隆基的陵墓，位于与山西村相邻的金粟山上，海拔852米。李隆基（685—762），唐睿宗李旦第二子，母窦皇后，封临淄郡王，后因平"韦后之乱"拥睿宗复位有功，被封为太子。延和元年（712）八月，他迫使其父禅位，登上了皇帝的宝座，时年28岁，在位45年（712—756）病死，葬泰陵。年号先天、开元、天宝。泰陵在桥陵东北23公里，是渭北唐陵中最东端的一个。泰陵以山为陵，陵园包括整座丰山，东西1680米，南北1700米。陵园南神门北20米为献殿遗址，东西120米，南北80米。《长安志》卷十六载：泰陵下宫去陵五里。泰陵南2250米，保南公社石道大队敬母山村南即下宫遗址，东西250米，南北200米，地面遍布唐代残砖碎瓦，有清代毕沅所书"唐玄宗泰陵"石碑。据《大唐新语》载："玄宗常谒桥陵，至金粟山，睹岗峦有龙盘凤翔之势，谓左右曰：'吾千秋后，宜葬此地。'宝应初年，追述其志而置山陵焉。"泰陵陵园建筑大体与乾陵相同，只是规模不如乾陵宏大。

高力士墓在山西村城堡西侧100米处，占地2亩，其外形为一个直径10米左右的土坟冢。坟冢的南面有1999年抢修高力士墓时所建的砖棚，长约20米，宽6米，是通往墓道的入口。为了妥善保护，蒲城县文物局筹备修建高力士博物馆，建成后将占地18亩。

高力士墓是唐玄宗泰陵唯一的陪葬墓。高力士本姓冯，名元一，幼时入宫被赐姓高，改名力士。在平定韦皇后和太平公主之乱中立下了汗马功劳，还多次犯颜进谏，避免了多次宫廷纠纷，显示了一定的智谋韬略，深得玄宗宠信而显赫一时，官拜大将军并内侍监（一品），开启了唐朝以来宦官不过三品的先例。公元762年，贬谪在外的高力士得知玄宗驾崩，悲痛绝食 7 日而亡，终年 73 岁。遵先皇遗诏陪葬泰陵。

山西村曾经有一个道观和一个王家祠堂。听当地的老人讲，道观位于现在的老城区，解放前已经破坏。王家祠堂也修建于解放前，供奉着祖先的牌位，逢节日或初一、十五，人们都来这里烧香磕头，祭拜祖先，是当时村民们最重要的活动。祠堂规定：凡王家本姓人，年年轮流掌管祠堂事务，逢初一、十五祭拜祖先，烧香磕头；每年到正月初一需在祠堂内做一大锅饭，分给村里的每家人享用，以增进同姓间的交流和互助。

整修后的王家祠堂为三进院落，气势宏伟。黑漆漆成的庄严的大门上方有题刻"永思堂"，意即永远怀念先祖；两侧有石刻的门联，上联"五陵圣土蕴豪气"，下联"三槐祖德润后昆"。

空中悬柏白阳洞。古城堡向东 1 公里左右，即山西村 1 组，村南有一座条石砌的窑洞，顶端有石刻，勒名为嘉庆年间修建，相传是一座娘娘庙。砌庙的条石是由一个名叫吴镰的人，在嘉庆元年至嘉庆三年的 3 年时间内，不分寒暑，从 20 余公里之外的石厂一块块背来的。嘉庆四年建成此庙，供起了娘娘和同庙神尊，起名为"白阳洞"，刻有门联，上联为"三教一心忠怨慈悲感应"，下联为"万世同仁修仙化孺做佛"。此庙奇特之处在于，其洞顶的石缝之中生长着一株直径约 30 厘米的翠柏，几百年来，这株翠柏保持原树大小，基本不再生长，但却郁郁葱葱，当地人称其为"空中悬柏"，甚为奇特。

明清村落的活化石

在乡村文化景观中，最基本的要素是传统民居。这些民居建造于自然环境和文化背景之中，不同民族、不同地域的传统民居千姿百态，是人们识别不同乡村文化景观最重要的符号。传统民居的实用性与地域美，体现了当地民众千百年来的文化创造，是中华文化滋养的结果。由于山西村人珍惜保护和城堡庇护的原因，这里的城堡和明清时代修筑的房屋建筑保存较为完好，被考古专家称为"明清村落的活化石"。

在五六千年前，关中、渭北的先民们居住在半地穴式的房屋中，分圆形和方形两种，利用凹坑周壁作墙，下立支柱，棚架用木椽紧密排列起来作屋顶，上盖一层草泥，一般高 3 米左右，外形象一个圆（方）形锥体。

生土四合院 供图/陕西省森林文化协会

西安半坡博物馆里的半坡先民的遗存就是例子。进入封建社会以后，居住建筑逐步改进。

　　明清时期，住房工艺日趋精湛，体系日臻完善。多数人家习惯住三间一院的拱脊房或对檐厦房。少数富户人家，房屋建筑十分讲究，一户数院，一院数幢，建房用料以松柏为主，门窗装修有的采用紫檀、花梨和楠木等高级名贵木料。房屋墙壁，均用青砖和水磨砖。一般为门房、前厢房（对檐三间厦房）、厅房（前男厅、后女厅）、后厢房、上房（伙房）等，俗称"三进住宅"。大房屋脊饰有各种飞禽走兽，显示其华丽富有。山西村的房屋建筑就是这种格局。因其地处平原，平坦宽展，房屋多为三合院、四合院。主房，又称上房，坐北向南，东西有厢房，正房前面有照壁，院墙连缀。照壁前院墙上有大门门楼，高大气派，砖木结构。后墙一砖到顶，也有夯土墙，四周用青砖包裹。屋瓦是当地黄土烧制的青灰色土瓦。飞檐斗拱上有砖雕的脊兽，檐下有浮雕，花鸟虫鱼、人物等不一而足。双开门扇，黑或红漆漆成，门扇上下有两排整齐的铜钉，与黑漆颜色构成庄重的色调；门扇上有一对虎头或狮头门环；门头上、檐下，用青砖、水磨砖雕琢的图案流畅华丽。院落之中，房屋门窗，木雕的门扉窗棂，不论人物故事，还是花草兽虫，皆栩栩如生，精美异常，展现出明清时期绘画和雕刻的韵味。用调好的生漆漆就，防虫耐磨，数百年依然如故。

中华文明的文化根脉就隐藏在房屋、庙宇建筑、装饰、祭祀、吃喝行住等具体的生活形态之中，给后来者以思考、启迪。

山西村的人很注重生态环境的美化。村落古树得到很好的呵护，道路两旁、村庄周围，因地制宜地种植乡土树木花草。夏秋季节，绿树成荫，花草飘香，整个村庄生活在绿色的怀抱之中。随着时代的发展，山西村也在发生着变化，宽阔的村道全部硬化，学校、商店、医疗诊所、农家乐、锻炼器材、小型加油站等服务设施齐全，村民的生活环境更加舒适、方便、生态。走在村道上，两侧古树成荫，树荫下错落摆放着石墩、石凳，人们可以在这里吃饭、聊天，形成了一种地方特色浓郁、温馨亲切的生活氛围。

历史的根脉深植于文化传承之中

中华民族是一个优秀的民族，在农耕时代，他们不断创新农耕模式，改革工具，而且在生活中创造出了与生活同源的文化艺术，世代因袭，不断完善创新。厚重的黄土文化和历史文化在山西村叠加，勤劳、聪明的山西村人紧跟时代的步伐，用自己的智慧，传承着中华民族灿烂的文明和文化，并创造着新的文化亮点。

面塑工艺。山西村面塑以"花花馍"闻名，有婚礼、丧礼、寿礼、节日花馍等，以普通面粉为芯、特等面粉为皮，借用针、梳、刀、剪修缀而成。相传是古代图腾金石礼器演化的产物，也是劳动人民智慧的结晶。

剪纸工艺是山西村民间传统装饰艺术之一。通过临剪、重剪、画剪，描绘自己熟悉而热爱的自然景物，主要用途包括节日礼品的装饰、祭祀装饰、刺绣雕刻图样、产品商标等。随着社会的发展，山西村剪纸在传统的基础上，以其构图严谨、装饰性强、剔透雅致的特点，反映了时代生活题材的特色，开创了传统艺术的创新之路。

土织布制作是一项传统的纯手工技艺。织机原始古老，组合巧妙，工艺过程复杂精湛，产品清秀自然，选用全优棉花为原料，采用不上浆工艺纯手工制作，再经过78道复杂工序精制而成，具有色泽美观、柔软舒适、健康生态等特点，明清时曾被作为贡品进贡皇室。

唢呐吹奏艺术。唢呐，俗称"喇叭"，发音高亢、嘹亮，山西村群众在庆祝传统节日时，都以唢呐演奏为吹歌会、秧歌会、鼓乐班和地方曲艺、戏曲作伴奏，丰富了演奏技巧，提高了表现力，成为一件具有地方特色的独奏乐器。

芯子表演是社火系列表演中的一项，主要是村民自娱自乐的一种方式。村民们用它来庆贺一年的好收成，寄托对未来美好生活的向往。所谓芯子，即在一个专用的桌子上，固定一根拇指粗的钢筋，约两三米高，上端做出各种故事人物造型，四五岁的小孩装扮成戏剧人物站立于顶端，少则一人，多则数人，或并立、或横卧、或倒立，高悬虚空，场面惊险刺激，引人入胜。

古文化遗产是先民创造并代代相传下来的，它们是中华的神文化、历史文化和民间文化的结合。有神话传说、历史故事、生活习俗等，山西村人经过一代又一代的传承和发展，寓教于乐，推陈出新，与时俱进，并加入现代元素，使之更加丰满和富于教育意义。

与时俱进发展新产业

勤劳智慧的山西村人，敢于创新，踩着时代的鼓点，改变千百年来墨守成规的农耕生活；他们循着日新月异的经济发展形势，更新观念，发展旅游业，不断打造自己经济亮点，让古老的村落文化活起来。

蒲城三槐农耕展览馆，投资30万元，于2014年11月建成，以民俗农耕文化为主题。展厅面积200平方米，现有展品300余件，较为详细地展现了山西村农耕器具、粮食生产加工储存、炊事饮食、传统运输、纺织刺绣、乡村工匠、农副生产、生活器具等农耕民俗文化。

唐御园牡丹示范园区坚持"园林化、生态化、景观化、人文化"理念，依托唐泰陵、高力士墓等优质文化旅游资源优势，发展高效生态农业、农

面塑工艺、剪纸工艺、土织布记忆、芯子表演和吹奏唢呐艺术等

供图／蒲城文化传媒中心

产品深加工、观光旅游等产业，致力于建设陕西省最大油用牡丹生产基地。2014 年 11 月，投资 30 余万元，建成催花牡丹温室一栋，栽植盆景观赏牡丹 1000 盆，在 2015 年春节前上市，并按 300 元每盆的价格销售一空，经济效益和社会效益可观。

唐御园牡丹示范园区始终坚持"服务三农、促农增收"的宗旨，注重把产业发展与当地农业产业结构调整和农民增收致富紧密结合，采用"公司＋合作社＋农户"运营模式，由公司投资，合作社担保，农户经营，产品由公司统一回收，集中解决 500 余名农村剩余劳动力就业问题，逐步改善周边群众生产生活落后的现状。

金粟山庄农家乐园位于山西村 5 组，占地 28.6 亩，总投资 110 万元，建筑面积 651 平方米，一次性可容纳 200 人同时就餐。按照"自愿入股、

山西村全貌　供图/陕西省森林文化协会

"年底分红"的经营管理模式，采取"以干代训"的形式让股民掌握新技术，由农户单独经营向协会牵头连锁经营发展。农家乐以自然、生态、健康为内容，突出田园特色，集民间文化、休闲娱乐和特色餐饮于一体，使山西村的发展实现了"三大转变"：由乡村向景区转变，即由单一的饮食向"吃、住、游、购"为一体的综合性旅游业转变；由农户向个体转变，即由一家一户的单独经营向协会牵头连锁经营发展；由生产向服务转变，即由单一的第一产业向第三产业转变。

古城人家乐园占地15亩，有供游人观赏的假山、喷泉、紫藤架绿色长廊等，还有原始土窑洞客房9间，可容纳游客200余人同时就餐，建有钓鱼池一座，是一个以农家餐饮为主体的最佳休闲娱乐场所。

休闲采摘园以生态农业、乡村休闲游为主。在这里，自然与人文相交织，历史与现实相辉映，"奇果美蔬养生福地，丽景秀园休闲佳处"，是山西村人理想的"菜篮子"和"后花园"，是一个集生态种植养殖、果蔬采摘、休闲观光、绿色产品生产销售于一体的综合生态农业科技示范园。包含生态果蔬种植园、草莓采摘园、生态养殖园、垂钓中心、水上乐园五个休闲区。

2010年以来，在村"两委"的带动下，通过不断调整产业结构，使畜牧、养殖、优质红提、核桃成为该村经济发展的主导产业。2010年12月开工建设了占地100余亩养殖小区，150余户村民规模型发展畜牧养殖。

厚重的黄土地上，山西村是古村落文化保护的典范，也是利用古村落文化推动区域经济发展的典范。随着旅游业的开发，这里游客络绎不绝，人们陶醉于古村落文化意蕴的同时，也受到了华夏文化的陶冶。

黄柏塬村地处秦岭南麓腹地，是全球同纬度最具原生态地区之一，大部分面积被划为三大自然保护区，拥有大熊猫等 7 种国家一级保护动物；黄柏塬美在水韵、石奇、林茂、桥悠；从这里经过的傥骆古道，开凿于秦汉，兴于盛唐时期；这里还是红军曾经走过的长征路，留下了许多可歌可泣的故事，深深地吸引着省内外游客。

七、黄柏塬，傥骆古道上的璀璨明珠

青山绿水旖旎风

秦岭是陕西最具原生态的地区，而黄柏塬村地处秦岭南麓腹地，太白县东南方，距太白县城 71 公里，总面积 396 平方公里，林木覆盖率 96%。这里崇山环拱、层峦叠嶂，苍松翠柏四季常青，碧流穿峡、山清水秀，云绕山而缥缈，山纳云而神奇。全村 123 户、454 人，有百年以上的民居 3 间。

黄柏塬村境内大部分面积被划为太白山国家级自然保护区，陕西省大熊猫自然保护区，陕西省湑水河水生野生动物保护区。区内有种子植物 1550 余种，陆生动物 170 余种，两栖类动物 7 种。其中有大熊猫、金丝猴、豹、羚羊、金雕、白肩雕、林麝等国家一级保护动物 7 种，国家二级保护动物 29 种，省级保护动物 7 种，世界闻名的英雄大熊猫"白雪"就诞生在这里。

黄柏塬村有神秘的原始森林，古树参天、藤蔓交缠、雾气缭绕，恍如仙境；神奇的"中国花鱼溪"峡谷，三叠瀑下，游人可以感受到像雾像雨又像风的飘渺佳境；七彩石旁，细细欣赏五彩斑斓、扑朔迷离的巨型彩

叠瀑飞虹　摄影／胡纬

石，体验作家赵熙笔下的"郎坝"古街，参观千年银杏树。

黄柏塬之美在水韵：这里是汉江最大支流之一的湑水河上游，水量丰沛，涧溪蛇行，瀑潭相映，山借水而峻拔，水依山而妩媚；黄柏塬之美在石奇：这里的石峻伟峭拔、千姿百态，如狮踞马奔，水漫石而虹影飘动，石出水而明艳生辉；黄柏塬之美在林茂：这里的树木层层叠叠，郁郁葱葱，遮天蔽日，绿涛滚滚，其景色因四季不同而变幻无穷，行其中，有"青山不墨千秋画，流水不腐万古诗"的感慨，有"山行本无雨，空翠湿人衣"的惬意；黄柏塬之美在桥悠：这里的木板桥悠悬河上，连通两岸，四围青山氤氲、云白风清，观桥下白水湍急、涌雪溅珠，悠然生田园之情，昂首眺望太白山积雪皑皑，步随景换小江南棕榈稻田，俨然香格里拉独特风光。

傥骆古道话古今

黄柏塬村生态文化历史悠久。开凿于商末周初秦汉时期，兴于盛唐的傥骆古道从这里经过，是秦岭七条蜀道中开凿最早的，也是古代中国南北交汇的要道。黄柏塬坐落在傥骆古道的中部，紧邻都督门。这里的山水，见证过周秦汉唐以来中国历史的演绎更替，聆听过铎铃摇曳的风晨雨夕，见证过戍旅将士的叹惋，目睹过江山更替的血腥厮杀。三国时蜀将姜维从这里领兵北上伐魏，一去不返，"长使英雄泪满襟"；唐代大诗人李白，经傥骆道去长安，写下了"西当太白有鸟道，可以横绝峨眉巅"的著名诗篇；杨贵妃回川省亲，传说马嵬坡之变后暗渡东瀛，先后两次经过这里；唐朝的两任皇帝德宗和僖宗因避兵乱，仓皇逃出长安，带着老臣宫女，冒着大雪严寒，攀缘着这里的山石逃往蜀中避难。这里还有与汉光武帝刘秀有关的殷娘娘传说及其庙宇，流传着民国时期陕南土匪盘踞祸害的故事；这里还是红军走过的长征路，川北红四方面军师长李先念部、红四方面军徐向前、陈昌浩部曾经浴血奋战过的地方，留下了许多可歌可泣的故事；这里还是爱好大自然者"返璞归真，回归自然"和红色旅游的首选地之一。

黄柏塬，一个充满神秘色彩而又风情万种的地方，每一处山道上都叠加着无数往古的印迹，堆积着厚重的历史……

黄柏塬野生动物　摄影／黄柏塬国家级自然保护区

发展特色产业，帮助村民致富

黄柏塬地区是全球同纬度最具原生态的地区之一，至今保存了众多原生态的自然风貌。大山深处的原生态文化、遍布的原始森林和神奇秀美的自然景观，是旅游观光的绝佳去处。加上长冬凉夏的气候，深深地吸引着省内外游客前来探秘观光、休闲避暑。

近年来，全村大力发展生态休闲产业，目前已经形成了以黄柏塬村为核心的接待区、大箭沟风景区、原始森林景区、郎坝景区、湑水河水上游乐区五大板块格局，发展农家客栈 53 户，近三年累计接待游客达 20 万人次，人均纯收入超过 12000 元。以踏青赏花节、避暑休闲节、金秋红叶节、高山露营节等节会为载体，逐步完善吃住行、游购娱为一体的发展与保护制度；以陕西特色旅游名镇、国家级水利风景区为抓手，成立了景区管委会，组建了专业团队，对整个区域进行管理建设。

为了发展经济，推动山区群众脱贫致富奔小康，黄柏塬村按照"以增收为核心，以特色为方向，狠抓中药材，强化林果畜，推进园区化"的发展思路，建立多渠道、多形式的投入机制，倡导合作社、联户入股等形式，大力发展特色养殖、特色种植产业。目前，土蜂养殖突破 2.8 万箱。聘请专家成功实现了细鳞鲑人工繁育，繁育细鳞鲑 15 万尾。着力发展壮大生态养殖、林下养殖、设施养殖，积极做好品种改良和疫病防治，提升黄柏塬土猪、土鸡知名度，发展 1000 只以上土鸡养殖大户 2 户，100 头以上土猪养殖大户 2 户；建成集生态观光和采摘为一体的标准化板栗示范观光园 2 个，累计达 3000 亩，新增核桃 50 亩；发展 1000 窝以上猪苓种植大户 20 户，猪苓种植突破 5 万窝。同时，立足实际，新增山茱萸、秦艽、天麻等中药材 170 亩。

黄柏塬村倡导人与自然和谐相处，狠抓清洁环保，加强道路绿化，提升景区综合环境；结合生态休闲产业发展，积极推进扶贫开发；稳步推进城镇建设，不断优化人居环境，完善服务功能，进一步加快贫困群众脱贫致富步伐。

至今，黄柏塬已接待游客近 50 万人次，带动当地居民收入人均超过 1 万元，先后被评为"最向往的美丽中国特色镇""全国环境优美乡镇""陕西最具魅力原生态景区""陕西特色旅游名镇"。2013 年，引进中国万景集团，先后邀请中国旅游设计院、巅峰达沃斯、绿维创景集团对黄柏塬进行策划，全力打造接纳八方游客前来观光游玩、休闲体验、分时度假、养生养老基地，并形成全国连锁。

　　未来，黄柏塬将融入宝鸡、西安、汉中最佳旅游环线，成为大秦岭环线旅游圈中一颗璀璨的明珠。

龙松祈福　摄影／陈涛

南北长滩村是黄河从甘肃进入宁夏的首个村子，因坐落于黄河冲刷淤积形成的狭长河滩而得名，被誉为"宁夏黄河第一村"。这里黄河穿越峡谷，群山怀抱、古树参天，自新石器时代就有古人类在此居住。村民多复姓拓跋，自称是西夏党项族的后裔。作为曾经的黄河水路运输码头驿站和西北边陲军事要地，古老的村落见证了游牧文明与黄河农耕文明的交融碰撞。

八、南北长滩村，宁夏黄河第一村
——宁夏中卫市沙坡头区迎水桥镇南北长滩村

在由甘肃进入宁夏的黄河大峡谷里，坐落着两处神秘的古村落，南长滩和北长滩。这里园林密布、古树林立，犹如北方的"塞上小江南"；历史古老、文化厚重，有"宁夏黄河第一村"之誉。群山环抱，玉带蜿蜒，古老的村落像一块翡翠镶嵌在大山与黄河之间，哺育着一代代勤劳质朴的村民，创造并传承着这一方水土的古老文明。

历史悠久，文化厚重

自新石器时代，就有古人类在南北长滩村居住，过着狩猎畜牧为主、辅以少量农业的生活，使这里成为北方细石器文化与甘肃农业文明交汇融合的地区。西周至春秋战国时期，西戎少数民族在这里放牧狩猎，共同创造了富有区域特色的北方青铜文明。汉代开始，中原地区农业文明西移北扩，促使南北长滩先民们从狩猎畜牧逐步转向了以农业垦耕为主的定居生活。

占南长滩村人口 90% 以上的拓跋氏家族祖辈口口相传：他们是西夏灭亡后，隐姓埋名躲居于此的党项拓跋氏后裔，并一直在这里繁衍生息。

历经几个朝代农业文明的洗礼，明代开始，这里又成了西北边关军事防御的重要地区，劈山为墙，夯土为堡，筑烽台，挖壕沟，绵延起伏的万里长城，成了南北长滩发展的历史见证，守关的将士们与长滩村民一起戍边垦耕。村落先民们在黄河河道边用石块砌筑了分水堤，建造了大型水车，提水灌溉农田园林。

在包兰铁路通车之前，黄河上游的交通运输，主要靠羊皮筏、木筏和木船满载货物顺河漂流而下，经过黑山峡水道激流砥石的威胁，在长滩休整，待准备充分、查看水情出发后，又将迎接高崖、黄石矶大漩涡的挑战。于是这里便成为黄河上游水路贸易流通交往的一个主要驿站。

民国时期，中卫香山地区民团团总冯建忠受冯玉祥部李鸿昌将军指示，带领一批人马埋伏于北长滩，拦截由甘肃兰州进驻宁夏的马鸿宾部。由于黄河水流湍急，只拦截了三分之一的军资，就装备了300人左右的民团武装。

南北长滩村的历史文化遗存十分丰富，先后发现了新石器时代古文化遗址、畜牧狩猎及舞蹈岩画，秦汉居住遗址，明代长城、烽火台、关堡和

水车分水堤遗址，明清时期居住遗址，清代民居、石雕石刻、家具瓷器和古墓群、民国时期炮台，以及村民在早年农耕放牧过程中采集到的石器、陶片、青铜兵器、各时代古钱币等。至今村子里还保留着一部绘制于清代同治年间的南长滩拓跋氏家谱，采用卷轴式绢底绘制，正面画有人物、楼阁及竖写拓跋氏祖辈五代姓名，中间一人物头戴清代红缨帽，身穿清代官服，由于时间久远，家谱已多处出现剥落断裂。

非遗丰富，乡俗淳朴

南北长滩人根据黄河岸边的气候特点，经过千年的世代繁衍，牧猎农

南长滩村全景　摄影/石宇清

当地常用的羊皮筏子　摄影／石宇清

传承人高勇老人的水车
打造技艺　摄影／褚晓玲

最晚修建于明代的下滩村水车分水堤遗址　*摄影 / 石宇清*

耕，形成了具有地方特色的农耕文化和民风民俗，至今仍保持着日出而作、日落而息原始古朴的生活。

　　因与外界隔阻，古村落较好地保留了许多非物质文化遗产，如传统手工技艺类的非遗保存项目：羊皮筏子制作技艺、水车打造技艺、传统民居建造技艺、民间烤馍馍、擀毡、箍窑、二毛皮制作、手工蒿子面、腌肉技艺、捕鱼技艺等；民间文学类的有：拓跋氏西夏后裔的传说、小观音石、七姊妹石、老两口石、三兄弟石、黄石旋听戏、将军柱、鹞子翻身、洋人招手的传说以及民间山歌等，其中的许多民间传说，与早期黄河水路贸易有着千丝万缕的联系，吸引着人们去探索黄河丝路上驿站的故事；民间艺术类的有：民间彩绘、民间刺绣、剪纸、木匠技艺等；民俗类的有：传统庙会、祭河神、放河灯、祭祖、抬神楼、金银桥、绕灯台、吃舍饭、舞龙等。其中的羊皮筏子制作技艺、祭河神、庙会、蒿子面、舞龙等项目，被列入自治区级非物质文化遗产代表名录。众多的非物质文化遗产，至今还在村中传承，反映了黄河村民的精神文化风貌和当地古朴淳厚的乡俗民风。

传统民居，风貌古朴

南北长滩古村落依山而建，因地势不同，高低错落分布于台地之上，院落布局和房屋结构，仍保留了明清时期当地传统建筑风格，是目前宁夏境内保存最为完整、具有地方特色的两处传统建筑群。

村落中保留较完整的清代民居、商铺有 30 余间。其余房屋均为民国时期和新中国成立后 50 年代至 80 年代所建的"四梁八柱"式传统土木结构房屋。房屋地基用黄土铺垫平整，随后构架柱、梁、行条、椽子等木结构，后用土坯砌筑，草泥抹平。村落里的巷道，窄长交错，高低相连，每家相通。民居院落多呈四合院式布局。院门向南开，北面正中为三间堂屋，是主要居室；堂屋左右各建耳房一至两间，作厨房和储藏粮食杂物之用；耳房南侧，还有对称的两至三间厢房。

南北长滩村的传统民居建筑群，绝大部分保留完整，是北方传统民居的典型代表，规模占整个民居建筑的 90% 以上，在宁夏境内十分罕见。建筑群整体依山逐层分布，严格依照我国古代风水学理论所建，背靠大山，面对茂密的园林和滔滔黄河，巷道相通，密林相伴，鸡犬相闻，从各个角度都可以显示出山村民居古朴原始的风貌。

古树园林，熠熠生辉

黄河岸边谷地平川多为小麦、玉米、蔬菜种植农田和古树园林景观，依建筑群逐步向黄河岸边过渡，层次分明，生态适宜，与滔滔黄河、古朴民居相映成趣，犹如贫瘠大山之中的"世外桃源"。

南北长滩村的果林顺山势谷地而植，整体围绕村落台地环绕布局。在古老的果园里，有古植的梨树、枣树、核桃树、桃树、杏树、榆树、苹果树、花椒树、酸枣树、杨树、柳树、椿树等，现存 500 年以上的古梨树 5 棵，百年以上的古梨树、古枣树 800 余棵。相传在清代同治年间，黄河突发百年不遇的大洪水，将农田和绝大部分树木全部淹没，在泛洪的日子里，古梨树的树冠挺立在河水里，村里的人便划着羊皮筏子到树边采摘香水梨以解饥饿，后这些古树也就成为当地村民的救命神树。南北长滩村众多的百年古梨树、枣树，不仅为祖祖辈辈长滩人的生存提供了条件，而且还成为当地独特的品牌产品，每年大量销往周边省市。

每年4月中旬是南北长滩村最美的时节，园林里成片的白色梨花竞相开放，清香扑鼻，一年一度的梨花节吸引着众多游客参观游玩、文人墨客采风写生，"长滩梨雪"也因此而成为宁夏乃至周边地区的著名景观，被评为中卫市十大景观之一。得天独厚的生态旅游资源和厚重的历史文化积淀，使村民们看到了希望，纷纷搞起农家乐、开发旅游产品，古老的村落焕发出了新的生机。

宁夏固原六盘山千年古镇，位于宁甘陕三省交界地带。秦汉萧关镇扼北部边关，秦皇汉武曾在这里频布战云、拓土开疆，丝路古道经过这里连通欧亚传承文明，毛泽东曾在这里激扬文字、指点江山……今日六盘山镇保护利用和挖掘山水、人文、古建等特色资源，发展生态旅游和绿色产业，使千年古镇焕发生机。

九、六盘古镇，汉唐丝绸之路的必经之地

六盘山镇地处宁夏泾源县古代战略要地萧关之上，镇东侧是秦汉时期著名的六盘关、瓦亭关、萧关"三关"之咽喉要地"三关口"，因此，六盘山镇在历史上属于草原游牧部落和关中农耕文明不断攻略进退的交锋地带。汉唐时，丝绸之路东段北道上，从长安至兰州，无论是绕山远行，还是翻山越岭走捷径，这里都是必经之路。

六盘萧关丝路古道

萧关在古丝绸之路上是连接长安到凉州古道北路的唯一通道，极为险要，古称"萧关道"。此段道路在商周时期已初步开通，随着丝绸之路的进一步开拓，经济往来不断繁荣，至唐代，"萧关道"已逐渐成为连接东西方，特别是推动关中地区和北方、河西走廊政治、经济、军事和文化交流的重要通道，在商贸流通、文化交流、政治互鉴和民族融合等各个领域发挥着极其重要的作用。

据历史记载，公元前337年，秦惠文王在六盘山东麓设置乌氏县，为增强军事防御能力，在乌氏县南30里设乌亭（即今瓦亭）关，使得六盘山区归于中原版图。

丝路古道上的"财神楼" 摄影/于清海 兰全江

　　公元前 220 年，秦始皇曾巡视北方马政，途经六盘山，至北地郡，举行盛大的祭天仪式。至汉代，萧关的战略地位更加显现，汉武帝 6 次钦领六军驻跸六盘山，加强了萧关的军事设施建设，使得瓦亭关被称作"铁瓦亭"。至唐代，著名关隘"驿藏关"也设在瓦亭关，唐太宗曾过陇山至西瓦亭查看马政。瓦亭关其城分内外两重，外城依山势地形呈不规则半圆形，内城位于外城南部，城墙保存较为完整，平面呈琵琶型，东窄西宽，周长 1500 米，东、西、南三面各有门址一处。

　　境内著名的关隘三关口，古名弹筝峡，又名金佛峡，北魏郦道元在《水经注》中说："泾水经都卢山，山路之内，常有如弹筝之声，行者闻之，歌舞而去。"明清以后，又在峡谷崖壁雕凿佛像，因名金佛峡，逐渐形成民国时期固原八景"弹筝峡之岩流"。

　　民间传说宋代著名的杨家将中杨六郎曾在此镇守边关，为纪念其保家卫国的英雄事迹，后人在此修建"六郎庙"一座，庙内正殿供奉关帝神像，上手偏殿供奉杨六郎神像，相对殿内供奉杨七郎神像。

　　历史上，六盘山镇所辖的蒿店镇曾是古丝绸之路上的旱码头，商贾云集，至今在后街还留有"财神楼"一座，迄今为止饱经沧桑屹立在街头，向后人诉说着曾经的辉煌。

　　1935 年，红军翻越长征过程中的最后一座大山六盘山，时值秋高气爽，毛泽东在山顶留下著名辞章《清平乐·六盘山》。随后从东坡下山，在山下的和尚铺村休整部队，当年部队拴马的古杨树如今依然挺拔屹立。

沧海桑田，历史巨变，虽经千年世事更迭，六盘萧关丝路古道在西北地区的交通路网中依然地位紧要。

迷人醉心的"花儿"，异彩纷呈的民间文化

六盘山镇地处中原农耕文化与游牧部落文化交汇地区，因此，在长期的历史发展过程中，各类民族民间文化相互融合、辉映发展，至今在镇内民间流传的各类民间民俗文化中，依然保留有各民族不同文化的特征。

"花儿"是流传于青海、甘肃和宁夏等地的民歌。而六盘山镇地处丝路重镇在长安和西域地区的经济贸易活动中，是驼队和骡马队的必经之地。从长安西去的骡子客在此留下了秦人的文化形式，而从西部地区来的骆驼客又留下了悠扬的回族花儿，地域的差别和文化的融合使六盘山地区"花儿"的旋律有了自己的特色，形六盘山民间剪纸成了风格别具的"山花儿"。相传当年在六盘山下开客栈的回族妇女"五朵梅"就是方圆百里最有名的花儿歌手。

1938年4月，被誉为"中国民歌之父"的王洛宾，为了宣传抗日救国，准备到新疆开展工作。在前往兰州的途中，路遇雨雪天气，他们就歇息在六盘山下的和尚铺村"五朵梅"的客栈里。在客栈里王洛宾听着五朵梅唱的一首短小的六盘山花儿《眼泪花花把心淹了》，深受震撼，随即为其记录了歌谱，这也是我国第一首被记录的花儿音乐歌谱。这一奇遇，也因此改变了王洛宾赴法求学的初衷，从此潜心中国西部民歌，最终成就一代民歌之父，而"五朵梅"也成为西部花儿的传奇人物。

1986年，王洛宾在《万朵"花儿"永世飘香》一文中回忆："这段因缘，使得我逐渐放弃了对西洋音乐的向往，投入了民歌的海洋"；"从此，我在民歌中吸取了生命的营养，那首浓郁芬芳的'花儿'，的确是我一生事业的转折点"。如今，和尚铺村的大多数群众都会哼唱许多山花儿，和尚铺村也被宁夏回族自治区命名为中国回族山花儿生态传承地。

在镇里依然保存完整的除了优美动听的回族山花儿，还有高亢嘹亮的大秦腔，这里的每个村庄都有自己的秦腔文艺团队，每到重大节庆，特别

是年关，各村演出团队就精心编排演出节目，相互交流演出，目前保留的演出曲目达 200 多个，会唱秦腔的更有千人之多。

农闲时节，姑娘媳妇聚在炕头，开始了剪纸刺绣手艺的大比拼。这里的剪纸，主要保留的是陕西关中地区的传统技艺，剪纸内容包括花鸟虫鱼、农耕场景、男女爱情、幸福生活等内容，其花鸟虫鱼多做窗花，逢年过节或结婚喜庆，贴在窗户上，显示出无比的喜庆气氛。刺绣多反映富贵牡丹，喜上眉梢等喜庆内容，多用在门帘、枕头、鞋垫上，一般也是姑娘们赠送情郎的佳品。

除了这些，六盘山镇至今还有砖雕、泥塑、木雕工艺的传人，制作的各类民间工艺美术作品不仅精美绝伦，还能看出传统文化所蕴含的无限魅力。如今，每逢年节，人们不仅要表演精彩的传统戏曲、热闹的社火杂耍，新式的健身操也成了广大妇女展示才艺和优美身段的重要形式。全镇组建的 13 支健身操队，不仅在全镇范围内进行交流表演，而且组团到县

宁夏民歌"花儿"表演　摄影/于清海　兰全江

城乃至固原市参加各类大赛和交流演出，并屡摘桂冠。

生态立县，绿色崛起

近年来，以创建国家级生态乡镇推动环境保护，围绕生态立县、绿色崛起战略任务，确定了农业稳镇、工业强镇、旅游兴镇的发展理念，着力将六盘山镇打造成为生产、生活、生态有机统一，人口、资源、环境协调发展的社会主义现代化新农村。

以发展生态旅游、红色旅游，着力做亮生态六盘、红色之旅为目标，不断做强旅游文化产业。保护生态和资源开发相结合，生态观光和民俗展示同发展，精心打造民俗文化品牌，深入挖掘六盘山革命圣山的历史传承，随着王洛宾文化园、三关口文化园、白云寺旅游区和萧关古道开发，六盘山下第一镇旅游集散地已初步形成。截至2014年年底，全镇旅游景点接待游客3万人次，旅游业带动相关社会收入达到420万元。

以产业生态化，生态产业化，大力培育六盘山特色的珍、稀、缺良种苗木产业；以打造六盘山黄牛品牌，推进农民增收为目标，强力推进草畜产业。建立草畜产业协会融资，协会相互担保贷款，招商引资融资机制，有效解决群众资金短缺问题，创新项目投入机制，整合农村建设资金，加大对养殖户、百头肉牛养殖公司、加工企业等的支持力度。截至2014年，全镇育苗面积累计达到4万亩，建立千亩苗木园区3个，万亩苗木园区1个，苗木产业实现收入4亿元；全镇新建改建牛棚180座，肉牛饲养量9278头，出栏量5500头，实现产值300余万元，镇农民人均纯收入达6432元。退耕还林（草）面积69000亩，治理荒山沟45000亩，培育特色苗木25800亩。

2012年，六盘山镇全面推进生态宜居小镇建设。如今的六盘山镇蓝天映衬，碧水拥抱，白鹭翩飞，鸟语花香，满目葱茏。环境日益改善，人与自然和谐相处，一个六盘山下绿色璀璨的明珠，人民安居乐业的绿色家园正展现出自己靓丽的身姿。

"中国的回族文化到宁夏看，宁夏回族文化到永宁看，永宁回族文化到纳家户看。"纳家户村是有700多年历史的回族聚居村，全村98%为回族，64%姓纳。中外闻名的纳家户清真寺就坐落在这里。伊斯兰文化与中国传统汉文化交相辉映，宗教信仰浓厚的回族节庆民俗，回族特色美食，回族花儿等非物质文化遗产彰显着纳家户村的魅力，吸引着探索神秘回族文化的游客的脚步。

十、中国回族最早定居地之古村纳家户

纳家户村是中国回族最早的定居地之一，是宁夏纳姓回族最集中的一个村庄，历史源远流长。它紧靠永宁县城，北距宁夏首府银川市20公里，大小湖泊蜿蜒相连，绵延流淌千年的"汉延渠"绕村北下。

纳家户村耕地面积2756亩，4860口人，98%是回族。纳姓人口占64%，是元代咸阳王赛典赤赡思丁长子纳速拉丁的后裔。

赛氏是早期移居中亚布哈拉的阿拉伯贵族的子弟，据《陕西通志》记载："瞻思丁之子纳速拉丁子孙众多，分为纳、速、拉、丁四姓居留各省"，故宁夏有纳家户，长安有拉家村，今宁夏纳氏最盛。纳家户清真寺礼拜大殿悬挂牌匾记载："吾家充秦移居西夏，吾寺起建于明嘉靖三年（1524），圣迹永存。"纳家户村纳姓家族祖先，应是由陕西迁居于此，逐步发展成为今天这样以纳姓为主的回族村落。

过去的纳家户是一座古朴而雄浑的城堡，高大的城门楼和四周的寨墙气势恢弘。每到星期五主麻日（伊斯兰教聚礼日），这里便形成集市。远近几十里的回、汉、蒙商贩，赶着骡马牛羊来赶集，粮店、布店、杂货铺、饭馆等商铺鳞次栉比，还有过一家洋行。中草药铺、铁匠铺、银匠铺等应有尽有。户里的居民只要拿着家里的米或面以物易物，便可换到自己想要的东西。

西汉时期开挖的汉延渠从纳家户东边流过，黄河水自流灌溉，浇灌着纳家户周边的万亩良田。旱地种春小麦，洼地种水稻，秋作物以玉米、糜子、谷子为主，胡麻、油菜是这里的主要油料作物。因为日照时间长，昼夜温差大，从春到秋，纳家户的水果不断，瓜果飘香，吸引着方圆几十里的商贩。

纳家户布满了大小十多个湖滩。夏季，碧绿的湖水边长满了一墩墩郁郁葱葱的芦苇，随风摇曳，婆娑作响。湖滩边长满高高的蒲草等水生植物，湖里鱼儿在水中打着涟漪，引来了成群的大雁、野鸭、白鹭等水鸟在这里繁衍生息。

清幽圣洁的纳家户清真寺

纳家户清真寺，位于村中心，占地面积 66 亩，其中清真寺 30 亩、纳家户文化广场 36 亩。1988 年 1 月该寺被宁夏回族自治区人民政府列为"全区重点文物保护单位"，2013 年 5 月由国务院核定公布为国家第七批全国重点文物保护单位。

纳家户清真寺坐西向东，中轴线上依次建有照壁、邦克楼、望月楼和礼拜大殿。邦克楼前 15 米处是高 10 米、宽 22 米的砖雕照壁。照壁正面正中是前任宁夏回族自治区主席王正伟题写的"纳家户清真大寺"，左右雕《古兰经》和纳家户清真寺简介。背面雕刻古兰经文和吉祥图案。寺院大殿前的两棵国槐已有 200 多年的历史。树高近 20 米，直径 1.3 米左右，每到夏季浓荫蔽日，使纳家户清真寺院更加幽静、圣洁、肃穆。纳家户清真寺的名声远扬海内外，曾有国家领导人来此参观指导，更有阿拉伯各国家王子、使节前来参观访问。

纳家户村宗教信仰浓厚的宗教节日

开斋节。每年伊斯兰教历 9 月是穆斯林的斋戒之月，穆斯林群众习惯称之为"莱麦丹月"，即斋月。这一月凡符合条件的穆斯林男女，都要奉行一个月的斋戒，即在日出之后禁食封斋，日落之后进食开斋。一月结

纳家户村回族婚礼　*摄影 / 李明昆*

束，望见新月，即宣告斋戒完毕，次日即为开斋节。

　　开斋节早晨起来，纳家户村的穆斯林们沐浴净身，换上干净的衣服，妇女开始在家中做油香、炸馓子、准备茶点，男子则到清真寺参加会礼礼拜。在礼拜之前，教长（伊玛目、阿訇）还要结合伊斯兰教的历史和《古兰经》的内容，向教众宣讲开斋节的来历，劝喻广大穆斯林群众遵守伊斯兰教的伦理道德。然后举行隆重庄严的会礼，礼拜完毕，穆斯林们走出大殿，向伊玛目道安，然后全体穆斯林互道"色俩目"，以示节日的庆贺和平安吉庆。此后向老弱病残和贫困无助之人出散乜贴，因此开斋节又叫"济贫节"，所散的乜贴又叫"费土尔"钱，即开斋捐，以表达他们的信仰和心意。同时穆斯林们各请阿訇到自家坟地给亡人上坟念"锁勒"追悼亡人，上过坟之后，还要在家招待亲朋邻居表示庆贺。在三天节日里，回族人家还宰鸡割肉、吃羊肉粉汤，并带着食品到亲友邻居家中共贺节日。已婚和未婚的女婿，要带上礼品到岳父母家贺庆节日，也有许多回族青年选在开斋节期间举行婚礼的，以图吉祥和欢乐。

　　古尔邦节。古尔邦节是伊斯兰教重大的节日，又称为"宰牲节"。节日当天早晨纳家户村穆斯林们家家户户清扫房舍、院落、街巷，炸油香、炸馓子，成年男穆斯林们到清真寺水房洗小净后，在礼拜大殿举行会礼。听阿訇朗颂《古兰经》等教义。古尔邦节最隆重的典礼是举行宰牲仪式，请阿訇到家中来宰牲。经济条件好的家庭，每年轮流给家庭成员宰牲。一般一人宰一只羊，或者几个人合宰一头牛或一头骆驼。宰牲前心中默念"太斯米"（阿拉伯语，即"以真主之名"），表示一切生灵终归于主，在诵颂中下刀。宰牲节所宰之牲的肉，一般分成三份：一份自食，一份馈赠亲友，一份施舍济贫。宰牲节所宰之牲的血和吃完后的骨头不能随意丢弃，要用黄土深埋，牲畜的毛皮一般要施舍给贫穷的人或清真寺。

法蒂玛节。伊斯兰教历每年 6 月 15 日为法蒂玛节，也叫作"女圣纪"或"姑太节"，纳家户村的回族妇女近些年来都到清真寺过这一节日。斋月十四这天，回族妇女群众要收钱敛粮，在清真寺炸油香、馓子，制作饭菜，请阿訇念经祈祷，并颂赞圣女的事迹，以示纪念。

民俗风情浓郁的回族婚礼

纳家户村回族的婚礼，具有深厚的民族特色和宗教特色，同时又受到汉族婚俗的影响。传统婚俗大致有提亲、相亲、看家、道喜和娶亲五个程序。

提亲日期一般都是在星期五即"主麻日"，男方要拿上两身高档衣料、封包，亲自送到女方家。女方家给未来女婿一件或一套衣服，阿訇念经吃喝后，拿上一份乜贴。定亲后，男方要按照女方的要求"纳礼"。聘礼一般是数身质量比较好的衣物、金首饰等。

送聘礼的一天，男方家请来阿訇和媒人，由亲属 3 至 5 人带着聘礼和宰好的羊或活羊一只送往女方家中，女方家中也请好一位阿訇和亲属在家中恭候，俗称"接盒子"。阿訇根据《古兰经》有关章节讲述结婚的好处，然后诵读《古兰经》祈求真主保佑亲事平安顺利。诵完经，众人接"杜哇"，双方互道"色俩目"，并入席就餐。之后，男方就选定结婚日期。

结婚当天，新郎亲属由媒人带领到女方家接亲。新娘上车前要洗"乌斯里"（阿拉伯语，意为大净）、梳头、开脸、戴耳环，头搭一块红头巾；上车时，男方要给新娘若干"开箱钱"；当新娘亲人到达男方家门时，男方须给送亲人一些礼品或钱。举行婚礼仪式时，先由主婚人念结婚证书，接着由阿訇为其念"尼卡哈"，并将放在桌子上的花生、糖块、枣子、核桃等撒向参加婚礼的人们。主人要给阿訇散乜贴，数额随意。结婚仪式完毕，主人设宴招待送亲之人和亲朋好友。第二天新娘要早早起来洗"乌斯里"，然后洗漱装扮，戴上白帽或盖头，名曰"上头"，标志着已经完婚，然后由新郎陪着逐个认亲，名曰"拜亲"。第三天新娘由新郎陪着回娘家看望父母，叫作"回门"。

独具回族传统特色的美食

油香。煎油香是纳家户村回族传统饮食习俗之一。油香在纳家户村穆斯林节庆和日常生活中有着重要作用。婚丧嫁娶之日的宴席，款待宾客的餐桌和宗教典仪的舍散，都离不开油香。开斋节和古尔邦节，更是家家炸油香、人人吃油香的佳节。在亡人的忌日、转夜、完经时也煎油香，以示重视。

馓子。每逢民族节日和婚丧嫁娶，纳家户回族人家都要炸制馓子招待客人，馈赠亲友。开斋节纳家户村家家户户的锅台案板上馓子挺秀，千姿百态，美不胜收，把节日的气氛点缀得异常浓郁。现在馓子已成为回族团结和睦友爱的象征，是欢度节日不可缺少的圣洁的食品。

八宝盖碗茶。八宝盖碗茶是纳家户村每个回族家庭的必备品，当您走进纳家户回族穆斯林家做客，家主人会首先热情地给您递上盅八宝盖碗茶，端上些油香、馓子、花生等干果，让您下茶。盖碗茶，根据不同的季节选用不同的茶叶。在配料上，一般有红糖砖茶、白糖清茶、冰糖窝窝茶。回族人不仅养成了饮茶的习惯，而且走亲访友、孩子订婚时，还喜欢送茶礼。宁夏回族的人均寿命长，这主要得益于回族有良好的饮食习惯，其中之一就是常喝"八宝盖碗茶"。

古老的传承民族的技艺

纳家户村传承保留了众多的非物质文化遗产，是民族个性、民族审美

回族传统特色美食　摄影／李明荣

习惯的活态文化，是昨天的实录，今天的现实，也是明天的预示。其中不少项目均在纳家户百姓生活中继续发挥重要作用。纳家户村村民丁跃成，家族传承制作二毛皮技艺，产品为其家族年创收入 50 万元。还有纳家户民俗风情、清真寺文化空间、回族刺绣技艺、回族制铜技艺、金丝沙画技艺、回族花儿、阿文书法、剪纸等都已列入区、市、县级非物质文化遗产名录。

今天走进纳家户村，您会感受到古老浓郁的宗教信仰氛围，体验生活生产习俗、禁忌、风俗，看到纳家户村回族悠远的记忆，仍让人感到岁月的沧桑和古老的生活智慧。

中华回乡文化园：中国回族文明精粹展示传承之地

中华回乡文化园依托纳家户清真大寺和纳家户村所建。园区内建有中国回族博物馆、金色礼仪大殿、民俗村、梅香书院、沙特馆、水上剧场、餐饮中心，展示了伊斯兰建筑、礼俗、饮食、宗教、农耕与商贸等文化特色，是体现中国回族文化和民族大团结的旅游胜地，是连接中国和阿拉伯国家伊斯兰文化的重要纽带，也是国内唯一的一处回族文化习俗陈列展示场所。

中国西部民歌花儿艺术节，金秋九月"花儿"的约会

中国西部民歌花儿歌会创办于 1998 年，是宁夏倾力培育打造的重要文化活动品牌，现已成为在全国具有重要影响、推动民歌艺术传承发展、促进民族团结进步的良好平台。每年 9 月来自 13 个省（区）和新疆生产建设兵团的汉、藏、维、壮、回、苗、侗、彝、白、蒙、土家、东乡等 20 多个民族的 100 多位歌手，齐聚纳家户村中华回乡文化园参赛。

"中国回族文化到宁夏看，宁夏回族文化到永宁看，永宁回族文化到纳家户看。"纳家户这颗耀眼的塞上明珠，将以它深厚的回族历史文化底蕴和美丽的生态环境，释放出更加璀璨的光芒，迎接明天。

红崖村，这个位于大西北六盘山下残酷生存环境的历史古村，自古就是军事要冲和人员集散之地。明清时期的民居建筑风格沿袭至今。红崖村村民以诗书继世、耕读传家，家家重视文化教育，户户喜爱读书诵典。红崖村书法、农民画、民歌（花儿）、社火、刺绣等非遗项目在挖掘保护中得到传承，并正在成为旅游特色产业。

十一、青山辉古邑　绿水秀红崖

红崖村位于著名的六盘山下，地处隆德县城东南郊，依山傍水，绿树环绕，环境清幽，是一个有千余人口的古老村落。全村现有 3 个自然村落，沿清凉河谷呈带状散落分布，背靠龟山，向阳避风，交通便捷，自古就是古城隆德郊外一个著名的村落。由于隆德地处六盘山下，雄踞陕甘大道，自古就是军事要冲和人员集散之地，位于隆德县城南郊的红崖村，自宋金以后成为南来北往的军士、商贾、僧侣、游医、役夫等入城前的栖身歇脚之地，后慢慢发展成为一个古老的村落。

风雨飘古今，战事何频仍

红崖古村的经历，就是一部浓缩的隆德历史。在中国历史上，六盘山长期地处边地，是西北游牧文化与中原农耕文化的碰撞区和交融地，特殊的地理位置，特殊的历史环境，特殊的文化冲突，造成了隆德境内战事频发，生灵涂炭，一方土地饱经蹂躏摧残。

隆德县城的前身叫笼竿城，始建于北宋大中祥符七年（1014），迄今有千年历史。当时宋夏在西北地区的对峙已经进入最激烈的时期，德顺军

508

及笼竿城成为双方的必争之地。德顺军驻地笼竿城被双方交替围困数月，战事至为惨烈。地处城南郊的红崖村一带村庄，也因战事激烈，居民或入城避祸、或逃亡他乡，十室九空，遭受到毁灭性的摧毁。

明朝建立后，随着六盘山地区屯耕业的兴起，隆德进入了相对安定的时期。据相关史料记载，明万历年间，隆德知县惑于术士之言，迁学宫于县城外南郊厓村，因其村东北多红土崖，厓村后来被慢慢叫成了红崖村。明末李自成义军数破隆德城，红崖村成为义军的集聚地和出征地，成为争夺县城的战事指挥中心。

延至近现代，红崖村再次留名史册。1935年秋，红二十五军长征，夺占隆德城，翻越六盘山。红军主力部队在城北北象山发起主攻前，曾提前派先遣部队在红崖村侦查，警戒、牵制南线敌军，给该村留下了鲜明

红崖村远景　*摄影／张虎　曹小龙*

的红色文化印记。1946 年秋，从中原突围的王震 359 旅，曾沿甘肃庄浪至隆德公路北上，进驻隆德城，部分部队夜宿红崖村，休整部队，收容人员，警戒隆庄公路。红崖村作为隆德县的一个古老小村，见证了这一段特殊的历史风云。

频繁的战乱，凋敝的社会，混乱的时局，给红崖村带来了巨大的灾难。全村虽历史悠久，但保留至今的古建筑几乎为零。绝大多数建筑，都是新中国成立以后，特别是改革开放以后所建，这对古村而言，不能不说是一种极大的缺憾。

民居辉古邑，屋舍气象新

红崖村民居的主体建筑，依县城东南角堡子山（龟山）北坡就势而建，分散居住，多为传统三合院结构，部分为四合院结构，房屋以双檐土木结构小青瓦屋顶为主，基本沿袭了明清时期当地传统建筑风格，现存大多为民国时期和新中国成立 50 至 80 年代所建的"四梁八柱"式传统土木结构房屋。

由于该村落形成于明清时期，历经几百年风雨洗礼，依山体分层而建的院落总体布局基本没有变化，是目前隆德县内最具地方特色的、保存较为完整的传统建筑群。村落里的巷道，窄长交错，高低相连，户户相接。建筑群整体依山逐层分布，严格依照我国古代风水学理论所建，背靠大山，面对河谷川道，巷道相通，密林相伴，鸡犬相闻，从各个角度都可以显示出山村民居古朴、原始的风貌。

目前，红崖村尚存三四座保存较为完好的四合院，方方正正，大气庄严，墙体和框架结构都基本上没有改变过，门窗有部分原物保留至今。民居院落多呈四合院式布局，院门向南开，北面正中为三间堂屋，是房主的主要居室；堂屋左右各建耳房一至两间，作为厨房和储藏粮食杂物；耳房向南建对称的两至三间厢房。房屋基本上是一堂三间，一明两暗。中堂位置最显，中央供奉祖先、神佛，壁悬中堂、对联，下设长几方桌，两旁设大座。

红崖村落古朴的民居装饰更多反映了人们对生活的祝福和期盼，折射着主人的情趣、家境、品位。尤其室内的装饰除供家人享受和欣赏外，更多的有着趋利避害驱邪的功能，还有寄托生活理想、庇荫后人的意愿。故起脊瓦兽、雕梁画栋，镌窗配门，张画贴对，无处不表现出熏陶教化和承继传统的教育功能。从屋宇成片到形成自然村落，从乡村民居到形成古村景观，从日常起居到民间庙宇寺观，无一不体现着大西北民居建筑的特色与奇妙。

耕读传家久，仁里翰墨香

千百年来，受隆德文化传统的影响，红崖村村民以诗书继世，耕读传家，家家重视文化教育，户户喜爱读书诵典。据《隆德县志》等相关资料记载，早在清康熙年间，隆德开学宫，办县学，就有红崖村学子参加。清道光年间，知县黄璟开办县学，相传曾在红崖村立课农亭，奖掖学子，劝民农桑，并写作《课农亭》一诗碑刻其上。晚清时各地开办书院，相传有邑人在此地筹办陇山书院，蒙童开学。

晚清时期，红崖村读书人日增，居隆德乡村之冠。其中佼佼者如张维岳，号南凤山人，曾任化平县（今宁夏泾源县）知事，喜读书好诗文。张维岳曾遍临唐宋名家各帖，取古人之法，自成一体，尤以行书流利娟秀、清朗爽劲而被人钟羡，曾在1925年上海举行的全国书法展览中获第四名，并获"全国书法家"称号。

张维岳后虽移居隆德城，其子孙后辈仍居住在红崖村，依旧对书法情有独钟。其孙张敬之的书法遵循爷爷的书法风格，厚重凝炼。20世纪80年代初，著名书法家刘正谦遍阅隆德书法作品，独对张敬之的书法赞赏有加，认为其功力扎实。张维岳重孙、明远堂书画社主人张玉现仍为红崖村村民，是隆德县的一名农民书法家，其书法潇洒而流丽，篆刻遵古而创新，继承了其祖先留下的珍贵文化遗产。

"入夜浑无事，挑灯课小儿。男才学点画，女各习文辞。"这是张维岳回乡闲居的诗句，真实记录了红崖村居民苦读乐学的情景。据不完全统计，仅改革开放以来，红崖村在大中专院校就读过的学子达近百人，其中不少人学有所成，为隆德地方文化教育事业锦上添花。

妙手展才艺，流俗传承新

红崖村之有名，还在于其非物质文化遗产丰厚，民间艺术内容丰富，表现形式多样，历史渊源悠长，传承至今，在当地群众的精神文化生活中发挥着引领作用。

红崖村的民间艺术形式主要有书法、农民画、民歌（花儿）、社火、皮影戏；民间工艺主要有刺绣、剪纸、雕刻、泥塑还有传统民居建造技艺、擀毡、箍窑（缸）、酿醋、拧绳子技艺等。近年来，红崖村的民俗、传说等非遗项目也正在逐步得到挖掘保护。

红崖村的农民画，是村里的农家妇女在农事之余，用一支笔，调和五颜六色，描画出自己心目中的美景，是农村生活理想化的作品。题材广泛，朴实自然，想象合理，夸张大胆，色彩艳丽，充分展现了乡村淳朴浓郁的风土风情。凡是生活涉及的事物，都在农民书画中得到展现。

如《除草》《打垛》《割麦》《碾场》等反映春夏秋冬农事的作品，还有《压面》《元宵观灯》等表现农民生活情境的作品，实描细绘，妙趣横生。红崖村的农民书画不拘泥于古法，不落陈套，构图不受透视色彩形式的限制，顺其自然，大胆想象、浪漫诙谐、明快逼真。

红崖村的社火表演主要有地摊子、走高跷、扎高台、舞狮子、跑旱船、舞旱龙、串马社火、跑驴、喊仪程、大头娃、秧歌舞、彩车等，每年春节进城表演，备受欢迎。红崖村的村民秦腔社，也常年演唱自乐，节庆期间登台演出，深受村民喜爱。

红崖村的刺绣，质地厚实细密，厚重、神秘、艳丽。历史文饰突出，以装饰为目的，花卉虫鸟以至于人物皆有，马褥子、缠腰、花帽、袖套、香囊、香包、绣花鞋、鞋垫等作品，大多给人以敦厚、朴实又具历史荒蛮的艺术风格和原始生命的壮美。

红崖村的剪纸作为民间艺术的一朵奇葩，多用比喻、谐音、象征等手法来讴歌自己美好的生活和愿望，通过一代又一代民间艺人的不断创新发展，日趋成熟、日臻完美，形成了鲜明、独特的地方风格和魅力。有反映区域民俗、生产生活的，有描绘千姿百态花鸟虫鱼的，还有刻画古今人物等作品，手法细腻多姿、形态生动逼真、题材新颖独特，有着浓郁的乡土气息。近年来，随着人们对剪纸艺术的喜爱，精美传神的剪纸工艺品逐渐

十二生肖剪纸　摄影／张虎　曹小龙

　　成为一种旅游小商品，备受游客的青睐。

　　红崖村，这个位于大西北残酷生存环境的历史古村，虽没有我国许多名村古镇所特有的恢宏气派和屋宇轩昂的深宅大院，没有辉映千秋的风流雅事，但它却以自己的沧桑历史和朴拙形貌，以自己所独有的厚重文化和质朴民风，顽强地在六盘山下存在了数百年，给后人留下了一个平平淡淡却又是悠久曲折的背影，展示着一段人类艰难觅取生存的岁月剪影和时光印迹。

建于明万历三十五年的甘肃省景泰县永泰龟城是我国少有的保存比较完整的明代古城。城址所在地水磨沟山口是历史上重要的军事防御关口，古城轮廓犹如一只活灵活现的大龟，城周军事设施痕迹仍存。这里曾诞生清朝一代名将——兵部尚书岳钟琪；此地的永泰小学，是全国保留完好的民国时期三所小学校之一，使其声名更加响亮。

十二、永泰龟城，历史沧桑的军事要塞

在中国传统文化里，龟因有天、地、人之象而享有崇高地位，加上龟之长寿、龟有坚甲、可抵敌之侵害等诸多意味，故中国古代的城池、村寨及其他建筑，多取龟为形。位于甘肃景泰县城西南部的永泰龟城，就是如此。

"龟城龟相"历史久远

永泰城始建于明万历三十五年（1607），是我国少有的保存比较完整的明代古城，也是景泰县境内唯一保存比较完整的明代古城。1993年，经甘肃省人民政府批准为省级文物保护单位，2006年由国务院批准为全国重点文物保护单位。

在航拍画面中，整个永泰城简直就是一只活灵活现的大龟。古城平面呈椭圆形，城门南开，外筑甬门，外门为永宁门，内门为永泰门，门稍偏西，形似龟头；四面筑有瓮城，形似龟爪，其上建有药祖楼、无量祖师楼、文魁楼、财神赵公明楼四座城楼，各为二层，上层供神、下层驻兵瞭望哨；城中东南街上的钟鼓楼，上层供玉皇大帝，中层置象皮鼓、内藏渗金锣，捶打声音宏远，悦耳中听，为龟之心脏；安宁门用一堵土墙将门前的老君阁与二郎庙、东城墙、西城墙相连接。人们从安宁门出来，只能从老君阁下通过，以奔东西，老君阁便成了龟的脖子和龟头；城北的 5 座烽火台渐次远去，恰似龟尾。紧依城墙的大墩台上树一杆皂旗，随风飘荡，使洛龟活灵活现，生机盎然。城周 1710 多米，墙基宽 6 米，高 12 米，占地面积 318 亩；有护城河，宽约 6 米，深约 1—2.5 米，是一道完备的军事屏障和防御工事，在明清两代具有重要的战略地位。

永泰龟城周围军事设施痕迹仍存，城南有太极圆池，南面曾建有明代兵部尚书兼三边总督李汶的公馆，后改为龙王庙，有占地 300 亩的演武厅和教场。城西南 7 华里处的官草沟为李汶部队草料场。城周围有大小多处烽燧，衬托出其英武宏伟气势。

永泰城发端久远。其城址所处的水磨沟山口是历史上重要的军事防御关口。早在汉代，这里就曾建有老虎城，唐宋时称龙沙，约损毁于元代。

据《红水县志》记载，明万历三十三年（1605），巡抚顾其志上疏："兰州至红水五百里而遥，兰州官兵策应猝不能及"，"请于老虎城建堡设将为宜，西南再筑两小堡，接传烽燧使首尾相应，犄角相成，边疆可恃以无恐。再照地名老虎城，向系虏地，彼已习知。其恋复故巢，盖未尝一日忘也。且名不雅驯，宜改名永泰城，一新耳目，永绝虏念"，遂在此地建永泰城。明万历三十六年（1608），永泰城告竣，兰州参将移住永泰，设骑军一千五百名，步兵五百名。迨至三十七年春，兵备副使邢云路亲诣永泰，选择吉日，登山祭奠，告厥成功，树石勒铭。建成的永泰城设有南门及城楼。城内还建有钟鼓楼、老君阁、二郎庙、协镇衙门等建筑。

《永泰城记》载，清雍正二年（1724），名将岳钟琪回乡祭祖，见龟城之形建议说，永泰城虽建造似龟形，但未有脏腑，宜补之。于是他在城内凿五眼井，以补龟城之五脏，并在北城角设一大池，叫"甘露池"，合诸井各为二腑，以补龟城地脉，增添龟城之灵气。将城西南水磨沟泉水修暗渠引入城内五眼井中，供人畜饮用，并备战时之需。如今的古城，护城河已看不到了，但城中被喻为龟城五脏的五眼古井，依然哺育着古城的老老少少。

自明清以来，永泰城屡次加修改造，因规划有度，建造奇特，水道设在地下，水源隐于自然，多次有效地避开战乱和贼扰之灾。尤以清朝同治年间，敌多次围攻，以断粮水困顿城堡，但都未能得逞，敌怏怏而退，永泰城发挥了其重要的军事保障作用。

老虎山上望龟城　*供图 / 景泰县旅游局*

岳飞世孙"封疆名将"

"丝绸古道三千里，黄河文明八千年。"甘肃是古代"丝绸之路"的重要通道。当年，明朝政府在兰州至武威间的古丝绸之路沿线，共建了永泰、镇虏、保定三座城堡，至今只有永泰一个保存下来。据《甘肃通志》记载："永泰颇有商肆"，说明当时商贾贸易十分繁荣，也证明了永泰古城不仅是一座军事要塞，也是丝绸之路上的一座重要的商贸中心。

从 1608 年修建，到 1644 年明王朝被推翻，永泰城作为边疆防卫城市只有 30 多年。到了清代，疆域面积不断扩大，甘肃已成内地，永泰城的军事地位和边戍活动有所减缓，但由于一代名将岳钟琪的出现，使其声名更加响亮。

岳钟琪（1686—1754），字东美，号容斋，甘肃景泰永泰堡人，为岳飞第二十一代世孙。他被雍正皇帝誉为"当代第一名将"，乾隆皇帝曾御制怀旧诗、将其列五功臣中，称其为"三朝武臣巨擘"；他是前清著名的爱国将领和封疆大臣，是功勋卓著的军事家和改革家，也是清代军事史

516

上为数不多的常胜将军；他历经康熙、雍正、乾隆三代，武烈飚逝，拓地开边，威望著海内。作为军事家，他对维护西南、西北边疆的局势稳定是功不可没的；作为改革家，他对西部边疆的建设与开发也作出了很大贡献。

岳钟琪在康熙五十八年（1719）奉命入藏平定准噶尔叛乱立下战功，被提拔为四川提督；在雍正元年（1723）平定罗卜藏丹津叛乱的过程中，一举荡平了罗卜藏丹津的巢穴，名震天下，被授予世袭三等公爵；在雍正三年（1725）被任命为川陕总督，掌管川陕甘（时宁夏属甘肃）三省军政大权；在雍正七年（1729）受命宁远大将军西征准噶尔；在乾隆十二年（1747），被启用为四川提督，平定金川叛乱再立战功，被乾隆帝授予兵部尚书衔，加太子少保；在乾隆十九年（1754），在镇压陈琨叛乱时病逝于途中。乾隆帝特赐祭葬，谥襄勤，入"贤良祠"受祭。

永泰小学百年传承

永泰人重视教育，于明清两朝间曾立义学。而创建于民国九年（1920）的永泰小学，是目前全国保留完好的民国时期的三所小学校之一，是见证中国近代初级教育的"活化石"。

永泰小学位于永泰城中偏北处，系中西式结合的哥特式建筑，规模壮阔、造型典雅，布局有序、坚固厚重。

创立者李善澈，清宣统元年毕业于兰州陆军学堂，由于蔑视仕途，返归故里，受聘任红水县劝学所所长（文教局局长），立志大办新学，以达教育兴国之夙愿。其任职期间，亲自主持修建了永泰学校，并兼任校长，为振兴桑梓奠定文化之根基殚精竭虑。

当时，筹建新校无任何财政保障，李善澈召集永泰乡绅，共商筹建新校大事，选定校址，成立校董事会，并亲赴兰州制图，邀请外地砖木工匠，联络各村募捐支援，广泛发动群众集资出力。他的行动深得民心、振奋群情，永泰城及周围村邻踊跃参与建校，有钱的人家捐资捐物，贫苦人家出力干活。经过两年的努力，一座古朴典雅的新校在永泰城拔地而起。

李善澈先生之后，又有近三十位后起之秀担任校长。他们励精图治、承先启后、继往开来，团结同仁，为发展教育事业尽心竭力。永泰小学创办至今已近百年，有八十位教师曾在该校辛勤耕耘，为当地培育了数以千计的人才，桃李遍天下。

如今，随着当地居民的迁移和教育重心向城镇偏移，学校已经没有了就读的学子，这座百年老校即将成为历史。但从其建制中，依稀可见曾经的风华。

永泰小学的校门有六米多高，是富有民族传统的小庑殿顶式的拱形校门，校门上浮雕内容丰富，技艺精湛。顶上喷涌翻卷的海潮托起一轮红日象征文化教育如旭日初升，校门上方有砖雕一横匾，上书"永泰学校"四字，遒劲有力，引人注目；四围重沿中，浮雕"梅兰菊竹、琴棋书画"君子八宝；其下为三米高的拱形门洞，庄严古朴，蔚为壮观。门洞左右各二尺见方的浮雕，左牡丹，象征高贵；右荷莲，意为纯洁。

学校坐北向南，分前后两院。走进校门洞内侧，仍是拱形砖门，其上嵌一阴刻横幅："进步初阶"，笔法有力，深含寓意；两侧为教室，与校门连为一体，坐南向北，与中间一栋教室相对。三栋教室外貌相同，上有飞檐檩楣，两边青砖立墩，粉壁素墙上镶嵌着拱门拱窗，美观大方，古色古香。中间一栋有一过道，檐下砖上雕有鱼龙如意及毛笔等图案，且有绥带缠绕，以激励学子今日寒窗苦读，来年鱼跃龙门，平步青云；门上方浮雕一片桂树叶，有"勤勉自修"四字阳刻铭文，为老校长李善澈手笔。此图案颇具匠心，明书"勤勉自修"，暗喻"他年折桂"。勉励学生勤奋、主动、独立地学习，不断进步。门两面各有一块二尺见方浮雕：左刻三只小羊登崖，崖下流水，上有红日高照，意为"三阳（羊）开泰"；右刻一钩弯月下数只梅花鹿或立或卧，一只小鹿呈蹦跳状，形态可爱；更有几只白鹤或立或飞，含"六（鹿）合（鹤）同春"之意。门道靠内一侧为圆门，称"月亮门"，取"蟾宫折桂"之意。上有一扇形横额，砖刻"努力"二字。

进入月亮门，映入眼帘的是最后一栋教室，名曰"大礼堂"，起架略高于前两栋，四扇棋盘大门，庄严肃穆。中间五间为集会议事所在；旁边两间，分别为图书仪器储藏室、体育器械储藏室。教室各砖柱上还雕有书帙、笔筒、花卉、画戟等图案，寓意深刻，令人回味无穷。学校前后两院东西两侧皆为厢房，共计三十六间，为前拔檐结构，每边各九间，十个廊柱亭亭而立，排列成行。中三间为一室，供教师办公住宿，为双扇门，其余为单间学生宿舍，为单扇门。窗墙白灰为堂，青砖围沿，四面厢房结构相同，容貌一致，清秀典雅。

学校前后两院的四角均设拱形小角门，其中，中间一栋教室的东西两侧里外的月、角门之间各有三间平房，两侧为耳房，中间为拱形后门。东门通校园，西门通操场。四个角门又使前后两院、东西厢房、走廊连贯一气，成为穿山走廊；再加上两头的两个角门及里边的灶房，每边二十七间。东西两侧共五十四间。两条长廊各穿过四个角门连通前后两院，使校园显得格外幽深雅致，美观大方。

民族文化交融延续

　　自古以来，永泰古城所在区域一直是多民族文化交汇地。随着历史上政权的不断交替，各族文化都在这里留下了印记，并与西北地区的自然生境相融合。建筑作为文化的一种载体，长久地将这些文化保留了下来。城中建筑风格独特，虽经历了400多年的岁月流转，仍风貌犹存。城中现存的城墙、护城河、烽火台、文物建筑院落等都反映了民族文化的融合。

　　随着电影《最后一个冬日》《美丽的大脚》《一个勺子》，电视剧《雪花那个飘》《西部热土》《汗血宝马》《决战刹马镇》等，纪录片《出发吧，爱情》的拍摄播出，新时代的永泰古城正逐步形成西北地区一座知名的"影视城"。同时，文物保护及开发利用项目也正在逐步实施，作为永泰旅游的优势资源，古城必将在不久后焕发出悠远的魅力和独特的价值。

　　这座明清两朝显赫一时的永泰古城，因战争而兴，又因自然环境的改变而衰落，等待着你去触摸400多年来战火硝烟留下的痕迹，感受它曾经的繁华与喧闹。

甘肃省最南端的文县铁楼藏族乡，是一片与世隔绝的神秘净土，素有"陇上江南"之称。这里的白马村寨是东亚最古老的部族——白马人的主要聚居区。白马人粗犷豪放、能歌善舞，图腾崇拜和"池哥昼"等民俗文化奇异而神秘。美丽乡村建设中，铁楼藏族乡依托古老的"传统村落"、原生态白马民俗、丰富的自然资源，成为开拓乡村旅游的典范。

十三、铁楼藏族乡，白马人的"陇上江南"

位于甘肃省最南端的文县，古称"文州"，与四川交界，素有"陇上江南""甘肃的西双版纳"等美誉。唐代诗人杜甫在"安史之乱"中从这里入川；这里，有一片与世隔绝的神秘净土——铁楼藏族乡。

白马河

铁楼藏族乡的白马河景区，位于白水江自然保护区的核心区域。重峦叠嶂，林海苍茫，野生动植物资源十分丰富，植被覆盖率达到 75% 以上。银杏、杜鹃等珍稀植物随处可见；大熊猫、金丝猴等珍稀动物栖息于此；虫草、贝母、丹皮等珍贵中药材，羊肚菌、水蕨、木笼头、石盖菜等山野菜，分布于漫山遍野。

东亚最古老的部族——白马人

在铁楼乡境内是东亚最古老的部族——白马人最主要的聚居区。白马人秉性耿直、粗犷豪放、能歌善舞，至今还完整地保留着古朴原始的民族文化和独具特色的民俗风情；白马人村寨古老而神秘，传统建筑依山而建、错落有致，廊桥、流水、古树，相得益彰；晨曦中晒满玉米的长架，路边休憩的小亭子，新建成的民俗文化体验房，修葺一新的古磨坊；草河坝白马魂白马民俗体验广场、"池哥昼"传习所、白马民俗文化博物馆，石门沟云瀑、玻璃悬空栈道，邱家坝原始森林等，处处散发着古朴、自然之美……

研究发现，这里的白马人是中国西北古老的氐族后裔，是 5 万年前自非洲大陆迁徙而来的东亚最古老部落。其族源可以追溯到 3600 多年以前的殷商和西周时期，从西北高原随畜南迁至西汉水、白龙江、白水江和岷

寨科桥　摄影 / 班保林

白马人纺织 *摄影/张军民*

江上游一带的远古氐羌人部落。他们没有自己的文字，语言代代口口相传，文化历史源远流长，崇拜日月山水、风雨雷电和自然界的动植物，最崇敬的神灵是始祖神盘瓠爷、太阳神和五谷神，每年都要举行隆重的"池哥昼"祭祀活动，古朴民族文化和原始奇风异俗，保留至今。

白马人的服饰绚丽奇特，主体部分色调为青、白、红三色。从头饰到发饰、胸饰、衣饰、腰饰直至脚饰，不仅种类较多，而且装饰图案丰富多彩、意蕴深厚，构成了一个完整而又和谐的统一体。

白马人性情豪放，能歌善舞。俗话说："白马人会说话就会唱歌，会走路就会跳舞。"对于他们，歌舞是精神食粮，是幸福生活的美好体现。男女老少，不论在田间地头，还是上山砍柴，都会高歌一曲，以此抒发自己的心声。"喝一碗甜蜜的酒，酒香不醉人；唱一曲动听的歌，歌好一片情……"如果你走进了文县铁楼乡白马山寨，你就走进了歌舞的海洋。

"池哥昼"于2008年被纳入国家级非物质性文化遗产名录，"池哥"是白马人对"面具"的读音，"昼"译成汉语为跳，即跳面具舞之意；集"舞、歌、乐"为一体，用以祈祷丰收、安宁、驱恶辟邪，是至今还遗存在白马人生活中的古老且具有原始风貌的群体祭祀舞蹈，充满了神秘庄重的宗教气氛和浓郁的娱乐色彩。每年春节期间,白马河畔的村村寨寨都有精彩的"池哥昼"面具舞表演;每年农历二月十九日是白马人的拜水节,他们跳起"池哥昼",请水神、迎水神、拜水神、祭水神,祈求风调雨顺、四季平安,原始古朴的舞姿、独具特色的服饰、粗犷而充满生活气息的表现形式,如同民俗文化宝库里绽放的朵朵奇葩。

火圈舞,白马语称"呆舟"。"黄发白首齐醉舞""携手踏歌程复程",白马人在歌声中起舞,歌声在山岭中回荡,人影在月光下摇曳;歌为火亢奋,火为歌增辉,舞者越多场面越壮观;篝火越旺,气氛越热烈。

在神秘的白马藏族里,土司宴便是他们接待客人的最高宴请方式。其中,砸杆酒,是将当地蜂蜜加入发酵缸内长期发酵出来的酒,味道香甜细腻。每到过年时,白马人举行开缸仪式,全家老小围坐,由长者主持从酒缸里取出酒粕,分别向上、向下和四周抛撒,用以敬神,之后全家才能和客人一起畅饮。

纺织、面具制作等白马传统手工艺在这里得以保留,随着工业的引进与发达,更成为非物质文化遗产。原始多神信仰延续至今,与藏族有较大差异,一般不信仰喇嘛教。以自然崇拜、图腾崇拜、神灵崇拜和祖先崇拜等形式进行宗教活动,崇拜四方大自然"神灵",比如山神、火神、水神、树神等。

白马人的婚姻主要由父母包办,也有自由结合的,但不与外族通婚。订婚的时候,男方家请女性亲属为中间人,带酒一罐,去相中的女方家提婚,如女方父母受酒,便是同意的表示。如将酒退回,则此事不成。

白马人举行婚礼,要由白莫巫师确定吉日,一般在农闲的腊月或正月。结婚当天,新郎家请两个美丽贤淑、品格端庄、勤快能干的未婚姑娘去女方家迎新娘,迎亲队伍要背上馍和酒,沿途分与小孩。新娘由舅父母及一名未婚姑娘陪送。临行之时,母亲割一块腊肥猪膘,放在新娘头顶,走出大门后,便取下包好带去婆家。结婚时要宴请全寨的人,全寨的人均要向新娘送礼,如粮食、肉类、腰带等。好不热闹!

今日铁楼藏族乡

今日的铁楼藏族乡旅游产业的不断发展壮大,依靠党群、干群的紧密

古阴平桥 　摄影／刘二银

团结，依靠党和国家的优惠政策，走出了乡村旅游产业的发展之路，也给发展乡村旅游产业带了好头，给群众增收探索了新路子。

依托美丽乡村建设，完善乡村旅游基础。从改善人居环境、村内基础设施等方面着手，完成了村内 168 户群众房屋外观改造，建成了占地面积 11 亩的标准化停车场，修建景观廊桥两座、凉亭一座，恢复了白马庙、步行栈道 600 余米、骑行道 1000 米、水磨坊三座，完善了白马魂文化广场基础设施，完成了"池哥昼"传习所展览馆布展。

依托白马文化挖掘保护，增添乡村旅游文化内涵。依托陇南文县白马人民俗文化旅游节的宣传效应，组建了白马情韵原生态表演队，成为吸引游客前来草河坝旅游观光的新亮点；乡政府成立了白马河景区旅游管理所，抽调 10 名干部，为游客解说、表演，并承担农家乐的监督管理工作，有效提升了景区管理能力和农家乐的服务水平。

目前，该村已开办农家乐 12 家；为丰富旅游产品种类，乡旅管所与北京联合大学联合开发了白马五色酒、水磨杂粮面、池母面具、千层底布鞋、白马长卷、凤鸟图、丝巾等260多种旅游产品，利用电商扶贫服务点，推出了网上订餐、预订客房业务和旅游产品便捷支付等业务，不断提升游客的归属感。

　　今日铁楼藏族乡，以当地原生态的白马民俗文化、神奇的云瀑寺及古老的"传统村落"闻名，落实县直单位出资扶持农家乐的惠农政策，加大乡村旅游设施建设，村容整洁、村貌靓丽、富裕和谐，已成为"宜居宜业宜游"，集观光、休闲、度假、旅游等为一体的美丽乡村和经济发展、乡风文明、群众和谐的乡村旅游示范村。这里歌声不断、舞步不停，特色美食美酒等你品尝，淳厚的原生态白马文化等你分享……

生态文明时代的主流文化——中国生态文化研究

Mainstream Culture of Ecological Civilization Era
the Study of Chinese Eco-Culture

华夏古村镇生态文化

纪 实

**Ecological Culture Record of
Chinese Old Village and Town**

【下卷】

江泽慧◎主编

人民出版社

目 录

华夏古村镇生态文化纪实
HUAXIA GUCUNZHEN SHENGTAI WENHUA JISHI

1

第三编

从"乡村中国"到"城市中国"
——城镇化进程中的文化印记

第九章　荆楚湘黔古村镇

麻柳溪，荆楚第一羌寨、中国中部最后一个香格里拉。距享誉世界的黄金洞约 4 公里，处于黄金洞风景区中国地心第一漂起点处，像一个独立却又自成体系的"山国"，距今约有 300 年历史。村民以羌族、土家族、苗族等少数民族为主，至今依然沿袭日出而作、日落而息的农耕习惯，一幅闲适悠然的画面隐卧在山野之间。

一、麻柳溪，荆楚第一羌寨

　　一条长约 8 公里的小溪，从苍翠的密林间汩汩而出，沿着地势的高低起伏蜿蜒流淌，日复一日滋养着古老的村庄。沿溪两岸，数百棵郁郁葱葱的麻柳树守护着小溪的堤岸，麻柳溪的村名由此得来。

　　中国中部最后一个香格里拉、荆楚第一羌寨。坐落于湖北省咸丰县黄金洞乡西北角的麻柳溪村，距享誉世界的黄金洞约 4 公里，处于黄金洞风景区中国地心第一漂起点处，像一个独立却又自成体系的"山国"。全村辖 8 个村民小组 365 户、1280 人，以羌族、土家族、苗族等少数民族为主，是当地姜、谢等家族的祖居地，距今约有 300 年历史。

　　历史上，因躲避战乱、水灾、瘟疫等自然和人为因素，姜、谢两姓的先祖跋山涉水来到麻柳溪村，被群山环抱、古树参天、溪流潺潺的自然环境所吸引，就此落脚定居，绵延生息。古意盎然的吊脚楼群落依山傍水，古风淳朴的民间技艺世代传承，独特厚重的民风民俗生生不息，而更为古老的时间和空间，则帮助这里的人们打造了一首田园史诗，馨暖迷人的乡愁沉浸在岁月清远的笛声里，如村庄里那千百年来缓缓流淌的溪水，静默安详。

谷

　　麻柳溪村只有唯一的一个入口，最窄处不足百米，后来逐渐拓宽。如果不是有心探寻，很多人不会想到这里隐藏着别有洞天的古老村落。从高处俯瞰，麻柳溪村全貌一览无余——一丘一壑，一溪一谷，既像一个两头小中间大的布袋，又像一个舒适惬意的摇篮。四围高山耸立，森林茂密，浓雾弥漫，云海蒸腾。谷底开阔平坦，溪水绕村盘旋，或成群或独栋的吊脚楼坐落其中，沿岸茶园犹如一封封铺展在大地上的绿色信笺。

　　水是大地秘密的钥匙。溪水蜿蜒曲折，环绕整个村庄。据年纪稍长的村民回忆，交通不便的年代，村民们种地、赶集、孩童上学都是涉水而行，走过一弯又一弯山路，趟过一道又一道溪水，有"七十二道脚板干"之说。在水面特别宽阔的地方，人们架起吊桥以供通行。现在，数十座精巧玲珑的石质拱桥如长虹卧波横跨在溪流之上，形成一道道独特的景致。

　　山是忠诚厚道的天然屏障，孕育涵养了丰富的植被水土。麻柳溪村民世代尊崇祖宗遗训"斧斤以时入山林"，故保持着良好的生态平衡。每天，阳光进入谷底，给大地铺上一道金色的地毯，袅袅炊烟在屋顶升起，阡陌

①碧水黄金洞　摄影 / 甘霖
②特色民居吊脚楼　摄影 / 甘霖
③吊脚楼营造技艺传承人谢明贤　摄影 / 甘霖

①	②
	③

纵横间鸡犬相闻，村民们依然沿袭日出而作、日落而息的农耕习惯，一幅闲适悠然的画面隐卧在山野之间。

楼

麻柳溪村，不仅有着"中国中部最后一个香格里拉"的美誉，更有"特色民居吊脚楼群落"的美称。在 2007 年全县文物普查中被认定为古村落古建筑类的重大发现。小小的河谷里保留了羌族、土家族、苗族风格建筑数百栋。为数众多的干栏式特色民居，古色古香，原汁原味，生态建筑木构吊脚楼房，或依山傍水，倾听林涛水声；或掩蔽于绿林树丛，沐荫纳凉；或临于悬崖峭壁，展翅欲飞……

羌族木楼秀外慧中，对天地鬼神的敬畏、对居室空间的探索和改造充分体现在建筑的整体布局和内部设计中；苗楼最漂亮的是栏杆和宽梯，土家族吊脚楼则显得大气磅礴，印证了"屈曲生动，端园体正，均衡界定，谐和有情"的建筑环境美学原理。

土家寨子依山顺坡、临水而建，正面远方大多为姿态优美的"笔架山"，背靠繁茂树木形成"座山"，两旁的缓坡山头、茂林修竹形成合抱之势。屋前宽敞的院坝是土家族人举行晒谷打场、迎神赛会的场所，外沿是雕花栏杆，独具民族特色的吊脚楼与神奇美丽的山形相互辉映。

坐拥青山，面向绿水，土家吊脚楼以"伞把柱"为轴心，勾心斗角，屋面飞檐翘翼，黛青色的瓦、深红色的柱子、白色的调檐跺脊，形成了独特的吊脚楼文化，成为人们守望乡愁、追寻乡愁不可或缺的最佳载体。历经数千年，吊脚楼营造技艺在一代代手艺人间传承。县里投资在麻柳溪村建起了吊脚楼技艺传习所，拥有一批老中青结合的传承人队伍，72 岁高龄的湖北省非物质文化遗产传承人谢明贤，是擅长吊脚楼营造技艺的杰出代表。

茶

麻柳溪人种茶有多年历史，以古老的水车作动力制茶是生活智慧的体

采茶　摄影／甘霖

现，也是农耕文明的历史见证。今天，它们依然静静地伫立在溪畔，随着溪水的驱动吟唱着古老的歌谣。

麻柳溪人热爱自然、呵护自然、道法自然的生态文化理念是茶产业成熟的根本依托。进入麻柳溪，视野豁然开朗，最引人侧目的莫过于一块块、一片片、整齐划一的茶园。国内众多农学、茶学、医学和营养学专家对麻柳溪茶叶进行了抽样检测，发现麻柳溪茶的各种有益元素和营养指标均高于普通绿茶，尤其是人类不可缺少的微量元素硒的含量是普通绿茶的几十倍。因此，自 2004 年起，麻柳溪进行了产业结构调整，村民家家户户改稻为茶，也受益于此。

2010 年，麻柳溪村被农业部命名为全国首个富硒有机茶生产示范基地。茶园与家园相互依托、相互支撑，麻柳溪人打造了人与自然和谐相处的生命共同体，以农立世、耕居结合、勤劳自力、安居乐业，古老村庄里洋溢着深厚的人文情怀。

寨

"亮眼高睁看此方，四方犀牛下堰塘。火烧庄王和尚保，庙堂锣鼓响叮当。"这是流传在麻柳溪的一首地名诗，说的是位于麻柳界上的亮孔寨。

听当地德高望重的老者谢熙臣讲述，这首诗将麻柳溪一带的 9 个小地名嵌入诗中，精巧立意成篇，读来情趣盎然，由麻柳溪当地的大文人李丕成所作，并亲刻于"亮孔寨"岩壁上。遗憾的是，因时间久远岩壁风化，这首地名诗已无法辨认。而李丕成用石灰书写的"亘古如斯"四个遒劲大字，如今也已融入了岩体之中，让人登高望远之时，徒生些许凭吊之憾。

在绿色生态资源逐渐缩减和稀缺的今天，即使在生态资源保护良好的麻柳溪村，亮孔寨依然以其古朴原始而显得弥足珍贵。沿着依山就势精心打造的石梯拾级而上，沿途频见古树林立，耳边频传鸟鸣声声，阳光从丰茂的树林中撒落下斑驳光影，时缓时徐的风声在林间树梢逗留嬉戏，自成一方世外桃源。

亮孔寨的最高处，是一处孑然独立的薄薄山体，自然的伟力在这里彰显了神奇的造化力量。因自然风化和地质变迁引起山壁崩塌，凌空而立的山体上部洞开一个三角形穿洞，高约 50 米，宽约 10 余米，仿佛一只深邃的眼睛凝视着天地。透过这个穿洞，可以看到山那边的"一孔天"，因此当地人将这个穿洞叫做"亮孔"，将这个地方叫做亮孔寨。

俗

麻柳溪村是以羌族、土家族、苗族为主的少数民族人口占全村总人口98%的少数民族聚居村落，富有浓郁的少数民族特色，也孕育了各具特色的民俗文化。

石磨豆腐、神豆腐、腊猪脚、石板鱼、野生鲜菇、风萝卜、鲜竹笋、鸭脚板、油炸茶叶、茶叶汤等是当地少数民族传统特色美食。花布鞋、羌绣、苗绣、西兰卡普等绣品和竹编深受外地游客的喜爱。

麻柳溪村从古至今文人辈出，能人众多，民间有许多尘封的山歌与传说。咸丰县民宗局、文体局等部门多次深入该村挖掘民族民间文化，收集了《大悔寨的传说》《火烧麻柳溪》等民间故事，采录了《打擂堆》《六月采茶》等一大批原生态民歌小调，调查整理了穿花、打土地、跳端公等一批民间舞蹈。村里谢熙臣、罗幸然、姜昌和等一大批民间文化的忠实爱好者，在他们的带动下，麻柳溪村组建了一支"民间文化艺术团"。"女儿十八春""高台舞狮""哭嫁歌""三棒鼓"等原汁原味的文艺节目，成为艺术团为观光客人们演出的保留节目。

每年的腊月二十四是姜姓族人举办长桥宴的日子。这一天，姜姓族人以家为单位，每家精心制作一道菜肴，聚集到长桥上集中宴饮，说说笑笑，推杯换盏，其乐融融。2016 年，中央电视台第 7 频道在此录制春节特别节目，向全世界播出。

老房、老树、老村、老寨、老歌谣，麻柳溪用它世代相传的集体记忆和家族门第的历史荣衰告诉我们：乡愁，就是村头的那轮明月、那湾溪流和母亲的身影；乡愁，就是为自己铺一条回家的路……

烟雨蒙蒙归家路 摄影／甘霖

小漆园村是麻城"古孝感乡"孑遗大别山深处的"活化石"，凝聚着无数川渝移民后裔的乡愁，距今已有500多年历史。传承千年的农耕文明满载乡情，由"麻乡约"带动的亲情传递绵延至今，并孕育了中国最早的邮政快递雏形。华中地区最壮观的瀑布群，青砖黛瓦的明清古建，高大苍劲的古松树群落……无不诉说着山村的古老与沧桑。

二、小漆园，乡愁萦绕的古老乡村

坐落于麻城黄土岗镇古孝感乡大别山深处的小漆园村，是川渝移民后裔的祖籍地。"若问祖籍在何方？湖广麻城孝感乡！"这是口口相传几百年的一句民谣，蕴含着浓浓的乡愁。

这里是何、杨两姓氏的祖居地，距今已有500多年历史。村庄依山傍水，平均海拔约600米，周边群山环绕，植被茂盛，古树参天，环境优美，华中地区最壮观的瀑布景观"大别山桐枧冲瀑布群"便形成于此。

山环水绕，瀑布奇观

小漆园村拥有大别山地区数量最多的瀑布群，堪称人间奇景。以峡谷观光、瀑布游览为主题的自然生态风景区，共有19条瀑布，多以"龙"命名。溯溪而上，悬崖峭壁如刀劈斧砍一般自然生成；飞瀑流泉，气势雄伟，秀丽清雅；松奇石怪，杂林丛生；洞穴处处可见，峰奇壁异，神秘莫测。

桐枧冲瀑布，又称"龙潭峡谷"，谷底最宽处100米，最窄处仅5米，因相传谷中的7口潭为龙鱼栖息之所而得名。从寨河桥桥头出发，沿着左边小路蜿蜒前进，临近"象鼻"山，就隐隐听到水流飞溅之声，但见岩石壁立、树木葱茏，一湍溪水从悬崖峭壁的树缝里飞泻而下，如"银河"从天而落，似白练垂挂，甚为壮观，这就是远近闻名的桐枧冲瀑布。瀑到中途，被一凸出之石一分为二，像"人"字一般铺开。飞瀑入潭，溅起朵朵白花，恰似飞花碎玉，激荡潭水，似古筝之音不绝于耳；人在潭边，水雾笼罩，如入仙境。

"十八拐"。桐枧冲瀑布右侧山势陡峭，山路依山就势，有十八处弯道，故名"十八拐"，不禁让人联想起湖北土家民歌《山路十八弯》。从对面山头鸟瞰此地，形如两只天鹅交颈，栩栩如生，因两只鹅头交于"十八拐"后的巨石山包，故取名"鹅梗颈"。

龙潭石峡。沿桐枧冲瀑布逆流而上，便是龙潭石峡。峡内怪石林立，如竹笋、似古松、像人形。上行数百米，溪流中央一高约10余米的石柱突起，顶部分立3根高低不一的圆形小石柱，宛如"香炉"上插着"三炷香"，雨后初晴的峡谷内薄雾缭绕，恰似拜佛焚香，别有一番神秘色彩。

"三炷香"上游便是著名的龙潭河。河口悬崖峭壁，一条落差10余米的瀑布顺壁而下，注入乌龙潭。潭口圆润窄小，潭内宽大，形如一口大缸，深不见底，曾有好事者用长绳系石探其深度，几接其绳而石未及底。站在河口峭壁上远眺，上方有三条绵延起伏的山岭，如三条蛟龙，龙头齐聚潭边。潭口稍北有一小山，上平下陡酷似一口大鼎，因而此处又有"三龙举鼎"之名。

古村悠然，民风淳朴

小漆园四面青山婀娜，绿荫丛丛，古木参天，野果、野菜、野菌等山珍众多。神奇的山水，不仅孕育了独特的山野美味，也孕育了淳朴的乡民乡风。

"冻瓜"，是一种鄂东深山特有的小型瓜类，最大的不过两三斤，椭圆形，成熟后与南瓜的颜色相似。

冻瓜神奇之处有三：一是未成熟时不能像其他瓜类一样炒嫩瓜做菜；二是成熟后不能马上吃，必须经过零下几度的低温冷冻后，其瓜皮就薄如蛋壳，瓜瓤奇迹般地成了粗细均匀的细丝，与粉丝无二，且金黄透明，加上辣椒大蒜等腌制一段时间，炒出来又香又脆，色香味俱全；三是"冻瓜"在其他地方种植，苗虽长得好，但很少结瓜，即使结瓜了，也冻不成丝状。

深山野味"观音豆腐"，是用一种鄂东特有的树叶汁液制作而成的凝胶状食物，成品形如豆腐，颜色翠绿。这种"豆腐"不能加热，只能凉拌食用，味道清新、绵柔，有清热解暑和保健的功效。

沿袭几百年的传统农耕方式。村中90%的村民都是勤耕苦作的农户，心口相传地沿袭着古老的农耕方法。以牛耕田地，肩挑臂扛从泥土和山林中换取温饱，一代又一代地过着悠然自得、与世无争的生活。

村前有山泉流淌，村后的山头地角种满纯天然的绿茶和烟叶；农闲时节，村民抽着自制的旱烟、喝着土法炒制的青茶，浓厚的醇香都洋溢在心满意足的笑容里。

如今，村里大多数农户家中还保留着木犁、锄头、镰刀等耕田农具，村头巷尾零散地分布着打谷用的碾槽、石磨以及青石老井。随着时光流逝，井壁长满青苔，碾槽因牛马践踏而残破，石磨上也满是岁月留下的印记。村子四周的梯田种满了稻谷，田间时有留守老人忙碌的身影。初秋时节，稻谷泛黄，走在村中青石小路上，儿时的记忆扑面而来，仿佛时光倒流了20年，与世隔绝的小山村，一切古朴而自然。

村后山岗上长着几十棵高大苍劲的古松。曾有人出高价要购买这些古树，但是村民们坚决不同意，他们宁可过着清贫的日子，也不愿意抛弃这些先辈们遗留下来的绿色财产。古树如同村里的老房子一样，已经成为村民们的精神寄托。

传统民居，沧桑古朴

小漆园村历史悠久，留存有300多年的老屋，鼎盛时期有居民3000多人，20世纪70年代办有高级中学，曾是富甲一方，安耕乐织的风水宝地。

村内传统民居建筑依山就势而建，错落有致，14条青石巷道交错相连，9条泥结碎石小路户户相连。民居具有典型的鄂东特色，就地选取条石、块石、青砖、小青瓦等材料，保留着明清时期的建筑风格，具有基

脚、门过梁、门框立柱、屋面、倒楼、望窗等结构，以及内廊、藻井等排水、采光设施。现存有王氏祠、何氏祠、大屋、藏猫楼等遗迹。

王氏祠是本地王氏家族的祠堂，始建于清嘉庆年间，相传为出生于桐枧冲的敦煌莫高窟的王道士亲自主持设计并修建的。王氏祠面宽30米，进深34米，占地1100平方米，高12米。整个建筑砖木混构，正屋面墙呈八字门楼式，外檐有翼角，门旁立有石牌，一侧有棵须三人才能合抱的古柏树，是目前村中保存较为完好的一座明清建筑，也是麻城市重点文物保护单位。从祠堂残存的檐壁画上，依稀能看到莫高窟壁画的风姿。

大屋，小漆园村的地标建筑。古村分上、中、下垸，大屋位于中垸前面，是一座大型的砖木结构阁楼，高度为普通民居的3倍。头与尾均有三层阁楼，中部是一个空旷的平屋，可容纳千人，相传为何姓族人议事和开展大型祭祀活动的场所。斑驳的墙面上还保留着20世纪的大字标语，灰瓦下的青砖上还依稀可见旧时的戏文图案。整个建筑如庙堂一般宏伟，足见当时何姓族人的殷实和富足。

麻乡约：中国近代最大的民间物流企业

湖北麻城在元末明初时期是"湖广填四川"移民运动的集散地，是几百万川渝移民后裔的梦里老家。千百年来，麻城移民后裔已遍及川渝大地，有"湖广填四川，麻城过一半"之说，每年前来麻城寻根问祖的川渝人士络绎不绝。

曾有川籍何姓后裔来村中寻根问祖，通过对村内古迹的搜寻和考证，在"大屋""藏猫楼"找到了家谱中描述的祖居遗迹，在村头的古井处觅到一面碑石，碑文记述着关于"麻乡约"流传的故事。

"麻乡约"是孝感乡移民迁徙到四川后，与老家麻城保持联络的一种特殊方式。"麻"，指湖北麻城；"乡约"，相当于后来按乡规民约调解乡民纠纷的保、甲长等职务。据史料记载，明代永乐年间，麻城孝感乡迁往四川的移民，因思念故乡和祭祀祖先、续订族谱等需要，相约每年推选公正守信的人作为代表，回老家探亲送信，来往带送土特产，传递亲情，成为麻城"乡约"。

清咸丰年间，麻城孝感乡移民后裔陈洪义，依据"麻乡约"的模式，在西南地区创办了"麻乡约"大型客货运组织——"麻乡约大帮信轿行"，随着业务越做越大，同治六年（1866），在重庆设立民信总局，随后又在成都、泸州、贵阳、昆明等地设立民信分局，服务网点遍布云南、贵州、四川城乡各地，并向内扩展到长江下游各省及京津地区，向外延伸到越南、缅甸。鼎盛时期，"麻乡约"在北京、武汉等大城市也设立了办事机构，由此发展成了中国近代最大的民间物流企业，也是中国最早的邮政快递雏形。

"麻乡约"，这种民间信息沟通和简易物流渠道，使得数百年后的今天，许多祖籍麻城孝感乡的川渝移民后裔，仍然保持着浓厚的麻城文化特征。

小漆园村是麻城"古孝感乡"孑遗深山的"活化石"，时光在此凝驻，传承千年的农耕文明满载乡情，由"麻乡约"带动的亲情传递，至今绵绵不绝。

巴蜀盐道上的小溪村是大聚居、小散居，土家、侗寨特色鲜明的古村落，以小溪河为轴线，依山临水，村寨与自然环境和谐共存，近300年历史的胡家大院古建筑群，始建于清乾隆年间工艺绝妙的吊脚楼群，典型的小河流域农耕文明等，为我们保留了原生态民族文化与生态文化高度融合的典范。

三、小溪古村落，巴蜀盐道上的"文化沉积带"

湖北恩施盛家坝乡西北12公里处，有一个青山环绕，绿水长流的古寨，名叫二官寨。全村总面积34.3平方公里，平均海拔1000米，总人口3020人，下辖5个自然组。这里土地肥沃、植被丰茂、人杰地灵，尤以小溪古村和巴蜀盐道最为著名，历史文化悠久，田园风光旖旎。

巴蜀盐道上的古村落

小溪村是一个大聚居、小散居，土家、侗寨特色鲜明的古村落，以小溪河为轴线，依山临水，村寨与自然环境和谐共存，是原生态民族文化与生态文化高度融合的典范。

小溪聚落的形成，与古时的盐道经过这里有关。巴蜀盐道是土家人的经济命脉和文化传播路线，史学家称之为"中国内陆最重要的文化沉积带"。早在东汉时，四川彭水郁山镇即有盐井开发，与之毗邻的利川、咸丰等地已有少量食盐运销活动。盛家坝是施黔大道要津，紧临利川、咸丰，有两条入川盐道经过或邻近古村，一是从宣恩庆阳坝到放牛场、两河口，经利川入川境；二是从宣恩草把场到十二泉、大集场、巴西坝、黄金

崇山峻岭中的小溪古村落 *摄影 / 万杰*

洞、毛坝，经利川入川。这里原有"店子湾"，就是盐道中途的休息点。盐队由一人带领，二三十人一道，前往云阳等地挑盐回来。

　　巴蜀盐道促进了小溪流域的农业开发，至少从宋、明时期就逐渐形成了居住群落与农耕生计方式，大约在明代开始了较大规模的改田造地，清代垦复，扩大了山坡上的耕地面积，发展了以种养殖为主的农耕经济，形成了小流域的农耕文明。

胡家大院古建筑群

　　小溪村共有胡姓100余户，400余人，占其总人口的90%以上。胡氏于明洪武二年由湖南芷江移居恩施，胡氏第六代祖胡文隆住屯堡乡鸭松溪，生三子：胡枝砚、胡枝秀、胡枝英。后来，三弟兄一起来到盛家坝，胡枝砚落户小溪村，至今已有13代人，近300年历史，留下了珍贵的胡家大院古建筑群。

　　胡家大院坐落于小溪河两岸，由上坝、中坝、下坝三个大院落以及河沙坝、梁子上下河、茶园堡、三丘田等三五户小院组成。这里的坪坝呈串珠状分布，在高山深谷中难得一见，每隔一两里，就有一个大院子掩映在竹、木林中，如串珠相联，星星点缀。房前屋侧良田沃土，山坡上是绿油油的茶园，溪中有供人过往的石跳墩，据当地人说，这些石跳墩至少有一两百年的历史了，再大的水也没被冲走过。

建于清乾隆年间的中坝大院子，是胡家大院建筑群落的核心，当地人称小溪朝门，又叫落脚朝门，是胡枝砚之孙、清时秀才胡永连所建。

大院子原有三进，现有朝门和堂屋，大门口的石阶梯、条石门坎保存完整。堂屋是整个大院的公共场所。朝门是建筑的核心，也是小溪村现存最早的建筑，呈"八字形"，有斗拱，雕饰的木鱼年代久远、栩栩如生，衬托着前伸的挑枋，以承接瓦檐。跨进朝门，依稀可辨三进门楼的轮廓，有石块铺陈的三处天井，院内右侧一栋转角吊脚楼保存有一间火铺，火塘、壁柜、住房等布局完整。朝门前十多米的下方有废弃的水碾，人们曾经从小溪河上游引水下来，靠水的动力在这里榨油。

上坝靠山面溪，以前有一栋四层吊脚楼，第二层安有滴水檐。下坝河对门有4栋6户，组成一个"一正两厢式"的院落，两厢各由左右两栋相联结，使得两边厢房很长，中间的场坝也显得特别宽敞。下坝小河至今仍完整保存着胡氏的神龛神柜。

工艺绝妙的小溪吊脚楼

小溪吊脚楼群始建于清乾隆年间，是恩施少数民族地区古代农耕文明的历史见证，也是土家、苗、侗等南方少数民族干栏式建筑相互融汇又恪守传统的建筑活化石，具有集中居住、次序分明，整体协调统一和单体吊脚楼建筑自成独立空间的特点。

小溪吊脚楼建造工艺包括选材、加工、画墨、凿眼、砍梁、上梁、钉椽皮、上瓦、装屋等，有双吊、单吊、"一"字形、撮箕口、亮柱子等多种样式。土家山歌唱云，"山歌好唱难起头，木匠难起转角楼，岩匠难打岩狮子，铁匠难滚铁绣球"，足见其工艺之绝妙。

由于生活环境、生活方式、语言和宗教信仰的影响，小溪土家古村落形成了自己特有的风格传统，在选址规划、组合布局、外观形制、细部装饰等方面都与其他地域的民居不同，是见证土家历史的实物证据，透过它可以看到当时的社会、经济、生产力发展水平，建筑技术和文化艺术成就。

在到过这里的建筑专家眼中，小溪是古盐道上的村落、胡氏移民村落，是"施州南界"保存完整的聚族而居、发达的小河流域生态文明村落，具有很高的民族历史文化研究和旅游开发价值。

"'温驯'的小河谷地，是人类生活的风水宝地。"（张良皋《匠学七说》）小溪古村落原生态的农业生产生活区，宁静的田园风光，精耕细作的农人，绿水青山之间人文与自然环境和谐共存，充分展示了民族地区的农耕文化特色。完善的道路引排水设置和必备的公共空间，以及比较齐全的工匠作坊，善于利用水资源等特征，说明了小溪村是小流域开发利用模式的典型。现在的小溪村，大院子里也有了第一栋钢筋水泥的平房，修通了环形柏油公路，显示出小溪人对新生活的追求。

然而，如何保护与利用好小溪村典型的小河流域文明，即民族文化资源、生活习俗资源、古老的建筑资源，以及自然资源、传统吊脚楼的文化底蕴等，仍是一项艰巨的任务。

土家姑娘　摄影／万杰

生长在湖北大别山南麓的罗田甜柿又称中国甜柿，比日本1214年发现的最古老的甜柿"禅寺丸"还早180余年，是世界唯一自然脱涩、中国唯一的原生种甜柿。罗田县錾字石村因盛产罗田甜柿精品而被誉为"中国甜柿第一村"，保留有树龄480余年的"甜柿树王"。錾字石村因柿而古老，因柿而富裕，因柿而名扬天下，成为一个人向往之的甜醉乡愁的地方。

四、錾字石村

——中国原生甜柿之乡

罗田甜柿，中国唯一的原生种甜柿

錾字石村宁静地躺在大别山的环抱中，山村虽小，却蜚声中外。使其声名远播的是一种珍稀水果——罗田甜柿，是我国唯一的原生种甜柿，也是世界上唯一自然脱涩的甜柿品种，故称中国甜柿。

大别山南麓的罗田县是鄂东一块神奇的宝地，这里崇山峻岭，沟壑纵横，地势北高南低，山形或缓或陡，海拔从50多米到1729米，奇峰高耸，怪石林立；这里四季分明，阳光充足，雨量充沛，大河小溪川流不息，河塘库堰星罗棋布，地形复杂，气候多样；这里有华东物种丰富、保存完美的原始林和天然次生林；这里是植物的天然王国、物种的基因库，孕育了大别山特有的如罗田甜柿、垂枝杉、大别山山核桃、大别山五针松、大别山冬青、罗田玉兰等400多种珍稀物种，罗田甜柿便是其中的瑰宝。

罗田县三里畈镇錾字石村因盛产罗田甜柿精品而被誉为"中国甜柿第一村"。錾字石甜柿个大色艳，身圆底方，皮薄肉厚，甜脆可口，籽少汁多。它与一般的柿子大不相同，成熟时不需脱涩，摘下来即可生食，甜脆可口、汁多味甜，深受食客们的喜爱。

柿子全身是宝：叶，可制柿叶茶，具通便利尿、净化血液、抗菌消肿等多种保健功能；柿蒂，是一味中药，有降逆下气、清热润肺、生津止渴、健脾化痰之功效；柿霜，乃晒制柿饼时表面析出的一层白粉，具有润肺止咳、生津利咽、止血之功效；柿果，生食清甜，作为木本粮食可加工制成柿饼、柿片、柿酒、柿醋。

一棵柿树半年粮，世代錾字石人都离不开甜柿。金秋十月，走进柿乡，淳朴的村民会端出金灿灿的柿子招待客人；寒冬腊月至五黄六月，十里八乡的亲戚四时八节互相走串，主人家的柿饼、柿片、南瓜子一拨一拨地往出端。

历史上每逢战乱和灾年，柿子是村民的战备粮，随时可果腹充饥，护佑村民一次又一次度过饥荒。对于錾字石的村民来说，甜柿代表着他们的历史、现在、未来，也代表着他们的幸福、健康和希望。

古柿树村，柿乡风水的见证

虽说錾字石村远在大别山的崇山峻岭之中，但在交通发达的今天，也不算偏僻，东有薄金寨、西有蕙兰山、西南有梁敬寨、南有富主寨、北有五峰寨，犹如五指，紧紧地把錾字石村呵护在掌中。据许杨《基于地缘性农业产业化的新农村建设规划研究——以湖北省罗田县三里畈镇錾字石村为例》研究："錾字石村古甜柿之甜在于滋养古甜柿子树的水土。古甜柿子树多分布于富主寨（錾字石村海拔最高的山峰）山北，即山阴之处，最适合柿子树生长，且有自富主寨流下的山泉水顺应梯田形成星罗棋布的池塘，滋养古甜柿子树，故而有了錾字石村甜柿之名。"

富主寨也称佛主寨：此山从南面观之，乃是一坐佛。大佛盘脚打坐，心宽体胖，左手微扬，右手护腹。在大佛怀中，建有一座千年古刹——今古寺，始建于隋朝，原名华严寺，因藏《华严经》而得名。寺藏《华严经》为人工书写，书法极佳。唐贞观年间，李世民巡视江南，在浠水敕封华桂山后来到华严寺，看此处极具佛地气象，超今越古，就题写"今古寺"之名，并手植桂花树一株。自此，华严寺易名今古寺，唐王题匾一直悬挂庙堂，直至"文革"时期与《华严经》一同被毁。

"加油！加油！"——为"挺进大别山"全国自行车比赛的健儿 摄影／周伟

鄂字石人的生活信念中将树作为神来守护。每逢过大年，都要祭祀，祈求五谷丰登、六畜兴旺，尤其是珍稀古树，即便是已经枯死，也无人敢动其一根枝丫；即便枯死的古树挡住道路，甚至危害安全非砍不可，也得焚香祭拜、禀告理由、祈求宽恕。人们对古树的崇拜，客观上也起到了对古树的积极保护作用。

古甜柿树，传承着文化与文明

罗田公元 523 年建县，古属楚国，是风水宝地。这里走出了元末"天完"皇帝徐寿辉，明代医圣"万密斋"，清代京剧鼻祖余三胜、翰林编修周锡恩和近代方志学家王葆心。

罗田鄂字石村至今能够保留有百年古甜柿子树近千棵，其高超的甜柿选育技术、嫁接技术，功不可没。罗田甜柿（鄂字石甜柿）的栽培历史早在南宋以前，至南宋时期已普遍采用高超的良种嫁接繁殖技术，比日本公认 1214 年发现的最古老的甜柿"禅寺丸"还早 180 余年。据考证，嫁接甜柿所用的砧木就有三个树种之多。村中现存最古老的甜柿树树龄 480 余年，也是罗田县的"甜柿树王"，至今依然枝繁叶茂，硕果累累；百年以上的古甜柿树有 1200 多株，随处可见。

我国最早的嫁接记录出现在北魏贾思勰《齐民要术》中，而保存至今的"甜柿树王"，恐怕是记录嫁接历史最古老的"活化石"了。意大利佛罗伦萨大学柿子研究专家丹尼教授去过 20 多个国家，称没有见到过錾字石村这么古老的甜柿树；日本甜柿专家更是多次到錾字石村考察甜柿。

錾字石村古甜柿，一株、一丛、一片、一个群落，从半山腰至山脚，悄然散落。来到这里，仿佛走进了甜柿的原始森林；錾字石村的十几个村民小组，稀稀朗朗分布在三座山的缓坡或山洼，高大壮硕的树木与老屋交互掩映。那黑黝黝的树干，红彤彤的柿果，仿佛一幅幅水墨画。

不论哪个角度，也不论哪个季节，都会有它独特的美。熊家老屋、官帝屋、细松林屋……房在林中建，田在林中种，路在林中绕，人在林中息，村民与甜柿古树息息相关，人与自然相得益彰。

当然，古甜柿树是錾字石的精华，錾字石其他的树种类也很多，爱树、护树、养树是这里人的天性。硕果累累的板栗，五彩缤纷的乌桕，香飘四溢的桂花，碧绿如洗的马尾松，在不同的季节竞显风流。即使在"大炼钢铁"的年代，全县数万棵百年古树倒在刀斧之下，錾字石村人依然抵制住各种风潮，保护了甜柿古树。人树相依，有了代代人的保护，才有古树群落的今天。是人保护了树，还是树保护了人？已难以论究，而天人合一、人与自然和谐共荣才是最好的答案。

古村新貌：传统与现代水乳交融

如今，錾字石村民将甜柿誉为爱情的象征，孕育出独特的甜柿歌谣与小调。乡亲们传唱的民俗歌剧《八音图》，极富地方特色。特制的凤琴（四弦胡琴），拉出绵绵不绝的鄂东风情。《柿子情歌》《抛个甜柿妹怀中》《甜柿熟了》等创作歌曲，表达了柿乡人民的幸福向往。

錾字石人享受古甜柿文化的浸润，又追求生活的卓越。年轻一辈刻苦读书，上大学进技校融入信息时代；农民工也不甘落后，南下北上闯世界。年长的一辈耕种着千年祖田，不离不弃，业余养花种草练练字，他们

柿乡变了样　摄影 / 邱亚林

的根就是那浸入骨髓的甜柿。

　　季节到了，他们就会问：今年的甜柿熟了（意：丰收）吗？2012年12月，第21届全国食品博览会上錾字石村被授予为中国"古柿树村"；2014年錾字石村被中国园艺学会柿分会命名为"中国甜柿古柿树群落"。錾字石村因柿而古老，因柿而富裕，因柿而名扬天下，成为一个人向往之的甜醉乡愁的地方。

长岭关村坐落于鄂皖交界的大别山南麓，自然景观美不胜收，人文典故令人神往，蕴藏着和谐共荣的生命奥秘和连接古今的文化脉络。满山的故事传说古韵悠长，参天古树"根布两省，叶落三县"；民风淳朴，崇耕尚读，地域民俗文化丰富多彩，被誉为"鄂东民俗文化博物馆"。如今的长岭关人秉承楚风吴韵和先人的丰厚遗产，续写着古村的新篇章。

五、长岭关村
——大别山南的民俗瑰宝

大别山像一座迷宫宝库，层峦叠嶂，云雾缭绕，古树参天，深藏着自然质朴、生态和谐的生命奥秘，蕴含着跨越时空、连接古今的文化脉络。

在鄂皖交界之处、大别山南麓，有一座保持原始风貌的古村落——长岭关村。

这里山高林密、植被良好，青石飞瀑、古寨城墙，自然景观美不胜收，人文典故令人神往。

长岭关地理条件优越，距"中国映山红第一城"麻城县城35公里，离"中原第一峰"天堂寨仅25公里。走进长岭关，双脚跨两省，欢声三县闻。"老米酒，兜子火，过了皇帝就数我。"那悠长的古风、昌盛的文风、和谐的乡风，扑面而来，让人不由沉醉在楚风吴韵的温润意境里。

古风悠长——满山的故事传说

吊桥遗址、瀑布飞泉、鸡公化石、猴王奇洞、绝壁台阶、观音古庙、山寨城墙，散布在长岭关的崇山峻岭之间，印证着村落深厚的历史文化底蕴。

这里自古为兵家要塞，"一夫当关，万夫莫开"。春秋战国时期，吴国大军越过此关，与楚军大战龟峰山。明嘉靖中叶，兵备佥事沈龙议建守备府于此；清咸丰九年（1859），湖北巡抚胡林翼谕练绅郑家驹于此建立镇安卡，设卡门1座，碉堡2座，大小炮台3座；清同治三年（1864）6月下旬，太平军、捻军过此，8月下旬攻占长岭关；1947年，刘邓大军挺进大别山，进驻木子店，在长岭关指挥战斗，留下许多可歌可泣的故事。如今，长岭关当年那般气势与雄壮不复存在，但在关口一侧的条形巨石上，乾隆皇帝御笔亲题的"天子万年"几个遒劲大字，成为历史文物古迹；卡门、碉堡、炮台早已被拆除，合武高速公路穿村而过，昔日兵家要塞"天堑变坦途"，成为连接鄂皖两省的新门户。

村前有一幽深山谷名为"吊桥沟"，位于大别山分水岭，"两省（湖北省、安徽省）三县（金寨、麻城、罗田）"交界处。观音岩、麻邑观、猴王洞等人文自然景观分布其间。

"观音岩"岩悬壁峭，岩上曾有一庙，名为"麻邑观"。有诗云："吴头楚尾处，长岭关上山。麻邑观尚在，僧众各东西。"香火鼎盛时期，有僧人300余众。庙内有一块石匾云："先有麻邑观，后有麻城县。"麻城县即今麻城市，建制历史1900余年。远处的蟠桃巨石，观音岩旁如虎头傲立的"虎下巴"大岩石，岿然而立，气势恢弘。

文风昌盛——鄂东民俗文化的博物馆从空中俯瞰，十几个自然村落分布在呈南北走向的四座山脉之间。位于中心的是台子垱，主要是熊氏家族聚居地。青砖青瓦砌筑的农家老屋，几缕炊烟升起，用竹编围成的菜园，土砖搭建的牛棚猪圈，几只土鸡欢喜地在草地打闹着，颇有几分"阡陌交通、鸡犬相闻"的味道。老屋后面有片杉树林，与一座石头砌成的古庙相依傍。这庙叫"楚源堂"，供奉着东义洲熊氏宗祖，已有600多年历史了。当年熊氏先祖初到吊桥沟，披荆斩棘，择地而居，如今已繁衍生息几万人丁，遍及河南固始、安徽金寨等地。

熊、张、王、郑、李、彭等各姓自古以来和平相处、凝心聚力，营造了天时、地利、人和的良好环境，共同推动了长岭关村的繁荣发展。

历史上的长岭关人，重视教育，富而张儒，仕而护贾，形成官、商、学一体的文化形态。村里殷实人家均有设家塾（族塾）的传统。据《熊氏族谱》记载，族人通过科举考试入朝为官者达30余人，出了2名进士、

长岭关特色民居　摄影／胡正平

5名举人、23位秀才，这对一个地处深山的小村来说，实属罕见。至今，村里还保留着尊师重教、崇文尚学的优良传统，仅2015年村里就有13人考上了大学。

村风淳朴，民心憨厚，民俗文化丰富，堪称"大别山地区民俗文化博物馆"。长岭关村"采莲船""舞狮子"等民间习俗传承至今。

采莲船，又叫"划彩船、跑旱船"，是大别山人民群众为模仿驾船采莲而创作的一种传统歌舞形式。每逢春节的初一至十五，采莲船与舞狮子、锣鼓队一行几十人的队伍，浩浩荡荡，沿村串乡拜新年，边舞边唱，成为村里的传统节目。表演队伍出入由锣鼓、灯笼开道，场面壮观，每到一户人家，都要鞭炮相迎，十分热闹喜庆。所到之处，锣鼓声、爆竹声、祝福声不绝于耳。

每年的元宵节，往往是舞狮达到高潮的时刻。表演队伍在人们的前呼后拥中开始逐家拜年赐福。村南头的第一家，用一个"轰天雷"大礼炮迎接狮子的到来。

"采莲船哪，哟哟，送金言哪，呀嗬嗨，祝愿家家，呀儿哟，年胜年哪，划（儿）着。哟哟，呀嗬嗨。年胜年哪，划（儿）着……"在采莲船一唱众和的热烈表演后，舞狮开始了。狮子随着锣鼓声起舞，时而上下跳跃，时而摇首翻腾，时而前足凌空跃起，扑闪着两只大眼睛，引得众人声声叫好。

狮子在院子里舞了几分钟后，径直蹦跳来到主人家大厅堂，热闹非凡。百兽之尊的狮子，以其雄伟、俊武、威严、勇猛的形象，为山村的人们驱邪镇妖、保佑人畜平安，祈望着生活吉祥如意。

老米酒、吊锅是村里最有特色的传统饮食。吃老米酒、吊锅，是村里人迎接亲朋好友的隆重礼节。走进农家小院，一圈人围着火塘而坐，中间一个吊锅咕噜咕噜地冒着香气，其味甘醇、其乐融融。

吊锅的传统制作方法：在传统的罐钩铁锅里，分层次铺上炸豆腐、干野笋、腊猪肉、腊鱼、腊野猪肉、腊野羊肉、干萝卜、土炸鸡蛋、盐辣椒，然后辅以青菜、香菇、豆腐、千张等配菜，用木柴明火或炭火一锅煮，火候一到，色、香、味俱全。这种制作方法展示着大别山饮食文化的沉淀，抚育、影响着一代又一代的长岭关人。

"老米酒，兜子火，除了皇帝就数我"，这是村里一直传唱的歌谣。老米酒必须采用天然金银花作酒曲，以纯优质原生态糯米、当地天然矿泉水、名贵中药材为原料，经过摊凉、拌曲、装缸、加水、密封等纯手工酿制工序。原浆发酵后，经反复沉淀过滤形成米酒原汁，口感甘醇、色泽清亮、香味浓郁，集营养保健于一体，被誉为"麻城一宝"。2010年，麻城"木子店老米酒"获国家地理标志产品保护；2013年，麻城东山老米酒酿造技艺入选第四批省级非物质文化遗产名录。

古树参天——自然的历史标记

长岭关村有30多棵古树散落在村落的山岗与田野之间。在与安徽金寨及湖北罗田交界的"鸡冠石垴"山顶上，有一棵千年古树，"根布两省，叶落三县"，枝繁叶茂，根基广布，被当地村民奉为神灵。

相传，有一财主建房，准备砍伐这棵大树做房梁。村民们不愿意，告

千年古树，"根布两省，叶落三县" 摄影／南春友

到县官那里。县官认为，砍掉山上一棵树建房，不必阻止。村民说"树大不能砍"，县老爷说"事小不用管"！正当村民着急之时，一位秀才站出来说，"明日你们再去见县老爷，就说这棵古树'根布两省，叶落三县'，看他管不管"。第二天，村民把秀才的话带给县老爷。他大惊失色，连忙亲临山顶，一探究竟。只见这棵树，高大挺拔、枝繁叶茂，如何惹得起。遂召来财主，严词训斥，并要财主砌围护树。秀才一句话，使古树得以保存下来，虽历经风霜，然至今完好。

在吊桥沟的上山处，还有2株千年古柏，像两把巨大的绿伞，巍然屹立，述说着岁月的故事和生命的灵性。

此外，村里树龄百年以上的松树、槐树、枫树、桂花树、柏树、银杏树等有100余株。春华秋实，四时异果，增添自然美景，丰富了人们的生活情趣。夏日在石栏上纳凉，冬日在山岗上晒太阳，好一幅乡村娱乐休闲的美丽画卷，令人顿生欣羡和留恋之情。

好山好水——生态优良的桃源美景

承接先人留下的丰厚遗产，长岭关村在全省率先成立了"长岭关村生态体验游专业合作社"，以"保护原生态环境、谋求村民共同富裕"为宗旨，实行统一经营、统一管理、公司化运作。

沿吊桥沟河道逆流而上，戏水、登山、参观古城墙、攀登观音岩、探险大森林；走访各个村落，采风民俗、瞻仰古迹，住农户家，吃农家饭，尝农家土特产，体验农家生活，感受农耕文化。"吃、住、游、玩、娱、购"一条龙服务，带动全村特色农产品和旅游业的发展。

如今的长岭关村正合着"美丽乡村"的建设步伐，不断加大农村清洁、环境综合整治等工程建设力度，使这里的山更青、水更秀、天更蓝。生态探险、农家体验，正如火如荼地进行着。一个原生态、古朴、魅力的长岭关，正在掀开她神秘的面纱，迎接世人的瞩目……

板梁古村背靠象岭平展延伸，九山河绕村而过，双龙泉从村后涌出。村前七层古塔、石板古桥，三大古祠绵延排列 3000 余米；村内庙祠亭阁、旧私塾、古商街、古钱庄，170 多栋青砖墨瓦古建筑，雕梁画栋、飞檐斗拱，叹为观止。人与自然的和谐、人与人的仁爱，是祖先传承给板梁人的厚重的人文精神。

六、板梁，湘南第一村

板梁古村位于湖南省郴州市永兴县高亭镇境内，始建于元末，鼎盛于明清，距今有 650 多年历史，是典型的湘南宗族聚落。全村同姓同宗，为汉武帝刘氏后裔。先民由江西迁入。

古村建筑充分运用中国传统风水学原理，展现江浙一带的徽派建筑神韵和南粤客家建筑文化，依山就势，天人合一，布局紧凑，浑然一体，展现出规模宏大、布局精巧的古建筑风格，保存了中华汉民族家族式原生态古民俗风情。

板梁古村被评为第七批全国重点文物保护单位、全国首批特色景观旅游名村、第五批中国历史文化名村、第一批中国传统村落、湖南省农业旅游示范点、第九批湖南省省级文物保护单位、湖南特色旅游名村等。

建筑文化

板梁古村蕴藏着中国古老的宗法仪式、儒学传统、风水观念、哲学意识、建筑技巧、生态原理等，被誉为规模最大、保存最全、风水最好、文化底蕴最厚重的"湘南第一村"，现存明清时期古建筑 170 多栋。

以宗法思想为中心的宗祠格局。鲜明的宗族结构，以宗祠为核心。宗

板梁古村　*供图／湖南省林业厅*

祠是全村的建筑中心和政治文化中心，牌坊、私塾、公厅、民居，长幼有序，内外有别，单房成栋，集结成村，高低错落，大气磅礴。

板梁古村落布局为典型的部落式建筑群体，由上、中、下三个宗祠为核心的三个建筑板块组成三大群落，分上、中、下三大房系。三个宗祠内的敞开式大天井，宽畅明亮，形成天地一体的视觉效果，体现了天人合一的文化理念。至今完好的三处宗祠，气势恢宏、庄严气派，由于其为礼制建筑，因而格局严谨，形制完备，正厅、内院、朝门、前堂、半月明塘依次发展，古厅建造数百年来从不生蜘蛛网，为世上少见。

私家厅是祖厅文化脉络的延续和发展，众多的私家厅在秉承祖厅文化主旨的范畴内，其建筑样式和风格各具特色，各有千秋。

以社会文化为底蕴的古朴建筑。板梁古村落宛若一个浓缩的近古社会。文峰古塔、古庙宇、私塾、古商街、古钱庄、古驿道、古箭楼、古凉亭、古戏台等，至今留存一定的文化功能和影响力。凸显地区特色的马头墙，造型昂扬而不张狂，弯曲而不柔弱，大气、稳重、圆融、内敛而又刚强，近观远望都令人肃然起敬，心潮澎湃。

走进古民居，目光所及，翘角、檐口、门罩、窗罩、梁、柱、枋、门、窗、门楣、门槛等，装饰全面；木不加彩，以物雕物，人物花鸟山水栩栩如生，透露着湘南水乡独有的清秀灵气和浓浓的乡土情趣。

每一栋古民居均以一个个院落为中心：四墙封闭，飞檐翘角，大门小窗，清淑雅致，中轴对称，四角设房，中设天井，以通风、采光、聚气、排水，人们围着天井起居，在密集的居室中起到了空间的延伸和生命与自然的贯通。"坐井观天"说的就是天井。"四合"天井式民居很像"昌"字，象征着家庭富裕昌盛。民居建筑模式程式化，以人为本，强调人与环境的和谐关系，契合平静与中庸。

一栋古民居建筑就是一座艺术宝库。整个板梁古村落就是一座文学艺术的殿堂。板梁古村落建筑的文学艺术体式丰厚，题材广泛，手法多样。墙显原色，木不加彩，朴实、美观、大气。石雕主要装饰在转角泰山石、门槛、门墩、柱座、天井等处；木雕主要装饰在门罩、梁、柱、窗扉等处。

民居檐饰彩绘、砖雕木雕、灰墙黛瓦，隐现出村落昔日的辉煌。多采用浮雕、透雕、圆雕和镂空雕等工艺技法，将戏剧故事、山水、花鸟、人物应用到建筑装饰里，赋予其深刻的思想内涵和象征意义。门联窗匾、诗词书画、窗镂穿花……处处散发强烈的文学和艺术信息，形成了"一巷一道风景，一厅一部史书"的文化现象。

以自然生态为基调的村落布局。板梁古村落的建筑选址于山水之间，造型师法自然，巷道、溪流、建筑、清泉布局紧凑通融，村落空间变化有致。

遵循"枕山、环水、面屏"的理想风水模式，其布局构成了采光通畅、通风流畅、排水顺畅的科学民居体系，自古就有"雨雪出门不湿鞋，设客五十不出厅"之誉。还蕴含着仿生理念。贯通村庄的青石街、麻石街，北起接龙桥，南至双龙泉，好似大象的呼吸和消化系统。"一步踏五街"，五街就是五行，金木水火土；五街就是五常，仁义礼智信；五街就是五福，寿富康宁德。从内到外发散辐射成五街，奔向四面八方，从外到内凝成一点；又如"象"的心脏紧连着动脉和静脉血管。纵横交错像迷宫一样的巷道，又如"象"的遍身血管。松风私塾和望夫楼则强化了"象鼻"的形势。加上三个祖厅的青石大门墩都有浮雕大象图案，"象"好似板梁古村落的图腾。

漫步板梁错综复杂的巷道中，领略到明代古民居的时间魅力和建筑所呈现出的沧桑韵味。板梁古村落的恢弘建筑，以物象记述着其绵远的历史。

历史文化

板梁古村地理环境优美，文化底蕴深厚，是一处具有综合文化价值的典型性的湘南古村落；又因共和国开国大将黄克诚为响应湘南起义领导了"板梁暴动"，更增加了板梁古村落文化的色彩和价值。

板梁村是原金陵县的重要集镇，也是桂阳、耒阳、常宁往返的商埠之地，是当地刘姓聚族而居的典型的湘南宗族聚落，人杰地灵。这里保存着始修于明朝上半叶、当地最早纂修族谱姓氏的谱牒资料。据族谱记载，从板梁迁徙开发的刘姓村庄有400多个，约8万多人，在历朝为官者数百人，历史底蕴厚重。《永兴县志》（1993年版）记载："宋名臣刘式的后裔。其远祖世居江西吉安泰和县之鹅颈塘。"板梁古村落众多厅堂大门上写有"彭城第""校书第""燃藜第""太乙第""墨庄第"或"墨庄"等有关刘氏源流的堂号，亦可见其历史之绵远。

宗教文化

板梁古村流传着"先有庙，后有村"的说法，宗教文化与板梁古村共生共长。每年的中元节，板梁古村都要举办一场盛大的"盂兰盆会"，以安亡魂。其宗教建筑之势，更能彰显宗教文化在板梁古村落的地位。

"先有庙，后有村"说的就是村口的城隍庙。城隍庙之上是儒家教化之所私塾，村北建有道教道场琼林观，村南建有佛教道场福兴庵。形成了"北道南佛"，庙观鼎立的格局。琼林观毗邻接龙桥，与城隍庙仅隔一河，香烟可融，声音相闻。福兴庵建在村南约300米远的独立小山处。几百年来，庙观里晨钟暮鼓声和做佛事道场的祈祷声、私塾中的读书声，一直浸润着板梁古村落的人们。

民俗文化

华夏民族是一个以农耕文化为主的民族，其民俗文化具有浓重的农耕文明意蕴，尤其在传统节日方面更明显。板梁古村落沿袭了汉民族传统节日主流文化，与周边乡村共同衍进，形成了一些地方元素，这些融入了地方特色的传统节日文化已成为他们生活中的重要组成部分。

板梁古村落现有原住民近2000人，大多数仍保持着世代沿袭的纯朴生活状态，保持着浓郁的乡土民俗文化。古朴多彩的婚丧嫁娶、亲朋往来、拜神祭祖、寿辰添喜、健身虫茶和喜庆古宴板梁十大碗餐饮习俗等，共同构成了板梁古村落丰富多彩的乡土民俗文化元素；民俗"周礼古宴"将礼仪、音乐与饮食融汇一体，着古装、唱周礼、行酒令、奏民乐，更是民间周礼的典型代表。"舞神狮""舞火龙""演故事"等其他民俗，蕴涵着厚重的湘南民间古文化，被誉为"湘南民俗民居博物馆"。

文化传承与保护

板梁古村有元末至明清的传统建筑300余栋(处)，至今保存有170处，其中保存较好的占74%。古村的历史建筑和文物保护单位占地2.44公顷，建筑面积达3万余平方米。

板梁古建筑群被湖南省人民政府公布为第九批省级文物保护单位，其中有红色革命旧址3处。村中的宗祠被国务院公布为第七批全国重点文物保护单位。这些历史传统建筑中有反映地方建筑特色的府第、祠堂、书院、寺庙等；有特色鲜明的古塔、古桥、古井、月亮塘；有形态完整、传统风貌保持至今的历史街巷达59条，共计3236米长。

自2004年开始，永兴县人民政府投入数百万元资金，用于板梁古村的保护、开发、利用。特别是近年来，陆续成立"永兴县板梁古村保护领导小组"，出台《永兴县历史文化名村历史建筑保护管理办法》，编制完成

《永兴县高亭镇板梁古村保护规划》，并将《历史文化名村保护法规宣传手册》发到每个村民手中，为各级文物保护单位建立保护档案，为164处传统建筑挂上保护牌，加强了保护工作的执法力度。

板梁古村如同一部历史书卷，人与自然的和谐、人与人的仁爱，是祖先传承给板梁人的厚重的人文精神。

贤公宗祠　*供图/湖南省林业厅*

雷公井村历史久远，神农教耕于禾仓时，炎黄九族中的丙族曾在此搭建茅屋居住，时名"燕子衔泥"。古村落遵循"枕山面屏"的风水模式，是中国传统风水学的典型代表。民居建筑群由堂屋、大屋、四合院三种古民居组成。重教兴学、人才辈出，被列为省级传统村落和市级嘉禾伴嫁歌传承基地。

七、雷公井
——千年"喜鹊屋"

雷公井位于嘉禾县珠泉镇境内，村落西靠蓝岭山，东朝九老峰，辖雷公井、竹山脚、高树脚 3 个自然村，总面积 1.4 平方公里，居民 252 户、1136 人。

"燕子衔泥"来的古村

雷公井村历史久远，神农教耕于禾仓时，炎黄九族中的丙族曾在此搭建茅屋居住，时名"燕子衔泥"。公元前 4700 多年前，炎帝神农氏来到嘉禾九老峰一带，在丙穴山洞前偶得一禾九茎的"嘉禾"，于是教民耕种。雷公井一带因为地势平坦、水源充足、气候适宜，成为神农教民耕种稻谷的风水宝地。四库全书《衡湘稽古》记载："嘉禾故禾仓也。炎帝之世，天降嘉种，神农拾之，以教耕作，于其地为禾仓，后以置县，徇其实曰嘉禾县。"

据史书记载，1429 年初春时节，雷公井村先祖嗣应公从嘉禾古城禾仓堡翻过山路，来到晋屏山下的一处开阔之地放鸭，然后在一座小山边搭起茅屋定居，取名喜鹊屋。屋刚搭好，空中便雷声隆隆，不远处的塘

边，一湾泉水随着雷声汩汩而出。此后，应公每天在此取水，故名曰雷公井村。

　　雷公井村始于明朝建文至明朝永乐年间，古村落初具规模于明末清初。100 多年前，雷公井村人规划建造了 5 个整齐有序、气势宏伟的徽派建筑群，共有建筑 90 多栋，总面积达 4 万平方米。如今，传统古村落及其建筑形成了连片保护、相对完整的保护格局，保存完整的传统建筑有 86 栋，占地面积 2.3 万平方米。村民们于 2016 年 7 月设立应公堂，感念先祖恩泽和懿德，传承先祖创业创新精神。

"枕山面屏" 的村址风水模式

　　雷公井古村落是中国传统风水学具体应用的典型代表。雷公井古村选址遵循 "枕山面屏" 的风水模式，古村后山龙脉源自南岭山脉，村落整体背山朝阳，随坡就势，藏风聚气；面临千顷良田，视野开阔，突显中庸仁和之度。村落依清泉而建，水绕村而流，可获得光照、灌溉、洗涤、防火等便利。村落选址于山水之间，结构与造型师法自然。巷道、溪流、建筑、清泉布局紧凑通融，村落空间变化韵味有致。这种具有浓厚的中国传统环境 "风水学" 模式，体现了崇尚自然、"天人合一" 的人文格局。

雷公井村是古民居集中区域，基本连片，浑然一体，保存完好。村前古祠排列，村内86栋明清古民居浑然一体，坐西朝东，规模宏大；亭、阁、古私塾、古居宅院建筑保存齐全；茶马古驿道穿村而过，板桥、古井、石板路、供排水等布局机巧，自然天成；3000余米的石板路铺设鹅卵石，连通大街小巷，每条巷道都有2—4米，路旁均有排水沟，给人们的生活提供了方便。

村落建筑为典型的湖南民居建筑群体，由堂屋、大屋、四合院三种古民居组成。结构简单、节约，装饰色调素雅、淡秀。村落内古建筑大多为砖墙、木梁架和青砖铺地；建筑材料多为本地木材和砖石，属生态环保型低能耗建材；房屋以木构架招梁式、穿斗式为主，内部分隔多为木板壁、木屏门、木隔扇，房外屋内均镶嵌着各种雕刻，有双龙戏珠、飞鸟翱翔、狮子滚绣球等，栩栩如生，凸显出了湘南古村落人居环境营造方面的杰出才能和成就。

古民居设计或长方形、或正方形，两边房屋相对，大小、形状、排列对称，高大宽敞，明亮。多以四合厅屋、六合厅屋为主，现保存完好或基本完好的有26栋，大部分建于明崇祯至清光绪年间，是一种穿越时空的历史记忆。可谓"阳光普照古墙垣，画栋雕梁飞翘檐。青石铺就千秋业，赐于后裔济前贤"。2016年，该村被列为全国传统村落。

重教修身，福佑后裔

土肥水好爱神农，重教轻庠百代功。
古道遥遥通两广，商花绽放满堂红。

嗣应公重视后辈的学习教育，认为读书可以端正品行，可以养成明君臣父子之伦、重仁义礼智之性。应公祠建于清咸丰年间，后来族人把它作为私塾，又改办学校。在重教兴学浓厚氛围影响下，嗣应公的后代有很多读书成才的榜样。

民国时期，雷公井村考入黄埔军校7人，李焕之考入黄埔第2期，曾与周恩来总理共事；李从其考入黄埔第6期；李智生1940年考入黄埔七分校17期，曾参加豫西会战并立下战功；李礼成在1948年锦州战役中牺牲，为革命烈士。

雷公井光荣的革命传统

嗣应公后代秉承先祖教导，诚实忠厚、仁慈友爱、嫉恶如仇、勇于斗争。

近代以来，辛亥革命前后，雷公井村民出钱出人支持革命。村民李国柱，受孙中山委托，在嘉禾组建军队，收编"绿林"；村民李光芹曾任军需长，筹备大批银两供革命作军费。

孙中山组建黄埔军校，村里有志青年积极报考。黄埔军校第2期、6期、17期、18期，都有雷公井村民入学。黄埔军校毕业的雷公井人，大部分参加过抗日战争，为国流血流汗。第一次国内革命战争时期，雷公井村李光蕙等人参加农民运动的组织工作。"四·一二"反革命政变后，雷公井村李光太等人被国民党反动派杀害。

1934年8月，任弼时、萧克、王震率领的红六军团经文家、甫口向蓝山进军，在八角亭、雷公井村等地停留，村民箪食壶浆迎接，村民李启芳等人还给红军当向导。同年11月，红一方面军第三、第八军团与国民党李云杰部激战，李昌培等村民冒险给红军送粮送菜、抢救和掩护伤员。抗日战争爆发后，全村当兵打日寇的有10多人，其中为国捐躯有名有姓的7人。

有诗赞云：

山村秀水育精英，厚道农民龙虎腾。

粪土王侯埋旧制，先人事业树常青。

伴嫁歌习俗流传至今

嘉禾伴嫁歌是汉民族婚姻嫁娶活动的一种表现形式，是目前汉民族保存最古老、最具有特色的艺术之一，2006年被列入第一批省级非物质文化遗产名录。

雷公井是千年古村，也是典型的民歌之村，伴嫁习俗历史悠久，伴嫁歌堂名闻全县。这里的伴嫁歌经祖辈口耳相传，沿袭至今，妇女们随口就能唱诵几百首；更设伴嫁堂，以情景再现方式，致力传承省级非物质文化遗产嘉禾伴嫁歌舞，弘扬嘉禾传统优秀民歌文化，旨在为"文化嘉禾"建设作出应有贡献。2015 年，雷公井村被列为湖南省传统村落和郴州市级嘉禾伴嫁歌传承基地。

《嘉禾县图志》有《礼俗篇》记载婚礼甚详："凡女将嫁前数月，不逾阃，深闭畏人，谓之宁乐娘……"在嘉禾凡嫁女的人家，伴嫁时唱伴嫁歌、跳伴嫁舞都是要连唱两晚。第一晚坐歌堂伴嫁，唱短歌、耍歌，半夜即散，叫"伴小嫁"；第二晚上半夜唱"耍歌"，下半夜唱"长歌"，直唱到次日见天光，叫"伴大嫁"。天光时分跳伴嫁舞，而后是"哭嫁"与"送嫁"。

伴嫁歌，全由女性用嘉禾方言土话唱诉。旋律阴柔、凄美；曲调结构灵活多变，广用衬词、衬调。节奏丰富，除了强、弱的二拍节奏外，还有哀怨凄美的三拍子（如《半升绿豆》），值得一提的是"强、弱、次强、弱、弱"的五拍子（如《日头出来晒杨家》），这种五拍子的歌很典型地展现了女性阴柔的特质。调式上多采用"羽调式"。演唱形式多样，伴嫁歌、伴嫁舞自有一套完整的表演程式：独唱、齐唱、轮唱；边说边唱、边舞边唱（伴嫁歌舞）、边骂边唱（骂媒歌）、射歌（拉歌）、一领众和等。

嘉禾人民在劳作时爱唱歌、会唱歌，现在收集的民歌有 3000 多首，仅伴嫁歌就有 1300 多首。而嘉禾民歌的故事和内容，既反映了嘉禾独特的婚庆风俗，更折射出了劳动人民不畏艰辛、创业创新的精神。

八、岜沙，一个演绎"人树合一"的苗寨

天地与我并生，而万物与我为一。

————《庄子·齐物论》

人说月亮山像一座迷宫宝库，层峦叠嶂，云雾缭绕，深藏着崇尚自然、人即是树的生命奥秘；人说都柳江像一条银丝飘带，清亮纯美，逶迤曲折，蕴含着跨越时空、链接古今的文化脉络。

让我们一起走进岜沙苗寨吧，透过山边那片古木参天的树林，撩开江畔那团轻若面纱的晨雾，沿着通向村寨的那条小路走去，你也许能从族人的言谈笑语中，从人与树的窃窃私语中，从庄严的祭拜与简朴的过程中，从狂野的舞步与欢快的节奏中，感悟生命的尊严，认知生存的力量，体味生活的平和，解读生生不息的密码……五月，黔东南最美的季节。我们走进从江，走进岜沙苗寨。

生命树下

一声枪响、一曲芦笙、一条青石板路，岜沙苗人用独特而隆重礼节把客人迎进了寨门。村里的青年导游滚水格告诉我们，苗寨有很多迎宾礼仪，比如歌舞、敬酒等等，而保留最完美的莫过于岜沙的鸣枪礼。作为中国最后的枪手部落，而今鸣枪，一来为来客接风祈福，二来向寨民传递迎

岜沙世袭苗王滚内拉的生命树　摄影／蔡登谷

客的信息。既如此，那就入乡随俗吧！

"岜沙"（汉语拼音为：basha，当地苗人读：biasha）苗语意为"草木茂盛和繁多的地方"。

步入村寨，眼前绿荫华盖，越往前行，林木越茂盛，唯有林间那条小路，逶迤曲折，指向密林深处。

过了寨门，一股清风迎面扑来。在一片林荫地，小滚停住了脚步，伸手向我示意：路侧的那片树林，有一棵象征岜沙世袭苗王滚内拉生命常青的木荷树，苗语尊称它为"杜霞冕"，即"生命树"。顺着手指的方向望去，不远处果真有一棵大树，合抱之围，通直挺拔，俨然像一尊威武的护佑神，矗立村口，陪伴和庇护着他的子孙。

在岜沙，自古就有树木崇拜的习俗。

树种选择也有讲究，一般选择樟树、杉木、木荷、杨梅、马尾松、锥栗等常绿树种，作为村民共有的常青树、消灾树、爱情树等，而村寨里每个人也都有属于自己的生命树。你看，生命树下摆放着密密麻麻的草标、香棒，那是祭拜者留下的虔诚标记。

每逢村里有啥喜事、或难事，寨老会到生命树下点燃三炷香，或与苗王分享，或留下祈愿；村民有啥心事，可以到树下倾诉；谁家孩子病了，就到孩子的生命树下祈祷；就连年轻人相亲恋爱，也会到村边的爱情树下表白，让树见证爱情的忠贞不渝。说了、做了，心情就舒坦，忧愁就驱散，病痛就缓解，婚誓就久远。

也许有人会说，都进入现代生活了，还那样迷信、愚昧……其实不然。恰恰是这种流传千年的民间习俗与朴实信仰，成为连接虚无与天德的桥梁。这种真情的流露与表达，情感的寄托与诉求，凝聚了岜沙苗人对生命价值认知与处置方式的智慧。这种在岜沙人心目中至高无上的自然崇拜，甚至超越于族人自身。信仰的力量是无穷的。有时理想与现实往往只是一步之遥，跨越了就超脱，赢得前行的力量和信心。

纪念亭前

沿石阶复行百余步，绿荫间偶见一亭，亭呈八角，飞檐挑梁。亭正上方横额书有："敬献毛主席纪念堂——香樟纪念亭。"虽已年久，两行楷书仍清晰可见。亭中陈列着一段树根，被木栅栏围着。栏杆前悬挂一块刻有"树神"字样的木质牌位，地面放置一个长方形香槽。显然，这是供游客烧香祭拜的地方。

小滚站立亭前，扬起手臂，庄严地讲述了古樟被征用的情景：那年，当全寨村民得知北京要征用这棵被岜沙苗人奉为神树的千年古香樟树，一时间，去与留两情难舍。最后寨老以"树身献京，树根留村，建亭纪念，永世流芳"的话语心声，说服了自己和全寨村民。

砍树那天，岜沙人没有一个在现场。直到运古樟树的卡车渐渐远去，全寨人这才聚拢到村口，长跪于古树根旁，以最隆重的礼节，为敬献樟木进京送行，也为留下的那段神树之根行礼祭拜。当时，不少乡亲流下了眼泪……这件事不胫而走，感动了北京。不久，便拨来两万元专款，资助村寨在古香樟植根处建一座纪念亭。随后，村民们将树根小心翼翼地刨起，置于亭中供奉至今。小滚的讲解虽寥寥数语，却表达了岜沙苗人发自内心的虔诚与祈祷。

古树名木是不可再生的自然人文资源。每一棵树、每一个群落，都有它特定的历史环境和人文故事。从生态意义上，它不再是一棵普通的植物，岁月沧桑早已在它的年轮里录入了这方土地寒来暑往的科学数据与信息密码，成为解读自然变迁的实物依据与地理标识。从文化意义上，它已成为古树根植地一个自然与人文交融的鲜活载体，一段心旅历程与历史故事的实物见证，成为一方百姓情感与生命延续的精神寄托，一部记录人与树依存关系的无字档案。然而，正是出于对人民大救星的崇敬与拥戴，出于对千年古樟的那份难以割舍之情，岜沙人才做出"献树留根、建亭纪念"的凡人善举。在那个年代，全国为建造纪念堂捐献珍贵木材的地方何止一处，而为古树建亭纪念的可能仅此岜沙。

回转身，我抬头仰望匾额，再凝视眼前那段卧似虬龙的古樟树根，不由得深深地鞠了一躬，再继续沿路前行。

人即是树

沿路前行，路边并不起眼的苗寨吊脚楼，便是岜沙苗族文化民俗馆。全木结构的苗家民居，几十平方米的建筑空间，二层楼道上站的人多了，显得有点拥挤。好在这栋吊脚楼地势高，通透性好，视野宽阔，站在廊道的栏杆边，举目四望，农舍村景一览无余。木墙上悬挂着一幅幅展示岜沙苗人树葬传统的图片，连同村寨里的一幢幢民宅、一棵棵大树，还有那块祖先落寨时放置的"祖母石"，都在向人们诉说着"人与树"相互依存的关系。

我陷入了沉思……

在岜沙人的心中，"人即是树，树即是人"。树木陪伴着他们生命的全过程！村里谁家孩子出生了，父母会在村边空地给孩子种上一棵树，或到山上种上一片林。从此，这棵树、或这片林，便与孩子一生的命运紧紧维系在一起。树长得越茂盛，孩子成长就越健康、越成才。孩子有喜事，父母会带他到小树（林）边悄悄说上几句，与他的生命树分享喜悦；孩子有病痛或灾难，父母同样会带他到小树（林）边祈求平安，消灾除病。孩子长大成人了，少不了常去看望象征他生命的那棵树。当他百年之后，家人会砍下他出生时种下的那棵树，取其中段，剖成四瓣，保留树皮，将其遗体包裹起来，用自家晾晒稻谷的禾秆（岜沙人视"禾秆"为连接生死两界的桥梁）抬到密林深处，头朝东方掩埋，随即在他的安葬地再种上一棵树。这棵树便成了这个人的常青树。

千百年来，岜沙人用如此神圣而简朴的习俗与礼仪，演绎着"生前树养人，死后人养树"的故事。在岜沙，没有坟头，没有墓碑，唯有一棵棵常青树，诉说着生命永恒不息。在这片古树林立的村寨，在那座万木葱茏的山头，若把它连接起来，村域便成了一座庞大的陵园，而一棵棵树木便成了人的化身。这里，不分尊卑长幼，不分先辈后人，全都在村寨、山头的土地上盘根错节地聚集在一起，共同续写着沾满露水、伴着鸟鸣的家谱和村史。村寨从这里生成，生命从这里起始；同样，村寨又从这里伸展，生命也从这里延续。循环往复，生机盎然，看得到起点，却没有终点。

岜沙举行的葬礼，没有悲哀，也没有追思。举目四望，见哪棵树长得高，身边老人就会说：某人他爷啊，如今还壮实着呢。

又见一棵老树挂满藤花，有人会说：它呀，历来有女人缘，都四代了，年年身上都缠满了花。

如果见一棵树快枯死了，他们会说："喔，它老死了，就让它自己倒下吧。"

岜沙人用古老而朴实、平静而简洁的树葬习俗和表达方式，向人们诠释着深奥的生死观。既然灵魂与躯体已同山川树林浑然一体了，又何来生死？"死去何所道，托体同山阿。"陶渊明《挽歌》中所描述和向往的，也许正是这样一种境界。我陷入了沉思……

古老传说

"我们是蚩尤的后代。""枫木是苗族的先祖神灵。"这是我走进岜沙，应该说走进所有的苗寨，最常听到的话题。蚩尤、枫香，与眼前这片苗族聚集地有着千丝万缕的联系。小滚告诉我，岜沙苗人是蚩尤第三个儿子的后裔，即苗族百余支系中黑苗的一个分支。语气中蕴含几分自豪与悲壮。

提起苗族崇拜枫木的习俗，那要从 5000 多年前发生在中原的那场战争说起。相传蚩尤善战，"制五兵之器，变化云雾"，"作大雾，弥三日"，黄帝"九战九不胜""三年城不下"。《鱼龙河图》载黄帝"不敌"蚩尤，"乃仰天而叹，天遣玄女下授黄帝兵信神符"，借助"九天玄女"之神力方才取胜。蚩尤被黄帝擒获后，戴上了木质刑具桎梏（锁脚的部分叫桎，锁手的部分叫梏），从今河北涿鹿县至山西运城中条山北麓，近两千里路的长途押解示众，权杖异心归附。据《山海经·大荒南经》记："有宋山者，有木生山上，名曰枫木。枫木，蚩尤所弃其桎梏，是谓枫木。"蚩尤最终被"身首解割"。《孔子三朝记》："黄帝杀之（蚩尤）于中冀，蚩尤肢体身首异处，蚩尤血入池化为卤水，则解之盐池也。因其尸解，故名为解。"（此后长达千余年，运城一带被称"解州"，"解"读音同害：hai）沾满蚩尤鲜血的桎梏被行刑者取下弃之山野，化成一片枫树，如血似火。自此，枫香树便成了蚩尤的化身。而在蚩尤倒下的地方，出现了一个湖泊，水呈血色，味咸。宋代科学家沈括《梦溪笔谈》有记：解州盐泽，方百二十里，久雨，四山之水悉注其中，未尝溢。大旱，未尝涸。卤色正赤，在阪泉之下，俚俗谓之"蚩尤血"。这段古老而遥远的传说，连同蚩尤的后裔——三苗九黎部落，在无数次战争、瓦解和驱赶中，经历了自北向南、自东向西的五次大迁徙。据《尚书·舜典》记载："流共工于幽州，放欢兜于崇山，窜三苗于三危，殛鲧于羽山。"正是记录了这段难忘的历史。在各地苗族古歌的传唱里，常有"日月向西走，江河往东行。我们的祖先啊！顺着日落的地方走，跋山涉水来西方"的诉说，他们相信"西方万重山，山峰顶着天。好地方就在山那边，好生活就在山那边"。苗族把对祖先、对故土的怀念，融入节庆里、歌舞中和晒谷场上，那种自强不息、英勇顽强的精神，至今激励着苗裔后人奋发向上。而那份感恩大山、崇拜树木的情结，代代相传，亘古不变。

是啊，一部传唱千年的《枫木歌》，早已凝结成为苗族共同的集体记忆和精神家园。"世间万物多，来源是一个。要晓得清楚，来唱枫木歌。……雷蹬姜炎醒，雷拉姜炎起。姜炎蹬龙醒，姜炎拉龙起。"歌词中的姜炎（又称姜央）正是苗族的祖先蚩尤。他在苗家的歌声里复活，从鲜红的枫林中永生。"桎梏化枫"的神奇如同这一切，不由得使我想起"凤凰涅槃"的典故，眼前仿佛浮现出"桎梏化枫"的神奇场景……

"苗族没有文字，记不下很多。我们只要记住枫树就可以了，那就是历史。"小滚的话，在我心中久久回荡。

祭东方坡

穿过村寨，便是通往芦笙堂的路。在一座小山坡前，小滚告诉我们：现在开始上东方坡了。按照岜沙苗寨的祭祀礼仪，所有上坡的人都要背靠山坡，面朝东方，退步行走。这里有三层含义：其一，重踏祖先艰苦的迁徙历程；其二，表达对祖居地依依不舍的惜别之情；其三，面向东方，祭拜太阳。

东方，多么神圣而熟悉的方位。我不由得想起《说文解字》中释义：东，动也。从木，从日在木中。在中华民族传统文化中，"木"为五行之首。木主生（命）、四方属东，四时属春。相对于西方而言，无论从地理方位，还是约定俗成，"东方"早已成为我们国家和民族的代名词。作为中华民族大家庭中的一员，也就不难理解岜沙苗人延续"祭东方"更深层的含义：在岜沙，房屋正门朝东方，火塘边祭祀面朝东方，就连岜沙人的葬礼，头也是朝东方。在他们的心目中，东方神圣，日出东方，万物生长，那是萌生希望、实现梦想的地方。

岜沙有老寨、宰戈新寨、王家寨、大榕坡新寨和宰庄等 5 个自然寨，围绕同一个山头依势而建，簇拥着东坡那片茂密的枫树林。岜沙人正用这种近乎原始的祭祀方式，守住了这个民族几乎被湮没的历史记忆。

正当我们面朝东方，开始依次向后退步行进时，站立两旁的芦笙队同时启奏，迎宾客同步入堂。等到最后一个人登上坡顶，四名火枪手排枪齐鸣，枪声在山谷久久回荡。小滚说，此时奏乐鸣枪，岜沙的祖先也会循声而至，跟随子孙们一起入堂，分享欢乐。

每年农历十一月十九日是岜沙的芦笙节。那天，各村寨分别组成二、三十人的芦笙队，按惯例退步行进在东方坡上，上百支芦笙齐奏，数千名男女老少身着盛装，一起涌入不足两个篮球场大小的林间空地——芦笙堂，一起载歌载舞，同庆丰收，那是一幅何等壮观的场景！

情寄树木

走遍岜沙，犹如置身于久远的原始部落，让人瞬间穿越了时光隧道，步入了"芳草鲜美，落英缤纷"的世外桃源。这座距从江县城仅15华里、看似寻常的苗族村寨，千百年来却始终远离尘世喧嚣，保持黔山苗寨那份特有的宁静与祥和。即使在"打工潮"涌动神州的今天，岜沙的姑娘和小伙子们却很少有人外出打工，他们在用朴实、敦厚与微笑，面对眼前的一切。在岜沙人眼中，世间所有的变化似乎并不重要，他们用唯一不变的执着与坚守，辛勤耕耘身边的那方热土，收获着山林田野赐予的那份翠绿与金黄。

回到村口，迎面遇到了正在等候的村支书贾元两。两年前我们在唐山参加第三届全国生态文化高峰论坛时见过。如今在岜沙见面，倍感亲切。贾支书把我带进村委会沏茶款待，聊了起来。

话题自然从贾支书眼前这身装束和发型谈起。在岜沙不论男女、不论四季，全都穿着这种清一色用"南板蓝根"枝叶浸取的蓝靛，拌着蛋清土法染制的自家纺布制作的民族服装，阳光下闪现深蓝紫色的光泽。姑娘们穿着大襟上衣，百折短裙，扎着绑腿，蹬百纳鞋。领边、袖口、下摆和绑腿上镶嵌的彩锦。那是她们闲时一针一线手工绣织的工艺品。而小伙子们全都是紧上衣、宽裤腿、挽发髻、别腰刀、挎火枪，俨然像一尊威武的勇士。

岜沙人的服饰图案朴素而简洁，却寓意深长。你看，苗族姑娘们穿着的百褶短裙，一般由二十四根裙带组成，象征二十四节气；每根裙带上有五组花纹，标志苗族历史上的五次大迁徙；衣襟上绣镶的花边纹理，红黄两色代表黄河，绿蓝两色代表长江。

岜沙男子头上的发髻，苗语称为"户棍"。是男子成人的标志。岜沙男孩年满十五周岁，即由寨老主持行成人礼（苗语叫"达给"），用割草打

岜沙姑娘荡秋千　*摄影/张成文*

柴的镰刀当剃刀，把四周的头发剃净，那叫"清除杂草"，留下中间的长发挽成发髻，象征"山青林茂"。岜沙男子人人都是镰刀剃发的高手，平时田间休息，随时可以相互理发。现如今，"镰刀剃头"的绝技表演，竟然已成为岜沙原生态旅游的保留节目。

　　苗族同胞在漫长的历史长河中，曾经历了长途迁徙的苦难生活和抵抗外来侵略的顽强斗争，逐渐孕育、演化为众多的祭日、纪念日、丰收日。故而在苗族聚居的村寨常享有"百节之乡"的美誉，诸如苗年节、吃新节、芦笙节、映山红节、采茶节，等等。而所有节庆的内容与过程，几乎又同"森林、树木"紧紧联系在一起。长短不一的芦笙，取材于山上的竹子；装上牛角的"斗牛"器具，取材于整段的枫木；寨老祭祀用的植物，取材于山间的芭芒草和木荷树枝；而芦笙堂、守垴坡等节庆、祭祀、歌舞的场地，多选择在树林茂密的林间空地。

岜沙青年男女的恋爱是自由的、开放的。通常岜沙的姑娘会主动向小伙子求爱，至今仍沿袭"抱姑娘"的习俗。姑娘被小伙子抱得越多，说明姑娘长得越漂亮；而小伙子腰带上挂的相思带（姑娘们送的爱情信物）越多，说明小伙子越有魅力。说话间，贾支书一转身，得意地露出系在背后的三对相思带，会心地笑了。

每逢农历六月稻花飘香的时节，岜沙各村寨轮流举行"吃新节"（又叫"情人节"）。节日当天，姑娘们着上新装，三五成群来到守垴坡。高高的树上挂着秋千绳，姑娘们以荡秋千展示娇美。一旦有了意中人，姑娘会主动含情示意，假如小伙子也蹬上相邻的秋千呼应着，把秋千荡得越高越久，说明越是情投意合。荡到情深处，两人就会一起跳下秋千，手挽手走进丛林，来到"情人树"下（那是由一棵高大的马尾松与一棵娇柔的杨梅树紧拥依恋的自然组合），倾诉爱慕，许下定情的誓言。

岜沙苗人就这样，把对故土、故乡、故人的眷恋，对亲情、爱情、友情的理解，甚至将生命、生存、生活的一切，全都维系于森林树木之上，融入于青山绿水之中。

在九万大山浩瀚的林海深处，在黔东南星罗棋布的苗乡侗寨，岜沙，虽不是人文荟萃之地，也不是显山露水之所。然而，正是凭借这份自然与质朴，这个"中国最后的枪手部落"，以"全国生态文化村"和"苗家保存最完好的原生态博物馆"，重新映入世人的眼帘。它留给人们足以久远的时空跨度、足以博大的想象空间、足以深邃的生命连接。让你离开了，心还在、梦还在……

梵净山下的云舍村，"云中的房舍、仙人居住的地方"。在这里，神龙潭的奇妙现象，预报着天气变化；石板巷道阡陌交错，连接家家户户，"寨大似天庭，环行似迷宫"；土家族农耕农作、土家织锦、傩戏、婚嫁、盘歌、乐器组合打镏子、摆手舞等民间工艺、习俗，传承至今。如今的云舍村已成为"乡村旅游"的典范，土家人奔上了小康路。

九、梵净山下云舍村，"中国土家第一村"

贵州的梵净山被称为黔东灵山、生态王国、风景胜地，是国家级自然保护区和著名的弥勒菩萨道场，于 2018 年 7 月 2 日被列入世界自然遗产名录。在梵净山下、太平河畔，坐落着一个土家族民俗文化保存完好的村落——云舍。

宛若仙境的云舍村

"云舍"二字取源于土家语，意为"猴子喝水的地方"；而传说云舍村原是仙人居住之所，因仙人被土家百姓勤劳、勇敢的精神打动，移居到后山的仙人洞居住，遂把这片肥沃土地让给了土家百姓。为感谢仙人的恩泽，土家人给寨子取名"云舍"，寓意"云中的房舍、仙人居住的地方"。云舍村总面积 4 平方公里，439 户、1717 人，98% 的村民都是杨氏后裔，是"江口乡村第一大寨"，被称为"中国土家第一村"。

"天然气象预报站"神龙潭。神龙潭又叫云舍泉、龙塘、犀牛塘，一潭蓝幽幽的水，呈锅底状，面积 100 多平方米，常年流水量每秒达 1.44 立方米，冬暖夏凉，年平均水温 15℃—20℃，是全村 1700 多人的生活、

土家山寨　供图／江口县旅游局

生产用水。

　　神龙潭是村寨旁龙塘河的源头，龙塘河由神龙潭水顺流而成，堪称世界上最短的河之一。每年六七月江鱼逆流而上、迴游神龙潭的奇景，更增添了神龙潭的神秘色彩。

　　几百年来，云舍村民与神龙潭朝夕相伴，神龙潭的涨潮落潮，往往是云舍村气候变化的前兆。久晴天干时，神龙潭会突然涨水，涨水后第二天就一定会下雨；久雨后，龙塘河水会倒流回神龙潭；龙塘河出现短时断流现象时，整个水潭会回缩成一口仅五六米宽的小水潭，整个锅底形状更显现得非常清晰，预示着第二天一定会放晴。传说潭里住了一只成了仙的犀牛，当地百姓认为是这只神犀的戏水玩乐促成了这些奇妙的自然现象。

　　在云舍有一句俗话，"寨大似天庭，环行似迷宫"。云舍的古民居多是以筒子屋、三合院、四合院为主的干栏式建筑，翘角白沿，廊椽相接，青瓦若鳞，气势恢宏，十分古朴壮观。云舍村的石板巷道阡陌交错，长达4.8公里，弯弯绕绕、好似迷宫，将云舍的每一户人家连接在一起。这样的布局，对旧时的云舍人起到很好的防御外敌的作用。

　　古香古色的筒子屋是这里最典型的土家族木质建筑，斑驳的青石板小路蜿蜒围绕在家家户户的房前屋后。土家筒子屋的结构一般由正屋、偏屋、木楼和朝门组成，因四面封墙，又叫封火桶子。云舍筒子屋建筑整体呈正方形，北高南低，上方为正屋，分中堂和左右厢房，下方为楼子。有的四围相连，中间空出，形成四角天井。

云舍村土家民俗

云舍土家族仍然保留着自身民族古朴、典雅的风情习俗和传统的农耕农作、土家织锦、手编工艺等。这里有被誉为"中国戏剧活化石"的傩戏文化，独特的婚嫁习俗，悠扬动听的山歌、情歌、盘歌、哭嫁歌，乐器组合打镏子；源自土家日常生活的摆手舞、金钱杆、茶灯等民间艺术丰富多彩，民众参与性极强，源远流长。

每当有大型节庆活动或者是贵宾来到云舍山寨，全村老少都会走出家门，载歌载舞、敲锣打鼓来到山寨大门前迎接远道而来的贵宾。他们穿着

开心土家女　供图／江口县旅游局

节日的盛装，抬着挂上五谷的竹竿，拦在山寨大门前，齐唱迎宾敬酒歌，并给客人献上香甜的糯米酒，挂上象征吉祥幸福的红蛋，恭迎客人。

"云舍造纸，蔡伦为师。"作为云舍村的主要经济收入之一，古法造纸一直为村民所钟爱，这一宝贵的传统工艺也伴随着云舍村走过了300多年的历史。造纸术至今还完好地保留着唐代流传的水排、作坊和土法制作工艺。造的土纸俗称"香纸"，也就是老百姓用来祭祀祖先烧祭用的香纸。老百姓家家有设备，户户能造纸；几十栋古朴的茅草屋，作为土法造纸工坊，成为村民丰衣足食的聚宝盆。土法造纸也是游客非常喜欢参与的旅游项目，人们抄抄纸，体验着土法造纸工艺的乐趣。现在的云舍村，年生产24000担土纸，是江口土纸生产的最大基地。

小康路上的云舍

观念"活"起来："观念新，遍地金。"秦代的土法造纸手艺，唐代的水排作坊，明末清初的筒子屋建筑，形似迷宫、四通八达的古巷道，变化无穷的神龙潭，幽静优雅的云崖大峡谷，千姿百态的"地下宫殿"仙人洞等，成为云舍村自然景观和土家文化最好的旅游资源，将人们引入一个集山、水、洞等自然风光和民俗文化于一体的神奇世界。村两委班子制定出台了《云舍村民自治章程》和《云舍村村规民约》，对云舍村经济社会发展进行了全面规划，改变了传统耕作种植模式，挖掘土家民族文化，兴办起以"农家乐""傩戏"等为重点的旅游特色产业，发展的意识撞击着云舍村民的心灵，发展的理念成为云舍村新跨越的思想基础。

党员"动"起来："村看村，户看户，群众看干部。"云舍村党支部明确要求每个党员搞一项种植养殖业，以点带面，带动群众共同致富，恢复土家筒子屋原貌，完善龙塘河景区基础设施建设，进一步健全景区旅游功能，对乡村旅游、农业观光旅游、云舍土家民族文化村民间文化等项目进行策划、包装和建设。在支部的带动下，"农家乐"、工艺作坊等旅游产业在云舍村迅速发展。全村90%的农民青年有技能特长，60%的农民办起了"农家乐"，30%的农户搞起了加工业、养殖业、种植业等，逐步形成了以旅游业为龙头，多种产业并存的发展格局。

群众"热"起来："人心齐，泰山移。"通过基层组织建设，云舍村党

土家老屋 供图／江口县旅游局

员干部带头，群众积极参与，在新农村建设中，群众共投工投劳 5000 余人（次）、硬化村寨连户路面、改造环寨环户沟渠，新建成云舍大寨、人畜饮水工程，修建了具有土家民族特色的村办公楼，解决了村文化室、卫生室、党员活动室缺乏问题。

村"两委"按照土家民居建筑特点，维修村内土家筒子屋、完成了 280 户土家屋脊改造，建设土家生态墙 900 米，集中修建了卫生牛圈 37 间。群众植树 3000 余棵，建成绿色通道 400 米，对龙塘河上游 400 米河堤进行了治理，改造古巷道 3000 余米。云舍村已逐渐发展成为一个集旅游、度假、休闲、体验土家民俗风情功能于一体的旅游专业村寨。

经过几年的旅游开发、宣传，云舍土家民俗文化村的游客量每年大幅度递增，现在全村有大量直接从事旅游、民俗文化演出的人员。云舍村已成为全省重点建设的民族村寨，正日益成为"乡村旅游"的典范。2012 年入选第一批"中国传统村落"名录，2014 年获第六批"中国历史文化名村"称号。今天的云舍村，面貌焕然一新，经济迅猛发展，呈现出一片生机蓬勃的景象，云舍土家人奔上了小康路。

文斗村，位于贵州省黔东南苗族侗族自治州锦屏县西部，森林覆盖率在95%以上，全寨掩映于松杉、红豆杉、银杏、香樟和楠木等参天古木之间。大山深处的文斗村，从建寨起就有植树的习惯。600多年的建寨历史，给这里留下了独特的民族文化和丰富的原生态林业环保文化；村内民居均系木质吊脚楼，保留着诸多古迹，记载着文斗村的沧桑变化。

十、中国林商契约文化的活化石

——锦屏文斗苗寨

文斗村，位于贵州省黔东南苗族侗族自治州锦屏县西部，因山高路陡，原名"文陡"。明朝洪武年间，先民们从江南迁至这里，明代中期此处已经形成村落。现有居民322户、1417人，是一个有95%苗族人的古老苗寨。

村寨坐落丁苍翠的半山腰上，村寨下临滔滔清水江，江岸群山巍巍，翠林排山塞谷；碧绿的乌斗溪环绕，离寨不远有一处高达90余米的飞瀑，如诗如画；临江的东面山坡是层层盘绕的梯田，相对平坦的山腰上散布着村民住房，周边是成片的古树、青竹，村寨南北各有一片古枫树林，森林覆盖率在95%以上，全寨掩映于松杉、红豆杉、银杏、香樟和楠木等参天古木之间；村内民居均系木质吊脚楼，保留着诸多古迹，记载着文斗村的沧桑变化。

文斗村古建筑群融于文斗自然环境之中，主要由古石板路、古寨门、古寨墙、古峰大台、古四合院、古炮、古号和古旗、泉井、碑刻和墓葬等文物点构成，整个建筑群糅合苗族和湖湘汉族建筑风格，构成独具特色的人文景观。

从文斗河边直至文斗上寨两条古青石板步道顺山势而上，约两万级的青石板步道，四面延伸，把整个村寨（文斗上寨、文斗下寨）连成一体，

木楼青山间 *摄影 / 杨胜屏*

四通八达总长约 5 公里。村中有古雕石碑 110 多块，数幢古雕木楼、图案各异的三对石鼓、九口古石防火缸、风雨桥遗址等。

除此之外，还有客来必须下马方可进寨的"下马蹬"、古凉亭、古寨门、防御外侵的古战场、炮垛、战壕、烽火台、瞭望楼、练兵跑马道等，充分体现了文斗村苗族同胞珍爱自然、与自然和谐相处的生活理念，具有重要的历史、科学和艺术价值。2015 年 6 月，被贵州省人民政府列为第五批省级文物保护单位。

村内的"永宁庵"，原名顺宫，始建于南宋孝宗年间（1163—1189），后经明成祖永乐八年（1410）村民集资重修，改名永宁庵，取其永吉安宁之意。清乾隆即位（1736），永宁庵被列为南安三十七都都宫。今天的大殿为硬山式石木结构，燕檐翘脊，面阔三门，由旅居印尼、新加坡、菲律宾、泰国等海外侨亲在"文革"后集资重建。2006 年旅港乡亲又集资将大殿改建为宫殿式，增建了拜亭和钟鼓亭。

大山深处的文斗村，林业发展过程在中国堪称独特，在世界上也不多见。文斗村从建寨起就有植树的习惯。600 多年的建寨历史，给地处僻远山区的文斗留下了独特的民族文化和丰富的原生态林业环保文化。500 多年前当地群众就开始了林业开发、经营利用。文斗人懂得靠山吃山，形成了"开坎砌田，挖山栽杉"山田互补、林粮间作的传统生产生活方式；也懂得护山护水，一系列保护生态环境的村规民约和林业契约，让这个闭塞的山村森林环抱群山、自然风光旖旎。至今当地存藏有清代林业契约资料3万余份。

这些"规矩"成为文斗苗寨的环保历史见证，更使之成为黔东生态旅游线的一朵奇葩，获得了"百年环保第一村""中国林商文化的活化石"等美誉。其中刻于清乾隆年间的《六禁碑》上写明："不俱远近杉木，吾等所靠，不许大人小孩砍削，如违罚银十两……"此碑也因此被专家誉为"民族环保第一碑"。

贵州省作家协会会员、中国散文学会会员杨秀廷，从2001年起，坚持徒步走访锦屏县的民族聚落和贫困村寨。他总结出锦屏林业契约独具系统性、稀有性、现实性三大特点：

系统性：锦屏林业契约既系统和完整地反映清水江流域包括锦屏的苗侗民族在古近代植树造林、森林管护、林木采伐水运和林产品经营销售等林业生产的全过程，同时也系统和完整地反映了一个家族几代人乃至一个村寨内的封建势力在几百年中对山林土地的占有、经营、管理以及经济兴衰的基本情况。从中还可以清晰地看出某一具体山场的所有权和经营权在不同时代背景下的历史变化情况。

稀有性：诸契约文献所记述和反映的人工营林经验、林区林业生产关系的面貌真实、全面，目前在国内还难有与之相比的。

2002年3月，英国牛津大学教授柯大卫到锦屏农村考察后认为："锦屏契约非常珍贵。像这样大量、系统地反映一个地方民族、经济及社会发展状况的契约在世界上也不多见。"学者唐立教授认为，锦屏林业契约填补了中国经济发展史上的两项空白：一是少数民族地区缺少封建经济契约文书的空白；二是中国经济发展史上缺少反映林业生产关系历史文献的空白。

现实性：在契约文献中，大量记录和反映由明清直到民国时期锦屏林区山林土地流转、佃山造林、股份合作造林、青山（活立木）买卖、山林管护等林业生产形式，对当今的林业产权制度改革和生态环境建设有着重要的参考价值，同时对林学、民族、社会、人类、民族法、档案等学科都具有较高的学术参考价值。

以文斗苗寨为代表的锦屏县民间留存的近10万份民族内部签订的山林买卖契约和山林租赁契约非常珍贵，是经济学、历史学、法学等多学科

晾晒林地契约　*摄影／杨胜屏*

研究的重要历史文献，特别对研究中国西南少数民族地区古代经济开发和社会变化、明清两代林业生产关系、生态环境状况具有极高的研究价值，对今后如何处理人与自然的关系提供了一个活样板。被专家称为中国继"故宫博物馆的清代文献"和"安徽徽州契约"之后的第三大珍贵历史文献的"契约文书"。

如今，厚重的村寨林业发展历史、良好的自然生态景观、珍贵的古迹遗存和便捷的交通，引得国内外游客慕名而来，农家乐搞得红红火火。村里除了杉木成林外，近年来栽种许多特色经果林，旅游年收入近百万元，30多户村民发展生态养鱼网箱1200多口，年收入近200万元，户均收入6万多元。

今后的文斗苗寨，将重点培育文化自信与文化自觉，建设没有围墙的博物馆，由村民们参与和管理，将抢救性保护文斗独有的、珍稀的历史文化遗产，修缮苗寨，并以此为发展的积淀，多渠道拓展新时期的产业发展，将输血和造血、扶贫和扶智有机结合，精准脱贫，走向文明小康之路。

始建于明景泰年间的郝家湾村，位于贵州省铜仁市思南县板桥苗族土家族乡，源于郝氏先祖从山东省宦游镇入黔平"苗乱"，选址板桥，军垦、定居，依地形以姓命名"郝家湾"，距今已有近600年历史。村庄坐南朝北、负阴抱阳，民居呈规则布局，形成前低后高、两边高中间低的双拱曲线。

十一、石头古寨，思南·郝家湾

始建于明景泰年间的郝家湾村，位于贵州省铜仁市思南县板桥苗族土家族乡，源于郝氏先祖从山东省宦游镇入黔平"苗乱"，选址板桥，军垦、定居，依地形以姓命名"郝家湾"，距今已有近600年历史。

郝家湾总面积3.96平方公里，辖郝家湾、五角田、柿子坪、狮子岩、老木树坡。全村现有农户448户、1830人，以农业、乡村旅游、种植业和外出打工收入为主。

清道光年初，后裔郝朝相从镇远府"文林郎"衣锦还乡，以风水勘舆的理想兴建自己的宅邸；组织族人，按照"八卦阵"布局以及风水学规范精心建设村寨，进而形成了至今仍保存完好的郝家湾古文化景观。

坐南朝北、负阴抱阳的村庄布局

郝家湾村内民居平面大部呈规则布局，坐南朝北、负阴抱阳，形成前低后高、两边高中间低的双拱曲线。屋宇层级抬升，重门叠户，错落有致。村寨后山斜坡上郝氏族人开垦的百亩梯田，为家族创造了农耕经济时代的安居生活；源自山腰地下涌出的泉水，四季不涸，泉流成溪，经后坡田地后，被人工砌筑为约800米的沟渠，呈S形穿寨而过；旁立百余座石砌院落，由纵横交错的青石小巷连接，使村寨布局如阴阳两仪的太极八卦。

村外的自然景观以"凤凰山"为主，北斗七星岭在田野中有七个小山岭，从凤凰山顶向下俯瞰，犹如七星布局，喻七星下凡，此地如人间仙境。古寨南1公里处有一棵千年酸枣树。树高10余米，胸径2.2米，枝繁叶茂，树冠如一把撑开的伞，遮荫蔽日。

郝家湾的村庄布局是人类和自然长期相互作用的结果，体现了古代建筑思想、审美观念、以人为本的生存理念与山地建筑特色，是研究黔东地区历史变迁、建筑科技、生活艺术、军事等不可多得的实物依据。

石头古寨风水民居

郝家湾也称石头古寨、风水民居。古寨内，民居、石阶、石墙、石院、清泉、明渠、河塘、古墓、石刻等错落有致，石巷纵横交错，巷巷相通，素有"江南小桥流水人家"仙境之称，有以建于清道光二十年（1840）的"清不染尘"和道光二十二年（1842）的"中流砥柱"等为典型的八大奇观。

郝家湾清代民居群在建筑布局、建筑设计、造型艺术和装饰风格等诸多方面均有奇特之处，兼具欣赏价值和建筑研究价值。清代民居建筑群、古宅庭院、木窗小景精细雕花，随处可见。

郝家湾古寨内沿水渠平行方向铺设了一条石板大道，大道两侧分布着长长的石头小巷。石板大道与纵横交错的23条小巷如同一张网，井然有序地把一户户围墙里的人家联系在一起。站在周围山坡之上俯瞰，纵横交错、有条不紊。郝家湾的建筑户户有石阶、石墙、石院，且与石巷暗道相连相通，形如八卦阵图；在石巷中有瓮中捉鳖的死门、也有生道，以防盗和防御外敌入侵。对不熟悉的人而言，就像进入迷宫。

水渠似一条经线，贯穿郝家湾村寨。村寨内现有泉眼一处，通过长约800米的水渠，自山体输送至寨口，好似阴阳八卦图，把村分成两半。泉水清澈见底，流量颇大，四季不涸，与周围群山相互辉映，共同为村寨创造了适宜人居的良好生态环境。经过人工改造，水渠底部及两侧均规范地铺以石板；饮用、洗涤、牲畜用水自上而下，分布合理；水渠之上，还间

穿寨而过的石砌沟渠　供图/思南县文旅局

或铺以石板桥，汩汩泉水从下而过，景致优美，意趣横生。

　　郝朝相作为郝家湾村寨的设计者和建设者，其旧居位置前青龙、后白虎，左朱雀、右玄武，正房一楼一底，两边有吊脚楼厢房、石院坝、石阶、石龙门、休息小池等，其龙门比其他户宽20厘米，入内分主、客、仆，各行其道。

　　建于道光二十二年的"中流砥柱"石墙，本是水利设施，蕴含藏风聚水的风水原理。其一，郝氏先人在此修"碧莲池"，中间石台种有三棵桂花树，水绕石台而流，以此告诫后人：凡事需"和为贵"（河围桂）；其二，石墙有缓洪水、保良田之功效，喻水为金银，肥水不外流，"碧莲池"旁栽有垂柳，柳枝作屏障挡风，喻指藏风聚财；其三，"碧莲池"正对"砚台山"，其山上有一天坑，据传，建寨之初，曾有人见山顶喷火，故称"冒火山"，碧莲池与之相对，实为运用"五行风水八卦"水、火相克之理，以碧莲池之水克冒火山之火；其四，郝家湾的整体建筑以木质结构房屋为主，碧莲池有扑救火灾的功能。

　　乾隆时期镇远府庠生郝朝相在井边石墙刻"清不染尘"，行书刚健，气势豪放。石刻位于郝家湾古寨的水渠边，郝朝相的旧宅门口，旁边一眼四方井，常年清澈见底，一尘不染。石刻喻郝朝相在镇远府期间光明磊落，一生清白；井口为方、井底为圆，圆中有小方格，实为铜钱状，水从井底犹如莲花状上冒，告诫子孙讲规矩成方圆，为人做事清廉；也喻聚财以补住宅外水沟外流之不足。

　　"甩神节"民间习俗流传至今。古今中外，各个民族对神灵的敬畏似乎是共通的文化现象。但古寨的百姓，却打破了这一戒律。在每年正月初九到正月十四，村民将神灵（甩神）请下神坛，来到人群中间与民同乐，成为人们戏耍的对象。正月十四，周边各路助兴的龙灯、狮子灯、马灯、蚌壳灯在"喔火火、喔火火"的甩神号子声、锣鼓声中，一起登场，各展绝招，精彩纷呈，成为村民特有的狂欢节日。

郝氏古墓群，以郝朝相墓尤为突出。墓碑由当地优质的青石板砌成，碑刻"八仙"兵戈乐器、花鸟虫鱼、山水风光等浮雕，体现石匠工艺和石雕文化。据传，郝朝相生前请一高师观其住宅风水，指出其位于凤凰山脚下，远看形如官帽，独缺一领结，需人为补之，故郝朝相告之后人，死后将自己葬于寨前当领结，以补风水之不足，保子孙发迹、富贵。从此，郝家湾便有将祖坟葬于寨前这一风俗。

在全面推进新农村建设中，郝家湾古寨现已规划为思南县休闲农业与乡村旅游产业发展区，作为省级"乡村旅游"示范点，正在着力推进和打造"乡村旅游"精品，逐步提升其清代民居的对外知名度，吸引更多的游客来此旅游观光，通过古村落文化旅游，促进农村经济发展、农业增效、农民增收。

石巷童趣　供图／思南县文旅局

十二、榕树王国

——南龙布依古寨

传说，明洪武年间，改土归流，朝廷实行调北征南政策，湖北、江西大批移民迁至贵州，并在贵州设立上五府、下八府，其中之一的南龙府即建在今天贵州兴义市的南盘江镇南龙古寨。南龙古寨人口 2450 人，是布依族聚居地，拥有 600 多年历史，集优美自然风光、浓郁民族风情、神秘布依建筑于一体。

南龙古寨是"八音坐唱"的发源地，1984 年被贵州省人民政府命名为"布依八音艺术之乡"。所谓"八音"，是由八种民族乐器组成乐队而得名。通常包括笛子、箫筒(无膜笛)、牛骨(马骨) 胡、葫芦琴、月琴、鼓、包包锣、小马锣等乐器。

早在唐宋时期，"八音"就在桂东南一带少数民族地区流传。清乾隆年间八音在兴义巴结王姓土司家庭生活中已经非常活跃了。八音坐唱，旋律古朴、流畅、优美、悦耳，常用于布依族节日、婚丧嫁娶、祝寿、建房等喜庆场合。从古流传下来的曲目已经不多，被称为"声音活化石""东方民间出土的文物""民间艺术活化石"。2006 年，布依族八音坐唱被国务院评为国家级第一批非物质文化遗产。

南龙古寨至今仍较完整地保存了一支八音乐队，数百年来，"八音坐唱"世代相传，每逢民族节日或婚丧嫁娶、建房、祝寿时，只要有"八音

南龙古寨是"八音坐唱"的发源地　供图/贵州省林业厅

坐唱"，布依村寨老小便会相邀齐聚。

这里还是贵州龙化石的发现地，被誉为"贵州龙"的故乡。1995年，化石产地被公布为省级文物保护单位。村中有"贵州龙"博物馆，留存着三叠纪贵州龙化石及考古的珍贵信息。

寨里有500余株古榕树，树龄在百年以上的有200株，其中，有传说故事的160多株，其中古寨门口有两株粗壮的古榕树，几乎已成为寨子的标志。传说，这两棵古树是天神，一直保佑着寨子的平安。人们为了感谢天神的帮助，纷纷在寨中种植榕树。

南龙古寨建在一座小山上，远远望去，造型奇特，各具特色，干栏式吊脚楼全是木头建筑，极具民族特色。寨中房屋按九宫八卦形排列建筑，巷道环环相扣，道道相通，被300多株盘根错节、奇崎遒劲、千姿百态的参天古榕包围着，160多栋布依干栏式吊脚楼若隐若现。山水树楼，组合成了一幅天然的水墨画卷。

布依古寨的村民淳朴好客，民俗风情浓郁古朴。人们自染自缝土布衣物，全部居住在保存完好的瓦屋和吊脚楼里，全寨姓氏以查、韦居多，至今仍保持着"男耕女织"的古老生活方式，织布机、石碓、石磨等生活用品一应俱全。古寨周边山势峻秀、森林密布，寨前绿荫塘面积 2000 多平方米，终年不干，塘旁有一古井，涓涓流淌，四周绿树成荫，村民生态环境保护意识较强，至今还立有清代乡规民约石碑，对环境、树木的保护有严格的规定。

自 2012 年至 2014 年，南龙古寨实施了民族特色村寨建设项目。采取社会帮扶、部门支持、政府组织、群众参与等方式进行，项目总投资 938.86 万元，完成了全寨道路、民居、环卫、文化场所等基础设施整体改造和建设。南龙古寨是布依生态家园文明示范基地和布依文化研究中心，现正筹备建立黔西南州南龙布依生态博物馆等重点文化项目，以带动相关文化产业发展，吸引更多旅游者和影视摄制组前来。

传承保护民族文化，促进民族安定繁荣。南龙古寨以普及科技知识为重点开展教育，以培育技能型、管理型、知识型村民入手，利用远程教育平台，向群众传播新的农业科技知识，通过学习教育，村民的思想观念得到不断更新，民族团结思想意识不断加强。利用丰富的旅游资源和浓郁的民族风情，地方特色、传统工艺和技术创新相结合，发展民族特优产品、塑造旅游品牌。民族古建筑得到较好保护。以干栏式吊脚楼为代表的南龙古寨成为旅游开发重点；民族服饰得以延续。布依族服饰特别是女性服饰都是自己织布、自绣花边、自裁自缝，以衣裙银饰组成，成为特色旅游商品，受到国内外游客的赞誉；民族歌舞、八音坐唱、民间艺术等得到进一步弘扬和传承，民族民间音乐、舞蹈享誉全国、走向世界。

位于黔东南从江县，月亮山腹地的加榜苗乡，因其万亩梯田而闻名。在这里，苗族老乡依山开垦的稻田连绵成片，沿加车河岸攀升盘旋，形成高低落差近千米的梯带，蕴藏着历史久远的农耕文化。随着新农村建设和发展，这个默默沉寂在月亮山深处的美丽田园，揭开了她神秘的面纱，向世人展示其奇幻、壮观的梯田风光。

十三、加榜梯田，月亮山区的田园图画

当你站在加车河两岸高高的山上，身边滚涌而来的是乌税山梦幻般的云海。

云海时聚时散的间隙，便能看到深深下切的谷底那细若游丝的加车河，穿行在岩石裸露巨大无比的山峦间。悠扬的芦笙旋律在山寨上空回荡，奏响那古老而神秘的歌谣，恍惚中好似穿越了时空的阻隔，倾听着现代文明与古代文明的交响曲……

这里就是贵州省从江县加榜乡苗族同胞集居的山区，这个"稻饭鱼羹"的民族，地处月亮山腹地，居加榜乡东北面，距从江县城80公里。由于海拔高，太平洋西移的暖湿气流在高峻的月亮山区受阻，停滞在山峦间，带来了丰沛的降雨和壮观的云海，也滋润着乌税山中气势磅礴的梯田。

加榜乡的苗族，是苗族中的一个支系，有其独特的民族服饰、文化和习俗。他们的寨子均坐落在半山腰，一眼望去比寨子更高的山上是森林，森林的下方是天梯般的梯田，梯田四周散落着座座竹村。那梯田依着山势蜿蜒屈曲，一直延伸到深深的河谷，把数座山体连接在一起。长的梯田有数百米，当地老百姓称为腰带田，多数田只能种上一二行水稻，俗称"青蛙一跳三丘田"，最小的田甚至不足一平方米。加榜苗族除了那欢快的歌调和气势冲天的芦笙外，再也没有任何史料记载说明加榜梯田开凿于什么年代，而如此浩大的工程，绝非一朝一夕所能蹴成。

雨季来临，乌税山的云雾凝聚了更多的水汽，当它轻轻拂过时，你很难分清是雨还是雾。这雾也有气味，像林间各种树木花草的气息；这雾也有声音，像昆虫在树叶上爬行、小鸟在颤动翅膀，还像那参天古树泌出的清泉叮咚。弥漫的大雾里，云山雾海，和风细雨，所有的视觉和感官都会被调动起来。

每当春耕忙碌时节，水盈田畴，阵阵绿浪涌动，那细腻而优美的曲线，有如一条条美丽的玉带铺在大山的脊背上，给苗山村寨披上绿色的盛

大地韵律　摄影／梁全康

梦幻田园　摄影／梁全康

装；辛勤的苗族人民和忙碌的耕牛点缀在那弯弯曲曲的梯带中；坐落在斜岭田间的木房吊脚楼与层层叠叠的梯田交相辉映；皓白月色的水田被那似有规律又似无规律的优美曲线间隔在山脊上，云雾环绕，仿佛把你带到"男耕女织""人间仙境"的世界。

秋季来临，乌税山天高云淡，稻谷飘香。遍山遍岭，翻滚着金涛，像座座辉煌的金塔，又似一根根扭曲的金条，撒在大山岭上，恩惠给勤劳善良的苗族同胞；又像佩戴在苗家姑娘脖子上的金色项圈，装点得乌税山苗寨更加艳丽多彩……

加榜苗族老乡民风淳朴，在如情似梦的梯田边，在高山流水的苗寨前，嘹亮的山歌荡气回肠，一物一景都是撼动人心的民俗画，都是行行隽永的风情诗，都是传统与现代交汇的奏鸣曲。

加榜梯田，是大自然与劳动人民共同创造的独特文化景观，在这里，土地的完整意义得到了充分的体现。土地是美的，土地是栖居的家园，土地是活的系统和生命，土地是充满深情的音符，土地是书写勤劳的水墨画，土地是四季的调色板，土地是人赖以生存和以之为归属的"本源"。

高山大湖面前人类无疑是渺小的，但看过了加榜依山开垦的梯田连绵成片，形成蔚为壮观、线条优美的梯田风光，却让人不得不感叹改造自然的人类是多么伟大。千百年来，月亮山的苗族人民用自己的勤劳和智慧，在高高的山脊上绘就了一幅幅生动而朴实的田园图画。而这些民族村寨就坐落在这美丽的田园之中，宁静而祥和，如同天空中的家园，它是现代的农耕文化遗产，一幅精妙绝伦的人与大地交融的精美画卷。

走进加榜梯田，走进从江西部，走进月亮山，去品味那历史久远的神秘歌谣……

八舟村位于贵州省黎平县高屯街道南部、亮江河上游的八舟河畔，因其村边和岸上原有八个沙洲，如八只小舟浮于河面，故名八舟。"绿""秀""纯"的自然风光、多民族特色风情，造就了得天独厚的生态旅游资源优势。促旅游，兴产业，奔小康，如今的八舟村正在成为贵州省全面小康的标杆和典范。

十四、古村八舟，自然天成风景奇秀

八舟村位于贵州省黎平县高屯街道南部、亮江河上游的八舟河畔，因其村边和岸上原有八个沙洲，如八只小舟浮于河面，故名八舟村。

700多年前宋宝祐年间（1253—1258）始置八舟长官司，到清代归属黎平府，现为贵州省黔东南苗族侗族自治州黎平县高屯街道所属的一个自然村寨。以汉、侗、苗等民族为主，居民668户、2837人。辖八舟、桥头寨、各水江、田坝寨、权寨、新团、汉寨、大路边、黄土田、易家庄、俞家庄、戊寅寨等自然寨，总面积45545.7亩。

自然风光奇秀，红色历史厚重

八舟村坐落于黎平侗乡国家级风景名胜区八舟河景区、黎平八舟河国家湿地公园内，"绿""秀""纯"的自然风光、多民族特色风情，造就了得天独厚的生态旅游资源优势。绿——山绿，景区森林覆盖率80%，名木奇竹、古树参天；水绿，八舟河水清澈见底，鱼虾成群，山水交映。秀——山水田园、奇峰峡谷、怪石溶洞，融于一体。纯——天生桥、桂花台、江心岛、仙人岩、平湖飞瀑、少寨溶洞群，真山真水，自然天成。蜿蜒的八舟河像一条蓝色的飘带，浮游在冈峦起伏的丘陵、草场、丛林之

八舟村　供图 / 贵州省林业厅

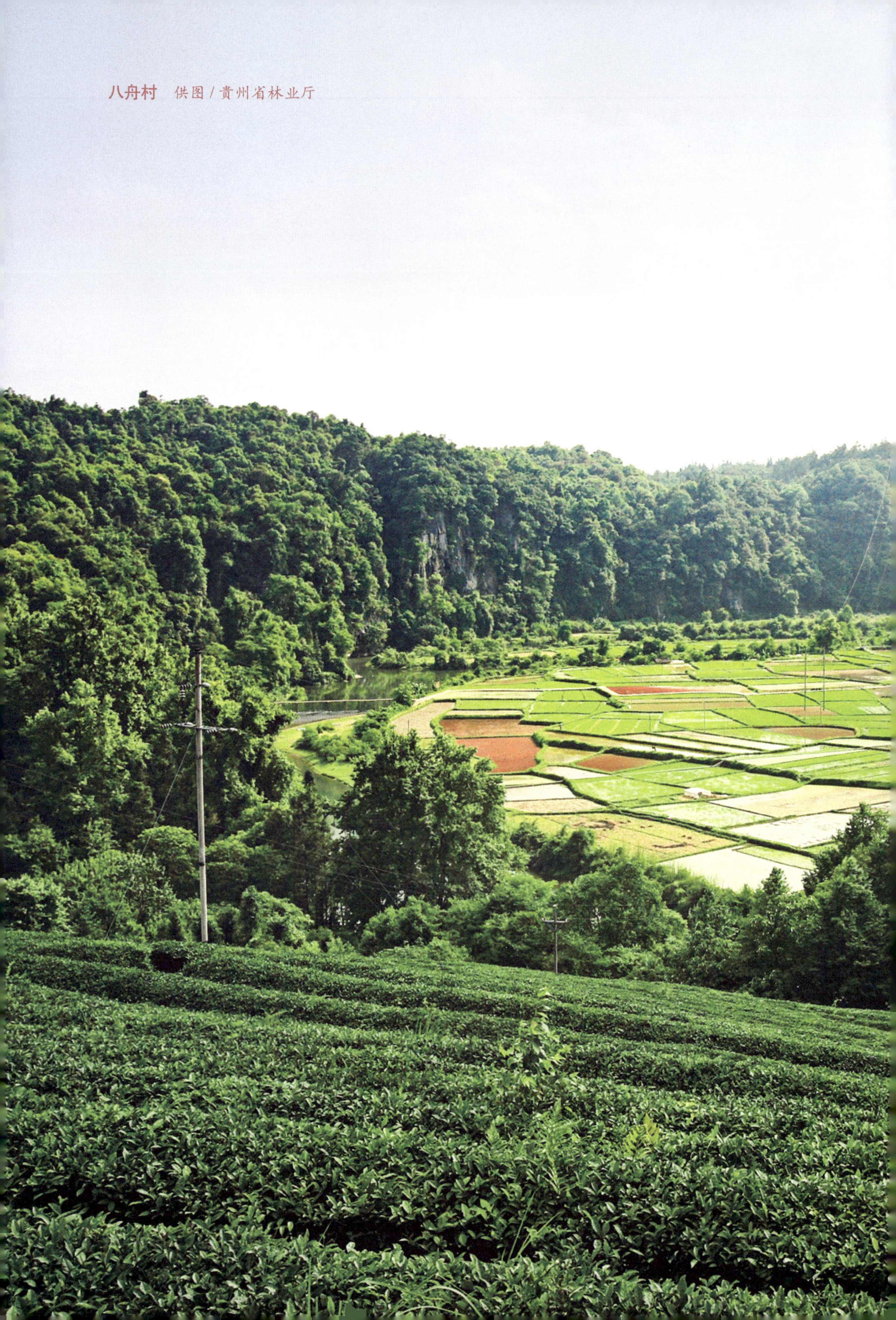

间，银链般巧妙地将山光水色联在一起，犹如璀璨明珠。

八舟村民族风情朴素。村内各族人民服饰朴素大方，男装一般以深色为主，女装则花样较多，随着多年与汉族的融合，村内少数民族服饰已接近汉族。八舟村民节日与汉族地区相差无几，主要为春节、清明节、三月三、立夏节、端午节、七月半、中秋节、重阳节、除夕。

历史将八舟村渲染成为红色旅游地。1934年，中国工农红军长征，从湖南进入贵州，到达黎平县召开黎平会议，为遵义会议奠定了基础，在离开黎平西进时途经八舟村。

1934年12月，中国工农红军长征经过少寨时，原有的木桥已被拆毁。为让红军顺利过河，少寨的村民冒着严寒，点着火把，从家里扛来杉木和枋板，与红军一道连夜架桥。次日清晨，红军队伍踏着这座木桥继续前进。后来，人们称这座桥为"红军桥"。红军桥长70米，宽不足1米，用几十根圆木搭成权架，再用4米长的枋板铺成。长期以来，村民自发对该桥精心维护，保存至今，使红军桥成为红军长征的历史见证。

仙人岩位于八舟河东岸。明《贵州图经新志》载："在八司南，上有石为人，名仙人岩"。高数十丈，悬崖峭壁，有零星小木点缀其间，在异峰突起的峭壁顶端，并立怪石四尊，如仙人弈棋。传说远古有几位仙人，爱八舟河山水，在一个夜晚，来此悬崖绝顶下棋弹琴，尽情欢乐，竟没有听见报晓的鸡鸣，忽而天已发白，仙人们不能飞升，化作岩石，端坐至今。

"十里飘香桂花台"。桂花台是八舟河边的一座悬崖平台，高距河面40多米，平台上散生着粗细不一、形态各异的桂花树，有100多株，树干不大，但年龄最长的却有400多年，最年轻的也有100多年。秋天，桂花盛开，香飘十里，桂花台由此得名。桂花台四周及悬崖之上，还有无数针、阔叶常规和名贵珍稀树木杂立其间，与桂花树和睦相处，组成一个遮雨蔽日的华盖。透过树隙往西眺望，八舟河清澈透底，弯弯曲曲，穿越山谷，直奔眼底而来，在阳光的照射下，波光粼粼。八舟河对岸的少寨，掩映在百亩稻田之中。寨子的后龙山上，一大片古枫树与桂花台旁的绿色屏障遥遥相对，袅袅炊烟如岚如雾，在林间缭绕，真是"水流曲曲树重重，树里春山一两峰。茅屋深藏人不见，数声鸡犬夕阳中"。

《黎平府志》载："潭溪司西北十里，似木非木，长可经丈，横跨于溪流峭壁之上，数百年如故。"说的是八舟河畔右岸的悬崖中间有一洞，洞口有一木架，据说历史上是乡亲躲避兵革的栖身之所，后来成了鸬鹚的聚居巢穴，故称鸬鹚架。

天生桥　供图 / 贵州省林业厅

世界上跨度最大的天然石拱桥。距八舟村 4 公里有一座天生桥，全长 256 米，主拱横跨福禄江上，跨度 138.4 米，桥宽 118 米，拱高至水面 36.64 米，拱顶岩层厚 40 米；附拱拱跨 78 米，高 28 米，宽 119 米。气势宏大、鬼斧神工，其结构精致、拱弧圆率、拱底光滑、拱顶岩层规整，是迄今为止发现的世界上跨度最大的天然石拱桥。古人曾有诗赞"人凿难施鬼斧穷，天心不厌地玲珑。西山壁上鼍梁架，巧妙争传造化工。"仅主拱跨度就远大于目前吉尼斯世界纪录美国犹他州天生桥雷思博桥（跨度 88 米，高 30 米），在 2001 年 1 月 15 日正式获得"吉尼斯世界之最"证书。

保生态，促旅游，兴产业，奔小康

过去的八舟村，人均占有耕地较多，大部分村民习惯于悠闲自在、与世无争的生活，只是有些年轻人外出务工增加些经济收入。随着改革开放的深入，村两委班子组织全村党员、寨老和部分村民代表座谈，研究确立了"保生态，促旅游，兴产业"的科学发展思路。立足于区位优势、富集良好的自然生态环境和生态文化旅游资源，围绕全面建设小康社会目标，八舟村加快建设休闲旅游度假养生基地、现代农业产业示范基地和农村基础设施，快速发展农村经济，增加农民收入，优化农村环境，提高文明程度，建设宜居、宜业、宜游的美丽八舟。

八舟村境内建有黔东南州第一座机场——黎平机场。八舟村的汉寨还设有黎洛高速公路互通口，八舟村成为外地游客通过高速公路、机场进入黎平的第一站。通过列为州级同步小康建设示范村，县委、县政府加大以交通为重点的基础设施建设，规划建设通村、通寨公路（油路或水泥路）22.8公里，通村公路全部硬化，初步形成四通八达的交通网络。

"宜农则农、宜果则果、宜林则林"山上植树，山坡种果，田里种稻，河里养鱼。通过市场调查，把果中之王——油奈作为重点种植品种，广泛发动群众成片种植，远销广东、广西，出口越南等地，年年供不应求。到2010年底，油奈面积已达1500亩，年产量260余万斤，产值在104万元左右，并发展建立起了新团奈李、金龙杨梅、仙人岩灵芝生产种植等多个农民专业合作社，走上了产、供、销一条龙服务轨道。除此之外，村里还种植西瓜、杨梅、梨子、脐橙等水果，果树面积达3200亩，仅水果一项每户增收4000余元。八舟村四季瓜果飘香，果园成了农民的钱袋子。

2013年12月，八舟村被列为贵州省"四在农家·美丽乡村"示范点。依托仙人岩、八舟吴氏宗祠、八舟古建筑、红军桥、八舟河、田园风光、荷塘观光带、画壁长廊等旅游资源，努力打造乡村旅游扶贫示范点。

如今的八舟村已成为人们城郊旅游的好去处。即便是在旅游淡季，村子里依旧有三五成群的游客穿梭在十里观光带里。这美丽的田园山色，还是黎平县出名的婚纱摄影基地，每到夏季荷花盛开的日子，这里就成了新人们留影的天堂，在荷花的掩映中，一对对新人绽放幸福的笑容。依托"美丽乡村"示范点建设，八舟村以创建"生态、文明、富裕"的"美丽乡村"为目标，不断增强发展农村经济和脱贫致富奔小康的本领，2015年农民人均纯收入达8400元，村集体经济近百万元。

八舟河两岸属典型喀斯特地貌，物种丰富、森林茂密，极具观光与科研价值，也是涵养水源、治理江河的生态公益林。

按照"一寨一景、一村一韵"的景观要求进行规划和打造，使自然景观、人文景观相互协调，相得益彰。全村进一步完善村规民约，严禁盗砍滥伐，并相互监督，每年造林近千亩，森林资源得到有效保护发展和休养生息。

如今的八舟村正在成为贵州省全面小康的标杆和典范。特别是自2012年以来，先后被评为省级"四在农家·美丽乡村"示范点、全国生态文化村等。

第十章　巴蜀古村镇

中国四大道教名山之一的青城山，素有"青城天下幽"的美誉。泰安古镇被环抱其中，因镇上有始建于唐代的泰安古寺而得名。这里是从成都平原西入大小金川必经古驿道和川西地区通往藏地的茶马古道上的重镇，洞经古乐、春苔会、放水节等民俗文化传承至今。历经汶川大地震后的泰安古镇，如一株"空谷幽兰"，正灿烂盛开……

一、泰安古镇，青城山下的"空谷幽兰"

　　青城山古称丈人山，背靠千里岷江，俯瞰成都平原，与剑门之险、峨眉之秀、夔门之雄齐名；被列入世界文化遗产、国家5A级旅游景区、中国四大道教名山、道教发祥地。

　　前山，庙宇道观、文物古迹等，几乎百步一座，雅致静谧，有言"问道青城山"；后山，群峰环绕起伏，林木葱茏青翠，极具神秘色彩，享有"青城天下幽"的美誉，直至20世纪80年代才加以开发。

　　泰安古镇被环抱于幽静的青城后山之中，味江从旁边慢慢流过，是进入后山的必经之地。如果说青城山是成都人的后花园，那么泰安古镇就是青城山的秘密花园。沿着唯一一条进入泰安古镇的公路，汽车蜿蜒穿行于绿色葱茏的青山中，越往里就越能体会到深幽之感，湿润空气里弥散着各种花香，令人有种醉氧的错觉。"福地钟灵千秋灯火穿临济""洞天集秀万方宾客乐泰安"，这幅刻在青城后山泰安古镇牌坊上的楹联，道出了泰安古镇的美好。

因泰安古寺而得名的小镇

　　泰安镇得名于泰安古寺。泰安古寺原名太庵寺，是青城山现存历史最悠久的禅宗寺庙之一，始建于隋唐时期，至今已有上千年历史。它静静地伫立于古镇中心，见证了古镇的沧桑变化。

清代《灌县乡土志》记载："泰安寺庙，始于唐，盛于明。楼殿之壮，甲于东南。"据彭洵《青城山记》载，（泰安古寺）唐代初建，逮明复振；楼殿壮丽，甲于青城；明末兵毁，清初重建。泰安古寺在宋明时期最为兴盛，明末年间，四川深陷张献忠之乱，寺庙毁于兵火，乾隆时得以重建。

作为佛教的讲习之所，自唐宋以来泰安寺就是当地佛门弟子向往的川西佛学圣地。僧人在此完成学习后，方可到数十里外的白云洞去修行。泰安寺在鼎盛时期，曾统管后山寺院四十余座，香火旺盛，名僧辈出。至今还流传着"大和尚万万五，小和尚不消数"的民谣；保存着大雄宝殿、大悲殿、天王殿、观音殿、藏经楼、钟鼓楼及僧舍斋房等建筑，舍利塔、古碑和古银杏、红豆树等。

而在地方志中有一幅《泰安寺回忆平面图》，其中清晰地标识了正殿

泰安古镇石牌坊　*供图／景泰县旅游局*

泰安寺 供图/景泰县旅游局

外，还设有三婆殿与关爷殿，分别供奉道教信仰中的三婆神与民间熟悉的关帝，更说明了在泰安小镇上道教与佛教和谐共存的朴素关系。

在历史上，泰安寺不仅仅只作为一处佛门之地。它还起着重要的公共空间作用。清代当地居民在泰安寺左侧修建灯棚，举行元宵灯会。寺内现存的1836年的实物碑记记载了当时灯会的盛况："每季上元，灯会辉煌，十晚通宵，耀如白昼。"

据清代光绪年间修订的《灌县志》中所载，当时的泰安寺山门前曾建有与山门结为一体的戏台。戏台骑跨在山门入口通道之上，人们进入山门时需从戏台下开的巷道穿过。

泰安寺后来也被用作地方教育的场所。同治七年（1868），此处开办"味江义学馆"；时至民国，这里设置了国民学校，成为当地的启蒙之所。

自改革开放后，青城山当地政府落实宗教政策，大力开发青城山后山旅游产业。自1992年，青城后山正式向游客开放，泰安古镇为更多人所知晓，旅游业逐渐成为当地的经济支柱。

茶马古道上的重要补给站

自古以来，泰安古镇就是从成都平原西入大小金川必经驿道上的重镇。唐代时被称为味江寨，自清朝开始便依古泰安寺更名为泰安场，是成都与茂汶地区、金川地区贸易中转之地，也是当地居民"赶场"的地方。

清代之前，泰安古镇更是川西地区通往藏地的茶马古道上的重镇，被称为"花坪老泽路"。川、滇两地的商贩，从各自所在地出发向着藏区行进时，须途经此地，再翻越横断山脉。因横断山区沟壑险峻、群峰重叠、人迹罕至，这里便成了马帮走入大山前的重要补给站。

虽然，随着交通改道、运输方式的改变，古镇曾有一段时间淡出了人们的视线。但今天古镇磨损的石阶，依旧印证着当年的马帮商旅络绎不绝，我们也可以依稀感受古镇昔日的热闹繁华。

青城山道　摄影 / 谢陶

青城天下幽

泰安古镇，山间常常飘着一层薄薄的云雾，青城后山的群峰若隐若现，宛如隐居多年的修士。作为青城后山的第一景点，每逢佳节便引来游人无数；动静之间，更显古镇的生气与宁静。

古镇有三条主街，细长多拐，交叉相通，曲折相连。走在古镇洁净的石街上，感受两旁的潺潺清流，蜿蜒流经街巷，顿生安宁祥和之感。镇上的人们练摊经商，自产自销，虽是商铺林立，但店家去了吆喝与叫卖。来这里旅游休闲，少了市井的喧嚣与市侩，风土人情纯朴、生活气息浓厚，可尽情与大自然融合。

镇上保留着一座老旧的吊索桥——味江索桥。过了摇摇晃晃的索桥，便是享誉世界的青城后山景区。瀑布众多的飞泉沟、奇险清幽的龙隐峡、需要渡船才能通过的波光粼粼的翠映湖、一个个奇特的洞天、山顶青烟袅袅的白云古寺给游人带来不同的审美体验，让人陶醉在大自然中不知归路。宋代有诗云："入山佳气异他山，翠逻周遭几复关。流水白云无尽藏，莫教容易到人间。"

据当地人称，这里最热的时候都不超过25℃，是夏日避暑好去处。老舍先生曾在其散文《住的梦》中描写到"夏天，我想青城山应当算作最理想的地方。在那里，我虽然只住过十天，可是它的幽静已拴住了我的心灵。在我所看见过的山水中，只有这里没有使我失望……它的那一片绿色已足使我感到这是仙人所应住的地方了。到处都是绿，而且都是像嫩柳那么淡，竹叶那么亮，蕉叶那么润，目之所及，那片淡而光润的绿色都在轻轻地颤动，仿佛要流入空中与心中去似的。这个绿色会像音乐似的，涤清了心中的万虑，山中有水，有茶，还有酒"。

悠悠古韵——青城洞经音乐

蜀地的道教音乐也称川西道教音乐，是一种历史悠久的传统宗教音乐，流派纷呈、形式多样、曲目丰富，在中国道教音乐中有着突出的地位与影响力，其源头可追溯至一千八百多年以前东汉时出现的五斗米道的斋醮科仪音乐。

其中，青城洞经古乐作为省级非物质文化遗产，流传范围遍及青城山都江堰的广大地区，成为集民间小调、道教音乐、佛教音乐和宫廷音乐之大成的洞经音乐独立流派，以其细腻优美的曲调，在泰安古镇广为流传。

唐宋时期，青城山著名道祖杜光庭对天师道正一派科仪音乐的整理和完善，形成了道教音乐流派"南韵"，也称"广成韵"，为青城洞经古乐的形成奠定了基础，令青城山道教音乐开始闻名于世。

唐宋之后，随着南方星象信仰和崇拜习俗的兴起，青城洞经古乐开始衍变为以诵唱《文昌大洞仙经》为主的古代音乐。在当时的四川民间，人们常把文昌星信仰和梓潼神信仰相结合。读书人也常常将其视作科举仕进的保护神。民间有谚："北有孔子，南有文昌。"因此，最初的洞经古乐，往往在科举考试时的文昌宫演奏。随后才因其曲调优美、音乐动听而被民间广泛传播，逐渐形成较为固定的表演团体。

青城洞经古乐曾广泛地影响了西南地区的民间音乐。大概在元代以后，其独特的音乐形式逐渐传入南方诸省。云南的纳西古乐也从青城洞经古乐中汲取了养分得以发展壮大。

之后，随着川剧在巴蜀大地的蔚然兴起，大量洞经古乐的曲牌被川剧吸收和采用。至今可辨识的川剧曲牌中至少有数十支曲牌完全借鉴或来源于青城洞经古乐。

连续两届"中国道教文化节"的举办，以及青城山仙乐团、成都青羊宫道乐团的相继成立，令蜀地道乐的影响力日益增强，在东南亚地区和日本、美国都产生了一定影响。

值得一提的是，青城道士张孔山的古琴曲《流水》，在 1977 年被美国录入镀金唱片，由"旅行者二号"太空飞船带入太空，在茫茫宇宙中传递着青城山的悠悠古韵。

泰安物产丰

除了让人心旷神怡的美景，泰安古镇还有丰富的物产。在琳琅满目的青城特产中，青城山的茶叶与青城山的老腊肉最受游客欢迎。

青城山区山峦起伏，气候温润，培育茶树和茶叶制作均有上千年的历史。产区夏无酷暑，冬无严寒，雾雨蒙蒙，年均气温15.2℃，适宜茶叶生长。知名的茶有青城雪芽、青城贡茶、青城苦丁茶等。青城老腊肉，作为传统风味肉制品和土特产的代表，历来深受中外游客的青睐；还有一道名菜就是白果炖土鸡。白果就是当地银杏树结的果实，土鸡为当地一年成长期的山鸡，砂锅加慢火熬制，味道浓鲜。

泰安古镇这里还有许多独具地方特色的物产，如青城崖蜜是将蜂箱放置于青城后山的悬崖之上，周围花草繁茂，蜂蝶自来；这里还盛产川芎、杜仲等中药，红梅、猕猴桃也是品质出众；还有蜀绣、乌木、根雕、玉雕、都江青石器等手工艺品。

震后旅游业重焕生机民俗文化活动丰富

泰安古镇作为青城后山的第一景，在"5·12"地震中许多老建筑都被毁坏，只留下三街两巷。当地在上海援建方的帮助下，对古牌坊、泰安古寺等进行了修复，在保留原有特色的同时，又兴建了许多适应当地旅游特色的建筑。在这里已很难见到古镇被汶川大地震摧残过的痕迹，只有一处在地震时屹立不倒的围墙在向人诉说着当年的惊心动魄。

地震过后青城山管理局不仅恢复了泰安古镇的川西山乡民居古镇风貌，增加了古镇文化氛围，还形成了富有青城山特色的生态化旅游地，有力地促进和兴起了古镇游的新热潮。重建后的泰安古镇古朴依旧，意蕴更浓，交通、游览、食宿等旅游接待功能均得到了极大提升；休闲旅游活动丰富多样，旅游产业向着多元化发展。

每年的9月，这里会举办青城山道教文化节，主要活动有道教学术研讨会、道教养生文化交流、道教音乐表演和道教文物书画展等多项活动，彰显青城山作为"道教圣山"的文化魅力。

这里有成熟的户外徒步路线，也有适合家庭游玩的亲水景区，还有古镇上安逸休闲的度假生活。江边茶馆一座连着一座，与两岸的青山相接。度假山庄、民宿、半山别墅满足了不同人群的出行需求。古镇上的水渠四通八达，水渠里的水清亮见底。夏天到来，各店家在水渠中放满了冰镇饮料与水果，好不惬意！夜幕来临，游客可以一边欣赏着古镇的夜色，品着

青城崖蜜　摄影／谢陶

盖碗茶，喝着青城酒，听着江边的潺潺流水声，尽情地谈天说地。

自2001年起，每年3月到5月青城山还会举办国际登山节，邀请不少国际友人来参加，给安静清幽的青城山带来运动的激情与色彩。

每年春季，独具地方特色的"春苔会"，传承并演绎着传统的农耕文化与川西民俗风情。青城山附近乡镇的群众文化队伍在春苔会上进行舞龙、腰鼓、幺妹灯、狮灯等街头文化表演。农户们还带来哈谷粑、鸡公车、连盖、木头甑子等手工制作的农具，十里八乡的美食与各种名贵花卉，能工巧匠们创意的手工艺品，洋溢着浓郁农村风情与地方特色。

古镇上的清明放水节，是青城山—都江堰地区的一大看点。放水节初始于"祀水"。在都江堰修筑以前，沿江两岸水患无常，人们饱受水患之苦，为了祈求水神的保护，常常沿江"祀水"。后为纪念李冰父子修建都江堰的功绩，当地群众每年清明在二王庙举办庙会，祭祀李冰父子。

放水当日，仪仗队抬着祭品，鸣响鼓乐，主祭官率众人出玉垒关至二王庙，开展祭祀活动。之后在将军庙前江边鸣炮放水。现场有专人放下鸭子，年轻人下水争抢"头鸭"；老人们则争舀"头水"敬神，祈祷五谷丰登。

如今的泰安古镇，约85%的人都在从事旅游服务业。镇上有56家餐饮店，能同时接待5000人。2010年，全村旅游收入已超震前，达到了1000多万元。目前，投资5000多万元的青城后山旅游公路已建成通车，古镇又恢复了往昔人来车往的景象。旅游业的发展迎来四方宾客，当地百姓不出远门就能享受到劳动的"果实"。

泰安古镇，这株青城山下的"空谷幽兰"，在历经劫难之后，以崭新的面目接待着来自四海的宾客。泰安古镇久置未用的古戏台上，仿佛又响起了川剧高亢激越、婉转悠扬的腔调，随着琴声锣鼓声响起来，一出新的属于当地人的剧目正在上演……

茶竹村位于重庆永川国家4A级景区茶山竹海核心区内，茶连竹，竹连茶，人称茶山竹海，素有"箕山天下隐"之美称。依托茶山竹海的平台，坚持林人相依、人与自然和谐共生，茶竹村走出了一条以林兴业、休闲观光为特色的"以林致富、旅游强村"之路。

二、茶山竹海茶竹村

在美丽的重庆西部，有一座神奇的山脉，逶迤起伏，形如腾飞的巨龙。相传三国时就有"蜀汉巨观、蜀汉飞龙"之说，因与天象二十八宿中东方苍龙神似，会观天象的千古名将诸葛亮遂以"箕山"赐名。时至今日，山上茶山叠翠，竹海绵绵，两万亩茶园和五万亩天然竹林相互缠绕，茶连竹，竹连茶，人称茶山竹海。

如果说茶山竹海是"长江三峡—大足石刻"旅游线上的一颗璀璨明珠，茶竹村就是这颗明珠上闪烁的光芒；如果说茶山竹海是永川一张靓丽的城市名片，茶竹村就是这张名片里引人入胜的图案。

重庆市永川区茶山竹海街道茶竹村位于国家4A级景区茶山竹海核心区内，5000亩连片茶园，成团成簇，层层叠叠，宛如茶坛；20000亩浩瀚竹海幽深迷离，如烟似歌，荡人心脾；茶竹相映成趣，茶竹共生，自然环境、生态景观举世无双，森林覆盖率达95%以上，空气质量达到国家一级标准。

近10年来，伴随国家退耕还林与天然林保护工程的实施，茶竹村紧紧抓住植树造林、发展生态产业的良机，茶竹村的发展始终与茶山竹海争创国家5A级景区建设目标齐头并进，调整产业结构、保护生态环境、发展特色水果种植、林木经济和休闲观光旅游业，已成为远近闻名的"生态画廊、绿色家园"，先后获得林业工作先进单位、"明星村""生态村""全国特色景观旅游名村"和"全国生态文化村"等称号。

卧伴青山传说茶竹

茶竹村人文景观众多，生态文化繁荣，素有"箕山天下隐"之美称，古称苍龙道山，与峨眉仙山、青城道山、九寨美景并称"蜀汉四景"。辖区内现存道观、寺庙遗迹 10 余处，佛教、道教、儒家文化浓郁。

村内有桂山茶园、青龙茶园、大山坪茶园三大茶园；拥有犀牛竹海、金盆竹海、扇子湾竹海、白云湾竹海、大岚垭竹海五大竹海；有渝西最高峰——薄刀岭，山峦如锯齿，岭脊似薄刀。这里竹浓、茶绿、林茂、草盛，四时皆成风景：春天茶山吐绿、春笋破土、山花烂漫；夏天松竹风轻、山泉清冽、层峦叠翠；秋天竹叶金黄、茶花雪白、月明如水；冬天红叶翩翩、白雪皑皑、盛似九寨。这里还有神秘的古刹山寨、古墓遗址和隽秀的山峰奇石。

游人身临茶山，煮茶品茗，自会"尘滤一时净，清风两腋生"，油然而生"乘此清风欲归去"之感，正如唐人崔道融《谢朱常侍寄贶蜀茶剡纸二首（之一）》诗中所云"瑟瑟香尘瑟瑟泉，惊风骤雨起炉烟。一瓯解去中山醉，便觉身轻欲上天"。游人进入竹海，竹香扑鼻，满目苍翠，顿时感悟"未出土时便有节，及凌云处尚虚心"竹之高雅。

在茶竹村，游客可以饱览竹海的浩瀚、享受采茶、制茶的乐趣；可以畅饮茶酒、品尝茶宴、竹宴等特色佳肴；可以选购山珍鲜货和茶竹产品；可以欣赏民族茶俗、茶艺表演，倾听茶竹的传说，尽情领略浓郁的中华茶竹文化风情。

茶山竹海地势基本沿箕山山脉呈东北——西南走向，北接铜梁。在茶竹村后山丛林草莽之中，绵延盘旋着一条神秘的古道，这就是前朝商旅通往铜梁的捷径。

古昌州时期，商人把茶叶等商品拿到（铜梁）交易所需物品，在这崇山峻岭间走出了这条经贸之路。

唐朝时期，马队成了经商的主要交通工具，昔日的人驮商品变成了马帮，日复一日、年复一年，在风餐露宿的艰难行程中，清悠的铃声和奔波的马蹄声打破了千百年山林深谷的宁静，开辟了一条通往古昌州以北的经贸之路。一代代商人与马夫，他们既是贸易经商的生意人，也是开辟古道的探险家。他们凭借自己的刚毅、勇敢和智慧，用心血和汗水浇灌了一条

采茶　供图／重庆生态文化协会

通往外边世界的生存之路。

成群结队的马帮身影不见了，清脆悠扬的马铃声远去了。然而，穿越历史与岁月，经过修缮，现在却成了我们游览观赏的马道。骑马翻越崇山峻岭在川岩江边的茶马古驿道上，铃声飘荡在山水中宛如一支动听的歌，随着山风悠悠传开，不绝于耳，真是一番"山外车鸣声不绝，山间铃响马帮来"的美好景象。在斜阳山风中任思绪飞扬，体验古代侠士笑傲江湖的豪情，感受昔日马帮跃马山川的气魄，别有一番情趣。

林人相依以旅致富

林业是茶竹村传统支柱产业，也是留村村民收入的重要来源，林业收入占年总收入的近 40%。茶竹村地理条件优越，森林茂盛，现有楠竹、苦竹、慈竹、斑竹和松树、杉树等 300 余种植物，其中珍稀名贵植物有杪椤、水杉、银杏、野生灵芝、楠木、红豆树、香樟、金桂、山茶等 30 余种；其中，桫椤是现存唯一的木本蕨类植物，极其珍贵，堪称国宝，为国家一级保护的濒危植物；水杉、银杏等被誉为活化石，是国家一级保护植物；野生灵芝属稀有珍贵养生中药材，闻名于世；楠木为国家二级保护渐危种，是驰名中外的珍贵用材树种。

茶竹村依托茶山竹海丰富的林木资源优势，大力发展森林旅游，利用旅游区新兴的客源市场大力发展休闲旅游产业。全村共发展了成规模的农家乐、山庄等 36 户，已经全面实施"五统一"升级改造，即：统一建筑风貌、统一店招店牌、统一着装、统一消费价格、统一旅游标识，成为茶竹村一道亮丽的风景线。

充分利用茶竹村丰富的茶竹资源，大力发展茶竹产品加工和生态茶叶观光。近期已建成制茶车间及采茶示范点，以带动全村休闲观光业的发展。此外，还充分合理利用林下空间，大力发展特色水果、林下土鸡养殖等林下生态经济。

人与自然和谐共生

加强生态建设与环境保护，强调可持续发展与开发，茶山竹海的功能在转变。茶山更绿了，竹海更美了，茶山竹海从一个穷乡僻壤变成了旅游黄金线，成为永川的代名词。

茶话古今，竹行天下。茶竹村依托茶山竹海，坚持林与人相依，人与自然和谐共生，走出了一条"以林致富、旅游强村"之路。

凤凰村森林资源丰富，森林文化价值显著。以古祠堂、古院落为代表的传统建筑，源远流长、保存完整，承载着三峡地区古老的农耕文明。近年来，凤凰村立足生态资源特色，大力彰显历史文化内涵，成为重庆市首个大型开放式乡村公园。来到凤凰村，你会领略到当代农家生活和梦中的绿色家园。

三、乡村公园，魅力凤凰

重庆市万州区太安镇凤凰村，风清天蓝，云舒卷，水通透。树木花草俱含情，古道箭楼飘异香。

依林而居，人树和谐

凤凰村森林资源丰富，覆盖率达86%。以松树、茶树、杉树等为主。很多树木历史悠久，古朴苍劲，如中华金桂王，直径1.9米、树高21米、冠径16米，是中国最高大的桂花树。据考证，该树已有1300余年历史，清初险毁于"天火"，时人感其珍贵，碑刻"不朽精灵"颂之；千年檬子树，树高20余米，游人皆惊叹；千年皂角树，须三人合抱，高大雄伟、苍劲有力，见证了悠久的生态文化。

凤凰村依托丰富的林木资源，大力发展生态旅游；依托旅游区新兴的客源市场，大力发展休闲避暑胜地。已建成林间绿道、健身步道、盐茶古道、漫步走廊等20公里人行便道网和8公里环形公路网，每年举办茶文化节、消夏音乐会、三峡帐篷节、坝坝电影放映、乡村旅游节等品牌节会活动。3000亩连片高山茶园成团成簇，层层叠叠，翠绿流淌，带动了全村休闲观光业的发展。

此外，充分利用林下空间和沟谷，大力打造林下月季花谷和杜鹃花谷。现凤凰村生态产业不断发展壮大，年接待游客已突破 25.3 万人次，实现旅游收入 2000 余万元，大大提升了农民的生活水平。

凤凰村森林文化价值显著，不仅有休闲旅游价值，还有健康疗养价值。凤凰村坚持绿色、生态、特色发展，打造"三峡田园，太安老家"，留住青山绿水、记住乡音乡愁。每年 3 月至 11 月，许多退休老人前来这里居住疗养，在养生台打太极、在林间步道健身走、在文化长廊拉二胡，欣赏茶艺、竹琴表演，饮酒品茗，领略茶乡风情，感受凤凰美景。丰富的森林文化资源造就了天然氧吧，使人延年益寿，长命百岁。

古老建筑，源远流长

凤凰村以古祠堂、古院落为代表的传统建筑，保存较为完整，风貌独特，承载着三峡地区古老的农耕文明。每一处建筑，都是一段凝固的记

大石板梯田　摄影 / 杜鹃啼

忆；每一座庙宇，都是一个世界。

据凤凰丁氏一脉族谱记载，丁魁楚，系河南永城市马牧乡丁老家人，中举人、中进士，明崇祯四年升任保定巡抚，崇祯七年任户部侍郎。崇祯九年官至河北巡抚，善事权要。朝代更替，其孙辗转到此耕田为生。清嘉庆年间，其子孙先后修建了司南祠和丁家楼。

司南祠，是三峡峡江地带民居的典型，扩建于道光丙午年（1846）。古楼建筑考究，古楼三面是险峻的岩坡，高不可攀，四周遗留有坚固的城墙，城墙部分系夯土墙，部分系条石砌成，夯土厚达近1米，条石十分坚硬。古楼用条石砌成，每块石头皆精雕细刻，布局自成一体。楼共三层，有四道门，四进四出，分有主室、客厅、附室等。楼旁有水池，长年不枯，在此高山之顶，如天上来水。

与司南祠遥相呼应的丁家楼子，古称"云万寨"，留下了老城墙、古箭楼等建筑。其中，丁家箭楼形如碉楼，伟岸不群，与司南祠各占一个山头，距离不过百米，形成呼应之势。箭楼垒砌条石厚达1尺8寸，望孔、射击道分布四周，气势不凡。

姜家老屋，为传统院落民居典型，院落中有四棵二至三人围抱的古皂角树，最大的一棵，已有1100余年历史，院落曾由七个天井组成，七进七出，每个天井自成一个四合院落。石刻"食德服畴，守先卫后"，反映了峡江地带最为典型的农耕文化。青石铺就的院坝、排水沟，全显青黑色，显示着姜家老屋悠久的历史。

法隆寺，始建于宋代，明洪武壬戌年（洪武十五年，1382）重修。法隆寺遗址保存有两块完整石碑，为清乾隆二十七年各方人士捐款功德碑，有整木穿斗大梁、四方形整石立柱及精美基座多根，墙壁上部留有吉祥水墨画遗迹，进寺庙大石梯亦完好，具有较高的文物价值。

牟家寨，建于明代，寨子下部分为石头砌成，上部分为夯土。窗户为石头镂空而成，外圆内方。后山有逃生地道。寨子现遗存有两个天井、一个老水井，墙上"礼""义"等字仍清晰可见，并留有20平方米的明代壁画，画中描绘了明代一品官员牟仲泰生活、出行等的盛大场面。

茶园中间有一口古井，称为茶岭古泉，相传最早发现于唐代。"山水上，江水中，井水下"，好茶必有好水，好水更有好茶。泉水自老茶梁岩壁流出，泉在山顶，宛若翡翠镶冠，更添茶乡灵气。遇大旱时节，可见井壁龙头石，上刻有"神泉"二字。旧族谱曾记：古泉胜景，自不待言。

茶园西边的一个山头即凤凰头，可看到一口"天生井"，因天然形成而得名。井口面积约 3 平方米。走近古井，可见水从岩中渗出，清澈透明，甘甜可口。天生井虽位于山巅，但无论大旱还是大涝，井中之水始终保持在同一水位上。据当地人相传，这口井古已存在，为天上"神水"。

悠久历史，文化传承

凤凰村历史文化悠久，清同治《云阳县志》记载"凤凰头为县南滨江山脉之祖"，清同治《万县志》记载"凤凰头、天生井为诸胜"。凤凰山又称"十里杜鹃山"，整个花山绵延达十余里。每年 4 月中旬至 5 月中旬，满山遍野怒放的杜鹃花如同一簇簇燃烧的火焰，民间流传有"龙血"染红十里杜鹃的传说。

习惯了都市的纷繁快节奏生活，停下来，到凤凰村歇歇脚。走到太安清风徐徐、彩云舒卷、绿意葱笼的天地里，看着自由欢笑的花儿和安恬流走的时光，你会油然感叹：这才是自己理想的当代农家生活，这才是自己梦中的绿色家园。

近年来，凤凰村立足生态资源特色，大力彰显历史文化内涵。核心区域凤凰茶乡已打造成为重庆市首个大型开放式乡村公园，凤凰村成为重庆市乡村旅游扶贫示范地、首批绿色村庄、重庆三峡学院美术创作基地、万州区生态产业现场教学基地等；先后获得中国最美休闲乡村、中国美丽田园、全国首批美丽乡村建设示范村、全国生态文化村、全国一村一品示范村等称号。

"一脚踏三县"的银新村，因银杏树得名，在明月山中独守一份宁静与安详。从远古一路走来，这里的国家级非物质文化遗产梁平竹帘，早在北宋年间就被列为皇家贡品，素有"天下第一帘"之称；梁平癫子锣鼓、狮舞，原生态的巴渝山歌、孝歌、嫁女歌、开山号子、抬儿调、薅秧歌等，别具特色、世代传承。

四、白果之乡，诗画银新村

　　走进"百里竹海"的银新村，映入眼帘的是一条穿林漫石、流水淙淙的山溪，山溪的两侧是片片竹林。翠竹摇曳掩映着桃红李白的山村小院，零星点缀着千年银杏树的红黄碎片，散发着迷人的阵阵清香，这里就是"一脚踏三县"的银新村，在远离城市喧嚣的明月山中，独守一份宁静、一份安详。

原始丛林　道法自然

　　银新村有座云雾缭绕的山，叫云雾山。山上人迹稀少，植被丰厚，有国家一级保护植物红豆杉，有植物界"活化石"千年银杏树群落等原始丛林，野猪、野鹿、沙獾、果子狸、山猫等野生动物时常出没。

　　"一方山水养一方人"，老百姓常说"竹子是个宝，生活少不了"。村民们用山上的竹子制作"土纸"，用竹篾做成簸箕、背篓、箩筐、凉席、竹帘等生产生活用品，并为梁平竹帘提供原料。梁平竹帘工艺制作历史已逾千年，又称梁山竹帘，是中国民间手工艺品竹帘画的一种。《辞海》记载："竹帘画，在细竹丝编织的帘子上加上画的工艺品，产于四川省梁山县(今重庆市梁平区)。"史料记载，梁平竹帘早在北宋年间，就被列为皇家贡品，素有"天下第一帘"之称，2008 年入选第一批国家级非物质文化遗产扩展项目名录。

村民们以山为伴，以竹为生，日子不算富裕，但不乏殷实、安乐。他们"日出而作、日落而息"，一边上山劳作，一边哼着山歌，脸上时常流露着一种悠然和快乐。这种与大自然融为一体的生活节奏，正是"天人合一，道法自然"的生活缩影。

情系古树 村以树为名

银新村，由原白果村、新民村合而得名。白果又名银杏，村以树为名。崇山峻岭中有一方圆 2.5 公里的平坝，这就是白果村的白果坝。坝的四周是村民的房屋，屋前路旁有 18 根白果古树，形成远近闻名的白果树群。它们形态各异，村民们将一棵的叫单身树，两棵的叫夫妻树，三至四棵的叫家庭树；而有一株五棵合抱、胸围达 14 米的，大家都称它为"风

大树下的农闲小憩 摄影／汪茂文

水树"，祖祖辈辈，敬若神明。

春夏之际，银杏树枝繁叶茂、林荫覆盖，老人和孩子们喜爱在树下乘凉，诉说白果树的故事；秋冬时节，白果树在万山丛中，点缀着一片金黄，昭示收获的喜悦；落英缤纷，枫叶醉人，让人产生无限遐想。相传乾隆曾为银杏树的雄姿题词："古柯不计数人围，叶茂枝孙绿荫肥。世外沧桑阅如幻，开山大定记依稀。"

相传村中邓家沟曾有一名中医，人称"邓草药"。一天晚上，他到别人家看病回家，路过困牛坪时，乌风暴雨，电闪雷鸣。"邓草药"背着药包艰难地前行，借着闪电，他看到"风水树"树枝上像是有无数个萤火虫，闪闪发亮，他很惊奇。待他回过神来，准备驻足观看，却不见了这些萤火虫。第二天天亮，他到树下仔细查看，发现白果树开花了。当地村民对白果古树的崇敬情怀融入了自编的山歌：

白果坝来白果树，竹成林来树成荫，

白果人家家家富，白果人家笑盈盈。

屋后有片聚宝林，翠竹编成一片银，

房前有棵摇钱树，白果树下落黄金。

生态文化　世代传承

银新村从远古一路走来，留下深厚的历史积淀和文化足迹。

梁平癫子锣鼓、梁平狮舞在这里世代传承。银新村有两个癫子锣鼓队，演奏人员12人，常年为村民服务。梁平癫子锣鼓是一种由二鼓、马锣、钹、大锣、钩锣、镲子组合的民间打击乐器，演奏独具巴渝文化特色。有说起源于唐朝，当地民众每逢节日、庆典、生日礼仪、婚丧嫁娶等，都以其渲染气氛；日常生活中也会在乡村院坝、田间地头即兴演奏娱乐；一年一度的梁山锣鼓迎春抢彩已成为当地代代相传的民俗习惯。2006年梁平癫子锣鼓被列入第一批国家级非物质文化遗产保护名录。

梁平狮舞又名高台狮舞，是以狮舞形式表现传统舞蹈和传统杂技为主的民间艺术。清嘉庆十三年版《梁山县志》风俗篇记载："上元张灯扮龙狮人物，各种鼓乐喧闹达旦……"时至今日，百姓的红白喜事都要舞狮子，象征着吉祥纳福，被列入市级非物质文化遗产项目。

原生态山歌、孝歌、嫁女歌、开山号子、抬儿调、薅秧歌等独具魅力、富有浓郁的巴渝地域特色。如薅秧歌："薅了上丘薅下丘，捡个螺丝往上丢，螺丝晒得直张口，小妞晒得汗场流。"歌词生动形象地展示了劳动的场面，音韵绵长，令人回味无穷。

明清民居建筑保存完好。邓家老院子、刘家大院颇具特色。到邓家大院先走29步宽4米的石梯，到院坝有两个大石狮子，院坝全是石头镶嵌而成，路心石直到堂房大门。房屋为三合院，一正两横，房屋木材为马桑树，窗花有万字阁和小花，横梁上有花鸟图腾，基石上也有车马图案，做工精细、栩栩如生。这些民居建筑饱经沧桑，留下点点斑驳的痕迹。

银新村内有清代乾隆、道光时期的指路碑，分别是观音桥指路碑、乐善桥指路碑。碑形独特，碑文图案文字清晰了然。

红色故事，家喻户晓。这里流传着党的"八七"会议后，红四方面军将领王维舟在四川宣汉达州一带发展地下党员。一天夜里，王维舟带领十余人来到银新村，在远房亲戚家里组织贫苦村民开会，传达党的"八七"会议精神。正在这时，土匪唐绍清的巡查队来了，王维舟等为了不影响地下组织开展活动，避免暴露身份，遂从后门撤退。第二天在银新村白果树下的一片玉米地里，一位村民发现玉米棒子被人掰走了，但又见玉米皮壳内有一些散银。大家联想起来，定是王维舟的红军部队留下的。

美丽富饶　春风扑面

丰富的自然资源和深厚的文化底蕴，让银新村人奔向小康之路。近年来各级政府高度重视银新村的发展，本着"保护原生态，挖掘文化资源，合理开发利用，切实加强管理"的理念，依托生态建设成果，银新村逐步由农业、林业单一型产业转向特色型、生态型、效益型的现代化生态产业发展道路。

利用竹资源发展纸花产业，产值达7000万元，利润达700万元，解决了34000余人就业，产品远销四川、陕西、湖北、云南等十余省市，形成全国第二大纸花生产基地。发展特优绿色种植业，培育高山优质水稻、花卉、白果树等规模化种植，建成集观光、休闲为一体的农业生态种植基地。

种植药材独角莲，发展林下山鸡、兔、羊、牛等养殖，发展竹编产业，年产值近300万元。

着力挖掘独具魅力的非物质文化遗产，以狮舞、薅秧歌、山歌为重点，创办狮舞传承基地，在小学生中传颂薅秧歌等山歌，使其代代相传；农家书屋、文化广场、体育健身设备，电影放映和村民俗文化艺术节等，已经进入村民的日常生活；"民俗文化展览馆"的建设，为银新村旅游业增添了新内容、新亮点，向世人充分展示银新村原生态历史文化的内涵与传承。

如今，银新村打造"白果之乡"并进入"百里竹海"旅游专线，山更绿、水更清、人更美。四条新修的水泥路连通周边区县，环村公路链接各个景点，热情好客的银新村人时刻恭候您的到来。

天人合一 摄影／汪茂文

睦和村坐落于长江南岸，三峡库区腹地，依山傍水、绿树环绕，森林覆盖率达95%，是千里三峡闻名遐迩的"生态家园、库区明珠"。历史悠久的弄潮习俗，种类繁多的捕鱼技巧，取予适度、保护环境的生态伦理，是睦和村民世代与长江为伴、和谐共生、以敬畏之心呵护一江浩水的生动体现。"一骑红尘妃子笑，无人知是荔枝来"的历史典故，使拥有千年荔枝种植历史的涪陵和作为涪陵荔枝主产区的睦和村名扬千古；"甲午战争"著名抗日将领徐邦道在故乡的土地上移植龙眼树，留下300多株树龄逾百年的龙眼古树，彰显出睦和村深厚的人文历史底蕴。借助三峡移民的历史机遇，睦和村在保留渝东南传统民居特色的基础上，兴建移民新街，转变沿袭千年的农业生产模式，大力发展果树种植和旅游观光农业，积极推广生态循环经济，成功转型为三峡库区远近闻名的"四季观光果园"和"移民生态农业旅游观光基地"。

五、库区明珠，生态家园

——重庆市涪陵区睦和村

如果说万里长江奔腾激流谱写了一曲雄浑壮丽的乐章，那么睦和村就是这首乐章中跃动的绿色音符；如果说三峡库区是一幅波澜壮阔的画卷，那么睦和村就是这幅画卷上最浓墨重彩的一笔！

重庆市涪陵区睦和村，位于万里长江南岸、三峡库区腹地，距离重庆主城150公里，涪陵城区30公里，全村面积10.5平方公里，辖4个农业社，有农户612户、村民2118人。这里依山傍水、绿树环绕、四季花开、瓜香果甜，独特的地理优势，良好的生态资源，深厚的人文底蕴，构筑起睦和村如诗如画的迷人景致。

　　紧抓三峡工程移民安置的千载良机，睦和村积极调整产业结构，保护生态环境，大力发展水果种植和生态旅游开发。今天，睦和村已成为千里三峡库区闻名遐迩的"生态家园、库区明珠"，先后被评为全国文明村、重庆市新农村建设十佳示范村之首、长江三峡库区移民生态家园"四朵金花"之一、重庆市涪陵区"最美乡村"，以及由中国生态文化协会命名的"全国生态文化村"。

一江浩水烟波横：人与水的和谐共生

　　万里长江自西向东奔流而来，在这里绕了一个"S"形的急湾，狭窄

睦和村风光　摄影／邹小平

　　而湍急的水流顿时变得宽阔而平静。睦和村紧邻长江，就坐落在这个"S"形急湾的岸边。睦和村人世世代代与江水为伴，人与水和谐共生。一方面，一江碧水为人们带来了满眼风光、无尽财富；另一方面，人们视大江为生存之依、生命之源，祖祖辈辈以满腔热情，精心呵护着这一江浩水。

　　千百年来，睦和村人江边生、江边长，与长江结下了不解之缘。小孩子四五岁就学会游泳，八九岁学会驾船，十一二岁就成了弄潮逐浪的好手。村里家家户户都有渔船，男男女女都会划船、撒网、捕鱼。每逢农闲时节，到长江里打鱼，既是睦和村人一年一度盛况空前的活动，又是人们陶冶性情、锻炼身体的娱乐形式。睦和村人的捕鱼技巧丰富多彩，除了划船撒网，还有钓鱼、舀鱼、叉鱼、扳罾、安毫子等多种捕鱼手段。一些技术高明的打渔仔，甚至能够在半夜的月光下，徒手捕捞长江里十分名贵的白甲鲤鱼。但是，睦和村人从来都懂得取予适度、保护环境的朴素道理，对于上天恩赐他们的这一条大江，他们永远心怀敬畏。生活垃圾绝不往江

里扔，生活废水绝不往江里排，每年春夏的涨水季节，一些人还驾着自家渔船，自发清理从长江上游漂下来的垃圾。睦和村人捕鱼也有许多不成文的规矩：不下拦河网、不用电烧鱼、不用药毒鱼、不捕捞没有长大的小鱼子、不在每年春天鱼群产卵的季节捕鱼……村中的每个人都自觉自愿地遵守着这些无形的乡规民约，并世代传承。

三峡工程建成蓄水，长江水位上升，睦和村成了依山傍水的江中半岛。尤其是每年秋冬时节，库区蓄水至175米水位后，水光潋滟，烟波浩渺，举目四望，水天一色。江面上，碧水蓝天相映，成群结队的水鸟伴着来往的航船，时而飞翔，时而停歇；江岸边，绿色果林与金色水波交相生辉，果园里劳动的歌声与大江上的渔歌彼此呼应。因为江水抬升，那些昔日不起眼的小小支流，成了纵深几公里、几十公里的河汊，睦和村也成了汊港纵横的水乡泽国……人与水的和谐共生，在这里得到完美诠释。

一道山岭染绿韵：人与树的相依相存

依山傍水的睦和村，仿佛是被大山温暖的手臂搂在怀中熟睡的婴儿。山山岭岭，构筑起睦和村坚实挺拔的骨架。睦和村人历来有植树造林的好传统，翁郁青葱的森林，绿韵喷薄的桑园，硕果累累的果林，装点着一座座绵延起伏的山岭。

"永元荔枝来交州，天宝岁贡取之涪。"涪陵是荔枝的故乡，荔枝种植已有上千年历史，唐代作为宫廷贡品，供皇家食用。中国古代四大美女之一的杨贵妃，尤其喜欢涪州荔枝。睦和村的长江两岸，是涪陵荔枝的主产区，山岭上遍布葱郁的荔枝树林。荔枝花开时，满山满岭是清新宜人的花香，满山满岭是蜂忙蝶舞的景象；荔枝成熟时，满山满岭是翡翠玛瑙，满山满岭是紫霞红云！

睦和村是中日甲午战争著名抗日将领徐邦道的故乡，早年他曾在东南沿海抗击倭寇，并将那里的龙眼树苗带回睦和，植于故乡土地。睦和村肥沃的土壤和温润的气候，成了龙眼树生长的乐园。一百多年后的今天，这些龙眼树苗已长成参天古树，由它们沿袭下来的种子，已遍布睦和村的每一个角落。几乎家家户户的房前屋后都有几株龙眼树。据统计，涪陵有百年龙眼400余株，而睦和村就占了300多株。其中，被誉为"江中绿宝石"的平西坝，每一片土地、每一个角落都被龙眼树的绿荫覆盖，青枝绿叶的缝隙里，间或露出居民的白墙青瓦。目前，龙眼已成为睦和村的支柱产业，依靠种植龙眼的收入，村民们也早已过上了小康生活。

20世纪九十年代，三峡工程动工兴建，借助三峡大移民的政策和资金扶持，睦和村大力发展果树种植，全村耕地实现了百分之百果树化，除了传统水果荔枝、龙眼，还增加了五星枇杷、沙田蜜柚、奉节脐橙、水蜜桃、红叶李、黄皮果等数十个水果品种，成为涪陵区优质水果的产业基地，也是三峡库区唯一的移民专业水果村。2007年至2013年，村里先后举办了三届"三峡库区龙眼文化节"，极大地带动了地方经济的发展，促进了库区移民的产业增收、安稳致富。

"十年树木，百年树人"，伴随果木成林和果园进入丰产期，那漫山遍野的果树，带给村民的不仅有可观的经济收入，还有清新宜人的空气、生态宜居的美丽家园。走进苍翠如海的睦和，一年四季都是花香鸟语，一年四季都有林果成熟。依托优越的自然生态条件，睦和村逐步走上了以赏花品果、休闲观光为特色的"旅游强村、产业致富"之路。

睦和村一社村民陈朝典正在采摘龙眼 *摄影/冉瑭龙*

一条新街展靓影：人与时代和衷俱进

睦和村临近长江，是三峡工程移民重点淹没村。当年，根据"就地靠后安置"的国家移民政策，村上在紧靠后山脚下修建了睦和村移民新街。全村大部分居民，从江边的零散居住地被集中到这里安置居住。

移民新街是一条宽敞笔直的大道，长500多米。大道两边，是统一设计、统一规划，具有渝东南传统民居风味的二层小楼房；楼前是碧绿的行道树；楼后是芬芳的果树园。街道上，路灯、闭路管网、下水道、垃圾场等市政设施配套完善，学校、医院、商店、车站一应俱全，几处楼上飘着杏黄色酒旗，挂着"农家乐"的牌子。

随便走进一户人家，你都会看见：楼下是宽敞的客厅，整洁的厨房；楼上是带卫生间的主人起居室；每一户居民家里，彩电、冰箱、音响、组合家具、席梦思床……生活设施与城里人没有什么两样。

伴随全村产业调整，村民们改变了沿袭千年的农业生产模式，大力发展旅游观光农业。移民新街，共发展"睦和果林度假村""星泉春酒庄""果鱼山庄""移民人家"等高档次星级农家乐14家，每当水果成熟季节，农家乐里生意红火、收入尤其可观。同时，全村大力发展生态循环经济，推广分户养殖生态黑土猪、肉牛、肉兔、家蚕、家鸽、果园土鸡等产业。畜禽粪便进入沼气池；沼气灯、烧水、煮饭；沼气液灌溉果园和菜地……周而复始的良性循环，保护了环境，降低了生产成本，提升了农副产品的品质。睦和村出产的绿色环保食品，尤其受到游客的青睐！

移民新街建成近20年，一个以旅游观光、生态种养殖、水果加工为主体的现代农业结构体系初具规模。睦和村成为三峡库区远近闻名的"四季观光果园"和"移民生态农业旅游观光基地"。全村移民纷纷念起"土里栽树子、四季卖果子、家里开馆子、就地进厂子、外出挣票子"的"五子致富经"。白天，他们在工厂和果园里劳动；夜晚，栖息在温暖舒适的小巢。在梦中，他们也笑得那么舒心、那么灿烂！

第十一章　南诏古村镇

丘北县双龙营镇普者黑村——云南省文山州最大的一个古老自然村。"普者黑"意为盛满鱼虾的湖泊。彝文在普者黑村一直流传使用。至今，他们仍保留着神奇的石崇拜、树崇拜、生殖崇拜、虎崇拜及古朴的婚俗、葬俗、祭祀等文化现象和古老的服饰、民俗、宗教、神话、古曲等丰富多彩的民族文化。绮丽的风光，世间罕见，独一无二。

一、普者黑村

——自然仙境，人间佳源

丘北县双龙营镇普者黑村——云南省文山州最大的一个古老的自然村落。

古老的普者黑村

相传，大约二亿七千万年前，普者黑是一片浅海，随着造山运动和地壳的变化，海水退落，形成了喀斯特湖泊群，像一块块翡翠镶嵌在这片神奇的土地上；早在 170 万年前，古猿人就在此居住，黑菁龙古猿人遗迹和化石、狮子山"鸟图腾"古崖画，都是石器时代的遗迹。

"普者黑"是当地彝语音译，意为盛满鱼虾的湖泊。《云南各族古代史略》载，春秋战国时期，丘北普者黑属楚地。普者黑村的彝族是最早从外地迁徙到此的土著民族。史书记载的彝文正本字 2035 字和未选入正体字的 5823 个共体字，在普者黑村一直流传使用。如今，在普者黑村仙人洞入口处的悬崖上，仍保存彝族象形文"火的女儿"四个字，村中有汉、彝、撒尼族、苗、瑶族多个民族，1000 多户人家、4451 人，民族文化和生活习俗多彩多姿。

人间仙境 摄影 / 贺文胜

世间罕见的人间仙境

这里属滇东南岩溶区，总面积达 388 平方公里，以"水上田园、湖泊峰林、彝家水乡、岩溶湿地、荷花世界、候鸟天堂"六大景观而著称，被誉为"世间罕见、中国独一无二的喀斯特山水田园风光"。既有桂林山水孤峰、清流、幽洞、奇石的灵秀，又有江南水乡小桥、流水、人家的古朴神韵，还有西湖波光潋滟的明丽，更有比白洋淀还浩荡的万亩荷花。312 座孤峰星罗棋布，83 个溶洞千姿百态，54 个湖泊相连贯通，水质清澈透明，当地人渴了，就随手掬一捧湖水喝。

普者黑人民，世世代代热爱自然，像爱护自己的双眼一样，保护着大自然馈赠给他们的财富。近年来，普者黑村委会制定严格的村规民约，林区内进行了禁牧围封，群众保护生态环境意识和植树造林积极性逐渐提高，以保护普者黑流域生态环境为重点，坚持在保护中发展、在发展中保护，努力为旅游业可持续发展提供良好环境，实现普者黑经济、社会、生态三大效益共赢。

树木葱茏，芳草萋萋，鸟语花香，水声潺潺。目前有 100 多种国家珍稀鸟类在这里安家栖息，多年不见的白鹭、苍鹭、野鸭、野兔又出没于林间、田野，林茂粮丰，物种呈现多样性。初春时节，绿柳盈岸、樱花璀璨、桃红如霞；盛夏时节，"接天莲叶无穷碧，映日荷花别样红"；金秋时节，瓜果飘香、五谷丰登、秋色宜人；初冬时节，候鸟回迁、山明水净。一年四季人们都可以在湖中捕鱼虾，在田间放牛羊。

人与自然和谐共生，融入了普者黑人的血脉。他们至今仍保留着神奇的石崇拜、树崇拜、生殖崇拜、虎崇拜及古朴的婚俗、葬俗、祭祀等文化现象和古老的服饰、民俗、宗教、神话、古曲等丰富多彩的民族文化。

多姿多彩的民族风俗

普者黑村的彝族服饰色彩艳丽，有特别的寓意。女装款式为右襟或对襟上衣、长裤，个别地方着裙；以白、蓝、黑为底色，多饰动植物花纹图案和几何图案。彝族青年妇女，头戴"鸡冠帽"，形如鸡冠，用大大小小各种银泡镶绣而成，做工精细；头饰十分丰富，饰品有银泡、绒线球、花和贝壳等。男子一般穿对襟衣、外套坎肩、着宽裆裤，有的还扎绑腿，头包黑巾。

在众多的少数民族传统节庆活动中，普者黑村尤以彝族的"花脸节""火把节"和"荷花节"最为隆重、热闹。

"花脸节"起源于远古先民用锅烟灰把脸抹黑以驱魔的风俗。节日期间，先由毕摩（彝族祭祀师）率领全村群众举行祭山神活动，然后家家杀鸡宰羊，大摆酒席，欢迎远方的宾客。男女青年在村头河边，用锅烟灰互相抹花脸。彝族有以黑为尊、以黑为美、以黑为乐、以黑为祥的历史文化，人们认为，哪个的脸被别人抹得越黑，吉祥和幸福就越会降临到他的身上，他家的庄稼就会长得好，就会心想事成；同时抹花脸活动还是年青男女选择意中人的好时机，脸被抹得越黑表示情意越深，如果不喜欢对方，就千方百计逃脱，不让油黑之物落到自己的脸上，以表示拒绝对方的求爱。

"荷花节""荡柳叶轻舟，赏万亩荷花秀色；游地下暗河，观洞里奇民乾坤；登青龙山顶，揽山水田园胜景；进民族村寨，品民俗风情神韵"。荷花节到普者黑激情打水仗，欣赏万亩野荷，感受普者黑山水文化，已成为时下普者黑民俗一大亮点。

"火把节"是普者黑村包括汉族在内的各民族都过的节日，人们齐心协力，搭起木架，点燃火把，祈福五谷丰登。

637

花脸节　摄影/纪军

奔向小康的普者黑村

　　为进一步改善普者黑村庄环境，打造生态良好、风格统一、特色鲜明、设施完善、服务配套的乡村旅游景点，县人民政府制定了"一户一方案，一户一设计"建设规划，通过对景区内普者黑村实施民居改建项目，严格规划各种民族民居的建筑式样和建筑风格，从房屋造型、布局、外观颜色等方面体现出少数民族文化元素。建设农业园区，向休闲观光农业、田园综合体发展，打造多处以"农业＋旅游＋采摘"为主题的现代农业园区；发展农民专业合作社，带领群众奔向致富路，让群众的钱袋子鼓起来；全力打造旅游特色村，发展民宿经济、周末经济，建设旅游村庄，走生态文明旅游的发展之路。2016年全村经济总收入达4646.8万元，农民人均可支配收入9976元。其中：种植业收入2406万元，畜牧业收入1368万元，全村外出务工收入938.5万元，其他收入320万元。

　　随着生态旅游的开发，普者黑的知名度享誉全国，是2013年《爸爸去哪儿》（第一季）、2017年《高能少年团》的取景拍摄地；2017年热播的电视剧《三生三世十里桃花》中山峦水嶂、仙雾缭绕的青丘，就是普者黑青龙山山后的菜花箐。普者黑村"发展旅游、推进新农村建设"的新思路被新华社、中央电视台、湖南电视台、浙江电视台、云南电视台等多家媒体拍摄报道。

先后三次被省委省政府命名为省级文明村，2002 年至 2009 年先后两次被中央文明委命名为"全国精神文明创建先进集体"，是全县文明牌最多的村子。2017 年被中国生态文化协会遴选命名为"全国生态文化村"。

今日的普者黑村，湖中鱼游虾潜，峰岩秀奇古幽，民风民俗原汁原味，人与自然和谐共荣，正奔向幸福小康之路！

普者黑凉亭

地处中国西南边陲沧源县的翁丁村，最早由佤族部落支系巴饶克人迁徙定居于此，保存并传承其原生态文化。牛头寨门迎接着四方宾客，鸡肉烂饭是佤族待客的上等佳肴。寨桩是每个佤族村寨的标记，传统民居充满生态智慧，木鼓祈祷着佤族兴旺发达，自由的婚恋源远流长。如今，翁丁村已成为临沧对外宣传佤族文化的一个窗口。

二、翁丁村，世界佤乡的远古遗存

地处中国西南边陲的沧源县，有一个佤族聚居村寨，名叫"翁丁"。对于村名的来历有很多说法，其中一种说法是因为当地有几条河流交汇，一种说法是因为村寨时常被大朵白云或云雾缭绕。但这些都无关紧要，翁丁就是翁丁。

从远古走来的翁丁

翁丁是佤族历史变迁的"活态博物馆""中国最后的原始部落"。相传几百年前，身上流淌着巴饶克祖先血液的翁丁人迁徙定居于此，而巴饶克是最古老、人数最多的佤族部落支系的称谓。翁丁人最为完整地保存并传袭了巴饶克人的原生态文化，与先祖不同的是，翁丁先辈不再猎人头祭祀旱谷了。据村中老人口传下来的历史，建寨之时翁丁人没有立人头桩，只有镖牛桩，以祭祀神灵"魔苇"。直到新中国成立之初，整个临沧阿佤山区仍处于原始社会末期。

野性热烈的寨门

进入翁丁村寨，首先映入眼帘的就是用木、竹、茅草等材料搭建而成的牛头寨门，每根木柱上都悬挂有水牛头骨，原始的野性气息立刻迎面扑来。寨门在佤语中称作"司歪永"，是佤族山寨进出的通道。过去佤族村寨由于战事等原因，寨门周围还有护寨沟、墙、刺篱笆等防御工事，未经同意擅自闯入，即被视为入侵。如今，翁丁村的寨门已成为迎接四方宾客的门户，翁丁人会在寨门敲响木鼓，唱起迎宾歌，敬上迎宾酒，在脸上用"摸你黑"的传统习俗为客人献上祝福。

牛头寨门 供图 / 沧源县人民政府

集神话与祝愿于一身的寨桩

寨桩是每个佤族村寨的标记。走过石板铺就的道路，经过谷仓、牛头木桩和从不砍烧的老榕树，石板铺就的村寨广场赫然眼前，神秘的寨桩就立于中央。信仰赛玛教的巴饶克人把寨桩也叫作"栲拉格"，佤族口述文学《司岗里》曾描述，人们从"司岗"（山洞或葫芦）出生后，建立第一个寨子，就立了一根桩子，以表示有人居住。后来，但凡建立新寨，都要立一棵高大的木桩。

寨桩由木塔、组合桩、筒桩、寨桩台四部分组成。木塔从上往下刻有甑子盖、葫芦、甑子、支锅圈、锅、三脚架等不同层次的堆叠，翁丁人所堆砌的其实正是自己的生活。组合桩由塔与"板当"组成，"板当"上盛放着物品，用以供奉沟通翁丁人与天神的使者"帕召"。借助竹竿、经幡等小乘佛教的器物，佤族人用筒桩将司岗里传说变成了实物，于是花、鸟、鱼、船等象征意义在此都有了表达；谷花、小米花、金银花代表了谷物和金银，三层竹编花圈是三种花魂的忠诚卫士；木船、鱼、鸟都源自司岗里传说，鱼代表了水，几乎灭绝人类的洪水，木鸟救起善良的人安放在木船上，人类才得以繁衍。寨桩台上有建寨时便放置的寨心石，它是寨子的心脏。

充满生态智慧的传统民居

佤族房屋一般建在背风向阳的半山坡，用木、竹、茅草等材料搭建而成。环顾村中广场四周，皆是佤族最传统的民居建筑。寨子房屋的结构和建筑有两种形式：一种是"干栏式"建筑，底层以木柱支撑、架空，用于饲养牲畜和堆放杂物，二层住人；另一种是"四壁落地"房，也叫"鸡笼罩"房，其结构比"干栏式"简单，房顶至房檐倾斜度较大，椽子上用茅草铺盖，四壁用竹笆编栅成墙，向东面开一道门。寨中每家房屋基本都有石块围起来的院子。

村中还有一个建房的传统，子女分家时新建的房子选址不能高于父

翁丁山寨最宏伟的建筑——佤王府　摄影/林光辉

母的住房，并且只能建"四壁落地"房，至少三年后才可以建"干栏式"楼房，正因如此才形成了村寨整齐排列而又略显不同的建筑形式。当然，翁丁山寨最宏伟的建筑还是佤王府，它是参照班洪胡玉山王府建造的。

　　翁丁村寨的室内陈设一般比较简单，划分间的方式也很古老，建筑内部在火塘的上方位，对着门的方位一般是老人房和祭祀的地方，火塘的下方位（靠近门的位置）是主卧室。火塘是佤族房子的灵魂，既是佤族家庭煮食、照明、烘烤、取暖的地方，也是宗教祭祀的地方，佤族地区都流传着"火塘是房子的心脏""炉中不断千年火"的说法。火塘分为三种，有主火塘、客火塘和牲畜火塘，现在一般只有一个永不熄灭的主火塘，主火塘每年春节换一次新火，即"取新火"。

通天神器——木鼓

　　木鼓是佤族人民生活中不可或缺的重要神器。寨中老人说，远古时期，女首领让人们按照她的肚子做鼓。猎头习俗消失以后，木鼓退出了血腥祭祀的舞台，成为向鬼神传达美好愿望的媒介，同时也成为节日庆典的重要工具。木鼓一般以红毛树、花桃树树段为原料，将其腹部按一定形状掏空制成，鼓上并不蒙皮，但刻有青蛙，寓意响声洪亮。

翁丁村寨中有一母一公两个木鼓，均置于村中木鼓房。木鼓房的选址非常讲究，因为佤族人相信，"生命源于水、灵魂来自鼓"。雌鼓，佤语叫"咪格劳"，意为鼓娘，呈半圆方形，略大，音节较高，音色清脆；雄鼓佤语叫"光格劳"，意为鼓儿，鼓体略小，音节偏低，音色粗重。之所以雌鼓比雄鼓大，可能还是源自早期的女性崇拜，因为只有女性身体强壮才能孕育健康的子女，佤族才会兴旺发达。

翁丁村至今仍保留有声势浩大的拉木鼓活动，每年秋收以后，寨子都要举行木鼓祭祀。全寨的男女老幼穿上盛装，从村外拉来一段合抱粗的树干，祭司手举树叶领诵"拉木鼓"歌；剽牛手则手持铁矛站在树干上，和着歌舞挥动长矛，将牛刺死后取下牛头祭祀神灵。

佤族神器木鼓　摄影／林光辉

朴素的佤族美食

长期以来，佤族地区生产力水平普遍较低，农事生产并不发达，人们在耕作之余，常常进山捕猎和采集，作为食物补充的重要来源。久而久之，佤族群众的食谱就变得非常广泛，除了常规的谷物、肉类和蔬菜外，山中获取的各种食物都上了餐桌，有泥鳅、鳝鱼、蚂蚱、蝼蛄等野味，有野韭菜、树头菜、蕨菜、野芭蕉等野菜，还有鸡枞、奶浆菌、马屁泡等野山菌。

佤族传统饮食制作方法非常简单，主要有"煮""烤""煨"三种，后来随着生活水平的提高，"煎""炸""炒"等烹饪方式逐渐普及。在翁丁饮食中，较有代表性的有鸡肉烂饭、鹌鹑肉汤、绿豆菜、佤族苦茶等，这其中最有名的当属鸡肉烂饭。

鸡肉烂饭是佤族待客的上等佳肴，因其比稀粥要稠一些，比普通的米饭又要软得多，有经过加工的鸡肉混合，故俗称鸡肉烂饭。有手撕和刀砍两种制作方法，其中以手撕法更为讲究。取鲜嫩土鸡清水煮熟，捞出鸡后将淘洗好的大米倒入鸡汤里煮，稍煮一会儿后放入一把酸笋，至大米煮稀烂。这时，将煮熟的鸡肉撕碎，放入茴香叶、青辣椒、辣料、阿佤芫荽、葱、蒜、香子、薄荷等佐料，再撒上花椒面、食盐、辣椒面加以搅拌均匀，倒入烂饭调匀即可上席。其色泽鲜艳，味道香滑。鸡肉烂饭不仅仅是一道美食，同时也是原始社会生产力低下时"人人分享"制度的文化遗存。

寨中的佤族婚恋

很早以前佤族人就实行婚恋自由。在翁丁寨中央建有撒拉房，白天寨人在此休息聊天，晚上年轻人来此聚会谈恋爱。几个小伙子可以一起到姑娘家来，大家围坐在火塘边有说有笑，父母并不干涉。夜深的时候，在自家屋檐下，姑娘让小伙子轮流坐凳子，给他们梳头，这时，小伙子们会给姑娘送些小礼物，姑娘都收下。如果有中意的小伙子，她会延长给他梳头的时间，以后找机会把其他小伙子的礼物退掉，这样其他小伙子知道姑娘有中意的人了，就不再来姑娘家了。

阿瓦小伙子们喜欢弹着三弦串姑娘。待两情相悦后，小伙子向自己父母说明，父母同意后便找信得过的男子去说亲。在翁丁，说亲人会带上白布包的茶叶、一对蜡烛和一束芭蕉同小伙子一起去姑娘家说亲。姑娘家父母同意后，两家从此开始交往。之后，还要去姑娘舅舅家说明情况。结婚当天，做饭招待客人的事情由新郎家安排人做，并宰杀自己家带去的猪。新郎要在新娘家住上一晚，第二天中午后接新娘回家，一路上吹芦笙、打铓锣，新郎身背长刀，扛一棵甘蔗，新娘由新郎家人搀扶着哭嫁。到家后，人们杀猪念词，迎接新娘，又吃一次饭。三天后，新郎新娘回门拜望新娘父母，整个结婚仪式才算结束。

如今，翁丁村已成为临沧对外宣传佤族文化的窗口，成为世界佤乡沧源最为耀眼的一颗明珠。相信不久的将来，翁丁会以更加奔放的姿态拥抱全世界，在变与不变的永恒旋律中延续专属于佤乡翁丁人的文化基因。

翁丁村全貌　摄影／林光辉

三、去到甜蜜的地方

——彝族撒尼月湖村

月湖，云南省石林县的一个彝族撒尼村寨，因村东北一个形似弯月的高原淡水湖泊而得名。月湖澄净透澈，湖畔芳草茵茵，湖心小岛上的石灰石，造型各异，玲珑精致。

20世纪70年代，一部云南彝族撒尼民间叙事长诗《逃到甜蜜的地方》，再现了月湖村漫长悠久的历史，也使它从此走进了外界的视野。月湖村有6个村民组，516户、2118人，13个姓氏中，有7个属于彝族撒尼人，占总人数的92%。村里延续至今的每月一次祭祀活动，还有虎图腾崇拜、生殖崇拜、山神崇拜、树神崇拜等，特别是每家每户祭拜的树神，造就了全村郁郁葱葱的1060株百年古树名木，都为这个已有500多年历史的彝族撒尼人聚集地蒙上了一层神秘的面纱。

古丝路上的滇黔驿道

相传，清代以前月湖并无村寨，唯有一条驿道由云南省会昆明经呈贡、宜良，进入石林县西北部，再经陆良、师宗、罗平，最后进入贵州兴义、贵阳等地，是从昆明到广西的南方丝绸之路上的滇黔驿道。

古时驿道上的马帮商队络绎不绝，两旁茂密的原始森林常有野兽出没、匪盗猖獗。为守卫林间驿道，保护过往客商马帮，地方官府从附近的 5 个村寨中，分别选调、隔离出 5 户人家，集中于月湖，专司站岗放哨，取名"隔（改）五村"，形成了月湖村的前身。1955 年，彝族将军张冲来到月湖，登高眺望与月湖相依的村寨，欣然将村名改为月湖村，沿用至今。

月湖村完好地保留着这段 2 公里长的古驿道。深浅不一的马蹄印、彝族撒尼先民遗留下来的古崖画、驿道旁的山神庙……都诉说着古代南方丝绸之路滇黔驿道往昔的繁华。沿着古人走过的丝绸之路，仿佛看见历史深处走来一支支商队马帮，在蜿蜒曲折的山路上迤逦前行……作为古代南方丝绸之路的必经之地，月湖村和古驿道见证着先民们的智慧和勇气，承载着不同文明的交汇融合，延续着开放包容、合作共赢的丝路精神。

滇黔古驿道 摄影/虎亮

毕摩，彝族古老文化的传人

彝族撒尼人有自己的语言和文字，历史文化沉积深厚。月湖村有着浓郁的地域和民族文化特征，村民大多操彝族撒尼支系语言，近一半彝族妇女不通汉语，占村总人数 18% 的汉族居民在日常生活中亦操彝族撒尼语，成为彝族撒尼文化传承发展的重要载体。对于彝族古老的象形文字，如今只有毕摩还在使用。

"毕摩"，彝语音译，"毕"为"念经"之意，"摩"为"有知识的长者"，是集老师、经师、祭师、巫师为一身的彝族传统知识分子，彝族撒尼传统文化的真正传承者，也是彝族文化活的载体。

毕摩学识渊博，通晓彝族语言文字、天文地理、宗教文化、民风民俗、医药病理等多方面的知识；在古代彝族"君、臣、师"的社会结构中，担任着"师"的角色，主要从事作毕、司祭、占卜等活动，负责整理、规范、传授彝族文字，撰写和传抄包括宗教、伦理、哲学、天文、历史、医药、农事、礼俗、文字等典籍。寨子里举行婚礼，要请毕摩到家中为新郎新娘吟唱那部耳熟能详的"送嫁歌"——彝族民间叙事长诗《阿诗玛》；举行葬礼时，要请毕摩吟诵《指路经》，指引亡灵沿着古时祖先迁徙的路线回到遥远的故乡——"我们的地方"；村民若触犯禁忌，要请毕摩福解，否则便认为会祸患临头。毕摩既掌控神权，又把握文化，既司通神鬼，又指导人事，享有很高的社会地位。在各种宗教法事，以及彝族人生育、疾病、节日、出猎、播种等生活节点上，都少不了他们的身影。

在月湖村，毕摩收藏彝文经书较多，村中尚存有彝族古文字典 100 多本，内容包括家谱、《指路经》、《占卜书》、《祭祀书》等。全村现有专职毕摩 8 人，其中年龄最大的 84 岁，年龄最小的 48 岁，平均年龄 68 岁，有的从事祭祀活动已有 40 余年的历史，为了履行自己神圣的使命，仍日夜奔忙于乡里之间。

彝族撒尼人古老的宗教文化

彝族撒尼人的宗教信仰具有自然崇拜、祖先崇拜、图腾崇拜、灵魂崇拜、生殖崇拜等浓厚的原始色彩，并由此形成了一系列丰富多彩的宗教文化。

村民崇拜天地日月、山川河湖、虫鱼鸟兽、花草树木等自然物，相信自己的远古祖先与一些动植物有血缘关系，于是要常年祭祖先灵魂，祈求祖先庇护。因祭水神龙，出现了龙潭龙树林；因崇拜祖先而出现了祖灵洞；因招魂而出现了喊魂峰；因祭密枝神而出现了密枝林；因祭拜山神而出现了山神庙等神圣的宗教景观。

月湖村至今留存着大量约定俗成的村规民约、传统习惯以及生产、生活禁忌，其中不少脱胎于彝族原始宗教信仰和生产生活中的实践经验。如禁砍密枝林、不得踩踏锅柱石、不准骑跨在门槛上、孕妇禁上楼等。这些礼俗禁忌成为月湖村民日常生产生活中的行为准则，维系了撒尼人与自然之间的和谐共生。

丰富多彩的节庆祭祀活动

月湖村几乎月月有节庆祭祀活动，大多在树林里举行：农历正月十五祭山神，农历二月属龙日祭黑龙，农历三月属龙日祭白龙，农历四月第一个属蛇日求雨神普降甘霖，农历五月初五端午节，农历六月火把节，农历七月十五日祭鬼神，农历十月第一个属兔日祭密枝神，农历十二月是彝族十月年。

按照彝族撒尼人的推算，每年 10 个月，每月 36 天，每年 366 天，按照 10 个月 360 天计算，剩余的 6 天就过年。他们在每年农历冬月的第一个属马日或属鼠日，就进入密枝节，也就是撒尼人的彝族年。

在月湖村所有的节庆祭祀活动中，密枝节是最为神圣和隆重的。村民把密枝神奉为寨神、祖先神、生育神、树神、自然保护神、福禄等诸神的综合象征，一年一小祭，五年一中祭，十年一大祭。节日当天，月湖村的男人们在毕摩带领下进入密枝林，杀牲祭拜密枝神，乞求风调雨顺、幸福安康。之后，数千男女集于密枝林外，纵情歌舞3天3夜。为期7天的密枝节是月湖村男人们的节日，女人不能参加。男人们在神山上大碗喝酒、大块吃肉，与神灵同餐共饮。在这一天，大家可以敞开心扉，教育不遵守村规民约的村民，使得撒尼人的传统美德代代相传；祭拜密枝神、树神，使得月湖村的森林植被保护完好，千余株苍翠古树环绕撒尼民居。

原生态的彝族撒尼风情

月湖村传统民居式样为三间两耳土墙单项型，现有土石墙瓦顶和砖木、砖混结构等多种形式。居民住宅自成院落，错落有致，房前屋后绿荫

老年人跳起小三弦舞　摄影／虎亮

环绕，具有传统的风水文化内蕴。每年秋收季节，各家墙上挂满红辣椒，形成一道靓丽的风景。

说起彝族撒尼人的服饰，人们常会想到娇美的阿诗玛。尽管机织布料早已进入彝家生活，但月湖村的撒尼妇女仍钟爱于传统的制作工艺，个个都是飞针走线的能手。挑绣出来的花包头、花围腰等，图案精美、工艺精湛，既具装饰性，又具有特定的民族文化内涵。未婚少女的花包头两边分别插有蝴蝶块，摘下蝴蝶块和包头上的串珠等装饰表示已婚，见到"彩蝶"已飞，小伙子就不会贸然求爱了。月湖村民服饰尚存古风，火草衣、棕衣、羊皮衣、披毡等还有遗存使用，老年妇女至今还戴着石林彝族撒尼妇女传统的"歪包头"。

月湖村民们保留着独特的天文历算，积累了大量有效的民间医药偏方，农业、牧业、林业、渔业生产技术及劳动工具，具有鲜明的地方和民族特色。

月湖村民间文学也十分丰富，有歌谣、谚语、长诗、神话、传说、戏剧等多种体裁；村民个个能歌善舞，彝族撒尼歌舞中，有吼喉调、毕摩调、酒歌、四季歌等数十类上百种调子，有三弦舞、三大酒、狮子舞、霸王鞭舞、虎舞、猴子舞、口弦舞等多种舞蹈。

村里活跃着27支业余文艺队伍，有细乐队、鼓号队、狮舞队，逢年过节、婚丧嫁娶或重要客人来访，都要登场献艺。一些民间歌手，还组建了自己的文艺团队走出村寨，自创自编自演，多次登上省市舞台，获得殊荣。

月湖村村民非常喜爱体育娱乐活动，这些体育项目有源于生产劳动的，有源于古代民族战争的，有源于宗教祭祀的，有着厚重的传统文化底蕴。目前最为流行的体育项目是摔跤和斗牛。每逢年节或农闲，常能看到体育娱乐比赛。

彝族撒尼传统文化传人

在月湖村，有以毕兰英为代表的数十名刺绣能手，全村500余名妇女都熟悉刺绣，她们的产品除自己穿戴外，还拿到市场出售，颇受欢迎；有以普兰芳为代表的纺织能手数十名，擅长纺织精细麻布、火草布；有以张志衡为代表的木匠十余人，擅长房屋建筑，制作家具乐器等；有以毕志华为代表的石匠，有开山凿石、雕石刻碑的特长；有以张国亮为代表的泥瓦匠，是起房盖屋、装饰传统民居的高手；有专门从事斗牛养殖、并多次率牛夺冠的养牛能手李贵明等；有擅长歌唱彝族民歌，有着圆润嗓子的昂文兰等民间歌手；还有在其他领域的能工巧匠等等。这些人都成为了月湖村最可宝贵的财富，是彝族撒尼传统文化的真正传人。

2005 年，"石林镇月湖彝族传统文化保护区"经昆明市人民政府批准，被列为第一批昆明市非物质文化遗产保护名录。2009 年 8 月，经云南省人民政府批准，列入第二批云南省非物质文化遗产保护名录。在 2011 年 9 月 22 日至 23 日"第四届中国生态文化高峰论坛"上，授予石林彝族自治县月湖村为"全国生态文化村"。

掩映在古树林中的月湖村 *摄影 / 虎亮*

653

玉龙雪山脚下的龙泉村是纳西先民最早的聚居地之一，茶马古道上保存最完好的重要集镇，从农耕文明向商业文明过渡的活标本和集镇建设典范，也是世界文化遗产丽江古城的重要组成部分、国家 4A 级景区和中国魅力人居环境名镇。生态文化古韵悠长，传统民俗节庆丰富多彩，通过"遗产经济"带动"旅游经济"，文明新村建设生机勃勃，成为全区的先进村、示范村。

四、龙泉，束河古镇永远的记忆

——云南省丽江市古城区束河镇龙泉村

束河龙泉村，纳西语称"绍坞"，意为"高峰之下的村寨"。位于丽江城区西北部 4 公里处，地处玉龙雪山脚下，海拔 2240 米，全年平均气温 12.6 摄氏度，是一个以农业为主，环境优美，舒适宜居的村镇。全村 702 户 2759 人，总面积 1.78 万亩，耕地面积 3255.9 亩，林地面积 1.37 万亩，森林资源丰富，森林覆盖率 69.25%；数字电视、电话入户率、农网改造率、义务教育普及率均达 100%，农房改造率达 98.5%。

玉龙雪山脚下的束河镇龙泉村，是纳西先民最早的聚居地之一，茶马古道上保存最完好的重要集镇，从农耕文明向商业文明过渡的活标本和集镇建设典范，也是世界文化遗产丽江古城的重要组成部分、国家 AAAA 级景区和中国魅力人居环境名镇，辖仁里、街尾、中和、松云、文明、庆云、红山等 7 个自然村。

山水田园风光独好

龙泉村背靠聚宝山、龙泉山和莲花山，树林茂密，空气清新，村内有九鼎龙潭和疏河龙潭，形成九鼎河、青龙河和疏河三条水系，从北向南穿村而过，村落与田园浑然一体。

在束河古镇，远可眺玉龙雪山的壮丽主峰，近可观清澈见底的龙潭泉水，依势而下的潺潺涓流是古镇最为灵动的色彩。村前清泉汩汩，巷头渠水汤汤，院中溪水流，门前清泉淌，一巷头一桥，一户门一桥，真可谓清泉之乡小桥流水人家。人群穿行于古道，老人集聚桥头，大人耕作于田间，儿童嬉戏于广场，牛马漫步于溪畔，树林般的粮架耸立在青龙河畔，构成纳西族农耕文化的图腾标志。浓郁的乡土气息和融入自然的景象，又可谓雪山下的"世外桃源"。

生态文化古韵悠长

龙泉村传统建筑是典型的纳西民居土木结构"三方一照壁""四合五天井"，主要分布在仁里、中和、街尾。古镇崇尚自然，依托山水，追求人与山水的亲和，靠山筑屋，依山势走向，房屋错落有致。形成了以古泉、

纳西民居　供图/龙泉社区居委会

古潭、古寺、古渠、古树、古桥、古道、古街、古商、古壁画、古建筑相结合，多元文化融合的特色旅游小镇。这里是纳西族从农耕文明向商业文明过渡的活标本，纳西文化、茶马文化、农耕文化、生态文化是束河古镇的灵魂所在，至今仍保存完好。位于其间的龙泉村，是纳西族传统文化的发祥地，龙泉四方街是丽江古城四方街的雏形，尤其是引水入村的方式与街市布局的实例，是研究纳西族文化的重要参考资料。根据《云南省丽江古城保护管理条例》，采用核心区、缓冲区、协调区三级保护管理办法，协同相关部门依法强行拆除了 38 户 55 栋违章建筑，批准修缮民居 372 户 536 栋，新建民居 236 户 470 栋，重建 170 户 234 栋。申报重点保护民居 3 院，一般保护民居 9 院，实现了束河古镇的整体建筑风格规范统一，纳西传统民居得到了最大限度的保护，宁静和谐的高原水乡风貌自然形成。

公元 680 年，吐蕃南征，在丽江设立"神川都督府"，茶马古道由此起始。唐明皇禁茶入藏，促成滇茶进藏；宋王朝的军事需要，刺激了"茶马互市"的繁荣；从元、明以来到近代，茶马古道成为滇、藏、川经济文化交流的纽带。

茶马古道起于滇南，从西双版纳、思茅普洱经大理、丽江、迪庆直达西藏拉萨，止于印度，海拔从百余米上升到 8000 多米，其中，贯穿中国西部人文风情和自然风光最具魅力的"三江并流"和香格里拉地域，格外引人关注。

龙泉村中心有长 33 米、宽 27 米的小小四方街，四周店铺环绕，是多民族、多姓氏和手工业者聚居地（民间有束河八家之说，实际不止八个姓氏，村中除纳西外，还有汉、藏、彝、白等民族），街面上被人马踩踏得光溜平滑的石板，似乎还能照见往日"茶马古道"上重要驿站的繁华。

茶马古道博物馆是中国第一家专门研究并展示茶马古道历史文化的博物馆，也是丽江市第一家从事普洱茶文化研究、宣传、推广的专业机构。从 8 个部分系统介绍了茶马古道的起始时间、线路和重大历史事件，是人们了解茶马古道历史文化的重要窗口。

博物馆的建筑原是 400 多年前木氏土司"束河院"的组成部分，其中的"大觉宫壁画"为江南著名画家马萧仙作品，保存至今，笔法洗练，技术精湛，保留了唐代画风，1998 年被列为省级重点保护单位。其大觉宫内存有以汉传佛教为题材的壁画 6 幅，馆藏收集文物藏品 526 件，很好地还原了茶马古道马帮活动的场景，其中有大量藏品是由社区党员无偿捐赠。马鞍、马铃、马灯、皮口袋、酥油桶，以及来自印度、尼泊尔等国家，以及中国西藏的各种旧货，古老的石桥，光滑的石板路，高突的上马石，马锅头的豪宅，更好地诠释了古镇茶马文化。无论是征战迁徙，还是马帮驿运，纳西族人都离不开马，所以纳西人不吃马肉，不剥马皮，不喝马奶。

传统民俗节庆丰富多彩

龙泉村保留有"达瓦纳西努"、棒棒会、三多节、火把节等传统节庆活动。

"达瓦纳西努"汉译为腊月，除夕之夜，每家餐桌上必有腊猪头肉、香鸡、鱼等；正月初一，忙碌一年的家庭主妇可以睡一次懒觉。早上吃素，白天祭祖坟。古时正月以祭天为主，元人李京有"不事神佛，唯正月十五日，登山祭天，极严洁，男女动数百，各执其手，团旋歌舞以为乐"的记载。徐霞客曰："其俗新正重祭天之礼，自元旦至元宵后二十日，数举方止。"

农历正月十五，是纳西族传统节日棒棒节。棒棒会是春耕前农具交易的盛会。邻近各县的农民，乃至大理、保山、西藏一带的农民和商人，都携带本地特产到集会上出售，然后购买所需物品。

三多节是纳西族法定的民族节日，农历二月初八，相传是纳西族战神三多的生日，他是玉龙雪山的化身，是一位白盔甲骑白马的勇士，是民族的保护神。

火把节在农历6月26日，前后共三天。白天斗牛，晚上点火把，举火游行，是仲夏夜的狂欢节。

"遗产经济"带动"旅游经济"

1997年，束河古镇民居建筑群作为丽江古城的重要组成部分被联合国教科文组织列入"世界文化遗产名录"；2005年获得全国最佳人居环境魅力名镇、云南省十大名片和4A级景区；2005年获得云南省省级绿色社区。

当地政府破解了遗产保护与旅游发展的难题、盘活了遗产经济，企业投资建设后经济效益逐步提高，发展后劲不断增强，创造了政府、企业、居民三方共赢的模式，在2004年被中央电视台经济社会频道列为"中国经验·束河模式"向全国推介。

龙泉村立足历史文化和自然资源优势，抓住束河特色旅游小镇建设的黄金发展机遇，走"以旅促农、以旅哺农"的路子，跳出"三农"抓"三农"，在农业和农村外部寻求增收途径，用"遗产经济"来带动"旅游经济"，使龙泉村社会经济得到了质的飞跃。

为发展"农家休闲田园客栈"，针对部分村民易于满足眼前温饱，不求更大发展的观念，组织村干部到四川成都考察学习当地农家乐旅游发展和新农村建设经验。争取到50万的贴息贷款，从16户农户开始启动，以发展吃、住、行、游、玩为一体，配套建设生态农业、庭院经济、餐饮等相关产业，培育旅游主导产业。截至2013年6月，龙泉村村民通过出租房屋、经营客栈、酒吧、农家乐，使自己的日子越过越红火。目前已有60多户从事旅游餐饮业，450多户出租自家房屋参与商铺经营，仅此项每年的纯收入就达1928万多元；有300匹马和80辆马车参与旅游营运，年纯收入可达600万元；有63辆微型车辆从事交通运输，年纯收入150万元；在束河古镇内从事旅游服务的老百姓增至700多人。

束河八景传奇故事

龙泉山下古树参天，一道好水积成九鼎龙潭，潭水清澈晶莹，水草曼舞，游鱼逍遥。玉龙雪山倒映在波平如镜的水面，清姿傲岸，意境无穷，称为"雪山倒映"。相传一个赶马的男人说是要去看看山外的世界，挎着一个羊皮口袋就头也不回地赶着马走了，丢下他藤葛一样缠人的妻子，村寨里那扇破旧的门始终都在痛苦地等待，守候的窗子都已经化作了眸子。

青龙桥建于明朝万历年间，是木氏土司鼎盛时期的标志性建筑。长25米，宽4.5米，高4米，全部由石块垒砌，列为丽江古石桥之最。

青龙桥的桥面经过数百年风雨的洗刷变得斑驳苍老，却不失英雄气势和庄严厚重。这里还流传着一个故事，藏传佛教大师葛玛马追赶一个魔鬼，从这里一步跨到了玉龙雪山上，在桥上留下了一个仙人脚印。开春时

路、水、桥、房融为一体　供图/龙泉社区居委会

节，桥畔的杨柳如烟似纱，绿浪涌上桥面，称为"烟柳平桥"。

四方街长宽不过30多米，有五条道路通向四面八方，水流环绕、日中为市，为丽江坝子最古老的集市之一。古时候，束河的四方街上设有夜市，逛夜市的人举着手灯，穿行在青龙河畔，如夏夜流萤，成了一道风景，称为"夜市萤火"。

九鼎龙潭的潭边有一截断碑，年代已不可考，用石头敲击，会发出清脆的声音，称为"断碑敲音"。

九鼎龙潭有神鱼，"昔有人欲网其鱼，雷雹骤至，至今无敢者"。游人爱之，多有投食者，鱼儿争食，溅起水花，湿人脸面，人与鱼如此亲昵相处并不多见，称为"鱼水亲人"。

龙潭上端有一座寺庙，名叫"三圣宫"，西殿供奉观音，北楼供奉龙王，南楼供奉孙膑。东楼楼基直接入水，三面回廊，游人凭栏远眺，一派田园牧歌，无限诗情画意，令人流连忘返。月明之夜，登楼赏月，文人墨客对月吟诗作画，称为"龙门望月"。

束河西山上有很多漆树，每到秋天，树叶鲜红，秋光灿烂，令人赏心悦目，称为"西山红叶"。

束河西山的最南边就是松云村，后边石莲山上有个山洞，像老虎张开的大嘴，为了震住老虎的威风，当地人在洞口建筑了一个寺庙，叫石莲寺。民国时期曾经办过夜校，读书人围火夜读，成了一道风景，称为"石莲夜读"。

龙泉村依山傍水，北靠聚宝、龙泉、莲花三山，水领着路走，村绕着水转。农耕文化体系中，依山而建的传统民居比邻相接、层层叠落、错落有致；山上绿树葱笼，山下田野围绕，青龙河、九鼎河、疏河如同束河的血脉，支撑着物质、滋养着精神，村民与水相依相存、自然和谐。

束河龙泉村的道路和水流紧密相融，因水成街，沿街绕流，依路筑院，依水建房。束河古镇民居根据地形地貌，可曲可直，富于变化，由此而形成别致的村落景观。束河古镇路、水、桥、房有机融为一体，构成了富有特色的村落布局形态。

文明新村生机勃勃

龙泉村的7个自然村都建有村民活动中心和文体活动中心，组建了纳西民族打跳队、门球队、纳西古乐队、马队协会、诗书画协会等，节假日经常在老四方街或四方听音上进行纳西族民族打跳表演，极大地丰富了村民们的业余文化生活。村民们自觉维护公共卫生，改变了过去到处堆积垃圾的现象，村容村貌有了极人改善。由于文体活动常态化，村民之间交流日益频繁，凝聚力越来越强，聚众赌博的现象不见了，家庭纠纷和邻里矛盾也减少了。文明健康的生活方式，使村民们的素质有了很大提高。现在的龙泉村已成为全区新农村建设的先进村、示范村。

2013年6月22日，中国红河哈尼梯田被正式列入世界文化景观遗产名录，中国一跃成为世界遗产第二大国。国际古迹遗址理事会的评估报告写到，红河哈尼梯田"显示了人与环境之间在精神上、生态上以及视觉上不可思议的和谐"。

鲁史镇坐落在茶马古道向东南亚延伸的要冲。明清以来，鲁史人以茶为生，开设茶庄，长期从事茶叶贸易。1328年开辟的鲁史驿道，每日往来马帮少则数百匹，多至上千匹。鲁史境内居住着汉、彝、苗、壮、傣等10多个民族，至今保留着各自古老的饮茶方式。南来北往的马帮驮出茶叶、药材和乡风民俗，运进丝绸、百货，带入了先进的中原文化。

五、鲁史古镇，滇西茶马古道第一镇

　　茶乡凤庆县东北，高山峡谷的密林深处，有一颗被澜沧江和黑惠江环抱的明珠——鲁史古镇。据史料记载，早在明朝，鲁史这地方就有较为繁华的集市。逢到属虎或属猴的日子，四山八寨的人就向鲁史街聚集，进行商贸活动。有"半见山村半见市，可为农家可为商"的传说。清朝年间，鲁史曾设阿鲁巡检司。彝语"阿鲁"意为"小城镇"，后称"阿鲁司"，再后来便转音为"鲁史"了。

贯穿古镇的茶马古道和茶文化

　　凤庆野生古茶树群落现有5800亩，生长在海拔2170米香竹箐山坡上的香竹箐古茶树，是目前世界上发现栽培型最粗壮、最古老的大茶树。树粗5.82米，树干直径1.85米，树型乔木，树姿开张，树幅7×8米，经中国农业博物馆专家初步鉴定，树龄高达3250年。

　　明清以来，鲁史人就以茶为生，并开设茶庄，长期从事茶叶贸易。现在该镇的金鸡村，尚遗留有百株连片的野生古茶树群落；古平村海拔2400米左右的山野上，生长着3000多株野生茶树。鲁史镇野生古茶树群落对于研究云南茶文化和茶树种质资源具有重要的价值。鲁史镇既是茶出凤庆的第一镇，又是外来文化进入凤庆的第一平台，同时也是茶叶集散中心和当地的文化交流中心。

在鲁史镇茶叶生产和贸易历史上，骆英才是第一个人工种茶的人，并开设"俊昌号"茶庄。据《鲁史镇志》记载，"骆英才，字俊儒，生于1885年，卒于1952年，四川籍，鲁史街人"；"他从开茶馆，卖零杂货，经营马帮粮料，办烟丝加工，制酱等加工作坊起家。民国二十年（1931），在鲁史第一个开始发展茶叶，置买荒山，种植茶叶100多亩，到40年代初茶叶面积发展达200多亩。从茶叶种植、初制加工，到产品直销下关等，形成一条龙生产"。

在他的推动下，鲁史在20世纪三四十年代形成了发展茶叶的高潮。而另一位茶人段逸甫，其茶园生产"凤山春尖"，则成为民国时期云南茶叶的极品之一。如今"俊昌号"和"凤山春尖"虽已不在，当年之盛景却依然留在鲁史的绿水青山之中。

鲁史境内居住着汉、彝、苗、壮、傣等10多个民族，各民族至今还保留着古老的饮茶方式，如彝族的"油盐茶""罐罐茶"，苗族的"竹筒茶"等。在鲁史，茶不仅是饮品，还在婚俗、舞蹈等方面扮演着重要角色。

小伙子上门说媳妇，茶叶是"四色礼"之一，"下茶礼"中必须要有茶叶，婚礼中亲朋好友要喝"迎亲茶"；汉族是"两道茶"，分别是苦茶和甜茶；彝族、苗族是"三道茶"，第一道是姜茶，第二道是糖茶，第三道是竹叶水茶。新人喝过茶以后，就意味着今后要相互扶持、艰苦奋斗、先苦后甜，同时也寓意着亲友对新人甜蜜生活的祝福。"家家户户小背箩，背上蓝天来采茶。春茶尖尖叶儿翠，绿得人心也发芽"。传唱千百年的茶歌伴随着鲁史一路走来，茶成为贯穿鲁史古镇历史发展的主线，奠定了古镇千余年辉煌历史文化的基础。"茶马古道"让鲁史古镇得以兴盛、繁荣，同时，也成就了"茶马古道"的辉煌。

马帮铜铃声中的古驿道

素有"夹江"之称的鲁史镇坐落在茶马古道向东南亚延伸的要冲上，是蜚声海内外的"茶叶之乡"。这里西接昌宁，南依县城，北靠巍山，东

茶马古道　供图／凤庆县林业局、鲁史镇政府

鲁史古建筑 供图 / 凤庆县林业局、鲁史镇政府

连南涧，居三地(州) 四县之中心，是滇西茶马古道上重要的货物集散地，史称鲁顺驿道。鲁顺驿道开辟于 1328 年，当时山道艰险，江河险恶，在横渡澜沧江和黑惠江时，只能用竹筏或木舟将骡马和驮子分别渡过。

清乾隆二十六年（1761），澜沧江青龙桥建成，交通条件改善，商旅与日俱增。外地商人纷纷进入鲁史开设商号，当时曾建有川黔会馆、西蜀会馆、滇西会馆等，商业、手工业有了很大的发展，成为滇西顺宁茶马古道上的重镇。

茶马古道鲁史段南起大寺乡正义村的青龙桥，北接巍山县的犀牛村渡口，全长近三十公里，在鲁史境内有金马站、鲁史站、犀牛站三个马站。鲁顺驿道的繁荣造就了凤庆茶叶史的辉煌。自古以来，鲁史为顺宁（凤庆）通往昆明、下关、蒙化（巍山）必经驿道，位于明清以来开辟的与缅甸、泰国商旅往来的古道上。古镇村寨之间有骡道相通，往来行人、骡马驮运货物络绎不绝。抗战期间，鲁顺驿道成为抗战军需物资供给线，军用物资都从这里进出，集市贸易十分兴旺。七百多年来，从凤庆县城至鲁史驿道，每日往来马帮少则数百匹，多至上千匹；客商则有的骑马、有的坐轿、有的徒步，少则三五人，多则二三十人成群结伴穿梭而行。到 20 世纪五六十年代，江北地区还有长年马帮驮马三千多匹，鲁史还开着马店，设有兽医，设立有民间运输站。1983 年，县城至鲁史公路修通，替代了古道作为经济命脉的作用，昔日马铃叮咚的辉煌一去不复返。在七百多年的历史长河中，南来北往的马帮运进丝绸、百货，带入了先进的中原文化，又驮出茶叶、药材和乡风民俗。

古朴沧桑的古建筑群

鲁史古镇是滇西片区保存较为完好的古建筑群之一，从整体上看，民居建筑风格受大理白族文化及江浙一带的影响，形成了具有典型的南诏建筑风格。全镇以"三街（上平街、下平街、楼梯街）七巷（曾家巷、黄家巷、十字巷、骆家巷、魁阁巷、董家巷、杨家巷）一广场（又称四方街）"为中心，呈圆形分布，至今还保存着一段烙满马蹄印的青石板道，三米多宽的路道由东向西把古镇一分为二。

古镇民居以印状般的四合院和一正一厢一照壁式的三合院为主，形成"四合五天井，三坊一照壁"的独特风格。楼层上下各三间房屋，土木结构，屋顶用当地产的青瓦铺盖，墙体和椽柱相接处用麻布石或青石板密封以防火患。

屋脊均向两头翘起，房檐设有勾头瓦，其上都雕刻有各种精美图案，或龙或凤，或狮或虎，栩栩如生，神气活现。临街和靠路的墙体请文化人或自己作画题诗，以示高雅。照壁是显示主人身份的窗口，是书香门第、豪门富宅，还是普通人家，都可以从造型和画面看出来。宽敞的院落内，人们植树栽花，叠石造景，典雅别致，怡情养性。仅仅从这里的房屋建筑及陈设上，每一个走进鲁史的人，都会被其深厚的文化氛围所折服。

楼梯街长近 300 米，宽约 4 米，滇西茶马古道从街南形似大门的两株百年古树中间进入，绕古道北出栅子门，是至今保存较为完整的茶马古道过境段。同时，它又是古镇唯一的一条纵向的街道，由北向南依山而建的台阶街面上，那被马蹄凿穿的石板、踏磨的脚窝依然清晰可见，让人联想到往日驮茶马队往来穿梭的壮观景象。

四方街紧连着已有 400 多年历史的"阿鲁司官衙旧址"，史称"衙门"，是明代顺宁府设在江北地区的行政管理机构，大门朝北，直通四方街，主楼为土木结构，3层7格21间，左右有厢房，内置花台。阿鲁司官衙旧址的旁边是古镇文化活动的中心"戏楼"，由当地乡绅甘遇春带头捐资，于民国十八年（1929）建成。新中国成立前，凡大户人家生儿嫁女，百姓盖庙求菩萨，天旱求雨，年关逛庙会，都要请戏班来唱戏。

大水井，古镇人家的生命之源

四方街的街角有一大水井。传说有了此泉，才有古镇人家，有了古镇人家，才建成集市开街场，才有了古镇世世代代的繁衍生息。此井水质清澈甘甜，井正面的台阶伸向井底，水从井底分左、中、右三股向上喷涌。夜晚月光入井，可看到晶莹的水柱从井底喷出，有"古井印月"之称。大水井附近遗落的饮马槽，仿佛在诉说着古镇上曾经的历史，眼前不由浮现

大水井　供图/凤庆县林业局、鲁史镇政府

成群结队的马帮从古镇穿过，商人和马帮摩肩接踵的喧闹和繁华。自来水未入户前，古镇所有人畜饮水都靠此井，现在仍供附近的居民饮用。今天，井水依然清澈，碧绿的苔藓浮于水中，随着上喷的水花摇曳，显得清幽寂静。镇上的人常年祭祀大水井，他们认为只有供奉好井神，才能让这井水一直源源不断地流下去。大水井往日的繁华已不在，只有井边溢出的一股潺潺清流仍在流淌，似是经过数百年岁月历练的古朴内涵，依然驻留在百姓的日常生活中，驻留在他们闲适淡定的神色里。

人杰地灵的鲁史

盘踞半坡、依山傍水的鲁史还是个人才辈出的地方。自古以来，鲁史的名人与鲁史一样璀璨夺目。仅就载入史册的人物而言，有明朝末年在蟒璞灵岩小楼刻苦攻读、后来竭忠尽智拥戴永历帝的户部尚书龚彝；有为解决鲁史人畜饮水困难、设计修建镶成倒"人"字石板沟引水的清代乡土水利专家陈大宣；还有民国时期为维护共和牺牲、被朱德誉为"护国之神"的赵又新等，他们皆为后人传颂。

鲁史古镇的历史上不知有多少商人、官员、墨客骚人与马帮结伴而行，感受古道艰难，也不知有多少南来北往的有识之士在鲁史驻足、留宿，给鲁史留下进步思想，传播经商理念，融汇优秀文化。明代大旅行家徐霞客，曾于明崇祯十二年（1639）八月十四日，从凤庆县城出发，随前往下关的马帮一道走上了茶马古道，次日到了鲁史，并在日记中记下了其行程。不过，说起鲁史的人文历史，并非从有驿道才开始，还可上推到三国时期。《汉纪》云，"降孟获，安置于庆甸"。"庆甸"是凤庆的古城名，如今尚存庆甸遗址。不论此说是否成立，在鲁史到犀牛的古驿道上，可以看到有许多与孟氏相关的地名和物名。比如"孟家桥""孟家花园""蟒璞寨""孟氏石城遗址""蟒璞灵岩"等。鲁史境内，还流传着一些有关诸葛亮南征的故事。唐朝开始，就有比较明确的沿革记载："唐属姚帅，宋归永昌。元泰定二年（1325），夷长孟氏，请求内附。泰定四年内附后设顺宁土府。天顺元年（1328），设顺宁府宝通州、庆甸县……"

传统的乡土饮食

鲁史镇的地方特色饮食得益于当地的水土、气候条件与特产原料，集当地少数民族传统和内地江浙、川贵、湖广的精华于一体。诸如鲁史的火腿、香肠、猪泡肝、毛豆腐、酱豆、酱油、卤豆腐等，享誉百里，号称小镇一绝。仅是一个豆制品就能变着花样地做出很多美食来。酸浆水点的白豆腐切成一公分见方的团，在阳光下曝晒，制成的酱豆腐是远近闻名的食品。清香源自没有污染的本地自产黄豆与香料，盛在瓦罐里，不仅吃起来香，放的时间也长，时间越长香味越醇。这里家家户户都会做豆腐，豆腐汤是家常汤菜，营养丰富的豆制品变着戏法一样地走上餐桌。一些地道的本土厨师，仅用一个豆腐就可以做一桌丰富的菜肴。

当地老百姓说"白豆浆要配好油条"。鲁史镇是农业镇，麦子是主粮，加一点泡打粉往油锅里一放，听着是洗麻将的声音，传来的却是香味。鲁史酱油与古镇一样，据说有 700 多年历史。酱油酿造厂里，豆子入水浸泡再煮，豆饼制作后阳光曝晒入箩发酵，这个过程为一年。今年做的酱粑粑一定得装到明年下罐，又要一年，才能煮出酱油来。鲁史镇的粑粑卷先用豌豆粉加香料做成比纸还薄的锅粑，一张一张用青菜叶包起来，再用当地优质大米做出手掌大的饵块，备下小米辣、花椒粉、大蒜油、味精等香料，先在炭火上把饵块烘软，再用软软的锅粑托起饵块，放上事先备好的香料，摊涂均匀包裹起来，又香又麻又辣，非常可口。金黄色的锅粑、雪白的饵块，配上香料，既是平常的食品，也是游客喜爱的小吃。

历经繁华与沉寂的鲁史古镇，曾因茶而市、因道而兴，成为"茶马古道第一镇"。如今，古镇留下的那片老树、那条老街、那座老桥、那些老屋……已然成为西南融入"一带一路"、通往世界的历史见证，成为人们寻觅"万里此披榛，试遥穿屈曲羊肠渐成砥道；一江如束带，且小住须臾马足来听涛声"的旅游胜地。

六、千年古茶，馥郁温泉

云南保山市昌宁县东南部的温泉镇，古名小桥，因有一座驿道石拱廊桥而得名，又因高山岩壁下数孔天然热泉涌出，亦名温泉，是一个远近闻名的山区茶乡。

千年茶乡，茶韵芬芳

进入温泉镇，古茶林星星点点地分布在村落中。远远望去，一株株斑驳苍老的古茶树掩映着农家新建的小楼。栉风沐雨的古茶树，每天吸纳着来自大自然的天地精华，催生着千年茶香，也装点着乡村的美丽。

漫步村落，有浓浓的醉人的绿，还有村民们和古茶树之间相依相偎的真情。温泉镇是茶树原产地，也是茶树驯化和规模种植发源地的"活化石"。走进温泉镇，仿佛进入茶的海洋、绿的世界，层层叠叠、满目青翠，茶叶的芳香沁人心脾。

温泉镇是千年茶乡，这里的古树茶叶氨基酸含量高，咖啡碱含量低，用古茶制成的红茶，茶汤水色红艳明亮，芽形秀美，喝起来回味醇厚，香甜绵长。

徜徉在形态秀丽的生态茶园中，你能享受到亲近自然、放松身心的无

温泉镇千年古茶群落　供图/昌宁县林业局

穷乐趣。既可探访当地著名茶园的原生面貌，又可了解温泉红茶和绿茶的采制技艺；累了，不妨到茶园附近的茶农家中小憩，热情好客的茶农会为你冲上一杯自己亲手揉制的醇正回甘的绿茶，让你陶醉在浓浓的茶香中；或许你也可以体验一天茶农生活，学一手炒茶技艺，做一回采茶姑娘，当一次制茶师傅，亲口品尝自己采摘、炒制的茶叶。

古茶树资源优势转化为茶产业经济优势

温泉镇是茶业发展的重要种质资源库。境内8个古茶树群落，年均产鲜叶量40.5万公斤，干茶总量为9万公斤。有古茶树74148株，居全省第一。仅联席村就有13000多株。其中，树龄200年至500年的古茶树有6000多株，500年至1000年的古茶树有5000多株，1000年以上古茶树有2000多株；最大1株径围达4.7米，据专家考证，树龄在3000年左右。

温泉镇将古茶树的资源优势转化为经济优势，一个集茶叶种植、生产、销售、文化为一体的集散地正在形成，温泉古茶的知名度和美誉度正在不断提升。

目前，温泉茶产业已经初具规模，温泉镇有茶园 83210.5 亩，其中可采茶园 67915.5 亩；户均拥有茶园 11.44 亩，拥有 100 亩以上茶园的种茶大户有 20 户；镇内有茶叶协会 1 个、专业合作社 6 个、专业示范村 4 个、初制所 196 个、初精合营制茶企业 6 个；有占地面积 6000 多平方米的初级茶叶交易市场 1 个；已打造出昌宁红、尼诺、树根地、瑞虎、云相等多个茶叶品牌。2015 年国家质检总局公告批准对"昌宁红茶"实施地理标志产品保护；"尼诺""树根地""昌宁红""古韵千年红"等茶产品畅销省内外，深受广大消费者喜爱，高端古树茶产品最高售价达 11 万元 / 公斤，一般产品最低售价也达到 1000 元 / 公斤；曾先后多次荣获"金钟奖""陆羽杯奖"等各种奖项，古树茶的幽香已弥散到五湖四海。

在温泉镇，小茶叶已成为当地村民创收的重要渠道，茶农脸上都洋溢着幸福的微笑。2014 年干茶总产达 590 万公斤，生产精制茶 375 万公斤，实现工农业总产值 1.99 亿元，户均收入 2.73 万元，仅茶叶人均收入达 0.76 万元。

土坯房老茶所　摄影 / 白瑞涛

碧水青山的生态文化之乡

温泉镇森林四季常青、云雾缭绕、碧水青山、错落起伏。村庄坐落在森林的周边，鸟语花香、炊烟袅袅，景观秀美。村中流传着"尼诺茶""古树茶""古树茶之神石"的传说。明代地理学家、旅行家徐霞客曾经游至此地，记录了关于温泉森林、气候、地理等大量史料；明朝状元杨升庵在此写下了"温泉久住彩云乡，安宁争传第一汤。不及此泉能疗疾，回春何必问奇方"的诗句，赞誉温泉地热资源。

温泉镇是中国古代茶马古道博南古道的支道。如今，国内外新闻媒体多次前来采风、创作。森林温泉和千年茶乡成为森林文化创意的源泉。森林文化作品有山歌、敬茶歌、舞蹈等，如《古茶树百图集》《小桥印象》等。在这里，每年都要举行森林音乐会，乡文化中心还设置了固定的森林温泉和千年茶乡民俗文化展览。

森林疗养和度假胜地

温泉镇地处滇西横断山脉南延部分澜沧江畔之昌宁境内。右甸河纵流乡境中部，两岸高山纵横耸立，绵亘起伏。溪流似"叶脉"状分流而下，注入右甸河，汇入澜沧江，形成"两山之水归一河入一江"的景观。

这里森林茂盛，覆盖率达 77.3%，是保山主要的森林疗养和度假胜地。森林中的天然氧吧、地热温泉浴、茶汤浴等成为森林养生形式；每年到此地进行森林疗养的达 5 万人次；其间，还开展"重走霞客路"和"重温茶马古道"等体育运动，参与者达 5000 人次；温泉镇还建有森林幼儿园，每年入园的小朋友有 300 人之多。

走进温泉茶乡，穿行于绿油油的茶园，品尝着馥郁芬芳的茶水，享受着绿意盎然的世界，真是人间一大美事！

澜沧江畔的千年万亩古茶园是人类最早开发利用茶叶的"茶树自然博物馆",是目前世界上保存最好的人工栽培型古茶园和"中国茶叶始祖树"的重要组成之一。千百年来,布朗族同胞世代以种茶为生,古老的制茶术、古朴的景迈大寨、一芽二叶的图腾……诉说着布朗族与茶叶之间难以割舍的情怀。

七、探秘"茶祖之源"景迈山

普洱市西南部的古茶园是人工栽培型古茶园景观的杰出代表,是"中国茶叶始祖树"的重要组成之一,是中国茶文化起源、发展与传播的重要见证。越靠近它就越想一层层揭开它神秘的面纱,探一探它美丽的娇容。

走进茶林深处

山路两旁的树木生长茂密,树枝手拉着手搭成拱形的树门,似在欢迎远方的客人,牵引我们到神秘的古茶园一探究竟。

进入景迈山古茶区前,你可能会想,千年古茶树必定是高大粗壮、需要数人围抱的参天大树。然而到了大平掌,进入我们视野的古茶树,大的有水壶那么粗,高 10 米左右,长得有点像灌木,小的只有水杯那么粗,跟想象中的完全不一样。更稀奇的是,古茶园中的茶树并非整整齐齐、井然有序地生长,而是杂乱分布在古树林中,与原始森林交错丛生,高几十米的伴生古树在茶林中随处可见。

茶山内古老的茶树虽历尽沧桑,却生机犹盛,其茶叶不施肥、不喷农药,全靠自然肥力生长,无任何污染,是纯天然的绿色产品,特别是寄生于古茶树上的派生植物"螃蟹脚",枝圆而细长,品种珍稀,历史上曾是景迈、芒景茶叶外销的标志。

茶林深处秘境古寨　摄影 / 郭伟

古朴村寨中的制茶人家

　　茶园深处，有几个采茶的姑娘，在她们热情的指引下，我来到了民风古朴的布朗族村寨。蜿蜒的弹石小路通向各家各户，妇女们赤脚走在上面，两旁的木板楼古老而显得有些破旧，给人一种说不出的放松和惬意。

　　走进古老的木板楼，你会感到吃惊，破旧的外表下，掩藏着精致的住处，而且几乎每户人家都有几口大锅。原来生活在景迈山上的傣族和布朗族，他们的生活与茶息息相关。采摘回来的鲜叶必须马上处理，不然会影响品质与口感，家里的那几口大锅就是制茶最好的工具。鲜叶在竹楼专用凉席上摊凉好后，便可在大锅中翻炒杀青。杀青是个技术活，多一分则焦、少一分则青。炒好的茶叶要趁热进行揉捻，揉出茶汁，揉出茶形。最后让茶叶吸收阳光的味道，手工茶就初步做好了。

　　随着时代的进步，茶叶的加工技术也进入了机械化时代，在这个看似简陋的小村寨里，4000 多人的 2 个村委会中就有 70 多个农民专业合作社，一间间茶厂隐藏其间，先进的炒茶机、揉捻机、烘干机，摊凉室、渥堆房，一应俱全。茶叶是景迈傣族和布朗族人民生活的主要来源，靠着这一个个的农民专业合作社，人们走上了绿色致富的道路。

难以割舍的茶文情怀

走进布朗族的寨子里面，屋顶上一芽二叶的图腾似在诉说着布朗族与茶叶之间深厚的渊源。

在好奇心的驱使下，我们来到了位于芒景村芒景上寨的布朗风情园，跟随布朗族头人苏国文老先生的讲述回到了帕哎冷征战的年代。

帕哎冷是芒景布朗族祖先的第一位首领，他勇猛善战、力大无比，极富爱民之心，在率领同胞多次迁移和征战后，最终定居在景迈山。在迁徙和征战过程中，布朗人被疾病困扰，体弱无力，不少人丢了性命，帕哎冷对此十分着急。一天，他在树下休息时，无意间将茶叶含入口中，味觉甘甜，睡醒后便觉有力，疾病也好了不少。帕哎冷便命人将茶叶采摘了煮水给族人食用，疾病逐渐得到控制。为把茶树与其他植物区分开，他还特别将茶树命名为"腊"。在之后的迁徙过程中，布朗人每寻找发现新的茶树，就打上特别的记号，记住茶树的地理位置，后移栽至土地肥沃的定居之处。

帕哎冷临终时留下遗训："我要给你们留下牛马，怕遭受自然灾害死光；要给你们留下金银财宝，你们也会吃完；就给你们留下茶树吧！让子孙后代取之不尽，用之不竭。你们要像爱护眼睛一样爱护茶树，一代传给一代，绝不能让别人夺走。"从此布朗族就与茶结下了不解之缘。

今天，茶叶依然是布朗人日常生活的必需品，每天的茶饮、餐桌上的茶菜、茶水煮的米饭……布朗人每天都生活在缭绕的茶香之中。

世界茶文化的根和源

景迈茶叶交易历史悠久，早在傣历 600 年（1139）前，景迈大平掌就出现了茶叶交易市场——"嘎轰"。明代以来，这里的茶叶已是敬献孟连土司的贡品，"普洱茶"闻名遐迩，各类茶叶远销东南亚诸国。

1950 年，当时的芒景布朗族头人苏里亚赴京参加国庆观礼时，曾将古茶林内选采制作的"小雀嘴尖茶"献给毛主席。1994 年 1 月，日本名

景迈古茶园中心区　摄影／白培平

古屋茶叶会理事长、国际著名茶叶专家松下智先生来这里考察，把景迈芒景千年万亩古茶园赞誉为人类最早开发利用茶叶的"茶树自然博物馆"，认为这是中国的一项"国宝"。

2003 年 8 月，中国科学院研究指出：景迈、芒景千年万亩古茶园是目前世界上保存最好的人工栽培型古茶园，是茶叶天然林下种植方式的起源地，是茶叶生产规模化、产业化的发祥地，是世界茶文化的根和源，也是中国茶文化发展的历史见证，人与自然和谐发展的缩影，传承民族历史和文化传统最重要的实物载体；其所蕴涵的历史文化积淀，以及它保存的大量珍贵物种、完整的天然林生态系统和其所具有的病虫害自我控制机制，对于研究生物多样性、生态环境保护、茶叶驯化和茶叶种植方式起源都具有十分重要的科研价值，集生物宝库、文化宝库、金山银库、生态和人文旅游宝库、茶叶宝库及艺术宝库于一身，是重要的自然和人文遗产。

茶，布朗族始终如一的民族精魂

布朗族和佤族、德昂族，共同发源于古代的"百蒲"部落，唐朝时叫作"蒲子蛮"，宋朝时做"蒲人"或"朴人"。布朗族人口稀少，长期与傣族、哈尼族等少数民族杂居，其文化和宗教信仰也在一定程度上受到杂居少数民族的同化和影响，接受了其他民族的仪式、民俗乃至宗教信仰，但布朗族的精魂——茶，却是始终如一的。其他民族称布朗族为"腊"，布朗语意为"茶"，这个民族从诞生之日起，茶就贯穿布朗族衣食住行、婚丧嫁娶、宗教礼俗的方方面面，被认为是世界上最早种植茶叶的民族之一。

澜沧芒景、芒洪及周围的 5 个布朗族村寨的寨民，都是帕哎冷属民的后裔，他们共同祭献帕哎冷。1950 年以前，每年农历六月初七布朗族人都要到芒景上寨后山原帕哎冷居住的遗址处作祭献。祭祀期间，人们不能下地生产劳动，外寨的人也不得进寨，这是布朗族人的大事。如今的祭祀已经演化为茶祖节。

山康茶祖节是布朗族最隆重的节日，布朗族称"好够龙"，是在新的一年开始之际，表达对祖先的怀念和崇拜，以求保佑，与汉族的春节相仿，有除旧迎新的意思。每年农历二月二十七到三月初一，全寨的村民们带着祭品，敲锣打鼓来到哎冷山深处，举行祭茶祖呼茶魂仪式。传说，茶魂就是第一棵种下的茶树，是茶祖帕哎冷的化身。人们深信，在茶魂的身上有着人和神的灵性，呼唤茶魂，祭拜茶魂，祈求茶祖保佑人们幸福吉祥，新的一年风调雨顺，茶叶丰收。

祭茶祖时，全村的男女老少都穿着节日的盛装，聚集在哎冷山的祭祀台前。在村寨头人的主持下，乡亲们点燃自制的蜂蜡，双手合十，虔诚地聚集在摆放着各种供品的茶魂台前，倾听布朗部落里较有威望、备受尊敬的长者咏经诵文，偶尔还有祭茶王唤茶魂老人们三呼茶魂，对赋予他们生命和希望的古老茶山顶礼膜拜，给先人敬上糯米饭、糌粑、蜂蜡香、礼钱等，以此祈求幸福吉祥。

过节期间，布朗族姑娘、小伙儿还会到山脚下的帕哎冷寺，敲起鼓、跳起舞，表演独具特色的布朗族歌舞，祈福庆贺。在节奏鲜明的鼓声和绵长深厚的锣声中，古老的茶山苏醒了过来，沉浸在欢乐的海洋中。

炒茶　摄影／付幼斌

在云南史料里唯一有记载的古六大茶山，最为辉煌的在倚邦。这里是一个自然博物馆，老街上满眼的文物，民居墙面上镶嵌着的古石雕，小孩们玩的古钱币，各种碑匾、石雕、石柱基散落一地，保留完整的茶马古道，清代贡茶园和"王子山"的传说，都向人们展示着它古老的茶文化。

八、倚邦，普洱贡茶之源

至今在云南史料里唯一有记载的古六大茶山，最为辉煌的在倚邦。我10年前误把易武当做了茶马古道的源头，并撰书《贡茶之乡·易武》。然而，在我一次次查阅史料的时候方才大彻大悟，原来贡茶之源是倚邦。

我眼里的倚邦街

倚邦在傣族语中被称为"唐腊"，即茶井的意思，位于今西双版纳州勐腊县象明乡境内，面积360平方公里。漫步倚邦街上，满眼的文物令人目不暇接，就连老百姓居住房屋的墙面都有古石雕镶嵌，小孩们拿着铁丝穿着的古钱币向游人兜售……各种碑匾、石雕、石柱基散落一地，尚存好几段保留完整的茶马古道，完全就是一个自然博物馆。

这条石板铺就的倚邦街，走在上面会有一种穿越历史的感觉。据说这条街清代叫龙脊背街，位于海拔1420米的山梁子上，长500米、宽1.8米。路中间有一条南北纵向的大石板路，是土司的专道；两旁用小石板铺给其他人等行走。

街中以七道坎为界分为上截街、下截街，上截为土司府及官员居住，下截为平民百姓居住。街口设闸门，有专人管理，早上开门晚上关门，白

倚邦老街的土司专用道　摄影/曾子玉天

天平民百姓进上截街需在七道坎下脱鞋、跪拜方能入内。在这里到处是刻有文字或古朴图案的古碑、残垣断壁，几乎整条街的每个角落都在向人们诉说曾经的辉煌和沧桑……

如今倚邦街虽距乡镇仅有26公里且近年也修整过，但由于路途狭窄崎岖，尤其是雨季就更难进入。

七道坎　摄影 / 曾子玉天

倚邦茶山的辉煌与沧桑

　　倚邦茶山凭借其历史的厚重和贡茶的先入堪称为源。伟大的茶山先民们在这西南边陲的崇山峻岭中竟创下了乾隆皇帝赐碑褒奖的卓著功勋，令后人敬仰！

在古六大茶山中，倚邦茶山的海拔最高，几乎全是高山。明末清初石屏人开始迁居倚邦，建茶号、兴茶山，盛时有茶园两万多亩。倚邦茶山的茶叶属乔木小叶种，茶芽细长、汤色橙黄、茶味醇正、回甜甘醇，尤以特殊香型著称。有《普洱茶记》记载："入山作茶者数十万人。"

清雍正七年（1729），云贵总督鄂尔泰对西双版纳实行"改土归流"置建普洱府，古六大茶山便从车里宣威使司的辖地中划出。倚邦土司曹当斋因在改土归流中有功，被授为土千总，由于曹当斋的施政和管理出众，古六大茶山民族矛盾逐渐平息，走向发展之路。从此，曹氏家族世袭管理倚邦、革登、莽枝、蛮砖的茶山近百年，并成为古六大茶山的贡茶主办官，可以说云南普洱贡茶是从倚邦开始的。倚邦茶山也因贡茶而声名远播，促进了当地茶叶的产销，年产茶叶1000担，不仅畅销省内外，还销到越南、香港等地。有"吃曼松看倚邦"之说，兴盛时茶商超过千户，各地商贾羁留。倚邦作为古六大茶山政治、经济、文化的中心荣耀了60多年。

19世纪末，随着清王朝的衰落，滇西发生了战乱，西双版纳所属勐乌、乌德又被法国人割占，普洱茶内外销路被阻，六大茶山开始衰落，曹氏家族也随倚邦而式微。民国初年，古六大茶业中心已移向了易武。

抗日战争爆发，东南亚、西亚战火连绵，更使得整个六大茶山的茶叶一落千丈，所有茶号全部停业，热闹喧腾了200多年的倚邦一派冷寂萧条；1942年，已经十分羸弱的倚邦再遭厄运，攸乐人起义攻进倚邦，火烧古镇3天3夜。几百年成就的繁华全部化为灰烬。从此，倚邦元气散尽，无法再振，几百户伤心的倚邦人远走他乡，倚邦在大山深处空空凉凉。十几年过去了，至今倚邦也仅有30来户人家，大多为茶商的后人。

贡茶之源倚邦

倚邦茶山中以曼松茶为上，小叶种茶，叶小芽细，其品质优于沿海小叶种茶，香气优于其他五大茶山大叶种，冲泡时茶尖朝上、根茎朝下直立，具有万众朝贺之势，被指定为特级贡茶，仅供皇上享用和作为礼品赠送外国使臣。倚邦茶山也因贡茶而声名远播，促进了当地茶叶的产销。说到曼松，有一个"王子山"的美丽传说：约在明代成化年间，有一位地方官员选遍"六大茶山"之茶，最后选中了口感和汤色都居六山之首且具有受水冲泡站立不倒之特点的曼松茶，并赋予它"大明江山不倒"的政治意义。在曼松头人的帮助下，他购得两份精致的曼松优质香茶，一份赠给当时皇帝最信任的大臣，另一份托该大臣转手上贡给皇帝。明宪宗皇帝品了此茶龙颜大悦，赞赏有加。于是曼松茶从此被确定为宫廷专用的"土贡"茶，其产地曼松也被列为朝廷专用的"贡山茶"。从此，明王朝开始征收曼松以"细茶"为主的"贡茶"，包括茶制品"乌爹泥"（茶膏）。朝廷还专门购运瓷瓶、瓷盒来盛放所征收的"细茶"与"乌爹泥"。但曼松当时远远不能满足朝廷对"贡茶"的需求。明王朝为了就近管理茶业，发展"贡茶"林，也为了服众，于成化年间任命当地少数民族叶氏为土司，从属于车里宣威使司，并命他设法发展"贡茶"林。但叶氏又交由曼松头人李氏具体负责落实此事。

大约明嘉靖年间，曼松头人李氏率众扩大曼松"站茶"林规模取得成功，并曾精制一批优质香茶上贡给明王朝，民间因此称之为"贡茶王"。每年的"贡茶"由"贡茶王"协助倚邦土司征收。该山的茶除非"贡茶"收足以后经官方允许，任何人不得买卖。该地"团茶"也用木模按李氏人头状制成"人头团茶"，称为"万寿龙团贡茶"。

清康熙年间，"贡茶王"一家已经没落。一位受清兵追杀，且被民间称为"朱家皇帝"的16岁少年逃到曼松投靠"贡茶王"家。此时"贡茶王"早已去世，由70来岁"贡茶王"的第五代孙认其作"义子"，并谎称其患有"怪病"，举家隐居于现称为"四家寨"的箐沟边，以躲避清兵追杀。但不久就被朝廷发现，"贡茶王"一家为掩护少年逃脱，死伤多人，最后仅剩下70多岁的老者，掩护少年逃到山上扮成茶农，但最终他仍被官府发现，惨遭杀害。至此，"贡茶王"第五代孙才向众人透露少年的真实身份，动员寨人将他埋于一座海拔约为1400米、直径约15米的圆形平顶山的山顶中央，并围绕其坟挖了一条宽约1米、深约1.5米、周长约60米的防护沟，称为"王子坟"，该山被称为"王子山"。

"贡茶王"家族似乎已无后人，据说曼松的"瑞贡天朝"大匾，也被其主人死前吩咐人烧毁。没烧完的大匾一角，曾被农户用来围猪圈多年，后又被人弄去垫泥路而失踪。

这是该寨人最值得骄傲和自豪的事，因而其后人们你只言、我片语地相传至今。那四家寨老址的屋基上确实有两堆简坟，传说李定国拥立朱由榔为南明皇帝，明军末战在倚邦"倒马坎"阻击清军失败，被清朝将领吴三桂剿灭,李定国死于勐腊,南明皇帝及其太子逃往缅甸,而这受清兵追杀、逃到曼松投靠"贡茶王"家的16岁少年又被民间称为"朱家皇帝",由此推断这"王子"应该是南明皇帝朱由检之子。

从王子山远眺,周围山岭重重,曼松贡茶园如今已不复存在,仿佛昔日的辉煌都已湮没在了这万山丛林之中。但在王子山周围,还稀疏生长着几十棵乔木型大叶种茶树;王子旧址也仅存了很少的一排奠基石台,但曼松老寨旧址仍存,坐南朝北,在老寨东北方向不远的地方还建有土地庙,住着香唐人,善种茶。

近年来普洱茶再度兴起,目前古茶园在倚邦和曼松面积约有1300亩。相信智慧、勤劳、善良的倚邦人民一定会秉承先祖的遗风,重振这座古茶山,普洱茶皇冠上的明珠又将大放异彩。

画家笔下的倚邦老街 作者／石兆才

在云南省腾冲县固东镇江东，有 2000 多亩连片的古银杏树。数百年来，这里的人们世代种植银杏，久而久之发展为今天的银杏村。银杏堪称植物界的"活化石"，种植"爱情树""养老树""和谐树"成为江东银杏文化习俗。深秋的金色江东，银杏旅游风生水起。

九、江东千株古银杏

云南省腾冲县固东镇江东村，人称"中国银杏第一村"，有 2000 多亩连片的古银杏树，800 多户人家，家家都以种银杏为生，每家院里都是银杏树，全村年产银杏果（白果）约 40 万斤，村民们世世代代与银杏和谐共生。

银杏，植物界的"活化石"

银杏属银杏科，是银杏科植物中唯一现存的种类，是现存种子植物中最古老的孑遗植物。最早出现于 3.45 亿年前的石炭纪，中生代侏罗纪时期曾广泛分布于北半球的欧洲、亚洲、美洲，与恐龙一样称王于世。白垩纪晚期开始衰退，至 50 万年前发生了第四纪冰川运动，绝大多数银杏类植物濒于绝种，因我国自然条件优越，才奇迹般地存活下来。所以，银杏也被科学家们称为"活化石"和"植物界的熊猫"。

古银杏环抱村庄

江东村栽种银杏的历史悠久。据考证，明洪武年间，江东先祖从四川

685

成都"三征麓川"到腾冲戍边，发现此地有很多枝繁叶茂、果实累累的银杏树，便在此地安营扎寨。

这里地处横断山脉西麓，属亚热带高原山区，受印度洋西南季风控制，冬无严寒、夏无酷暑，年均气温 14.6℃，年均降水量 1560—1750 毫米；土壤肥沃，属火山灰沉积区，特别适合银杏生长，所产银杏果实"色白而亮、味香而浓、果圆而大"，是银杏果中的上品。数百年来，这里的人们世代都种植银杏，久而久之发展为今天的银杏村。

全村银杏树龄百年以上的古银杏达千余株，树龄 500 年以上的 50 余株，400 年以上的 70 余株，200—300 年的 150 余株，100 年以上的 700 余株，20 年以上的 2100 株。目前村内共有银杏 1 万多亩、3 万余株。

江东文化中的"和谐树"

在江东，受中原文化和腾越文化的熏陶，银杏被赋予了很多生态文化内涵，人们称之为"爱情树""养老树""和谐树"。

新妇嫁入江东人家时，都要种一棵银杏树，表示自己的爱情和树同在，待到树挂果的时候，他们也已白头偕老，子孙满堂了。

银杏属雌雄异株植物，雄树授粉雌树才会挂果，一株雄树能辐射一公里范围。每到银杏收获时，周围的农户总会主动送一二斤银杏到有雄银杏的农户家作为答谢。银杏树冠很大，挂果的银杏常常伸展到邻居的院子中，所收获的银杏也是每家一半。

银杏因其独有的养生保健功效，如能改善人体呼吸系统，提高睡眠质量，对预防、治疗心血管疾病，防止因血管老化引起的高血压、脑中风、糖尿病等成效显著，一度价格高达每公斤 100 元，一株树龄 300 年左右的银杏年收入可达万元。每到儿女长大分家时，总把银杏树分在老人的名下，作为老人晚年生活的保障。

多年以来，这些习俗在江东从未间断。银杏既是江东人收入的重要来源，也是人与人和谐相处的纽带。

深秋银杏"染"就金色江东

当地独特的地理气候使银杏树长得高大挺直，寿命恒长。秋风过后，金色的银杏叶挂在枝条上长达两个多月。每年10月下旬—12月中旬，是银杏村赏秋色的最佳季节。

高处望下，村落被一片片金黄色的古银杏树里里外外、错落有致地包围着，村中有林，林中有村。山风穿林而过，银杏树叶便离开枝干，铺天盖地、纷纷飘落，铺满村道小巷、银杏人家，田间地头、房前屋后、小路上、石墙边、瓦房上、水沟中、菜地里……村中的每一个角落都铺满了金黄色的银杏树叶，整个江东瞬间变成了一片金色的海洋。

步入村庄，仿佛进入了一个金色的童话世界，古朴而宁静。沿着石块堆砌成蜂窝状的农舍围墙，漫步在村间小路上，迎面拂来银杏叶的清香，只见家家户户的院中都有祖先留下的古银杏树，也有后人逐年种下的幼嫩苗木，色彩斑斓；孩子们在金色乐园中嬉闹玩耍，踏着厚厚的银杏叶，一边追逐奔跑，一边扬起落叶相互打闹；夕阳西下，牧童赶着牛从金黄落叶上走过，让人产生一种远离尘嚣回归自然的感觉。

这里是天下第一银杏王国，电影《武侠》的拍摄地，宛如天堂的静谧秋景承载着冬季里的金色梦想。你可以尽情地在天堂里撒欢，让灵魂在金黄之间自由飘逸，为那一树树灿若黄金的奇特景观叹服！

银杏旅游风生水起

近年来，秉承"人养树、树养人"的自然法则，勤劳朴实的江东人民依托先祖留下的古银杏资源，大力发展乡村旅游。实施了古树名木保护工程，对50余株树龄在200年以上的古银杏进行挂牌保护；先后投资650多万元，实施了乡村道路硬化工程，修通了进村主干道；投资380万元完成了银杏景观大道建设和村庄环境综合整治等工程；实施了农村环境净化工程，建设垃圾填埋场、临时收储池、垃圾投放桶，聘请专人管理，使旅游核心区的垃圾全部实现统一集中收处；对农家房屋进行了局部风貌改

银杏环抱中的江东村 摄影 / 李正

造，村庄内外整体环境绿化美化相得益彰。

　　江东村 3 万多株银杏掩映着古老的民居和一张张质朴的面庞。当风从远方吹来的时候，在银杏树下，人们可以感受到春的温暖、夏的热情、秋的绚丽、冬的深沉，让心灵得到前所未有的安定。

腾冲红花油茶是云南山茶花的原生种，而和睦村是
腾冲红花油茶的发源地。红花油茶茶油具有抗氧化、防
衰老、抗肿瘤等多种功效。村中古茶树林的来历源自一
个传说，而红花油茶种植在村中也已成为风尚，与和睦
村世代结缘。

十、和睦村，极边之城红花油茶的故乡

腾冲红花油茶是云南山茶花的原生种，而和睦村是腾冲红花油茶的发源地。和睦村种植红花油茶的历史已有 800 多年，现有红花油茶树 1500 余亩，总株数 4 万余株，其中百年以上树龄的有 7000 余株，自然变异重瓣、半重瓣山茶花 100 多株，红花油茶树王的树龄已超 500 年，胸径达 160 厘米。

红花油茶的故乡在中国。红花油茶是我国栽培油茶的主要种系之一，不仅具有较高的食用和药用价值，也是园林绿化观赏的优良品种。红花油茶是和睦村的至宝。据说在"农业学大寨"时期，村里的红花油茶险些被砍伐。当时，腾冲县林业局一位领导恰在北京参加林业会议，会上听到有位日本专家妄称红花油茶的故乡在日本，他便立刻想到了和睦村的红花油茶，随即在会上做了回应。事后不久，一批专家到和睦村实地考察，一致认为"红花油茶的故乡在中国，在云南，在腾冲"，自此保住了红花油茶故乡之名。

村中古茶树林的来历有一个传说。相传龙葱山朝云寺住着相依为命的师徒二人，徒弟是弃婴，自小由师傅带大，二人感情深厚。随着师傅年纪越来越大，身体逐渐变差，一度浮肿至卧床不起。徒弟虽悉心照料，但仍不见好转。更有乡村郎中告诉徒弟，素食之人年老都如此，无法治愈。

徒弟不愿相信，每日跪求菩萨保佑师傅康复。菩萨感其孝心，梦中赠与徒弟一罐红花茶油，让徒弟每日给师傅做菜、泡茶，还送了两颗种子。没想到，不到一个月，师傅竟然痊愈。师徒二人遂将种子种在龙葱山下，

古茶树　*摄影 / 李绍伟*

后来慢慢形成了现在的红花油茶古茶树林。虽是传说，但红花油茶的油确实具有抗氧化、防衰老、抗肿瘤、提高免疫力、降血脂、预防心血管病等功效。

　　和睦村红花油茶花期很长，可从每年的9月开至次年的6月，主要集中在12月至来年的3月，春节期间恰是欣赏茶花的最佳时节。红花油茶树形优美，花色艳丽，更为难得的是，当百花凋零、寒冬到来之时，正是红花油茶一枝独秀、大放异彩之时，翠绿的枝叶，娇艳的红花，千亩同放，映衬着村中青石瓦房，好一番桃源美景。

茶油有着"东方橄榄油"的美誉，每年11月至次年1月份，是村民榨取红花油茶茶油的旺季。和睦村中至今仍保留着古法压榨红花油茶茶油的技艺，古老的榨油坊里有一套现代仿制的榨油工具，10多人掌握着古法榨油技艺。

遵循传统，和睦村红花油茶开榨前，需要祭奠榨神。在榨油坊前摆起香案，贡上三牲、纸钱等一干贡品，主祭祷告并带领全村男丁跪拜榨神，开榨令下榨油才开始。古法压榨的茶油，油品清冽，没有任何添加剂，深受消费者喜欢。这时各地的客商纷至沓来，竞相购买，以至于每公斤茶油的价格超过了300元，仍是供不应求。

红花油茶与和睦村世代结缘，与村民生活密不可分。红花油茶的油不仅是烹饪佳肴的上品，也是村民治疗人畜疾病的良药，而且，其花也可入席。春节期间，村民还互赠红花油茶茶油，以示祝福。除夕当天，和睦村妇女会早早起床，采上两朵初开的红花油茶茶花供到福堂。之后，将新采摘的茶花花瓣放入烧好水的浴缸，洗去一年的晦气，迎接新年的到来。大年初一清晨，和睦村每家都要煮一锅糯米饭，饭中不沾荤腥但却要拌上茶油，还要烤一罐雷响茶，滴上茶油和蜂蜜敬奉祖先。除此之外，茶花种植在村中也已成为风尚。

烤糊米茶油茶的火塘　供图／腾冲市林业局

第十二章　岭南古村镇

　　有着 567 年历史的簕山村，是北部湾沿海渔村历史发展变迁中颇具代表性的缩影。迄今较为完整地保留着明清古建筑、红鳞蒲桃滨海森林、渔猎农耕村史文化、千姿百态礁石魔幻、天文大潮壮丽景观，造就了簕山村与众不同的海洋生态文化。

一、被"古"韵味"渔"文化点亮的簕山渔村

　　有着 567 年历史的簕山渔村，位于广西防城港企沙半岛东南面，迄今保存着渔猎农耕的传统，是广西现存较完整的古渔村之一，亦是北部湾沿海渔村历史发展变迁中颇具代表性的一个缩影。

北部湾最靠近海的渔村

　　防城港这座集滨海、边关、港口于一身的小城，位于我国大陆海岸线的西南端，是北部湾畔唯一的全海景生态海湾城市，被誉为"西南门户、边陲明珠"。簕山村是其中最靠近大海的渔村，三面环海，沙滩平缓，海水清澈，周围布满奇礁异石，是防城港最理想的观潮地，也是防城港地区颇具代表性的滨海村落。村中的"海鲜一条街"与大海仅一堤相隔，近在咫尺，推窗就见海，卧床可听涛，支锅方撒网，摇身变渔夫。全村 73 户、290 多人祖祖辈辈与海为伴、靠海为生，用渔具打造生活，用号子抒发情感，用信仰寻求寄托。对于他们而言，风里来浪里去的生活，岁岁年年延续着，只因渔获取自于大海，只因闪烁的点点渔火才是生存的路标。

　　由于居民多数姓李，这里也叫李庄古堡。在明朝正统年间，中原李氏陇西堂人李常熙辗转迁移到北部湾，曾在榄埠居住 40 多年。在出海打鱼时，他偶然发现了这一以半岛为核心，海富景幽的"蟹形"风水宝地，这

顽童戏潮 *摄影／罗培敏*

里有三座大山，其中一座因鹿多而被本地人称为"鹿山"。李常熙经常来此赶海，累了就到鹿山的大石洞小憩。这里洞奇石美，冬暖夏凉，树荫下开满了奇特的籍花。这种花春天红花粉，夏天紫花艳，秋天黄花灿，冬天白花纯。老人从未见过如此美丽而又神奇的植物，便试做神农尝了这棵草，发觉叶汁有香甜味，便常摘食，越发觉得身体舒服。后来又发现树根的汁液更香甜，便将其带回榄埠去与家人分享。由于长期服食花的叶根，祖公的胃病慢慢地好了，祖妈的妇科病也慢慢痊愈了。为了纪念这棵籍花的救命之恩，李常熙便称"鹿山"为"籍山"，并于1448年率其家人从榄埠迁居到这里。数百年间，李氏族人或农或渔，亦官亦商，均谨守先祖遗训，"穷不失志，富不丢书"。以躬耕立命，更以诗书传家，李氏人才辈出，代有仕宦，蔚然成就一方基业，也创造了一方富有特色的海洋文化。

　　近年来，防城港市港口区政府结合新农村建设，挖掘籍山村"古"的韵味、"渔"的文化，做活籍山古代渔猎方式、古民居、古树林、古村落的"古"元素文章，注重打造趋于自然的籍山建筑风格，凸显滨海乡村旅游特色，利用水域、资源、设施、渔村村舍、生产器具和渔产品，结合当地的生产环境、人文景观、宗教信仰等等，设计相关活动和休闲空间，为大众提供渔业活动。村内外主干道路硬化、古屋修复、观潮广场、原始森林游览步道和大型围网鱼等项目建设，具备了赶海体验、餐饮食宿、游览等旅游接待能力，为渔文化增添了新的内涵和经济价值，拓展了渔区新的发展空间和领域，簕山渔村从过去单纯依靠渔业生产，华丽转身为以旅游业为支柱产业和促进渔民增收为主要抓手的风情渔村。海的元素、渔的风味，犹如一个个装饰音符，让传递着渔猎农耕变迁景象的渔家变奏曲更富有表现力。

2014年，10多位来自不同国家的画家到簕山古渔村写生，一住就是一个星期。他们像普通游客一样观海景、弄海潮、玩海石、尝海鲜、钓海鱼、颐海林、听渔歌、品民俗，更用手中的画笔描绘大海之滨的渔村。渔舍、渔民、渔网、渔船、礁石、巨浪的美感，在画家的笔下栩栩如生。虽然画家们舍不得留下他们的画作，却把对渔村美好的赞誉留了下来、传了出去。

被古韵味渔文化点亮的簕山渔村　摄影/吕莉华

吉祥六宝刻录沧桑印记

保存完好的明清建筑乃簕山村第一宝。建于明朝的李庄古堡，虽围墙已毁，但大概走向尚可辨认，其高丈许，将东西南北四个大门连在一起。据说，城堡里原本有四个岗楼，现仅存东门岗楼，占地约 30 平方米，两层的小砖楼内设有观察窗、射击孔，踞高扼守；村内四条街巷，依八卦之玄理而建，曲折回旋，内有生路与死路之别，不会走的能进不能出，可谓"易守难攻，退进有路"；渔家小屋，历经猛烈的热带风暴数百年肆虐后仍傲然挺立。

在这个傍山拥海的渔村中走访，我发现这里虽然狭窄拥挤，但靠山面海，视野极其开阔。整个建筑群落不仅注意村中布局的整体和谐，还充分考虑到海洋气候可能带来的影响，所以极少用木料，一定要用木头的柱、梁、椽等都掩藏在墙体和屋顶里面。墙、舍、道全由石块垒成。门楣、门框、门槛均采用花岗岩石材，琉璃花窗既抗风、防海水盐蚀，还耐用。建

阅尽世间沧桑的旧壁老屋上竖立的屋棱砖雕 摄影／吕莉华

造屋面与屋脊，有通花陶瓷压顶，既可以透风又能压顶防风，在卧瓦及压瓦筒时均用饱满的水泥砂浆固定，并加重檐口以减少台风来袭时屋瓦被掀。当地村民告诉我："2014年台风威马逊登陆时，天昏地暗，杂物满天飞，到处都是一片狼藉，就连原始森林里那株上千年、三人才能合抱的古树都被吹断了，建筑当然也不同程度地受到损坏。但我们的老祖宗有办法，你看这些房子都是石头砌的，建得也不高，瓦片都用水泥固定，所以就算受损了也相对容易修补。"

保存完好的滨海森林是簕山村第二宝。在海边植树向来难度比较大，但绿却是簕山村最醒目的招牌之一。簕山村总面积约1150亩，林地面积654亩，其中有林地面积543亩，森林覆盖率64.8%。小村周围分布着两片森林，林中古树参天，有400年的银叶树、古榕树、车辕木等奇树。车辕木的学名叫红鳞蒲桃，是广西海岸最具代表性的季雨林类型，木质非常坚硬，通常用作马车前面的两条木块，因此被民间称为车辕木。红鳞蒲桃林目前在广西滨海仅有少量残存，但簕山村的森林内却有一大片气势磅礴、直耸云天的车辕木。银叶树因叶子呈银白色而得名，属典型的水陆两栖的半红树植物。由于生长在热带潮湿多雨的环境，它的根部往上生长呈板状，像石头一样坚实，用以支撑及呼吸。在簕山防浪堤上，有一排姿态各异的银叶树，树龄分别在400年、200年、110年左右，也有几株是近几年才栽种的。它们不愧是抗台风挡狂潮的明星，成了当地人的"生命树"。这里还有数百年的被当地人称为相思树、洗手果树、禾线子树、古槌子树等古树。

因为古树在台风来袭时不仅能抵御狂风巨浪亦能沉积沙石，也福泽着生生不息的簕山村民，所以世世代代生活在村中的百姓都把这片挡风挡潮、巩固海堤的古树看作是自己的"生命树"并制定了严格的保护措施，哪怕是在用柴火做饭的年代也不允许向森林取柴。2000年至2005年，先后有一些外地人打起了古树的主意，愿出8至10万元一株的价钱来买古树，遭到村民断然拒绝："这些已经有几百年历史的老树是我们的保护神，失去树的护佑，我们的村子也将灭亡！"买卖不成，这伙人就偷挖了一株，村民们闻讯将他们团团围住。这些人好话说尽，且声称愿出高价买树，村民仍不妥协。他们只好灰溜溜地将开来的拖车、吊车开走。虽然这株被拦截下来的古树最终还是死了，但村民们不为利动、誓死护树的态度却使得无人再敢打这里古树的主意。为了更好地保护这些古树，村民特地建了防浪堤，并采取"村民自主、资源共有、利益共享、理事会管理、公司化运

礁石姿态各异，形状奇特　摄影 / 吕莉华

作"的经营管理模式对这些古树加以管护。时至今日，村子里那些郁郁葱葱的古树，穿越岁月沧桑，展示着古老渔村的蓬勃生机。

富饶的大海是簕山村第三宝。簕山盛产鱼、虾、鲎、沙虫、牡蛎、海螺、青蟹、文蛤等海产品，其中最著名的是沙虫。和所有的滩涂一样，渔村前那片一望无际的海滩是海岸生态界食物链的起点，这里聚集了丰富的生命体，是净化与生成永不停歇的生命现场。退潮时，各种蚶类、蛤类、蛏类、螺类、虾蟹便裸露出来。村南面的海滩属于潮汐滩地，风大，潮差也大，最适合沙虫生长。它们个大肉脆，清甜味美，鲜嫩爽口，营养丰富，产量较高，为防城港一绝。所以簕山村有"中国沙虫之乡"的美誉。

古渔猎是簕山村第四宝。明清时期，这里已经出现多种类型的网鱼船与钓鱼船。渔者各有其技，各使其具，从网捕钩钓发展到远海捕捞，从零星渔场到较为集中的渔场开发，再到滩涂养殖，生存竞争力不断提高，为后代渔业的发展奠定了坚实基础。如今簕山村还保存着古老的围网捕鱼等渔猎方式，虽然大型围网捕捞已经演变为吸引广大游客娱乐和体验的一个休闲项目，但每当夜幕降临，渔民们便在船上点上火把，诱使趋光的游鱼成群成片，然后放下丝网捕捞的小型作业仍司空见惯。每天清晨退潮后，露出大片滩涂，正是渔民收获的时候。村里的渔民涌向一望无垠的滩涂，星星点点分布在自家海田上，他们或腰里系着耙带，将螺耙把支在肩上向后拖，将那些藏在沙里的车螺挖出来；或用一根缠着用可乐瓶剪成花状的钢丝往沙滩里戳，把青口贝（海虹）带出来；或用一把巴掌宽的挖沙虫刀铲，迅速将沙虫洞周围的沙铲起并抓住沙虫……渔民说，他们祖辈世代居于此，为生存而创造制作了很多实用的浮海和捕捞生产工具。渔民们至今坚持传统耕海方法，并相信这些能够传世的技艺才是最可靠的。

到渔村，最大的乐趣莫过于体验渔民的生活。一位网友感慨："人们初次抵达时，渔村是一种模样，离别时，她又是另一种模样。因为渔村的轮廓，注入了体验的记忆，打鱼、挖螺……"

礁石魔幻是簕山村第五宝。簕山村前有长达1公里的天然怪石滩，就像宏大的群雕屹立在海边：有的形似鳄鱼出海、狮子拜佛、卧鲨潜尾露嵴；有的如沙漠古堡，神秘却不失庄严；有的如入高山峡谷、重峦叠嶂，也有的一马平川；有的神似规模庞大、布局严密的秦兵马俑；有的似绽放的花朵，有的像祥云，有的似迷宫……把人带入了一个想象的无限空间，构成了绝美的海洋山水画廊，令人叹为观止。涨潮时，这些礁石充当了海岸的第一道防线，为人们呈现出"乱石穿空，惊涛拍岸，卷起千堆雪"的壮观场面。退潮时这些海蚀地貌像腹肌一样露出水面，上面布满了五颜六色的硬珊瑚和软珊瑚。

汹涌的巨浪是簕山村第六宝。见惯了潮涨潮落、波平波兴、海眠海怒，这里的渔民还是喜欢用"美丽壮观，惊心动魄"来形容簕山大潮。簕山村由于面向大海，西南海域宽阔无际，村庄周围岛屿与陆地形成拢抱状，外宽内窄，外深内浅，呈口大肚小的喇叭形，大量潮水挤入狭浅的海湾，潮头受到村前礁石、古海堤等横腰拦截，后面的潮水又急速推进，迫使潮头陡立，发生破碎，发出轰鸣，出现惊险而壮观的场面。其独特的自然环境造就了每年5月至10月的天文大潮壮丽景观。期间，海潮来势汹涌，涛声咆哮如雷贯耳，浪柱高达10米以上，超越树顶，直冲云霄，甚是壮观。

人才辈出百年渔联赏到今

渔文化对簕山村的渔民来说，所体现的是一种渔民的生产、生活方式和思维方式。走进簕山村，最显眼的要数渔家房屋门前那些对联了。其中有描述渔村特点的"古村邀月品沧海，幽境吟诗醉簕山"；也有颂扬簕山生态环境美好的"春深松柏当庭秀，日暖芝兰入室香"；有倡导村民同心致富的"富田有种子孙耕，杏树开花兄弟乐"；更有赞颂李家人出类拔萃的"高才推独步，标举冠群英""道德传家礼宗柱史，文章华园声振长庚"，被村民视为家族荣耀而世代沿用，以激励李家后人。宗祠里被视为祖训的"祖德光垂万福臻，书田有种子孙耕"对联也已流传了数百年。

古堡祠堂门口，有一副用木板制作的对联"柱史家声远，青莲世泽长"。据了解，这副对联拟成也有几百年的历史了，是李氏家族的精神财富。村里的老人们都说他们是陇西辗转迁徙过来的，与大唐著名诗人李白同宗同族。依据是李白自称青莲居士，曾在自己的一首诗中写道："家本陇西人，先为汉边将，功略盖天地，名飞青云上。"诗中的陇西人指的是李白的祖籍，也就是今天的天水秦安以东。簕山始祖也姓李，也是从陇西迁居到这里。村民们说："几百年来这副对联的镜框不知道更换过多少次，但内容从来没有改变过。"

簕山人杰地灵、人才辈出。自明朝以来，李氏家族出了不少的文官武将，还出现诸多老寿星，人们认为就是"传承了李白的脉气"。这些迹象是否能佐证簕山村李姓村民确实与李白同宗同族并不重要，重要的是李白的气息早已通过这些对联、雕塑，成为簕山村的文化积淀。据《簕山古今名人册》记载：明朝时出过状元李杏新，历代以来，出过五、六、七、八品各个级别的官员数十名。近年来，村里也有不少学子考上大学，因此，簕山人很以簕山古堡为荣。

海洋文化"活化石"焕新彩

鱼与渔，是大海边永远带着咸湿味道的两个主题，而生与死，则是海边人时常要直面的两大拷问。因海而生，傍海而居，因海得福，使当地人对大海深怀感恩之心、企盼之心，因而产生了对于大海的依赖感，由依赖而崇拜、而神化。渔民以渔为业，以海为本，而海上捕鱼受鱼讯支配，决定了渔业生产有周期性。在渔民心中，每个捕鱼周期何时出海，直接关系到捕鱼的收成，因此渔民特别重视出海日子的选择，尤其是每年第一个鱼讯期的首航日。以前的科技，还难以预测捕捞的丰歉，所以渔民就把丰收的希望寄托于神灵。而海洋环境变幻莫测，风暴、大雾等险恶天气，暗礁、浊浪等自然陷阱，对渔民的生命和船网的安全构成威胁和伤害，又使他们对海洋怀以畏惧之心，认为海中一定有神灵作祟而恐惧，希望各路神灵能助一臂之力，伸出援助之手，祈求诸神保佑，祈愿生活太平。

走进李氏古堡宗祠的旺相堂，我们发现这里供奉的不仅有陇西堂上历代宗亲、李家始祖及支系始祖，还有观世音菩萨、镇海大王（龙王）、妈祖、土地爷、财神五位神仙，体现了当地海洋神话较为完整的海神谱系。村民说，观世音以救苦救难为己任，是渔民心中的圣母。有观音坐镇海上，可为那些漂泊的心注入神力；海龙王是渔民心目中的大海之神，它呼风唤雨、神通广大、喜怒无常，既能赐福人类，又会给人类带来灾难；渔民认为妈祖具有神奇的力量，出海捕捞遇恶劣天气，或遇海盗劫匪，每当船沉人危之际，海神妈祖常常灵光闪现，有求必应，保佑打鱼人的平安健康、渔猎丰收、旅途平安，以及赐子、赐财、赐福等等，妈祖也就成为航海者、渔民和商人心中的保护神，不仅平时在家供奉，逢年节还要到妈祖庙拜祭；土地爷专管所辖地盘安宁、五谷丰收，也被渔民迎请进家祭拜；

"至于财神是人都爱，你说是不是？"村民笑着反问我。

籍山村保存着较为原始的祭海仪式，主要是供、请、祭、谢。所谓供，就是在鱼讯开始时用鱼、肉在海滩上供奉，以示敬意；请，就是当渔船出海时，要敲锣打鼓把龙王像请到船上；祭是整个活动的高潮与重点，在龙王像请上船后，要用猪头、鱼供祭龙王，船家还要举行燃烛、敬酒、跪拜、祈祷等仪式，祈求龙王爷保佑出海丰收、人船平安；谢，就是在鱼讯丰收时要谢龙王，海上遇险向龙王求助脱险后要谢龙王。造神与祭神是对祖先的祭祀，对生命的回归。这种集体文化信仰意识虽然源于人们在大自然面前的渺小与软弱，以及面对现实生活中诸多不可抗力的无奈与忍耐，却表达了人们一种顽强的、执着的，向往与天地大自然相和谐的自主性、主动性与创造性。

如今在当地政府的组织下，祭海活动与观潮节合并举行，场面更是热闹非凡。观潮节以古村大潮为背景，以"古"及"渔"文化为重点，活动分民俗、民乐两大内容，其中包括祭海仪式、渔家婚俗、文艺表演、场景观潮、与浪共舞、婚纱摄影等，更增添了保护海洋、人海共荣的主题，使有着沿海人类文化"活化石"之称的祭海活动被注入崭新的时代内涵。成为防城港乃至全国知名的民俗节庆品牌，每年都吸引不计其数的中外游客慕名前来，成为海内外文化交流的一个平台，让人们记得中国不但有土黄色的农耕文明，还有蔚蓝色的海洋文化。

近年来，凭借古韵味、渔文化、纯民风及气势磅礴的天文大潮，籍山村的知名度和美誉度不断提高。特别是籍山村被列入第三批全国特色景观旅游名镇名村、观潮节荣获"中国最佳自然生态旅游节"称号以来，每年接待中外游客的人数都在 18 万至 20 万左右。

有学者指出，籍山村是一个具有独特幽林、古堡、碧海以及渊远村史文化的自然村，是北部湾沿海渔村历史发展变迁的一个缩影，对研究古渔村历史文化具有重要的参考价值。去过籍山村的人，都会盛赞其美：美在海富浪骇礁奇带来的心灵震撼，美在古村人朴的静谧安详，美在渔猎文化世代传承、与时俱进的生态智慧。

从原始社会直接跨入现代社会生活形态的白裤瑶族，是联合国教科文组织认定的中国民族文化传统保留最完整的一个民族，这个有着"人类文明的活化石"之称的古老民族敬畏自然、于严酷环境中艰难求生，将对历史和祖先的缅怀穿在身上，视雄鸡为图腾，奉铜鼓为神明，瑶寨建筑应物象形……

二、里湖白裤瑶，深山里的 "人类文明活化石"

千年未曾改变的服饰、世代同族通婚的习俗、严格恪守的族规、以经歌的形式世代传唱的民族历史；生时，用粘膏把对祖先的怀念细细地描绘在衣裙白裤上；死后，让铜鼓带着他们和牛一起回到祖先居住的地方……他们面对自然万物、世间万象的智慧和哲学，一直令世人着迷，备受世人关注。

专家学者称这是一个由原始社会生活形态直接跨入现代社会生活形态的民族，是"人类文明的活化石"。联合国教科文组织也认定这是中国民族文化传统保留最完整的一个民族。他们就是居住在云贵高原东麓，广西、贵州交界的莽苍山脉中的白裤瑶族。

闻名遐迩的山地民族

瑶族历史可追溯到几千年前的远古，广西是瑶族的大本营，生活在南丹县的白裤瑶是瑶族的一个支系，自称"布诺"。历史学家认为他们源于中原地带，因税收问题与朝廷起冲突后，逐步走向失利，只得另徙僻乡求生存。

南丹里湖、八圩瑶族乡，峰峦叠嶂，巍岭连绵，九山一土，路险严寒，甚至喝水都要翻山越岭。艰难的生存环境练就了白裤瑶"山高骨气更高，石硬性子更硬"的品格。汉子喝得下成碗的米酒，担得起如山的重担，敢与凶残的山猪野豹较胆斗力；女人刚强如铁、柔情似水，再长再难的路她们走得了，再重再累的活她们干得了，黝黑的面庞、粗粝的双手，并不妨碍她们的温柔之光在灶台的锅碗、手头的针线中灼然闪亮。

作为山地民族，长期的狩猎生活造就了白裤瑶独特的传统习俗，其中蕴含着敬畏自然、顺应自然、关爱生命等朴素的生态意识。比如他们认为鸟具有灵性，祭祀山神，不杀孕兽，其中蕴含着敬畏自然、顺应自然、关爱生命等朴素的生态意识。

因地处边僻，在新中国成立之前，地方政府鞭长莫及。一切问题，都由被当地人称为"破卜"（汉译为"油锅"）的组织来协调解决。"破卜"意为同吃一锅饭的人，以男性为核心、以宗教为纽带，由同姓血缘近亲的家庭组成，是一种牢固的血缘与地缘的关联，凡瑶寨同姓同族村民均隶属之。头人是"破卜"的领袖，由有威望的老人担任；成员们谨守"破卜"规约，享有一定的权利与义务，共有部分公共财产，如田地、铜鼓，社会关系相对和谐，治安案件极少发生。

白裤瑶族是一个安天乐命的群体。独特的婚恋文化、丧葬文化、歌谣文化、铜鼓文化、酒文化、陀螺文化、圩日文化等，都彰显着他们的聪明灵巧、浪漫情怀、自由自在……

如今，隐匿于桂西北边陲喀斯特峰丛中的白裤瑶人，在与世隔绝数百年后，终于渐渐走出深山，融入现代社会。我们几赴南丹县里湖瑶族乡，探访坐落在大山深处，由一条古道串连的怀里、蛮降、化图、化桥屯，看到这里里湖瑶族乡已实现村村通电、通路、通广播电视，村中饮水和居住条件、中小学校舍等基础设施也有了明显改善。

将民族历史穿在身上

白裤瑶是一个具有独特审美、在穿着上特立独行且时尚的民族。清代李琰《庆远府志》记载，南丹"瑶人居于瑶山，男女皆蓄发。男青短衣，白裤草履；女花衣花裙，短齐膝"。其服饰的厚重质感、上下身搭配的造型、百褶裙的皱褶形式、绑腿的样式等，都是崇尚自然、顺应自然、蕴含民族历史文化的产物。

独特的服饰不仅仅是白裤瑶民在顺应自然中的创造，还是白裤瑶族的无字史书，记录着瑶族的历史和对祖先的缅怀。据考证，瑶族人很早以前居住在今天的长江流域以南，当时是苗众的一个小支系，隋唐时期瑶王"义勇"率领瑶族子民从"苗众"分离出来，自己在长江中下游开辟了一方天地。由于瑶王治理有方，深得瑶民拥戴与皇帝信任。皇帝以"先有瑶瀛，后有朝臣"高度赞扬"义勇"，并赐予瑶族可免除一切徭役的方形印章。外族土司非常嫉妒"义勇"，于是假示友好，并唆使自己的儿子骗取了瑶王女儿的爱情，还趁瑶王熟睡时偷走了瑶王的印章。随后，土司派兵攻打瑶寨。失去了印章，瑶王难以兴兵迎战，只能带领瑶胞且战且退。在孤军奋战中他身中数箭，但仍用沾满鲜血的双手撑住两个膝盖，顽强地站起来，继续指挥战斗，在裤腿上留下十条血指印。为了让白裤瑶族世代记住民族的历史，不忘祖先的精神，这个没有自己文字的民族，就在男子的白裤上绣上鲜红的五指印，在女子的褂衣上绣上瑶王的大印。

相传瑶王逃亡到瑶山，走投无路，躲进一个山洞。成千上万的蜘蛛为了掩护瑶王在洞口织满了蛛网，追兵以为瑶王不可能躲在里面就返回去了。为了免遭"用兵诛锄"之苦，白裤瑶同胞就在这个洞天世界定居下来。高山的寒冷气候使得许多人都生病死亡了，心灵手巧的妇女从蜘蛛织网中获得启发，学会了纺纱、织布、制作衣物，使这个民族具备了在高寒山区生存的条件。他们很感激蜘蛛的每一次相救，把蜘蛛视为神灵，用"米"字代表蜘蛛绣在衣服上以求获得庇佑。还有一种说法是"米"代表着水车，象征着白裤瑶原本是生活在有水的鱼米之乡，表达着对水的记忆和对故乡的怀念。

白裤瑶男装上衣襟底镶有花边，衣角下是三到六个蜘蛛网状的图腾，胸前两侧各绣一个鸡仔花图案；裤子用白色土布缝制，裤裆大而宽，长度刚过膝盖，便于爬山；下端渐窄，裤脚用黑布镶边，裤管短而紧，便于狩猎；绑腿绣有自己喜爱的花纹图案。

男子盛装像只有鸡头和鸡翼的雄鸡，上衣外沿用蓝布镶边，腰部和背部下沿绣有图案。盛装的白裤称花裤，膝盖处绣着五根如手指粗细的红线条，每根线上都绣有一个"十"字架，表示祈求平安无恙。男人们穿着一样的白裤子，远远望去就像朵朵白云飘在山间。

男子白裤上的图案寄托着白裤瑶民对祖先的怀念，被白裤瑶民视为最美、最神圣的标志　*摄影 / 罗培敏*

　　白裤瑶女子上衣分冬装和夏装，下身四季着蓝色及膝的百褶裙。冬装的样式与男子的外衣差不多，都是蓝黑色的对襟衣；夏装称作褂衣，是贯头衣与坎肩的混合，肩布相连，没有衣袖，只有一前一后两块布，前面的布幅是一块用蓝靛染成的纯色的黑布，后面的布幅用染、绣的手法呈现精美图案，称为"两片瑶"。《庆远府志》卷十《杂志·琐言》记载："不独衣裳不相连，而前胸后背，左右两袖俱各异体，着时方以钮子联之，真异服也！"

　　独特的服饰不仅仅是白裤瑶民在顺应自然中的创造，还是白裤瑶族的无字史书，记录着瑶族的历史和对祖先的缅怀。

　　白裤瑶服饰风格简洁，但有种棉花、压棉花、排纱、纺线、织布、描图、蜡染等30多道工序，全靠手工完成，制作一套服饰需要一年的时间。

　　心灵手巧的瑶族妇女用粘膏在裙子上画河流、蓝天、白云，表达对自然变化的理解；也画下迁徙的印记，把坚定乐观的民族性格、生活情趣和对美好生活的憧憬，倾注到图案纹样的文化理念中，通过服饰物化出本族抽象的文化符号，被列入第一批"国家级非物质文化遗产保护名录"。

　　女子褂衣中的一大四小方形图案寓意深刻：一说，大图为母、小图为公，象征白裤瑶族是母系社会；二说，瑶族先民曾经建立过城邦；三说，象征瑶族先民曾拥有良田　*摄影 / 吕莉华*

奇特的"鸡时"婚姻习俗

　　白裤瑶的婚恋习俗与众不同，从相识、相知、相爱到相守一生，都有对歌贯穿始终，而奇特的"鸡时"婚俗更是浪漫有趣。

　　男女婚前恋爱，以歌会友，以乐传情。爱到情浓便唱只有情侣双方才能听到的"细话歌"，在恋爱活动中，自制乐器像一根红线，把男女青年的心事串联起来。每对情侣都有约定好的节奏，一旦情人用木叶、牛角或喇利吹出这个节奏，即使风雨兼程，也要前去相会。

　　白裤瑶将太阳视为"万物之灵"，把雄鸡作为图腾。除了将鸡的图案绘制在服饰上，还参照鸡的活动时律安排婚嫁活动进程：新娘在半夜鸡叫头遍时洗澡换装；鸡叫三遍后，接亲队伍与新娘家人互换刀伞，准备返程；傍晚鸡准备进笼时，新娘与接亲队伍赶到新郎家村口，枪手鸣枪报平安；确认村里每只鸡都进笼后，新郎家鸣枪放炮，迎新娘；之后借鸡卜、蛋卜，劝导新娘安心在婆家生活并孝敬公婆。

将铜鼓视为神明祖宗

　　白裤瑶铜鼓舞是最具代表性的原生态舞蹈，已被列入世界非物质文化遗产。铜鼓舞至今已有2000多年历史，集冶炼、铸造、雕刻、绘画、装饰、舞蹈、宗教于一身，以声音、形象、技艺为表现手段，口耳相传。它作为文化链的活态文化得以延续，是白裤瑶传统文化中最脆弱的部分。铜鼓上的各种图饰和配件，展示了白裤瑶族人与自然共生共融的生活场景和生态文化智慧。

　　铜鼓文化的维系主要靠信仰和崇拜，其表现形式往往与丧葬文化交织在一起。白裤瑶认为，死去先人的魂魄寄居在铜鼓上，敲击铜鼓是活人与祖先的交流方式。丧事打铜鼓既是对死者的哀悼，也是请死去的先人引路，带死者进入天堂。他们对铜鼓敬若神明，常常焚香敬酒供奉。在启用之前，要经过杀鸡、放鞭炮的"敬铜鼓"仪式，仪式中还要给铜鼓"洗脸"，"请铜鼓"出行前还要对铜鼓交代去向和用途；使用完毕同样要举行敬鼓

铜鼓是白裤瑶民族精神的寄托，对白裤瑶族舞蹈文化有着深远而广泛的影响，
给白裤瑶人带来心灵的慰藉和归属感 摄影 / 徐立宇

仪式，并将铜鼓收藏好。

每个白裤瑶家族都会收藏着一面铜鼓，每面铜鼓都有个响亮的名字，都有自己的故事，都包含着特有文化密码。

悲壮肃穆的祭祀活动

白裤瑶葬俗神秘而隆重，是铜鼓文化、服饰文化、宗教文化、歌谣文化、婚恋文化和饮食文化的集中展示，分为打铜鼓、开牛祭奠、哭葬、长席筵四个环节。整套仪式折射出白裤瑶人特有的宗教观与人生观。

数百年来，在恶劣环境中艰难生存的白裤瑶人，对死亡有着自己独特的认识：死者灵魂升天是一件值得庆幸的事；死去的人，躯壳消亡了，但魂魄还在，死亡就是"归家"，即离开人间进入天堂，过幸福快乐的生活；生者最大的责任，是打通亡灵与天神沟通的"声道"，让死者尽快升天。于是，他们敲打铜鼓为逝者开路，用惊心动魄的哭牛颂牛开牛、鸣枪鸣炮庄重地告别逝者。

应物象形的神奇瑶寨

《史记·太史公序》记载"与时迁移，应物变化"。即人对相应的客观事物所采取的应答、应和、应付和适应的态度。白裤瑶古民居追求的就是顺应自然、天人合一的自然美与气韵生动的艺术美的结合。

"叉叉房"属白裤瑶历史最悠久的居住建筑，结构简单，易于维修。从山上采集石块做根基，把天然树干和树枝相互绑扎，作为整个房屋的支撑架埋入土中，木头做门窗，墙面以竹木作骨；房屋四周夹挂芭茅草秆，屋顶盖上芭茅草，表面用泥土和杂草混合搅拌后的泥团糊抹成型。

如今"叉叉房"已经基本消失，瑶寨最常见的是双层结构的干栏式建筑，房屋墙体用黄泥加碎石垒成，屋顶用烧制好的瓦片，简易而结实。一楼底部架空养家禽、家畜，二楼住人。

半干栏式圆粮仓是白裤瑶村庄的标志性符号，像一朵朵蘑菇遍布在山脚，已被列入广西非物质文化遗产保护名录。粮仓由三部分组成，一是在仓底部位立四根柱子，形成一个方形框架，柱子底部要垫上一块大石头，用于防潮与固基，并在圆仓底部木板与托起圆仓的四根木柱交接的地方，各用一个外表十分光滑的彩釉陶罐倒扣在柱顶部；二是在2米高的立柱中部架上木板，再用竹篾在四周围起，构成粮仓主体；三是在粮仓上部盖上圆形尖顶的草面。圆仓离地面2米，仓下空旷通风，粮食不致遇热受潮霉变。这些简单机敏的设计，体现了白裤瑶人的生存智慧。

越砍越粗壮的粘膏树

粘膏树只生长在广西南丹和贵州荔波白裤瑶族同胞生活的地方，长相奇特，腹部比两头要大出五六倍。它们不需精心培育，反而要年年用钢刀利斧来砍凿，才会越长越大，分泌的黏液也越多。粘膏树的树干最高达20多米，树龄最长的达300多年。

科技在不断进步，但在瑶族刺绣中，粘膏仍然是现代科技难以替代的。粘膏树分雄雌，人们每年三四月份在雌树上砍凿，等到来年春暖花开的季节，就会从砍凿的部位流出一种淡黄色的浆液——粘膏。人们用一种形同勺子的铁耳一点点将粘膏刮下来，放在一个盛有水的容器里，与牛油混合，熬煮成蜡染的原料。用画笔蘸上粘膏汁，就可在自制白布上按照自己的构思作画，再进行染、煮、浸泡、晒干等30多道工序，直至最后布匹上黑、白、蓝各色分明。

在白裤瑶人眼里，粘膏树是神灵的化身、上天的恩赐。粘膏树似乎离不开白裤瑶人居住的深山老林，几百年来，白裤瑶人与粘膏树共生共存、和谐相处。粘膏树，就像一部藏在瑶山之中的天书，默默地昭示着族人：要永远保持自己的特色……

热爱自然是白裤瑶族鲜明的特征，无论社会与时代如何变迁，他们的内心都深藏着对山林的救命与养育感恩之情，这种对自然万物的敬畏跨越时空，成为白裤瑶族的精神寄托，更是其传统文化得以完整保存的原因。

黄姚千年古镇完全按照唐代天文风水理论建造，背枕"龙脉"、九龙聚穴，三江流经、草木繁盛，荫护地脉、藏风聚气，八卦布局、"六多五有"，街巷神奇经天纬地，华丽宗祠文气蔚然，文明鼎盛百世不易风流，是目前我国华南地区保存最完整、规模最大、最具特色的古镇，有"中国最大的风水古城""活态的风水博物馆"之誉。

三、黄姚古镇的风水与寄托

黄姚千年古镇发祥于宋朝开宝元年（968），形成于明代隆庆年间（1567—1572），兴于明末清初，虽历经千年岁月沧桑，仍是目前我国华南地区保存最完整、规模最大、最具特色的古镇。其山水殊秀，堪称风水经典；文明鼎盛，百世不易风流，被国内外专家公认是保存最为完好、完全按照唐代天文风水理论建造的城镇，有"中国最大的风水古城""活态的风水博物馆"之誉。

背枕"龙脉"皆龙景

风水学中的龙文化是道教文化的重要组成部分。黄姚古镇的居民主要来自中国东南地区，村镇选址深受该地区汉族风水文化的影响。古镇人欲通过"龙"这种"角似鹿、头似驼、眼似鬼、项似蛇、腹似蜃、鳞似鱼、爪似鹰、掌似虎、身似牛"的组合，表达一种人与自然对立统一的思想，其"能幽能明，能细能巨，能短能长"的特性，反映出古镇人最基本的思维方法。

在东南风水学中，"龙"就是山脉。黄姚古镇被群山环抱，酒壶、真武、鸡公、叠螺、隔江、天马、天堂、牛岩、关刀九座挺拔翠绿的山脉，

黄姚古镇

宛若游龙，自南向北、前大后小，从四周聚向古镇，形成"九龙聚穴"之势。

　　登高俯瞰，黄姚古镇形似一条苍龙，龙畔街和中兴街是两条龙须；安乐、金德、迎秀、连理，四条相互连接、东西走向的商业街是长龙身躯；商业街向南北分出的小巷为龙爪。龙畔街、中兴街、商业街区又通过桥梁、寨墙、门楼巧妙地连接在一起，形成一个整体。而汇聚结穴于古镇的山龙、水龙结伴而行，活现"青龙蜿蜒，白虎蹲踞"的格局。

照壁

带龙桥

在黄姚古镇有一个古老的传说：天上一条金龙悉知黄姚风光秀丽，慕名而至，并在西端一口池塘洗澡净身，然后从西门而入，至城东北腾空而归。为纪念"龙游黄姚"，先民们在修建桥梁庙宇时便有了许多与龙有关的地名和建筑。据统计，过去古镇上带"龙"字的景物达13处之多。黄姚先人将传说中龙洗澡的那口池塘称为"龙塘"，在西郊门外建了"接龙门"，将想象中龙憩息之处称为"龙盘街"，后改为龙畔街，在神龙跨河之处修建了护龙桥、带龙桥、佐龙桥，同时还在不同的方向修建了佐龙祠、见龙祠、护龙祠、会龙祠，以祭祀神龙。丰富的"龙文化""龙崇拜"内涵凝固在街头巷尾，活跃在族群民间，真可谓"黄姚古镇皆龙景"。

作为一种符号、一种意境、一种血肉相联的情感，龙文化已渗透到黄姚人社会生活的方方面面，成为一种文化的凝聚和积淀。这种以龙信仰为核心所构建的文化体系，源远相传，伴随黄姚前进的脚步，认知过去、关怀当下、瞩望未来。

三江流经融会贯通

东南风水学认为水能"荫地脉、储真气、聚财富"，"水抱有情为吉""曲则贵吉"。黄姚古镇坐落于一个山间盆地，流经全镇的姚江由东而来，转向南，在古镇中心画了一个形似太极的"S"形，从古镇南端的叠螺山脚流出，与珠江水系的兴宁江、桂江相通，接漓江经"灵渠"又与长江水系的湘江相通，形成"金城环抱"之势，成就了古镇进、蓄、回水良好的自然生态环境，构成了宜居的大地气场。

古镇因水而起、依水而兴，明末清初已是广东、广西、湖南三省交界处的商业重镇。清乾隆至民国中期，黄姚古镇达到鼎盛，成为桂东地区重要的商品集散地，街区绝大部分建筑群均已形成，商业街店铺林立、商贾云集、豪宅馆驿遍布城中。

水就像黄姚古镇的血液，滋养了这里的人，也给古镇带来了灵气与活力。水"善利万物而不争，处众人之所恶，故几于道"，启迪了黄姚先人的哲学思维；从水的现象中悟出了以柔克刚、以静制动、以不变应万变、无为而无不为等水文化精神，并运用在古镇的建造布局上。

风水学认为水口好比居室玄关，古镇建造者以自然山水为基础，巧于因借，适当构景，并以"九阳二阴十一龙"来吸纳"龙气"。"九条阳龙"是天然水流，"两条阴龙"则是人工开挖的两口方塘，固一方之元气，使古镇阴阳平衡、稳定兴旺，在下水口则建筑桥或塔，形成闭锁之势，防止财气外流。

清澈的江水贯穿古镇，随处可见小桥，浓郁岭南建筑风格的屋舍、亭台楼阁与古榕翠竹构成一幅人间仙境的画卷。人与自然的完美结合还融入了古镇的诗联、建筑、雕刻、书法、绘画之中。

草木繁盛：荫护地脉藏风聚气

目前黄姚镇的森林面积达 27.48 万亩，森林覆盖率为 65.25%。树龄100 年左右的已属年轻，千年古树随处可见，是当之无愧的"绿色活化石"。

黄姚的古树以榕树、樟树、龙鳞树为主，苍老而遒劲，彰显着顽强的生命力。尤其是龙门榕、龙爪榕、睡仙榕、变色榕、千年石上榕等古榕树，千姿百态、冠如华盖、遮天蔽日、苍翠壮观，散落在古民居、亭台楼阁、寺观庙社周围，点缀着古镇的每个角落。

黄姚先人崇拜大自然，相信万物有灵，认为树象征着生命的繁衍与永恒，与村落、家族的兴衰联系在一起，草木繁盛的地方，必然生气旺盛，能够荫护地脉、藏风聚气。黄姚先人对树的崇拜已成为一种图腾文化，老树与山水房宅相生相谐、生机勃勃。

古榕冠如华盖

巧用厌胜：人有善愿天必从之

在黄姚古镇，古道、古桥、古亭、古坊中的"厌胜"来源于风水理论。"厌胜"最初是一种巫术，后来演化成风水"法术"，倾注了人们趋吉避凶的良好愿望。

古镇采用的"厌胜"方法首先是吉祥称谓，如迎秀、金德、永安、中兴、大贵等寓意吉祥的街巷名称。古镇西门楼楼匾"西顾延禧"，意为"向西望去，喜庆绵延"，破除古人视西方为凶害之位的禁忌。

其次是特殊设置，民俗称作"镇物"，如与接龙门东呼西应的带龙桥，由青石板架设，暗喻青龙，右侧摆放几堆灰白色蘑菇状石头，象征白虎，暗示一龙一虎守护着古镇的主干道（"带龙"即"引龙"）；锁龙桥，锁住整个古镇的"龙气"，不让龙气流逝；龟形石阵位于鲤鱼街，一来暗喻古镇形貌，二是因为这一带河道呈"反弓"状，需要"四大灵兽"之一的乌龟在此镇守；鲤鱼街"石鲤"位于当道上，"鲤"与"利"谐音，"鱼"和"余"谐音，象征生财得利、年年有余；守望楼前地上有一块形状类似蝙蝠的石头，当地人称之为"地蝠"，寓意遍地是福；民居为防巷中"路冲"，在正对门的院内建照壁，或门前立一对石狮子；大厅里安放一对镇邪石雕狻猊，或是在住宅门口放镜子以镇宅避邪；古镇"九阳二阴十一龙"中的两条阴龙，也属于"厌胜"。

还有就是巧用颜色及画克灾祈福，如建筑物大量使用木材，最怕火灾，而黄色代表土，黑色与绿色代表水，用黄瓦、绿瓦及黑色小青瓦寓意镇火；在大梁上画官帽、枋柱上画腰带、门槛上画官靴，是希望居住者考取功名；佐龙亭上有幅奇特的"鸢飞鱼跃"图，鱼头鸢身是一种经过艺术抽象化的吉祥物，当地人称其为福鼠，寓意"五福临门""五子登科""五谷丰登"。

精致古镇：八卦布局六多五有

古镇"六多""五有"：山水岩洞多、亭台楼阁多、寺观庙宇多、祠堂多、古树多、楹联匾额多；"有山必有水，有水必有桥，有桥必有亭，有亭必有联，有联必有匾"。

古镇的建设者以风水学和道教文化为指导，以传统的阴阳五行布局，按"九宫八卦"理念规划营建。周边群山环抱、绿水绕行，镇门、巷门、宅门好像八卦图中的分水岭。以牛犁寨为八卦之阴，以居民集中地为八卦之阳，阴阳相配。古建筑群，少则一个庭院，多则几个或几十个庭院，组合多样、层次丰富，弥补了单体建筑定型化的不足。平面布局取左右对称的原则，庭院为中心，房屋在四周，根据中轴线组合发展。唯有园林的平面布局变化自由，处处反映着时间和空间结合的理性思维方式及人与自然的亲和关系。

黄姚现存民居 500 间，其中 300 多间建于明清，正值风水学界宗师辈出和道教的黄金时代。"人之居所，宗庙为先"，黄姚在布局上以祠庙压镇，占地仅 3.6 平方公里的古镇，有 20 多座寺、观、堂，街中有庙、庙中有街，以庙定街、以街连庙，多座祠庙几乎都与道教有关。古镇的一些门楼如三星门，代表着同样源于道教文化的福禄寿三位神仙对小镇的庇佑。

从镇头的接龙桥一直走到镇尾的锁龙桥，延伸着 8 条弯弯曲曲大小不一的街巷，将整个镇子分为 8 块，呈现出多层聚合的建筑布局。但古镇的中轴线不在中心线上，而在东门楼与接龙门的连线上，是抽象的"运气"之线，使古建筑群具有了秩序：庙、商、住和谐统一，错落有致、互相衬托，恰到好处地形成一个整体，突出了黄姚先人在兼顾地理环境、经济利益和文化传统三方面的生态文化智慧。

建筑既是实用对象，又是审美对象。美国著名建筑师赖特认为，"建筑是用结构来表达思想的科学性艺术"。黄姚的房屋大多为清代岭南风格，包括民居、亭台楼阁及祠堂三种建筑。民居多为两层砖瓦结构，以占地 500 多平方米的郭家大院最为讲究：大院由前厅、庭院、正厅和厢房组成，青砖木结构，一砖一瓦都是经过人工特制、打磨的，屋檐及瓦当为彩塑雕绘，岭南建筑特色浓郁。庭院左右两道圆洞门相对，一道月亮门，一道太阳门，蕴含阴阳变化，寓意与日月同辉。圆洞门门头上安有隐蔽的木制防盗插，门两边特制了防挖墙偷盗的木柱，设计奇特，机关重重。

宋代以来，100 多位楚南工匠常年居住黄姚镇，继承楚文化建筑艺术遗风并结合明清建筑精华，创造出不少建筑精品。明清建筑大多采用硬山结构，部分采用石柱撑梁，柱上有雕刻；琉璃瓦屋顶，青砖青瓦，雕刻的木板屋檐独具韵味。松、竹、梅、鹤、鱼、鹊等吉祥物画满了高墙的四周。这些图案均有独特寓意，一种是取其谐音，如鱼（余）、蝠（福）、鹿（禄）；一种是取其含义，如琴棋书画（文昌），葡萄、石榴（多子），蔬果（丰收）等。

黄姚古镇以天然山水为依托，以风水堪舆学说为圭臬，山与水、桥与亭、居民与街巷有机结合，将生活的功能、悠久历史和文化密码包含其中……

街巷内通外御。黄姚先人顺应陆路主干道与主河道平行的布局，以桥与水埠为水陆连接点。8条街道全部用青色石板镶嵌而成，99999块青石板构筑的15公里巷道，让古镇四通八达。令人叫绝的是这些石板的铺设，不用任何黏合物，间距全靠石匠们凿出的准确尺寸实现紧密连接。最宽的迎秀街宽约5米，最窄的金德街羊巷口宽约2米；为便于排水，工匠们在每条石板街下面都挖有互相联通的下水道，雨天雨水从石板之间的缝隙进入下水道排出古镇。

都说黄姚的街巷像迷宫，每条街道直的部分仅百余米，弯曲而相通的"人"字走向的巷道串连起500多户人家。而且街头街尾、巷口巷尾都有用于防御的门楼，门楼下的小巷也是三曲六折，一个小镇有如此完备的防御体系实属罕见。最典型的"亦孔之固"门楼，内连着两条小巷：一条窄小阴森通往劳家巷，出口在安乐寺东边；一条弯曲幽深通向安乐街。当年，土匪意图洗劫黄姚街，派出的密探在此迷了路，好不容易才摸回匪窝，报告土匪头："黄姚街九曲十八弯，抢到东西也逃不出来，万万抢不得！"

石桥诗意，通连四方令水生财。黄姚的起点在桥，终点也是桥。黄姚人的生意，有一半是水上来的。水生了财，财修了桥，方圆3.6平方公里的地盘上便有15座石拱桥。

带龙桥是15座古桥中最大的阶梯石拱桥，始建于明万历三年（1575），清乾隆二十三年（1759）重修，长22米，宽3米，有一大一小两拱，大拱离水面3.2米，直径约5.6米；小拱是旱拱，离地面2.55米，直径约3米。平时江水从大拱流过，洪水期间小拱起分洪作用。桥面全部用当地的厚石板铺成，石板之间用特制的铁卯连锁，把桥面牢固平整地连成整体，将重力均衡落到桥拱，防止石板日久向两边分离。如此设计不但顺应自然，还使这座桥更具美感。"石跳桥"建于清朝嘉庆十六年（1811），在建筑学上叫锭步桥，共31步，长19米，由石墩按梳状排列而成，行人走过必须跨越。15座桥是黄姚先人们留下的融美学、力学、建筑结构学与艺术为一体的精湛作品，具有较强的实用性和观赏性。

华丽宗祠：文气蔚然追远睦族

宗祠体现了宗法制家国一体的特征，是增强民族凝聚力的场所，也是黄姚建筑中规模最宏伟、装饰最华丽的建筑群体。众多本土文人骚客的出现，使祠堂的建造不但巍峨壮观，而且注入汉族传统文化的精华，与古塔、古桥、古庙宇相映，形成独特的人文景观。

明万历年间，黄姚的大姓人家为求得本族人丁兴旺、财业发达，开始在古镇建造宗祠。特别是清康熙至乾隆年间，古镇人口迅猛发展，经济空前发达，为加强势力扩充、一致对外，更为求得人财兴旺、泽被后代，各氏族均纷纷筹集资金选址建造宗祠。几代人盖一座宗祠，守一份祖业亦成常态。

镇内原有各姓氏宗祠 11 座，祠内门廊、厢房、天井及两旁花园俱全，墙上壁画构图美观、线条流畅、工艺精湛、锦屏奇秀，形成了风格独特的黄姚宗祠文化。保留下来的 9 大宗祠，屋顶多为圆形起翘歇山顶，当地人又称"状元帽"或"秀才帽"，区别于民居普遍使用的硬山顶，使得古镇格外多了一些书卷气。

吴氏宗祠建得最早，也最富有文化特色：丙山壬向，明堂见水，案山连绵，意喻宗族中多有富贵之人，也寄寓着富贵长寿、世代永昌的热切希望；墙面上绘制的山水花鸟和人物，构图美观，线条流畅，栩栩如生；外院内厅的结构，宽阔的院门前建有石级，院内设有天井，两旁是厢房，正厅摆放祖宗牌位，屋檐及封檐板上画有山水花鸟、人物故事等壁画。不难看出，吴氏宗祠既有岭南建筑的简朴精致，又有中原地区的豪宅气派。因抗战时期欧阳予倩曾把广西艺术馆搬迁到此，而成为省级重点文物保护单位"广西省艺术馆旧址"。

黄姚古镇先后被授予"中国最具旅游价值古城镇""中国历史文化名镇""全国生态农业旅游示范点""国家 4A 级景区""中国最值得外国人去的 50 个地方""中国最美的十大古镇""国家特色景观旅游名镇"等荣誉称号，被誉为"人与自然完美结合的艺术殿堂"。

黄姚古镇，如同一部磅礴隽永的桂东居民文化编年史。风水的思维和

黄姚宗祠

传统在古镇生活中的每一处都烙下了痕迹，经过岁月洗涤，依然闪烁着智慧的光芒，反映了人们随环境而变化的适应能力，也寄托了人们面对神秘自然的由衷祈福……

广西桂林永福县百寿镇是著名的长寿之乡，自古就有"水旱无忧三千峒，十里常逢百岁人"之说。被中外史学家誉为中国"文字太阳系"，保存有我国同字异体书法史上字体最多的古代摩崖石刻"百寿图"、目前我国保存最完好的明代永宁州古城和建于隋唐时期的穿岩古驿道，见证了古镇悠久的历史和曾经的繁盛。

四、古城记忆，百寿福地

永福县百寿镇拥有我国保存最完好的明代古城——永宁州古石城及入选《中国名胜大辞典》的"百寿图"石刻这两件"国保"级文物和建于隋唐时期的穿岩古驿道。特殊的地理位置和气候条件，良好的生态人文氛围，独特的养生文化及其绵延的生命轨迹，使这里赢得了世界的目光。

古城记忆繁华喧嚣

2013年，偏安一隅的永福百寿镇被评为广西历史文化名镇，镇政府所在地永宁州古城墙及寿岩石刻百寿图同时跻身全国第七批国家重点文物保护单位，引发轰动。

据当地史料记载，永宁州古城原为古田县治，明隆庆五年（1571）升为直隶州，称"永宁"。至新中国成立初期，这里先后经历了并县、撤乡建镇的变迁。目前古城的原貌基本没变，是中国江南保存较为完好的一座明清古县城。

这里曾是一座战争之城，代代驻兵、朝朝设防，筑墙护城历史悠久。明清两朝，桂林都是广西的省府，永宁州古城是广西南北交通要隘，它雄踞桂林至融安的险要地段，是桂林的南大门。因为地处水路交通的重要位

百寿镇全景 摄影 / 吕杰

置，这里又有"柳江名埠"之称。

据史料记载，明宪宗十三年（1477）这堵墙始建时，城墙周长1000米，高5米，厚2米多，为土城；明宪宗十八年（1482）在原土城内外各增加一层大青石，在城角石缝中浇灌石灰、糯米浆与鸡蛋清混合物，使其变为坚固的石城。随着历代不断修缮，目前整个古城占地约20亩，城墙周长达1278米，墙高6.33米，厚3.3米，城墙之上还建有配套的军事设施。它有着明确纪年和清晰修缮历史记录，在城市建筑、军事防御、城市防洪等多方面具有重要学术价值。

永宁古城的城门各有特色：永镇门是东、南、西、北四个门楼中唯一的一座重檐歇山顶式建筑，门窗、梁柱均为红色，派头十足；东兴门临江而建，高大宽敞，是旧时的码头，有两条栈道伸入水中，承担着连接水陆交通、集散生活物资的重要职责；安定门楼设计简洁，庄严肃穆。

在当地人眼里，东门、南门是"喜门"，凡婚嫁等喜事都从这两道门过；大小官员必须从北边的迎恩门进城拜官；新官来此上任，不仅要由迎恩门入城，沿路还要放三大炮，以示接风；西门为出殡之门。

永福县被当地居民称为"雨窝"，频繁的降雨加上有三条江过境，历史上屡遭水患。每逢洪水泛滥，全城百姓尽登城墙避水。正因城墙在御敌、抗洪中屡建奇功，"文化大革命"期间，有人要拆墙取石，遭到古镇人的强烈反对，古城墙才得以保留下来。

1944 年，日本侵略军进犯百寿，曾两次攻陷永宁古城，并盘踞 8 个月之久。期间，抗日自卫队与日军交战 160 余次。日寇败退时，城内外的民房已几乎被烧光，4 座城楼被烧毁。所幸大部分古城墙被保存下来，新中国成立后按原貌进行修复。

一个地方的文物古迹能够存留多少，不仅要看当地居民文化素质，更要看决策者的文明理念。如今世人赋予这座建筑的人文价值及其派生的文化元素，早已渗透到百寿人的生活中。

碑碣百寿，中国的"文字太阳系"

永福的山，形态各异、满目苍翠。880 多年前，凤山澄心寺主持听石僧将广西历史上唯一的武状元、宋代著名抗金英雄李珙的掌书真迹"福"字刻在县城正中的凤山巨石之上，三尺见方的大字每划收笔处均现五个指痕，给人无限遐想。由此，凤山成为人们登高览胜和祈福之地，永福县也因而得名。

比"福"字山更具盛名的是百寿镇的"寿"字岩。位于永福县百寿镇的百寿岩呈半月状，是永福福寿文化的标志性岩洞，与永宁州古城隔河相望。岩宽 19 米，高 13 米，进深 23 米，面积约 400 平方米。

据史料记载，东晋时道祖葛洪在四处寻找丹砂时云游至此，发现百寿岩脚下有一口井，井水清澈晶莹，颜色呈淡红色，正是他梦寐以求的丹砂井，便停留在此设炉炼丹。当他了解到居夫子岩（现百寿岩）的东汉太守廖扶，家有丹砂井，一族数百口，饮之多寿，廖扶甚至活到 158 岁方无疾而终，便在他的《抱朴子》中记载了此事。

传说宋代绍定年间(1228—1234)，知县史渭到古田县（今百寿镇一带）上任伊始，发现当地百姓因争夺丹砂井水纠纷不断，便下令远近村每户推举一位老者前来协商解决井水纠纷的办法。不料，来者竟然有 100 位，而且全是百岁以上的老者。这些百岁老者给史渭出谋划策，很快解决了纠纷。从此，四方安宁、县境和谐、人寿年丰。史渭由此受到启发，便邀请当时一批书法名家齐聚夫子岩，大家寻经查典、广征博引，历时一年终于创作出了这幅百寿图。

百寿岩 摄影 / 吕莉华

百寿岩堪称摩崖石刻的大展厅，岩内东、西两面及岩外的石壁上，有宋、元、明、清、民国五个时期的摩崖石刻18处，内容有诗赋、记事、格言、吉语等，书体有隶、篆、行、草、楷等。摩崖石刻的尺寸大小不一，碑文书写字字端庄工整，笔笔舒展流畅，均属精妙之作。

在这些精美石刻艺术品中，百寿岩壁上的"寿"字石刻格外抢眼。这个距离地面约3米的大"寿"字呈长方形，单体阳刻。形为楷书但与正楷不同，其起笔收笔像小篆，竖之鹅头、钩之燕尾，为汉隶笔势；点作桃形，露飞白，像章草，集五种书法的精华于一体，既雄浑又典雅，既古朴又圆润。更令人称奇的是，史渭以这个高175厘米、宽148厘米的楷体大寿字作为载体，集古今铭文、历代书家、名家手迹、佛道经幡和牒符文字等100个字径10—15厘米不等的小寿字，阴刻在大寿字的笔画中，小寿字旁有至少一方印章，注明文体书写者和字体名称。整幅图构思巧妙，布局严谨，蔚为壮观，不仅仅寓意长寿，还兼容了少数民族文化、外来文化和宗教文化。就字体而言有金文、甲骨文、石鼓文、西夏台书、龟文、易篆、古隶、古斗、飞白书等等；以朝代分有商鼎文、周鼎文、汉鼎文等；以地域分（古代称国名）有鳍隶、燕书、西夏台书等；还有字如其形的蝌蚪文、星斗文、火文、树文、龙文、凤文、聚宝文等。这些书体的"寿"字，在其他书法典籍或碑帖中均不多见，唯百寿图系统完整地保存了下来，成为我国独一无二的瑰宝。

在"百寿图"中还可以看到中华民族文化的博大精深，是吸收、兼容少数民族文化、外来文化、宗教文化的典证。图中的"玉帝天文""上帝印章"等颇具神话传奇；"瑶池宝意""四利佛书""西方梵书"等又具有浓郁的佛教色彩；"西夏台书"体现了汉族文化与少数民族文化的交融，而"飞章符""皇极篆""青黄君书""玄隶""帝君玉牒"又透出道家的气韵；在"聚宝文"内的珊瑚、珍珠、象牙等，还可依稀见到中外文化交流的历史轨迹。

这些寿字包含了宋以前历代著名书法家诸如王义之、王献之、颜真卿、徐广、蔡襄、程邈、怀素、许敬宗、张旭等的书体，也有名不见经传的，体现了宋人对书法的审美情趣步入了博采众长的境地。

百寿图是我国同字异体书法史上字体最多的一处古代摩崖石刻，被中外史学家誉为中国"文字太阳系"，其拓印件已被故宫博物馆珍藏，1982年载入《中国名胜大辞典》，2008年荣登上海大世界吉尼斯纪录，百寿岩2013年被列为国家重点文物保护单位。

作为稀世之珍，"百寿图"一直是历代达官词客追捧之物。历朝均有专事拓印"百寿图"的作坊，涉远经商者或宦海浮游者，更是把"百寿图"作为护佑身家平安之宝。民国年间，蒋介石50大寿，时任广西省主席黄旭初命专人拓裱了一幅《百寿图》作为寿礼相送；后来这份精美的《百寿图》又作为民国政府礼物，赠贺英国女王伊丽莎白寿诞。1958年，周恩来总理访问非洲，适逢摩洛哥国王寿诞，也以《百寿图》作贺。1995年，法国前总统密特朗来信称，他已将《百寿图》视为"东方文化精品"收藏于他的私立博物馆中。

驿道寻古穿越时空

史载，隋文帝开皇三年（583），为经略大西南，发役夫4万，开凿东起桂州、西至昆明的3000里驿道。这条古驿道是岭南首府桂林西连云、贵、川，南控柳州、宾州、邕州、龙州的主要陆地交通干线，抬得轿子走得马，相当于现代的"高速公路"，留下了先人们的足迹，推进了南北文化的交融。

1400 多年过去了，当年的 3000 里古驿道，如今只保留下了 3 里长的穿岩路段，大部分宽 1.2—2 米，局部宽 3—5 米，以大青石铺成。村民们说，若时光倒回几十年，不少人仍走这条古道往南到三皇、融安等地去赶圩。

沿着古驿道往南走两三百米，可见一通透的山岩，长约 100 米，入口宽达 8—10 米，高 10—15 米，可容 1000 余人。明代王天卿所题"洞天一色"和永宁州州牧武越熊所题"灵岩一窍"概括了穿岩的风貌。据说，南岩口东侧曾建有灵岩寺，西侧建有文昌阁，都在民国年间毁坏了。在平如刀削的岩壁上有多处石刻，其中靠近入口的一块被称为百寿"天书"的摩崖石刻上刻有 170 个变体篆文。相传"天书"刻在这里，千百年来，曾有无数文人墨客试图破解其意，但至今无解。

随着交通网络的快速发展和驿道退出历史舞台，繁华褪尽、喧闹远去的古道，依旧淡定、从容、大度，吸引着越来越多的游人，引领他们穿越时空隧道。

树上小镇长寿者众

秀丽的西江发源于海拔千余米的深山密林，在永福境内长 91.5 公里，形成"险滩急流鱼拍岸，平湖山静鸟谈天"之佳境。森林生态系统造就了天然氧吧和高质量水源。

这里有林地面积 54.8 万亩，森林覆盖率高达 88.9%，就连石漠化区的绿色覆盖度也达到了 80% 以上；负氧离子含量每立方厘米达 5 万—12 万个，比国家一级标准高出近 20 倍；泉水众多、水质优良，许多河流与泉水的 pH 值在 7—8 之间，富含硒，矿化度完全可以达到直饮矿泉水标准。

来到百寿镇，放眼望去，仿佛世间所有的绿色都乘着春风，汇集到这里。溢满了山水，溶进了每寸土地、每条小溪、每片叶子、每户人家，溶入了每位寿乡人的血脉里……

距丹砂井不远处，有一株世界上最大的重阳树。这株根如蟠龙、皮若裂岩的千年古树，高 27 米，围径 5.68 米。令人叫绝的是，这株重阳树的树干上寄生了一棵大榕树，阴阳合抱。据植物学专家测算，其每天吸收和挥发的水分约 2 吨左右，根系已延伸到百米之外，撑起绿叶编织的巨网，夏日为游人遮荫送爽，秋来奉献累累果实，成为百寿镇一张亮丽的名片。

人们相信古树有灵气，所以崇拜者众。但凡家中孩子多病多灾、多"坎"多"煞"，父母都让孩子认这株古树为"寄娘"，以渡过难关。镇上人有了病痛或不顺，也要到树下敬香献贡，乞求树神的庇佑。

令人遗憾的是，2014 年 5 月 11 日，受暴雨侵袭，这株重阳树树冠的主枝被折断。至今，在四五个成人才能合抱的树根旁边，直径近 2 米的古树断枝静静躺着，长出了木耳；重阳树依然枝繁叶茂，如绿色巨龙，显出勃勃生机。

绿上升到了信仰的高度，树就成了被崇拜的图腾。百寿镇是多民族聚居地，在各民族的传统中，都把对自然、生命、未来的理解，渗透在对树的崇拜之中，蕴含着生态文化的内涵：生命力崇拜、护佑功能、婚育意义、美好愿望的表达等。

每当有人家生下孩子后，都要种下一棵"同龄树"，并像养育自己的孩子一样爱护幼树。孩长树大，树木实际上成为儿女成长的象征和护身符。造林、育林、护林的优良传统就这样世世代代传承下来，成为百寿镇传统文化和古老文明的一块瑰宝。

如今，拜树迷信色彩越来越淡，人们通过种树来改造生活环境、调节心情、追求人与自然的和谐，保护森林和禁止砍伐水源林、风景林、公益林被写进乡规民约，百寿镇也成为了一个长寿养生的宝地和天然森林公园。

都说"山中只有千年树，世上难逢百岁人"，可这里从宋朝开始，就是长寿之乡，享有"水旱无忧三千峒，十里常逢百岁人"的美誉。100 年，相对于浩渺的宇宙，只是微不足道的一瞬间，但是对于人类却是一个难以跨越的门槛，所以"世界长寿之乡"的评定标准是每 10 万人中有 7 名百岁老人，但百寿镇这个总人口不足 10 万的小镇，90 岁以上老人却有 120 人，其中百岁老人达到 10 人。

在永福，你会发现，八九十岁太常见，百岁老人不稀奇。当我们见到这位 101 岁的余国秀老奶奶时，她正在神采奕奕地挥刀剥竹笋，之后又是扫地又是打水，那利索劲儿真是让人难以置信。

2013 年中国官方首次在全国范围内展开"中国长寿之乡"评选，面对人口结构、自然生态环境、医疗卫生条件、经济发展、社会养老保障、文化体育等严苛的评审标准，永福毫无悬念地夺得了"中国长寿之乡"的美誉。在中国目前 15 个"长寿之乡"中，广西永福被中国的老年医学研究机构选为系统考察的样本。

昨天的一切，都是今朝的历史，而今日的故事，也将为后人撰入史册。一个地区的历史研究与文化传承，将融入一个民族的强盛与兴旺，续写一方水土的文化辉煌！

世界上最大的重阳树，树龄千年，寄生着直径 0.8 米的榕树，枝繁叶茂　摄影 / 吕莉华

732

广西富川瑶族自治县秀水村，是瑶乡独具盛名的状元村。岭南秀美的山水田园风光，毛氏宗祠、状元楼、进士门楼、秀峰诗院、潇贺古道、石板街巷等古建筑和明清村落民居，延绵不衰的崇文重教尚儒之风，上到皇帝下到知县赐封、贺赠的各类匾额……秀水人以深远的睿智思考着如何传承家族荣耀、构筑和谐家园。

五、秀水瑶乡，耕读传家

近几年兴起的村镇游，游的是村镇文化，兴的是村镇文化，流出去的也是村镇文化。有深厚文化积淀的广西富川瑶族自治县朝东乡的秀水村，让人们记住的不仅是那些精美奇巧的门楣、木雕、砖雕、壁刻、家训，还有状元之乡科举圣殿积淀的文脉灵气。

地蕴天成佳境焕然

"秀峰忆，最忆是鳌山；奇石岌岌连天峻，坦水澄澄对月欢，诗画意阑珊！"唐代进士毛延禹所作的《忆江南》深情地表达了对自己家乡秀水村的热爱。群山环绕的秀水村，历经1300多年"天人合一"的风化，浸润秀水人理想特质的"包浆"，满眼的自然美、生态美，让人沉醉。

因为"樟""章"同音，可表达尚学之意，且樟树木质浓香、造型雅致、寿延千年，可引领风水之灵气，符合以多读多写好文章为乐事的毛氏族人的心意。所以从立村开始，樟树就成了秀水理想的精神应对物，被毛氏先祖大量种植。树龄最长、年代最久远、造型最优美的要数状元楼之北、秀峰山下、溪畔路旁的那对母子古樟树了。专家鉴定，该树植于唐代开元年间，至今已有1300多年历史。

秀水村规模宏大的明清古建筑群 *摄影／吕莉华*

秀水人一直秉持着爱林护林的传统，所有的林木在这里都被视为风水树加以珍护。村里因此古树随见，其中 6 株树龄超过 800 年的古树尤其引人注目。被当地人称为"过江龙"的老槐树，已有 800 多年历史，从村外腾空跨越溪水伸向村内，主干蜿蜒横生、鳞片斑斑，宛如一条降云归来的苍龙，为古村平添了气势。

另外还有 40 株百年以上的古树，散布在森林中；村外的古楠木林是广西最大的闽南单片纯林，其中最大的一株树龄 800 多年，胸径 101 米，树高 42.8 米，堪称"楠木王"。

据《毛氏族谱》载，唐开元年间，进士毛衷到广西贺州任刺史，经秀水时，感慨"风光之美直如勾魂夺魄也"，更见三条小河分道奔流而下，碧澄清丽，源远流长，待汇聚一起却是汹涌澎湃，势不可挡，暗自称奇，产生了卸任后在此地安度晚年的念头。毛衷任职期满，果然带着家眷来到秀水。在三条河流边上，他别出心裁地虚画一"弯钩"，构成一个"毛"字，以此筑地造村。毛家从此在秀水开宗散枝，繁衍子孙，家族日渐兴盛，逐渐发展成今天由"一村（秀水村）、两水（秀水河、青龙湖）、三山（青龙山、灵山、独秀峰）、四落（石余、水楼、八房、安福）"组成的秀水村。

彰显重教兴文尚儒

秀水村的建筑堪称天人合一的典范。秦始皇为了便于对岭南三郡的辖制和管理，便在岭南古道的基础上，扩修了一条自咸阳到广州的水陆相连的"新道"——潇贺古道，便利了商贾贸易、货物流通、人才来往和信息交流，一些外地的秀才、举人到秀水传授知识，使村里人开阔了视野、增长了见识，使中原文化、岭南文化、西南文化在富川形成了交流融合；房屋、桥梁、道路等先进工艺技术也随之传入，与当地民族建筑工艺相结合；村中有识之士沿古道外出求学、应试、入仕、经商，成功的机会增多，审美观有了新的飞跃，懂得运用知识去表达精神意向。在秀水村，他们留下的建筑，规划布局、建筑设计、构造细部等都具有很高的历史、艺术、科学价值，其耕读文化、宗族文化、书院文化、聚落文化、乡土文化，融汇成秀水村厚重而灵秀的迷人风貌。

在中国封建社会典型的农村生活中，包含了家居、教育、祭祀三要素，而1300多年前的秀水先民，已经完成了这一"三位一体"的家庭体制结构。

建于明初的秀水进士堂　*摄影 / 吕莉华*

以礼制为前提而形成的秀水古村落，其礼制空间表现出一种对家族和祖宗至高无上的崇敬和绝对服从的精神。在秀水古民居建筑群内，严密的封建宗法制度将居民相对稳定下来。他们同族同宗，分房分支分系分区居住，易于识别的宗祠建筑给人以领域感，既利于大家族聚族而居，又不妨碍小家庭各享天伦。每一个人不论他是直系还是旁系，只要在社会上做出贡献，整个家族都会引以为荣，这种充满邻里亲情的关系模式就是秀水的宗族文化。时至今日，秀水仍能在尊尊亲亲的宗族文化里年复一年，礼行如仪。

秀水人敬重祖先的荣耀，并通过建状元楼、祠堂来教化后人，规范人们的行为道德。他们把家族的精神凝聚在"宗祠"里，作为家族的文化，传承给自己的子孙，激励他们继往开来。所以不管生活再穷再苦，祠堂必不可少，且必定富丽堂皇；不但有总祠，且族内各房、各支房又各有支祠、房祠，以奉祀直系祖先。每当有考取功名或封官晋爵等喜事，都要到祠堂向祖宗报喜。

毛氏宗祠法相森严，总祠更是高堂峻宇，龙脊凤檐，蔚为壮观，成为此地最突出的建筑。"耕读传家"的生活理念至今仍记载在令族人触景生情的宗祠上，祠中立有从唐到清26进士的牌位，以及列祖列宗的画像和事迹，供后人祭祀，成为教育子女的现成教材。

状元楼坐落在秀水村东南角，殿阁高耸、青砖黛瓦、飞檐翘角，兼具江南楼宇和寺庙建筑特点；楼内浮雕、镂雕的龙凤、花卉、鸟兽、人物等巧夺天工，至今依然可见昔日旒冕簪缨的气派。如松竹梅岁寒三友、鹤鹿麟如意节、花鸟虫鱼、人物典故，以及各类文人字画、楹联匾额琳琅满目、神韵各异；南宋状元毛自知的坐像右上方高悬着宁宗皇帝褒奖一甲状元毛自知的诏书，厅壁上绘有毛自知刻苦攻读、被钦点状元、为国征战的故事，处处体现崇尚文化礼教之风。

门楼直接反映主人的社会地位、职业和经济水平，旨在弘扬先贤的功德。秀水村总共有8座古门楼，建筑呈敞开式，立柱、抬梁、屋檐造型古色古香，每一座门楼都挂有进士、文魁、武官等功绩牌匾，成为光宗耀祖的地方，保留着上至皇帝下到知县赐封、贺赠的匾额，"进士及第""状元及第""山川聚秀""天然玉鉴""山水清音""坦川观邑"……可见秀水村给历代皇朝所留下的印象。其中，清官楼前那对功德石鼓记载了一段感人的故事。

功德石鼓记清廉。据传明代进士毛德祯，1537年到云南大理任右巡抚兼大理副司政，为官清廉，深受当地吏民的敬重和拥戴，因此，云南人用大理青石精制了一对功德石鼓，表彰其廉政为民。在毛德祯告老还乡途中，遇盗贼拦路抢劫，盗贼以为他将金银珠宝藏在石鼓之中，便剖开一面石鼓，却不见一文，盗贼十分敬佩其为官清廉，随即找来本地青石，依原样雕成石鼓奉上，并鸣锣放炮恭送毛德祯20余里以表敬意。千年之后，先辈身影已远去，可石鼓上的史话仍在垂训后代。

古人在门前摆放石鼓原本是为了避邪，因为鼓声宏阔威严、厉如雷霆，人们以为能避鬼祟，但在秀水村还彰显着科甲及第而官而显。圆鼓的造型说明这家是武官，因为上战场一定少不了战鼓；如果是文官，门前则是方形的鼓，因为书箱是方形的。石鼓不仅仅是门楼主人功德与嘉奖贤能的证明，还起到装饰门楼、抒怀明志的作用，成为研究历史人文的珍贵史料和艺术瑰宝。

在祖祠大门外的晒场中，有用上好石料雕琢而成的旗杆石。上部凿外圆内方孔，雕刻吉祥图案和立石者的姓名、年代、功名等具体情况。"旗杆"相当于古代读书人的《荣誉证书》，官阶越显赫，旗杆夹就越宽大，旗杆也越粗越长。封建科举时代，凡是有人考取举人、进士、状元，族人便会在村里的宗祠前为其立旗杆石，竖起旗杆，以显示功名，光宗耀祖，激励后辈。旗杆石凿成后，还要举行热烈庄重的仪式。一对旗杆石只记载一位学士，花街大坪有众多的旗杆石证明这个地方读书风气盛行，科举荣耀多，人才辈出。

南宋时期修建的秀峰诗院，标志着当时秀水毛氏文化的繁荣昌盛。诗院为双檐建筑，四角飞檐翘起，两侧的房檐设计成官帽形状，彰显"学而优则仕"的理念。院内三扇拱形门形成一个"品"字，意味着诗作必须有品味。

正如状元楼的楹联"富水奔腾孕育廿六进士，秀峰挹爽造就一代状元"，这些建筑表达出来的重教兴文、崇儒尚学的思想，为传承文脉、聚纳文气奠定了良好基础，创造了广西多个科举第一：进士人数第一的宗族，进士人数第一的村，进士兄弟叔侄同科第一的村。

诗书耕读儒风馨郁

秀水村千古传承的以耕养读、以读促耕、勤耕苦读、成就家业的优良传统，令人敬佩。秀水先祖毛衷是从素有好学传统的浙江江山迁来的，对教育有着深刻的理解，他认为农耕可以事稼穑、丰五谷，养家糊口，以立性命；读书可以知诗书、达礼义，修身养性，以立高德，振书声方可振家声。因此他把"崇德尚学、耕读传家"作为立家之道、旺族之本，并通过一些具体的教育实践活动，为后代教育打下了坚实基础。

秀水人认为，保留了"耕读"文化的精髓，也就保留了中华民族传统文化里最贴近土壤、最贴近先祖生存方式的那一部分历史。所以迄今"耕可养身，读可养心，身心无恙，定多安泰；饥能壮志，寒能壮气，志气不凡，必有大成""勤俭诒谋居室本，筑室于斯义种礼"等劝学联还在秀水村古宅旧门上教化传承，业已筑就秀水人的精神家园。

为保障本族子弟读书求学，北宋时期不足150人的秀水村竟然先后创建了江东书院、鳌山石窟寺书院、山上书院、对寨书院，集教育、学术、藏书为一体。书院招生不设门槛，只要有志于学业的，不分贫富、不论地域均可入学。

据史书记载，南宋嘉定十四年（1221），会稽太守毛基辞官回到秀水村，在灵山脚下修建"江东书院"，以师训严、校纪厉、师资盛、教学精、学子专、英贤众而名传湘南桂东。几百年来，"江东书院"成为秀水村的精神核心，读书习文蔚然成风。至今，在秀水，古人奉行的读书四大礼——"开笔礼、进阶礼、感恩礼、状元礼"——依然延续。

在秀水村人心中，老师是最受尊敬的人，地位与天地同列、与君父共敬。他们认为老师传道授业解惑、教做人的道理，把人引向更高的生命境界，是影响一生的人，当用一生去尊重。

2008年，秀水状元村被国家住建部和国家文物局授予"中国历史文化名村"，2015年获得了中国生态文化协会授予的"全国生态文化村"等荣誉称号。

崇文重教提升了秀水村村民的文化自觉，延续了秀水文脉，塑造了秀水精神。"开笔礼"等传统，在孩子们的心里播下了求学求知的信念和积极向上的人生观，让秀水村延续千年的昌盛文风得以永续流传。

道家村，古代南方水上丝路的重要枢纽，隋唐以降，向遥远异邦输送了大量黄金、茶叶、丝绸和瓷器等珍贵物品。村中保存良好的杨家祠堂、古码头、古戏台、四知堂、鸡母社、解缙亭、铜钟石、望江亭、隋时护城河、唐时通济桥、清时福隆庄等文物古迹，处处散发着淳朴浓厚的人文气息，见证着这条水上丝路要塞的古今兴衰。依托丰富的森林资源和独特的丹霞地貌优势发展生态旅游业，探索绿色经济发展模式，使道家村成为远近闻名的历史文化名村。

六、古代南方水上丝绸之路的驿站

——广西梧州市藤县象棋镇道家村

沿着时间记忆的长河逆流而上，自汉以后，一条水路：长江—湘江—灵渠—桂江—浔江—北流河—南流江—合浦港，再经海道将大量的黄金、茶叶、丝绸和瓷器等珍贵物品输送至东南亚、西亚，甚至更遥远的异邦，这便是中国著名的古代南方水上丝绸之路。坐落在北流河畔的道家村，作为这条水路航运上的枢纽，自隋唐以来便被设为重要驿站，迎来送往着历朝的商贾、官员、文人墨客，见证着这条水上丝路的历史兴衰。

传承千年文脉，开启时代新风

道家村位于现在的广西梧州市藤县象棋镇西南部，北流河与思罗河两江交汇处，自隋唐时代便有记载，是历史悠久、文化积淀深厚的古村落。

道家村之称谓源于"窦家"，唐初土著人窦始统治着石表山一带，天宝年间皇帝册封其为司官轿窦家司，当地名为"窦家寨"。明朝大学士解

道家村清代古建筑福隆庄　*摄影/李桐*

缙曾寓居此地，吟下了那首著名的《窦家寨》："窦家寨前朝雨晴，思罗江内水初生。杨梅果熟春将暮，豆蔻花开鸠乱鸣。"至清光绪年间，曾留学日本、参加过同盟会的窦家人杨道将其改名为"道家"，一直沿用至今。

走进现在的道家村，古码头、古戏台、鸡母社、解缙亭、铜钟石、望江亭、隋时护城河、唐时通济桥、清时福隆庄等历史文化遗存仍处处可见，彰显着悠长的古风古韵和淳厚的人文气息，传承着令道家村人引以为傲的历史文化。

道家村的"鸡母社"文化源远流长，别具一格。"鸡母社"初建于隋朝，道家先人认为"鸡有五德，首戴冠者，文也；足博距者，武也；敌前敢斗者，勇也；得食相告者，仁也；鸣不失时者，信也"。因此，以鸡母为图腾，立社而拜之。每年立春后五戊的春社，村民都要到此祈求风调雨顺，社会清平；立秋后五戊的秋社，村民又在这里祈求五谷丰登，人畜兴旺。每逢农历二月二的社日，就由村中值年会首召集各户坊丁到社山开会，议当年农事、要事，决议执行，并举行祭祀活动。祭祀结束后，就开社宴，吃社粥、分社肉、唱山歌，场面热闹喜庆。

福隆庄是县级重点文物保护单位窦家司历史文化遗址内的清代古建筑，建于乾隆年间（1735—1795），原是清朝杨姓族人的民宅，建筑面积约3600多平方米，是由左右厢房与三进房屋组成的四合院，历经200多年的风雨洗礼，现在保存下来的仅有三进主体建筑了。整个福隆庄宏伟庄严，青砖瓦房，古朴典雅，屋檐下、墙头上至今存留浮雕、壁画数十幅，栩栩如生，杨家祠堂里还保存着乾隆皇帝赐予杨家后裔的武魁牌匾，透出浓厚的文化底蕴。

在福隆庄第三进的门头之上，悬挂着醒目的三字牌匾"四知堂"，刚劲有力中透着庄严稳重。当地人介绍，四知堂蕴含着一个动人的故事：西汉年间，官至太守的杨震，在赴任途中以"天知、地知、你知、我知"严词拒绝了学生送来的黄金。从此，"暮夜却金"的故事在民间流传开来。后世杨姓族人将这位一生清廉、一心为民的好太守尊为他们共同的祖先，但凡杨姓族人的聚居地，均设四知堂作为宗祠，弘扬祖德，昭示后人。四知堂彰显着我国源远流长的廉政文化，为当地官员廉洁从政树立起了一面旗帜。

为广泛传播杨震"暮夜却金"的动人故事，弘扬中华民族高尚的廉政文化，梧州市纪委、藤县纪委在道家村设立了梧州市廉政文化教育基地——"四知"文化园，广泛开展党员领导干部廉洁从政教育。从"四知"所蕴含的自省自律精神，再到升华出的道家村的为人之道、为官之道、中和之道、自然之道，无不铭记在党员领导干部的心里。从传承古代廉政文化到丰富当代廉政文化，村民在这一过程中也深受熏陶。村民以农家课堂为平台，自发组织开展廉洁守信教育，引导大家树立诚信经营、真诚服务的理念。目前，"四知"文化园廉政文化教育基地已接待游客 2 万多人次，开展农家课堂 22 期，使游客、村民真正感受到了道家村的文化魅力。如今，虽然太守杨公已逝，但四知堂檐下雕刻着的出污泥而不染的莲花依然光亮如新，北流河里连绵不绝向北流淌的河水依旧清澈见底，杨公美德必能在道家村人的纯朴民风和执着坚守中代代相传，生生不息！

依托资源禀赋，打造特色产业

道家村不仅有丰厚的历史文化，更有良好的生态资源。全村有林地面积 1037.8 公顷，森林覆盖率高达 72.8%，森林资源丰富，林业特产众多，有马尾松、红黎木、大红菌、玉桂、沙田柚、松脂等林特产品；湿地面积 64.8 公顷，占土地总面积的 4.54%，主要分布在珠江支流北流河和思罗河河段。

大自然赐予道家村的优良生态环境让村民倍加珍惜，保护生态的理念在心里牢固树立，不仅注重保护野生动植物，还因地制宜，发展循环经济，倡导绿色生活。目前全村共建有生态沼气池 201 座，太阳能热水器 300 多座，全面推广无公害生态农业，村内没有污染工厂分布。在村党总支部的引领下，党员骨干带头，联合种养大户，全面推行绿色无公害生产技术，发展生态农业，已建成种植示范基地沙田柚 200 多亩、百香果 50 多亩、超级水稻 200 多亩。在村党员陈步宇的带动下，12 家农户发展生猪养殖，年出栏生猪 2000 多头，乳猪 3000 多头，经济收入不断增加。

道家村不断挖掘、弘扬自身的特色生态文化，秉承村上的传统开展多种主题的生态文化节庆。每年的 3 月 8 日是植树节，8 月 18 日是龙眼古树节，9—10 月是沙地玉米美食节。此外，在思罗河码头还建有 50 多米长的文化长廊，道家村的文化随着时间的卷轴如画卷般铺展开来，诉说着悠悠古今。

依托生态优势，发展生态旅游业

良好的生态环境，旖旎的自然风光，是大自然赐予道家村的珍宝。村中神奇秀丽的石表山海拔 299.6 米，属典型的丹霞地貌，集"雅、幽、奇、险、神"于一体，城墙式的丹崖绝壁及险峻幽深的额状岩廊随处可见，巍峨雄伟，奇丽壮观，有"华表双峰""赤壁长廊""长岩飞瀑""灵猿观天"等美景，是众多丹霞景观中独树一帜的奇观。

山势奇峻，水清沙白，翠竹成林，中国的丹山、碧水、沙滩与道家古村落完美融合，锦绣如画。道家村凭借自然风景资源优势，通过招商引资开发旅游项目，在村内建成了国家 4A 级石表山风景旅游区。景区内有天然壶穴瀑布群、中国第一淡水沙滩、全国罕见的低海拔云海日出、最典型的俯视特色田园风光和原生态水上丹霞竹排休闲漂流五大特色景观。2007 年以来被评为梧州市十大玩乐地方之首、广西农业旅游示范点，2010 年以来被评为广西文化产业示范基地、泛珠三角最原生态休闲景区。

道家村将旅游和生态有机结合，大力发展生态旅游业，通过旅游业带动生态产业经济的发展。村党支部和村委充分发挥引导作用，在开发建

石表山景区田园风光 供图 / 广西生态文化协会

成石表山旅游风景区的基础上，不断探索新的发展模式，以创建国家5A级风景区为目标，做强做大生态旅游产业。实行"党支部＋景区＋农户"的模式，由党总支部牵头，协调好农户与石表山旅游公司的关系，做好征租地工作，盘活有限的土地资源；引导党员户和骨干农户以房屋入股的方式与石表山景区公司合作经营"农家客栈"。2012年以来，"农家客栈"已接待游客住宿8万多人次，收入800多万元。同时，村党总支部还积极与景区旅游公司协调，优先安排村民就业，现已有120多位村民在景区从事领班、服务员、保安等服务工作。风景区根据季节时令的变化，组织村民担任导游，引导游客进山采摘野生的牛甘果、红菌等。道家村还成立了生态旅游合作社，组织社员参与生态旅游活动，或采集八角、雷公根、狗牙叶等山区特色林产品，包装成小袋作为生态旅游产品出售。有100多家农户参与石表山景区生态农业公司有机水稻种植，接受公司统一经营管理，村民以土地入股、投工投劳的方式获取收益分成，平均每年每亩地可获取纯收益5000余元。尝到甜头的村民更加热爱景区内的一草一木、一花一果，保护生态的意识也更加强烈。

道家村从2007年以来共获得国家、自治区、市、县授予荣誉称号8个，其中2011年获"全国生态文化村"称号。

如今，古代南方水运丝路已悄然衰落，但滔滔的北流河水仍在激荡奔流，河畔的道家村人一直坚守着这片土地，从容接受沧桑历史的洗礼，默默延续着特色文化的传承，努力开拓生态文明的绿色发展之路。道家村人的质朴、执着、勤奋、创新，让这颗河畔明珠正焕发出新的熠熠光芒！

下莲塘村，大瑶山南麓的特色文化名村，全村森林覆盖率67.3%，树龄逾百年的古树20余株，源自百崖大峡谷的溪水绕村而过，依山傍水的自然风光、多彩瑰丽的田园画卷相互映衬。始建于清嘉庆六年（1801）的古建筑群"将军第"和民国初年所建的中西合璧式庄园，具有重要的历史文化和研究价值。村庄以文化繁荣带动生态旅游业的发展，积极打造人文底蕴深厚、地域特色鲜明的生态文化村。

七、钟灵毓秀之地，特色文化名村

——广西来宾市武宣县东乡镇下莲塘村

地处大瑶山南麓的下莲塘村是广西来宾市武宣县东乡镇河马村委下辖的一个自然村，因位于河马村下端、村内有多处莲塘而得此清丽雅致之名。下莲塘距武宣县城29公里、东乡镇4公里，全村125户、535人，土地面积1500亩，主要产业有水稻、玉米、马铃薯、龙眼以及新兴的乡村旅游农家乐等。

诗情画意的田园风光

步入下莲塘，一幅幅风光秀美的田园画卷铺呈眼前，让人心旷神怡，流连忘返。下莲塘依山傍水，东靠双髻山，北依尾地福山，四周山脉连绵起伏，源自百崖大峡谷的潺潺溪流从村两侧自北向西南绕村而过。村内散布10多处大小不一的莲塘，犹如撒落人间的玉珠，最大的有40亩。村中古树参天，绿树成荫，有小叶榕、荔枝、洋桃、含笑、九重皮、法国梧桐、凤眼树等百年以上古树20余株，20年以上龙眼树林近百亩，还有各类人工林、商品林、生态林 600 多亩，全村森林覆盖率达 67.3%。稻田、小溪、池塘、荷花、百年古树、卵石路、古庄园、木水车、农家乐食庄等景观相互映衬，好一派诗情画意的田园风光，美不胜收。

钟灵毓秀的古村落

下莲塘凝聚天地之灵气，孕育时代之将才，小小村庄里出过多位历史名人，透过村中遗存的将军第和刘统臣庄园两处古建筑，可以领略其厚重的人文底蕴。

坐落村庄东北面的古建筑群将军第，始建于清嘉庆六年（1801），是典型的清代民居。从高祖刘宗楷始居至今已有 200 多年的历史，繁衍了三、炳、培、德、业、南、阳、长、继等 9 代人。

将军第占地面积 12 万平方米，建筑面积 2.1 万平方米，原有房屋 245 间，现存 175 间，整体保存完好，古色古香、气势宏伟，是中国院落建筑的重要实物研究场地，具有较高的建筑科研价值。其建筑风格为传统的四合式院落，呈长方形布局，坐北朝南，九厅十八井格局，分为主、副、人行巷道三位一体统一协调的格式建造，首厅门前设大院，两侧的房屋与主体的九厅十八井互相通连。房屋系青砖、青瓦、三合土、石、木混合结构，四周用卵石砌成高 4 米、底宽 2.5 米的跑马围墙，围墙四角均筑有岗楼，比围墙高出一倍多，跑马墙和岗楼均设有瞭望孔和枪眼，由于村中房屋具有安营扎寨的特点，故解放前一直被称为莲塘寨。将军第设有南、北、西三个出入大门，在正门（南大门）前，门拱正上方镌刻着"将军第"三个大字。前厅大门上悬挂着"五代一堂"大匾牌，寓意代代相传，人才辈出。门墙上还保留有龙凤、树木、花草、鱼虫、人物等多种主题的壁画，栩栩如生。建筑内还有两口古井，至今仍在使用。后花园中还有古树、翠竹、含笑等花草，给古朴的将军第增添了盎然生机。

从清代至民国，将军第出了多位将军，其中最有名的是"振威将军"刘季三，授一品官衔，由于功勋卓著，清咸丰帝在禄道河背村赐建家庙一座，这在广西颇为罕见。最珍贵的是清咸丰七年（1857）刘季三为其父母做七旬双寿时，各地官员送来的寿幛、寿联均用金黄色的绸缎精制而成，文字与图案用金丝银线绣制。将军第遗存的精美文物古迹，具有重要的历

葵花掩映下的刘炳宇古庄园　*摄影 / 廖燕东*

史、文化、经济、观赏等价值，令人叹为观止。

村西南面坐落着另一座古建筑——刘统臣庄园（古庄园），建于民国初年，是一所中西结合的庭院式庄园，当地人称为"洋楼""古楼"。庄园坐北朝南，占地面积 6267 平方米，建筑面积 3014 平方米。主房三层，辅助用房两层，均为青砖瓦、木混合结构。布局为中国传统的四合式院落，中间主房，布局紧凑，房间之间内廊相连，左右严格对称。前院两侧均有厢房，院落四角设有岗楼，前两岗楼与走马楼相连，主楼地面为方砖铺面，木楼板，青瓦顶屋面；主楼顶部设有十多个尖塔形的建筑装饰，直指蓝天；前后院均种植花草树木，与院前池塘相互映衬。这座典型的中西合璧式建筑，结构奇特，科学性和艺术性较高，对研究清末民初的建筑具有重要意义，2004 年来宾市人民政府将其列为市级重点文物保护单位。

这座古老的庄园不仅展示着特定历史时代的建筑风貌，还诉说着一个传奇历史人物的故事。庄园主人刘炳宇（字统臣）（1869—1923）生于将军第的将军世家，是"振威将军"刘季三之侄。他秉承了先人的将军风范，从小膂力过人，胆略超群，善读兵书，性情温和，为人正直，度量宽宏，言行谦慎，平生深仁厚泽，深明大义，子侄有过则谆谆教诲，乡亲有疑难则殷殷排解。1911 年 10 月，辛亥革命爆发，刘炳宇积极投身革命。同年 11 月 8 日柳州起义，刘炳宇为柳州府长兼统税局局长。民国二年授陆军步兵上校加少将衔。民国六年任广西讨龙军司令，授粤桂军第一军中将军长。1922 年任广西自治军第十路军司令。1923 年刘炳宇在香港病逝，灵柩运回故土，安葬于下莲塘村前之南，立有墓碑，时来吊唁及送葬者逾三万余人，时任广西定桂军总司令李宗仁也亲率官兵前来吊丧。炳宇列传民国三年《武宣县志》，誉为乡贤。1995 年《武宣县志》列传，誉为武宣县历史名人，万古流芳。

独具特色的乡村文化

近年来，善于开拓创新的下莲塘村民不断挖掘本土的人文、地域、生态等特色资源，依托将军第、古庄园文化，结合自身实际努力打造特色生态文化品牌。下莲塘积极争取上级支持和村民配合投入，在古庄园附近种植了具有独特观赏性的千亩油葵，待到花开时节，金灿灿的向日葵花海和宏伟古朴的庄园相得益彰，仿若置身童话世界，吸引了大批游客前来观赏。下莲塘放远目光，不仅仅局限于单品种单季节的赏花游模式，还充分利用四季时空，创新发展了"春桃、夏莲、秋葵、冬菜"四季赏花游模式，终年吸引着众多游客纷至沓来。

下莲塘还先后举办了"以走进欢乐乡村、畅游金色田园，体验农家生活，尽享健康人生"为主题的金葵花节，承办了广西乡村旅游发展专题研讨会开幕式暨大型文艺表演、"花海放歌"广西旅游原创音乐会暨露营狂欢、"情定庄园"大型集体婚礼活动、"田园金秋"民俗文化展演、广西欢乐乡村游、"仙城印象"摄影大赛等多项文化活动，营造出浓厚的乡村文化氛围，既让游客充分感受到了下莲塘独特的文化魅力，又让村民享受到了风味各异的文化大餐，丰富了村庄的文化建设。

文化繁荣又进一步促进了当地旅游业的发展，下莲塘不断充实、完善赏花游模式，通过整合文化名村、新农村、村屯绿化等项目，着力建设旅游配套设施，大力开展生态农家乐，努力打造乡村清洁环境。通过宣传引导、财政扶持、效益驱动、示范带动，大力推广农村沼气池建设，全村已形成人畜分离，前庭后院，垃圾集中处理，自来水入户的格局，营造了一个适于人居生活、利于旅游发展的崭新环境。乡村休闲旅游业为村民带来了可观的经济收入，2012年接待游客达10万人次，村民年人均纯收入8100元。

接踵而来的还有一个个荣誉称号，下莲塘村2010年被广西壮族自治区列为"特色文化名村"，2012年被评为"三星级乡村旅游示范村"等。

夕阳西下之时，漫步荷香蛙鸣的莲塘畔，目光顺着余晖撒落的方向眺望，一片黄澄澄的葵花海洋在风中摇曳起伏，斜阳余晖映在历史斑驳的古建筑上，散发着沧桑又娴静的岁月韵味……

八、黄埔古村，海上丝绸之路从这里扬帆世界

黄埔村，是一个有着2000多年历史的港口村镇，又称"黄埔古港"，曾经是中国对外贸易的唯一口岸。它见证了我国对外贸易的历史，也见证了"海上丝绸之路"的繁荣。

黄埔村位于广州市海珠区琶洲东端，地处珠江主航道与前后航道的交汇处。黄埔古港坐落于珠江入海口，地势平坦，江河平静，濒临城区，为货物集散提供了极大的便利，是天然的优良港湾。

"四海云墙临凤浦，五洲商旅汇神州"，这是一副篆刻在黄埔古港的对联，是对黄埔村繁荣的对外贸易历史的真实写照。而"黄埔"这个名字，已深深嵌入各国航海家的脑海里。

南粤古驿道千载水路情

黄埔村村名之由来，与商埠有密切渊源。赫赫有名的黄埔港和黄埔军校，其名均源自这个与它们隔江相望的古村。据传说古时有一对凤凰飞临此地。《广州市地名志》记载，"黄埔"原叫"凤浦"，"于浦边饮凤浦"水，从此就人丁兴旺，五谷丰登，因此取村名为"凤浦"。相传后来外国商旅众多，外国人发音不准，老是把"凤浦"说成"黄埔"，久而久之，"黄埔"

之名日著，"凤浦"之称反被淡忘。

黄埔村，海上丝绸之路东方发祥地。其港市在西汉初已经形成，从北宋时期起便已聚居成村，在长达几个世纪的海外贸易中扮演着重要角色。南宋时期，黄埔古港已是"海舶所集之地"，明朝以后，广州的海上交往空前繁荣，航线已远达波斯湾。

乾隆二十二年（1757），清廷在全国撤销江、浙、闽三海关，仅保留了粤海关。根据道光年间梁廷枏编撰的《粤海关志》记载，清廷指定番商只许在广州收泊贸易，凡载洋货入口之外国船"必须下锚于黄埔"，办理卸转缴税等手续，方予进入十三行交易。据《黄埔港史》记载，从乾隆二十三年（1758）至道光十七年（1837）的80年间，停泊在黄埔古港的外国商船多达五千余艘，迎来黄埔古港的鼎盛时期。

广州人民欢送"哥德堡号"离开黄埔港　摄影／刘琨

宗祠"镬耳屋" 摄影／吕凤霄

瑞典东印度公司商船"哥德堡号"在1739—1745年里三次抵达这里。而1784年到访的美国"中国皇后号"则在黄埔港开启了中美贸易的第一船。随商船而来的西方先进的科技和文化，令广州在绘画、制瓷、教育、医疗方面发生很大变化，成为了西风东渐的要冲，亦成就了广州贸易中心之地位。

黄埔村见证了海上丝绸之路的世代繁盛，黄埔古港独一无二的历史地位，也见证了广州沧海桑田的巨大变迁。岁月流淌，斗转星移，今天我们依然能在黄埔村看到古港口、古宗祠、古庙宇等遗迹，诉说着这里当年的繁荣与辉煌。

物华天宝人杰地灵

在黄埔村中保留的众多遗迹和文物中，"镬耳屋"无疑是广府建筑的典型之一。因其在屋的两边墙上筑起两个像镬耳一样的挡风墙而得名。屋墙多用青砖、石柱、石板砌成，外墙壁均有花鸟、人物图案。镬耳状的建筑防火和通风性能良好：火灾时，高耸的山墙可阻止火势的蔓延和侵入；微风吹动时，山墙可挡风入巷道，进而通过门、窗流入屋内，因此又名"风火山墙"；民间还有"镬耳屋"蕴含富贵吉祥、丰衣足食的说法。

黄埔村的"镬耳屋"，以宗祠建筑为盛。古村现存19座宗祠，是黄埔村传统建筑的重要组成部分。祠堂用青砖砌筑，花岗岩墙裙，风火山墙；正脊上多为灰塑花鸟或博古文饰；中堂台基、石柱、石枋上的石狮子，雕刻风格粗犷；梁架上精雕细刻的花鸟、人物文饰丰富，栩栩如生。朝阳洒在镬耳上，深青静穆的古屋恍然跃动，似老者微笑般亲近和温暖，流露出岁月沉淀出来的安和与优雅。

每个宗祠都记录着一个家族的辉煌和传承，其中尤以罗、冯、胡、梁四大姓氏为显，最早在北宋时期即已迁居于此，四大姓氏都走出了一大批出色的外交家、资本家、教育家。村里人最引以为豪的人物，无疑是人称"黄埔先生"的胡旋泽，为中国驻外领事第一人。

始建于北宋的玉虚宫、清代的姑婆屋、旅日华侨楼、粤海第一关纪念馆、北帝庙、芳秋居等各式的岭南古建汇集，巷院相嵌，形成了典型的广府乡村"梳式布局"，展示着浓厚的岭南韵味。村中还保留着大量的砖雕、木雕、灰塑、麻石路、五彩琉璃窗等，都是岁月留下的痕迹，见证了海上丝绸之路的世代繁盛，见证了黄埔古港独一无二的历史地位，也见证了广州沧海桑田的巨大变迁。在巷陌间漫步，仿佛在历史的拼图中穿梭。

乘风破浪续繁荣

如今的黄埔村，虽有翻新的痕迹，但仍然保持着一派古朴景象。那些人声鼎沸的海外贸易已远去，港口功能已被珠江对岸宏大的现代黄埔港取代，外贸交易亦由村旁的国际会展中心延续，古港已变成了集展示、传播、娱乐、休闲于一体的"文化公园型景区"。

然而村民的生活与古港的历史却早已交融在一起，当你走进村庄，徘徊在用石板铺砌的古老街巷里，来一碗艇仔粥，品一杯双皮奶，仿佛当年的辉煌就发生在昨天……而黄埔古港，则把自身浸润在历史的余味中，将走过的岁月刻在古屋角、青砖上、古栈道边，刻在村子里的每一个角落，

粤海关旧址 *摄影/吕凤霄*

不经意间向远来的客人透露出一些有关过去的蛛丝马迹。

回望历史，广州一直是中国向世界敞开的一扇明亮的窗口，延续着黄埔精神。今天的广州，正锐意进取国际航运枢纽、国际航空枢纽、国际贸易中心，而黄埔村依然恬静地看着珠江如玉带般一如既往缓缓流淌，享受着岁月静好。

沙湾古镇地处珠江三角洲腹地，800 年的历史进程中传承了独具广府乡土韵味的文化资源。留耕堂、玉虚宫、文峰塔等岭南建筑艺术杰作，广东音乐、飘色、龙狮等民间艺术和民俗文化长盛不衰。沙湾至今仍然保留着崇文重教、耕读传家的优良传统，成为极具岭南和广府特色的新时代古镇。

九、沙湾古镇，岭南广府特色建筑和文化艺术瑰宝

　　沙湾古镇地处珠江三角洲腹地，面积 2300 余亩，是一个典型的岭南山水之乡。位于广州番禺区中部，北临番禺中心区市桥，西与佛山市顺德区隔河相望，背山面水。

　　800 多年的历史，孕育了沙湾独具广府历史和乡土韵味的岭南文化。自古商业繁荣，素有"三街六市"的美誉，广东音乐、飘色、龙狮、兰花、饮食等民间艺术和民俗文化长盛不衰，成为闻名珠江三角洲、蜚声中外的古镇之一。

宋籍沙湾，晴耕雨读

　　沙湾古镇建于宋代古海湾"猪腰岗"之上，故名"沙湾"。据史书记载，至宋代，沙湾以北已成陆地，以南尚属浅海，原是地广人稀之荒芜之地，南宋后，何、韩、陈、李、黎等姓氏先祖陆续迁入沙湾，繁衍生息，围海造陆，面积不断扩大，村镇亦日渐兴盛。

　　伴随着宗族的繁衍和发展，沙湾经历了由小村定居点向大型乡镇聚落转变的历史进程。先后迁入的王（居西村）、黎（居东村）、李（居东村）、

朱等各族与何族组成沙湾历史上的五大乡族。据清咸丰时期《沙湾何氏家谱》及《庐江何氏宗支图谱》记载：沙湾何族始祖德明于宋淳熙十五年（1188）迁居沙湾。后又在宋绍定六年（1233）择沙湾可居之地，纳入广东常平司，承买官荒山园地，命诸子孙定居，而后垦田力耕，课子攻读，从此富甲一方。

至明洪武初年（1368）已约有男丁三千，明代番禺县设沙湾巡检司，简称沙湾司；清沿明制，并按地域设沙湾司。清初康熙年间的海禁曾使沙湾宗族聚落一度衰落，禁弛后再度复兴，至清末民初（1911 年前后）民众达八千之数，成为"烟火万家"的大聚居地，其富裕誉满珠三角。

改革开放以来，沙湾借助优越的自然条件和便捷的水陆交通优势，镇村经济和社会各项事业蓬勃发展，地区综合实力不断增强，经济社会发展跃居广东省镇级前列。

南国瑰宝古韵绵长

沙湾古镇在几百年的宗族聚落发展过程中形成和保留下来了独具广府

沙湾全景 摄影 / 吕凤霄

乡土韵味的文化资源，是珠江三角洲为核心广府民间文化的杰出代表。大量的明、清、民国时期的古建筑错落纵横，形成一街多巷，院落套嵌的广府建筑梳式布局。古镇"石阶石巷"的古村落格局保存完好，拥有大量宗祠、庙宇等古建筑和大批商业、民居遗址，麻石街巷、水磨青砖、蚝壳墙、镬耳墙点缀其间，檐缘梁枋巧饰雕琢，砖雕、石雕、木雕、灰雕、壁画等艺术精品，异彩纷呈，堪称岭南建筑艺术宫殿。走进沙湾古镇，不仅可以清楚辨析古镇发展的历史脉络，还可领略岭南建筑文化景观。其中，留耕堂、玉虚宫、文峰塔无疑是岭南建筑艺术之杰作。

留耕堂，又名何氏宗祠，为沙湾何族祖祠，堂名得自于该祠堂的对联："阴德远从宗祖种，心田留与子孙耕"，即建祠造福后人之意。宗祠始建于南宋德祐元年（1275），后几毁几建，现在的留耕堂是于清康熙年间扩建而成的，也是番禺清代四大宗祠之首。祠堂占地3300平方米，坐北朝南，地势北高南低。依次由门前池塘、天街、山门、牌坊、天井、月台、享殿、寝殿及东西庑廊和衬祠组成，气势雄伟。留耕堂以柱子多、雕刻精、书联丰富而闻名。堂内计有112条石柱和木柱。据《建留耕堂始末志》记载，这些木柱的原料，是当时从东南亚国家采购回来的。柱子虚实相间，犹如琴弦，穿梭其间，仿佛在弹奏一首悠扬婉转、跌宕起伏的古乐曲。在雕刻方面，留耕堂保留了非常精致的石雕、木雕、砖雕、灰塑，雕刻内容花样百出，或飞禽走兽，或奇花异卉，或历史人物故事，构成了一组组栩栩如生的岭南建筑艺术珍品。

玉虚宫，是一座清代中期的古建筑，宫内供奉北帝金身铜像，身披黄金锁子甲、披发跣足，威武庄严。根据史料记载，珠江三角洲地区的庙宇与民间信仰大致在明代中叶形成。当时，地方士大夫宗族、里甲等地域社会进行了大刀阔斧的整合，同时对民间信仰开展正统化改造，北帝、康公等带有中原色彩的神灵被大量引进岭南地区，加之儒家道德教化，崇祀之风渐隆。相传沙湾的北帝像是明成祖朱棣按其容貌铸造而成，被沙湾人李潞远将军迎接回乡。多年来，沙湾人奉北帝为乡中守护神，玉虚宫平日香火旺盛，善男信女不绝。20世纪五六十年代，神像遭毁。后由沙湾著名的雕塑艺术家何世良根据资料重塑。每年农历三月初三的北帝诞，沙湾人必定举办规模盛大的迎神赛会。北帝像出宫巡游，以飘色、醒狮、舞龙、鳌鱼舞等助兴，热闹非凡。

文峰塔，又名文昌阁、文魁塔，位于沙湾镇北村，始建于清康熙六十年（1721）。该塔六角三层，不仅是何氏一族的风水建筑，且塔内供奉"文魁星"神像，原为乡读"开冬学"必来叩拜之神。据清《番禺县志》记载，"乡村大姓必于所居水口起文阁，祠文昌祠，神之生日赛会尤盛，阁凡二层或三层，高者十余丈，远望似浮屠。有阁处其内多读书家，有科第"。可见当时建塔意在昌盛沙湾文风，勉励读书人努力学习，奋发进取。至今沙湾仍时常举办开笔古礼，延续耕读文化传统。

全镇现仍留存100多座古祠堂，有200多年历史的乡公所旧址"仁让公局"，为了纪念何氏宋明时期一门两进士的"进士里巷"，清代粤剧名家"何少霞故居"等建筑，见证了沙湾古镇的起落跌宕，亦充分展现了沙湾瑰丽的建筑文化。

民间艺术蜚声中外

沙湾有作为广东音乐纪念馆的三稔厅，享有中国民间艺术之乡、广东音乐之乡、广东醒狮之乡、广东飘色之乡等美誉。产生了广东音乐"何氏三杰"，谱写出了《赛龙夺锦》《雨打芭蕉》等广东音乐的名曲。而何少霞

玉虚宫 摄影／吕凤霄

文峰塔 *摄影／吕凤霄*

（1894—1942）便是其中一位，他自幼深受粤剧熏陶，为广东音乐的产生和发展作出了巨大贡献，其代表作有《春光好》《桃李争春》《将军试马》《夜沉沉》《白头吟》《游子悲秋》《一代艺人》等。

　　沙湾的狮舞亦素有传统，起源于明末清初，距今已经有 300 多年的历史。狮舞巧妙地融合民间武术套路，形成以"沙坑醒狮"为代表的"南狮"流派，分文狮、武狮和少狮三大类。"醒狮"造型夸张，额高而窄，眼大能转动、口阔、背宽、鼻塌，面颊饱满，栩栩如生。舞者需掌握"出洞""上山""巡山会狮""采青""入洞"等传统技艺，尤以"采青"动作难度最大。

　　"飘色"起源于明末清初的广东吴川，是一种融戏剧、魔术、杂技、音乐、舞蹈于一体的古老的传统民俗艺术，被誉为"凝固的戏剧、活动的雕塑"。表演者站在被称为"色柜"的小舞台上，通过精心伪装的钢枝凌空而立，以巡游的形式表现民间传说或神话故事的片段，运用巧妙的力学技巧，营造出"飘"的效果，故而叫"飘色"。目前，依然是南方地区社火表演等活动的重要艺术形式，可谓南国民间艺术的一枝奇葩。如今已与广东音乐、沙坑醒狮、砖雕一起被列入国家级非物质文化遗产。

此外，还有许多传统文化活跃在民间，如北帝诞、鳌鱼舞、扒龙舟、养兰、私伙局等。在饮食文化方面，亦拥有沙湾姜埋奶、沙湾别茨鹅、豉椒碌鹅、狗仔粥、牛奶宴等极具吸引力的特色美食。

文风鼎盛名家辈出

沙湾自古以来文风鼎盛，名家辈出，人杰地灵。这里曾孕育出 70 多位进士、举人，始迁沙湾的何氏始祖何明德，其长子何起龙，便为南宋淳祐年（1250）进士，官至太常正卿；李氏则有南宋名臣、词人李昴英，其著有《文溪文稿》，后收入四库全书；新中国的中国科学院院士、高分子化学家、中国离子交换树脂工业开创者何炳林亦出自沙湾。

科举仕途的成功是沙湾得以繁荣发展的重要原因，这与沙湾古镇 800 多年来崇文重教、以耕读传家的优良传统是分不开的。沙湾兴建过不少书塾，有全乡性的"仁让公局"，何族有象贤家塾，黎族有京兆书室等。根据《何氏宗谱》之"书田记"记载，明初进士何子海有感登科之途艰辛，以及对家族发展的重要性，把自己名下 15 亩田产献出，"设为书田，凡我族子孙列身庠序（学校）者，均收其入以为焚膏继晷之需，至登贤书（中举）"，更勉励后有仕显丰饶者"量力增广之……勖哉子孙"，此举对族内读书人给予了极大鼓舞，成了何氏只增不减广设族田、以励后学的典范，后为族例。由此可见沙湾重科举、兴教育之风气。至今沙湾仍留存有"进士巷"，为何子健原居所。

从保存至今的"诗书世泽""三凤流芳""文学流风"等牌坊石刻，以及留耕堂、文峰塔、古镇书斋等建筑题书亦可见，沙湾古镇向来充满书香文学气息。各类文化大家辈出，还有书法家何厚德、画家何希哲、粤剧教头何世杞、刺绣能手何七，以及大批壁画、砖雕、灰塑艺术名家如黎文源、黎蒲生，等等。

沙湾古建筑　摄影／吕凤霄

旧颜新貌风韵传承

如今的沙湾镇，已被列为历史文化保护区，镇区破损古建和外立面亦经过修复，仍是一副古香古色的形象。它集古建筑观赏、历史文化知识汲取、风土民情体验、休闲娱乐于一体，全面呈现了岭南文化的独特魅力，2017 年获评国家 AAAA 级旅游景区。沙湾古镇在继承与创新中发展，开启了历史的新篇章，成为具有岭南特色文化的新时代古镇。

徜徉古镇，感受着古朴的气息，或在古祠内聆听岁月的脉搏，或在民宿中体验广东音乐的历史回响，在街头巷尾品尝地道的小吃，寻找久远的记忆和远离喧嚣的简单生活，仿佛在历史时空中穿梭，感受现代文明与传统文化的撞击。

海南琼中什寒村是省内海拔最高的黎苗共居村寨，有"天上什寒"的美誉。俯视什寒村，群山环抱、椰风翠竹，灰褐色的黎苗民居错落有致；苗家三色饭、黎锦织造和苗绣技艺均被列入国家级非物质文化遗产保护名录。来到这里，游客们可以品尝黎苗美食、饮山兰米酒、唱山歌、跳竹竿舞等，尽享黎苗民俗生活乐趣。

十、"醉美"什寒，一个黎苗古寨的华丽蝶变

海南琼中黎族苗族自治县什寒村，坐落在黎母山和鹦哥岭之间的高山盆地中，海拔 800 多米，是省内最高的黎苗共居村寨。

古寨历史底蕴深厚

什寒，在黎语中，"什"（念"za"音）是田的意思，"寒"是冷，意为"寒冷的田园"。由于其地处高丘森林，这里冬天的寒冷来得较早，旧时称"打寒""早寒"。

什寒村历史悠久，据《琼中地名志》介绍，什寒村曾是古代驿站，是万宁、琼海到白沙的必经之地。清光绪八年十月到十一月间，美国传教士香便文、丹麦传教士冶基善徒步进入海南内陆黎区进行考察，就曾经在什寒村借宿过，香便文的《岭南纪行》记录了这段经历。清光绪十三年，两广总督张之洞派胡传（胡适之父）巡视海南五指山各处黎峒，也曾在这里住宿一晚，胡传的《游历琼州黎峒行程日记》中也有关于"打寒"的记载。

尘封的红色历史。据《琼中县志》记载，1943 年 8 月，海南黎族苗族群众在黎族首领王国兴的率领下，发动了白沙起义，反抗国民党的欺压。起义队伍遭到镇压后，王国兴率众退守什寒山和鹦哥岭，并先后派出

几批代表，经过许多曲折，终于找到了中共琼崖特委，主动请求共产党派人到五指山区领导黎族人民进行革命斗争，得到了冯白驹的支持和鼓励。王国兴的这一壮举，在琼崖乃至中国革命史上留下了彪炳史册的光辉篇章，为琼崖纵队开辟五指山革命根据地和解放海南岛创造了有利条件。

后来毛泽东评价王国兴时指出，"中国少数民族自发起义，主动寻找共产党，消灭国民党，建立革命根据地，只有王国兴一人"。周恩来评价说，"王国兴对党'很忠厚'"。琼崖革命后人说："他是一个伟大的人，是黎族人民的骄傲。"

"天上什寒"人间仙境

古村寨生态环境优美、自然风光秀丽，东、西、北三面被 10.4 万亩的天然林环抱，气候常年凉爽，空气中负氧离子的浓度不低于 40000 个 $/cm^3$，是适宜居住、养生和旅游的天然氧吧。空气湿度较高时，峡谷间常汇集大量云雾，形成"云海"景观，房前屋后云雾缭绕，村落在云雾中若隐若现，因此，又有"天上什寒"的美誉。

站在高处俯视什寒村，群山环抱、椰风翠竹，灰褐色的黎苗民居错落有致，村前有一个大水塘，可谓"前有明堂，后有靠山"；村落周边零散分布着绿油油的稻田，清澈见底的山溪泉水缓缓流过，宛如一幅恬静的山水田园画。

黎风苗韵锦绣民俗

什寒村是海南省为数不多的黎苗混居村寨，辖苗村、冲沙、什托和元也 4 个自然村，共 92 户 520 人，其中苗族 300 多人，黎族 200 多人。黎苗两个民族世代比邻而居、和谐共处，并没有严格的区隔，黎人会讲苗话，苗人会说黎语，黎苗之间互相通婚，民族融合程度之高，在海南省也是非常少见的，用当地村民的话来说，"全海南也找不出第二例"。

村中的黎苗族人热情好客，苗家人喜欢戴头巾，着民族服装。区别苗

金色的麦田 摄影/盘志强

家和黎家，主要看屋顶，屋檐两端有尖尖翘角的是苗族人家，没有翘角的则是黎族人家。苗家粉白的墙头上，还新添了苗绣花纹图案，好像苗服上精致的滚边。你也可以在房前屋后看看有没有一种高大如仙人掌的红色植物，苗家人非常喜欢这种称为"山猪药"的植物，认为它能带来好运。黎苗传统节日"三月三"、原生态歌舞、黎锦苗锦传承极好。"三月三"，是海南黎族苗族人民祭祀祖先、庆贺新生、歌颂爱情、赞美生活的佳节，同时也是庆丰收、祭祀和缅怀祖先的传统节日。昔日，为了庆祝"三月三"，村民们要提前半个月进行准备工作：男子上山狩猎，把所获猎物腌好封存；妇女在家舂米，制作糍粑作为祭品；青年男女身着传统黎苗服饰，在氏族老人的带领下祭祀祖先，并以对山歌的形式寻找自己的意中人。晚间，大家会围着篝火，跳起反映黎家砍柴、舂米、打猎等活动的"砍柴舞""舂米舞"和"打猎舞"等。

有着 3000 多年历史的黎锦，是中国最早的棉纺织品，堪称中国纺织史上的"活化石"。早在春秋战国时期，史书上就称它是"吉贝布"，海南岛因黎锦而成为中国棉纺织业的发祥地。元代纺织家黄道婆曾在海南生活多年，悉心向黎族人民学习黎锦纺织技术，晚年返回上海松江，将其传播到江浙和中原。

村中新建的黎锦苗绣坊，是展示黎锦苗绣非物质文化遗产的重要场所。曾几何时，黎锦织造和苗族刺绣都是黎苗妇女日常生活的组成部分，屋檐下、古树旁，她们席地而坐，动作熟练，意态平和，物我两忘，沉浸在经天纬地的世界里，精美的黎锦苗绣图案渐渐成形。如今，黎锦织造和苗绣技艺都已被列入国家级非物质文化遗产保护名录，成为传承工匠技艺、留住民族记忆的物质载体和精神寄托。

苗家三色饭，原为黄、红、白、黑、蓝五色饭，是用黄姜、红蓝藤叶、椰浆、桑叶、小山棕叶等五种植物汁液作为天然色素拌在糯米中泡制，然后放在特制的独木蒸笼中蒸制而成。五色饭色彩鲜艳，清香可口，是开胃去火的清凉食品。由于工艺复杂和原料工具的局限，如今五色饭已经简化成红、黄、黑三色饭，分别取色于红蓝藤、黄姜和三角枫汁液，有药味甘香，形态美观，极具苗家风味。

旅游致富文化惠民

在革命战争年代，大山深处的什寒村以其偏僻的地理位置为黎苗群众躲避国民党反动派的追剿提供了藏身之地，进而成就了一段红色佳话。然而在社会主义现代化建设的新时期，偏远闭塞却成为阻碍什寒村经济社会发展最主要的因素之一。什寒村三面环山，只有一条约9公里的水泥路与外界相通，受高海拔低热气候、交通闭塞等因素制约，种植业和养殖业的发展都不理想，2009年之前，这个古寨村落的年人均收入一直徘徊在900元左右，曾经是琼中最偏远、最贫困的村庄之一。

改变发生在2010年。在海南建设国际旅游岛的背景下，琼中县委县政府积极探索乡村旅游发展模式，特别是对边远少数民族村庄经济发展做出了产业转型升级的大胆探索，古村寨和旅游的结合在什寒村跨出了尝试的第一步。

走进什寒村，最常听到的一句话就是"奔格内"（黎语"来这里"的意思），这是什寒村的乡村旅游发展模式，也是琼中打造的乡村旅游品牌。神鹿"奔奔"是"奔格内"的标识和吉祥物，神鹿是黎族和苗族共同信奉的图腾之一，热带雨林般的鬃发，黎苗风情的服饰，洋溢着热爱自然、热情好客和自由奔放的气息。

2012年7月20日，"奔格内"客栈在什寒村挂牌成立，启动了原生态民俗体验游，共协调引进项目资金2000多万元，配套建设黎苗风情的旅游基础设施，为户外探险游、自驾车游、自行车爱好者等提供餐饮、住

黎族竹竿舞 *摄影 / 盘志强*

宿、露营、探险、爬山、涉溪等多项旅游服务。游客们在什寒村可以品尝黎苗美食、饮山兰米酒、唱山歌、跳竹竿舞等，尽享黎苗民俗生活乐趣。

新建的"奔格内"广场，既是黎苗"三月三"等大型节日活动的展示场所，也是村民们晒稻谷、聊家常、织锦刺绣、游戏竞技的地方，神圣的图腾柱矗立于广场边缘，象征着古老而神秘的黎苗文化。2013 年，什寒村成为"三月三"活动主项目地之一，"奔格内"黎苗山盟婚礼节活动在此举行，吸引了大批国内外游客前来观看，使什寒村成为该年"三月三"最亮丽的风景线之一。

据统计，自 2013 年 8 月正式开门迎客以来，什寒村累计接待游客 15.8 万人，实现旅游收入 1973 万元，村庄旅游从业人员达 300 人，占全村人口的 57.6%。2016 年村民人均纯收入达到 13721 元，较 2009 年的 946 元增加 12775 元，增长了近 14 倍。

2013 年，"最美中国旅游新名片"（第二季）在北京发布，什寒村一举摘得"最美中国乡村"的桂冠。全国仅有 10 个乡村获此殊荣，而什寒村是海南省唯一入选的乡村。昔日的贫困小村蝶变为"最美中国乡村"，并先后荣获"海南最佳婚庆旅游目的地""2014 年中国最美乡愁旅游村寨""2014 年中国最美休闲乡村历史古村""全国生态文化村""全国民族团结进步模范集体"等多项殊荣，成为琼中"富美乡村"建设和旅游脱贫的成功典范，在什寒村递向世界的名片上写下了浓墨重彩的一笔。

第十三章　闽台古村镇

建造于宋元时期的福建土楼，是世界民居建筑史上的一朵奇葩。南靖县内有 15000 多座土楼，形态各异，被誉为"神话般的山区建筑模式"。田螺坑土楼群，是福建土楼的标志性建筑，跨越时空 600 多年，繁衍了黄氏家族 26 代子孙；裕昌楼已逾 700 年，保存完整，最为古老，人称"土楼之母"。

一、福建土楼

——世界民居建筑史上的奇葩

福建土楼产生于 11—13 世纪的宋元时期，经过 14—16 世纪的发展，到 17—20 世纪的上半叶达到鼎盛，一直延续至今。福建土楼以历史悠久、规模宏大、造型奇异、风格独特而闻名于世，被誉为"神仙般的山村建筑模式"，是生土建筑与木结构完美结合的典范，它结构合理，功能齐全，是世界民居建筑史上的一朵奇葩。2008 年 7 月 7 日，被联合国教科文组织列入世界文化遗产名录。

南靖土楼建筑模式

南靖县内大大小小的土楼大概有 15000 多座，千姿百态，气度不凡，除了常见的圆形、方形，还有扇形、塔形、围裙形、雨伞形、马蹄形等 16 种造型，被联合国教科文组织顾问史蒂汶斯·安烈称为"世界上独一无二、神话般的山区建筑模式"。

南靖土楼主要是以家族的力量，就地取材而建。附近山上的红色泥土，黏性比较强，但是容易风化或水土流失，所以聪明的祖先在外墙额外加上自己烧制的土石灰和河里的沙子，跟红土结合，称为"三合土"，用

南靖土楼 *摄影/沈扬*

来夯筑外墙，地基用河里的鹅卵石直接垒成。到了近现代，有钱的家族还会在土楼外墙两米以下的墙体增加红糖水、糯米浆、蛋清等材料。土楼建筑节能环保，一旦损坏对环境不会造成污染。

土楼具有抵御外敌的防御功能，只有一个大门，用10厘米可耐火的咬冬木制成，外墙厚度1—2米左右，门的上方设有三个漏斗型的灌水道，以防外敌火攻。一楼为厨房，二楼为粮仓，三楼及以上为卧室，这种布局安排合理。一楼烧柴做饭有大量的热量，能把楼内的木材料烘干，不会潮湿，柴烟保护杉木不受白蚁蛀虫的侵蚀。

楼内住的是一个家族，参与建造的子孙以抽签的形式来分配房间，从一楼到顶楼一排一列住一户人家，被称为连排别墅。每座土楼由家族共同选举一位德高望重的人做楼长。

土楼大门对面均设有公共厅堂，原来是作为私塾或会议厅，现在作为家族操办丧事、喜事、供奉观音的地方，故称为"观音厅"。土楼大小规格不同，只有一层结构的叫"厝"，平房，是暂住的地方；二层或三层条形的叫"居"，最重要的功能是居住，新中国成立后建得最多；三层及三层以上必须是围合状的才称之为"楼"。

田螺坑土楼群

位于书洋镇田螺坑村的土楼群，是福建土楼的标志性建筑，由五座土楼组成，中间一座方形，旁边三座圆楼加一座椭圆形楼。五座楼跨越 600 多年，居住着黄氏家族，已繁衍到 26 代子孙。他们的祖先是为了躲避战乱，由河南迁移到这里的中原人，被称为客家人。

关于"田螺坑"地名有两种说法：一是地形说，盘旋而上的山路，形似田螺壳缠绕之状，故称田螺坑；二是民间传说，黄家开基祖黄百三郎，600 多年前在这里以养鸭为生，鸭子吃了田坑里的田螺产下双黄蛋，积累财富，慢慢建起土楼。据说变出田螺的仙女田螺姑娘，后嫁给黄氏祖先繁衍后代，为了纪念她，故取名为田螺坑，为了纪念先祖以卖鸭蛋为生，于是建起一座椭圆形楼，也称之为"鸭蛋楼"。

来自北方的祖先们，过去住的是四合院，来到田螺坑村后，他们参照四合院在南方地区最早建起的是方形土楼。后来依据"天圆地方"之说，逐步又建起了圆形土楼。圆、方两种土楼防御功能很到位。聚集先人智慧的结晶，子孙后代也建起很多土楼，但主要是居住功能，防御功能淡化了，出现了上述的 16 种形状。

田螺坑土楼群采用 2∶3、3∶5、5∶8 黄金分割比例建造，史学家、地理学家称这五座楼是体现《周易》金、木、水、火、土的杰出代表，又附会于易经八卦的阴阳理论，反映了中国传统的神秘文化。

中间的方楼建于 1662 年，已有 354 年的历史，取名步云楼，寓意平步青云；右边的圆楼建于 1930 年，已有 88 年的历史，取名振昌楼，寓意振兴昌盛；左边的圆楼建于 1936 年，已有 80 多年历史，取名为瑞云楼，寓意瑞气祥云；椭圆形的土楼，建于 1966 年，仅有 52 年历史，取名文昌楼，寓意文运昌隆，是目前唯一的一座椭圆形土楼；与之相对的圆楼原是方楼，始建于 1354 年，已有 664 年的历史，后因各种自然灾害倒塌，

田螺坑土楼群 *摄影 / 李侃如*

1953 年重建为圆楼，才 65 年历史，取名和昌楼，寓意和平昌盛。当地百姓流传着"北看鸟巢，南看土楼"的说法，认为鸟巢的设计理念是受到了土楼的启发。

五座土楼依山傍水，顺山势而建，体现了人文与自然和谐的景象。我国古建筑专家罗哲文先生看完田螺坑土楼群之后曾作下一首赞美的诗："田螺坑畔土楼家，雾散云开映彩霞。俯视宛如花一朵，旁看神似布达拉。或云宇外飞来碟，亦说鲁班墨斗花。似此楼形世罕见，环球建苑出奇葩。"

裕昌楼，福建土楼之母

裕昌楼建于元朝中期（1308），由刘、罗、张、唐、范五个家族合股而建，距今已有 700 多年历史，是福建土楼当中保存最完整，也是最古老的，人称"土楼之母"。

　　裕昌，寓意富裕昌盛。"裕"字左衣，衣食无忧；右谷，五谷丰登。"昌"字上日下曰，寓为蒸蒸日上，寄托了先辈祈福子孙后代美好生活的意愿。

　　楼有 5 层，高 18.2 米，楼内分为 5 大卦、5 个单元、5 部楼梯，原住着 5 个家族，后来刘家子孙后代繁茂，就把整座楼都转让给刘家，现在楼内住的都是刘氏家族。一楼 54 个房间，最早住着 54 户人家，现在很多子孙到楼外再建起小型民居，楼内大概只住着七八十人，老人居多。

　　这座楼，一楼、二楼没有窗户，三楼以上有一个个小小的窗户，这是射击孔，若有外敌入侵，居民们守住大门，有人到楼上，从射击孔射击敌人即可，具有非常好的防御功能。土楼像一位历尽沧桑的老人，土墙风化厉害，但土石灰、沙子结合又变得特别结实，跟岩石一般。

土楼内居住的刘氏家族　供图 / 福建省南靖土楼旅游开发有限公司

　　土楼第一层墙壁厚 1.62 米，每层往上收缩 10 厘米，站在墙边看感觉歪歪斜斜，其实并没有歪。站在厅堂门口往后看，二楼的柱子是正的，三楼就是歪的了，三楼向右（东）歪，五楼向左（西）斜，最大的倾斜度能达到 15 度。

　　土楼最重要的支撑在于土墙，利用圆形内部相挤靠的力学原理，利用榫卯的梁柱紧挨着对方受力。最高点跟起点的重心在同一直线上，横梁伸入土墙内 2/3，起着主支撑作用，而竖的梁柱是助力不是主力，因此，整座土楼才能支撑 700 多年屹立不倒。

　　建土楼讲究风水，建楼之前要先找水脉，有水的地方才能建楼，所以通常楼内天井都会有水井。裕昌楼内每家每户厨房内都有一口直径 1 米左右的水井，就像一口水缸。这 54 口井干旱时不枯，雨水多时不溢。

　　当然土楼保存这么多年，关键还在于一直以来的维护。土楼一定要有人住，有人气才能保护土楼。

裕昌楼

二、美哉！西浦

她的美丽，在于酽绿的原始生态和醉人的山光潭影。

她的魅力，在于淳朴的乡土气息和厚重的文化底蕴。

崇山峻岭因阻隔，"养在深闺人未识"。福建省寿宁县东北部闽浙边界犀溪镇有座古老秀美的山村——西浦，山水依旧，生态原始，习俗沿袭，人文景观得以很好存留。阳春三月，走进西浦，"千年名村"扑面而来，古朴桥梁纵横东西南北，古色古香的庙宇祠堂散落村边路旁，百年古樟枝繁叶茂，荫盖民舍，无需雕琢的清纯气息带来纤尘不染的宁静。河边垂柳依依，身姿曼妙，倒映着古朴与现代交织着的居民建筑，错落有致，古老与现代咫尺之间呈现。摇曳的山花在清澈溪水边照影，清凉的山风扬起滚滚绿浪，村道两旁的"月月红"正绽开张张桃红笑靥，热情召唤着远方来客……

西浦是文化名村，有着1100年的建村历史，历史文人不少，古有文武两状元、18进士，其中缪蟾是寿宁首位状元，宋绍定五年（1232年）壬申科状元，被当朝皇家招为驸马，官至礼部尚书。西浦是革命老区，涌现出40多位革命英烈，刘英、粟裕、叶飞、曾志等老一辈革命家在这里领导过轰轰烈烈的革命斗争。缪姓血缘串联着西浦村500多户2800多人，状元祠、缪氏宗祠、太阴宫、古戏台、廊桥、蟾潭……交织演绎着古桥流水人家的动人传说。

群山环绕的西埔村林木蓊郁，苍翠欲滴。主峰三山并列，兀立巍峨，形似笔架，称为笔架山。当阳光透过丛林沟壑，洒落在氤氲迷蒙的山野农舍时，整个村庄缥缥缈缈，如梦似幻。这里平均海拔350米，冬无严寒，

状元廊 摄影／黄海

夏无酷暑，四季气候宜人。漫步古村道，足踏青石板，视野所及，满目绿意，深深浅浅，令人心旷神怡。

"清溪清我心，水色异诸水。"发源于闽浙边界深山腹地的西浦溪与北面奔袭而来的犀溪（俗称北溪）在这里交融合流，欢闹喧嚣，互诉衷情，置身其间，仿佛融化于天地之间，顿感心清身轻。绕着古朴民居缓缓流过的小溪水色清澈，色彩斑斓的鲤鱼乐在其中。据说西浦的祖先在建村时就修建了这条溪，"鲤鱼会给我们带来好运"成了村民的共识。

西浦人勤劳聪慧，廊桥技艺世代传承。位于西浦村北部的福寿廊桥，是目前世界有文字记载最早的廊桥，始建于南宋，一度更名为登龙桥，现桥建于清嘉庆十九年（1814），经历风霜岁月，依然屹立如初；而建于2011年的飞龙桥，气势恢宏，为全国最年轻的廊桥。古今两廊桥，交辉映西浦，这是中华文明的展现。

"状元故里，廊桥之乡"西浦，如今已被评为"中国最有魅力休闲乡村""全国生态文化村""省级园林村"。放眼远望，一派山水聚秀、百花争艳的自然风光，这个古村已逐渐撩开她神秘的面纱，走进人们的视野。

人文气息古朴醇厚

进入刻着"千年名村"石牌坊的村庄，犹如走进西浦历史的殿堂。一棵树冠硕大的古樟静静地矗立在溪边，距今已有700多年的历史。传说当年缪蟾赴京赶考离别故乡之际，聪明而孝顺的缪蟾在家乡种下了这棵"留影树"，以解母亲的思念之苦，同时也希望能把自己的根深深扎进故乡的土壤里。缪蟾不孚众望，真的考中状元，"留影树"变成了"状元树"。如今，西浦人在状元树的旁边建了一所学校，孩子们常在树下学习玩耍，状元树成了励志树。

抑或是受笔架山文化寓意的影响，从古到今，西浦尊师崇文之气蔚然成风，村中永安桥头有条"教育功德巷"，在巷口民居墙上，密密麻麻

太阳宫藻井古壁画　*摄影/黄海*

贴着历年捐资助学村民的名字。1987年，村里还专门成立了教育基金会，现捐款额已达20多万元，善款主要用于激励村中学子和教师，这在整个宁德地区是罕见的。迄今为止，村中在职和退休的教师人数达200多名，平均每10位村民中就有一位教师。

方圆不到两平方公里的西浦村，拥有着十几座庙宇祠堂和宫殿，它们与散布西溪北溪两岸数百座明清民居交相辉映，描绘出西浦又一道厚重的文化风景线。漫步状元祠、太阴宫、荆山寺、大帝宫……古典气息令人驻足。状元祠为缪蟾故居，门前两头狮子赫然威武，跨进大门，内有古戏台，与戏台相对的是前大殿内高悬的"状元"牌匾，前后大殿连成一体，瓦楞上立着八仙雕像，四旁树木繁茂，整个建筑风格保留古风古韵，当年皇帝赐婚圣旨以及缪蟾用过的笔墨纸砚也一一陈列堂中，状元风采依稀可见，俨然一派状元文化、科举文化的高度浓缩。

建于元朝大德年间的太阴宫地处西浦蟾宫桥边，属二进殿、重檐歇山顶木质结构，堪称西浦古建筑之"祖"。周边古木参天，浓荫密蔽，风景优美。宫内供奉的全是女性仙人，包括了陈靖姑、妈祖等45座女神，这些神像或坐或立，端庄安详，神态逼真，十分传神，她们是当地人心中的妇幼守护神。宫殿顶部藻井的凤凰古壁画，虽历经700多年，依然色彩斑斓，清晰可辨，令人称奇，其艺术价值堪与敦煌壁画媲美。

西浦的古民居大多背依金钟山，面迎鲤鱼溪而建，以土木结构为主，三进二层的三合院格局，属典型明末清初江南建筑风格，门楼形制富有变化，基本上为里外两座，外门多迎水流，天井处布局合理，据说无论如何水都无法漫过天井，为水乡建筑文化平添了些许神秘色彩。

千年文化的传承在村中随处可寻，文化艺术的熏陶是西浦人始终不弃的精神滋养，这里的北路戏古韵优雅，陶冶心性，已被列入国家级"非遗"名录，为西浦延续灿烂文化奠定了基础。

现代文明熏陶下的西浦人依然保持着古朴的民风。在村里最年轻的廊桥——飞龙桥上，我们遇到了该桥的捐建者之一缪忠贵，他手拿铁锹，肩扛石块，外套沾满尘土，正在石梯旁忙碌着，不经介绍，你很难将他与一名教师相关联。据缪忠贵介绍，两年前他与村里的几位先贤自发集资60多万元建了这座廊桥。只要没课，他都要到这里来修桥边的路，当我们问及为什么想个人集资建桥时，缪老师的回答很简单，就是想让村里多条出山的路，有利经济的发展，更重要的是让廊桥技艺在新一代西浦人身上传承下去。看着穿着破旧却能慷慨捐资建桥的缪老师，对西浦人的敬佩之情油然而生。据同行村里人介绍，村里像缪忠贵这样的人大有人在。缪兰邦，一个普通退休干部，在他的倡议集资下，村里修了一条通往村外的路，建了五座桥，在他离开人世时还有一座桥梁尚未竣工；缪柏章，一个普通中学教师，村里教育基金会秘书长，带头集资为村里建了两座桥。这就是西浦，朴实无华，令人崇敬的心灵圣地。

山景茶园绿意盎然

鹫峰山脉横贯闽东北，在寿宁县城东南方突起一雄峰名叫南山顶，海拔1200多米，南山顶东北向一列支脉绵延十数里，结一小山峰，形似履地金钟，故名金钟山。金钟山西面山的主峰即笔架山，金钟山南面有形状酷似盘锣的铜锣坪，曾经是物草丰美，牛马肥壮，来往耕作者络绎不绝。金钟山北面像一条巨龙盘踞的山岗，当地人称它为蟠龙岗。传说，天刚破晓，铜锣坪上雄鸡欢叫，紧接着，村里人就会听到金钟山清脆钟声的回应，于是，蟠龙岗上蛟龙起舞，当一缕曦光渐渐驱散晨雾时，西浦的一天就这样气势磅礴的开启了。

山是这里的守护神，山环绕着宁静的村，村依偎着秀美的山，这里最诱人的山是笔架山，进入村庄，"千年名村"的牌坊一路指引，抬眼望到的就是高耸入云的笔架山峰，村里人祖祖辈辈繁衍在笔架山下，留下不少美好的传说。据说当年八仙中的铁拐李慕名而至，他只顾欣赏周围美景，竟然忘了自己还赶着一群猪的任务，看着猪跑得没了影便着急寻找，遇到一个农夫正在耕作，便没头没脑问了一句："看没看见一群猪路过？"农夫调侃而答："哪有什么猪，倒见一堆石头滚落而下。"于是那儿的河滩上乱石堆积如山，至今依然。唐朝时期，杨文广带兵南下路经这里，只见对面山坳中一头雄狮奋起吼叫，眼看狮子就要袭到杨文广面前，说时迟那时快，杨文广飞速抽出腰中宝剑劈向狮子，击中其头部，狮子顿时不能动弹，留下张着大嘴惊愕之状，转化为石，如今狮子石头上刀剑劈痕历历可见。沿着通往笔架山的山路徐行，看到河滩上建起了小水电站，村民还在山中找到了镁磷石矿产。丰饶的笔架山犹如一座宝藏，不仅给村里人灌输知识、开启智慧，还带来源源不断的财富。

西浦因地理位置特殊，常年云雾滋养着的山峦，适宜茶叶的生长，成就了高山红茶的韵香。春季时节，山坡上，田埂边，屋宇旁都能看到零零落落的采茶老人，他们背着茶篓，缓缓移动在茶园间，就像微风推送一潭清水闪出的波褶，蓑笠下虽看不清他们的脸庞，但定能想象那历经沧桑后的等待与期盼，看着想着，一股酸涩的滋味直闯心头。早期，由于没有经济来源，村里的壮劳力都已经外出，剩下的老人采撷自留地里的茶青卖些钱。摘一片青翠欲滴的茶青，久久咀嚼，青涩过后泛起淡淡的甘霖，慢慢咽下，品味到的正是古老乡村的原汁原味。

如今的小山村闻名在外，越来越多的人慕名而至。政府对西浦的生态建设投入逐年加大，2009年至今，仅林业投入就达28万元，绿化面积50多亩，每年还下拨林业经费10万元到犀溪镇，专门配备了70多人的3支灭火队，造林时节供苗增援，在植被修复、村庄美化以及森林管护上强化力度。一路而来，沿经村道的停车场就像一处市民休闲的大广场，一丛丛香樟、杜英、月季、杜鹃、红叶石楠、红花继木、马尼拉草等色彩斑斓的林木花卉像一队队迎宾的使者，半山坡上整片的毛竹林像戒备森严的哨所卫士。抬头望去，笔架山上森林郁郁葱葱，"状元坊"背后那棵历经百年的红豆杉，枯木逢春，生机勃发；状元廊前的古巨樟日夜聆听着西溪、北溪交汇后发出的咏叹，溪边松杉林立，杨柳依依，黄山栾树挺拔青翠。廊桥旁有桂花、银杏芳香氤氲，一派绿意盎然的山野景象。

温婉水乡廊桥追梦

金钟山前西溪两岸河面宽阔，波光粼粼，自西往东环绕如带，在水尾与自北而来的犀溪交汇成潭，形成"Y"字形，因南宋特赐状元缪蟾而取名蟾潭。蟾潭水深面阔，水流漫漫，碧波荡漾，在阳光照射下，水光潋滟，倒映出两岸空蒙山色。沿着潭边，樟树葳蕤，垂柳成荫，摇曳清波托举着簇簇绿草，阳光下偶见鸭鹅嬉水，漾动涟漪如一幅水墨画卷。沿潭行到"大溪边"有一处水碓遗址，那是西浦村人自筹资金在溪仔头及大溪边修建的一座水碓，村民家里用耷先将稻谷去壳后，运到水碓房再行加工，最后用米筛和糠筛分离出纯净晶莹的大米。如今，碾压谷物的嘎嘎声虽已消逝，潺潺水声和着袅袅炊烟依然飘来稻米的芳香。

水是西浦村的灵魂，潺潺湍湍，西浦的独特气息藏在那氤氲水韵里。

福寿桥 *摄影 / 黄海*

环绕着村宅缓缓流过的小溪，波光粼粼，清澈见底。水里游动着成群色彩斑斓的鲤鱼和一些形态膘肥的草鱼，"往来翕忽，与游者相乐"。西浦之美，美在"三步一柳，十步一桥"，当地有民谣"西浦风光瞧一瞧，三排碇步十座桥"。溪水两岸铺设碇步与桥梁相连，规整的石块垒砌的碇步，在湍急水流的激荡下盘踞水中，不时旁逸斜出，岸上看去，宛如黑白分明琴键的分布，所以，碇步又被人们称为琴桥。在碇步上行走莫回头，如若回头张望，怕汩汩清泉会凌乱你坚定的步伐，滔滔洪流似催人号角，哗哗水声如爹娘谆谆叮嘱。

　　桥是西浦村一大景观，徜徉河畔，在匝地的柳荫中，十几座各式各样的桥横跨两岸，如虹桥梁、福寿桥、永安桥、蟾宫桥、官潭桥……这些桥有单孔、多孔；有古代、近代和现代；有石板桥、石拱桥、木拱桥、马蹄桥、现代钢筋混土"T"形桥等；形式多样，年代各异，点缀着西浦，其中以木拱廊桥福寿桥最具特色。

　　沿北溪步行数百米，穿越油茶花、豆角花精彩铺垫，一架飞桥就摄入眼帘，它就是福寿桥。桥长 40.7 米，宽 4.9 米，单拱跨度 32.8 米。敦实原木撑起的木质桥面，笃实坚牢依然，巍巍横跨于溪面上，犹如奇居在流动韵律之上的琴弦。桥途中那一扇扇椭圆、方形或菱形的小孔，让人猛然间进入幽暗的眼睛依然不失光明的映照，星星亮色，驱散阴霾。廊桥外围的木质隔扇已多处斑驳，风霜的足迹踏遍桥体。褐色瓦楞的桥顶，毅然褪去了曾经雕龙画凤的装饰，呈现出原本的木纹，苔印出久经岁月的痕迹，木然坚守在原地，定格成永恒。

　　廊桥是便捷的交通工具。几级木质台阶，坚定蹒跚了的脚步，淡淡扬起的尘埃提示着远离尘嚣后的宁静与孤独。试想想，只要跨越整个的廊桥，便完成了飞驰的梦想。于是，干练的脚步腾速而去，好似要摘取一窜流星的激动与兴奋。廊桥是精湛的造型艺术。依山傍水中的廊桥啊，曾经过多少梦境般的缠绕。

　　一夜的雨打湿了西浦南来北往的乡道，蟾潭的水流没有淹没横亘其中的碇步，杨柳枝上的水珠仍不住地跌落潭中，远山沉默在雾霭里，缥缈成如画的仙境。桥头小花伞袅娜移动，耳边传来淡淡的叫卖声，透过窗棂映照出晨曦微微亮色。信步溪旁，袭来一阵清凉，看那隐藏在山坳中的廊桥，历经风霜雨雪，风华之后总与孤独相伴。猛然望见群山之间，溪浦之巅，一架崭新的廊桥赫然夺目，这是西浦人刚建成的"飞龙桥"。古朴沉默的新旧廊桥，追忆流光岁月的迁徙，打造西浦水乡特有的清幽古雅、温情深邃。

　　这是一片美丽的沃土，来吧，朋友！我们一道观荆山古刹，听晨钟暮鼓，呼吸清新空气，感受山谷幽远，在"两岸农家烟漠漠，八桥风景柳依依"的秀丽景色之中，涤净尘俗吧！

上金贝，闽东畲族小村，有四张名片：山水田园秀美如画，畲族文化传承久远，千年古寺讲述奇闻，明帝陵寝神秘考证，令人向往。村民勤劳富庶，民风朴实，依托旅游产业，整治村貌，封山育林，保护古迹，开展多种经营，经济迅速发展，2013 年人均纯收入 13450 元。

三、发现上金贝

——福建省宁德市蕉城区金涵畲族乡上金贝村

上金贝，这个名不见经传的闽东小村，千百年养在深山人未识，如今一跃成了城市后花园，获得的荣誉不可胜数。择其要者有四："全国文明村镇""全国生态文化村""全国美丽乡村创建示范点"和"国家级 3A 级景区"。上金贝很近，距宁德市区一箭之遥，抬腿可到，距最近的海岸线 4 公里，驾车步行两相宜；上金贝很小，方圆 3 平方公里，立于高处，山海尽收眼底，村貌一览无余。全村 303 人，分钟、蓝、雷三姓，是典型的畲族村。

与所有的畲寨一样，上金贝村也在山上，有山皆绿，却不甚高峻。这里海拔 350 米，冬暖夏凉，十分宜居，山顶海拔 500—600 米，奇峰突兀，怪石摩天，山风砭骨。

过去上金贝村习惯了单一经营，只种几亩水稻、红薯，生活相当艰难，但另一方面也"船小好掉头"。十几年来，因势利导，依仗区位优势，围绕旅游产业，村里调动集体和农户积极性，整治村貌，封山育林，保护古迹，并尝试多种经营，经济得到了迅速发展。全村现有各类经营实体几十个，户户有项目，日夜无闲人，303 人的上金贝村从业人员超 200 人，2013 年人均纯收入 13450 元。这天下午恰逢雨后，游人不多，一位穿戴整洁的婆婆在景点卖粽子、矿泉水、茶叶蛋，她说今天挣了 100 元，太阳天就能挣 200 元了。

第一张名片：山水田园秀美如画

常来常往的访客们看到，上山的水泥路宽了；停车场选址好，造得气派；更称赞道，上金贝有了明亮的"眼睛"：在依坡而建四排农舍的南侧，十亩水田变成了一湾碧波荡漾的景观湖，于是有了两个上金贝，地上一个，水中又一个。这里成了中心景区，也是游客目光的聚焦处。湖边景致月月不同，眼见得村子更明亮更整洁了，眼见得村民买了小轿车、小"面包"，姑娘和孩子也越发靓丽了……

这几年村里原有 500 亩蜜柚园和 500 亩茶园，平均每户 12 亩，并已进入盛产期，成为一笔可观的财富。近年来又引进了各种水果、花卉，从而大大改变了环境与景观，绿化、美化、香化，一个不落，全村成了一个大花园。红荷映日，紫薇漫坡，海棠传情，金桂飘香，樱花谷里艳，蜜柚园中圆，一公里葡萄低垂，五百株银杏接天……且不说桃花、山茶与扶桑如何争艳，就连几处绿篱也竟然全是栀子，而那片盛开的"金针"，黄灿灿地充当了一尊大型雕塑的背景色。徜徉葡萄沟，拱形铁架上的葡萄已次

山清水秀的上金贝　*摄影／刘建波*

第成熟，一嘟噜一嘟噜挂下来，果香四溢，伸手可触，地上也散落着点点甘甜。

两位老者在方亭里歇脚，或曰："新农村建设是方寸之间织锦绣，上金贝做了篇大文章。"或曰："又像水缸里面摊拳头，巧。"我说："也似田螺壳里做道场，巧上加巧！"三人尽兴而散。

村后有片小树林，密密匝匝，隔开了天地，分出了阴阳。沿着石板古道向上，墨墨绿，森森凉，只远远地在岗头露出一个圆洞，透出天光。那样幽静，那样神秘，似觉时光停滞，物我两忘，自问"身在何方"？哦，我在林下。

后山更是森林的王国，林中步道选线避开了大树。穿行其间，如同在植物的海洋里遨游。米槠、丝栗栲、青冈栎、闽粤栲、甜槠是新朋友，枫香、樟树、木荷、杉木、马尾松乃老相识。别处难得一见的南方红豆杉、千年古樟、百年老榕、金毛狗蕨和蚊母树，不时被大呼小叫的访客簇拥着崇拜，最后装进一个个精致的小盒子里带回了天南地北。

溪水淌过几处布满厚厚青苔的山石，莹润的青苔把巨石装扮成了美丽的翡翠，山石仿佛有了跳跃的生命、流淌的血脉和翠绿的灵魂，让人怦然心动……

山上共有涌金石、盘砣石、碧水帘等十个景点，都相隔不远，这些景点都载入了古书，是非去不可的。正走得辛苦，忽然传来一阵悦耳的鸟鸣，婉转得像是一种故意的炫技，"卟"的一声，两只雉鸡突然惊起，向绿荫深处飞去。再往前行，可达绮丽的"八仙顶"。八仙顶共八个山头，全部景点都修筑了登山步道，可满足青年人与体育爱好者的需求。因为植被保护得好，且山高谷深，所以上金贝的动物资源也十分丰富，有穿山甲、中华猕猴，还有端庄高雅的"思想家"白鹇。只是没有听说有更加珍奇的黄腹角雉，以及一个单体就能换辆"奔驰"的蝴蝶——金斑喙凤蝶。

有个消息让人向往：一个包括上金贝在内、面积超过该村几十倍的"上金贝森林公园"正在论证和酝酿中。

第二张名片：畲族文化传承久远

宋、元两朝，畲族进入闽东的较多，难以扎根平原，只能叩石垦壤，耕山狩猎，生活无疑是艰难的。据记载：畲民"无寒暑，皆衣麻"，"通无鞋履"，"短衣布带，裙不蔽膝"，男子"不巾不帽"。这身装束配四方步当然不谐，这是九天揽月、五洋捉鳖的打扮。畲族女人最是可敬，"素无缠足之习"，上山便上山，下田便下田，顶娇嫩的也只加副绑腿！

畲、汉一直生活在同一个较小的县域，长期在汉文化的大海中搏击游泳的畲族，这种"以我为主"的定力是难能可贵的。

但是，畲家女子的正装却十分讲究。她们以凤自许，装扮时讲究"凤头、凤腰、凤尾"，还要有"凤鸣"。这就要在造型、构图、用色、剪裁、刺绣和银饰各方面下功夫，故畲女善刺绣。

畲歌是另一特色，用假嗓子，佳节和喜庆之日唱；山间田野，劳作时唱；探亲访友、迎宾送客也须以歌对话，以至竟日不停，人人有副好嗓子。

说到节日，畲族可真幸福。除了春节、元宵等全民节日外，他们还独有"二月二""三月三""封龙节""六月六"，等等。其中"二月二"是会亲节，畲歌通宵达旦，热闹非凡；"三月三"是"乌饭节"，这一天家家要采集乌稔叶，蒸制乌米饭，集体对歌，以示庆祝。近年来，"三月三"的规模与影响越来越大，曾唱到了北京。

畲家的饮食不事雕琢，但又不缺奇巧。首先是乌饭，就是乌米饭。喷香扑鼻，一碗不饱，两碗太少，三碗正好。但真正的"乌饭"不是饭，它是一种野果，就是上文提到的乌稔果。经霜的乌饭分外甜，吃得你嘴黑牙黑手也黑，乌饭漫山遍野都是，愿君多采撷，此物能管饱。上金贝的餐馆里除了乌米饭，还供应畲家粽子、土鸡、土鸭和秘制的畲家猪头肉。

村里一位有心人拥有近万件畲族藏品，"凤凰府"就是他创建的畲族文化展示馆，展品多到放不下。在这里您可以听到、看到、触摸到地道的畲族文化。

哦，我身何处？襟海带山，清风徐来，我在凤凰寨。

第三张名片：千年古寺讲述奇闻

金贝寺是个千年古寺，始建于唐大中八年（854），规模曾经很大，高僧迭出。后来逐渐破败，千年的石柱狼藉委地、石幢构件被盗，只剩不大的大殿。好在寺院四周留下了珍贵的石槽、古井、石刻等历史印迹，还在向今人讲述着一千年前的故事，以及六百年前身披袈裟的朱皇帝避祸来此、井边汲水的逸闻。新的金贝寺已经破土动工，尚须期待。

第四张名片：明帝陵寝神秘考证

金贝寺前的土葬古墓早就引起了人们的注意，向称"福建宁德古墓"，当地则一直称"太监墓"。

此墓占地 200 平方米，弧形大条石砌成高大圆拱，墓前拜亭石柱高四至五米，墓顶有石制火珠莲花，墙头配石雕云纹螭首，墓碑尚在但碑文已漫漶不清。早些年笔者曾请教专家，原宁德市佛教协会会长读为"御赐金刚佛昌明大师第三代沧海珠禅师"，省里某文博专家则读为"御赐金襕佛圆明大师第三代沧海珠禅师"。最奇特的是碑文上并无纪年。照理说这就是"和尚墓"，可群众为什么偏说是太监墓？多位专家提出了"皇帝墓"的假设。

明朝开国的洪武皇帝朱元璋，太子早殁，洪武三十一年（1398），朱元璋的长孙朱允炆继承祖父大业成了明第二帝，即建文帝。仅四年，燕王朱棣就发动兵变夺了侄子皇位成了永乐皇帝，朱允炆从此人间蒸发不知所终，有说随三保太监郑和船队下了西洋，更多的说法是逃到南方隐名埋姓当和尚活到了耄耋之年。明朝十几个皇帝，南京有明孝陵，北京有明十三陵等，唯有建文帝的墓葬没有下落。有心的学者在汗牛充栋的历史典籍和广泛的田野调查中发现了越来越多的史料和实物，它们都曲里拐弯地一同指向了建文帝和上金贝。南京大学教授、明史研究领军人物潘群说："我研究建文帝下落几十年，从宁德回来觉得可以给这个六百年的历史谜案画上句号了。"之后他欣然书写了"明第二帝陵"的条幅赠给了宁德市。如今，上金贝建文帝陵园已全部竣工，上文提到过的大型雕塑正是青年朱允炆身披袈裟的全身像。

站在朱皇帝立像前，三问身在何方？从 600 年前的思绪里回过神来，回答：我在上金贝！

四、台湾眉溪部落：美丽静谧下的野性与刚强

台湾地区中部南投县仁爱乡的南丰村眉溪部落，群山环抱，碧空如洗，绿林婆娑，民风质朴，历史文化悠久而绵长。西达埔里镇，东至雾社，是通往奥万大、清静农场、合欢山等游憩风景区的必经之地。台湾原住民高山族的一支——赛德克人，总人口约9000人，世世代代居住在这里，祖祖辈辈务农为生。

赛德克人拥有独特的生命信仰与传统风俗，因崇拜和信仰Utux的生命观，延伸出一套规约族人社会生活的gaya/waya律法系统，狩猎、编织、纹面、音乐、语言、歌谣与舞蹈等诸多传统文化便伴随着社会形态的发展而发展。

走进眉溪静谧之地

从台中主城区出发，一路南下，经过一座错综盘旋的高架桥和几片零散的工业区，大约两个小时后，便抵达神秘而古老的眉溪部落。这里深入腹地，偏安一隅，风光旖旎，民风淳厚；远处的丛山丘壑，浓墨重彩，令人目不暇接；近处的山涧溪水，低吟浅唱，让人流连忘返。天气好

眉溪部落一角 摄影／白胜文

得出奇，和煦的暖阳透过窗子，偶尔一阵风吹来，和着鲜花的芳香，煞是醉人。

　　沿着主干道缓缓步行，随处可见分散在树林里、草丛间的小动物们"闲庭信步"，时而疾驰穿梭，时而停驻站立。枝头那些不知名的鸟儿，叽叽喳喳，相互应和，不知何时竟栖息于游客的肩上，一点不怕人，倒是把过往的游客吓了一跳，甚是可爱。眉溪部落自然景观丰富多样，当地居民为凸显特色、发展旅游业，按不同月份，推出三个旅游项目：1—3月为赏花季，樱花、梅花、李花赶着趟儿依次绽放，满山坡的鲜花争奇斗艳令人震撼；4—9月为赏蝶季，眉溪至南山溪河谷为著名的"赏蝶圣地"，在此栖息繁衍的蝴蝶多达200余种；10—12月则为赏枫的最佳季节，前往梦谷的道路边、溪畔旁的枫香和槭树，放眼望去，美不胜收。

　　傍晚，不远处掩映在夕阳下的乡居村舍依稀可见，炊烟袅袅弥漫其上。深巷中传来了几声狗吠，桑树顶的雄鸡一遍遍地啼唤。仿若一幅粗笔勾勒的山水墨画。

　　斗转星移，眉溪部落渐渐投入黑夜的怀抱，夜色愈浓，愈加静谧、恬适。晚上的眉溪特别适合放空和冥想。买一壶小酒，携两三好友，躺在草坪上数星星、赏月亮是最好不过的体验了。

"雾社事件"：野性刚强的赛德克人

沿着眉溪部落向东，便到达雾社街道。台湾抗日英雄莫那·鲁道长眠于此。在日本殖民统治期间，英勇刚强的赛德克族人不堪殖民者的掠夺与压迫，多次起义反抗。

其中，"雾社事件"是台湾少数民族抗争日本在台殖民者的史上最大事件。莫那·鲁道（赛德克语：Mouna Rudo，1880—1930），是台湾原住民赛德克族马赫坡社的头目。1930 年，在马赫坡社的一名青年的婚礼上，莫那·鲁道的长子塔达欧·莫那，向日本警察吉村克已敬酒时发生矛盾冲突。为挽救族人生命，莫那·鲁道遂率领众人向吉村致歉。但吉村仍然向上级报告。加之，赛德克人长期遭受日本统治者的欺侮，狩猎、纹面、编织等传统活动都被禁止。莫那·鲁道联合其他部落首领，决定于 10 月 27 日率领族人"血祭祖灵"（出草），于是发生了震惊海内外的"雾社事件"。

赛德克人可以输去身体，但是一定要赢得灵魂。参与"雾社事件"的六个部落，共 1236 人，死亡 644 人。其中，267 人被日本殖民者残忍杀害，290 人选择上吊自杀，莫那·鲁道本人事败后饮弹自尽。从当时流传下来的照片看，一棵树上吊了很多人，树枝都被压得弯曲下垂，场面非常悲壮。不少妇人为减轻丈夫的后顾之忧，先杀掉幼儿继而自杀，他们的鲜血染红了枫叶，染红了浊水溪。

根据"雾社事件"改编拍摄的影片《赛德克·巴莱》，历时数十年，动员数万人，规模之大实属罕见。2011 年公映后，使得为保存族群文化而奉献生命的赛德克人名声大噪。

在当地方言中，"赛德克"是"人"的意思，而"赛德克·巴莱"即代表"真正的人"。虽然敌众我寡，力量悬殊，但赛德克人为争取自由依然揭竿起义，虽败犹荣，虽死犹生。正如莫那·鲁道所言，"如果文明是要我们卑躬屈膝，那我就让你们看见野蛮的骄傲"。

感受赛德克族传统文化

赛德克族传统织布工艺可分"编""织"两种。赛德克男子的编艺技能称为"编"，赛德克女子的织布技艺称为"织"，但两者统属 tminun（赛德克语）。编织生活用具如女性用的背篮（bruru）、男性用的网袋（tokan）、鱼笼（kobu）等是男子的主要工作。男性编艺人常选择台湾黄鳝藤、竹皮及麻线为主要的编制材料，并按照生活用具的需要进行藤编、竹编、绳编。而女性织艺人则以织布为主，织布线材主要采用麻丝，编织过程颇为烦琐费时。独具智慧的赛德克人在农猎时期就已经学会从大自然获取织染原料，绿、红、黄、黑、白等颜色在眉溪部落比较常见，而红色尤得他们的喜爱，赛德克传统服饰就是以红色织纹为主。红色象征热情和希望，淋漓尽致地展现出赛德克人的民族精神和乐观积极的生活态度。

赛德克族的织布技艺，因其纹路多样、织法繁复、色彩多变在台湾各原住民族群中略胜一筹。就织布纹路而言，可分平织纹（Tinun Bale）、斜织纹（Cnuru）、菱形纹（Pacang Doriq）、花织（Gnsunguc）以及浮织或称米粒织（Miri）五种。其中，最简单易学、最普遍的织布方法是平织纹。

在传统的赛德克族文化中，织布工艺的优劣是赛德克人区分族群内部女性地位高低的重要标志之一。在他们看来，透过特有的繁杂处理方式、编织过程及纹路甄别，更能形象地塑造进而凸显出不同于其他族群的织造工艺和文化意涵。这既与族人的日常生活密切相关，同时也与赛德克族独特的组织形态、生命观、社会宗族活动、审美观念等有着息息相关的内在联系，对于保存并传承赛德克族群文化，有着不可取代的重要意义。

赛德克人以务农为生，农闲时辅以狩猎。这里每年 10 月至 11 月都要举行声势浩大的狩猎祭祀活动，通常以单一部落或数个邻近部落联谊的方式进行。祭祀当天，除老、弱、病、残、妇、孺外，全体部落族人都必须参与、见证该项狩猎盛事。按每户的人头数量，大家一起分享猎获之物。因故不能亲临狩猎现场之族人，亦可享受此待遇。此外，部落族人敬重、呵护每一个生命体，带有身孕的妇女，可分得两份。赛德克族为父系氏族社会，传统狩猎有不少禁忌，女子不得出现在狩猎队伍中便是其一。

现代化进程是一把双刃剑，在提高人们生活水平的同时也在一定程度上吞噬着传统文化。眉溪部落也面临此种现状，很多赛德克青壮年禁不住大城市的诱惑，背井离乡，去寻找新的生活。编织工艺、射箭狩猎、音乐歌舞、纹面等传统文化的传承逐渐式微，文化断层的趋向愈来愈严重。

但我们也应看到为传承族群文化作出努力的人。李世嘉（族名巴万·内勇）便是其中的一个代表。他曾经和无数个怀揣梦想的赛德克青年一样，出外打拼，亦曾在电影《赛德克·巴莱》中过了次电影演员的瘾。也正因为这部电影，他深刻地认识到传承本族文化的重要性和责任感。在父亲李正义的帮助下，李世嘉开始学习赛德克传统技艺，如弓箭制作、编竹器、布设捕兽陷阱等，目前已小有成效。李氏父子把自家住屋前的菜地，开辟成一个射箭场和宿营地。在带领游客体验射箭、狩猎的同时，也提供赛德克特有的部落美食。

李世嘉说："如果我们年轻人都不回来，赛德克的文化就会出现断层。像我爸爸只能学到祖父的60%，到我可能就只能学到40%，那么到我的下一代，文化或许就消失了。"好在以李正义、李世嘉为代表的一群人已作出了应有的努力，这对今后如何再造赛德克社区、如何提升族人的文化自觉，都具有极为重要的参考性价值。

传统文化的继承、推广与发展从来都不是一件易事，尤其是处在追求全球化的今天。近数十年来，逐渐兴起的部落文化旅游让李世嘉们意识到

赛德克传统织布技艺 *摄影/白胜文*

赛德克人的野性与刚强　摄影/白胜文

可将传统的赛德克文化与现代的部落游新商机相融合。在有关部门机构的协助下，眉溪部落逐步恢复了"年祭""播种祭"和"收获祭"，与此同时还重新建造了濒临灭绝的传统谷仓、半穴居家屋。

没有游客的时候，眉溪部落是闲适而静谧的。间或一两只飞鸟徘徊翱翔于蔚蓝广袤的天际，树叶间相互摩挲的沙沙声不绝于耳。台湾曾经一度弥漫着浓厚的反商业气息，经济开发与建设也因此受到了严重的抵制。的确，眉溪部落拥有着独特的传统文化和丰富的生态资源。但直到现在，赛德克人对旅游开发的态度依然模糊不清，一方面他们既想传承独特的文化传统、保护稀有的生态资源；另一方面也想通过吸引游客的方式改善贫困落后的生活状态。而如何在发展经济的同时，保持并传承自身特有的文化传统是我们每一个人都应该深思的问题⋯⋯

从"乡村中国"到"城市中国"
——城镇化进程中的文化印记

有着几千年历史的"乡村中国",正在大步走向"城市中国"。一个是延续了千年农业文明,被我们不断"革命",但却尚未完全参透的"乡村中国";一个是推进工业文明,被我们不断"追求",但却尚未完全认知的"城市中国";然而,历史进程承前启后,不可能非此即彼。是立足于城市来改造甚至消除乡村?还是立足于实现乡村文明与城市文明共生共融(荣),着力于保护传承中华民族的文化根脉,逐步实现人与自然的和谐发展?是我们在城市乡间纪实考量的主旨……

一个国家和民族的文化，源自本土文化符号链接的集体记忆。追溯我国城镇化建设进程中的文化印记，城镇化化掉的应该是城乡经济社会的发展差距，不能"化没了"农村、忘掉了乡愁；现代化追求的是生态文明的科技进步，不能"化没了"人与自然的和谐，地域和民族所特有的风景、风情；与时俱进是在继承中创新发展，不能跨越自然地理人文的生理极限，"化没了"民族生存的本源和文化的根脉……

一、离不开的乡土　抹不去的乡愁

——城镇化进程中的乡村中国

有着几千年历史的"乡村中国"，正在大步走向"城市中国"，城镇化、现代化加速度不可阻挡。一个是延续了千年农业文明，被我们不断革命，但却尚未完全参透的"乡村中国"；一个是推进工业文明，被我们不断追求，但却尚未完全认知的"城市中国"。然而，历史进程承前启后，不可能非此即彼。

故土情缘

乡土、乡亲、乡思、乡愁，由故土情结生发的人文情怀，既是人之常情，更是人间真情；由文化情愫渗透到爱故乡这片土地，爱家乡的父老乡亲，爱家园晨起牧归的炊烟，爱渔舟唱晚、海浪拍打的沙滩，爱异国他乡偶遇的乡音……爱民族、爱祖国、爱人民……故乡是生命诞生的地方，是人生初始认知事物、建立情感的原生地。因此，故土情结是深藏于人心底，最真实、最纯粹、最柔软、最执着的情感。随着你离开故土走向外面的世界，经历的累积、岁月的叠加、记忆的流逝和历史的尘封，似乎她已离你远去，甚至已经消失，而年逾古稀、基本丧失记忆的老人，梦呓中童稚般呼唤"妈妈"的乡音，会教你懂得什么是故乡的烙印……

离不开的乡土，抹不去的乡愁，道不尽的乡情，自古有之。杜甫"月是故乡明"。李白"……仍怜故乡水，万里送行舟"。王维"君自故乡来，应知故乡事。来日倚窗前，寒梅著花未"。宋之问"近乡情更怯，不敢问来人"。纳兰性德"山一程，水一程，身向榆关那畔行，夜深千帐灯。风一更，雪一更，聒碎乡心梦不成，故园无此声"。而"先天下之忧而忧，后天下之乐而乐"的范仲淹，也有"浊酒一杯家万里，燕然未勒归无计。羌管悠悠霜满地，人不寐，将军白发征夫泪"。不尽的乡愁，更显其赤诚肝胆、情真意切。

乡愁源自家乡的山川河流、桑陌田园、森林草场，源自渔村之舟楫、海塘之潮汐，源自村落的街巷古道、祖屋民居、古井、古树、古桥、池塘……

乡愁融入家乡的史志典籍、戏曲、歌舞、民乐、民歌、民谣等民族风情的传播……

乡愁渗透建筑、雕刻、铸造、陶瓷、绘画、泥塑、织锦、扎染、刺绣、剪纸、美食等民间技艺的传承……乡土、乡愁，是自然生态系统与人类生境创造相互依存、和谐互动所造就的"活态文化"，培育着中华民族灵魂的根脉和文明进步的支撑。

城镇化进程中的乡村变化

据中国社科院社会学所提供的调查数据：从 1985 年到 2001 年，我国农业村落的个数，从 94 万余个锐减到不足 71 万个。仅 2001 年，我国延续了数千年的农业村落就减少了 25000 余个，平均每天减少约 70 个。[①]

据人民网 2013 年 8 月 9 日报道：2000 年时中国有 360 万个自然村，到 2010 年，自然村减少到 270 万个，10 年里有 90 万个村子消失了，平

[①] 单霁翔：《保护传承民族"活态文化"的生态博物馆》，《生态文明世界》2017 年第 1 期。

安徽宏村

均每天有将近 250 个自然村落消失。

据中国村落文化研究中心调查结果：我国长江流域与黄河流域以及西北和西南 17 个省地域中具有历史、民族、地域文化和建筑艺术研究价值的传统村落，从 2004 年的 9707 个减少到 2010 年的 5709 个，平均每天消失 1.8 个传统村落。

据北京市人口普查资料显示，1993 年至 2013 年，北京外来人口由 60.8 万人增至 802.7 万人，他们对北京经济增长率的贡献达到 20%。北京市统计局、国家统计局北京调查总队于 2014 年初发布首都城镇化发展分析报告显示，除了中心城区、郊区新城、小城镇外，北京 3900 多个村庄中，有 1200 个村已经纳入城镇区域，基本与城镇连成一片。散落于五环以外的村庄，至 2020 年也将不复存在。

据国家统计局 2015 年国民经济和社会发展统计公报，2015 年年末，"城镇常住人口 77116 万人，占总人口比重（常住人口城镇化率）为 56.10%，比上年末提高 1.33 个百分点。全国农民工总量 27747 万人，比上年增长 1.3%。其中，外出农民工 16884 万人，增长 0.4%；本地农民工 10863 万人，增长 2.7%"。

中共中央、国务院《国家新型城镇化规划（2014—2020 年)》在"发

昆仑山玉珠峰　摄影/张胜邦

展现状"中指出：在城镇化快速发展过程中，也存在一些必须高度重视并着力解决的突出矛盾和问题。大量农业转移人口难以融入城市社会，市民化进程滞后。"土地城镇化"快于人口城镇化，建设用地粗放低效。"1996—2012 年，全国建设用地年均增加 724 万亩，其中城镇建设用地年均增加 357 万亩；2010—2012 年，全国建设用地年均增加 953 万亩，其中城镇建设用地年均增加 515 万亩。2000—2011 年，城镇建成区面积增长 76.4%，远高于城镇人口 50.5% 的增长速度；农村人口减少 1.33 亿人，农村居民点用地却增加了 3045 万亩。""自然历史文化遗产保护不力，城乡建设缺乏特色。一些城市景观结构与所处区域的自然地理特征不协调，部分城市贪大求洋、照搬照抄，脱离实际建设国际大都市，'建设性'破坏不断蔓延，城市的自然和文化个性被破坏。一些农村地区大拆大建，照搬城市小区模式建设新农村，简单用城市元素与风格取代传统民居和田园风光，导致乡土特色和民俗文化流失。"

　　基于上述国情民情，中国的城镇化是应该立足于城市来改造甚至消除乡村？还是应该立足于实现乡村文明与城市文明共生共融（荣），立足于保护传承和发展中华民族的文化根脉，逐步实现人与自然和谐发展？是我们在城市乡间纪实考量的主旨……

　　2013 年灾后重建收官前夕，我们走进青海玉树——黄河、长江、澜沧江"三江源"自然保护区的腹地。

　　三江源每年向三大江河下游流域供水近 600 亿立方米，流经 19 个省区市，流域总面积约占全国国土总面积的 28.7%，流域总人口约占全国人口的50%，是我国经济社会发展和民族文化传承的生命之源。千百年来，"三江源"由雪山冰川发端、高原草甸承载，与人类和其他生物共同构建起相互依存的生态系统，农牧民和畜牧业已成为其中不可或缺的生物链环，而草原游牧文化融合藏传佛教文化是农牧民生态理念的根脉。

我们来到巴塘乡查来村仁青岭寺，领教了藏传佛教的精髓，"'和平'，不伤害生命、利益众生，人与自然之间的关系要和谐。人与自然、人与人、人与动物都是平等的，要和谐共处、互不伤害、相互依存"。在结古镇东郊新寨村，触摸了距今有300年历史，由31亿多块刻有经文的嘛呢石垒积而成的"世界第一大嘛呢石堆"；见到了"流淌着文字的河流"，懂得了藏族文化中最典型的颜色和藏塔的文化内涵。

"三江源"对三大江河流域人们的生存，乃至中国经济社会发展意味着什么？多少年来，人们不知不觉地习惯了三江源的供给，就像孩子吸吮母亲乳汁一般理所当然。而为保护三江源，生活在这几十万平方公里土地上的原住民，长期以来，作出了巨大奉献与牺牲……

高山草甸 摄影／张德文

玉树州发改委副主任巴桑反映："2009 年玉树州 6 个县的财政收入仅 5223 万元。虽然资源丰富，但都受到生态保护的限制。'三江源'生态保护建设工程实施以来，国家投资 75 亿基本用于生态建设。老百姓生态移民后的生存环境改善了，但生活条件并无改善，受语言和能力所限，城镇就业等后续问题很严峻。"巴桑呼吁下游地区和受益地区建立生态补偿机制。州文化局局长昂文格来说："由于生态移民和城镇化建设速度加快，草原游牧文化日趋消亡。生态补偿当中应包括对文化的补偿，以保护原生态非物质文化遗产。"

仅 2005 年至 2012 年，青海三江源生态保护建设工程，完成了退牧还草 5671 万亩，生态移民 55773 人；玉树州自 2003 年以来，生态移民约 3 万人。农牧民搬进了县城集中连片、每户住房 45 平方米、畜棚 120 平方米的新居，告别了缘水草而居，"一杆枪，一匹马，一顶帐篷走天下"的生活方式，放弃了祖辈赖以生存的游牧业，离开了世代生息的草原。

值得我们思考的是，影响三江源生态保护的根源是什么？为什么生活在这里的人们不富裕？为什么这里的经济社会发展始终处于弱势？生态移民的模式是统一建立草原无人区，集中搬迁城镇重新择业好？还是科学评估三江源区域的生态平衡阈值，统筹规划、区别对待，将生态脆弱或地处偏远区域的人们移民城镇，在生态条件允许的区域，适量保留原住民，适当集中建设定居房，让他们在草原发展，打造三江源藏区特有的农牧业原生态产业和品牌，传承"江河之源、名山之宗、牛之地、歌舞之乡"的美誉，多途径培育藏区青少年一代的现代文化素质？

藏族州长王玉虎告诉我们："过去 60 年，国家用于玉树建设的总投入还不到 60 亿，而在 2010 年'4·14'地震灾后的 18 个月里，国家下拨建设资金就达 600 个亿！"从"4·14"地震灾难中崛起的玉树新城建筑跨越了 30 年，而人的思想观念和行为习惯能否同步跨越 30 年？草原游牧文化的延续和发展能否跨越 30 年？在充满希望的新生活面前，政府和农牧民正经历着经济格局及其增长方式、生产生活方式的重大变革和考验。

一位来过这里的生态专家说，让牧人回归草原，让鸟儿飞向蓝天，这是他们应有的权利。世代生活在这片土地上的藏族同胞，以其特有的生态智慧和行为方式守护着心中的圣水神山，守护着大自然赋予的三江源。我们怎样才能领略三江源地区神奇圣洁的民族文化、度量三江源人民亲和万物的博大胸怀！饮水思源，以制度公平保障人民福祉，是生态文明建设的出发点和落脚点……

马背上的鄂伦春 供图／鄂伦春自治旗旗委宣传部

2014年初春，我们来到内蒙古大兴安岭林区，触摸到鄂伦春民族的森林情怀。

大兴安岭又叫大鲜卑山，那里有鄂伦春民族的根脉和几代林业人奋斗的足迹、无悔的青春。

鄂伦春人被称为"森林中的猎神"。新中国成立，鄂伦春民族从原始社会末期地域公社阶段，走上社会主义道路，离开了森林居所"斜仁柱"，改变了生存方式和生活习惯。1996年1月23日，鄂伦春自治旗政府颁布《禁猎通告》，彻底放弃古老传统的狩猎方式；1998年国家实施天然林资源保护工程，最终完成了鄂伦春民族生产生活方式的第三次历史性变革。为了大兴安岭森林资源复兴和人类可持续发展，鄂伦春民族和百万林区人，经历了改革——悲壮但却充满希望的洗礼！

在托扎敏乡希日特奇猎民村，规制统一的房屋整齐排列，黄墙红顶带小院。村口搭着一个"斜仁柱"，承载着鄂伦春久远的记忆和对现实的感恩，与整个村庄形成强烈反差。

说起禁猎，曾是猎人的何胜路充满留恋："禁猎前，旗里给我们猎民发枪发子弹。下山定居后我们搬了四次家，房子都是政府盖的，一次比一次好。"村书记白色柱说："保护生态是国家的中心任务，禁猎令下来时，我带头交出了自己的猎枪。猎民们交枪时都流泪了，心里不好受，因为猎人在山林里才有精神的感觉。"65岁的阿基伦，把给外孙做的皮袍子铺在炕上给我们看，"现在袍子皮不好弄了，一般人也不会做了"。

旗政协副主席阿江达冰不无担忧地说："放下固有的本能和技能，一系列的衔接点太短了。我们虽然住在温暖的楼房里，精神和灵魂的东西缺失了。1996 年禁猎以来，近 20 年民族文化消失很快。"旗文联主席敖荣凤说："父辈还是山林特色，没教给我们现代社会的人情世故，适应不了新事物，出现了断层。"他们的话使我们触摸到鄂伦春人的内心世界。

鄂伦春民族是我国人口最少的少数民族之一。据五次全国人口普查数据显示，新中国成立后鄂伦春民族人口迅速增长：1953—2000 年，由 2256 人增长为 8196 人，其中，自治旗的鄂伦春人口由 754 人增长为 2050 人，但也仅占旗总人口的 0.7%。据资料记载，从 20 世纪五六十年代开始，至 2000 年，鄂伦春族际通婚率已达到 86%。加之，只有语言没有文字，在经济全球化、文化多元化的今天，年轻一代融入现代化潮流，口耳相传的民族语言日益弱化。鄂伦春民族研究会秘书长关红英估计："有 30%—40% 的人会说鄂伦春语言，小学生和 20 岁以下的基本都不会说。"而掌握本民族历史脉络的老人已是屈指可数……

内蒙古大兴安岭林区开发 60 年来，为祖国建设生产木材近 2 亿立方米。三代、上百万林区人，在十几万平方公里的林海中，建起了 4 万多公里林区公路、20 多个林区城镇。林区的老职工常说："我们这代务林人，献了青春献子孙，献了子孙献终身，老死林下不留坟。"他们却为后代保留下了超过百万公顷的原始森林，也为森林民族文化的传承留下了希望。

回顾鄂伦春民族生息繁衍的历史，大森林是他们离不开的乡土，抹不去的乡愁。鄂伦春人说："我们大兴安岭的森林能保护起来就保护起来！为了下一代，我们要对待森林像家一样，像生命一样！"兴安岭的大森林正在爱的滋养中修复回归，而带有民族烙印的"活态文化"似在悄然远去，又似在人们日益增长的文化自觉中，悄然生长……

为了纪念中国人民抗日战争胜利 70 周年，2015 年我们二进大别山区。

金寨县 10 万英烈以他们的生命为党和新中国奠基，经县以上人民政府追认的烈士达一万多人。1955—1964 年授少将以上军衔的开国将军 59 位，省军级以上领导干部 140 多位。

20 世纪 50 年代，为了江淮沿岸人民的安全、解决合肥和浙江的用水，金寨县库区人民舍家为国，修建梅山、响洪甸两大水库，淹没了麻埠、流波、金家寨三大经济重镇，10 万亩良田、14 万亩经济林，10 万移民搬迁，成就了治淮史上的辉煌。

麻埠曾是大别山的繁华古镇，自古有"金麻埠""小南京"之美称，是"六安瓜片"的原产地，水陆通达、百业兴旺。境内木竹、水产、麻、茶叶等资源丰富，水陆码头是大别山土特产与外地客商百货贸易的集散地，常住人口过万。每天往返合肥、六安、梅山的客车20多班次，水运船舶1000余艘。

当我们问及移民淹没的家产给补偿吗？他们笑了："记得，房子一间12元，牛栏、猪圈每个4元，祖坟每口棺材2元，我们南溪镇石寨村移民615人。"金寨县副县长朱宽江告诉我们，2008年国家落实了补偿政策，水库移民每人每月补偿50元，连补20年，共计1.2万元/人，现在已经执行7年了。

在走访中我们感到，大别山革命老区农村尚未真正富起来。特别是一些历史文化遗产价值和活态文化遗存价值极为珍贵的地方，经济社会发展还处于弱势。

红安县杏花乡张河村，94岁的抗战老兵吴钦发，1940年参加新四军。

大别山区古村落的农耕时节　*摄影/何志芳*

在为我们讲述了当年抗日战争亲身经历后，吴钦发到里屋去找一双当年穿的破"草鞋"，我们相随其后，看到老夫妇俩居住的里屋，一张不宽的旧木床挂着蚊帐，一个只有框架、塞满旧衣物的矮柜，上面放着一台老式电视机。联想起我们来时，他们正吃午饭，桌上菜只有一碗自制的辣豆腐乳，心头一阵发紧……然而，老夫妇俩脸上洋溢着幸福的笑意。吴钦发说："战争年代牺牲的人非常可怜，不死的革命者成功享到了福！"

傍晚，我们围坐在天堂寨圣人堂村的农家，夕阳为大别山披上一层淡红的薄纱，远眺山脉的主峰凸起，如一尊敦厚的坐佛，森林、村庄和碧毯般的稻田如诗如画。"大别山上哟一棵松呃，长在悬崖峭壁中呃，春夏它把太阳当灯笼，秋冬它把霜雪当斗篷，站得高来看得远，任你东南西北风，枝繁叶茂傲苍穹，一年四季绿葱葱……"山歌声串起我们从皖西北到鄂东南走访大别山革命老区的片片记忆和帧帧情景，竟是如此撼人心魄……

2016年清明时节，我们步入广西金秀大瑶山寻访瑶寨。

"世界瑶族研究中心在中国，中国瑶族研究中心在金秀"，这是我国著名学者、人类学家费孝通先生五进金秀大瑶山之感言。

瑶族成为迁徙地域广阔、繁衍支系众多的国际性民族，被称为"中国的吉卜赛人"。目前世界上瑶族人口已超过350万人，其中约280万在中国，约70万在越南，另一部分在东南亚地区，还有5万多人口侨居美国俄勒冈州、华盛顿州、加利福尼亚州以及法国杜鲁兹地区和加拿大北部。

瑶族把千家峒视为自己的精神家园和祖居圣地。"那里，高山环绕之中有广阔的平坝，山林茂密、土地肥沃。瑶民耕山种田，五谷丰登，生活过得富裕安逸、遍地黄金"。已退休的县旅游局局长李日珍告诉我们：明清时期，金秀的瑶族举行过多次"重返千家峒"的起义，只为寻找宗祖圣地千家峒。可是千家峒是否存在、又在何方？无人说得清。唯一可以确定的是，一代代瑶族人怀揣着同样的乡愁和对美好生活的憧憬迁徙颠沛，山林为伍、艰辛谋生，造就了勤劳坚忍、苦乐其中的民族性格和生存境界。

金秀民族局局长庞有明一次公出，下榻广州白云宾馆，恰巧听到身边一伙人用盘瑶话议论，"中国这么大，到哪里去找？怕是以后在中国也没有我们的根了"。庞有明正是盘瑶，便用盘瑶话询问他们，得知竟是侨居美国的盘瑶回国寻根，于是将他们引来金秀。之后，美国的盘瑶又陆续来过金秀几次，在这里找到了本族文化的根脉。

金秀大瑶山六团瑶寨　摄影 / 黄志辉

　　城镇化必须解决人的城镇化。大瑶山又大又深、地广人稀；瑶家寨山腰起屋，林莽掩映，隔山可见，近千百里。淳朴的瑶家人想看到山外的世界很难；想融入山外的世界，让山里人能够走出去，让山外人能够走进来，搭建沟通心路的桥梁就更难。狭窄的盘山公路如巨蟒盘环于青山之间，车身内侧是劈山开路后立陡的风化石山体，外侧一米开外即是树冠覆盖、望不到底的悬崖深谷。

　　大瑶山莘莘学子艰难求学路。车行至山下溪流旁休息，不远处一位20多岁的妇女肩背挎包，左手打伞，右手牵着一个小女孩，身后相随着4个小姑娘，向我们这边走来。"你们这是去哪里？"我们招呼着，"去上学。"这时才发现那妇女背上还背着一个吃奶的娃娃，竟是七个人。

　　"哪个村的？""架梯村的"，孩子们用手指着后面山腰间隐约可见的村寨。"为什么不在村里上学？""村子小没有学校，孩子要到乡里去读书。离家太远，早上出门，要下午才走到。我们住在乡里，租房每月1000元，一个星期回家一次。"妇女笑着说。我们伸手掂着孩子们背后的书包，"呵，足有十来斤重！"除了娃娃，最大的一个12岁，最小的4岁半，再是八九岁。生活的磨砺，使山里孩子拥有城里孩子羡慕的修长身材，但他们并无感觉；而城里的孩子对瑶山孩子艰难求学之路更是全然不知。妇女带着孩子们，背着一周用的行囊，又踏上了林莽森森的山路。望着她们逐渐消失的背影，那沉重的书包就像挂在了我们的心上……

改革开放以来，瑶寨面貌发生了巨变，新起的小楼淹没了老屋，村村通公路开始进入城边的村寨。金秀县城，楼堂建筑飞檐起脊，临街土特产小店铺比肩接踵；墙面上嵌着瑶族特色图案的瑶族文化艺术中心高大恢弘，夜幕下，小小县城色彩缤纷、珠光璀璨。

然而，这里无论是旅游开发或是经贸交易，目前都处于低端，内在承载力十分有限。城镇化进程中，乡土中国深处的大瑶山，经济社会发展和文化进步，如同隔山相海，看似很近，却还很远……

说到今天走向国际化的深圳，有谁能想到直至 20 世纪 70 年代末，它仍是中国南海边陲一个被戏称为"一条街，半根烟；一个农机厂，一位工程师；一个邮政所，一部电话机"的渔农小镇？

从 3 万、30 万到 1500 万人，人口增加 500 倍；从面积 3 平方公里，发展到 1900 多平方公里，全国排名第四位的一线城市；从来料加工、来样加工、来资加工，补偿贸易"三来一补"的低端产业起步，发展至以高技术产业、金融业、物流业和文化产业四大支柱产业为特色的产业体系，制造业基本以口岸、港口、机场、铁路等大型基础设施为依托，沿东、南、西，三大高效节能的交通走廊……形成拥有全方位开放格局与外向型经济的世界知名工业化、现代化城市，正是作为中国改革开放第一个特区享有的"天时"，比邻香港享有的"地利"，八方聚才、和谐相生、共享成果结成的"人和"，打造了这座年轻的移民城市，成就了深圳"三生万物"之结果。而深圳过去的渔村和农村已经与城市融为一体，别无二样了。

城镇化进程带给我们的人文思考

正如《国家新型城镇化规划（2014—2020 年）》中指出的，我国城镇化经历了一个起点低、速度快的发展过程。1978—2013 年，城镇常住人口从 1.7 亿人增加到 7.3 亿人，城镇化率从 17.9% 提升到 53.7%，年均提高 1.02 个百分点；城市数量从 193 个增加到 658 个，建制镇数量从 2173

个增加到 20113 个。在纪实调研中我们也察觉到，在有些地方，田地被扩充为城市的建设用地，农民离开乡土迁入县城置换的住宅；加上农民进城务工，有些地方稻田麦地被改种为茶园、果园，甚至撂荒，茶青因无人收购而无人采摘；寂静的乡村，农户不种粮食，而是买粮吃……

"十三五"期间城镇化将从速度型向质量型转变。对此，中国社会科学院院长王伟光表示：城与乡作为两种不同的经济社会空间形态，具有不同的自然属性、不同的人口分布和不同的社会功能。与此同时，城与乡又具有诸多方面的互补性和共生性，承载着同等重要的价值，实现两者有机结合、协同发展是可能的，也是必须的。但是必须承认在传统城镇化背景下，城镇发展以牺牲农村发展为代价，导致在城镇化快速发展的进程中出现了城乡的分割、分化等问题。"十三五"规划专家组成员、清华大学公共管理学院院长薛澜认为，未来城镇化将不再简单地将城镇化看作经济发展手段，其本质是人的全面现代化、人类社会与自然和谐的现代化。数据显示，我国城镇化率在"十一五"期间每年提高 1.39 个百分点，"十二五"前 4 年平均每年提高 1.21 个百分点，经历了快速上涨阶段。而从 2020 年城镇化比重达到 60% 的目标来看，未来几年该比重每年需要提高 0.87 个百分点。这意味着城镇化速度将有一定改变。[①]

一个国家和民族的文化，源自本土文化符号链接的集体记忆。习近平总书记曾说："让城市融入大自然，让居民望得见山、看得见水、记得住乡愁。"追溯我国城镇化建设进程中的文化印记，我们是否思考过乡村的山水田园对城市意味着什么？那里的父老乡亲对城镇化期盼着什么？战争年代"农村包围城市"赢得了新中国，社会主义建设初期"以农补工"为工业发展提供了原始积累，现在国家经济腾飞、城市日新月异，是应该让城市继续锦上添花，还是应该从制度公平入手反哺乡村？城镇化化掉的应该是城乡经济社会的发展差距，实现城乡均衡发展、相生共荣，不能"化没了"农村、忘掉了乡愁；现代化追求的是生态文明的科技进步，不能"化没了"人与自然的和谐、地域和民族所特有的风景、风情；与时俱进是在继承中创新发展，不能跨越自然地理人文的生理极限，"化没了"民族生存的本源和文化的根脉……

民族文化瑰宝藏富于民、发掘于民、保护于民、传承于民。我们欣喜下古陈村创建"金秀坳瑶生态博物馆"走在了很多地区的前面。然而，对

---

① 梁倩、方烨：《城镇化率不再是拉动 GDP 硬指标》，《经济参考报》2015 年 10 月 21 日。

求水山上俯瞰今日南岭村 *供图／南岭村社区居委会*

于华夏五千年厚土，包括我国的蓝色国土那浩瀚历史和世代先祖留下的异彩纷呈、尚待挖掘、亟待保护的文化瑰宝，更重要的是建设文化发源地这座没有围墙的博物馆，培育民众广泛参与、自觉保护和传承发展民族文化遗产，而所有这些都需要政府部门以高度的文化自觉给予支撑。因为，我们要留住的不仅仅是文字、图片和博物馆展示的历史遗迹，更要留住民族文化那现实存在并能够发展传承下去的、生生不息、鲜活的生命……

二、走进玉树

——三江源腹地那山那水那人

这里与西藏接壤，青藏高原耸起世界屋脊；与新疆连绵，昆仑山脉宝藏美琼。这里是欧亚大陆主要江河发源地，中华民族的母亲河黄河、长江和澜沧江都发源于此，故称三江源。

三江源地区，拥有世界高海拔高寒地区独特的生态系统和生物区系，是我国江河最多、湿地最为丰富、珍贵野生动物最为集中的最大的自然保护区。集自然资源丰富、生物物种多样、欠发达经济社会状况，以及原生态草原游牧文化和藏传佛教文化相互融合的民族特色于一身。

"三江源自然保护区"纪念碑巍然耸立在通天河渡口房山丘之上。通天河因源自世界屋脊青藏高原而得名，古称"牦牛河"，藏胞也叫它"直曲"。通天河是长江干流上游，长江正源沱沱河与当曲汇合处至玉树巴塘河口段，河床海拔高3000—4000米，横贯玉树州全境，全长813公里。

说来也巧，当年负责三江源自然保护区筹建和立碑工作的时任青海省林业局局长马福海、副局长李三旦和国家林业局保护司副司长陈建伟，13年后在纪念碑下再次聚首。马福海说，省里领导原想把"三江源自然保护区"几个大字刻在通天河畔的山体上，因山体是风化石结构，只好设计其他方案。老陈回忆当年国家林业局派党组成员江泽慧来玉树与青海省领导一起确定三江源自然保护区地标，在20多个方案中最后选定了用坚实稳重、年久不衰的花岗岩修建一座纪念碑。李三旦指着不远处

三江源自然保护区纪念碑　摄影／陈建伟

的小平房说，"这就是当年的指挥部，纪念碑落成用了24天。花岗岩每块重4吨，一次吊车失衡尾部翘起，现场的武警们爬上吊车尾部，用身体重量帮吊车找回平衡"。

　　"三江源自然保护区"纪念碑于2000年8月19日正式落成揭碑。碑体高6.621米，象征长江正源地格拉丹冬雪峰6621米的高度；基座面积316平方米，象征三江源保护区31.6万平方公里的面积；基座高4.2米，象征三江源4200米的平均海拔；碑体由56块花岗岩组成，象征中国56个民族；碑体上方一双巨手捧着水，长长的水流如同飘动的哈达，象征人类保护"三江源"和对自然的敬意。碑体正面刻有时任国家主席江泽民亲笔题写的"三江源自然保护区"八个大字，碑体背面刻有时任全国人大常委会副委员长布赫撰写的碑文。纪念碑高大挺拔、气势雄伟，虽经历地震，仍毫发无损。

青海玉树藏族自治州辖玉树、囊谦、杂多、称多、治多和曲麻莱六县，地处三江源自然保护区核心区。黄河发源于曲麻莱县境内巴颜喀拉山脉北麓各姿各雅雪山，海拔 4982 米；长江发源于唐古拉山北麓各拉丹东雪山，海拔 6621 米，南源位于杂多县，北源位于治多县；澜沧江发源于杂多县境内果宗木查雪山，海拔 5328 米。2008 年 9 月 6 日至 10 月 16 日，经我国三江源科考队依据"河源唯远"原则考证确定，卡日曲为黄河源头，当曲为长江源头，扎曲为澜沧江源头。

"玉树"在藏语中是"遗址"的意思，历史上一直处于地震断裂带。2010 年 4 月 14 日 07：49：40，发生 7.1 级大地震，震源深度 33 千米，震中位于玉树县城附近，给当地人民造成了巨大的生命和财产损失。玉树成为举国关注的焦点，中央拨款、八方救助，仁人大义物化万千……

在"9·30"结点——玉树灾后重建收官前夕我们来到此地。在去结古镇的路上，藏族州长王玉虎告诉我们："过去 60 年，国家用于玉树建设的总投入还不到 60 亿，而在 2010 年'4·14'地震灾后的 18 个月里，国家下拨建设资金就达 600 个亿！来自北京、辽宁、中铁工、中铁建、中建、中水电等援建单位都进来了。每年在人代会上我就呼吁两件事情：一是建立三江源生态保护补偿机制和生态示范区，二是建设大电网。前年李克强和张平来视察后，去年大电网也进来了，27 个亿！"言谈中充满感激和感慨之情。

2010 年 7 月 10 日重建玉树工程正式启动，由于高寒高海拔的地理气候条件，每年可利用时间不到 6 个月，3 年来实际施工期十六七个月。而从废墟上崛起的新玉树可以说是脱胎换骨，发生了翻天覆地的变化。

路边宣传牌上几代国家领导人的头像和感恩的标语赫然醒目；透过车窗，沿途新修建的楼房、广场、寺院、博物馆……不断掠过。

灾后重建现场指挥部的简易板房是玉树州、县党委，政府和省抗震指挥部的办公场所。灾后重建快要进入第 4 个年头了，老百姓都已陆续搬进了新居，州县党委政府干部的住房年底完工，现在他们还都住在周转房或板房里。

州委书记文国栋是在玉树地震第二天从柴达木来玉树任职的。他告诉我们来玉树 3 年，一年去一个江河的源头，最近刚从黄河源回来："我到黄河源时大雨倾盆，真是'黄河之水天上来'。那个地方叫约古宗列，藏

长江源头——格拉丹冬　摄影 / 张胜邦

语意为'炒青稞的锅',海拔 4900 到 5000 米。天很大就在上面,好像唾手可及,下面黄河源头出水口很小,水汩汩流出……作为炎黄子孙站在母亲河的源头,眼泪忍不住流下来……"

　　三江源生态保护纳入国家重大战略决策,自 2000 年开始投入 4 亿多元支持三江源生态保护治理。2005 年 1 月,国务院批准实施《青海三江源自然保护区生态保护和建设总体建设规划》,要求"逐步实现保护和恢复生态功能,实现该地区人与自然和谐可持续发展、农牧民达到小康生活的目标",一期工程总投入 75 亿元,启动了国家最大的生态保护建设工程。2011 年 11 月,国务院批准建立"三江源国家生态保护综合试验区",包括玉树、果洛、黄南、海南 4 个藏族自治州 21 个县和格尔木市唐古拉山镇。

　　三江源腹地独特的地理环境和浓郁的民族文化,孕育出丰富的生物物种、绮丽的高原风光和多彩的人文风貌。

　　三江源地区有国家一级重点保护动物藏羚羊、野牦牛、野驴、雪豹等 16 种,二级的岩羊、藏原羚等 53 种;已发现各类矿产 133 种。距结古镇约 75 公里的隆宝镇境内有一片美丽的高原湿地——玉树隆宝国家级自然

澜沧江源头　摄影／张胜邦

黄河源头阿尼玛卿雪山区"一线黄河千岗绕，
百座冰峰万泉来"　摄影／张胜邦

保护区。区内共有鸟类 60 多种，主要保护对象是世界现存 15 种鹤类中最稀少的国家一级保护动物黑颈鹤。

黑颈鹤一米多高，深红色的头顶，黑色的两颊、颈部和尾部翅羽，身体呈灰白色。每年 3 月从云南大山包和贵州草海飞来这里繁殖，11 月带着子女飞回南方。无论来去，迁徙的鹤鸟都是成群的。黑颈鹤领地意识很强，每对活动范围 100 多亩，每年都回到相同的区域，保护区的维护至关黑顶鹤的回归。

保护区管理站谢嘎站长带我们到管理站顶楼平台，用高倍望远镜观察黑颈鹤。他告诉我们："这里的黑颈鹤多时有 200 多只，平时 150 多只。每年约有 30 对黑颈鹤参与孵化，但真正孵出来的只有十几对，一对黑颈鹤最多下两个蛋，能孵出两只的很少。"

"保护区总面积 1 万公顷，核心区约 5000 公顷。1985 年建保护区时老百姓对这片土地已经承包在先，保护区建立后，土地的使用权仍是老百

被地震摧毁的玉树县城　摄影／张胜邦

814

地震前玉树县城　摄影／张胜邦

晨曦中的玉树新城　摄影／张胜邦

815

黑颈鹤（Grus nigricolli）与牛羊和谐相处　摄影 / 张胜邦

姓的。由于民族文化的关系，这里的老百姓自然有一种保护意识，不杀生，特别是黑颈鹤与老百姓的牛羊相处得非常融洽。黑颈鹤孵化期间，牛羊离它们 5 到 10 米都没问题，可人在 100 米左右它们就离开了。"

　　玉树可称是草原游牧文化与藏传佛教融合的圣地。寺院、白塔或依山面水而建，或彰显于藏家村镇之中、点缀于高原草甸之上，伴着群山旷谷升腾的雾霭、嘛呢石堆上飘扬的经幡和蜿蜒清凉的溪流，构成神秘圣洁的境地。

　　藏族文化中最典型的颜色就是蓝、白、黄、红。蓝色代表蓝天，白色代表白云，黄色代表土地，红色代表神灵，寺院多是红色的。藏族的塔分为三种：活佛喇嘛装葬的灵塔，镇妖降魔的辟邪塔，给整个地区带来祥瑞的祥和塔。有塔的地方就有经幡，经幡每年可以更换，风每吹动一下就代表念了一遍上面的经文，为众生祈福。

　　结古镇东郊新寨村"世界第一大嘛呢石堆"已经进入吉尼斯之最，是藏传佛教高僧嘉那活佛于康熙年间创建，距今已有 300 年历史。新寨嘉那嘛呢石堆东西长 240 多米，南北宽 70 多米，高 3—6 米。嘛呢石大小不等，刻有"唵嘛呢叭咪哄"六字箴言或短经文、佛像、佛塔、瑞兽，并涂染红白黄蓝彩色，由络绎不绝的朝圣者不断垒积，现已有 31 亿多块，形成了壮观的嘛呢石堆。据说"文化大革命"期间，有人曾把嘛呢石拿回家盖房子，玉树"4·14"地震后，又自发地将其"完璧归赵"。藏区大大小小寺

816

院都有规模不等的嘛呢石存放，也是寺院的重要文物。

结古镇名称来源于结古寺，结古寺藏语称"结古顿珠林"，意为"结古义成洲"，坐落于该镇木它梅玛山，相传元朝第一代国师八思巴曾在这里讲经传教，是最早的本教寺院。寺内藏有八思巴所赠释迦牟尼佛像唐卡、护法面具、檀香木雕度母像、古印度铃杵和传为格萨尔之物的铜钹等，以建筑宏伟、僧人众多、文物丰富而闻名。

在距结古镇30多公里处的通天河南岸，有一条蜿蜒悠长的高山深谷，名曰"勒巴沟"，"勒巴"是藏语"美丽、吉祥"的意思。初秋的勒巴沟静谧空灵，悠然的牦牛漫步青黄的草甸，时而有翱翔的苍鹰凌空盘旋，远处的雪山仿佛近在眼前……这里曾是唐蕃古道的重要通道，灌丛中裸露的岩壁上雕刻着经文和岩画，佛像、菩萨、侍女和瑞兽等图案形态各异、栩栩如生，据说是1300多年前文成公主进藏时留下的汉风文化遗迹。山沟左侧溪水清澈湍流，河道里凸显的石块上多刻有六字箴言，有的被细流拍打激荡着水花、有的静安于下任凭溪水浸润漫过……这条河也因此被誉为"流淌着文字的河"，承载着藏家虔诚的信仰，散发出浓郁的宗教文化气息。

不久前川大考古研究所在昌都发现大量石棺墓群和石丘，可以追溯至春秋战国时代，这在藏区十分罕见。在藏族文化演变过程中，宗教和岩画形式占有重要地位。岩画好比古化石，人们通过研究，探索出一条敦煌—玉树—拉萨的佛教传承路线。

在结古镇南20公里的贝纳沟，文成公主庙依山而建，是唐贞观十五年（641）文成公主进藏时留下的最为壮观的历史文化遗迹。庙里有青海境内年代最久远的佛教摩崖大型浮雕群像，供奉的大日如来像，相传与拉萨大昭寺内的释迦牟尼像具有同等的加持威德，距今已有1300多年。

进入隆宝镇地界海拔4300米以上，去巴塘乡的盘山路，路面狭窄且山谷幽深。小李忽然发现对面陡峭的山石间有动物，大家一阵兴奋："是獐子还是鹿？"老陈举着高倍照相机喊道："是岩羊，国家二级保护动物，平时难得一见！"

一处平缓地带，蓝色的抗震救灾帐篷外面，一位清瘦的藏族妇女左手牵着三四岁的女儿，右手抱着一岁左右的儿子在外面晒太阳。我们走进帐篷，一边是两张竖排的单人床，堆满被褥和衣物，另一边是日常做饭食用的生活杂物，可以想象一家人3年多来的艰难。她高兴地告诉我们就要搬进政府盖好的新房了。

快到巴塘乡查来村时，忽见远处腾起白烟，向导郭阳说这是藏族习

新寨嘉那嘛呢石堆　摄影／张胜邦

最早的本教寺院——结古寺　摄影／张胜邦

俗，点燃柏枝欢迎远来的客人。"这里偏远很少来人，你们来了，他们非常高兴！"果然，不远处山边一群身着藏袍的乡亲们，手中扬起哈达，我们急忙下车迎上前去。乡亲们把哈达挂在我们的脖子上，一张张泛着高原红的面庞绽开笑容，如此纯净、温暖、饱含信赖的眼神久违了！握着老妈妈骨节凸起的双手，一种从未有过的难以承受的情感使我的心都在颤抖，我身后的小李已不能自持，小声说"我要哭了"。的确，外面的世界很精彩，但只有在这里与他们的双眸对视，你才会得到灵魂的洗礼，"高山仰止"，感受自身的渺小……

附近传来悠长浑厚的号角声，循声望去，仁青岭寺屹立在查来村旁的高岗上。厚实高大的赭红色墙，上端白色围边，屋顶起脊飞檐，正中是金色的祥麟法轮，很有拉萨大昭寺的气势。两名僧侣正吹响"染当号"，活佛和僧众身披赭红色袈裟热情地聚集在寺院门口的山路两旁。

据介绍，仁青岭寺是元朝国师八思巴兴建的，幸免地震破坏得以留存，是玉树县现存年代久远的寺院建筑和珍贵的文化遗产。仁青岭寺有嘉然和代桑两位活佛、三位堪布（寺院的佛学博士），共 133 名僧众。吾金闹布堪布汉语水平好，成为我们交流的桥梁，讲授了藏传佛教中的天人关系。

关于藏传佛教的精髓，吾金闹布堪布说："我认为藏传佛教是世界上最优秀的文化，主要体现在'和平'二字上。佛陀释迦牟尼虽然对众生讲了八万四千法门的佛法，但是所有佛法含义的精髓都在于不伤害生命、利益众生，人与自然之间的关系要和谐。人与人、人与动物、人与自然都是平等的，要和谐共处、互不伤害、相互依存。我们寺院建立了一个保护区，那边是长江，这边就是我们保护的整个山。目前大约有七八百头马鹿，也会偶见雪豹、金钱豹、岩羊、狍鹿，狍鹿的角冬天是血，夏天变成骨，这种动物很难遇见。"

寺院自建的保护区没有国家资金来源，完全由僧侣们自己管护。有趣的是，青年僧侣竟把自己手机拍到的野生动物照片，当场用微信发送给我们，真有挡不住的时代感！

关于人是否要敬畏自然？吾金闹布堪布说："人应该尊敬自然。藏传佛教中境界最高的喇嘛们认定的神山都有矿藏，佛教对自然资源的保护起到很好的作用。只要有清净的水泊、茂密的森林、肥美的草原或特别的山体，都认定为一个很好的区域，不让别人伤害，并告诉藏民们要保护，而现在唯一能保存下来的也只有这些了。"

勒巴沟"流淌着文字的河"及岩画石刻 *摄影／张胜邦*

郭阳说："藏族文化万物有灵的信仰使整个民族都在保护生态。你如果直接问老百姓，三江源生态保护对整个下游地区的重要性他们可能不懂，但他们知道要保护好自己的水源和一草一木。你们看到的勒吉神山红色的外表是铁矿象征，老百姓自觉地保护神山。"

关于面对现代化社会是固守传统，还是与时俱进？吾金闹布堪布说："应该坚持把藏传文化和民族风俗保留下来，但我们也要跟着时代走。作为一个现代人必须要有自己的文化，不然就无法延续优秀的藏传文化。这里虽然条件很差，普通牧民家的孩子还是自愿来学习，他们是未来的文化传承人。"

这里寺院和村庄在一起，僧侣就在藏民中间，堪布也像老师一样，向众生普及与自然亲和行善的东西。我们似乎悟到了为什么藏传佛教文化会影响一代又一代藏民……

"饮水思源"，三江源对三大江河流域意味着什么？多少年来，人们不知不觉已经习惯了三江源的供给，就像孩子吸吮母亲的乳汁那样理所当然……

三江源每年向三大江河下游流域供水近 600 亿立方米。黄河总水量的 49%、长江的 25%、澜沧江的 15% 都来自三江源。三大江河流经 19 个省区市，流域总面积约占全国国土总面积的 28.7%，总人口约占全国人口的 50%，是中华民族 5000 年文化传承和经济社会发展的主动脉。

为保护三江源，生活在三江源腹地几十万平方公里土地上的原住民，长期以来，作出了巨大奉献与牺牲……

仅 2005—2012 年，青海三江源自然保护和建设工程实施 8 年来，完成退牧还草 5671 万亩，生态移民 10733 户 55773 人，每户建设住房 45 平方米，畜棚 120 平方米，解决了 13.25 万人的饮水问题；封山育林 365.1 万亩，退耕还林 9.81 万亩；沙漠化土地防治 66.16 万亩，湿地保护 108 万亩等，使三江源生态系统得到逐步恢复和改善。

2005 年至 2010 年，三江源共增加出境水量 530 亿立方米；主要湖泊净增加 245 万平方公里，黄河源头"千湖"湿地开始整体恢复；森林面积

文成公主庙 *摄影/张胜邦*

净增加 150 平方公里，达 2317 平方公里；据监测，三江源水域生态环境总体状况良好，水生生物资源保存相对完整，野生动物种群明显增多。

玉树州农牧民 9 万多户，2003 年至今生态移民 6500 多户，约 3 万人。玉树县退牧还草区禁牧 10 年，有 5376 人生态移民；至 2009 年，已围栏禁牧 152 万亩，全部禁牧 602 万亩；2009—2012 年，全县牲畜由 70 多万头减至 53 万头，每年都要下降 3—5 个百分点，之后还有二期工程，政府压力很大。

玉树州发改委副主任巴桑反映："2009 年玉树州 6 个县的财政收入仅 5223 万元。虽然资源丰富，但都受到生态保护的限制。可行性调研结果表明，如果在通天河建发电站，年发电量可达 9.3 亿千瓦，我们一直未能开发。而下游的金沙江却在开发水电，2009 年四川甘孜州财政收入已达 12 亿，主要来源于此。"

"三江源生态保护建设工程实施以来，投资 75 亿基本用于生态建设。老百姓生态移民后，受语言和能力所限，城镇就业等后续问题很严峻。我认为他们生存环境改善了，但生活条件并无改善，因为这是与收入直接挂钩的。"

巴桑呼吁下游地区和受益地区建立生态补偿机制。州文化局局长昂文格来说："生态补偿当中应包括对文化的补偿，以保护原生态非物质文化遗产。由于生态移民和城镇化建设速度加快，草原游牧文化日趋消亡。"

从地震灾难中崛起的玉树新城建筑跨越了 30 年，而人的思想观念和行为习惯能否同步跨越 30 年？草原游牧文化的延续和发展能否跨越 30 年？在充满希望的新生活面前，政府和农牧民都面临重大变革和考验。

千百年来，三江源由雪山冰川发端、高原草甸承载、人类与其他生物相互依存，共同建立起完整的生态系统。农牧民和畜牧业已经成为其中不可或缺的自然生物链环，而草原游牧文化融合藏传佛教文化是农牧民生态理念的根脉。

生态移民的农牧民告别了逐水草而居，"一杆枪，一匹马，一顶帐篷走天下"的生活，搬进了城镇新居；改变了"奶茶加糌粑，最好吃手抓"的饮食结构，吃上了新鲜蔬菜，喝上了自来水，但是他们放弃了祖辈赖以生存的畜牧业，改变了能力所及的生产生活方式，离开了世代生息的草原。

生态移民的模式是建立草原无人区，集中搬迁城镇重新择业好？还是应该统筹规划、因地制宜、区别对待？一位来过这里的生态专家说，让牧人回归草原，让鸟儿飞向蓝天，这是他们应有的权利。

值得我们思考的是：影响三江源生态保护的根源是什么？为什么生活在这里的人们不富裕？为什么三江源地区经济社会发展始终处于弱势？问题的根源应该在于制度和机制。

保持三江源的原生态，清新的空气、清洁的水源、安全的土壤、壮美的景观和民族文化的根脉，让清纯的源头活水和文化本源涓涓不断流向祖国各地，保护三江源就是保护中华民族的生命之源！我们再不能让付出者呼唤、索求补偿，在漫长的等待后感恩受益者的"援助"……

"以公平正义增进人民福祉"是我党完善社会主义制度的出发点和落脚点。要依法确立三江源地区农牧民对草原享有承包经营的财产权利，建立生态保护有偿、资源使用有偿、受益者补偿的制度体系，形成三江源保护建设常规性资金投入渠道；建立三大江河流域省级联席会议制度，协定省际受益者补偿规则和联保联防机制；使三江源地区原住民真正享有生态资源财产权益，涌动创造活力，实现生态保护与经济发展双赢。

在此基础上，科学评估三江源区域的生态平衡阈值，将生态脆弱或地处偏远不利于人类生存区域的人们移民城镇，全面落实社会保障制度，着力实用知识和发展能力培训，解决其长远生计；对于生态条件允许、牧民自愿的区域，适量保留原住民，为他们就近建设定居房，让他们在世代生活的草原发展，同时承担当地森林、草原和文物古迹的保护巡视责任；玉树素有"江河之源、名山之宗、牦牛之地、歌舞之乡"的美誉，要大力扶持农牧民合作经济组织，开发有资源、有能力、有市场的原生态产业，打造出三江源藏区特有的农牧业生态产品和原生态文化旅游品牌。更重要的是跟进时代发展步伐，多途径加紧藏区青少年一代的现代化培养教育！

从隆宝镇返回结古镇路上，我看到一位身着藏袍的老妈妈依门而坐，午后的斜阳暖暖地洒满她的全身，花白的头发梳成两根辫子垂在胸前，手中摇着转经筒，望着远山下的河水、草甸上的牦牛和马背上的牧人，下巴微微翘起挂着惬意的微笑，骨骼轮廓分明的面庞爬满皱纹，如同版画雕刻般深邃……

代桑活佛曾说，藏民们祈福时，无论是为自己，还是为亲人，最后一定会说"众生平安"。三江源这片神奇、神秘、神圣的土地，有雪山冰川尘封远古的记忆，化作江河源流百转交汇龙行天际；有高原湿地万千湖泊宛若繁星，草原牧歌犹如天籁；有世界最高海拔的原始森林傲骨苍劲，有大漠黄沙、赤壁丹霞旷世奇景……这里更是多物种和谐共生的家园。

查来村的藏胞 *摄影 / 陈建伟*

　　世代生活在这片土地上的藏族同胞，以其特有的生态智慧和行为方式守护着心中的圣水神山，守护着大自然赋予的三江源。我们怎样才能领略三江源地区神奇圣洁的民族文化、度量三江源人民亲和万物的博大胸怀？"上善若水，厚德载物"，扎西德勒我的藏族同胞！扎西德勒三江源腹地那山那水那人！

打开大兴安岭的历史画卷，凝结着鄂伦春民族割舍不断的森林情怀和几代林业人卓绝奋斗的无悔青春；记录着这片土地上人与自然、人与人的关系，生产生活方式转变和思想变革中的碰撞。历经沧桑的大兴安岭在天然林保护工程的修复与回馈中，万类霜天竞自由，走向生态文化保护传承和生态文明制度的和谐统一。

三、鄂伦春和兴安岭的大森林

2014 新年晚会上，一群孩子唱起"高高的兴安岭一片大森林，森林里住着勇敢的鄂伦春。一人一匹猎马，一人一杆枪，獐狍野鹿满山遍野，打呀打不尽……"多么熟悉又多么遥远的歌，20 世纪五六十年代，不知

鄂伦春人出猎 供图 / 鄂伦春自治旗旗委宣传部

有多少人最初就是听到它，才晓得鄂伦春这个森林里的游猎民族，并开始憧憬兴安岭那茫茫林海的。半个多世纪过去了，带着深深的思念，我们来到内蒙古大兴安岭阿里河林区，探寻鄂伦春和大森林 60 年的变迁……

大兴安岭山系纵贯内蒙古自治区和黑龙江省，78% 在内蒙古境内，南北长 1400 多公里，东西横跨 150—300 公里；南起西拉木伦河，北抵黑龙江边，总面积为 32.72 万平方公里。大兴安岭又叫大鲜卑山，是蒙古族、鄂伦春族和鄂温克族等北方少数民族的发祥地。其广袤的森林是我国北部边陲和呼伦贝尔草原的绿色屏障，那里有鄂伦春民族的根脉和永远割舍不断的情怀，有几代林业人奋斗的足迹和无悔的青春。

寻找鄂伦春

阿里河林区 12 月末至 1 月下旬，日气温零下 30 多度，最低气温达零下 40 多度，最大积雪深度超过 45 厘米。我们来到此地，正是这极为严寒的时段。

在北京一个冬天没有见到雪，这里却是冰雪世界。漫山白桦夹杂着黑色的兴安落叶松，在冰天雪地中孕育着新生代。小年前夕的阿里河镇，寒风扫着雪尘使骏马奔驰的冰雕格外晶莹剔透；店铺门前红灯笼摇曳和着集市上摊贩的叫卖声，用麻袋装着的蘑菇木耳野菜山珍，用小车推着冻得"杠杠"的粘豆包、大豆腐，新鲜的鸡鸭鱼肉，林区小城的年味儿让外来客有一种购买的冲动和冰雪也难以阻隔的暖意。民族商店里摆放着手工艺桦皮盒、供展示的狍子皮。但没看到身着民族服饰的鄂伦春人，也少了些鲜活的民族气息，鄂伦春似乎近在咫尺，却又触摸不到……

鄂伦春民族历史悠久，是我国人口最少的少数民族之一。据《鄂伦春民族现代化研究》所载史料推论，与鄂伦春族有渊源关系的是南北朝时期活动于黑龙江流域，"用桦皮盖屋"，"饶獐鹿，射猎为务，食肉衣皮，凿冰没水中而取鱼鳖"，"皆捕貂为业"的"室韦人"。"鄂伦春"族称，始见于清天聪元年（1627）《清太宗实录》"俄尔吞"、《清圣祖实录》"俄罗春"，后又称"鄂伦绰"。在乾隆时期编著的《皇清职贡图》上，已有鄂伦绰男女形象。鄂伦春语言属阿尔泰语系满通古斯语支，将"山顶"和"驯鹿"称为"鄂伦"、将"人们"称为"春"，源于其鲜明的生产生活习俗，"鄂

"斜仁柱"外鄂伦春妇女在缝制桦皮盒　供图／鄂伦春自治旗旗委宣传部

伦春"被释义为"住在山岭的人们"和"使用驯鹿的人们"。

　　近几百年，鄂伦春族已由血缘家族、母系氏族过渡到父系氏族公社"穆昆"，即同一父系血统的共同体。"穆昆"之下又分为数个"乌力楞"（"子孙们"之意），分别住在各自的"斜仁柱"中，共同劳动和分享猎获品。无论外面的世界怎样变幻，森林深处的鄂伦春人始终维系着"穆昆"氏族公社末期的原始形态及其生产生活方式。

　　"斜仁柱"是用 20 根平均长度 5 米左右、手臂粗细的桦木杆搭成的圆锥体。冬季盖兽皮，夏季围桦皮，上顶露天，以便出烟。"斜仁柱"的建造一般坐北朝南、长幼有序。鄂伦春人认为中央的火塘是火神的象征，保佑了整个族群生命的延续。人们打猎归来，首先要把煮熟的猎物投入火中，祭祀火神。

鄂伦春人生活中的一切都得益于大森林的恩赐，从出生的那一刻，就与山林联系在一起。襁褓中的婴儿睡在稠李子树做的摇篮里，放置衣物食物的皮篓皮盒，外出渔猎的小船，几乎所有的器具都能用桦树皮来制作。妇女们还用骨制刻具"托克托文"在上面刻压出各种花纹和图案，用野生植物熬制浆液染色。人们在雨水充沛的初夏采剥桦皮，这时树皮水分充足，被剥掉外皮的桦树不会死去。

鄂伦春人被称为"森林中的猎神"，男孩五六岁开始用弓箭和木枪模拟狩猎，十几岁就跟随长辈出猎，再大一些就单独狩猎了。猎人们对气候变换、各种动物的习性和活动季节了如指掌。3月打鹿胎，5月割鹿茸，落雪后打皮子打肉，是猎狍子、犴达罕、野猪等动物的黄金季节。猎人一般不打春末夏初在阳坡上吃"酒杯花"的狍子，这样的狍子肉有异味。

熊是鄂伦春民族的图腾。猎人很少打熊，如果打到，人们会举行祭祀仪式，将保留完整的熊骨用柳条或草包好，挂在树杈上进行树葬。众人跪地祷告："我们误杀了您，请不要降祸于我们……"并学乌鸦叫，把猎熊之罪嫁祸于乌鸦，避免触犯神灵。

兽皮文化也是鄂伦春森林文化的重要内容。狍子皮隔风防潮，妇女们将狍子筋搓成线，缝制狍皮大衣、狍角帽、套裤、手套、靴子等，特别适合冰天雪地中生活和狩猎的鄂伦春人。

他们穿兽皮，食兽肉，却仅以温饱为度。据《黑龙江外记》记载："俄伦春，俗重鲜食，射生为业，然得一兽，即还家，使妇取之，不贪多……"取暖或做饭，多去河边或林中捡拾漂流木或枯树枝。这种有节制的意识，在一定程度上保护了森林和野生动物的繁衍生息。

鄂伦春人信奉原始古老的萨满教，相信万物有灵。在他们眼中，日月星辰都是神灵，每年正月初一供奉太阳神；正月十五、二十五和八月十五要拜月；视北斗星为神灵的居所，是福神"恩都里"的所在；狩猎前，他们要在桦树干下方挖掉一块树皮，用木炭画上山神"白那查"的形象，祈求狩猎成功。

实际上猎人并不是每次都能得到山神的眷顾。猎民村73岁的何布恩巴山至今记得：他8岁那年，几家人住在库都尔沟林子里的"斜仁柱"，男人们打猎好多天没回来，女人们在家带孩子连吃了一个多礼拜的野菜，差点饿死。

解放前，鄂伦春民族历尽沙俄和日寇的杀戮凌辱。17世纪40年代，

额尔登挂老人讲述苦难历史 摄影／汪绚

沙皇俄国开始侵略我国黑龙江流域，迫使外兴安岭以南乌苏里江以北的鄂伦春人迁至大、小兴安岭。抗战时期，日本帝国主义实行种族灭绝，诱惑鄂伦春人吸食鸦片，利用他们做细菌试验。

年过八十的额尔登挂讲述了那段不堪回首的历史："以前鄂伦春人得天花、伤寒病死的特别多，小日本带来更大的灾难！姐姐和3个叔伯哥们儿一天死的，我妈妈把孩子们摆成一排埋掉了。那次死的人很多，都死于日本人制造的鼠疫！没两年，爸爸死于日本人枪下，妈妈也被他们糟蹋了，我8岁就成了孤儿。"解放前夕，贫病交加的鄂伦春人已濒临灭绝的边缘。

与此同时，内蒙古大兴安岭的森林资源也遭到了掠夺。据《兴安记忆》记载，1898—1903年俄国修建东清铁路，两侧30公里以内的森林全部进行了采伐；1904年日俄战争结束，日本取得满洲铁路支配权，成立采木公司砍伐森林；至1914年，大兴安岭林区聚集多个采伐公司，年采伐量已达20万立方米以上；1919年日本建立中日俄扎免采伐公司，1937年"九一八"事变后，大兴安岭森林资源落入日本人手中，伪满时期遭到大肆掠夺。据不完全统计，这一时期，掠夺内蒙古大兴安岭优质木材1000万立方米以上，采伐原始森林400万公顷，毁坏和丢弃的林木不计其数！

鄂伦春下山定居，林业人进驻兴安

新中国成立了，鄂伦春民族从原始社会末期地域公社阶段，跨越奴隶社会—封建社会—资本主义社会三个历史阶段，走上社会主义道路，历经了三次历史性变革。

1951 年 10 月 31 日，我国成立了第一个少数民族自治旗——鄂伦春自治旗。在庆祝大会上，鄂伦春同胞用本民族语言高唱国歌，首任旗长白斯古郎庄严宣布："多少年来被人耻笑为野人的我们，已经不再是一个被人侮辱的民族了！在中国共产党的领导下，现在已经完全站起来了！"鄂伦春民族从此享有与其他民族同等的政治地位和民族区域自治权，实现了第一次历史性变革；1951 年至 1958 年，历时 7 年，居无定址、游猎山林的鄂伦春人实现了下山定居，打破了原始氏族部落自然经济的生产关系，开始接纳并融入新的社会形态，实现了第二次历史性变革。

何布恩巴山回忆："当年下山定居，国家给猎民盖房子，旗长亲自教我们种地，上学、粮食、衣服都免费。1960 年政府号召猎民捕捉野鹿进行人工饲养。"政府号召猎民们开地务农，同时，依然允许他们继续过传统的狩猎生活。

村支部书记白色柱告诉我们：那时，在森林里长大的鄂伦春猎民，多数不适应农耕生活，没有认识到土地也能出金子。现在猎民村中 8 户人家有地，自己有 700 亩地、6 匹马，地全部租出去。考虑到鄂伦春民族习惯，1972 年，国家将阿里河林业局所辖的嘎仙沟林场 15819 公顷的国有林地划归鄂伦春自治旗管理。

为了新中国建设对木材的需求，1950 年 2 月 28 日，中央第一次全国林业工作会议决定全面筹备开发大兴安岭林区。1952 年第一代国有林业开发建设者 2 万人进驻内蒙古大兴安岭林区。

1953 年 8 月，国家将 40 名来自上海、天津、南京、杭州、兰州等多个城市的应届大学毕业生直接派到内蒙古牙克石林区。在那百废待兴的年代，多少转业军人、知识分子和工农兄弟，满怀燃烧的激情，义无反顾地投身到国有林区艰苦卓绝的建设中。至 1958 年完成基本建设，林区已达 5 万多人。

阿里河林区位于大兴安岭南麓嫩江流域中上游，呼伦贝尔市鄂伦春自治旗境内，总面积 45.2 万公顷。1958 年 8 月，牙克石林管局所属的阿里河林业局首批建设者来到了这里。

白手起家，"以场定居，以场轮伐，边生产，边建设"，一切从木材生产出发，"先生产，后生活"。对此，林区第一代、第二代建设者记忆犹新。奎源林场退休工人黄显成回忆："我 1959 年 11 月来林场时，只有几栋拉拉房，贮木场是两架帐篷。冬季采伐，我们腰里别个小钢锉、绑个屁股垫，用弯把锯伐树。人冻得清鼻涕直淌，抹得两只袖筒子梆梆硬。吃干白菜汤就窝窝头，住地窨子睡小杆铺，旧油桶炉子烧树皮取暖，地窨子经常被雪压塌。"《阿里河林业局志》记载："1958 年—1982 年的 24 年中，本局小工队工人的房舍一直是木刻楞、板夹泥和帐篷，设施简陋，生活艰苦。"

"那时树厚、兽多、鱼多、人少，傻狍子都会撞进帐篷里。阿里河的护岸柳都有一米多粗。每年 10 月到来年 4 月搞冬采大会战，开挖冰雪道，牛马套子集材，大原木四人抬、八人抬。到 63 年森林铁路开通，64 年使用油锯采伐，65 年林场第一个机械化小工队用上了'德特 450'拖拉机集材，采伐强度大大提高，实现木材年产 30 万立方米、成本 30 元/立方米！"伐木的油锯声和运材的机车声开始回荡在森林上空……

"那时期以木材生产为中心，误以为森林资源取之不尽、用之不竭。60 年代提出：'采育结合，永续利用'，刘少奇、周恩来贡献大。"60 年代哈师大毕业的苏铁志老书记颇有感慨地说。

1961 年 8 月 2 日，刘少奇冒雨视察了大兴安岭图里河、西尼气林业局采伐基地落叶松人工更新，边看边对大家说："毛主席提出绿化祖国，实现大地园林化。……我们国家要后继有人，也要后继有树呀！怎样给后代留下一片青山？""以营林为基础这个提法好，能否把它叫作方针？""要做到更新跟上采伐，把采伐和育林有机结合起来……使森林起到既有利于国家建设和人民生活，又能保持生态平衡。"

之后，他到根河林业局与工人座谈，当得知林区吃蔬菜困难，部分职工患浮肿病时表情沉重，说："我们国家正处在三年自然灾害时期，同志们要克服眼前的困难……我已与有关省商量，下月起，林区每人每月供应 1 斤黄豆。"座谈会一直开到深夜 11 点多钟。

1962 年 11 月 2 日，周恩来总理指示："林业的经营要合理采伐，采育结合，越采越多，越采越好，青山常在，永续利用。"

据《阿里河林业局志》记载："1959 年—1990 年，全局累计更新造林

刘少奇视察内蒙古大兴安岭林区 *摄影 / 李榛*

作业面积 82.56 万亩,其中,采伐迹地更新 73.75 万亩。"

从 70 年代至 90 年代后期,"以营林为基础,普遍护林,大力造林,采育结合,永续利用"成为指导方针,林业经营转向"木材利用为主,同时兼顾生态建设"并实施了森林采伐限额制度。

到 20 世纪 80 年代木材生产达到极盛时期,内蒙古大兴安岭林区林业人口达 50 多万。半个世纪,数以万计的木材,源源不断、不计成本地运出林区,支援国家铁路、矿山、建筑业和工业建设,投入国民经济原始积累。

内蒙古大兴安岭林管局 1952—2002 年生产木材 1.64 亿立方米。其中 1986 年达到木材最高产量 539 万立方米,采伐蓄积量 900 万立方米。阿里河林业局到 20 世纪 80 年代北线可采资源少了,又向南线森林开发。

以木材生产为主长期过量采伐,加之计划经济生产方式和"政企合一"管理体制的羁绊,使国有林区逐渐陷入"资源危机、经济危困"的境地,难以自拔。

至 20 世纪末,东北内蒙古重点国有林区 84 个林业局中,已有 60 个可采资源基本枯竭。据 2003—2008 年全国第七次森林资源清查,这里森

20 世纪 80 年代阿里河林业局森铁运材 *摄影 / 栾维敬*

林面积和蓄积量与新中国成立初期相比，分别下降了 20% 和 27%。其中，黑龙江省大兴安岭林区成过熟林蓄积量由开发初期的 4.6 亿立方米减少到 1.3 亿立方米，林区林缘由南向北退缩了 140 公里。

鄂伦春主动禁猎，"天保"工程全面铺开

经济发展方式和生产生活方式的转变是国家大政方针、传统思想理念和行为习惯的深刻变革，是人类文明净化提升的历史过程。为了大兴安岭森林资源复兴和人类可持续发展，鄂伦春民族和百万林区人，再度经历了改革——悲壮但却充满希望的洗礼！

1996 年 1 月 23 日，鄂伦春自治旗政府颁布《禁猎通告》：彻底放弃古老传统的狩猎方式。这一壮举，为大兴安岭森林和野生动物保护作出了重大贡献，为 1998 年国家实施天然林资源保护工程（简称"天保"工程）

得耳布尔林业局棚改新貌　摄影／郦文生

减轻了压力，最终实现了鄂伦春民族生产生活方式的第三次历史性变革。

孙振清老局长说："派我到阿里河林业局当局长时，组织上讲，第一要事就是与鄂伦春民族兄弟处理好关系。鄂伦春人性格粗犷，讲感情、讲友谊。80年代舍勒巴图和赛革当旗长时，我们互相走动、互相帮助，获得了民族团结奖。1996年鄂伦春旗率先提出禁猎，继而'天保'工程实施后，野生动物和林下资源得以逐渐恢复。"

我们来到托扎敏乡希日特奇猎民村，一排排整齐的房屋带小院，通水电、水暖，有与东北农村一样的锅台和热炕。村口搭着一个"斜仁柱"，与整个村庄形成强烈的反差，承载着鄂伦春久远的记忆和对现实的感恩。

说起禁猎，曾是猎人的何胜路充满留恋："禁猎前，旗里给我们猎民发枪发子弹。一次，我们开着卡车一路狩猎到海拉尔一带，20天打回一卡车犴达罕、狍子、野猪。猎物打完了，就换个地方，下山定居后我们搬了四次家，房子都是政府盖的，一次比一次好。"白色柱说："保护生态是国家的中心任务，禁猎令下来时，我带头交出了自己的猎枪。猎民们交枪时都流泪了，心里不好受，因为猎人在山林里才有精神的感觉。"

65岁的阿基伦，把给外孙做的皮袍子铺在炕上给我们看，"现在袍子皮不好弄了，一般人也不会做了"。

旗文联主席敖荣凤说："我们做过调查，上世纪80年代到90年代初，非正常死亡的族人较多，酗酒、无所事事。尤其是定居后的下一代，父辈还是山林特色，没教给我们现代社会的人情世故，适应不了新事物，出现断层。"

五次全国人口普查数据显示，新中国成立后鄂伦春民族人口迅速增长：1953—2000年，由2256人增长为8196人；其中，自治旗的鄂伦春人口由754人增长为2050人。即便如此，也仅占旗总人口的0.7%。据资料记载，从20世纪五六十年代开始，至2000年鄂伦春族际通婚率已达到86%。

加之，只有语言，没有文字，在经济全球化、文化多元化的今天，年轻一代融入现代化潮流，口耳相传的民族语言日益弱化。鄂伦春民族研究会秘书长关红英估计："有30%—40%的人会说鄂伦春语言，小学生和20岁以下的基本都不会说。"而掌握本民族历史脉络的老人更是屈指可数，带有民族烙印的文化精神似在渐渐远去。

旗政协副主席阿江达冰说："放下固有的本能和技能，一系列的衔接点太短了。但总体上说，勇于面对困难、积极适应是鄂伦春民族性格的本色。"她们的话使我们触摸到鄂伦春人的内心世界。

2000年10月，经国务院批准，"天保"工程进入全面实施阶段。范围涵盖了长江上游、黄河上中游和东北内蒙古等重点国有林区17个省（区、市）的734个县和167个森工局。

实施"天保"工程规划，要求东北内蒙古重点国有林区的木材产量每年调减751.5万立方米，保护好4.95亿亩森林，分流安置48.4万名富余职工。随着工程推进，百万伐木工人转产或下岗分流，大批职工由"砍树人"转为"种树人"和"护林人"。

当时，东北内蒙古四大森工企业办社会，每年支付费用13.88亿元，几乎吃掉企业的全部利润，林业职工生活举步维艰。2006年企业在岗职工年平均工资5238元，仅为全国国有单位职工年平均水平的27%；至2008年，林区职工人均住宅面积11.43平方米，远低于全国人均28平方米的水平。其中砖木平房、泥草房和土坯房占75.85%，危房面积占40%以上。内蒙古大兴安岭林区仍有2.4万户居民还住在没有供暖、供水条件的"板夹泥"平房里。

2009年到金河林业局林场调研，职工住房破旧不堪。我们去的那家，外面半间是灶台和杂物，里屋炕上堆着被絮、纸箱装着衣物，家徒四壁。一位70来岁的老汉步履蹒跚，"我1958年部队转业，21岁来到林区参加建设，50年了，感谢党和国家给我们盖新房！"泪水从老汉眼中涌出，强烈的愧疚感令我们无言以对……

国有林区棚户区问题引起党中央、国务院的高度重视。时任副总理李克强多次深入林区视察，要求统筹解决林区的特殊困难，各有关部门进一步加大对棚户区改造的支持力度。2009年国有林区棚户区改造全面铺开。

2014年春节前夕，习近平主席到内蒙古阿尔山林业局棚户区视察，走入林业工人家中，"摸火墙，坐炕头"，与他们促膝谈心，深情地说："林业工人为国家作出了贡献，党和国家不会忘记大家。"要求当地加快棚户区改造，让群众早日住上新房。

兴安岭大森林和谐回归

60 年来，鄂伦春民族的生活环境和生产方式发生了根本性改变。为了民族记忆的链接和文化载体的传承，将每年 6 月 18 日定为鄂伦春的篝火节，着力传统民俗手工艺、服饰、歌舞等日常传授和节庆展示；旗民族文化研究会和文联，致力于民族文化的研究与挖掘，创办刊物，组织创作了多部著作。何清花老人用数十年的心血搜集和整理出《鄂伦春语言释义》文本教材，虽然她人已离去，但这饱含鄂伦春文化信息的典籍，已成为传承鄂伦春语言文化的瑰宝和民族文化的传世之作。

旗政府从儿童抓起，设置教学课程教授民族语言文化；筹建民族文化保护区，开展文化旅游和夏令营活动，传授民族工艺制作技艺。我们看到了鄂伦春族与时俱进，不断提高社会适应能力，"文化自强、文化自信"的生命活力。

至 2010 年，"天保"工程实施十年，国家总投入 1186 亿元，化解债务 118 亿元。全国累计少砍木材 2.2 亿立方米，减少森林资源消耗 3.79 亿立方米；森林面积净增 1000 万公顷；森林蓄积量净增 7.25 亿立方米，折合经济价值 3654 亿元，为工程投入的 3.08 倍；国有林业职工年平均工资由 5178 元提高到 17000 多元，分流安置企业职工 95.6 万人；职工五项保险补助政策基本得到落实。

据 1998—2013 年以来森林资源三次连续清查结果，"天保"工程实施 15 年来，东北内蒙古重点国有林区森林面积增加 171 万公顷，达 2599 万公顷；森林蓄积量增加 3.66 亿立方米，达 25.99 亿立方米；森林覆盖率增长 7.35 个百分点，达 79.38%。其中，内蒙古大兴安岭林管局森林面积增加 88 万公顷，达 827 万公顷；森林蓄积量增加 2.11 亿立方米，达 8.52 亿立方米；森林覆盖率增长 8.57 个百分点，达 77.44%。动植物生境不断改善，生物多样性得到有效保护。

鉴于"天保"区森林绝大多数正处于恢复性增长的关键期，2010 年 12 月 29 日，国务院第 138 次常务会议决定继续实施"天保"工程二期，从 2011 年到 2020 年，预算总投资 2440.2 亿元。

内蒙古大兴安岭林区开发 60 年来，为国家生产木材近 2 亿立方米。三代上百万林区人，在十几万平方公里的林海中，建起了 4 万多公里林区

公路、20 多个林区城镇。

　　林区的老职工常说："我们这一代务林人，献了青春献子孙，献了子孙献终身，老死林下不留坟。"但是，他们却为后代保留下了超过百万公顷的原始森林。

　　回顾鄂伦春民族繁衍生息的历史轨迹，大森林已是其生命的一部分。当年的猎人已成为护林人，他们说："我们大兴安岭的森林能保护起来就保护起来，再有几十年，还能恢复大森林！为了下一代，我们要对森林像家一样，像生命一样！"兴安岭的大森林正在爱的滋养中修复回归。

　　春的兴安冰开雪化，千山树绿，万象蓬勃。最是那漫坡绽放的兴安杜鹃，簇拥着挺拔的白桦林，殷殷桃红，灿灿照人。

　　夏的兴安重林墨翠，激情的河水在山间奔流、在湿地沉浸，阳光的千缕金线穿过树冠沐浴林中的生灵，呼伦贝尔草原伸展绿毯，花儿开了，马儿、羊儿、牛儿壮了……秋的白桦和落叶松一树树金叶是兴安的主色，间或樟子松的墨绿、槭树枫树的兴安晨曦橙红。阳光下，多彩的森林映染清澈的河水，宛若彩虹飞落九天。

　　林下的黄芪、五味子、手掌参等中草药，灌木丛中的稠李子、山葡萄、蓝莓等野浆果，还有木耳、蘑菇和山野菜，给林区人带来收获的喜悦和慰藉。

　　冬的森林挂满冰凌花，皑皑雪地上时见动物的足迹，却没了猎人的踪影；冬采的斧锯声、运材的机车声走进了兴安记忆……

　　新中国第一任林业部长梁希诗曰："让无山不绿，有水皆清，四时花香，万壑鸟鸣，替河山装成锦绣，把国土绘成丹青。"鄂伦春和兴安林业人与大森林和谐共荣、永续发展的文明之路，已经启程……

作为中国古代三大工程之一的坎儿井，是极度干旱地区人民勤劳和智慧的创造，是吐鲁番绿洲活力的源泉，也是人与自然和谐共生的见证。半个世纪以来，坎儿井始终处于不断衰减的趋势，不仅反映了地区水资源的衰减，更显示了生态环境和人与自然关系的潜在危机。我们不禁反省，如果不改变以往的理念和发展方式，坎儿井明天还会有水吗？

四、坎儿井，明天你还有水吗……

只有来到新疆的人，才会切身感受到"水是生命之源，绿洲是生存之地"。

新疆，我国最大的省区，全区面积约占全国的六分之一；新疆，我国最大的干旱半干旱地区，沙漠总面积占全国的63%，沙漠化土地面积79.59万平方公里，占全疆总面积的47.7%；全区95%的人口赖以生存的大小近千块绿洲面积约7万平方公里，仅占全区总面积的4.2%，无不处在连绵沙丘和荒漠的分割与包围之中。

要么人进沙退，要么沙进人退。没有水就没有林草植被，没有林草植被就没有绿洲，没有绿洲就没有人类生存的家园和经济发展的基础。

千百年来，人—水—绿洲结成一个相互依存、生死攸关的生命链环。其中，吐鲁番人和坎儿井那历尽沧桑的不解之缘，便是一个缩影。为此，我们专程来到此地，探究坎儿井传奇。

吐鲁番盆地坎儿井之源

传说，距今3亿多年前，整个新疆是一片汪洋，吐鲁番沉睡海底。中生代以后，由于地质构造升降而逐渐形成吐鲁番—哈密盆地。至 5000 万年前的新生代第三纪晚期，"世界屋脊"喜马拉雅山隆起，使新疆变成了远离海洋的干旱陆地，至第四纪，天山不断抬升，山地边缘区断裂、陷落，盆地不断沉降，逐渐形成吐鲁番盆地今日地貌。

吐鲁番是新疆天山东部一个山坳盆地，古丝绸之路上的重镇。东西长约 300 公里，南北宽 240 公里，沙漠和戈壁占 76.7%，绿洲占 9.2%，山区占 14.1%。地势高低悬殊，西北高，与天山山脉主峰博格达山相连，海拔达 3000 至 4500 米；东南低，海拔 600 至 2000 米；中间洼，艾丁湖海拔 –154 米，被称为世界内陆最低处；火焰山呈东西走向横贯吐鲁番盆地，将盆地一分为二。盆地内干燥少雨，多年平均气温 14.1℃，极端最高气温 49.6℃，地面最高温度 76.6℃，极端最低气温 –29.9℃；多年平均降水量不足 17 毫米，蒸发能力却高达 2800 多毫米甚至 3000 多毫米；无霜期七八个月，年均八级以上大风 30 多次，素有"火洲""风库"之称。

而《西游记》中"唐三藏路阻火焰山，孙悟空三调芭蕉扇"的故事，正是以此地作参照。孙悟空历经曲折，在神助之下才借得"适四时、唤风雨"的芭蕉扇断绝火根，使当地人们从此得以生存。但在现实中，使古代吐鲁番人民能够相伴戈壁顽强生存下来的，却是延续至今已有千年以上历史的坎儿井那生命之水。

坎儿井是极度干旱地区人民勤劳和智慧的创造，是人与自然和谐共生的见证。

何谓坎儿井？坎儿井是根据自然地理和水文地质条件，利用地面坡度，以无动力水平引水的独特方式，开发利用山前冲积扇地下潜水，进行农田灌溉并供人畜饮用的地下水利工程。坎儿井由人工开挖的竖井、具有一定纵坡的暗渠、地面输水的明渠和储水用的涝坝组成。深藏地下的暗渠是坎儿井的主体工程，可分为集水段和输水段，最深的竖井约 100 米。一条坎儿井总长一般在几百米到几公里，四季自流不断、水量稳定、不易蒸发，水质好，适宜人畜饮用、农田灌溉，更是滋养绿洲的主要水源。

吐鲁番坎儿井的地下潜水来源于博格达山水系的冰融雪化之水、大气降水、河谷潜流及河水的不断补给。

据吐鲁番出土文书记载，唐贞观二十二年（648）吐鲁番地区就设有专门的水利机构"掏拓所"，主管官吏谓"掏拓使"。我国清代史学家王国维所著《西域井渠考》中记载，汉代吐鲁番地区已有坎儿井。据此推断，吐鲁番坎儿井的历史起码可以追溯到 1200 多年至 2000 多年以前。

空中俯瞰坎儿井群 *摄影/黄彬*

据专家考证，吐鲁番坎儿井盛行于清中叶，至 20 世纪 50 年代进入全盛时期，而林则徐对推广坎儿井功不可没。虎门硝烟后，1842 年林则徐被流放新疆。他到新疆后，首先抵达的是伊犁惠远城，为巩固边防，他大兴屯田。1844 年捐资修建龙口工程，渠道全通后使惠远城东阿齐乌苏的 10 余万亩土地得到灌溉。1845 年林则徐抵达吐鲁番，他在托克逊的依拉里克（今依拉湖乡），勘地 11 万亩，并扩大了坎儿井的规模。林则徐曾在《经久章程》里手书：

"卡井应准酌开也。查吐鲁番境内地亩多系掘井取水以资浇灌，名曰卡井。每隔丈余淘挖一口，连环导引，水由境内通流，其利勘溥，其法颇奇，洵为关内外所仅见。"

林则徐到吐鲁番之前，吐鲁番的坎儿井只有 30 余条，是他第一次把坎儿井推广到依拉里克，使坎儿井又增开了 60 多处。特殊的气候条件决定了吐鲁番盆地的农业生产全部依赖于灌溉。坎儿井从冲积平原上部向中下部发展，农田也随之扩大，成为绿洲开发史的一个转折点。

因水而兴，因水而衰

新疆维吾尔自治区坎儿井研究会、自治区水文水资源局的吾甫尔·努尔丁，近 20 年来执着于坎儿井研究、保护和宣传，他的讲述带我们走进了现实的坎儿井……

吾甫尔说："全球有 40 多个国家研究坎儿井，而我国走在前列。中国、伊朗等国的坎儿井研究具有代表性，其中最具代表性的是新疆吐鲁番的坎儿井。目前我们找到的最古老的坎儿井是 1200 年以前的，我在火焰山深处千佛洞遗址里找到三眼坎儿井竖井的遗迹，想必是修建千佛洞的僧人取水用的。再就是寻找古树，树有三五百年，相依的坎儿井就有三五百年。"

"50 多年前我们这里除了坎儿井，没有任何水利工程，维护人类生存和绿洲的诞生都靠坎儿井。那时，坎儿井水四季长流，年径流量达到 6.6 亿立方米，春夏可以灌溉农田五六十万亩，冬季有近 40% 的水流向大自然，浇灌荒漠野生植被和人工植被。在维护绿洲生态中坎儿井是功臣！20 世纪 50 年代坎儿井进入全盛时期，吐鲁番盆地坎儿井最多时达 1237 条，暗渠长约 5000 公里，竖井深度总长约 3000 公里，总土方量超过 4 万立方米。"

据当地老人回忆：在 20 世纪 50—60 年代，吐鲁番地区随处可见以坎儿井命名的村落，人们世代依水而居，休养生息。一条或数条坎儿井明渠清凉的水在村内蜿蜒流淌，穿过街道、院落，最后汇入涝坝，浇灌着鲜花、葡萄、蔬菜和瓜果，灌溉良田。炎热的夏日，人们在坎儿井涝坝旁享受着徐徐凉意、片片林荫，妇女们蹬着孩子的摇床，手里绣着花帽，说着悄悄话；男人们三五成群下着当地的土围棋，不时爆发出争吵声；涝坝里的鱼虾有时会跃出水面，又激灵一下潜入水底，溅起的水花，惊飞了树上的小鸟……那一派和谐宜人的田园风光，令人难以忘怀。

吾甫尔说："坎儿井遇到的问题是世界性的，我们研究会现在主要研究坎儿井的衰减问题和坎儿井对生态环境的影响。如果坎儿井消失，绿洲怎么生存？这是没有办法想象的。因为坎儿井早已成为百姓和绿洲生命的一部分，息息相关。坎儿井干涸，沙进人退，老百姓被迫搬迁，真的是背井离乡。我曾亲眼见到几位年长的维吾尔族老人在离开前，坐在坎儿井边，满脸是泪，老百姓对坎儿井的感情无以言表……"

坎儿井的暗渠　摄影／吾甫尔·努尔丁

昔日兴盛时的坎儿井　摄影／黄彬

"井干人退"的衰败现象　摄影／吾甫尔·努尔丁

据新疆坎儿井研究会 10 年前在全疆组织开展的坎儿井普查资料记载，1986 年，鄯善县吐峪沟乡共有坎儿井 44 条，总长 218.5 公里，竖井总数 13575 眼，平均每公里约有 62 眼竖井，至 2003 年，有水的坎儿井仅剩 7 条。

我们禁不住推想当年全疆 1784 条坎儿井有 172367 眼竖井，铺展布阵于广袤的戈壁，空中俯瞰像是天人合一在大漠上摆下的巨幅棋盘，星罗棋布何等壮观……那上千条坎儿井延伸出的明渠和涝坝滋蔓片片绿洲如同天地造化、人工巧琢之碧玉，是吐鲁番人与大自然共同创造、永续相生之珍宝……

地区林业局白秉书局长带我们来到吐鲁番市恰特喀勒乡戈壁滩去看坎儿井竖井群全景，然而，呈现在眼前的却是一个个竖井口被沙石填埋破损不堪，难以辨识。风沙扑面，根本未见一丝潮湿，更无绿洲的踪影。负责生态摄影的老陈，爬上吉普车居高临下多方调整镜头，也没有找到理想的画面。

半个世纪以来，坎儿井始终呈现不断衰减的趋势

地区水利局副局长、水资源管理中心主任马兴波说，新中国成立前，吐鲁番地区的工农业生产用水及人畜饮水，主要靠坎儿井水和泉水，1949

年底，全地区有水坎儿井 1084 条，年径流量 5.08 亿立方米。新中国成立加快了工农业生产发展，生产生活用水严重不足，主要靠新挖坎儿井、延伸坎儿井、挖泉眼，增加供水量。据新疆坎儿井研究会 10 年前的普查资料记载，至 1957 年，坎儿井数量达到最高峰，为 1237 条，径流量达 5.63 亿立方米。之后有水坎儿井数量逐年减少，至 1966 年有水坎儿井 1161 条，年径流量达到最大的 6.6 亿立方米，随后年径流量也逐年降低，到 2003 年有水坎儿井锐减到 404 条，不足 1/3，年径流量为 2.32 亿立方米；至 2009 年有水坎儿井 247 条，不足 1/5，年径流量减少为 1.46 亿立方米。当地人说，早先奇台、木垒、库车、和田都有坎儿井。如今，坎儿井仍然发挥作用的，主要分布在吐哈地区，且已为数不多了。

为什么坎儿井会大量断流？

从环境因素和自身因素看，坎儿井暗渠段基本处于戈壁，常年经受风沙侵蚀，堵塞井渠，造成暗渠内水位升高，继而引起暗渠壁坍塌；坎儿井开采的是浅层地下水，对地下水位变化适应性差；为实现无动力自流，有些坎儿井暗渠坡度过大，长年冲刷掏空，失稳坍塌；竖井口冻融失衡导致大面积坍塌。但是这些基本可以通过加强保护、修复和加强管理规范得到解决。

那么，是哪里扼制了坎儿井的命脉？

吐鲁番总人口新中国成立初期约 20 万人，1987 年约 45 万人，2011 年末增至 63.19 万人。随着人口增加，农业灌溉面积和用水量不断增大。据吐鲁番地区水利局统计，新中国成立初期，吐鲁番地区共有灌溉面积 45.59 万亩，到 20 世纪 80 年代第二轮土地承包时期灌溉面积达到 91.68 万亩，从 20 世纪 90 年代开始，20 多年推行农业综合开发和社会力量开荒，灌溉面积陡增到 164.61 万亩（不含防护林和草地），是新中国成立初的近 4 倍。

水利设施建设日益增多，地表水和深层地下水上下抽取，拦截了大量坎儿井补给水源。

截至目前，全地区共有水库 13 座，设计总库容 9922.66 万立方米；在建水库 4 座，设计总库容 8735 万立方米。

从 20 世纪 60 年代吐鲁番地区开始凿打机电井，至 1975 年机电井有 462 眼；到 1985 年迅速发展到 2550 眼，年提水量在 2.5 亿立方米；到 2005 年增加到 5412 眼，年提水量 4.59 亿立方米；到 2011 年达到 6358 眼，年提水量 7.41 亿立方米；机电井深度也由 20 世纪 70 年代的 30—80 米，发展到目前一般在 180 米以上，最深达到 200 多米。

另外，吐鲁番是典型的资源型地区，石油、天然气、煤炭资源、金属矿产资源、无机盐化工等是吐鲁番地区的优势发展产业。随着工业迅猛发展和区域经济增长，对地下水资源的消耗量日益增大。

长期以来，人为的大量超负荷开采地下水、拦截地表水，造成地下水位大幅下降，给坎儿井带来毁灭性打击。

鄯善县七克台镇处于油田开发地，该县林业局副书记之前在七克台镇当镇长。他说鄯善县 75 个行政村有近 400 条坎儿井（据 2003 年普查为397 条），现在有水的只有 40 多条了，每年地下水位要下降 1—1.5 米，人们把一部分坎儿井延伸再往上游挖，这只是暂时的办法。新疆还在不断扩大露天煤矿的开采，石油、煤炭、钾肥生产等等都要用水。这里最深的地下水层不超过 300 米，就像碗里的水一样，碗底干了，再打多深的机电井也没有用！而从外界向这里调水的可能性更是不大。

地区文物局的小陈说，既坚强又脆弱的生态环境，把艾丁湖蒸干了，但是吐鲁番 60 多万人口还存在着、生活着，这样超载用水是不可持续的，坎儿井是生态的闸门，艾丁湖是晴雨表。

马兴波说，汉唐时期，艾丁湖达到 300 平方公里；到了清代的 1756 年是 230 平方公里；1949 年是 152 平方公里，1958 年是 22 平方公里，1987 年是 4 平方公里，现在已经成为季节性湖泊，有水时也就两三平方公里……

我们专程考察了艾丁湖，基本上全部干涸，艾丁湖中央"世界内陆最低处（海拔 –154 米），精彩人生新起步"的石碑赫然在目。为拍摄艾丁湖全貌，老陈曾失足落水，人们一阵惊呼，没想到他站起来时，水才刚没过腰间。

坎儿井因水而兴、因水而衰，水是坎儿井的命脉，而扼制坎儿井命脉的却不是水本身……

人与坎儿井生命的融合

吐鲁番人说起坎儿井充满亲情，因为千百年来，坎儿井已经融为他们生命中的一部分。

4 月 19 日，我们来到吐鲁番市亚尔乡亚尔贝希村，见到村中央有一处直径 20 余米的涝坝和一条明渠，涝坝周边的老树枝叶相交，但是并没想象中宜人的田园风光。全村有 1100 户人家，4295 人。我们与村民们聊起了坎儿井。

村民组长阿斯木·沙塔尔说："我们组共 6 条坎儿井，由于水位下降，有 3 条在 2004 年就没有水了。"

当我们问到是机电井好还是坎儿井好时，村民们异口同声说道："坎儿井好！因为一年四季都可以使用，机电井水成本高，每年要 450—500 元 / 亩，哪天断电了，就没有水用了，连毛驴旱了，也没有水喝，五六公里以外的村子都到我们这里来取坎儿井的水喝。现在我们最担心的就是坎儿井的水将来会没有了，大家都有保护意识，每年都大大小小地进行维护，上级会补助一些钱、村集体公益收入会拿出 30%，村民每人不超过 50 元，没钱的出力。按规定在坎儿井首部竖井上下两公里，暗渠左右各 500 米以内不准打机电井。"

路边的一位村民告诉我们："我爷爷的爷爷那时候就有坎儿井了，但过去一个小时能浇上三四亩地，现在只能浇一亩了，地下水少了。"

司玛依·托乎提老人说："40 多年前我们家就干坎儿井的维修，那时全村有 33 条坎儿井，现在有水的坎儿井只剩 9 条了。1981 年沙塔尔的父亲搞畜牧业赚了钱，我父亲跟他说，我有技术，你有钱，我们合作，组织大家打一条坎儿井吧。你有 10 个儿子，人口多用水多，坎儿井打出来之后用你的名字命名。当时是我们 20 个人轮班干活，一班 10 个人，用蜡烛灯照明，在坎儿井底下掏挖暗渠；我父亲有技术、有经验，在地面探水线，指挥打竖井。我们和父辈用了整整 6 年时间，花费 23 万元，终于在 1987 年成功挖好一条长 2200 米的坎儿井，那是我们村打的最后一口坎儿井。胜利那天，我们专门举行了纳麻兹仪式，聚会、杀羊做抓饭庆祝，将井命名为'阿斯木·提拉吉'坎儿井。"

沙塔尔和托乎提带我们来到他们和父辈一起打的坎儿井旁，打开井盖时，坎儿井一眼见底，已无流水，只有一片潮湿，我们又来到这条井的出水口，已完全干涸，与荒漠一色，而就在离它不到百米处一眼机电井由于阀门故障，正在不断地向外大股喷涌清亮的地下水，白白地蒸发在荒漠上。这种强烈的反差，着实令人心痛不已。

亚尔贝希村的维吾尔族乡亲们说，我们将坎儿井比作我们的生命，农民围绕着坎儿井生存。没水的地方连动物都不来，肯定是先有水，才能留住人。1979 年，一条坎儿井没水了，17 户人家搬走了；2004 年又一条坎儿井干了，11 户村民搬走了，当时他们含着眼泪舍不得离开……我们死

沙塔尔和托乎提叙述老一辈开挖坎儿井的故事　摄影/付佳琳

去以后，要让我们的后代也有坎儿井用。平时教育孩子，带着他们到坎儿井边看，告诉他们，老祖宗挖的坎儿井你们要好好保护，交给孩子们如何维修。对坎儿井的前景我们充满希望，但是更好起来也不可能，我们只是维护好已有的坎儿井，延长它的生命。

对坎儿井申遗的思考

　　申遗，是将坎儿井作为历史遗产保留下来，类似古埃及金字塔，成为让后人瞻仰的文物？还是为了延续坎儿井生命之源，长流不竭？

　　坎儿井作为凝结先古智慧、民间传承千年的地下水利工程，在其史诗般的历程中发挥过巨大的作用，产生过灿烂的文明，滋养了绿洲生命和独特的生态文化，形成了人与自然和谐统一的关系和令人震撼的生态景观。众多中外学者把新疆的坎儿井与横亘东西的万里长城、纵贯南北的京杭大运河并列为中国古代的三项杰出工程，也有人把都江堰、灵渠和坎儿井统称为我国古代三大水利工程，坎儿井作为申遗的对象理所当然。

然而，坎儿井作为水源的唯一性已不可能。

自 20 世纪六七十年代以来，全部用坎儿井水早已不能满足经济社会发展的需求。至今，农业灌溉和工业用水基本是大河水和机电井水。坎儿井这一传统水利工程出现大幅度衰败趋势有其必然性，其在国民经济中所占的地位，已让位于机电井和大河水及现代水利工程。

吐鲁番地区水资源总量为 9.56 亿立方米，人均占有水资源量 1622 立方米，仅为我国人均水资源量的 1/5，地表水径流量全部由山区降水及冰川转化而成。正是因为有了坎儿井，在极端干旱酷热地区生活的各族人民才具备了持续而顽强的生命力，才孕育了人与自然和谐相处的绿洲生态文化，推动了世界四大文化的交汇融合，促进了农业文明经济社会的发展和工业现代化建设的原始积累，创造了举世瞩目的辉煌历史。试想，一旦吐哈盆地所有的坎儿井干涸消失，这一切是否也会随之逝去？

新疆之所以生态环境极端脆弱，社会经济发展受到制约，根本原因在于没有足够的生态用水。坎儿井的衰退，实质上是人们没有深刻认识到坎儿井是绿洲生态用水不可替代的命脉，而绿洲生态是吐鲁番经济社会发展的根基。长期以来，缺乏全面的水资源利用规划和时空配置格局。

2008 年，以钱正英为首的，由 24 位院士和知名教授、研究员组成中国工程院"西北水资源"项目组赴吐鲁番地区考察，项目组的结论是：西北地区生态耗水和经济社会系统耗水以各占 50% 为宜，至少也要留出 30% 的水量来保护生态。考察时，钱正英还问陪同的吾甫尔："你用一句话告诉我，坎儿井怎样才能保护下来？"吾甫尔回答："只要现代水利工程和坎儿井能够和谐相处，坎儿井就能够保护下来。"国家文物局、自治区文物局下拨坎儿井工程专项资金 1700 万元，组织了 500 人的队伍，从 2011 年开始掏捞清淤和加固维修坎儿井工程。

要保住祖宗的遗产，又要满足现代化发展的需要，还要为子孙后代留下足够的资源储量和发展空间，我们承上启下，不能让坎儿井消失在我们这一代人手中！延续坎儿井就是延续绿洲的生命，就是延续古老文明的传承。修复坎儿井很重要，但前提是必须转变经济发展方式和生产生活方式，修复人与自然的关系。

坎儿井就像历尽沧桑仍在苦苦挣扎、不愿离去的生命，她还在竭尽全力用几近干涸的乳汁滋养着她流经的土地和人民，体现着她存在的价值……

848

暗渠加固　供图／吐鲁番地区文物局

　　只要有坎儿井流水的地方就会形成人工林带和野生草木，野生植物多了，涝坝里和下游的湿地里就会有水生植物，继而又有昆虫繁衍；有水，有草木，有昆虫，就会引来鸟类，有候鸟也有留鸟；有了水面，就会出现鱼类和两栖动物……一步步串联起荒漠绿洲的生物链。我们的梦想就是坎儿井不断流，延续其生命的奇迹……

　　坎儿井是吐鲁番绿洲活力的源泉，坎儿井文化培植和见证了吐鲁番文明的发展。坎儿井数量和水量的衰减过程，不仅反映了地区水资源的衰减，更显示了生态环境和人与自然关系的潜在危机。长此以往，最终水资源的不可持续，将导致人类生存环境的毁灭，而到那时，完结的不仅仅是坎儿井……

　　我们不禁反省，即便1273条坎儿井全部修缮完好，如果不改变以往的理念和发展方式，坎儿井明天还会有水吗？透支的水资源能否源远流长，支撑人类的可持续发展……

大别山养育了多少英雄儿女、见证了多少离合悲欢、承载了多少历史传奇和神秘遗址？只有当你踏上这片与共和国血肉相连的红土地，如婴孩般投入母亲的怀抱，执手相望、贴心倾听，她的情愫才会点滴沁入你的心底……在纪念抗日战争胜利 70 周年之际，让我们再唱大别山，祭奠为共和国献出青春、热血和生命的 10 万英烈，歌颂大别山含辛茹苦、无怨无悔的父老乡亲！

五、再唱大别山

——谨以此文纪念抗日战争胜利 70 周年（上篇）

　　大别山脉贯穿鄂豫皖三省与秦岭接壤连绵千里，宛若巨龙横亘于我国中部，隔开长江、淮河两大水系，成为南北分水岭。一道大别山，南北气候环境、风俗民情迥然不同。据《大别山区兵要简志》史料记载：大别山"山脉重叠、绵亘，其在英山东西延线地区，南向斜面较缓，多属丛林，茨蔓杂生，故名阴蔽地……至潜山、霍山、立煌、英山间地区，均属崇岭深谷，人烟稀少，近似不毛之地"。

　　初春时节，我们驶进皖西南大别山区，盘山路像是没有尽头的羊肠线，偶见绝壁飞瀑、涧溪旁野樱桃花悄然绽放；山坳人家古树参差、翠竹摇曳。大别山贫瘠无华、厚重坚忍，她养育了多少英雄儿女、见证了多少离合悲欢、承载了多少历史传奇和神秘遗址？只有当你踏上这片与共和国命运血肉相连的红土地，如婴孩般投入母亲的怀抱，执手相望、贴心倾听，大别山的情愫才会点滴沁入你的心底……

　　大别山腹地岳西县，因其位于古南岳之西而得名。全县总面积 2398 平方公里，境内群峰逶迤、林壑幽深、气候宜人，是安徽省集革命老区、纯山区、生态示范区、生态功能区"四区"于一体的县份。

　　黄尾镇党委书记舒寒冰名字很冷，但是对家乡的挚爱和对文化的热情是滚烫的。据他介绍，岳西是中共安徽省委首任书记王步文烈士故里、中国工农红军 34 师（后改称为中国工农红军中央独立 2 师）诞生地，是鄂豫皖三年游击战争的大本营和刘邓大军挺进大别山的重要根据地。

组建新四军东进抗日

1937 年七七卢沟桥事变爆发，7 月 13 日，在大别山坚持了 3 年游击战的红 28 军，在政委高敬亭的领导下，坚决执行党中央关于建立最广泛的抗日民族统一战线的方针，在岳西县南田村，果断作出主动与国民党地方当局举行停战谈判的决定；7 月 22 日，鄂豫皖边区国共双方代表在岳西县青天畈正式谈判；27 日达成停止内战、共同抗日的协议，并商定于 28 日在岳西县九河朱家大屋举行签字仪式；10 月 2 日，国共两党达成协议，将南方 8 省的红军和游击队改编为国民革命军新编第四军；12 月，新四军军部在武汉成立。长江以北的红军和游击队改编为新四军第四支队，高敬亭任司令员，下辖三个团、手枪团和直属队，共 3100 余人；1938 年 2 月 20 日，新四军第四支队接到军部东进的命令，并于 4 月挺进皖中、皖东抗日前线，创建敌后抗日游击根据地，成为该地区抗日主力军。

1938 年 5 月 12 日，在巢县蒋家河口战斗中，高敬亭部打响新四军挺进敌后第一仗，击毙日军第六师团巢县守备队 20 多人而己无一伤亡；五六月间，又发动大小战斗数十次，毙、伤日伪军 800 多人，击毁汽车 100 多辆；1938 年 9 月，棋盘岭伏击战中，高敬亭部击毙敌人 70 余人，击毁军车 50 余辆，缴获大量枪弹和军用物资；之后，高敬亭指挥部队先后攻克庐江、无为县城及肥西的刘家老围子，开辟了皖中抗日根据地，第四支队发展到 8000 多人，成为新四军主力部队。

据不完全统计，至 1939 年 6 月，高敬亭部东进 1 年零 4 个月里，先后同日伪军战斗 90 余次，毙、伤敌 2300 余人，包括日军 1700 余人；俘敌 400 余人，消灭反动武装和土匪 3700 余人。国家危难之际，大别山人民义无反顾投身抗日浴血奋战，挺起了中华民族的脊梁，也孕育了彪炳千秋的大别山精神。

从农民起义到中国工农红军，从新四军抗日战争到解放战争，为国家的独立和民族的解放，大别山无数英烈血染的风采令后来人肃然起敬。谈及这段历史，舒寒冰不禁感慨："希望每一个踏上这片红色土地的人都怀

连绵起伏的岳西大别山　摄影 / 储青

有崇敬之心。因为这里有 4 万名烈士为革命牺牲，几乎占当时全县总人口的 1/4。"舒寒冰说："由于特殊的历史、地理和交通环境，大别山地区不仅成为长江中下游重要的生态屏障和生态功能区，更是红色文化和农耕文化重要的传承地，区域内保留着大量的红色文化遗迹、遗址和纪念场所，以及古村落、古建筑、非遗、民俗，特别值得一提的是，许多古村落、古建筑本身就是革命军队重要的活动场所，具有双重保护价值。保护大别山区丰富的自然生态、人文生态，尤其是红色文化生态，刻不容缓，意义重大。那些珍贵的文化基因不能在我们这一代人身上消失。"

"八月桂花遍地开"从金寨唱响全中国

金寨县，位于大别山北麓，鄂豫皖三省接合部，人称"红军的故乡""将军的摇篮"。1924 年金寨境内就建立了共产党的组织。土地革命战争时期，成功发动了"立夏节起义""六霍起义"，在残酷的白色恐怖下，金寨 10 多万英雄儿女参加红军，走上艰苦卓绝的革命道路，诞生了红 11 军 32 师、33 师，创建了红 25 军、28 军等 11 支成建制的红军部队，成为鄂豫皖革命根据地的核心区、红四方面军的主要发源地、国共两党领导安徽省抗日救亡运动的中心和刘邓大军挺进大别山的前方指挥机关所在地。

蒋氏支祠建于道光元年，高敬亭将军多次在此主持召开重要会议，红军将士多次在此商议抗敌军情和休整　摄影 / 汪绚

红 25 军军政机构旧址　摄影/张光照

李氏古民居　摄影/汪绚

　　我们所到的汤家汇镇是金寨县第一个共产党基层组织诞生地,是商南立夏节起义区域、苏维埃政权和豫东南革命根据地的核心区。斗林村李家老湾,曾涌现出一大批革命志士。刘邓大军南下时,该村成为门坎山战役的战场,时任红28军政委王平章在战斗中牺牲,这是当时红军牺牲的最高将领。始建于明朝占地6400平方米的李氏古民居,曾是安徽省委、六安地委、金寨县委的驻地,保留有红二十五军衣帽厂和红四方面军医院旧址。

　　李氏古民居为皖西古建筑风格,坐北向南、青砖到顶、黑瓦起脊飞檐、高大结实。青石门框双石套扣,木门镶在其中,两旁雕花石鼓已有年代的光泽;二进厅堂三间,高悬"礼隆三豆""淑德延龄""操坚寿永"三幅出自嘉庆、道光年间的匾额;三进堂屋为祭祖之用。

　　古屋东西两道山泉顺势而下,两口古井从未干涸;地面排水沟处处相通,雨天各户往来从不湿脚;青砖条石修成的明沟暗道通向外界自然排水,从未发生内涝现象;整个宅院高大厚重的青砖院墙只留4道门,具有防火、防盗功能;门前三口明塘,倒映出山峦树木,仿佛油画一般。

　　穿过回廊,我们来到了李氏老宅的后庭院,这里年久失修,已倒塌的残墙破壁下,遗存的柱脚石雕牵引着人们的遐想。当大家回转身,只见东

李经富老人讲述红军的故事 *摄影／汪绚*

面围墙镂花窗格下的花坛中两株山茶根深叶茂，艳红的山茶花大朵大朵怒放枝头，带着阳春三月的生机，一扫庭院的破败。

站立山茶树旁，李氏后人李经富老人回忆："这所老宅是李氏家族的公房，也是我们儿时的乐园。这里原有一株先祖李志在明朝末年栽种百年古山茶，色泽艳丽、花瓣很大。前些年老树死了，原准备把老树根挖掉，谁也没想到它竟萌生出两株小树，和老树盘根错节成长起来，而且从10月底到翌年春天都有花开，无愧陆游的诗句'东园三月雨兼风，桃李飘零扫地空。唯有山茶偏耐久，绿丛又放数枝红'，更像是大别山人的写照……"

76岁的李经富也是红军的后代，鹤发红颜、穿着整洁、谦和忠厚。他告诉我们，革命战争年代，李氏不少人都参加了红军，最高的曾任副军长。父亲李传世和老爹（小叔）李传策都是隶属于徐向前部队的老红军。父亲是红25军司务长，跟随部队转战湖北罗田、英山、黄梅，在攻打黄石的时候掉队，经汉口回到家乡。老爹李传策原是机枪手，后在四川转为炮兵并担任炮兵班长，红军长征过草地的时候陷入沼泽牺牲了。听父亲说，当年红军攻打英山时，兄弟二人曾有幸见过一面，抱头痛哭，自此一别再无相见。李经富从口袋里拿出两页纸抖动着，指点着上面的人名："原来家谱记着李氏家族参加红军25人，这些年来，我一家家去核对，有的人家搬走了，我就去寻，我把他们都记在这上面，应该是38人，都要写进李氏英雄谱。我已老了，传给后人，我们不能忘记他们！"老人家脸上似乎在笑，眼里却噙着泪水……

山茶树附近，一株高大的桂花树绿叶婆娑，桂花树是这里的乡土树种，每逢农历8月，各家门前的桂花盛开，花香四溢，寓意家族富贵、子孙繁茂。汤家汇镇的镇长告诉我们，金寨县就是《八月桂花遍地开》这首歌的诞生地。据《金寨红军史》记载，从立夏节起义胜利、红32师的建立，到三次反"围剿"胜利和区乡苏维埃政府普遍建立，人民群众欢欣鼓舞，张灯结彩，热烈庆祝。时任商城县委书记李梯云和县委委员漆禹源、漆先棣决定编一首歌唱苏维埃的歌曲让群众演唱，任务交给了"商城才子"、时任果子园佛堂坳模范小学校长、共产党员罗银青。

时值1929年仲夏桂花飘香的季节，罗银青触景生情，"八月桂花遍地开，鲜红的旗帜竖啊竖起来……"如同一股清泉在他的心中流淌，配以当地民歌曲调"八段锦"，《八月桂花遍地开》带着大别山的文化基因诞生了。罗银青的学生包括以后成为开国将军的方子翼等16人参加了这首歌曲的首唱表演。

"八月桂花遍地开，鲜红的旗帜竖啊竖起来，张灯又结彩呀，张灯又结彩呀，光辉灿烂闪出新世界……"歌声，像一道雨后的彩虹横空出世，令根据地的人们豁然开朗！歌词道出了心声、曲调朗朗上口，在那战争残酷、食不果腹、血雨腥风的岁月，《八月桂花遍地开》带着革命乐观主义精神和对美好生活的追求，伴随着红军艰苦卓绝的足迹，从大别山腹地金寨唱响全中国！1964 年大型音乐舞蹈史诗《东方红》再次让这首歌在新中国家喻户晓。

金刚台妇女排最小的烈士

1935 年至 1937 年，中共商南县委领导妇女排和游击队，以金刚台山上的天然洞穴为庇护，配合红 28 军，面对百倍于己的敌人，坚持了长达 3 年的游击战，就是在与红军主力失去联系的日子里，坚持斗争的意志也丝毫不减，在金刚台留下了朝阳洞、观音洞、水帘洞、女人洞等一批遗址，当地百姓亲切地称之为"红军洞"。

那年冬天，大雪盖住了金刚台山，加上敌人的军事封锁，部队挖草根、啃树皮，缺吃少穿、饥寒病痛。敌人大规模搜山，妇女排的张敏怀抱着刚出生 6 天的婴儿随部队艰难转移。因为缺少奶水，孩子饿得啼哭不止。为了不暴露目标、保护部队的安全，情急中，张敏将干瘪的奶头塞进孩子的嘴里捂住，用胸抵着孩子的脸，把他瘦小的身体紧紧搂在怀里，孩子的哭声戛然而止。1 分钟、2 分钟，时间如此煎熬……半个时辰过去了，敌人撤退了。大家纷纷围上来，只见张敏双眼呆滞、面无表情，冰冷的泪水也已凝固，襁褓中的孩子永远不会再哭了，一个在艰难困苦中来到世上的小生命，就这样被拒绝了生的权利匆匆离去！为了更多人的生！

抗战爆发后，妇女排被编入新四军第 4 支队抗击日寇，其中史玉清、袁翠明、范明、吴继春、彭玉兰、方立明、胡开彩、陈发新成为战争的幸存者，解放后继续做部队后勤和地方卫生管理工作，被誉为"金刚台英雄八姐妹"。"金刚台三年红旗不倒"，是毛泽东等老一辈革命家给予金刚台山区革命斗争的高度赞誉。

金刚台妇女排的幸存者

一诺一生，革命缘长

金寨县副县长朱宽江，对每位金寨籍将军和发生在他们身上的故事都如数家珍：那年我还在桃岭乡当书记，一位80多岁的老妇人带着她的孩子们回到家乡，到革命烈士陵园为她的丈夫——一位开国将军扫墓。在墓前，老妇人让大儿子先讲，原来，老将军在军区医院病危时把一个保守了几十年的秘密告诉了大儿子，嘱咐："将来父母不在了，你们兄妹一定要照顾好大姐！"

满头白发的将军夫人坐在丈夫的墓前给孩子们讲述了下面的故事：当年，她的丈夫随父兄3人参加红军，离开桃岭乡，结果只有他自己见到了新中国。他父亲牺牲在湖北英山，哥哥是杨得志手下的副团长，牺牲在腊子口。抗日战争时期，部队来到无为县，那时他已经是团长了。一次战役中，他的战友身负重伤，头盖骨炸开了，手和腿炸断了，血肉模糊，临终前嘱托他照顾好自己的妻子和尚未出生的孩子，娶她为妻。战友牺牲后安葬在无为。农民出身的他虽读书不多，但却英勇善战、重情重义，要娶战友的遗孀为妻，把事情向师长作了汇报。开始女方有疑虑，在师长和政委劝说下同意了。结婚不久，战友的女儿出生了，老将军视如己出，十分珍爱。之后，夫妻二人又生下3个儿子、2个女儿，而大女儿直到父亲去世时都不知道这个秘密，得知真相后的大女儿泣不成声，儿女们也才明白，为什么父亲一直对大姐最亲、最好。

革命家庭自有后来人，3个儿子3个将军，告慰英灵。朱宽江感慨："这是我亲眼所见、终身难忘的故事！"是啊，战争年代有多少青春与热血凝结、友情与爱情交融的奇闻轶事，一诺一生，革命缘长！

大别山人治淮移民再奉献

中国历史上是一个水灾频发的国家，尤以淮河水患最为肆虐。"治国先治水，治水即治国"。新中国成立后，1950年毛泽东4次批示"治淮"，并于1951年发出了"一定要把淮河修好"的号召。为此，金寨人民用自己的双手在县域内兴建了梅山、响洪甸两座大型水库枢纽工程，再次作出巨大奉献和牺牲！

梅山水库坐落于淮河支流史河上游，梅山镇大小梅山之间，1954年动工兴建，1956年建成，是我国自行设计施工的当时世界上最高的连拱坝；响洪甸水库位于淮河支流西淠河上游的齐云山畔，1956年动工兴建，1958年建成，是我国自行设计施工的第一座等半径同心圆混凝土重力拱坝。两座水库库容分别为22.75亿立方米和26.31亿立方米，正常蓄水位均为128米，汛期限制水位分别为125.27米和125米，电站装机容量均为4万千瓦，年均发电量分别为1.1亿千瓦时和1.07亿千瓦时，灌溉面积分别为383万亩和660万亩。

修建梅山、响洪甸两大水库，淹没了金寨县麻埠、流波、金家寨三大经济重镇10万亩良田、14万亩经济林，10万移民搬迁。为了江淮大地的丰收、沿岸人民的安全、合肥和浙江的用水，金寨县库区人民舍家为国，成就了治淮史上的辉煌。

访谈中，库区移民徐生厚说，当年政府工作队到各家动员移民，根据各家人口在移居地给盖房、分地。我们问淹没的家产给补偿吗？他们笑了："记得，房子一间12元，牛栏、猪圈每个4元，祖坟每口棺材2元，我们南溪镇石寨村移民615人。"

　　曾担任过汤家汇街道书记的吴明宏现年80岁，对当年水库移民的情景记忆犹新："我家原住在麻埠镇清桥乡。家里5间瓦房，1957年被移民到汤家汇，分给4间土坯房住两家人。当时土地、耕牛、农具都入了初级社，农民个人基本没有财产。"林业厅的邱辉问道："对比现在的政策，你们觉得当初移民亏不亏？如果再移民，你们会不会跟政府提什么条件？"老人脱口而出，"我55年入党，党员必须跟党走，共产党的天下，到哪都是我的家！"豁达的笑声瞬间淹没了往事的艰辛，感染了厅堂里的所有人……

　　金寨县副县长朱宽江后来告诉我们，响洪甸水库蓄水后，一夜之间几乎所有房屋都被推倒了，好多人背井离乡迁到外县，当时一个锅台补偿5元，基本上相当于没有补偿。2008年国家落实了水库移民补偿政策，每人每月补偿50元，连补20年，共计1.2万元／人，现在已经执行7年了。

梅山水库　摄影／李楠

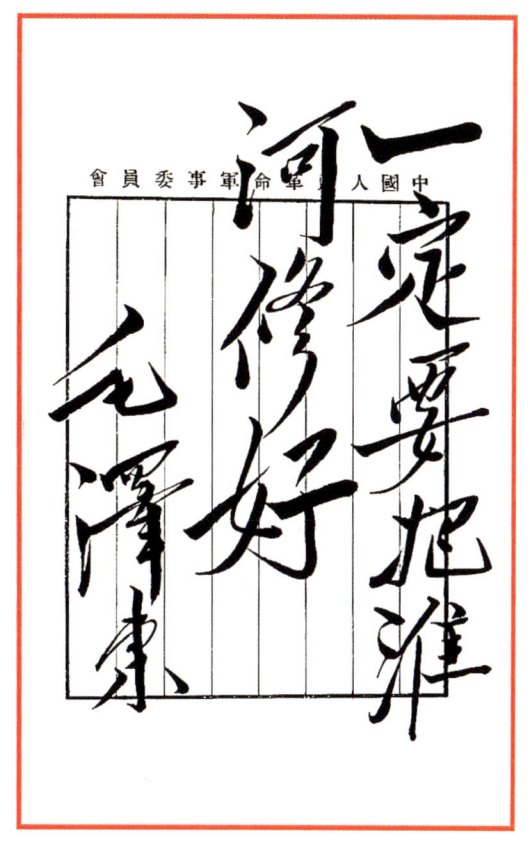

毛泽东亲题"一定要把淮河修好"

回想麻埠大别山的繁华古镇

据说，麻埠古称麻步山、麻步川，清代正式称之为麻埠镇。麻埠水陆通达、百业兴旺，是皖西北大别山区商贾云集的繁华地带，自古有"金麻埠""小南京"之美称。境内毛竹、木材、水产、麻、茶叶等资源丰富，是"六安瓜片"的原产地。水陆码头是大别山土特产与外地客商百货贸易的集散地。街道由石块铺砌，一条穿街小河自北向南流入西淠河，常住人口过万。在响洪甸水库修建以前，每天往返合肥、六安、梅山的客车20多班次，水运船舶1000余艘。

1931年8月，皖西北特区苏维埃银行从金家寨迁驻麻埠，下设皖西北印刷局和造币厂，先后铸造皖西北苏维埃铜币、鄂豫皖省工农银行银币和皖西北道区苏维埃铜币。在《中国铜元目录》和《中国银元目录》中，上述银币、铜币，因流通时间短、数量少而标价甚高，成为钱币收藏者追求的珍品。

如今那个繁华的麻埠镇，已沉于响洪甸水库近 60 年了，试想，如果在今天，水库选址是否可以让开具有历史遗存意义和区域经济价值的重镇呢？

心系家乡不忘根本的洪学智上将

金寨县革命博物馆专门设有洪学智将军展区，可以明显地感受到讲解员的声调充满自豪和亲情。洪学智是金寨县双河镇人，1929 年参加立夏节起义，同年加入中国共产党，曾任红 4 军政治部主任，参加过长征；抗日战争时期，曾任新四军盐阜军区司令员、第 3 师副师长兼参谋长等职；解放战争时期，曾任东北野战军第 6 纵队司令员、第 43 军军长、第 15 兵

金寨县革命博物馆　摄影／张光照

金寨县革命烈士名录碑 摄影 / 汪绚

团第一副司令员兼参谋长等职，率部从黑龙江一直打到海南岛；抗美援朝中任志愿军副司令员、志愿军后勤部司令员，指挥后勤部队 20 多万人，筑成"打不垮、炸不烂"的钢铁运输线；后任中央军委委员、军委副秘书长兼总后勤部部长、政委等职，是我军现代后勤工作的开拓者，1955 年和 1988 年两次被授予上将军衔。

　　林业厅副厅长齐新告诉我们，洪学智将军活到 93 岁，生前一直思念着长眠故土的战友和亲人，认为自己对金寨的烈士和家乡父老有一份责任，心系家乡的建设和发展，牵挂大别山区人民的疾苦，在金寨享有很高的声望。

　　金寨县是革命老区，也是贫困山区。因兴建梅山、响洪甸两座大型水库，淹没了大面积粮田和茶园竹山；后又历经"大跃进"运动及三年困难时期和"文化大革命"，农业生产受到了极大的挫折，老区人民生活十分

863

困苦。1974年，金寨县遭遇旱灾，很多人家没的吃，怀孕妇女的日子尤其难挨，有人便写信向洪老求助。洪老收到信很着急，一个月后，想方设法从部队调配了几卡车红薯干送到县里，转告县领导，部队也很紧张，想不到更好的办法，红薯干分给全县怀孕的妇女以度荒年，并请县领导代他向乡亲们表示歉意。那年，怀孕的妇女都吃到了部队送来的红薯干，有的妇女还留下几块，用布包好，日后留给孩子做纪念，不忘救命之恩。

那些年，金寨流行地方性甲状腺肿和克汀病，洪学智得知后，向中央军委报告了情况。1984年5月，中央军委派出医疗队到金寨进行调查医治；1985年，第二军医大学、南京军区总医院等单位先后向金寨派出7批医疗队，走村串户，治病防病，并支援了大批药品和器械设备。南京军区总医院创办了金寨县卫生学校中专班，为金寨培养了一大批"带不走的医疗队员"。洪老曾亲临金寨视察指导，在家乡双河，亲自为乡亲们发放药品。

1988年底，金寨县通过国家级地方病检查验收，地甲病患病率从1985年的17.4%下降到2%以下。从1979年至1991年，洪老组织动员部队官兵捐赠棉衣棉被31.4万多件，解决了乡亲们过冬的难题。洪学智将军，戎马一生、战功赫赫，但是他始终感恩大别山母亲的哺育，"树高千尺也忘不了根"！

在金寨县域我们行程数百里，走访了果子园乡姜湾、汤家汇镇李老湾、廖氏庄园、易家湾古民居、梅山镇小南京村、白塔畈镇郭店村等多个乡镇和行政村，瞻仰了汤家汇镇红军邮局、红军医院等红色革命遗址。

史河西岸红村北端，烈士陵园西面，青峰岭群山围抱中，屹立着一座灰色长方形高大建筑物庄严肃穆，拾阶而上，8根方形石柱支撑的横檐上，邓小平亲题"金寨县革命博物馆"赫然在目、熠熠生辉。该馆始建于1983年，扩建于2009年，占地8000平方米，建筑面积2810平方米。馆内2层，分金寨革命史、开国将军、革命英烈、鄂豫皖红军等7大展区。

金寨县革命博物馆大厅迎面墙壁上方是一排赭色铜质花环，中间雕花银边嵌着约2米宽的黑色条石延展整面墙壁。黑色石壁自左向右镌刻着"金寨县革命烈士名录"，一列列一排排、密密麻麻的烈士英名，像夜空中数不尽的星辰与来者对视，令人心潮涌动……

金寨10万英烈以他们的生命为党和新中国奠基，经县以上追认烈士达1万多人。1955—1964年授少将以上军衔的开国将军59位，省军级以上领导干部140多位。

4月，大别山的杜鹃就要开了，那是大别山最美的季节。殷红殷红的

大别山的红杜鹃　*摄影 / 张光照*

杜鹃花漫山绽放，用它的璀璨和美好抚慰着大别山的伤痕，告慰着大别山的英灵。即将离开这片土地和乡亲，心中有多少不舍，但是我们已深深地懂得了大别山的杜鹃花为什么会年年开不败，岁岁映山红……

仲夏酷暑，我们行进在湖北黄冈大别山革命老区祭拜英烈，寻访老兵，追思历史。这里是黄麻起义的策源地，红四方面军的诞生地，新四军的根据地，刘邓大军千里挺进、中原逐鹿的目的地；这里家家有忠烈、村村有将军，周家姆舍子救红军、西路军伏尸盈雪、学兵连安息"外人墓"、抗战老兵诉说新四军不能忘却的历史……面对日寇入侵，大别山人浴血奋战，用生命挺起了中华民族的脊梁！

我们不禁感慨，是怎样的党、怎样的军队、怎样的宗旨，使得人民甘愿用血肉之躯筑起铁壁铜墙维护她；党员甘愿荣辱与共、披肝沥胆拥戴她；士兵甘愿前赴后继、万死不辞跟随她……

六、再唱大别山
——谨以此文纪念抗日战争胜利 70 周年（下篇）

"嘿……天下有座大别山，大别山上云连天，绿油油的山水多情的人哟喂，进山好比做神仙呃……"仲夏酷暑，悠扬的山歌飘来，如饮清凉的甘泉，令人透爽惬意。连日来我们行进在湖北黄冈大别山革命老区祭拜英烈，寻访老兵，追思历史，尽管每日里汗流浃背、衣衫湿透，怎比得所见所闻所感带给我们内心的冲击与触动……

湖北黄冈大别山区地处鄂豫皖三省交界，由东南向西北，长 270 公里；东视南京、西隔武汉、分水长淮，独特的地理优势，使其在战争年代具有重要的军事价值。这里是土地革命时期黄麻起义的策源地，中国工农红军第四方面军的诞生地，抗日战争时期新四军的根据地，解放战争时期刘邓大军千里挺进、中原逐鹿的目的地；这里是见证中国革命悲壮历程，并产生重大影响、具有重要地位的红色圣地。

黄麻起义策源地——苍生济济拥红军

　　红安县，原名黄安，位于湖北省东北部大别山南麓，毗邻麻城，是黄麻起义的策源地和红军的摇篮。

　　在中国共产党创建过程中，以董必武为代表的红安知识分子，无愧为革命的先锋和桥梁。1920年，董必武在武昌创办了私立武汉中学，以此为基地传播马列主义，亲笔题写校训："金石长不朽，丹青本无双，朴诚勇毅"，并与陈谭秋等同志一起创建了武汉共产主义小组，引领和培养了大批青年志士投身革命，新鲜血液不断注入到党的队伍中。

　　1924年初，董必武回到黄安县开展革命活动，1925年秋成立了党团特别支部，1927年夏成立了县委。他让学生们假期到农村发动群众，告诉他们：青砖瓦屋不要进，要与穷人聊天，让他们参与做实事。在共产党

黄麻起义："小小黄安，人人好汉。铜锣一响，四十八万。男将打仗，女将送饭。"

摄影 / 汪绚

的领导下，黄安、麻城的农民运动迅猛发展，各乡全部建立了农协，数万农民会员被发动，为黄麻起义奠定了坚实基础。

1927年11月13日，黄安、麻城3万余名农民自卫军和义勇军手持大刀长矛土枪，从四面八方涌向黄安县城，打响了鄂豫皖地区武装反抗国民党统治的第一枪，正式成立了黄安农民政府，组建了工农革命军鄂东军。"黄麻起义"是中国革命史上著名的农民武装起义，揭开了鄂豫皖地区武装斗争、土地革命和苏维埃政权建设的序幕。

黄麻起义胜利后，当地老百姓欢天喜地。县城著名书法家吴兰陔先生异常兴奋，挥毫泼墨，书写了一副对联贴在县衙的大门两旁："痛恨绿林兵，假称青地白日，黑暗沉沉埋赤子；克复黄安城，试看碧云紫气，苍生济济拥红军"，巧妙地将九色连缀词中，并以红色喻示农民自卫军，第一次呼出"红军"之称号！1927年12月11日，叶挺、叶剑英等领导的广州起义打出了"工农红军"的旗帜；翌年4月，由朱德、陈毅率领南昌起义部分队伍和在湘南起义的农民军与毛泽东领导的队伍在井冈山胜利会师；5月25日，中共中央发布第51号通告《军事工作大纲》，明确"可正式命名为红军，取消以前工农革命军的名义"；6月4日，毛泽东、朱德根据中央"关于你们的军队，可正式改称红军"的指示，正式将工农革命军第四军改称为中国工农红军第四军，各地的工农革命军也相继改称红军。从此，中国共产党领导的中国工农红军向世界宣示了人民军队的本色！

胸怀大爱，信仰如山

红安高桥至今保留着一座李家屋，4间土坯房、黑瓦屋顶，背倚青山，前临水塘，是老一辈革命家、时任国家主席李先念出生的地方。

李先念的母亲出身贫苦，16岁从河南农村讨饭到黄安，前夫过世后，改嫁李先念的父亲李承元。李先念是家里的小儿子，父母含辛茹苦供他读私塾，后送到武汉学木匠。1926年10月，北伐军打进武昌，17岁的李先念返乡投身革命，18岁入党。1926—1932年、1938—1949年，李先念17年的战斗足迹遍及鄂豫皖大别山区，由士兵到将军，他对党的信仰如山、忠诚可鉴。

从1930年冬开始，在中央根据地取得三次反"围剿"胜利的同时，鄂豫皖根据地军民连续三次粉碎敌重兵"围剿"。到1932年6月鄂豫皖苏区已有6座县城、26个县苏维埃政权，350万人口，4.5万余人的红军主力和20万以上的地方武装，控制面积4万多平方公里，成为全国第二大革命根据地。

1932年6月，国民党发动第四次"围剿"，聚集30万大军进攻鄂豫皖根据地。第四次反"围剿"敌众我寡，战事异常残酷。由于张国焘推行"左"倾教条主义，实行错误军事战略，反"围剿"失败，10月，红四方面军被迫撤离鄂豫皖根据地，进行长途战略转移。

听说红军要转移，裹着小脚的母亲几经辗转，赶了数十里路，终于在距红安县城10里的一个山头上，找到了正在指挥作战的李先念。由于战事紧张，李先念责怪母亲："怎么这么危险的时候你来了，子弹打着你怎么办？"母亲拽着儿子的衣角，含泪叮咛了几句，就悄然离开了。撤退途中，李先念听到外衣口袋里有声响，伸手一摸，是母亲悄悄塞到他口袋里的2块银元。然而，战场一别竟是他与母亲的永诀。今天，李家老屋墙上挂着李先念母亲李王氏的画像，两块银元穿越时光，饱浸母亲一生对儿子的牵挂，也成为李先念对母亲一世的遗憾和怀念。

在李先念纪念馆，我们观看了为纪念李先念诞辰100周年，女儿李小

李先念出生的地方

林撰文、女婿刘亚洲监制的短片《大爱》，泪水几度模糊了我们的眼睛。

79 年前，西路军在河西走廊孤军奋战，歼敌 2 万余人，伏尸盈雪，但最后终由敌我力量悬殊，弹尽粮绝，2 万多官兵死伤殆尽，在中国革命战争史上写下了悲壮的一页。关于这段历史，1991 年 6 月，经中共中央批准的《毛泽东选集》第二版第一卷所收入的《中国革命战争的战略问题》一文，关于西路军的注释为："一九三六年七月，红四方面军和红二方面军会合后，由于中共中央的积极争取，并经过朱德、刘伯承等以及四方面军广大指战员的斗争，张国焘被迫同意与二方面军共同北上，于同年十月到达甘肃会宁。十月下旬，四方面军一部奉中央军委指示西渡黄河，执行宁夏战役计划。十一月上旬根据中共中央和中央军委的决定，过河部队称西路军。他们在极端困难的条件下孤军奋战四个月，歼敌二万余人，终因敌众我寡，于一九三七年三月失败。"

1937 年 1 月 1 日，红五军进驻高台。马步芳调集步骑民团共两万余人围攻，五军将士英勇抗击，在高台血战九天八夜，于 1937 年 1 月 20 日，终因寡不敌众，弹尽粮绝，兵殇高台。军长董振堂、政治部主任杨克明等 3000 余人壮烈牺牲。高台失陷后的第二天，红西路军总部电告中央革命军事委员会主席团，决定回师东返，随后徐向前率红西路军余部 3000 多人向祁连山转移。

1937 年 3 月 14 日，红西路军军政委员会在祁连山深处的红石窝召开师以上领导紧急会议，成立以李先念、李卓然、李特、曾传六、王树声、程世才、黄超、熊国炳八人组成的西路军工作委员会，决定徐向前、陈昌浩离队东返延安；李先念负责统一军事指挥，李卓然负责政治领导。李先念率领的左支队几经跋涉与恶战，翻过雪山、穿越戈壁，抵达甘肃与新疆交界的星星峡，与接援部队会合，400 多人来到新疆迪化。组织上问他们："愿意去苏联学习还是去延安？"大部分人选择了去苏联学习，李先念却毅然答道："回延安！"回到延安后，由于受到了"张国焘路线"的牵连，他被连降六级，从军政委降到营长。尽管如此，他无怨无悔。毛主席知道后说："这样对待李先念是不公正的。"派他回鄂豫皖苏区高敬亭红 28 军任参谋长，重返大别山。

始建于 1957 年的甘肃张掖市高台县"中国工农红军西路军纪念馆"，讲述了红西路军的这段史实。人们仿照天安门广场人民英雄纪念碑的形制建造了纪念碑，李先念亲自为纪念碑题字"红军西路军烈士永远活在我们的心中"，纪念碑前是红西路军英雄群像雕塑，纪念碑后埋葬着 3800 多名

七里坪长胜街 摄影/汪绚

红西路军将士遗骸。

　　多年后，已是国家主席的李先念还跟子女们说起，"从山上朝下望去，密密麻麻的，全是西路军的尸体"。他不能读西路军的书籍，不能看关于西路军的影视作品，甚至不能听西路军的故事。一次，去甘肃采访归来的女婿刘亚洲说起，听当地人讲，在西路军失败后的第二年夏天，田野里时而发出"嘭嘭"的声响，是西路军烈士的尸体膨胀曝裂，他默默起身走回自己房间，眼里含着泪水。临终前，他嘱咐妻子，把自己骨灰的一部分撒在祁连山，这样就可以和战友们长眠在一起了。

正道沧桑，笃思史鉴

　　在黄冈大别山区四个县市的革命纪念馆，我们看到牺牲的烈士中，有一部分，并非倒在敌人的枪口下，而是冤死在张国焘"左"倾教条主义"肃反"扩大化中，其中多数是有学识、有思想、有战绩，青年有为的革命中坚力量，令人扼腕痛惜！"雪压竹枝低，岁寒志不移。红日高照起，雪化水入泥。"是陈定侯烈士遗作，他1925年入党，1931年5月，任中国工农红军第四军政治部主任。此时，张国焘到达鄂豫皖苏区，陈定侯写文章批判张国焘推行的错误路线，因此被诬为"不可救药的右派小组织分子"，10月在"肃反"运动中，被害于河南光山新集（今新县县城），年仅30岁。

黄安县第五区区委书记徐德聪，1926年入党从事农民运动工作。由于他抵制在根据地搞"肃反"扩大化，保护了一批革命干部，被作为"肃反"对象。在他蒙冤赴死之际，仍执念未竟的革命事业，对误解的同志说："今天我们虽然免不了一死，但我们的心还是红的。求求你们，把枪收起来，就用刀砍吧！省下这些子弹说不定还可以消灭几十个敌人。"1932年3月8日徐德聪被错杀，年仅24岁。

红28军军长廖荣坤1933年夏在"肃反"中被杀害于黄安县龙王山，年仅30岁。

徐向前元帅1929年6月—1932年10月，在鄂豫皖苏区战斗了4年。曾任红十一军军长、边区军委主席、红四方面军总指挥等职。他的前任妻子程训宣，1928年参加革命，任妇女会主任，1929年参加红军，同年冬与徐向前结婚，在区乡苏维埃政府负责组织妇女支前工作。1932年在"肃反"中，于七里坪被错杀，年仅22岁。

当时，徐向前正在前方指挥作战，很长时间，才获此噩耗。1990年11月2日上午，一架载着徐帅骨灰的飞机，飞临大别山上空，按照徐帅的遗言，将其部分骨灰撒在他战斗过的土地上，魂归来兮，与他安息在大别山的亲人相伴永远……

据麻城革命纪念馆记载："麻城是张国焘大'肃反'的重灾区。在1931年秋到1932夏，县苏维埃50余名工作人员中，被捕杀得只剩下通讯员和炊事员2个人。麻城县独立团原本兵强将勇，有3个营，1500余名指战员，'肃反'后，仅剩下3个排80余人；这一年3任县委书记在'肃反'中接连被杀害，以至书记一职半年之久无人担任。"当地百姓唱出民谣："树也砍不完，根也挖不尽，留得大山在，到处有红军。"如此苍凉悲壮……

革命路上峥嵘岁月，多少曲折苦难、忍辱负重炼狱大爱；多少生离死别、赴汤蹈火锻铸忠诚；信仰如山终不悔，人间正道是沧桑！笃思史鉴济后生……

家家有忠烈，村村有将军

寻根红安精神，七里坪是一定要去的地方。600 多米的长胜街，依然保留着中国工农红军第四方面军指挥部、鄂豫皖苏维埃银行、列宁市经济公社、鄂豫皖红军中西药局等革命旧址当年的建筑布局。

这里曾叫列宁市，是鄂豫皖苏区的中心、黄麻起义策源地、红四方面军诞生地、红二十五军重建地、红二十八军改编地，是秦基伟、徐深吉、郑位三等 143 位共和国将军的故乡，"家家有烈士，村村有将军，山山有悲壮，处处埋忠骨。"母送子、妻送夫、妹妹送郎当红军，多少情爱成为永久的思念……《我郎当红军》的民歌在大别山区流传至今：

春季里叹郎雨纷纷，我的郎呃当红军，轻轻送到大门外，执手相望要分开。

夏季里叹郎炎热天，我的郎呃没有鞋穿，我做的鞋子一双双，哥哥呃你不回来穿。

秋季里叹郎是中秋，我的郎呃打黄州，黄州的炮声轰轰响，哥哥呃妹

1944 年 3 月，新四军抗日名将王必成指挥 48 团在杭村战斗中歼灭日军 168 人，俘虏日军 3 人，缴获日军一门九二步兵炮　供图／麻城红色文化研究会

子好担忧。

冬季里叹郎雪花飞，家家过年盼郎归，哥哥你要打胜仗，革命胜利妹子迎你回。

1952 年 9 月 1 日，湖北省人民政府为了表彰黄安人民红心向党、前仆后继、勇往直前的革命精神和坚持革命红旗不倒的光辉业绩，经中南军政委员会同意，并报请中央人民政府政务院核准，黄安县正式更名为红安县。红安先后诞生了董必武和李先念两任国家主席，陈锡联、韩先楚等 200 多位人民军队的高级将领，是"中国第一将军县"；走出了红四方面军、红二十五军和红二十八军 3 支红军主力部队；为中国革命的胜利奉献了 14 万优秀儿女的生命，其中在册烈士 22552 名；曾经的中国工农红军，每 3 个士兵中就有 1 个是红安人，每 4 名英烈中就有 1 个祖籍红安。

周家姆舍子救红军，满门忠烈

王树声大将是鄂豫皖红军和革命根据地的主要创始人之一。抗日战争时期，曾任晋冀豫军区副司令员、代司令员，太行军区副司令员等。他的同胞兄弟姐妹和嫡亲伯父的子女等 13 人参加革命，红四方面军离开鄂豫皖时已有 12 人壮烈牺牲，活下来的只有王树声 1 人。而王树声的命却是周家姆舍子相救的。

据说，1928 年 5 月的一天深夜，王树声被敌人追堵到麻城顺河西张店村，周家姆将他藏进自家的夹壁墙中，把王树声的八角帽扣在自己大儿子王正道头上，叫他往外跑，冒充王树声引开敌人。不料，被敌人抓住，将他杀害在河滩上。周家姆闻讯，悲痛欲绝，昏倒在地。王树声"扑通"跪倒在地，"娘，我就是你的亲儿正道！"获救的王树声之后成为红军的一名虎将，他身经百战，曾率部西征，强渡嘉陵江，勇夺剑门关，牵制了敌军 90 多个团的 14 万兵力。周家姆相继又送她的二儿子、四儿子跟随王树声当了红军。

全国解放，1951 年王树声大将回到家乡麻城，一口气步行几十里山路，探望周家姆。见到王树声，周家姆哭着说：你们还回来呀，你知道红军走后，还乡团、国民党他们杀了村里多少人啊，老三也被还乡团杀了！

抗战老兵耿显金思念战友　摄影/汪绚

我的那两个儿呢？王树声不禁哽咽：他们也都牺牲了！现在革命胜利了，我来接娘回家养老！周家姆痛哭失声，4个儿子全部不在了，但她不肯走，更没有提任何要求。此后，王树声每每托人捎钱送物关照周家姆，直到1959年老人家去世。

日寇入侵，抗战老兵的亲身经历

抗日战争时期，大别山不仅是新四军的根据地，同时也为八路军输送

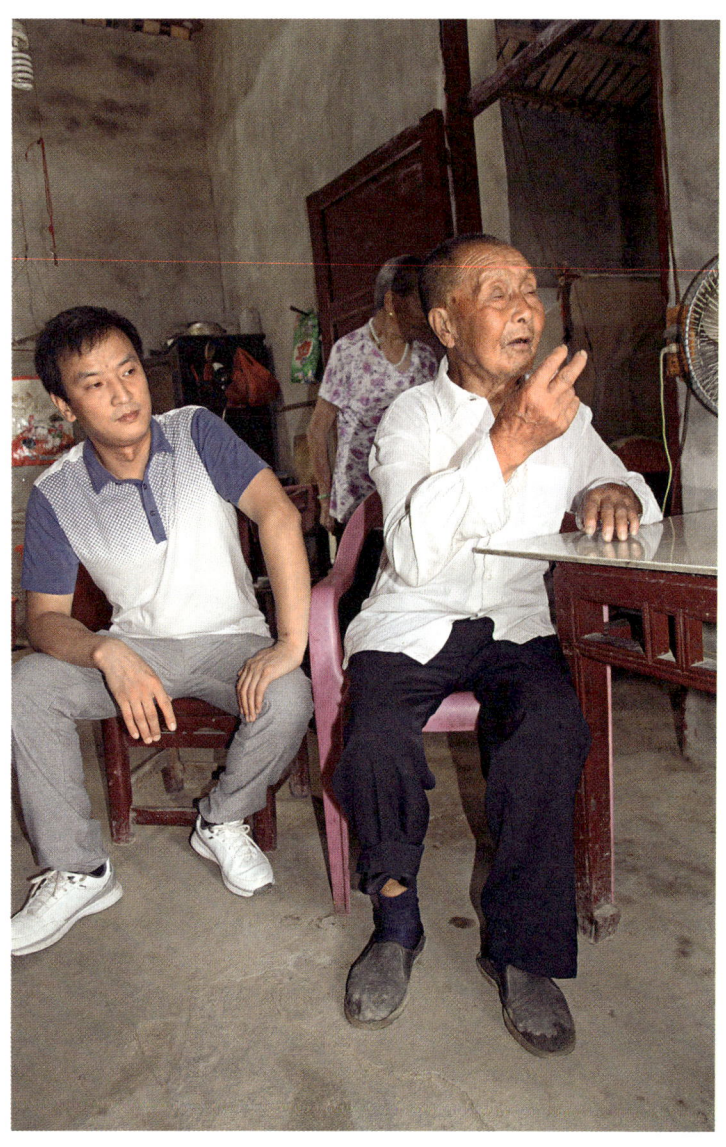

"当时每人只有两颗子弹"　摄影 / 汪绚

了大批抗日力量。从大别山走出的红军战士，再度谱写出一曲曲抗战的英雄之歌。

据麻城市红色文化研究会资料记载，1938 年 9 月 13 日，3 架日机从西南方闯入麻城县城上空，亲历此事的张礼彬老人讲述：鬼子飞机两次炸麻城。第一次炸得到处冒黑烟，第二次扔的是燃烧弹，到处是火。9 月 25 日，27 驾日机分作三批，再次飞临麻城上空，由北而南，沿北门往朝圣门，一路狂轰乱炸。全城火光冲天，数百间商铺、民房被炸毁。仅北门外福元桥一处，就死伤 50 余人；朝圣门外的竹林里死伤 30 余人。李桂兰老人，至今记得，日本鬼子的飞机，一个月内对宋埠进行了三次大轰炸，共炸毁房屋上百间，仅马家塘就被炸死 50 多人，一池碧水染得鲜红。

安徽省保安第九团抗日阵亡诸烈士墓碑 *摄影 / 汪绚*

　　在红安县杏花乡陡岸村严家冲湾，我们见到抗战老兵耿显金。老人笑迎门前，精神矍铄，胸前 2 枚勋章灿灿照人。虽已年过九旬，身步仍可见习武之人当年的风采，讲起抗战岁月的经历，情绪激动。

　　1941 年 7 月，未满 17 岁的耿显金参加了李先念的新四军。第一年，部队就在沙河与日军进行了激烈的战斗。1944 年 7 月，他担任连长的通讯员。一天早晨，浓雾弥漫，连队正在永和徐尚二村的稻场上出操，不料敌人乘着浓雾摸进来，掐死哨兵，猛地用机枪向他们扫射。连长不幸中弹，耿显金转身准备背起连长，连长竭尽全力喊着："别管我，把我的手枪拿去，带领大家赶快撤离！"耿显金坚持背着连长向外冲，背后敌军还在不停地扫射。当时年纪小，实在背不动了，就将连长放进一堆柴火里。

过了大约半个钟头，接应部队赶来，击退了敌人。耿显金立即飞奔回去找他的连长，可是，当他扒开柴火堆，连长血流过多已经牺牲了。敌人那场偷袭，夺走了他9名战友的生命。之后，耿显金带着连长给他的手枪，给新四军五师二团方应福团长当了警卫员。

1946年，在大悟县宣化店突围战斗中，耿显金老人手骨骨折、脚上溃烂，几天高烧不退，连队把他安排在老乡家养伤。部队要转移时，李先念召开大会，对无法继续跟随部队前行的负伤战士们说：伤好后如果找不到队伍，一定要坚持活着，能回家就回家，找点正经事干，不要当土匪、不要叛变，困难是暂时的，等革命胜利了我们再回来找大家！耿显金老人回忆说，"我伤心地哭了，既感动又失望，我不想离开并肩作战的战友，更不想离开我的首长。从此我与部队失去了联系，沿路乞讨回了家，靠给人打短工过日子。"

"那你很想念自己的战友吧？""怎么不想？同船共渡、同锅吃饭前世修，大家如同父子兄弟。新四军装备很差，无枪少弹，手枪5粒子、步枪3粒子，倒在战场上，名字不晓得，部队跑路，老百姓收尸。当时生活条件比讨饭的还不如，连草根都吃！在宣化店宣布突围，战友们一起唱军歌'好朋友再见，好朋友再见'，分别时大家都哭了。当年那么多战友都不见了……"说到这里，老人凝视门外，深陷的眼眶涌出泪水。烈日下，忽然一阵豆大的雨滴从天而降，啪啪掷地有声，打湿我们脚下的泥土，洒落在我们的身上，哦，苍天有情，与人同哭，传递仙逝英魂的思念……瞬间，雨滴骤停，在场的人，都为如此天人感应所震撼。

红安县杏花乡张河村，94岁的抗战老兵吴钦发，1940年12月参加新四军，当了一名传令兵。老人回忆，当时李先念任师长，徐太先任42团团长，方应福任连长。1943年6月，师部警卫营的178名战士突袭了日军的7个碉堡；同年11月一个夜晚，师部警卫营夜袭盘踞杏花乡嶂山村山洞的敌人，打死4名日军，此后多次与日军交战。在大悟县我们抓到了日本俘虏，他们说就怕新四军的袭击，咬一口就跑，原先日本兵睡觉人枪分离，受到新四军袭击后，再就枪不离身了。

打李家湾时，李先念带着37、38团战斗4天4夜，在与七里坪一山相连的两道桥，"当时每人只有两颗子弹。为了迷惑敌人，我们把树枝塞进子弹袋，不知道革命能不能胜利。我所在的师部警卫营一连，辛家冲一仗打败了，牺牲了一个班和曹指导员，他是河南人。在七里坪，夜里我们挖了一个坑，埋葬了9个人。撤退时我背着全连一个月的伙食费，用米袋子裹着。新四军只包吃穿，不发军饷，团长、营长和士兵吃一样的伙食，草鞋自己打"。

吴钦发到里屋翻出一双破烂的布编"草鞋"，我们跟随到里屋，一张挂着蚊帐不宽的旧木床，一个只有框架、塞满旧衣物的矮柜，上面放着一台老式电视机。想起我们来时，他和老伴刚吃过午饭正收碗筷，桌上是一碗自制的辣豆腐乳，心头不禁一阵发紧……然而，老夫妇俩脸上洋溢着幸福的笑意。吴钦发说："战争年代牺牲的人非常可怜，不死的革命成功享到了福！"他拖着老腔，摆动双手，给我们唱起了当年新四军五师自编的歌谣："日本已经发了狂，杀人放火占地方。同胞拿起刀和枪，誓与鬼子杀一场，莫让日寇占我们的地方。团结一心向太阳，誓死不当亡国奴，谁让中国改变样，只有中国共产党！"

他乡埋忠骨，安息"外人墓"

罗田九资河镇羊角寨南面的山坳里，如果无人引路，谁也不会想到，在树木和一人多高的茅草丛中安息着我们的抗日英烈。3名林场工人挥刀砍出一条茅草铺就的路，绕下山坡，茅草坪上我们见到了72年前立的老墓碑，饱经风霜雨雪，字迹依稀难辨。

抗日战争时期，中国共产党以民族大义为重，与国民党建立了抗日民族统一战线。1938年后，日军多次进攻大别山未果，于是在1942年12月发动了大别山战役，企图攻打立煌县（今安徽省金寨县），原准备从湖北滕家堡进攻，但那里驻扎着国民党第21集团军第7军，于是日军改道鄂皖两省交界的瓮门关，如此必经罗田九资河。12月31日，驻九资河的安徽省保安第九团学兵连奉命在羊角寨至关坎一带设防阻击。学兵连都是十八九、二十岁的学生兵，他们奋力阻敌抗击，一天一夜的激战，打死日军百余人。弹尽后，冲锋肉搏，战斗异常惨烈，最后全部牺牲！日寇走后，当地老百姓挖坑，将他们的尸首一起埋葬在这里。由于没有姓名，当地人就称其为"外人墓"。第二年3月，安徽省保安第九团来到羊角寨，为烈士立碑"安徽省保安第九团抗日阵亡诸烈士墓"，墓碑上还篆刻了团长农高明所提挽联"仗剑斩倭奴吴头楚尾留战绩，精忠挥报国江淮岐岭建功勋"，"垂名青史"！落款"中华民国三十二年三月吉日立"。

我们在烈士墓前默哀，低下的头格外沉重。无论富贵贫贱，谁家没有孩子，谁家的孩子不是宝？72年了，这些年轻的生命，有多少人记得他们，有多少人来看过他们，他们当年的亲人和现在的亲人在哪里？都无人知晓！烈士陵园有姓名的烈士只是一部分牺牲者，还有更多的无名烈士，他们牺牲在战场上、长征路上或是执行任务的途中，无人掩埋尸骨的又有几多？无人知晓！只有大别山怀抱着她长眠的孩子，默默无语……她懂得，英烈们在献出自己最宝贵的生命时，就没有想过要青史留名，他们要的是雄起积弱的民族！强大我可爱的中国！被遮掩在草丛中的老墓碑，字迹已斑驳不清、依稀可辨，是见证这段历史的宝贵文物……

2005年抗日战争胜利60周年之际，罗田文化部门牵头，当地老百姓自发捐款，集资3万余元重修墓地，并在立碑之日前往祭奠。每逢清明，有学校师生和百姓来祭扫……

据麻城市红色文化研究会资料记载，麻城顺河易家畈村的易良品是抗战殉国的八路军高级将领。他1928年参加红军，经历长征。抗战爆发后，他率部开赴华北战场，任八路军129师386旅772团副团长、新编第7旅旅长。曾参加了七亘村、神头岭、晋东南"反九路围攻"等战斗，在对日作战中屡立战功。1940年8月，率部参加"百团大战"，1942年调任冀南军区第六军分区司令员，在河北省枣强县率部反击日军"扫荡"作战中壮烈牺牲，时年33岁。

麻城人夏祖盛，1939年9月任青年抗日游击纵队第2团政委，1941年后，相继担任冀南6军分区副政委、政委、副司令员。1943年5月22日在河北故城县大马村战斗中牺牲。

时光可以流逝，但历史不能忘记

1956年经湖北省人民政府批准，在红安县城东兴建了一座占地面积341亩、规划面积500亩的黄麻起义和鄂豫皖苏区革命烈士陵园。包括黄麻起义和鄂豫皖苏区革命烈士纪念碑、黄麻起义和鄂豫皖苏区革命历史纪念馆、革命烈士纪念馆、董必武纪念馆、李先念纪念馆、红安将军馆等。

烈士陵园广场中心，庄严矗立着象征黄麻起义纪念日的高达27.11米的黄麻起义和鄂豫皖苏区革命烈士纪念碑，碑座上篆刻着一首民谣："小小黄安，人人好汉。铜锣一响，四十八万。男将打仗，女将送饭。"

烈士陵园广场入口处 5 丛红檵木修剪成立体的五角星状，象征星星之火可以燎原；26 棵紫玉兰，代表了红安 26 年的革命战争历程；中间多株桂花树，凸显《八月桂花遍地开》由鄂豫皖苏区唱遍全中国；广场周围，相间种植了 162 株铅笔柏、61 棵红檵木球，象征这里是 223 位将军的故乡；在英烈台两旁种有 14 棵雪松，代表了红安牺牲的 14 万英雄儿女。在纪念碑前，我们肃立默哀，向革命烈士三鞠躬。

英山县烈士陵园有一座 7 层高米黄色的纪念塔，建筑结构奇特，正面看是单体，背面看却是双塔连体，塔内存放着革命烈士遗骨。在其正面石阶下方，立着一根方形石柱纪念碑。经当地人介绍，1939 年 7 月，为纪念七七抗战和国共合作统一战线两周年，英山县长、中共地下党员杨必声同志组织召开了英山"七七抗战建国两周年纪念大会"，并建此抗日阵亡烈士纪念碑。开了英山"七七抗战建国两周年纪念大会"，并建此抗日阵亡烈士纪念碑。四面篆刻"抗日阵亡烈士纪念碑，抗战必胜建国必成，英山县七七抗战建国两周年，中华民国二十八年七月七日"。纪念碑形如一炷香，面向纪念塔，祭拜英烈。

抗日战争时期，新四军在华东华中等战场共歼敌 30 余万人，大别山人民为抗日作出了卓越的贡献！我们不禁感慨，是怎样的党、怎样的军

英山县烈士陵园塔和抗日阵亡烈士纪念碑　摄影／汪绚

夕阳下的大别山　摄影／袁谦

队，人民甘愿用血肉之躯筑起铁壁铜墙维护她；党员甘愿荣辱与共、披肝沥胆拥戴她；士兵甘愿前赴后继、万死不辞跟随她……只有以"人民的利益高于一切"为宗旨，为祖国强盛、民族复兴、世界和平奋斗不息的坚不可摧的中国共产党和人民军队！

　　傍晚，我们围坐在天堂寨圣人堂村的农家，夕阳为大别山披上一层淡红的薄纱，远眺山型的主峰凸起，如一尊敦厚的坐佛，森林、村庄和碧毯般的稻田如诗如画。身边的老乡不禁唱起了山歌，这歌声穿起我们从皖西北到鄂东南走访大别山革命老区的片片记忆和帧帧情境，竟是如此地撼人心魄——"大别山上哟一棵松呃，长在悬崖峭壁中呃，春夏它把太阳当灯笼，秋冬它把霜雪当斗篷，站得高来看得远，任你东南西北风，枝繁叶茂傲苍穹，一年四季绿葱葱……"

　　这歌，唱出了大别山坚韧不拔的雄魂气概，唱出了大别山人民浴火重生、百折不挠的气节和尊严！唱出了中华民族生命的辉煌！时光可以流逝，但历史不能忘记！

秘境大瑶山，峡谷岩峰绝壁陡峭、林涛唱和云海万象，河谷阡陌盘梯、耕者耘耤高天，观止于此，何须臆想"桃源"？五瑶相异相依，石牌制度、古村瑶寨、黄泥鼓舞、神奇绝技，瑶家人世代与山林为伍，苦乐其中。费孝通曾五进瑶山"为农民找出路"，而他的新婚妻子却将年轻的生命留在了瑶山。大瑶山自然生态是最好的也是最脆弱的，民族生态文化是最珍贵的也是最难留住的。城镇化进程中，乡土中国深处经济社会发展和文化进步，如隔山相海，看似很近，却还很远……

七、金秀大瑶山

——乡土中国的深处

绵绵大瑶山，重峦叠嶂、峡谷幽邃、翁郁森然；深深瑶家寨，山腰起屋，林莽掩映，隔山可见，近前百里。时而雨柱山泉，丈宽瀑布泻下深谷；时而阳光隐现，雾霭云兴、峰披霞蔚，天展画卷秘境奇幻，令人眼界洞开浮想联翩……

瑶族，中国的吉卜赛人

清明时节，蒙蒙细雨飘洒着春的气息，我们步入大瑶山寻访瑶寨，金秀瑶都"三月三"的歌声和着瑶家风情扑面而来。

据史料记载，瑶族作为我国历史上迁徙最为频繁的中国典型的山地民族，隋唐时期，已繁衍生息在湘、粤、桂三地交界区，随之遍布湖南，以湘江、沅江流域和洞庭湖地区为聚居中心；唐末宋初，居住在洞庭湖一带的瑶族开始向南迁徙；至元代，已大量进入两广地区；明代，两广腹地瑶

桃源在世 *摄影 / 覃琨*

族日趋强盛，从洪武至嘉靖百余年间，瑶族多次起义失败，被迫隐进广西大瑶山，"南岭无山不成瑶"，林深路隘以保安生；明中叶以后，部分瑶族又跨越广西、云南边境，移居东南亚越南、泰国、老挝等国山区；20世纪70年代，东南亚的瑶族因战争原因部分移居美国、法国，少数部分迁往加拿大、新西兰、澳大利亚等国。目前世界上瑶族人口已超过350万人，其中约280万在中国，约70万在越南，另一部分在东南亚地区，还有5万多人口侨居美国俄勒冈州、华盛顿州、加利福尼亚州，以及法国杜鲁兹地区和加拿大北部。由此，瑶族成为迁徙地域广阔、繁衍支系众多的国际性民族，被称为"中国的吉卜赛人"。

千家峒，瑶族的精神家园。不论他们辗转千里、迁徙至何处、相隔多么遥远，都一致认为他们来自一个叫作"千家峒"的地方；不论哪个支系，都将千家峒视为自己的祖居圣地，"那里，高山环绕之中有广阔的平坝，山林茂密、土地肥沃。瑶民耕山种田，五谷丰登，生活过得富裕安逸，遍地黄金"。

已退休的县旅游局局长李日真告诉我们：明清时期，金秀的瑶族举行过多次"重返千家峒"的起义，只为寻找宗祖圣地千家峒。可是千家峒是否存在、又在何方？无人说得清。唯一可以确定的是，一代代瑶族人怀揣着同样的乡愁和对美好生活的憧憬迁徙颠沛，山林为伍、艰辛谋生，造就了勤劳坚忍、苦乐其中的民族性格和生存境界。

一次金秀民族局局长庞有明出差下榻广州白云宾馆，恰巧听到身边一伙人用盘瑶话议论，"中国这么大，到哪里去找？怕是以后在中国也没有我们的根了"。庞有明正是盘瑶，便用盘瑶话询问他们，得知竟是侨居美国的盘瑶回国寻根，于是将他们引来金秀。后来，美国的盘瑶又陆续来过金秀几次，在这里找到了本族文化的根脉。

金秀，世界瑶都，五瑶相依

广西的瑶族约占中国瑶族总人口的 60%，至 2001 年已达 148.58 万之多，主要集中在恭城、富川、都安、金秀、巴马、大化 6 个瑶族自治县。其中，金秀县人口 15 万多，瑶族人口约占 35%，拥有盘瑶、茶山瑶、花蓝瑶、山子瑶、坳瑶 5 个支系，是世界上拥有瑶族支系最多的地区，也是中国第一个瑶族自治县。

"世界瑶族研究中心在中国，中国瑶族研究中心在金秀"，这是我国著名学者，人类学家、社会学家、民族学家费孝通先生探索瑶族社会，五进金秀大瑶山之感言。大瑶山瑶族五个支系的语言、习俗、文化、服饰有所不同，但却相异相依，民族风情五彩缤纷。

新中国成立以前，大瑶山被历代统治者视为"化外之地"。盘瑶是瑶族的主体，人口占瑶族一半以上；盘瑶、山子瑶多为"山丁"，佃耕山地、纳粮交租、种树还山，居无定所，通常三五年搬一次家，人称"过山瑶"。

而茶山瑶、花蓝瑶和坳瑶，进入大瑶山，一旦定居，便界定各自领地的土地、山林、河流的所有权，因此大多是"山主"，男子蓄发梳髻，所以又被叫作"长毛瑶"。我们所到的茶山瑶六段村，流传着一首民歌，形象地描述了当年的情境："初初进入大瑶山，一片荒凉大青山，先把大树砍倒下，之后再来开荒田。有水地处开田垌，无水地处种旱田，插标为界各占山，姓苏的是苏显贵，姓陶的是陶善保，还有莫家莫金一，这样各管各的山。"

古占村山子瑶成年礼和神奇绝技。顺山势梯次而建的古占村山子瑶寨已有 200 多年历史。为开发旅游，村民们在村旁建设了一座门楼飞檐起脊、围廊古香古色的表演场地，人们正在为即将开始的民俗表演忙碌着。

度戒是山子瑶男子特有的成年礼，"吞筷条、上刀山、下火海、翻云台"等神圣考验是度戒仪式的必备内容。他们认为，未经度戒或度戒未过

旧社会"过山瑶"的山丁生活　摄影／黄志辉

关的男人，不能算是真正的男人，得不到姑娘的爱慕；他们相信，经过刀与火的生死考验，可以净化灵魂，受到神灵庇护、远离灾难险阻。如今在古占瑶寨，度戒绝技的宗教色彩已逐渐淡化，村民们依靠先祖传承的绝技和原生态瑶族特色文化，打造表演项目，吸引着来自全国各地的游客。

表演场中央挂着瑶人祖先盘王画像，在对盘王顶礼膜拜之后，山子瑶的小伙子们开始为游客们表演瑶族绝技："吞筷条"，将一节3—4厘米长的筷子，吞入腹中；"上刀山"，竖起高达5米多的杉木杆，左右横架18把刃口向上的钢刀，赤足攀上攀下；"过火海"，光脚板在两排烧红的铁犁头上或是燃烧的木炭上疾走；"翻云台"，表演者下蹲，手抱双膝，从4米高的"云台"上翻下，落在铺有棉絮的藤网之中。山子瑶绝技震惊四座，更让人感受到他们山野谋生历险求安的勇敢顽强和凛然豁达！

六段村茶山瑶古民居和传统习俗。"瑶家唱瑶歌欢乐瑶家人，茶山采茶青富贵茶山寨"，六段村街巷两旁基本是连栋的2层楼，有砖木结构带栏杆式吊角楼的老屋，也有红砖到顶的新屋；家家户户赭色大门贴着春联年画、挂着红灯笼，一场小雨过后，格外清新和喜气。

年轻的茶山瑶姑娘们盘起蘑菇头，身着翠蓝色或黑色的民族服装，领口、衣襟、袖口、裤腿都镶着红色花边，扎着红色腰带，双肩挎着细竹丝

金秀大瑶山五瑶民族服饰
从左至右依次为：山子瑶、花篮瑶、茶山瑶、盘瑶和坳瑶　摄影／黄志辉

编的背篓，三五成群地去参加"三月三"的活动；有的在家门口搭起小桌，边看热闹、边卖瑶家土产：野茶、笋干、粽子、葫芦等。

　　村书记引我们走进一座灰砖到顶，与吊脚楼截然不同的古屋中，主人苏茂芳年近 80，正是陪同我们的保护区管理局覃琨的舅舅。他告诉我们，明朝朱元璋时期，先祖从广东佛山的珠玑巷来到金秀，前后搬了六次家，最后先祖苏显贵断定就居住此地，故起名六段。苏茂芳故去的父亲是专为瑶寨作法事、祈福的道公。村里苏、莫、陶三大家族，按照 12 地支，每逢寅年做一次功德，如架功德桥等，做春社、秋社祭祀山神，祈求人丁安乐、五谷丰登、六畜兴旺，议定村规民约。道公在瑶寨颇有威望，房屋也是最好的，现在作为古建筑保存下来。

　　说话间，街上一位老妈妈身后跟着一群孩子，步履轻盈地向我们走来。只见她，头戴茶山瑶黑色头巾，一身黑色衣裤，举着红色手机，边走边讲。村主任笑说，这是来座谈的苏爱林，91 岁了。"哇，这也太年轻、时尚了！"

　　聊到瑶族民俗，苏老妈妈告诉我们，六段村茶山瑶有"爬楼恋爱"的风俗。女孩长到十七八岁，父母会安排她住进有吊脚楼的房间。姑娘在吊脚楼上织锦、唱歌，如果某个小伙子看上了她，就在晚上点着火把来爬

时尚的苏爱林老妈妈　摄影 / 汪绚

楼，对歌求爱，如此多日，倘若小伙子喝上了姑娘敬的茶，就表示姑娘愿意结为连理；不然，小伙子只能下楼悄悄离开。

瑶家娶亲或是逢年过节走亲戚，全靠日常积攒，做糯米粑、米酒和鲊肉。苏爱林热情地向我们传授了腌制鲊肉和做糯米粑的方法。

坳瑶黄泥鼓舞，是国家非物质文化遗产。黄泥鼓瑶语叫"泥王公"，是为悼念瑶族先祖盘王而制作的。据瑶民传诵的《过山榜》记载：盘王与公主结婚后入山居住，生育六男六女，繁衍瑶族后代。一天，盘王上山打猎，不幸被山羊撞下山崖。儿女们在山底的一棵泡桐树上发现了他的尸体，悲痛欲绝，于是把树砍倒，锯成七截，制成一只母鼓和六只公鼓的鼓身，并将山羊皮剥下做鼓面，狠狠敲打以解心中悲愤。但母鼓造好之后，

茶山瑶爬楼求爱习俗 *摄影/黄志辉*

无论怎么敲打，就是不响亮。人们一气之下，把鼓扔在屋檐下。正巧当晚一场大雨，将地上的黄泥溅到了鼓面上。雨过天晴，人们拿来一敲，声音竟洪亮震耳。之后，坳瑶在打鼓之前，都要在鼓面上抹黄泥，黄泥鼓由此得名。每年秋收后，村寨都要举行祭祀活动，黄泥鼓舞成为祭祀盘王的传统舞蹈。

在六巷乡下古陈村，我们拜访了黄泥鼓舞的传承人盘振松和盘振武。村里新建的"金秀坳瑶生态博物馆"，陈列着一组黄泥鼓——4只公鼓悬挂墙上，中央放着1只母鼓。母鼓腰部粗壮；公鼓腰部细长，两端呈喇叭状。盘氏兄弟为我们演示敲打黄泥鼓，"跳舞时母鼓是中心，公鼓围着母鼓转"，母鼓的鼓点平缓稳健，掌握着整个舞蹈的节奏，公鼓应和母鼓

坳瑶黄泥鼓舞　*摄影 / 黄志辉*

坳瑶黄泥鼓舞传人盘振松和盘振武　*摄影 / 李楠*

敲打。

　　盘振松老人指着墙上一张老照片告诉我们，1996年应日本民俗学家邀请，他和黄泥鼓第一次走出国门，赴日参加了国际民俗艺术节的演出；2015年11月14日，又应邀到上海当代艺术博物馆进行黄泥鼓舞表演。"现在，我最大的愿望就是要让这个技艺传承下去"，年逾古稀的盘振松说。

瑶族黄泥鼓舞保留着原始母系社会遗风，象征着图腾和祖先崇拜，是瑶族人文历史和舞蹈艺术的重要内容。传承至今，已演变为祭祖、娱神、乐人的民间舞蹈。然而，随着民间老艺人相继辞世，会跳黄泥鼓舞的人也已不多了，这一传统的瑶族民间艺术日益淡化。

带有原始民主制度印记的瑶族石牌文化

瑶族有"石牌大过天"的说法。石牌习俗大约在明代产生，是瑶族古老的社会组织管理制度形态，至20世纪三四十年代，逐渐衰落。

石牌制度在金秀瑶族村寨沿袭了几百年。旧时，石牌头人根据村寨管理的需要拟订村约，召开石牌组织议事大会通过之后，将其刻于石牌上立牌明鉴，村民们共同遵守，石牌头人负责调解纠纷。带有原始民主色彩的石牌规约成为金秀瑶族特有的习俗和社会现象，其维护瑶族地区经济发展和社会秩序的作用，对瑶民们的深刻影响延续至今。

《六段村石牌条约》立于街巷的显著位置，作为乡规民约，对盗窃财物者、偷盗树木者、嫖人妻女或诱他人夫奸者、毁坏村容和公物者等，规定了惩戒和处罚的具体条款。

1951年8月29日，大瑶山各族代表会议订立《大瑶山团结公约》，议定：长毛瑶放弃过去各种特权，将以前号有公私荒地，给原住瑶区各族自由开垦种植，不再收租；经各乡各村划定界之水源、水坝、祖坟、牛场不准垦殖；防旱防水之树木，不准砍伐；凡放火烧山，事先各村约定日期，做好火路，防止烧毁森林等6项规定，并立石牌为鉴。用费孝通的话来说，"这个团结公约沿袭过去的做法，是新形势下的新法规，好，好，好！"

大瑶山人世代守护的生命摇篮

金秀大瑶山面积2518平方公里，最高峰圣堂山海拔1979米，森林覆

《大瑶山团结公约》石牌　摄影／李楠

盖率高达 84.21%。瑶家人在大瑶山的怀抱中繁衍生息，这里的山水林田、花草鸟兽都与瑶家生态文化血脉相通，朴素的生态保护意识植根心底、世代传承。

记得 1994 年，我到柳州调研森林生态效益补偿问题，座谈会上，金秀县领导的发言令人汗颜：大瑶山是珠江发源地和功能巨大的氧吧，掌控着周边 5 个地市 8 个县市生产生活用水的水源涵养储备命脉。为此，金秀县取缔了所有会产生污染的工业项目，并禁止水源林采伐，县财政赤字、山区群众生活非常贫困。他为了讨要与下游受益县协议补偿的 60 万元，亲自上门屡遭冷遇。我至今记得他最后的话："请你们千万不要制定让我们'讨饭'的政策！"在 2001—2003 年试点基础上，中央财政于 2004 年正式建立了森林生态效益补偿制度，这是中国第一个具有法律保障、纳入中央财政的生态补偿制度，是生态效益有偿使用零的突破。2010 年，中央财政将属集体和个人所有的国家级公益林补偿标准提高到每年每亩 10元，2013 年进一步提高到 15 元。截至 2015 年，中央财政共安排森林生态效益补偿 956 亿元。金秀县每年获得中央森林生态效益补偿基金 2061万元。当然，受经济发展约束，补偿尚不到位；很多地方多渠道补偿的制度尚未建立起来。如金秀这样的贫困山区县，181.48 万亩生态公益林的保护管理基本依赖中央的补偿，而其中被划入自然保护区的集体林，多年来没有得到过补偿。六段村的老书记告诉我们：村里原有 12 万多亩林地，1992 年 8.2 万亩被划入自然保护区，原来说给补助费，但是一点也没给。这次精准扶贫，全村 255 户、1180 人，按照年收入 2800 元以下、住泥房、无车等标准，核定了贫困户 133 户、700 人。至今乡亲们仍在为生态保护做着牺牲。

谭海明在大瑶山发现了"植物活化石"——银杉。银杉与杉木非同族，是松科常绿高大乔木；树冠塔形，分枝平展；条形叶子螺旋排列，叶片扁平，背面有两行银白色的气孔带，因此得名银杉。据大瑶山保护区管理局局长龙清介绍，远在新生代第三纪时，银杉曾广布于欧亚大陆，但200 万—300 万年前冰川几乎席卷了整个欧洲和北美，许多植物物种在劫难逃，银杉也被宣布灭绝。

1955 年夏，我国植物学家钟济新带领调查队到广西龙胜花坪林区考察，首次在中国发现了银杉活立木植株，引起了国际植物学界巨大轰动。当今世界，只在中国陆续发现有几千株银杉，分布在四川金佛山、广西花坪和大瑶山、湖南界福山和八面山、贵州道真和桐梓山区。

1986 年，当时还是金秀林场技术员的谭海明，在大瑶山北纬 24°9′—24°24′处发现了银杉的新分布。在去古陈村的车上，已是大瑶山保护区管理局副局长的谭海明告诉我们：自幼生长在大瑶山，识得多种树木，只是不知道学名。1985 年参加了广西林业学校函授学习，从课堂和书本上认识了银杉这个孑遗树种。"那年 3 月的一个下午，我去调查五针松种源。当时公路还没通，只能攀山路去。在林子里我先发现了一株 30 公分高的小苗，叶子背后是白色的、有气孔，很像书上讲的银杉。于是，我们通过小苗又找到了大树，采回标本请广西林业勘测设计院鉴定，被确定是银杉。"至此，我国银杉分布区向南推移了约 1°30′，成为目前已知银杉地理分布的最南界。

银杉的拉丁学名是 Cathaya Argyrophylla Chunet Kuang，Cathaya 代表银杉属，意为"华夏"；Argyrophylla 是种名银杉，意为"银色的叶"，它意味着中国发现的银杉是世界上幸存至今唯一的一属一种。而金秀大瑶山银杉具有水平分布纬度最低、最老、最多、植株最大等特点。得天独厚的自然地理条件，为国际植物学界保留下这可望而不可求的孑遗物种珍品。

金秀大瑶山是生物质资源极大丰富的天然药库。目前已发现药用植

金秀大瑶山中的世界银杉王　*摄影／李楠*

物 1700 多种，堪称中国瑶药、瑶医的发祥地。在这里"举木皆药材，遍地无闲草，随处见瑶医"。小而精致的金秀县城，面积不大但却街道纵横、店铺栉比，而野茶、八角和瑶药、瑶医是店家经营的主流，特别是瑶医瑶药保健街，已经成为人们关注的一大视点。

大瑶山丰富的植物资源，被勤劳智慧的瑶家人在长期生产生活实践中加以利用。历经世代择优、祖辈传承、耳濡目染，瑶族民间在识药、用药方面总结出一套就地取材、经济实用的技能，如经典瑶药"五虎九牛十八钻七十二风"，山寨瑶家大多能够自行解决一些日常病痛，其中瑶族药浴是一大独创。

大山深处的瑶民们就地采集、晾晒、配比好各类草药，煎煮成汤，倒

绝壁陡峭，山路险峻　摄影／汪绚

入椭圆形木桶之中泡药浴，可谓瑶家日常保健良方、最好的身心疗法和最为奢侈的享受了。瑶家人淳朴好客，如有客来，每逢药浴，必请客人先泡，之后家人再泡。2006年，中国瑶族妇女被国际妇女联合会评为"世界上身体最健康的女性"和"世界上唯一没有妇科病的民族"。如今，瑶族药浴已成为金秀生态旅游休闲养生的一大特色，县城内开办起多家药浴养生馆，人们还将药材加工成药粉封装入袋，使金秀瑶族药浴，随着游客走出大瑶山，名扬天下。

费孝通五进金秀瑶山的拳拳情愫

费孝通五进大瑶山的故事已载入金秀史册，每每讲述，人们都充满敬仰和感恩。为了解更多鲜为人知的往事，覃琨驾驶吉普车，载着我俩和文达耀、谭海明，驶向大瑶山腹地——六巷乡古陈村。

驶下国道，狭窄的公路没有硬化，如白莽盘环于青山之间。车身内侧是劈山开路后立陡的风化石山体，外侧一米开外即是树冠覆盖、望不到底的悬崖。

文达耀感慨道："当年从六巷通往古陈、架梯、王钳、蒙冲、六庙、毫冲等瑶寨的公路，大都是由我率队勘测设计的，那时我们就住在下古陈村。修路要穿越老乡的菜地、林地，要采伐他们个人的林木，他们没讲任何条件，只是让我们尽量保留设计范围内的大树古树。看得出，瑶家对通出大山的路多么渴望，生态保护意识是多么强烈。现在这些路都还是坑凹不平的土路，车辆比较难走。不过，当年费孝通来调研时，连这样的路都没得走呃！"

1935 年，青年学者费孝通和新婚妻子王同惠应广西省政府邀请，第一次走进大瑶山进行社会调查。当时只有人畜踩踏出来的小路，山高林莽、荆棘丛生。我们无从体会其"不知今夜宿何处"的坎坷艰辛，但知道他们用生命撰写的《花篮瑶社会组织》一书，是中国社会学的必读经典。

绝险之境有绝景，我们不时停车，俯瞰、仰望：峡谷岩峰绝壁陡峭、林涛唱和云海万象，河谷阡陌盘梯、耕者耘耥高天，观止于此，何须臆想"桃源"？而在这大山深处，真真切切地有着费孝通和王同惠当年的足迹。

大瑶山莘莘学子艰难求学路。车行至山下溪流旁休息，不远处一位20 多岁的妇女肩背挎包，左手打伞，右手牵着一个小女孩，身后相随着 4个小姑娘，向我们这边走来。"你们这是去哪里？"我们招呼着。"去上学。"这时才发现那妇女背上还背着一个吃奶的娃娃，竟是七个人。

"哪个村的？""架梯村的"，孩子们用手指着后面山腰间隐约可见的村寨。"为什么不在村里上学？""村子小没有学校，孩子要到乡里去读书。离家太远，早上出门，要下午才走到。我们住在乡里，租房每月 1000元，一个星期回家一次"，妇女笑着说。我们伸手掂着孩子们背后的书包，"呵，足有十来斤重！"除了背上的娃娃，孩子们最大的 12 岁，最小的只

大瑶山深处架梯村孩子们的艰难求学路　摄影 / 汪绚

有 4 岁半，再是八九岁。生活的磨砺，使山里孩子拥有城里孩子羡慕的修长身材，但她们并无感觉；而城里的孩子对瑶山孩子艰难求学之路更是全然不知。妇女带着孩子们背着一周用的行囊，又踏上了林莽森森的山路。望着她们逐渐消失的背影，那沉重的书包就像挂在了我们的心上。

　　吉普车继续山行，望着远山的架梯村，文达耀略带激动地说："听说过吗，'十二步、能爬、高天'，这是瑶寨 3 个村子的名字，够夸张吧？架梯村因山势陡峭而得名。大瑶山精准扶贫，村村通的道路和中小学校等基础设施非常重要，别说山里，就是山外一个 4 万多人口的中平乡，连一所初中都没有，这怎么行！"

　　过午，我们终于到达目的地。下古陈村背靠五指山，是坳瑶居住地。

村寨顺山而建，民居形制古朴。有砖木结构的、有红泥土坯的、也有板皮夹盖的，基本是赭红色墙体、黑色起脊大檐屋顶；村中道路和围墙都是用山中石块拼对垒垫起来的。

"走遍中国乡土，为农民找出路"，是费孝通五进大瑶山的夙愿，而他的新婚妻子把年轻的生命永远地留在了瑶山。1935年11月24日，他们完成了六巷花篮瑶区的社会调查，转至坳瑶的古陈村，住在东南乡副乡长盘公西家，与这里的乡亲们相处得很好。12月16日在由古陈村转点去平南县罗运乡的途中不幸发生了意外。

万分悲痛的费孝通在给王同惠的悼文中，记述了这段不堪回首的经历："吾妻王同惠女士，于民国二十四年夏，同应广西省政府特约来桂研究特种民族之人种及社会组织。十二月十六日于古陈赴罗运之瑶山道上，向导失引，致迷入竹林。通误陷虎阱，自为必死，而妻力移巨石，得获更生。旋妻复出林呼援，终宵不返。通心知不祥，黎明负伤匍匐下山，遇救返村，始悉妻已失踪，萦回梦祈，犹盼其生回也。半夜来梦，告在水中。遍搜七日，获见于滑冲。渊深水急，妻竟怀爱而终，伤哉！妻年二十有四，河北肥乡县人，来归祇一百零八日。人天无据，灵会难期，魂其可通，速召我来！中华民国二十五年五月费孝通立。"为纪念爱妻，费孝通后将大瑶山调查资料编写成《花篮瑶社会组织》一书，署名王同惠著，公开出版。

在下古陈村我们专访了盘公西的曾孙盘振武。问及此事，盘振武哽咽了，"出事那年，他们才20多岁，是我的老人家当年没有照顾好他们，我们是有过错的"，老人眼中噙着泪。

1980年，盘振武在当年停放王同惠的山坡上自费修建了纪念亭。30多年了，小小纪念亭漆色已经脱落，中央挂着王同惠的遗像，两边挽联写着"淑德千年在，精神万古存"。盘振武手扶亭柱感慨道："建纪念亭，代表我们瑶族的一种意识和情感，这是最主要的。还有一个目的，当年费孝通的《桂行通讯》中对下古陈村只字未提，我觉得是当年祖爷他们没有安排好、照顾好。我们村能有今天的幸福生活，与费孝通有很大关系。纪念亭建成后，他的女儿和女婿都曾打电话来，转达了费孝通对下古陈村的关心。"

费孝通一生曾于1935年、1951年、1978年、1981年、1982年、1988年，六进广西瑶山地区，其中五次深入金秀大瑶山实地调查，致力于为贫困山区瑶族人民解决生存出路，他的调查文集将乡土中国深处的瑶家社会及其命运告知了世界。在此期间，他还派人与大瑶山瑶族代表一起，订立《大瑶山团结公约》，废除山主特权；亲自总结出大瑶山一度生态破坏严重的原因，积极促成政府将头排与桐木两个平原粮区乡镇划入金秀辖区，并成立了大瑶山水源林管理机构。

1988年，费老六上金秀大瑶山，也是他有生之年最后一次来到这魂牵梦绕的地方。面包车在六巷乡路口停下，78岁高龄的费孝通走下车来，当年他调查过的门头、六巷、下古陈村的群众闻讯赶来，早已等候在此。鞭炮齐鸣、唢呐高奏、锣鼓震天，学生们挥动花束、彩旗，高喊"欢迎"，乡亲们为费老披上彩带，簇拥着他们的恩人，费老脸上洋溢着激动和欣慰的欢笑……当时还是学生的覃琨也参加了迎接费老的活动，至今记忆犹新。

金秀大瑶山调研是费孝通乡土中国社会学、民族学研究标志性的成就，更是费老终生缅怀的拳拳情愫。他晚年时写道："凡是穷困的地方我都愿意去了解他们的情况，出主意，想办法，帮助他们富起来。我是由人类学、社会学、民族学里得到的方法和知识去做我一生认为值得做的有意义的事。"正因如此，瑶族同胞对费孝通和王同惠，珍藏着刻骨铭心、永难忘怀的亲情！

1988年，瑶山民众隆重欢迎五进金秀大瑶山的费孝通 供图／金秀县瑶族博物馆

金秀大瑶山给我们的人文思考

一个跟着姐姐打理茶叶店 17 年的茶山瑶小伙，曾出外闯荡过几年，把金秀茶叶卖到了柳州，还带回了柳州姑娘做媳妇。他问我们，你们来到这里，对金秀什么感觉？我想了想：金秀大瑶山不仅仅是金秀人民的生命摇篮，也是珠江流域人民的命脉，更是国家可持续发展的绿色资源宝库。对于金秀这类生态核心区，进一步完善生态效益补偿制度，健全多元化补偿机制，必须建立中央或省级统筹协调的联席会议制度。生态有价，受益者补偿天经地义，只有让生态保护者的付出获得应有的回报，我们的青山、绿水、蓝天才会常在。因为，大瑶山的自然生态是最好的也是最脆弱的……

大瑶山又大又深、地广人稀，淳朴的瑶家人想看到山外的世界很难；想融入山外的世界，让山里人能够走出去，让山外人能够走进来，搭建沟通心路历程的桥梁就更难。改革开放以来，瑶寨面貌发生了巨变，新起的小楼湮没了老屋，村村通公路开始进入城边的村寨。金秀县城，楼堂建筑飞檐起脊，临街土特产小店铺比肩接踵；墙面上嵌着瑶族特色图案的瑶族文化艺术中心高大恢宏，中心文化广场，每天早晚都聚满健身和舞蹈的人们，夜幕下，小小县城珠光璀璨。

然而，这里无论是旅游开发或是经贸交易，目前都处于低端，内在承载力十分有限。城镇化进程中，乡土中国深处——大瑶山经济社会发展和文化进步，如同隔山相海，看似很近，却还很远……

民族文化瑰宝藏富于民、发掘于民、保护于民、传承于民。我们欣喜下古陈村创建"金秀坳瑶生态博物馆"走在了很多地区的前面。然而，对于华夏五千年厚土，包括我国的蓝色国土那浩瀚历史和世代先祖留下的异彩纷呈、尚待挖掘、亟待保护的文化瑰宝，更重要的是建设文化发源地这座没有围墙的博物馆，培育民众广泛参与、自觉保护和传承发展民族文化遗产，而所有这些都需要政府部门以高度的文化自觉给予支撑。因为，我们要留住的不仅仅是文字、图片和博物馆展示的历史遗迹，更要留住民族文化那生生不息、鲜活的生命……

红河哈尼梯田分布于红河南岸哀牢山南段的元阳、红河、绿春、金平等县，遗产区及缓冲区总面积达 461 平方公里。元阳县作为哈尼梯田核心区和世界文化遗产的申报地，拥有梯田 19 万余亩，梯田级数高达 4000 多级，规模宏大，景观壮丽。勤劳善良的哈尼人在与自然的长期互动中，利用"山有多高，水有多高"的特殊生态环境，创造出森林—村寨—梯田—水系"四素同构"的农业生态系统。哈尼梯田历史悠久，留存完整，具有极其珍贵的文化、生态和审美价值，延续了千年的农耕文明奇观。

八、大爱大美哈尼梯田

4 月的哀牢山气候宜人，风景秀丽，山顶茂盛的森林、山间清澈的溪流、山腰秀丽的村寨、山下连绵的梯田美妙地组合在一起，构成了红河哈尼梯田人与自然和谐的杰作。如诗，如画，如梦，如幻，哈尼梯田那气势磅礴、波澜壮阔的景色带给我们的视觉冲击和震撼不是能用语言描绘的。

为何流连忘返——美景壮观撼人魂魄

我们最先来到了元阳县新街镇箐口村。这是一个典型的哈尼族小山村，海拔一般在 1800 米以上，白云缠绕的高山上布满了以常绿阔叶林为主的原始森林。森林的下方是一座座错落有致的小土屋，房屋的周围满是葱绿的树木，小土屋的屋顶用茅草覆盖，远远看上去像是森林里冒出的一个个大蘑菇。这种"蘑菇房"是哈尼村庄的标志性建筑。再往下就是一级级数也数不完的梯田，梯田里水波荡漾，在阳光的辉映下，如鳞的波纹泛出银白色的亮光。探上前细看，梯田的水波中还能见到好多小鱼在游呢。

走在箐口村的青石板小街上，一处处景致不断映入眼帘：街边八旬的老婆婆在专注地编结彩线工艺品，穿着哈尼服装的孩子满街欢跑，水碾房、水磨房充满了浓郁的原始乡土气息，村陈列室里的民族服饰、犁、耙、锄头和织布机把我们带入更久远的年代。在街边我们还看到了两眼清澈见底的泉水，名曰白龙泉、长寿泉。听这里的人说，不会生孩子的人饮了"白龙泉"的泉水就会生儿育女，喝了"长寿泉"的泉水能长命百岁。

元阳县林业局的同志告诉我们，箐口村村民属哈尼族的窝尼支系，村子里保留着比较完整的传统文化习俗，村民会说汉语和哈尼语，村民之间的交流完全用哈尼语。这里人生仪礼、节俗活动等都保持着浓郁的哈尼族特色。

每年11月到次年4月是云南元阳梯田的最佳观赏期。冬天和春天栽秧之前的哈尼梯田轮廓最清晰，线条最明显，色彩最鲜明，观赏性最强。我们来元阳的时间是四月末，此时，这里已开始春耕。行走于梯田间，不时看到赶牛犁田的汉子，一些田块上穿着哈尼服装的媳妇姑娘正在忙碌地插秧。而没插秧的梯田则蓄满了水，水面在阳光下熠熠闪烁，仿佛大地上镶嵌了成千上万面镜子。

秋天一片金黄，冬天波光粼粼，春夏绿浪翻滚，哈尼梯田一年四季景色不同，一天之中也是景色各异。夕阳下，阳光洒落在层层相叠、水波粼粼的梯田，有的梯田像一幅幅线条或刚毅或柔和的版画，有的梯田则似一幅幅充满魅力的中国山水画。

日落时，在斜阳和彩霞的映照下，连片的梯田像是浩瀚的大海，波澜起伏，壮阔无边。

参观哈尼梯田必须去看日出时多依树的梯田景观。

天刚蒙蒙亮，我们来到了多依树。此时，哈尼族山寨的轮廓已经在晨曦中若隐若现，宛若一幅淡雅的水墨画。站在观景台细细观看，这里三面临山，一面坠入山谷，犹如一个大海湾。连绵的梯田上部平缓，下部则地势陡峭，从上俯瞰，犹如巨瀑倾泻，无比壮观。7点多一点，太阳慢慢升起，谷底的雾气在太阳光的温暖下缓缓聚集起来慢慢往上升腾，西侧树木掩映的村庄轮廓愈发清晰，而那连片近万亩梯田在太阳光与云彩的染映下波光闪闪，颜色瞬时变换，那气势真是如诗如画、如梦如幻、壮观无比。

日落时分的哈尼梯田同样让人惊艳，老虎嘴景区则是观日落的必到之处。

老虎嘴处在几座高山的山坳中间，地势异常险要。我们站在海拔1600米的公路边观景台上远远往前望去，梯田一望无际、绵绵不绝、丝丝相连、无边无垠。等到日落西山，只见老虎嘴彩虹缭绕，雪峰顶上绯红一片，迷离变幻，再看梯田间各种有节奏的层次和美妙曲线，再加上五彩斑斓的颜色搭配，真让人目瞪口呆，奇胜不可名状。同来的元阳县林业局的同志让我们往老虎嘴视线最远处的左上角看，梯田的图案还真像一匹正扬蹄奋疾的骏马！多依树与老虎嘴只是哈尼梯田的两处景点，在元阳，随便爬上哪座山顶，都会看到一级一级的梯田依山势逶迤，迂回于千壑万岭之中。元阳林业局的同志告诉我们，哈尼梯田绵延整个红河南岸的红河、元阳、绿春及金平等县，仅元阳县境内就有19万亩梯田。

如此众多的梯田，在茫茫森林的掩映中，在漫漫云海的覆盖下，景观是如此神奇壮丽。这些景区就是申报成功的世界文化景观遗产哈尼梯田核心保护区。

源头活水何来——尊崇森林厚待树木

4月的云南大地备受干旱煎熬，一进昆明就听到许多对旱魔肆虐的抱怨。然而，进入元阳，眼前的景色让我们眼睛大亮。这里山上依旧泉水叮咚，梯田里清波粼粼，没有一点干旱的迹象。

问渠哪得清如许，为有源头活水来。梯田里既没有河流，又没有湖泊，也没有水库，梯田里的水从何而来？

元阳两天的调查探访，我们得到了答案：是树木是森林为哈尼梯田提供了源源不断的水源。

在元阳，住着哈尼人的村寨上方必然矗立着茂密的森林，村寨也被周围葱郁的林木所掩映。林业局的同志告诉我们，元阳县共有6.4万公顷森林，其中东西观音山有1.8万公顷原始森林，分布各山各岭的原始林和次生林有4.6万公顷。正是这些森林构成了巨大的天然绿色水库，它们涵养的巨量水分在高山上形成了无数条小溪、清泉、瀑布和龙潭，提供了全县所有梯田、旱地用水和全部人畜用水。

尊崇森林树木是哈尼人的精神信条与传统习俗。哈尼人认为树和人一样是有生命的，人和树是平等的。决不能无缘无故去伤害一棵树，否则会

哈尼梯田：森林—村寨—梯田—水系"四素同构"的农业生态系统　摄影／尹发权

遭到报应。不仅如此，哈尼人更把树当成神一样来敬。在元阳，每个村寨必须有寨神林和寨神树。哈尼语称之为"普玛"，意为村寨守护神的栖息地。哈尼人在山上盖房子前，都要先选好寨神林，确定神树。

在考察哈尼梯田时，我们走进了大鱼塘村的神树林。只见林子里几人合抱的麻栗树、水冬瓜树、喜树、五眼果树和种种叫不出名的大树密密麻麻，好些大树上缠满了粗大的藤子。林子里还有些自然枯死了的大树，林子底下则是落叶遍地，踩下去把脚背都湮没了，我们真像走进了原始森林。

在林子中央，一棵高大通直的树木周围垒着一圈石头。村民告诉我们，这棵大树就是这个寨子的神树。

大鱼塘村的村民朱学康、高正江轮番地向我们介绍：寨神林与神树，村里人也叫龙树林与龙树。因为树林里有保佑他们的龙脉，龙树林与龙树绝对不能破坏，否则树神就会降祸给村寨。这种戒律在村里口口相传，执行起来比法律还要严。村里人每年都要在寨神林里举办寨神节。寨神节是哈尼族最隆重最激动人心的节日。节日里，村里会专门宰一头猪来祭树神，祭树神时气氛庄严肃穆，大家都怀着无比虔诚的心祭祀林木，表达对树木和自然的崇敬，以及对树木的感恩之心。

在元阳，有的村寨有好几片寨神林，形成了大面积的水源林。在坝达村村寨周围的水源林就有 45.8 公顷。

元阳一方面非常注重原始森林的保护，另一方面通过退耕还林、荒山造林、封山育林等方式大造人工林，不断增加森林资源。

元阳县从 2002 年启动退耕还林工程以来，在元阳境内的元绿、元坪、元红公路沿线、红河流域、藤条江流域以及梯田景区和滑坡隐患区已逐渐种植印楝、桤树、栀子等多种树木，昔日的秃岭荒山纷纷披上了绿装，植被得到逐步恢复。

元阳林业局的同志介绍说，元阳县已完成退耕还林工程 27.1 万亩。随着国家退耕还林工程的实施，当地党委政府全面实行封山禁牧，封中有退，封中有还，封中有管，实现了以人工营造为主，向人工营造和自然封育相结合的转变，山上的植被逐年丰富起来。

元阳县有 60 万亩原始森林分布在千米以上的高山，山上还有近 20 年来营造的 50 多万亩人工林。这 110 多万亩森林就是哈尼梯田的生态水库。

没有树就没有水，没有水就种不成梯田，没有梯田就没有哈尼人。树是最重要的。正是因为哈尼人对树木有着深刻的理解，他们才会把寨神林作为村寨的守护神来顶礼膜拜。也正是有了这些乡规民约保护了山上的森林树木，才得以形成"森林—水系—村寨—梯田"这样的良性循环复合生态系统。

安身立命之道——与大自然和谐相处

哈尼梯田已有 1300 多年历史。哈尼梯田为何能成功抵御大旱，有效消减自然灾害，一直保持活力？从哈尼人生活的点点滴滴我们可以看到，哈尼人顺应了自然规律，获得了与大自然和谐相处的安身立命之道，与大自然形成了一个稳定的生态系统，同时也造就了哈尼梯田独特的生态文化。

哈尼族是一个善于和大自然亲密相处的民族。这种秉性有着深厚的思想基础。哈尼人相信在周遭的山水间存在着众多主管自然的神灵。哈尼人寓居于此，都在接受着神的眷顾。虽然神不是可触可摸，但他却是无时不在的。我们看到的森林、房屋、梯田、飞鸟只是物体的躯壳，而这些物体都是有灵魂的。这就是神。神不仅可以寄托人生的理想和幸福，也可以给人带来厄运与灾难。

正是源于此，哈尼族从古至今沿袭着祭寨神、祭山水、祭谷娘等习俗。他们将主持祭祀庆典活动的人称为"莫批"，"莫批"从寨子最早的老户中产生，父子相传。他们在各种传统节日活动和祭祀活动中，用说唱及舞蹈向神祈祷，祝福村寨平安，并以说唱和舞蹈传播生产活动经验及伦理道德和神话传说故事。

梯田的命脉是水源，哈尼人把涵养水源的森林作为神灵膜拜和保护。哈尼族村寨有一个共同点，村寨后面必定是森林，村里村外还会种上棕榈树和竹子。哈尼族寨子分外地美丽可爱，看上去就是一幅人与自然和谐相处的生动画面。在寨子里，老人们告诫晚辈不要砍伐村边的树木，要是不听劝告去砍伐树木，就会遭到报应；如果将树身上的皮剥去，这棵树就会很快死去，剥树皮的人也会随之死去。倘若在生产活动中不得不剥树皮，他们只会剥一点点，留下大部分，让树继续生长。

哈尼人对自然的尊崇也体现在对自然的热爱与亲近。哈尼族祭司吟唱的许多古歌和祭词开头的第一句，都是"亲亲的一娘生的兄弟姐妹"。这句话代表了哈尼文化最本质的东西——亲和文化。在这里，人和山林土地、山川河流、日月星辰是亲和的，亲戚朋友、左邻右舍、千村万寨乃至各民族也是亲和的。大自然的一切都是亲和的。如火，哈尼人叫"庄稼娘"，栽秧叫"嫁秧姑娘"，犁田耙地叫"把田伙子打扮得更漂亮"。

我们在箐口村看到村里人穿着窝尼服装，很多是用蓝靛染的土棉布做成。蓝靛是十字花科的植物。哈尼人的房前屋后都种有蓝靛。他们将蓝靛的叶子摘下来放入缸内加水一泡，缸里的水就成了蓝色。然后，他们将要缝制衣服的土白布放入靛青叶捂沤成的靛汁溶液中，土白布就染上了非常纯朴的土蓝色。不仅如此，哈尼人衣服穿褪色后又丢在蓝靛汁里泡洗，旧衣服变得光亮新鲜起来，直至衣服穿破颜色还很鲜亮。

哈尼服饰的款式设计也无不体现大自然的元素。哈尼族的服饰主要用银饰，联结饰片用的银链多为大小银鱼，绣在服饰上的图案也都以自然界的日、月、花、鸟、鱼、虫为主，而在上衣的肩、襟边、肘部和裤脚边沿上，多镶以彩色花边装饰。

　　哈尼人尊崇自然还体现在对自然资源的科学利用上。

　　哈尼族为保证有限的水资源可以维持生活和生产正常运行，逐渐形成了一套约定俗成、代代不逾的用水方式及管理制度，包括生活用水的减量使用，村寨生活污水再用为梯田灌溉用水，"木刻（或石刻）分水""轮流引水"等灌溉制度。这些习俗实现了节约、高效而公正的水资源利用。

　　红米是哈尼梯田的特产。哈尼族每家种植红米时，用自家的种子2到4年后，就会与本村或其他村寨的人交换红米种子。这种频繁的种子交流，促进了红米不同品系种子之间基因的优化组合，增强了红米品种的基因多样性，故而哈尼梯田红米含有抗虫抗病基因。这种方式减少了农药和化肥的使用量，维护了生态平衡，而且生产的红米也是绿色有机食品。

　　哈尼族将自然与人组合成一个充满生命活力的大系统，他们在利用自然过程中探索出了自然与人永续发展的生存艺术，形成了共同的文化归属感。这正是众里寻他千百度的无价之宝。

梯田美景如诗如画　摄影／张一粟

侗族生态文化具有极大的研究价值，很多都可称为孑遗的文化遗产。侗族生态文化"珍宝"可归纳为"山、水、林、田、屋"（青山、绿水、森林、良田、木屋），"鼓、桥、节、会、歌"（鼓楼、花桥、节庆、坡会、大歌）等十个方面，是侗族地区最具代表性的地理和文化标志，是人类的共同遗产。

九、中国侗族生态文化考察与发掘

侗族生态文化是侗族人民在长期与自然相处的历史进程中形成的，具有本民族特色的人与自然关系的文化，是中华文化的重要组成部分。

悠久独特的发展历史，
塑造了侗族特有的生存观和价值观

侗族现有 300 多万人口，主要分布在湘、黔、桂三省区毗邻地区，具有相对独特的社会历史背景，相对独立的地理环境，富有特色的人文习俗。侗族聚集区是中国南北文化和东西文化的交汇处和接合部，传统文化发达，人文荟萃。

远在春秋战国时期，大诗人屈原就被流放到今湘西南的湘沅一带，并在其名篇《楚辞》中对此地有过描述。据考证，侗族是古代越人的后裔，其先民从古越国迁徙至此，在历史上没有建立过自己的独立政权，各支系之间没有发生过相互争战。所以，这一地区很少受到战争烽火的摧残，流动人口并不很多，商品经济也不发达，直至 20 世纪末，这一地区自给自足的自然经济，仍然居于社会经济的主导地位。

这种相对封闭的发展历史使得侗族保留了古代先民，特别是前秦时期的耕作和生活习俗，蕴藏在其中的生态文化历史积淀深厚，博大精深，具有极大的研究价值，很多都可称为孑遗的文化遗产。

山清水秀的自然环境，
是侗族与自然和谐相处的体现

侗族聚居区的存在，有文字可考的历史已有 2000 多年。今日侗族聚居区同样经历了社会文明的各个阶段，生态环境虽经一定程度的破坏，但仍然是全国生态最好的区域之一。

湘西南、桂西北、黔东南一带的侗族聚集区，山清水秀，天蓝地阔，空气清新，民族风情浓郁，是大自然馈赠人类的天然森林公园，被称为"绿色明珠""森林的故乡""人类疲惫心灵的最后家园"。

在其他地区生态遭受大规模破坏，甚至山光水枯、黑烟四起的年代，能保留下来这片难得的"世外桃源"，究其原因，一是其独特的地理位置：这里是长江、珠江的上游，也是两江流域的分水岭、云贵高原和湖广山地

肇兴侗寨 摄影/莫章海

的接合部，群山连绵、坡岭相峙、地形复杂，既有高山峻岭，也有河谷盆地，气候温和、雨量充沛，有利于动植物的生长，形成了丰富的生态系统、动植物群落和生物多样性；二是民族社会文化发育独特：这里是中原和长江流域先民迁徙的区域，远离统治中心，相对闭塞，人与自然关系保留了原生状态，形成了和谐的"绿色王国"。

同宗共祖的原生观念，
是侗族原生态意识和朴素的生态伦理观的体现

同宗共祖的原生观念是侗族生态文化的重要组成部分，也是早期侗族人民对客观世界认识和态度的集中体现。侗族同宗共祖的原生观念主要反映在侗族远古神话传说之中。侗族祖先认为：人类最早来源于自然，来源于"龟婆孵蛋"，而且人类与蛇、龙、虎、猫、雷、狗、猪、鸭、鹅、熊等生物或非生物同宗共祖，他们都是松桑、松恩的子孙。

侗族的这些神话观念启发我们：万物相连，人类只是生物或非生物系统中的一个成员。人类必须与自己身边的其他成员相互尊重、和谐共处，否则就会带来灾难，两败俱伤。同宗共祖的原生观念为万物有灵的原始信仰和天人和谐的生态观念奠定了认识基础，与生态文明倡导的生态伦理道德如出一辙。

万物有灵的原始信仰，
是侗族原生态哲学和生命平等思想的体现

侗族人是万物有灵的崇尚者，他们认为，树木的灵魂也和人的灵魂一样是有知有觉、有情有感的，而且认为树木的灵魂和人的灵魂是相互依存、患难与共的。所以人们要珍惜森林、爱护树木，甚至要祭拜某些古老的树木，以求得树木灵魂的护佑。这就是侗族神树崇拜的认识根源。侗族的神树崇拜，客观上起到了保护树木、森林和自然生态的作用。

侗族的神树崇拜，从古至今对侗族地区的自然生态和环境保护都产生

鼓楼祭祀 摄影／莫章海

着积极的影响。侗族人还认为，人和山、水、树木、石头等都有两种属性：一种是看得见摸得着的躯体，侗语称之为"xenl xangh"；一种是看不见摸不着的灵魂，侗语称之为"guaenl"。因为躯体是看得见摸得着的有形部分，所以侗语称之为"mangv yangc"（阳界）；因为灵魂是看不见摸不着的无形部分，所以侗语称之为"mangv yiml"（阴界）。阴界和阳界相互依存，因而组成了整个世界。

依山傍水的人居环境，
是侗族崇尚自然和自由生活的体现

今天的侗族人居环境，总体上基本保留了原生态。村寨依山傍水，村前是清澈的小河或稻田，寨后是翠绿的古树或竹林。寨内，鼓楼高耸，木楼相依，鳞次栉比；寨脚，花桥跨河，绿树婀娜。这种人居环境，展示了侗族人民对生态保护的历史传承，也是其生存发展观念的写照。

侗族人靠山养山，傍水惜水。他们世居木楼，鼓楼、花桥、戏台、凉亭以及生产、生活用具基本上都是用木头或竹子制造，对树木拥有非常特殊的感情，并形成了植树护林的优良传统；寨前的稻田，是他们的食物之源，没有食物，他们就无法继续生存，所以他们必须保护溪流，保护水源。山山水水，为他们提供着源源不断的生产和生活资料。

固土保水的耕作制度，
是侗族创造性生态型生产方式的体现

土是万物的根基，水是生命的源泉。侗民族在长期的生产实践中，创造性地开发出了具有重大历史、生态意义和科学价值的固土保水耕作制度，在今天的农林牧业综合发展看来，仍具有很大的借鉴意义。

据考证，侗族人的先民——古代越人是以糯米为主食。侗人种植糯稻历史久远。侗乡的糯稻田依山而建，山有多高，田有多高；田有多高，水有多高。天下雨了，无数的糯稻田就把雨水积蓄起来；天干旱了，糯稻田里的水自然蒸发，变成云雨，调节气候。这种独具特色的"天然水循环系统"既避免了温室效应，也有利于水土保持，侗族地区的青山绿水，就是这样形成和保持下来的。因传统糯稻植株较高，一般在 1.5 米以上，有的高达 1.8 米甚至 2 米，不怕水淹，便于积蓄深水进行稻田养鱼。糯稻的生长期也较长，一般都在 160—180 天左右。传统糯稻不用晒田，一年四季可以蓄水，侗语称"yav mas"（软田），汉语称"过冬田"或"滥冬田"。这些糯稻田实际就是一些大大小小的水库。今天侗族地区水旱灾害相对较少，与这种耕作制度直接相关。

传统的糯稻生产，主要是施用有机肥，如猪牛粪、秧青等等。秧青是嫩绿的树叶或青草，侗语称"bav meix"（树叶）。每年谷雨前后，山上的树叶、青草都长起来了，侗家人都要上山打秧青，侗语称"aol ma vmeix"（采树叶）。然后将这些树叶或青草撒进田里，踩进泥里。等树叶或青草腐烂变成肥料，就可以"朗田"（侗语称"weenp yav"）插秧了。秧苗转青

固土保水的侗乡梯田　摄影／吴远模

之后，一旦发现稻田里有病虫害，人们就用茶油枯或叶烟秆进行治理，不施无机农药。这样的耕作制度为生态文化提供着珍贵的研究资料和宝贵的实践经验。

植树护林的人文传统，
是侗族崇尚森林和反哺森林的体现

森林是人类的母亲，她为人类源源不断地提供着衣食住行所需的食物原料和绿色财富。人类文明滥觞于森林，人类更要反哺森林。侗族人自古爱林、护林、育林，是经营森林的行家里手。据有关专家考证，侗族聚居区——今湖南省城步苗族自治县长安营乡大寨村已经发现距今1500多年的东晋时代人工栽培杉树的遗迹。侗族古歌中也说："燕子绕山寻杉种，飞过千个坳来万重坡。""得了杉种回侗乡，拿到山冲去种植。栽在岩石旁，根茎像水桶，树干像庞桶，树枝像大腿……"明清时期，贵州锦屏、天柱、黎平等侗族聚居区已经成为全国著名的"杉乡"，江浙、湖广等地木商蜂拥而至，至今当地民间还保留有数十万份当时的"林木契约"。有些侗族村寨，凡新生婴儿，无论男女，其家长或亲友都要为他们种树，为他们今后修建房屋或置办嫁妆做准备。这些优良传统至今在一些侗族村寨仍有传承。侗族人爱护森林、保护森林和永续利用森林的传统习俗，对改善生态环境，维持生态平衡，保护人类生存发展起到了重要的作用。

目前侗族聚居区森林覆盖率已达70%以上，茂密的森林和依托其生存栖息的物种和生物多样性，对调节气候、涵养水源、保持水土、防风固沙、改良土壤、减少污染等发挥着重要的功能。

协调节制的人口繁衍，
是侗族人文社会生态独特的体现

当今世界人口剧增，成为世界性的难题。然而，在对侗族人口繁衍问题的社会考察中，我们发现，协调节制的人口繁衍意识是侗族生态文化颇具意义的一个亮点。

从国内外许多民族的迁徙史诗中我们得知：其迁徙的主要原因是战乱或其他政治原因，但侗族的迁徙史诗《Ongs Bux Qak Nyal》(《祖公上河》)、《Ongs Bux Dogl Senl》(《祖公落寨》) 却看不到战争的烽火硝烟。侗族祖先的迁徙主要是为了生产生活需要而疏散人口。

侗族祖先在很早以前就有了协调发展的人口意识。今贵州省从江县有一个古老而中外闻名的侗族村寨——占里，自古以来流传着许多关于自然生态和人文生态协调发展的古歌。如："一棵树上一窝雀，多有一窝就挨饿"，"崽多无田种，娶不到媳妇；女多无银两，嫁不出姑娘"，"人会生崽女，地不会生崽"等。在这种古老而科学的人口意识指导下，占里村自古以来就严格自觉执行着一对夫妇只生两个孩子的"计划生育政策"。据有关部门统计，1951 年全村总人口为 762 人，到 2006 年全村人口总数为791 人，2009 年全村人口总数为 803 人。在半个多世纪的时间里，占里村的总人口只增加了 40 来人，因此被人口专家们称为"中国人口文化第一村"。

天人和谐的艺术追求，
是侗族寓艺术于自然的体现

2009 年 9 月，联合国教科文组织将侗族大歌列为"人类非物质文化遗产代表作"。侗族大歌是一种多声部、无指挥、无伴奏、无固定曲谱的民间合唱艺术，就其旋律和演唱艺术而言，可说是侗族歌谣艺术中的最高等级。特别是歌的多声部曲调，为中外民间音乐所罕见，具有十分重要的学术价值和欣赏价值，是中外民族民间音乐宝库中的珍品。

侗族大歌是侗族长期在优美清新的自然环境中被滋养的结果，田园生活环境和单纯的男耕女织的农业劳动生活，容易使歌手们对周围环境那富有音乐感和节奏感的大自然和声产生浓厚的兴趣和广阔的联想，必然会形成他们本能的无意识的模拟对象，成为直接认识和模仿的音乐雏态。这样就形成了侗族产生和声、复调音乐的自然生态阐释。例如《蝉歌》《知了歌》《布谷催春》等名曲，其艺术来源于对蝉虫鸟叫声音的模仿的观点，得到大多数学者的认同。

演唱侗族大歌 摄影／陈德胜

　　侗族人把侗族大歌中的高音部称为"soh seis"（公音或雄音），把侗族大歌中的低音部称为"soh meix"（母音或雌音）。所以人们把侗族大歌称为"人与自然的和声"。侗族之所以能创造出震惊世界的艺术瑰宝——侗族大歌，同样和侗族的生存环境和丰富多彩的民间生态文化分不开。侗民族讲求"以饭养身，以歌养心"，几乎所有的民间风俗都有特定歌唱方式参与，而且大多数以自然、田园生活等为主体，蕴含丰富精深的人与自然和谐的朴素思想。有民谚说："侗人文化三样宝：鼓楼、大歌和花桥。"鼓楼和花桥建筑材料都采自森林，是纯木质结构，不用一颗铁钉和现代材料，鼓楼是侗寨的象征，花桥则象征着村寨的边界和寨与寨之间的联系。鼓楼文化可以说是侗族物质文化、制度文化、精神文化的缩影。

自我约束的民间规约，
是侗族生态道德和制度规范的体现

　　侗族人始终过着结款自治的生活。款，是侗族人特有的村寨联盟形式的社会组织，对外，通过不同村寨间的交往和联盟结成军事、政治共同体；对内，协调族人的平和关系，以款形成地方性制度与伦理。这种民间组织在民族生态文化上产生了一种适应，不仅有效地维护了侗族地区的社会秩序，同时也保护了当地自然生态环境。

　　许多村寨的款规款约严格规定：不许违章挖山、砍树、挖笋、毒鱼（用药毒鱼），有违犯者，必须严厉惩处。如《约法款》中规定："如若哪家孩子，鼓不听捶，耳不听劝，不依古理，不怕铜锣。他毁山毁冲，毁河毁溪，毁了十二个山头的桐油树，毁了十二个山头的杉木林，寨脚有人责怪，寨头有人追查，寨中有人告发！"侗族民间一向认为，毁坏山林，污染水源都是一种"缺德"行为。如有人毁坏当地的风景林，不仅要受到公众的谴责，还要向公众赔礼道歉，改过自新。直到今天，侗族人都在地域界限和社区归属上认同侗款的划分，产生的款文化对生态保护形成了独特的民间制度和乡规民约。

深圳是从渔农小镇走向国际都市的奇迹。作为中国改革开放第一个经济特区，深圳的城市规划像一条生物链，利用自然山水地貌，把城市建设空间布局与经济社会发展紧密联系，以产业引导城市扩张，多元文化融合，人与自然和谐，生发出蓬勃旺盛的生命活力。然而，从中国的城镇化道路来说，其最终目标是从制度公平入手，实现城市文明和乡村文明的相生共融（荣）、城乡统筹"天人合一"的更高境界。

十、深圳，从渔农小镇到国际都市的奇迹

中国文字"三"为多数，三人为"众"，三木为"森"，三水为"淼"；从力学来讲，"三足鼎立"，三方的相互支撑和关联最为合理；从数学来讲，"三"为奇数，"三角函数""三维空间"，延伸与拓展变幻无穷，更具创造力和发展空间；从哲学来讲，天地人"三生万物"，而深圳与"三"字有缘。

看到今天走向国际化的深圳，有谁能想到它直至20世纪70年代末，仍是中国南海边陲的一个渔农小镇？从3万人—30万人—1500万人，人口增加500倍，正是"众人拾柴"、八方聚才（人才、钱财），打造了这座年轻的移民城市；从面积3平方公里，戏称"一条街，半根烟；一个农机厂，一位工程师；一个邮政所，一部电话机"的小镇，发展到1900多平方公里，全国排名第四位的一线城市；从来料加工、来样加工、来资加工，补偿贸易"三来一补"的低端产业起步，发展至以高技术产业、金融业、物流业和文化产业四大支柱产业为特色的产业体系，制造业基本以口岸、港口、机场、铁路等大型基础设施为依托，沿东、中、西，高效节能的三大交通走廊……形成拥有全方位开放格局与外向型经济的世界知名工业化、现代化城市，正是作为中国改革开放第一个特区享有的"天时"，比邻香港享有的"地利"，和谐相生、共享成果结成的"人和"，成就了深圳"三生万物"之结果。

改革开放"吃螃蟹的第一人"

在深圳的莲花山公园耸立着一座邓小平雕像，老人面带宽厚的微笑，目光平和地注视着这座城市，腰杆挺拔举步前行，大衣的下摆被风掀起……那棵他亲手种下的高山榕已枝干粗壮、绿叶婆娑、生机盎然。提到深圳，人们不会忘记中国改革开放的总设计师邓小平，在中国南海画的那个圈——中国第一个经济特区，打破"文革"禁忌、冲出体制樊笼、践行解放思想、实事求是的破冰之旅。

从 1980 年 8 月 26 日全国人大常委会批准深圳特区成立那天起，改革开放就成为深圳的文化特质和推动这座城市发展的动力源泉。翻开深圳改革开放的历史，你会从字里行间感受到涌动的激流；走在深圳的大街小巷，你又会感受到人们劳有所获的平实和安逸。深圳正是在特区政策的支持下，"摸着石头过河"，成为"第一位吃螃蟹的人"。

1985 年深圳建立外汇调剂中心，1986 年兴办了深圳发展银行，迈出了在全国范围内外汇管理和金融体制改革的第一步；1987 年深圳敲响了新中国成立以来土地使用权公开拍卖的第一槌，在全国率先进行土地管理体制改革，拉开了土地利用市场化的序幕；率先实行招聘录用、竞争上岗、合同用工，首开劳动力商品化之先河；1990 年成立深圳证券交易所，发行新中国第一支股票，开我国发展资本市场之先河；最早推行国有企业股份制改革，推进股权多元化，建立法人治理结构；最先探索建立国有资产监管体制和运营机制，建立了国资委、资产经营公司、国有企业 3 个层次的国有资产管理体制；较早探索实行职能有机统一的大部门体制，按大行业、大系统综合设置机构，形成了"大贸工、大交通、大文化、大城管、大农业"的管理格局，减少了协调成本，提高了行政效率。

过去 30 多年，深圳由一个偏远的渔村到国际化城市的转变，或许我们更应该倾听作为城镇化主体的这些辗转于城市与乡村之间的普通人的心声，政府有关部门和城市与环境建设部门等的感想。深圳模式给城镇化建设的启迪是什么，我们更关注人的命运、文化传承、思想意识的变化……

莲花山公园的邓小平雕像　摄影/苏小露

邓小平在仙湖植物园种下高山榕　摄影/江式高

邓小平手植高山榕已枝繁叶茂　摄影 / 陈卫国

南岭村，深圳特区农村城镇化变革的缩影

　　南岭村位于深圳中部，方圆 4 平方公里，据说先祖是明朝由福建迁于此地的客家人。改革前这里又穷又脏，被人叫作"鸭屎围"。至今，南岭村致富思源展览馆里仍挂有一幅"集体逃港"的老照片，一群衣衫单薄、赤手空拳的农民拼命奔跑的背影，脚下的河滩波光粼粼……照片下写着："1956 年至 1979 年，全村逃港人数有 500 多人，仅 1979 年 5 月 6 日一天，全村逃港者就有 200 多人。"可想而知，当时仅 600 来人的村子，除去孩子、老人、妇女，青壮年逃港者甚多。南岭村社区委员会副书记谢慧平说："主要原因是两岸差距太大了！ 1978 年全村集体经济仅有 7500 元，人均年收入不足 100 元，很多人逃港谋生。"

　　改革开放政策好了，人们再也不用逃港谋生，而是利用比邻香港的地

南岭村社区全景图 *供图/南岭村社区居委会*

理优势和集体土地资源，建设工业区，种下梧桐树，招鸾引凤，走共同富裕之路。

1983年，村党总支书记张伟基向村民立下四个目标"有饭吃、有钱花、住新房、人长寿"。那年村里获得43万元国家征地的补偿款，没有分掉，全村人上山抬石头、下河捞沙子，建起了第一批工业厂房，引进的第一家内联企业是广东和平县电子厂，做电话机。仅3年左右，有饭吃、有钱花、住新房的目标就实现了。

目前，南岭村已建成拥有40家企业的100万平方米工业区。其中45%为日资企业，是兄弟亚洲公司海外最大的生产基地，主打办公室复印机、传真机、一体机等；30%是香港企业，主要制作玩具，还有服装；25%是经营音响、体育用品、金银珠宝的大陆民营企业，来自各地的企业外来务工、经商人员6万多人。

村集体经济以土地股份制为基础，形成了以工业区物业和社区管理为主业，发展旅游业和酒店服务业的经济支柱和管理队伍。城镇化转型后的南岭村，保留下来的传统建筑只有部分祠堂和吊楼、20亩位于山坳里供学生学习农耕的水田，还有"求水山"的山林。

南岭村有座面积80万平方米的"求水山"。水即是指雨。传说山顶上有灵验的神石，每年祭日，村里的男丁都要穿上新衣，到山上祭拜神石，以保佑一年风调雨顺。现在，村民利用53万平方米建立了"求水山"森林公园，山下还建起了深圳村办第一家五星级宾馆——求水山酒店。

至 1993 年，南岭村工农业产值已达 5000 多万元，人均纯收入 1.5 万元；至 2012 年，集体经济总收入 2.7 亿元，创造税收 1.8 亿元，人均年纯收入 15 万元，集体固定资产 20 亿元，增长了 28 万倍。村里 60 岁以上的老人颐养天年，社区养老金 1000—2000 元 / 月，社保 1000 元 / 月，还有年底分红和季度分红。

这里没有了乡村的感觉，居民区一栋栋别墅式住宅楼，工业区栉比鳞次的厂房，商业区人头攒动的闹市，教学区幼儿园、中小学一应俱全，行政服务区村委会镶嵌玻璃幕墙的八层大楼、1 万平方米的社区服务中心、3 万平方米的一级甲等医院等，当年为贫穷所困的南岭村早已翻天覆地、脱胎换骨……

著名诗人李瑛 2001 年 4 月登上南岭村求水山，写下诗句："俯瞰深圳怀里的小镇，小镇怀里的小村，数不尽的大街、公园、广场，望不尽的工厂、别墅、楼群……听讲过去，我的心，是一尾游不出苦海的鱼；看眼底，又变成，一只欢乐的小鸟飞进丛林……"

这里没有了城乡的差距，实现了由农村向城镇、由农民向居民，由富裕向文明的蜕变。南岭村从新中国成立后到改革开放初期，没出过大学生。1990 年，现任村支书张育彪考上深圳大学；2000 年，村里考上 8 名大学生；目前，村里大专以上学历的人口已约 230 人，大部分学生学成后都回到村里工作。今天的南岭村主张"富而好劳、富而崇德、富而好学、富而思进"，是深圳特区奇迹般变化的缩影，如同改革开放大潮涌起的一朵浪花，在春天的旋律中绽放。

规划引领城市建设

深圳特区建设之初，走什么路子，是建立一个市，还是建立一个开发区，人们并不十分清楚。随着中央对深圳经济特区的性质、规模和发展方向进一步明确，时任国务院副总理谷牧派出 5 人专家顾问组帮助深圳建设。1986 年市政府成立了城市规划委员会，市长李灏任主任，聘请了 20 多位国内外著名专家任顾问。专家们和地方行政领导一起考察深圳地理环境，研究他国模式：德国搞卫星城、英国霍华德的花园城市、丹麦交通走廊带状式城市，香港轨道开发带动周边发展……而深圳的优势在于比邻香港，有山林、靠海洋、城市建设从零起步，没包袱但却有拓展空间，因此，提出了"滚动发展，弹性规划"的理念，确定了"组团式带形城市"规划格局。工业区采用小块分散布点，一般不大于 2 平方公里，规划了 15 个工业小区；城市交通将东西向主干道深南大道定为 80 米宽，中间的绿带为轨道交通预留了位置，4 万亩生态红线，严禁房地产开发和经营性建设，之后的机场、火车站、市政道路等大型基础设施选址，都尊重了生态发展空间，为建设具有经济活力的山水型城市创造了条件。时任首席顾问的周干峙在《深圳规划的历史经验》一文中总结了特区早期规划经验：行政领导与专业人员紧密结合是解决问题的金钥匙；城市规划建设走好第一步最重要；有了好规划，还要很好落实，贵在坚持；特别是几届领导班子都十分重视已确定的规划，不是"一个市长一个令"。

城市规划像一条生物链，利用自然山水地貌，把城市建设空间布局与经济社会发展紧密联系，罗湖（上步）、福田（中心区）、沙河（华侨城）、南头（蛇口、南油）、东部（沙头角）五个组团，成熟一个，开发一个，弹性发展。每个组团有相对独立的产业、居住、休闲以及教育、医疗、文化等综合性生活设施配套，较好地解决了居住—就业平衡。在 CBD 中心区保留了近 4 平方公里的莲花山公园，通过生态中轴将莲花山公园、北部行政文化中心与南部商业服务中心有机连接在一起，人工建筑融入自然生态景观之中，建筑功能与人们出行有机结合，体现了城市与自然融合、以人为本的生态规划理念。

规划保留了城市的"绿肺"。城市组团隔离带、道路绿化带、城市公

园和社区公园构成的城市绿地系统，有效缓解了城市热岛；深南大道 10
多公里的绿化带树木花草，成为一道多彩的城市景观带；坐落于基本生态
控制线内的森林公园、郊野公园和自然保护区，尤其是位于城市中心区的
国家级福田红树林自然保护区，更形成了深圳独特的生态空间。虽然深圳
人口增长快、城市发展快，城市高楼林立，但人们不会感到压抑，城市空
气质量、居住环境、交通情况总体良好。深圳人均公园绿地面积 17.56 平
方米。1999 年，深圳规划荣获亚洲地区第一个国际建协（UIA）"阿伯克
隆比荣誉奖"，这是目前规划界公认的最高奖项。

现任市规划与国土委副总规划师张一成说，城市发展要有边界，经济
发展要有生态红线。城市生态空间预留多少比较合适？虽然暂时没有科学
的依据，但有一点是肯定的，那就是要从城市经济发展目标、人口规模、
所处区域的环境承载力等多种因素综合考虑。人们不仅需要富裕的生活，
更需要健康的生活。清新的空气、干净的水、安静的小区和高品质的休闲
环境，这都与生态空间质量密不可分。越是从城市可持续发展战略考虑，
越需要保留足够的生态空间。有研究指出，深圳可以容纳 3000 万人甚至
更多，把好些自然山体都纳入了可建设用地范围。若果真这样，城市的雾
霾、水淹、热岛效应、交通拥堵就会非常突出。没有足够的生态空间，就
不可能缓减城市活动所产生的各类污染和喧嚣。与此同时，因基础设施建
设和公建配套不足而导致的就业、就学、就医问题也不容忽视，这一切都
必须仔细评估。深圳划定全国第一条基本生态控制线，把近一半的土地划
入生态控制线内，禁止经营性开发，目的就是要明确城市发展边界，保持
高质量人居环境，增强深圳的活力和魅力。

产业引导城市扩张

深圳特区开发初期采取市、区、街、村、民多级引资、多主体开发，
再集中连片的产业发展模式，有了市场又能引来资金，以产业引导推动城
市发展，劳动力扩充、厂房扩建、居民区扩张，城市建设规模迅速扩张。
工业文明把渔农小镇原生态的廉价土地和人力资源变成了资本，投入了市
场，获得了第一桶金。现在驰名的康佳公司，最早是在印尼和越南华侨建
设的光明农场的基础上发展起来的。开始是香港来料加工组装录音机，后

发展为自主制造国产电视机。

深圳社科院社会发展研究所所长谢志岿认为：从经济学看来，资金总是朝着成本低的方向流动。20 世纪 80 年代初改革开放，正值香港产业结构调整，其加工业向着发展空间大、人力成本低、地理优势明显的深圳转移，90% 资金来源于香港，形成了深圳最初"三来一补"的产业格局。1987 年前后，深圳开始践行现代企业产权制度，鼓励国企人员自主创业，"多劳多得"。但是，原始积累的第一桶金，开发主体过多、违法建筑过多、城镇化质量不高、低端产业欠账太多，出现了两极分化，发展不平衡。至 90 年代，深圳的产业结构开始由低端产业向二三产业转移，第三产业逐渐提升，优化产业结构吸引高端产业和高端人口，引导城市向高端发展。

张一成回忆，产业升级转型之初，很多地方一窝蜂地报项目，要全部拆除重建，但是城市发展有其规律和要求，是个渐进的过程。规划委提出三种方案：全部拆除、全部保留、部分拆除进行功能置换。最终，功能置换被大多数人接受。目前，深圳产业结构比较合理，能耗和水耗约占全国平均水平的 60% 和 25%，万人 GDP 能耗全国最低。深圳主张用生态文明理念发展低碳产业，建设低碳城市。

移民城市多元文化融合的特质

在深圳我见到了 1984 年就来到这里创业的知青朋友，他们经历了深圳改革开放的全过程。谈到深圳的文化特质，他们说不是包容，是兼容。深圳是年轻的多元文化融合的移民城市，没有羁绊，敢为天下先。

你想象不到，深圳每年举办"百公里行走"活动，从鹤发老人到学前儿童，市民合家出动，企业和社会团体开展各类公益活动参与其中，如同盛大的节日，一个城市的活力和正能量得到充分发挥。

他们把我引到阳台，俯瞰灯光璀璨的城市夜景……指点着：深圳是世界上唯一在市中心拥有自然保护区的城市。建立了全国第一个保护鸟类防干扰的隔音墙，观鸟协会到红树林搞活动，形成了巨大的社会影响。深圳所有的公园免费让市民享用，如莲花山公园、罗湖公园等，最近还在发展15 公里沿海岸线观赏大道，这就是深圳的生态文化理念。

在深圳图书馆里阅读的人们 *摄影／苏魏*

　　乘出租车回宾馆，司机一张口我断定他是湖北人，"来深圳几年了？""5 年多了。"我又问："当地人排外吗？""都是外地人，谁排谁呀！"他脱口而出一语中的，我们哈哈大笑。他又说："我感觉深圳是最包容的城市，这里有钱人多，但并不讲究穿戴，大家看上去都差不多。到商场柜台，你就是身无分文，要看一枚钻戒，服务员也会拿给你。"来了就是深圳人，是深圳的又一文化特质。

　　联合国教科文组织授予深圳最佳阅读城市。走进深圳图书馆，几何造型、网状支架、玻璃幕墙，比奥运会水立方更显独特的建筑结构，良好的阅读环境、浓厚的文化氛围，真是修养心智、陶冶性情的最佳场所。置身其中，远离浮躁，徜徉书香，排队借阅的、浏览查询的、挤坐阅读的、伏案书写的……竟多是年轻人，令人欣慰！一个成功的城市应是一个有人文品质、有创造活力和成长空间的社会，其富有不仅在于经济财富，更在于其生态环境能够留住和不断发展财富智慧的创造者。

　　深圳作为城市，是来自各地的人们与原住民共同创建的。深圳规划国土委副主任梁俊乾说，深圳是个杂合城市，生命力强、创造力强。深圳出现多家国际级企业，这与文化有关系。文盲可能没有知识，但他可能有文化；知识分子可能有知识，但可能没有文化。现在遇到的最大的问题是历史和文化的保护问题，从规划角度说，应划出保护范围，有意识地将它们保护起来。

原深圳商报资深记者李端说，深圳是典型的将渔农文明转到现代文明的城市。过去出现大量的逃港潮，不惜以身试法，人们靠在海边打捞香港丢弃的破轮胎卖钱维生。可以说，贫穷落后的渔农小镇是改革浪潮裹挟着进入现代工业文明的。当时的口号是"青春、热血、梦想、献身"，各类培训班遍地都是。内地能来的人，一般是在旧体制中不开心、不安逸的人，来深圳舍弃原有的一切，大部分企业从零开始。到深圳之后，没有包袱，获得优越的政策环境，在创造企业价值的同时，实现自身的价值。

改革开放，深圳提出"时间就是金钱，效率就是生命；敢为天下先；空谈误国，实干兴邦；改革是深圳的根，创新是深圳的魂；让城市因热爱读书而受人尊重；鼓励创新、宽容失败；实现市民文化权利；送人玫瑰，手有余香；深圳，与世界没有距离；来了就是深圳人"等十大观念，体现了深圳的文化精神。随着深圳的发展和生态意识的提升，"效率就是金钱、时间就是生命"现已改为"效益就是环境、服务就是金钱"。

当年原本不足 30 万人口、3 平方公里的渔农小镇，没有形成主流人群和主流文化，早已融入今天 1500 万人口、1900 平方公里的移民社会之中。来了就是深圳人，就连语言、服饰、餐饮、食品都体现出了多元共荣。走在深圳的街上，从港台到大陆各地风味名吃都能找到，问个路听到的都是各地的乡音。

南岭村本地人口 900 来人，外来人口 6 万多人。"来了就是自家人"，搞好物业管理和生活服务是村里人的日常工作，每年春节，村委会还专门联系交通单位接送外来务工人员探亲。求水山酒店一位来自四川的服务员，获得深圳酒店技能比赛第一名，村里帮她解决了深圳户口和住房，提升为酒店经理；村里还拿出 20 万元奖学金资助一位学习优秀的外来务工人员到国外留学深造。村社区服务中心原是 1 万多平方米的商业大楼，每年仅租金收入就有 400 多万元；有图书馆、老年大学、书法、歌舞、儿童活动和文体活动区域，全部向外来务工人员免费开放。社区足球俱乐部获全国 5 人甲级联赛冠军，2013 年代表中国参加亚洲（日本）俱乐部杯，获四强。

外来务工人员用双手建设了这座城市的同时也改变了自己的命运。李端 2010 年在《梦非梦》中写道："只有让人们分享了成果，才能体现创作

龙岗中心区龙潭公园　供图/深圳市城市管理局

者的价值。"目前深圳基本上实现了公共服务公有化，不以户籍为界限；公租房也慢慢向非常住人口转移，医保覆盖率达到90％。深圳市民经历了由生存到生活，由挣钱到健康，由村镇到城市的转变，现在的目标是建设世界一流的高端服务业。

深圳的绿道是全国最早的、海岸线是全国最美的。市内土地面积的50％作为生态红线，原有的山体森林不允许建别墅，在城市建设中部分保留下来，让林在城中。深圳的人口增长了50倍，但空间感、空气质量、水质和食品比较好，水始终没出问题。每天给香港供三车绿色蔬菜和活鸡、绿色水源、绿色食品。为保证东江水库给香港供水的质量，附近不允许建厂，政府采取每年将水库的部分收益补偿给为保护生态被安排到其他地方的厂家。

2003年，深圳申报"绿色城市"，李端和著名导演戴家乐制作了纪录片"绿话深圳"，"绿话"讲述深圳的过去，"绿画"描绘深圳的今天，"绿划"展示深圳以规划引领城市建设，"绿化"挖掘深圳的生态文化。

深圳虽然面向大海，但是真正的海洋文化意识，是在特区开发建设中逐渐成长起来的，这30多年的发展也可以说是由黄土文明走向海洋文明的过程，彰显出由闭关自守、自给自足向开放进取、创新发展、包容共生转变的文化特质。打开国门是有代价的，但是，小平同志选定的几个特区，全与海有关系。海洋成就了我国进出口贸易，建立起国际贸易伙伴关系，推动了外向型经济发展，更重要的是带来了文化意识的进步。

我们来到位于深圳西部珠江入海口东岸南头半岛的赤湾码头，这里距离香港仅20海里，是连接世界各地与珠江三角洲经济圈乃至中国内陆腹地的海上门户、深圳港三大集装箱码头之一。

经过15年的发展，赤湾已经成为一个设施先进、管理完善的国际性专业集装箱码头。9个泊位总长度3400米，可提供24小时全天候优质服务。码头上大型集装箱排列整齐，铁臂高举的吊车井然有序、高端壮观，整洁的工作场地管理规范。

赤湾与全球众多船舶公司建立了长期合作关系，60余条班轮航线覆盖全球各主要地区，2007年集装箱吞吐量已经超过573万TEU。与伙伴公司合作开辟了"华南驳船快线"，建立了"珠江三角洲水路运输网络系统"，开通了覆盖整个珠三角地区及广东西部沿海地区的水上物流通路。望着海港往来的巨型货轮，海风裹挟着海的味道直沁心脾，一种国人的自豪感油然而生！

摄影：唐蜀全

赤湾集装箱码头（CCT） *摄影／唐蜀全*

从 1979 年至 2009 年，深圳特区改革开放 30 年，利用外资和国际先进技术，累计吸收外商直接投资 456.2 亿美元，平均每年递增 27%；在深圳投资的世界 500 强跨国公司总数累计达 166 家；国民生产总值达 8201.23 亿元，比 1979 年增长 979 倍，年平均递增 25.8%；人均 GDP 达 1.36 万美元，达到国际公认中等发达水平。

深圳市统计局 2014 年 2 月 18 日发布最新信息：据初步核算，2013 年全市生产总值为 1.45 万亿元，比上年（下同）增长 10.5%，比全国和全省平均水平分别高 2.8 和 2.0 个百分点。从产业看，第一产业增加值 5.25 亿元，下降 19.8%；第二产业增加值 6296.84 亿元，增长 9.0%；第三产业增加值 8198.14 亿元，增长 11.7%。经济规模继续居于国内大中城市第四位。深圳以其不足上海 1/3 的面积，创造了世界城市经济发展速度和世界城市化发展史上城市拓展的奇迹。

目前习近平总书记又提出了海上"丝绸之路"经济带战略。放眼世界，海洋文化意识对年轻的深圳特区性格成长和价值观的塑造正发生着潜移默化的作用。

深圳，从渔农小镇走向现代文明的经典。多元文化的融合，共享成果的氛围，人与人、人与自然的和谐，生发出与时俱进、蓬勃旺盛的生命力。深圳是不可复制的，但是它一定会给予建设生态文明的美丽中国以启示。

立足乡村福祉，传承文明根脉，城乡均衡发展

《中国经济周刊》与中国社科院城环所联合发布的《中国城镇化质量报告》将关注点聚焦于城镇化质量，从城市自身发展质量、城镇化推进效率和城乡协调程度等方面通盘考量，综合权衡包括人口、土地、产业和生活质量在内全方位的城镇化。报告统计显示，286个地级以上城市中，北京的城镇化率排名第八位，城镇化质量排名第二位，而深圳两项均居榜首。

深圳是一座年轻的移民城市，没有传统羁绊，充满生命创造的活力和文化成长的空间。如同一张白纸，好作最新、最美的图画。而北京是几朝古都皇城，有成熟的京城文化、规矩已成方圆，好比一幅已经绘满旧朝传奇的古画，再下笔前就得踌躇一下，我们要添加或覆盖上去的笔迹是否更有价值；北京又是新中国的首都，国家政治文化中心，首脑顶层设计已成方圆，更多的是适者生存。北京在国际化进程中提出了"爱国、创新、包容、厚德"，对多元文化的接纳，并没有淹没"老北京"文化，而是在雄起主流文化、坚持核心价值观的基础上，和谐相生。

一个国家和民族的文明是其用文化符号连接的集体记忆。那么，城镇化进程中已经留下的文化印记和即将留下的印记，向我们提示了什么？城镇化化掉的是城乡差距，不能化没了农村，记不住乡愁；现代化化的是生态文明的科技进步，不能靠高能耗、高污染、高消费拉动经济增长，化没了人与自然的和谐；与时俱进，是在继承中创新发展，不能以高楼林立、汽车奔驰、闹市喧嚣，跨越了自然人文地理的生理极限，化没了历史、地域、民族的本源。

孔子曰"学而时习之"，"温故而知新"。第一个吃螃蟹的人要有敢于尝试的勇气，第二个吃螃蟹的人要善于借鉴和掌握，第三个吃螃蟹的人要创新和拓展。人不可能一辈子"摸着石头过河"，河水深了是摸不到石头的。必须学会游泳，学会航行，学会创造和掌握不趟水也能过河的方法。

有人说农村是城市的外婆家，我们说农村是城市的根脉。一个被我们追求的尚未完全认知的理想的"城市中国"，另一个尚未被我们真正领悟的珍贵的"乡村中国"，追溯城镇化建设进程中的文化印记，我们是否思考过乡村的山水田园对城市意味着什么？那里的父老乡亲对城镇化期盼着

深惠路横岗段改造后的深坑村　供图／深圳市城市管理局

什么？战争年代通过"农村包围城市"，最后赢得了新中国的解放；新中国建设时期，依靠"工农业剪刀差"为工业化发展提供了原始积累；现在，国家经济腾飞，城市建设日新月异，该是城市反哺农村的时候了。习近平总书记曾说，要稳步推进农村改革，创造条件赋予农民更多财产权利。城镇化不是土地城镇化，而是人口城镇化，不要拔苗助长，而要水到渠成；不要急于求成，而要积极稳妥。一语切中城镇化的关键。当今的城镇化建设应该立足于乡村，实现延续生态文明的根脉与增进百姓福祉的统一。美丽乡村是美丽中国的基础，城镇化的最终目标是从制度公平入手，实现城市文明和乡村文明的相生共融（荣）、城乡统筹"天人合一"的更高境界。

千年港城上海，积铢累寸、滩长港移，从衣被天下的江南都市，羽化为华洋共建的东亚都会；从我国民族工业的先驱、新中国重要工业基地，到改革开放现代化的国际都市，经历了水绿生态的得失考验，完成了沧海桑田的蜕变，获得了跨越式大发展。面向未来，上海再次抓住海上丝路和长江经济带建设的重大机遇以自贸试验区为平台，一步一个脚印，朝着全球城市的目标进发。

十一、上海，面对世界的城市

长江从世界屋脊青藏高原雪山发源，跨九省、穿千峡、集万流，汇滚滚波涛，挟泥沙而下，在它跌宕奔流，涌向海洋的日日夜夜，这位伟大的母亲，积铢累寸，造就了上海滩！

上海位于我国南北海岸线的中心，是长江入海的咽喉。在中华民族悠长的历史进程中，上海千年的城市发展史尤令世人瞩目，它不仅完成了沧海桑田的大蜕变，而且获得了跨越式大发展。其原因在于上海传承了长江母亲融通南北，横贯东西的博大胸襟，使象征人类智慧与社会和谐的生态文明，在这片铭刻年轮的土地上密切交会、碰撞融合，迸发出物质与精神的力量！

理滩治水　移港兴市

上海生而与水结缘，滔滔长江水带来的巨量泥沙，在这里形成了我国规模最大的河口型滩涂湿地，而这片世界上最具生物多样性特色的河口三角洲，是千百年来孕育上海滩所有神奇的摇篮。

长江在上海入海，将中国东部海岸线一分为二，北面黄海多以泥沙岸为主，南方东海多为岩石岸，地理条件迥异形成了"南来的龙船，北去的沙船"在此处转换的繁华场景，使上海港成为南北海运之要冲，因港而兴由此成为上海千年不衰的根源。

黄浦江是长江的最后一条支流，也是上海市界内最大河流，古称"东江""横潦泾"，在上海市中心外白渡桥接纳吴淞江，到吴淞口注入长江，将上海分割成了浦西和浦东。吴淞江是黄浦江的主要支流，俗称苏州河，是上海境内仅次于黄浦江的第二大河。

在上海的河川利用、港口开发以至整座城市的发展史上，有三个代表性人物：春申君、夏元吉、奈格。

春申君"开拓三江"。2300 年前的上海，地处吴越边陲。当时的楚令尹春申君黄歇请封于此，带领民众兴水利、疏水道、辟路径、造粮田，拓宽"三江"（东江、娄江、吴淞江）、开浚黄歇浦（今黄浦江中游），使太湖和淀山湖之水得以畅通大海，上海地区终于摆脱水患，渐成富庶之邦，并直接引发了隋唐年间华亭、青龙等先后建港设镇、"周边互市"，获

东西外滩　摄影 / 郑先章

夕照外滩老建筑　摄影／郑先章

　　得数百年兴盛繁华。上海由此拥有了"申"的简称。特别是以黄歇浦疏浚为标志的春申文化，成为上海城市根文化的重要内容。春申江、春申路、春申村、申江路等地名遗迹，都在无声地纪念着这位开"申"之祖。甚至连他当年带领民众治理黄浦江的工程指挥部，至今还保留在离黄浦江不远的松江区新桥镇春申村。

　　夏元吉"掣淞入浦"。经历了宋末元初的战乱，至13世纪末上海由镇升县以后，长江口主流北移上海的河道回潮淤塞，航运渐衰，进入经济萎缩期。直到明永乐二年（1404），在户部尚书夏元吉直接组织下，十万民工齐心协力开掘黄歇浦、扩拓范家浜，把日见淤塞的吴淞江导入黄浦，这就是中国城市水利史上著名的"黄浦夺淞"重大工程。此后，上海有了一条贯穿全市、面阔江深、北出长江的主干河道，使上海成为"东南通闽越，西北距河淮"的沿海航运要津。

　　18世纪中叶，长江主河道又从崇明岛北侧南移，朝廷所倚重的赋税重地浦东下沙盐场因水淡而衰落，崇明北沙取而代之。

区域水文环境的变迁，便利了上海的海洋通道。至鸦片战争前夕，上海港已拥有北洋、南洋、长江、内河四条规模航线和一条理论上可通东洋西洋的外贸航线。"迢迢申浦，商贾云集，海船大小以万计"，年吞吐量达150万吨以上。此时的上海已成为我国东南最大的生产原料和生活资料集散地，与广州、厦门、宁波并列为全国四大港口。开埠后，黄浦江航运功能仍显得捉襟见肘。尤其是受到黄浦江口"拦门沙"和河内航道浅滩制约，根本无法适应当时国内外贸易大幅度增加、海运船只大型化迅速发展的新形势。

奈格"浚浦扩港"。1876年，荷兰水利工程师奈格等人应邀来到上海，为黄浦江把脉，提出了全面治理黄浦江的计划，并为此奔走呼号了30年，直到1905年清政府才终于在内外压力下设立"开浚黄浦江工程总局"，实施黄浦江航道整治计划。奈格和他的副手、学生瑞典工程师海德生、英籍工程师查德理相继担任总工程师，主理"浚浦"事宜长达60年之久，三代人的智慧和华工们的汗水都抛洒在浦江岸、长江口，终于把黄浦江治理成为一条航道水深8米、面阔320米，当时列为亚洲最大、世界第七的远洋良港，支撑和带动上海跳出内河走向海洋，成为远东最大的航运中心、商贸中心、金融中心、文化中心，以及国内最大的工业、商贸、服务基地。

"拓江""引浦""浚港"的"老上海""洋上海"们，谱写的避水害、兴水利、拓航道、建港口的瑰丽篇章，始终没有被上海历史所遗忘。

滩的变迁：由被动开放到主动开放

说到上海总少不了一个"滩"字。滩是上海自然生态演替的符号，更是上海人文生态发展的一个基石。历史学教授易中天曾简而言之："上海是个滩，就像北京是个城一样"，进而引申说："滩上的人，更多感受到的是海滩的开阔和自由。"

不过，上海并非只有滩，它也曾有座城，老上海人也想稳坐城中安享太平。但"城"至多只能在冷兵器时代起一定的防卫作用，一旦外国人靠着坚船利炮硬要来贸易，上海的城便失去了功能，而被当作五口通商的最后一"口"，抛给了虎视眈眈着这块未来财富宝地的外国人。

上海西外滩　摄影／郑先章

　　按照清廷决策者"华洋分治"的钦定原则，把入黄浦江的苏州河口南边毗邻上海县城的 830 亩荒滩，以低价"租"给了外国商人，这便是中国第一块"外侨聚居地"。西洋的规划师、建筑师们，就在这"滩"上做起规划，华工们搞起建设。短短一二十年，这块"不毛河滩"变成了设施先进、街道整齐、廊檐洁净的"上海新区"，也就是今天人们熟知的老"外滩"。

　　"襟海带江"的地理优势，使得解放前的上海已是中国最大的进出口贸易口岸。新中国成立后，面对库无寸金、被迫闭关的严峻政治经济形势，上海市委提出，"建设新上海的方针，就是要把过去帝国主义买办官僚剥削压榨中国人民的旧上海，变成为国内生产与为中国人民服务的新上海"。

　　改革开放前的 30 年，被封锁的东亚金融都会，蜕变为高度依赖工业的城市。上海的滩在长，上海的港已满，上海人喝的是氯气水，住的是三平方的房，挤的是难立足的公交，依靠长江三角洲这块沃土，自力更生的人民在超越极限的城市环境中，以俯首甘为孺子牛的精神，为共和国承担着财税大单。

　　20 世纪 80 年代中期，改革开放，上海面临着历史遗留的老问题与体制转轨中出现的新矛盾叠加交织的困难和考验，开始重新思考自身的发展方向，提出上海的发展要走改造振兴的新路子。一位前国家领导人在上海工作时，曾把外滩比作是"Face"，上海的一个脸面；后来又有一位社会学者把外滩说成是"Book"，一部近代上海历史的教科书。两个词合在一起，恰恰成了当今世界最具活力的网站"Facebook"。外滩不但有极其优

938

美的天际轮廓线，记录了上海城市自然生态演替的百年历史，还深刻反映了上海经济社会形态、人文生态，印刻着东西方文明融合的足迹和两度开放的历程。

黄浦江岸线受限于水深，乘潮进出港的船只在吴淞口外排大队，仅外高桥一段可以利用，远不能满足日益增长的出海通道压力，更无以承担"国际航运中心"的使命！

通向世界的门——上海自贸区　摄影／郑先章

走向蓝海——洋山深水港　摄影／郑先章

　　海峡两岸关系协会会长汪道涵，面向世界、面向海洋，带领浦东开发研究团队，经过3年集思广益的深入研究，明确了浦东开发的定位和发展方向，为"跨越黄浦江"的战略决策打下了扎实的基础，也为后来港口从内港（黄浦江）到江港（外高桥）再到海港（小洋山）的跃迁，以至金融开放，举办世博等做好了准备。

　　是主动敞开大门面对世界、复兴上海，还是继续按传统发展思路，把浦东当作浦西工业转移扩散地？学习邓小平关于"对外开放具有重要意义，任何一个国家要发展，孤立起来、闭关自守是不可能的，不加强国际

石库门生活　摄影／郑先章

交往，不引进发达国家的先进经验、先进科学技术和资金，是不可能的"的主张，统一了大家的思想，坚定了发展金融服务和新兴产业的方向，确立了长三角区域合作的战略思路，上海义无反顾地跨越黄浦江，开始新跃迁，进入了城镇化高速发展的快车道。

曾几何时，"宁要浦西一张床，不要浦东一栋房"的市民心理有了新的转变，不到十年时间，伴随轨道交通建设的推进，完成了核心区百万人口大迁移。

在改革开放的历史进程中，我们不能忘记曾经作为上海工业主体的纺织业、电子业，在产业结构调整改革中，百万纱锭停产、数百万工人下岗所作出的牺牲与贡献！

从 1991 年浦东开发开放，2010 年的世界博览会，到 2013 年建立"中国（上海）自由贸易试验区"，当代上海正以更加开放积极的心态打开大门，融入时代潮流。

2014 年 5 月，习近平主席考察上海时，强调要发挥上海在长三角地区合作和交流中的龙头带动作用，参与丝绸之路经济带和海上丝绸之路建设、推动长江经济带建设等国家战略。上海再次抓住了全球经济一体化这一重大机遇，以自贸试验区为平台，开始构建 21 世纪海上丝绸之路城市，并朝着全球城市的目标进发。

滩的文化：多元融合、海纳百川

滩与港是早期上海城市迅速发展的基础。在 1816 年，上海地区仅有

366万人；到1949年，人口达到773.14万人，百余年间人口增长了2.1倍；2010年上海市人口已达2301.91万人，其中城镇人口2055.51万人，是1949年的3倍。上海是个典型的移民城市，1950年本地籍人仅占15.1%，流入人口以江浙两省为多，占到了总人口的73.8%，而后是广东人、外商洋行买办及商人大批涌进上海，并吸引同乡亲友进入上海就业居住。

早前南京东路闻名"十里洋场"的永安、先施、新新、大新四大公司，是上海商业经营的集中代表，在20世纪二三十年代都可算是超大型的综合性商店，引领了时代潮流的方向和商业文化的创新。上海滩的企业家们将品牌文化做成了上海的一张张名片。

弄堂是上海社会的缩影，纵横交织的9000多处弄堂，就像血管一样铺满了上海的大街小巷。弄堂文化，也称石库门文化，为老上海的"规则意识"提供了熔炉。

弄堂融合了江南传统民居，三开间或五开间的住宅形制和中国传统建筑，以中轴线左右对称布局的特点，又或多或少带有西方建筑的痕迹。"串门子"的现象在当时的弄堂里非常普遍。居委会的老阿姨对每家每户都了

苏州河畔石库门鸟瞰 摄影 / 郑先章

浦东日晷，东方之光　*摄影/钟晓海*

如指掌，相比如今家家户户"铁将军"把门的楼房，人们在拥有了更宽敞的居住条件的同时，却缺少了远亲不如近邻的默契和温暖。弄堂里的石库门成就了上海的方言、上海话（"上海闲话"）和上海滑稽戏，成为传承海派文化的优良载体。作家陈丹燕在《上海的弄堂》中曾写道："去过上海的弄堂，大概再到上海的别处去，会看得懂更多的东西。"到了上海而没有去弄堂，就像到了北京没去胡同儿一样。

　　根植吴越而兼蓄中西，博采众长却标新立异，文化传承又经国济世，极强的本土性加上明显的多元化和先锋性，这就是"滩"的风格、"海"的精髓。因"滩"临海、风云际会，造就了上海人洒脱不羁、强调自我的个性；又因"滩"秉水格，带来上海人灵活多样，崇尚权威却不迷信权威，而重在自己对事物的感受，善于学习别人长处的特点。上海人之所以热衷追逐知识、乐做白领中产人士，哪怕是店堂学徒，也要学上几句"洋泾浜英语"，就是为了扩大交际、不落人后。

　　上海有大批在中国具有创新意义的城市建设、经济管理成果。中国第一个道路和城市规划《上海洋泾浜以北外侨居留地平面图》、第一个河道整治工程机构（浚浦局）、第一个现代化的客货码头（十六铺）、第一家消

治污后的苏州河　摄影／郑先章

法国梧桐林荫道　摄影／郑先章

防机构（上海救火会）等纷纷出现在上海，还开张了第一家煤气公司、第一家邮政机构、第一个电信局、第一家自来水公司、第一座污水处理厂、第一个室内菜场、第一座影院，启动了第一条铁路、第一辆汽车、第一辆电车、第一架飞机……林林总总，无数个"第一"、无数个"最早"，无数个创新、无数场改革，涵盖了上海社会生活的几乎所有层面和每个角落，并且迅速扩及全国，渗透进人们的意识，并直接反映到上层建筑领域。上海还是中国共产党的诞生地，麦加里中的上海工人第三次武装起义指挥所等诸多重要政治机构的所在地；田汉、聂耳的《义勇军进行曲》，鲁迅先生的《且介亭文集》也创作于公共租界的亭子间里。

在日常文化生活、情趣爱好和精神追求方面，上海既是晚清时期老水墨丹青的"最后根据地"，又是法意新油画水彩进入中国的桥头堡。开埠后"上海画派"以赵之谦、吴昌硕等为代表，继承中国画传统，又推陈出新，以市井生活的花鸟、人物画为题材，大胆用色、色墨融合，个性鲜明，雅俗共赏；西来的电影歌剧、吉他竖琴、芭蕾交响固然可以在上海找到不少听众，传统如杂耍滑稽、唢呐琵琶和"京昆越扬"等剧种，也都可以在这里发现许多知音。"海派电影"是中国电影发展的摇篮，《十字街头》《乌鸦与麻雀》《天涯歌女》《一江春水向东流》等一批早期经典作品影响了几代电影人。富有上海地方特色的海派文学，有民国初年鸳鸯蝴蝶派的张恨水、包天笑等，受世纪末感伤的影响，展现出一种落魄者的孤独感；20世纪30年代，海派文学的极盛时期，以张资平、刘呐鸥、穆时英、茅盾等为代表的作家，受外国现代主义思潮影响，剖析"十里洋场"社会人的行为意识；40年代，以苏青、张爱玲等为代表的新海派，承言情传统，探索现代主义；在当代海派文学中，周而复、王安忆等，重启了人们对海派的记忆。

川辣京烤、粤蒸淮煮、板鸭扒鸡等多菜系的中国菜肴在上海自有食客，东洋料理、面包西餐、明虾鹅肝也不乏青睐者……以历史唯物主义的观点来解读，这一切都绝非偶然，而应是上海城市摒弃保守、选择文明进步的必然结果。

当代上海人忠实传承并大力弘扬着这种"海纳百川"和"古为今用、洋为中用"的精神，消化吸收国内国外一切成功经验和先进事物。

世纪之交生态觉醒

上海是我国纺织业，钢铁、船舶、汽车制造业，化工业和电子产业等的先驱和重要的工业基地，也是我国最大的港口和重要的经济、科技、贸易、金融、信息、文化中心。在推进我国工业化和城镇化历史进程中，作出了突出贡献，但同时也带来了人口、资源、环境等制约可持续发展的严峻问题。

解放前上海居住环境有"72 家房客"之说，改革开放前上海中心城区居住密度超过 10 万人／平方千米，还有 72 个工业街坊，居住和工业，包括一些污染工厂，混杂交错、交通拥堵，港口超负荷，城市环境"臌胀病"。

黄浦江是太湖流域汇入江海的主通道，理应不缺水，但是超高的人口和工厂负荷，使污水管网不堪重压，只能沿江排放，造成了严重的水质性缺水的困境。80 年代上海自来水浓烈的漂白粉味，至今还令许多上海人记忆犹新。

黄浦江综合治理与苏州河的"黑水整治"。黄浦江上移取水口、集中合流污水深水排放工程，缓解了水质性缺水的威胁，上海人终于告别了喝氯气水的苦涩，并开始了对其主要支流苏州河的艰难整治。历史上的苏州河也曾有过青春的活力和亮丽的容颜，1908 年上海新建闸北自来水厂时，还把取水口设在了苏州河中游的恒丰路桥旁。但随着沿河工业迅速发展，上海境内 53 公里的苏州河全线黑臭。市长牵头"综合整治苏州河领导小组"，摸清七大污染源，数以百亿元计的财力、物力投入苏州河翻挖百年污泥的工程。至 2004 年，苏州河"水线"长出来青苔；又两年，鱼儿"游"回了苏州河，就像泰晤士河、塞纳河早年发生过的故事那样，苏州河终于获得了重生！

上海西区有 67 条被称为"活的历史遗存的法国梧桐林荫路"，由于长期使用化学农药，导致刺毛虫（刺蛾）的天敌被杀灭，害虫因抗药性增加而成灾，江苏农科院的戴承铺夫妇用自产的芽孢杆菌（BT）控制了虫害，2 年后被保护的害虫天敌重新繁殖，实现了长效生物防治的生态修复。

上海率先引入了"增加绿量"与"控制绿线"的理念。1995 年，大规模土地开发建设楼宇的热潮兴起，有人提出把中心城绿地置换到郊外，以换取经济利益。时任上海市市长徐匡迪了解后，调侃这是"在市中心憋

延中绿地一角　供图/上海市绿化和市容管理局

新上海的晨曦　摄影／郑先章

一口气到郊外呼吸",并写下"绿化城区,造福人民"的题词,表达了城市对绿色的渴求。

1999 年,政府投巨资迁出市中心居民、工厂,建中心绿地、遗址公园,在规划建设外环绿带基础上,把生态廊道列入城市总体规划。人均公共绿地实现了数量级增加,城区绿化覆盖率提高 2 倍。

2002 年,中国林科院和上海农林局城市森林项目组,提出将森林引入城市,让城市拥抱森林,结合水网、路网,设计建设湿地、绿地、林地融为一体的水绿生态体系,上海进入了以近自然的城市森林弥补水泥森林、城林共长的时代。采用城市热场、空气负离子和苔藓 3 方面的指标测评城市森林生态效应。10 年中,上海森林覆盖率从 3.6%提高到 12.9%。

梦归自然情牵鸟滩

一百多年前,一位名叫陆士谔的土上海和一位名叫赫德的洋上海,共同做了一个"梦":有朝一日,上海也能举办一次像模像样的世界博览会。

百年之后他们梦想成真。2010年，第一届以城市为主题的世博会在上海举行，并创下了7000万人参会的世界纪录。但出人意料的是，具有国际重要影响力的美国景观设计师协会把唯一的综合设计类最高奖——杰出设计奖，投给了黄浦江边一块名叫"后滩公园"的人工湿地。

后滩公园曾是上海工业时代遗留下来的200亩废地，改造并导入生物净化、雨洪调蓄、生物多样性保育和灾害防控等现代科技，重现了千百年前上海"滩"的印象：蒲苇在江风中悠然摇曳，芦花柔曼地荡漾水面，以往只能在青浦郊野、崇明滩头才能见到的水生作物和野生草类，在消失多年后再次在黄浦江边聚结，组成了一幅幅令人心怡的自然景观。

90年代新建浦东机场时，所在滩涂候鸟、海鸟很多，起降风险很大，主要靠人工驱鸟。自从机场东侧九段沙促淤发展，形成了新的鸟类宜生保护地，变机场赶鸟为新湿地引鸟，改变了人鸟关系，也保障了新机场的安全。

面向全球更上层楼

上海经历了从被动开埠到主动敞开国门的沧桑变迁，在经济发展提升的同时也付出了生态环境恶化的代价，鱼龙混杂、泥沙俱下的舶来品还伴随着巨大的思想冲击。

20世纪八九十年代，全球绿色浪潮风生云起，生态环保、节能减排、新能源应用、回归自然等新理念渐成常态。善于顺应世界潮流的上海，开始转换生产方式和生活方式，有序地开展生态保护和生态修复，适时调整产业结构，实行"关停并转"，放缓经济发展速度；投巨资进行河道污染治理，营造森林、湿地，打造"环、楔、廊、园"，构架水绿生态系统，建设宜居城市，是上海近20年来非常着力的大举措。

世博后的上海面临的发展目标是2040年——全球城市，新一轮城市总体规划正在起步。建设全球城市不只是造房子盖高楼，更重要的是增强城市功能。上海吸引全球的是特色文化的传承，海纳百川的心态，敬业服务的精神与宜居宜业的实力。

徐汇凌云生态家的绿主妇们活跃的社区生活，让我们看到了上海开始扬弃楼宇隔阂，重塑庶民文化的努力；浦东实验东校的家校社区合作，让我们看到了上海探索教育生态新模式的创新和勇气；扩建沪西虹桥枢纽，方便江浙出行，让我们看到了上海为区域服务的高度和视野；码头外移、还江于民，让我们看到了上海公平规则的母亲河情结；规划中的21个郊野公园、民间兴建的青浦黑天鹅湖大千庄园，让我们看到了城乡互补的思路正在实践。

上海正一步一个脚印地实现更美好的城市、更美好的生活。上海在落地，准备着新的起飞。

北京是人类文明的发祥地之一，中国古代都城发展的集大成者。以紫禁城为代表的皇家文化，以胡同、四合院为代表的市井文化，在这里熔融。感悟飞速发展的新北京，一面是时尚摩登、勇敢创新，一面是同心圆式的城市扩容和传统乡村的减少。因此，在北京"城乡一体化"规划中，要注重保留具有民族特色和历史文化底蕴的乡村，加强文化的保护传承与创新发展，探寻历史遗迹与现代文明共生的模本。

十二、北京，城镇化进程中的古都新象

诺贝尔经济学奖得主、美国经济学家斯蒂格利茨预言，以美国为首的新技术革命和中国的城市化进程，将是影响 21 世纪人类社会发展进程的两件大事。

"城市化"，英文：Urbanization，起源于拉丁文概念。1859 年马克思在《政治经济学批判》中，谈及城乡分离和城市发展时，提出了"现代的历史是乡村城市化"的论断。20 世纪 70 年代后期，"Urbanization"一词被引入中国，与中国实际的"城"和"镇"联系到一起，也叫作城镇化。中共第十五届四中全会《关于制定国民经济和社会发展第十个五年计划的建议》正式采用了"城镇化"一词。

城镇化是伴随工业化发展，非农产业在城镇集聚、农村人口向城镇集中的自然历史过程，是人类社会发展的客观趋势，作为工业化和信息化的载体和平台，城镇化是国家现代化的核心内容与重要标志。城镇化与服务业发展密切相关，是解决三农问题的重要途径。中央城镇化工作会议指出，加快城镇化进程，有利于促进经济增长和市场空间由东向西、由南向北梯次拓展，推动人口经济布局更加合理、区域发展更加协调，逐步破除城乡二元结构，共享现代文明成果，维护社会公平正义，促进人的全面发展和社会和谐进步。

据国家统计局公布数据显示：2011 年至 2013 年末，中国城镇化率为 51.27%—52.6%—53.7%，每年提高一个多百分点；2013 年末，中国大陆总人口为 136072 万人，城镇常住人口 73111 万人，乡村常住人口 62961 万人；"人户分离人口"达到了 2.89 亿人，其中流动人口为 2.45 亿人，"户籍城镇化率"为 35.7%左右。

面对这组数据，中国 8 亿农民的概念正在更改，更多舆论将其看作是"乡村中国"走向"城市中国"的拐点，基于对城镇化和工业化程度的判断，标志着我国现代化加速度从此开启。我们的纪实考量从北京和深圳开始……

北京是人类文明的发祥地之一。中华民族的远古祖先"北京猿人"，曾在境内西南郊的周口店地区繁衍生息；在旧石器时代晚期，"山顶洞人"也在这里生活。考古发现，北京地区的新石器时代文化，兼有中原仰韶、龙山文化和东北地区红山文化的特征。约在四五千年前，北京地区已有固定居民点。北京作为城市的历史可以追溯到 3000 多年前，随着朝代的更迭，前后共拥有 60 多个正名和别称，是中外城市中历史名称最多的一个。战国时的燕、五代时的前燕和金、元、明、清各朝都先后定都于北京，因此北京被称为六朝古都。也有说法称北京为五朝古都，这五朝指的是辽（916—1125）、金（1115—1234）、元（1279—1368）、明（1369—1644）、清（1645—1911），因辽时，只把北京作为陪都，而真正在北京建都始于金。民国初年，北京仍是首都，称为京师，1928 年改称北平特别市；1949 年中华人民共和国成立，北京是首都、政治文化中心。

北京，每一处宫殿、园林、城墙、牌楼、胡同、院落，一街一巷、一砖一瓦、一草一木，无不镌刻着悠久的历史文化，无不承载着厚重的华夏文明。古都北京的旧城改造和新城建设，牵动的不仅仅是这座城市格局与时俱进的发展变化和市民生活境况的变迁，还折射出对待历史传统和民族文化的认知水准和引领方向。

古都文化传承

北京有三千余年建城史，八百五十余年建都史，可谓中国古代都城发展的集大成者。历经沧桑的北京，宛如一个鲜活的古藏艺术博物馆，以

天安门侧影　摄影/陈建伟

紫禁城为代表的皇家文化，以胡同、四合院为代表的市井文化，在这里熔融。

关于北京这座城市的魅力，每个人都有自己的解读。文人学者沉迷于它厚重的文化底蕴和古色古香的独特韵味，中外游客流连于它丰富的文化古迹和荟萃八方的饕餮美食，逐梦青年钟情于它浓郁的文化氛围和包容大气的城市品格。而北京这座城市，最让老外称羡、让国人自豪、让游子思念的，正是它作为千年古都的朝代积淀与人文印痕。

提及北京，人们眼前马上就会浮现天安门、故宫、古长城、颐和园、圆明园、天坛、地坛等皇城古迹和宫廷艺术，天桥、琉璃厂、东单、西单、东四、西四等以四合院和胡同为代表的市井生活，由传统礼俗、伦理道德和血缘亲情维系的人际关系，由厂甸庙会、民俗工艺、名店名吃等共同构成的"老北京"充满皇城逸风和民俗市井的"古都景象"……

许多百姓耳熟能详的老手艺、老绝活儿，如鬃人、毛猴、面人儿、兔儿爷、风筝、皮影、扎纸灯笼、抖空竹等等；曾经走街串巷的小买卖、手

天坛

艺人，如镏碗补锅的、修伞修木器的，小杂货、小吃食等等；历经商海浮沉和历史变迁的老字号，如全聚德、东来顺、都一处、稻香村、月盛斋、同仁堂、瑞蚨祥、内联升、张一元等；这些带有时代印记和昔日老北京温情的文化瑰宝传承到今天，已经成为北京历史文化名城的重要标志。

作为北京帝王时代市井文化的载体，胡同、四合院更像是老北京的"精气神"。胡同，也叫"里弄""巷"，是指城镇或乡村里主要街道之间的、比较小的街道，一直通向居民区的内部。胡同诞生时的北京是元代的首都，叫"大都"。元大都将全城分为50个"坊"，即居民的住宅区；城内街道统一标准、横平竖直，大街宽24步，小街宽12步，再小的街宽6步。当时的1步合5尺，那"再小的街"，就是胡同了。

北京的胡同如同威尼斯的河道，曾经多如织网的胡同深处，坐落着大大小小的四合院。"四"是东西南北四面，"合"是合在一起，形成一个口字形，正房坐北朝南，大门开在东南角。老人们会告诉你，这叫做"坎宅巽门"，跟风水有关。四合院布局严整，长幼有序，各居其室，作息方便。青砖灰瓦的四合院与京城的建筑古迹一起，使北京保持了连续感、稳定感与传统感。

面对这样一个透着古朴文化气息的恢宏古都，在中国城市走向国际化、现代化的进程中，用智慧和情感保护、传承好这座城市别具一格的精髓和品质、韵味和气象，真是难能可贵！

同心圆式的城市扩容大格局

    关于北京旧城改造过程中城市文化的保护与传承问题，梁思成与林徽因夫妇早在半个多世纪前，就以其真知灼见发出历史性的呼吁。目睹大规模拆毁古建筑，林徽因大声疾呼："你们真把古董给拆了，将来要后悔的！即使再把它恢复起来，充其量也只是假古董！"面对不断消失的古城遗迹，梁思成痛心疾首："全世界再也没有第二个北京城，我真是诚惶诚恐，唯恐愧对先人和后人。北京是传承了几千年文明史的瑰宝，规划时要像爱护自己眼睛一样，不然就是千古罪人。"如今，在城市化浪潮裹挟下，新老

北京的胡同

北京的论争依然激烈交锋。

居京 80 余载马纪龙先生，回忆起老北京城的古建筑格局和旧城改造的历史："1952 年我高中毕业，对当时的北京城和城市改造印象很深。你可以感觉到北京是一个整体，和四合院一样四四方方的，九个城门对称而立，中轴线、几条经纬线非常清楚。印象中的大路，围绕故宫呈'井'字形展开，四个交点就是现在的东四、西四、东单、西单，分别建有古式的牌楼，非常漂亮。后来基本都拆了，据说仅剩的一座牌楼被移到了陶然亭公园。北京的古城墙真是不得了，站在城墙根儿底下，感觉特别雄壮伟大，但 20 世纪 50 年代也拆了。我以前骑车上班总会经过西直门，亲眼目睹了大城门楼子是如何被拆的。当时拆着拆着发现里面还有一个小城门楼子，原来那是元代的古城墙，清朝在其基础上加厚加大。现在看来，这些可是宝贝了。"

据史料记载，天安门，原名"承天门"，始建于明永乐十五年（1417）。清顺治八年（1651）改建为"天安门"，取"受命于天""安邦治民"之意；地安门明代时称北安门，1954 年被拆除；1959 年扩建天安门广场时，大明门（也称大清门、中华门）被拆除；永定门意为永远安定，是北京外城的正门，始建于 1553 年，至 1750 年工程全部完成，1957 年被拆除，2004 年复建完工，恢复了北京中轴线的南端起点标志，弥补了外城城门无一遗存的缺憾。老北京内城九座城门，讲究风水和规矩：据说，正阳门称国门，也叫前门，供皇帝祭祀天地的车辇出入；朝阳门运粮，东直门运木，西直门送水，阜成门运煤，崇文门走酒车，宣武门出刑车，安定门班师出征，德胜门是将士们得胜还朝之门……崇文门与宣武门在命名上遵循了古代"左文右武"的礼制，取意"文治武安，江山永固"；德胜门与安定门分别取"旗开得胜"和"太平安定"之意。时至今日，基本上是多见车站名称，而鲜见城门了。

长期以来，北京以旧城为中心，以新区包围旧城，同心同轴向外蔓延模式，被建筑学界形象地称为"摊大饼"。这种扩张模式，自建国以来便延续至今。打开北京市地图，以紫禁城为圆心，二环、三环、四环、五环、六环，直至七环……城市的边界沿着环路向外一圈圈扩张。2008 年底，"城乡一体化"改造，将陆续拆迁数百个"城中村"。此后，北京市建成区面积将扩大一半以上。整个工程预计涉及 62 万户籍人口、280 万流动人口。

若从北京上方鸟瞰，即将进入拆迁改造的村庄，位于海淀、朝阳、昌

当年的正阳门

新恢复的正阳门　摄影／陈建伟

新恢复的永定门 摄影 / 陈建伟

平、石景山、丰台、大兴等京郊诸区，呈环状散落于北京的四环至五环路沿线，将偌大的京城环拱其间。一旦规划成为现实，到 2020 年，上述村落将不复存在。北京市统计局、国家统计局北京调查总队于 2014 年年初发布的首都城镇化发展分析报告显示，除了中心城区、郊区新城、小城镇外，北京 3900 多个村庄中，有 1200 个村已经纳入城镇区域，这些村庄基本与城镇连成一片。

与此同时，老北京的胡同和四合院在不断减少，代之以林立的新式建筑和高楼小区，北京城市面貌悄然嬗变，一个摩登时尚、现代化、国际化的"新北京"城市形象开始崛起。

陈愉庆在《我的父亲陈占祥》一文中回忆：记得好像是美国前总统卡特说过，我们有能力建无数座曼哈顿、纽约，但我们永远没有能力建第二个北京。一位看过北京旧城改造的德国历史学家说："我们现在有的，你们将来都会有；而你们曾经有的，我们永远不会有，你们也不会再有了。"

介于城乡之间的"第三种人"

对于城镇化蕴藏着扩大内需的巨大潜力和经济转型升级的历史机遇，已成为共识。但要真正将这潜力和机遇变成推动经济社会持续健康发展的动力，关键是提高城镇化质量，核心是人的城镇化。这种转变，不仅是户籍、工作、住地的转变，更重要的是意识、行为、文化素质的转变。而且学界通常认为，人的城镇化，尤其是深层次的意识形态的转变绝不是一蹴而就的，而是一个循序渐进的过程，它要明显滞后于城市扩张和土地城镇化的速度，并非在土地上修条路、盖栋楼就叫城镇化。

中国区域经济学会副理事长、中国社科院研究生院博士生导师肖金城认为，户籍城镇化率也不能代表城镇化的水平和质量，只能代表有多少农业人口进城但却没有办理户籍方面的手续。相对来说，城镇化率还是比较真实和准确的。让户籍的城镇化率逐步与常住人口的城镇化率趋于一致，户籍的城镇化率35.7%与常住人口的城镇化率53.7%之间的差异说明我们城镇化质量不高，所以要提高城镇化质量。

据北京市人口普查资料显示，1993年至2013年，北京外来人口由60.8万人增至802.7万人，他们对于北京经济增长率的贡献达到20%。尽管生活不易，但还是有更多的人选择了留守，他们的下一代已经是城镇化的一代。

小付一家人2000年自山西大同来到北京开始打拼。"刚来北京的时候很苦，租住在东北四五环城乡接合部不足10平方米的平房。几乎每天都是天不亮就出门，天黑了才到家，说'披星戴月'一点也不夸张。"经过十几年的拼搏，小付通过自考获得大专学历，从基层升为公司中层主管，现在北京有两套房、一辆车，但生活的富足并没有消除他内心的不安定感。"我们现在还没有北京户口，在很多方面和真正的北京人没法比，就拿孩子上学来说吧，即使交了赞助费，高考时还要回原籍。"

来自河北承德50多岁的老张，最近七八年穿梭于南锣鼓巷一带的胡同，从事古建筑修复重建工作。"家里地少人多，一年也挣不了多少钱，趁自己还没老出来多挣点钱。"虽然每天120元的工钱，馒头就着素汤菜，8人一间的地下室……但与老家的生活相比，老张还是宁愿在北京打工。

正像汪峰歌中唱到的："我在这里欢笑，我在这里哭泣，我在这里活

为建设北京辛勤工作的农民工

着，也在这里死去；我在这里祈祷，我在这里迷茫，我在这里寻找，也在这儿失去，……在这儿我能感觉到我的存在，在这儿有太多让我眷恋的东西……"

最新统计数据显示，北京市常住人口已突破 2000 万大关，达到 2069.3 万人。而自 2006 年以来，每年进入北京的流动人口还在急剧增长，尽管近两年增速放缓，但即使是流动人口增量最少的 2012 年依然达到了 31.6 万人，人口规模的迅速膨胀，给这座城市的生态承载力带来了严峻考验。

"活人进去，相片出来；饼干进去，面粉出来。"夸张又活现的语言，道出了高峰期乘坐地铁上班族的切身感受。北京市交通委发布的2013年北京市交通运行分析报告显示，与2012年相比，2013年工作日平均每天多堵25分钟，拥堵达1小时55分钟；六环内日均出行总量（不含步行）增加66万人次，达3099万人次；汽车保有量增长5%，道路则不足1%；北京地铁日客运量屡屡突破千万人次。拥挤的空间、阻塞的交通、充耳的噪音、水源短缺、雾霾肆虐……不断提醒我们，城市的生态环境容量是有极限的。

谈起中国与西方发达国家城镇化发展的异同，肖金城说：西方的城镇化是一个平缓的自然历史过程，没有户籍制度限制，城市需要劳动力，农村剩余劳动力就进来了。而中国有户籍制度的限制，城市是城市，农村是农村，工业化滞后于城镇化，人口没有同步从农村进入城市。1984年，允许农民自立口粮了，比较灵活的农民就离开农村到城市打工、经商，我认为其意义不亚于土地承包制度。从20世纪80年代到1995年，当时农民工有8000万，被媒体称为民工潮，这是一个标志；到90年代取消了粮票，我国现有2.6亿农民工进城，也没有城市户口，他们虽然在计算城镇化率时也被统计进去了，但还没有享受到与市民同等的公共福利，有学者认为，这部分群体只能算半城镇化人口。李克强总理曾经将这种现象形象地比喻为"三元结构"，既有城市人、农村人，还有介于城乡之间的"第三种人"。

改革开放30多年来，许多人凭借自己的技能勤劳致富，用双手建设美好城市的同时也实现了自我价值，改变了命运，圆梦北京。随着这一群体越来越被舆论关注，并获得人们的广泛同情，他们的命运逐步进入决策者的视野，政府已经着手规划配建公租房、廉租公寓。

2014 年 7 月 30 日，国务院颁布了《关于进一步推进户籍制度改革的意见》，全面放开建制镇和小城市落户限制，有序放开中等城市落户限制，合理确定大城市落户条件，严格控制特大城市人口规模；建立城乡统一的户口登记制度、居住证制度，健全人口信息管理制度；切实保障农业转移人口及其他常住人口合法权益。新型城镇化背景下的户籍制度改革开始进入全面实施阶段。

感悟飞速发展的"新北京"

从北京上空俯瞰，从元大都时就已初具雏形、至晚清才真正完善的，从永定门到钟鼓楼的南北中轴线依然存在，但在以天安门为中轴线东西向的长安街上，在更南更北的角落，已经新长出了完全有别于传统的各式建筑。尤其是在 2008 年奥运会前后，国家大剧院、鸟巢、水立方等大量新异设计的涌现，迅速改变了北京的城市面貌。今天已经很难有哪栋建筑敢自称永恒的地标，因为越来越多体量巨大、形态奇特的建筑物矗立起来，不断成为新的地标。

学者、市民和大众媒体都广泛参与到了这场对北京新地标的争论与思考之中，西方与中国、官方与民间、精英与大众、传统与现代，各种话语借助于媒体表达了他们不同的看法。鸟巢、国家大剧院和中央电视台，这些由安德鲁、库哈斯等西方建筑师设计的新建筑，特别是中央电视台新大楼引发了媒体和市民的热议。新地标因其满足了人们对北京新气象、新景观的期待而受到推崇，作为北京国际化大都市的标杆，它们符合中国人长期以来对国家富强、民族复兴的渴望；但另一方面，这些新建筑在书写城市新的传奇的同时，对"古都景象"的怀旧情绪也与日俱增，老北京被不断呼唤和重建，胡同和四合院开始复活和再生。

凭借较为完好的元代里坊格局、明清名人府邸，南锣鼓巷在胡同拆迁中得以幸存。南锣鼓巷作为北京最古老的街区之一，至今已有 740 多年的历史，有我国唯一完整保存的元代胡同院落格局，还是北京规模最大、品

国家大剧院　摄影／陈建伟

鸟巢之夜　摄影／陈建伟

963

水立方夜景 摄影/陈建伟

级最高、资源最丰富的棋盘式传统民居保护区之一。整个街区由东八条、西八条胡同组成了一条"大蜈蚣"，所以又称"蜈蚣街"。

2014年2月25日上午，中共中央总书记、国家主席、中央军委主席习近平走进了南锣鼓巷雨儿胡同，看望了住在四合院里的居民，询问了住户的居住情况。家住南锣鼓巷胡同的李大妈提及此事，仍兴奋不已："习近平总书记来帽儿胡同，问我们愿意拆迁还是改造？我们愿意维修改造，不愿意拆迁，一拆迁住得就远了，人老了，医院、幼儿园、学校啊就远了。"

漫步南锣鼓巷，硕大的上马石和石质的拴马桩，精美绝伦的门墩儿和巧夺天工的砖雕，依稀可见当年的盛景，吸引了无数的中外游客纷至沓来。

近几年有先见之明的人看到商机，租下沿街民房，开起了或时尚或个性的创意小店，闹市中还隐匿着不少幽静的小咖啡馆，文艺腔的酒吧，私密的餐厅……这些店铺与居民所住的平房、大杂院和谐共处，这条元朝古巷新旧混血，就此重生，曾被美国《时代》周刊评选为亚洲25处你不得不去的好玩儿的地方。

中央电视台总部大楼

夜间的南锣鼓巷灯火通明、人流涌动 摄影 / 杨旭东

　　19岁的德国姑娘Melina慕名而来，"这个地方好极了，和宣传的一样，看起来很美，也很神奇，我之前从未见过如此古老的建筑。我来这里就是想寻找更多有关中国的感觉，现代的和传统的，北京的和中国其他地方的文化特色，都可以感受到。就是这里人太拥挤了，我真的不太习惯"。

　　虽然幸存不多的胡同和四合院经过重修、改造，"老北京风情"仿佛再生，但这种保存或恢复传统的形式，让人感到似有还无。这些被保留的胡同、四合院，作为展示传统的建筑物，零星地散落或者湮没在新的城市空间里，而作为一个老北京传统的生活交往的空间，却已经不复存在了。今天的胡同和四合院为现代城市人提供了一种短暂的诗意栖居，却不是要人们真的回归过去。

　　身处这座城市的每一个人都能感受到它的变化。在一次次再建与重生的循环往复之中，北京这座充满活力的城市正大踏步行走在转型发展的路上。

探寻历史遗迹与现代文明共生的模本

歌德学院院长阿克曼先生在谈及他们对待本民族文化的态度时说："因为欧洲没有一个强势的外来文化进入的影响，所以可以继续在它自己的文化传统上发展。如果想把罗马文艺复兴时期的建筑拆掉盖高楼，那是不可思议的，会遭到特别激烈的反对，好像是对他们自身的一种攻击。"

今天现代化、国际化的"新北京"让中国人的民族自豪感陡升，但也引发了一些忧虑，是否现代化、国际化就意味着一定要去追求和纽约等相似的面孔？

关于城市化进程中城市文化的传承与保护问题，与梁思成一起提交"梁陈方案"的著名建筑学家陈占祥曾提出过这样的见解："一座城市像一个人一样，是一点一点地成长起来的。邻里之间的来往，商家之间的关系，大大小小的生意人、小生产者、自由职业者和他们的固定客户、散客之间的关系等等，都形成了一种城市经济的供求关系，这可以说是生产关系之一种；由此派生出来各种人际关系、思维方式、行为规范、价值观念、心态情感，这便是一种独特的文化。"

"规划师对一座城市的独特性格必须了如指掌，要像爱护自己的生命一样保护它的文化传统、它的独特风格和个性。做规划时，要慎重考虑地区原有的生产关系以及由此而派生出来的文化形态。千万人的谋生就业、生活方式，不可一把推倒，拦腰砍断。一定要在保护旧的基础上发展新的，这叫尊重本民族的文化历史，也是自尊自重。""文革"10年浩劫，"破四旧"对传统文化遗产造成的文化断裂，应是我们民族的前车之鉴。

从来都是从无到有，易；从有到优，难。几千年的文明发展历史和文化古都特色，早已使北京跻身"世界城市"的行列，而今如何在北京城市规划中，注重科学与长远，加强文化的保护与传承，迈向历史遗迹与现代文明比肩共存、相映生辉的美好前景，实现"古今兼顾，新旧两利"的理想境地，的确是一个值得思考和研究的命题。

一面是艰难而顽强地保持着传统的老北京，一面是勇敢创新，渴望瞩目的新北京。同一座城市的两面性，在空间上彼此交错，在精神上相互交流，却始终维护着自己独特的个性。要说老北京和新北京究竟谁更具价值或者魅力，是毫无意义的，因为它们就像是存在于同一片土壤的共生植

飞速发展的新北京

物，只有分享养分，才能枝繁叶茂。是时候跳出非此即彼的思维怪圈了！其实，无论变与不变，北京和其他中国城市的发展都是一个历史过程，而非一场运动，应该真正实现的是："城市，让生命更美好！"

项目组成员名单

总项目组成员名单

负责人：江泽慧　汪　绚

成　员：蔡登谷　尹刚强　李智勇　李晓华　孙　雯
　　　　　李　楠　陈　雷　冯艳萍

子项目组成员名单

北京市项目组：北京市生态文化协会、北京市园林绿化局宣传中心

负责人：刘宝军

成　员：叶向阳　刘　忠　才姝娟　何建勇

河南省项目组：河南省生态文化协会筹备组、河南省林业技术推广站、
　　　　　　商丘市林业技术推广站、南阳市林业技术推广站、洛阳市
　　　　　　林业技术推广站、许昌市林业技术推广站

负责人：周建平

成　员：翟洪武　汤险峰　石大庆　杨振宇

重庆市项目组：重庆市林业局、重庆市林业科学研究院、重庆市种苗站、
　　　　　　重庆市生态文化协会

负责人：张　宏

成　员：董大法　贺珠元　牟　林　陈本文　孟祥江　王　蕾　杨　琴

宁夏回族自治区项目组：宁夏回族自治区林业厅、宁夏生态文化协会、中卫市林业局、永宁县林业局、隆德县林业局、泾源县林业局

负责人：马金元　桑敏莉　罗　浩　赵惊奇

成　员：孙佳勇　王德志　刘光武　禹新仓　赫福成　兰全江　李　强　郭举国　李九仓　孙发宁　刘格祥　黄继明

河北省项目组：河北省林业宣传中心、石家庄市林业局、保定市林业局、邢台市林业局、蔚县林业局

负责人：李振勇

成　员：范明祥　孙　阁

辽宁省项目组：辽宁省林业厅、抚顺市林业局、本溪市林业局、丹东市林业局、新宾县林业局、本溪县林业局、凤城市林业局、东港市林业局

负责人：马双林

成　员：王秋平　刘丽艳　那雪霞　高　蕊　闫丽巍　于长超　张玉宾　金　山

安徽省项目组：安徽省林业厅、安徽省林科院、安徽省生态文化协会、黄山市林业局、宣城市林业局、池州市林业局

负责人：江贻东

成　员：汪小进　龙　琳　陆　辉　黎仁武　吴江海　徐　建　张敬波　陈　琪　汪昌化

内蒙古自治区项目组：内蒙古自治区林业厅、内蒙古生态文化研究会、呼伦贝尔市林业局、锡林郭勒盟林业局

负责人：高锡林　乔　云

成　员：田　霞　迟晓旭　敖　东　赵淑贤

陕西省项目组：陕西生态文化协会、陕西省林业厅

负责人：李三原

成　员：刘长荣　赵　侠　李平民　陈　涛　潘全耀

湖北省项目组：湖北省林学会

负责人：王昌友　严世辉

成　员：夏向荣　周卫平　杨汉华　晏绍良　甘　林　陈定春

广西壮族自治区项目组：广西壮族自治区林业厅、广西生态文化协会、
　　　　　　　　　　　　阳朔县林业局、永福县林业局、富川县林业局、
　　　　　　　　　　　　三江县林业局、南丹县林业局、防城港市港口区
　　　　　　　　　　　　林业局、　昭平县黄姚镇政府、永福县百寿镇
　　　　　　　　　　　　政府

负责人：郭平生

成　员：员宁珠　吕莉华　姚美芝　潘艳丽　黄家堂　左祖兰　李俊福
　　　　谢　灵　李　毅　谢钟梁　陆顺能　黄景新　林叶青　李希文
　　　　欧小玲　韦建灵　韦光琪

浙江省项目组：浙江省生态文化协会、浙江省生态文化研究中心

负责人：陆献峰

成　员：许利群　任　重　冯博杰　高洪娣　王宗星　王延隆　刘艳芳
　　　　孔乙仿　郁吉玲　朱宇飞　邢　蕾　胡张佳慧　唐子舜
　　　　章利萍　李锦威　李红娥

山东省项目组：山东省林业信息中心

负责人：王志强

成　员：韩朝晖

云南省项目组：云南林业职业技术学院生态旅游与文化学院、云南省林业
　　　　　　　　厅宣传中心、保山市林业局、德宏州林业局、临沧市林业
　　　　　　　　局、保山腾冲市林业局、保山昌宁县林业局、德宏盈江县
　　　　　　　　林业局、临沧沧源县林业局、临沧凤庆县林业局

负责人：林光辉

成　员：李维锦　刘英杰　徐　斌　武建雷　白清瑞

上海市项目组：上海市绿化和市容管理局、中国古村落保护与发展专委会
　　　　　　　　上海工作站、上海建工五建集团有限公司设计院

负责人：陆月星

成　员：王永文　郭　骅　赵　慧　宋佩杰　王　棚　张安蒙　史婷婷

贵州省项目组：贵州省林业厅、黔东南州林业局、铜仁市林业局、安顺市
　　　　　　　林业局、黔西南州林业局、榕江县林业局、思南县林业
　　　　　　　局、兴义市林业局、黎平县林业局、普定县林业局、江口
　　　　　　　县林业局、从江县林业局、贵阳盛辉广告传媒有限公司

负责人：熊　静

成　员：黎　平　孟广芹　章　薇

甘肃省项目组：甘肃省生态文化协会、敦煌市林业局

负责人：王成锁

成　员：张志坤　夏福生

湖南省项目组：湖南省林业厅

负责人：何志高

成　员：王慧莲　藤　洲　刘　魏　陈　军

新疆维吾尔自治区项目组：新疆维吾尔自治区林业厅、新疆喀纳斯国家级
　　　　　　　　　　　　自然保护区管理局

负责人：杨锋伟

成　员：蔡立新　李　娜　邢廷江　张　娟　余戈壁　贾　圆

江西省项目组：江西省林业厅、江西林业生态文化建设管理中心、江西省
　　　　　　　吉安市吉州区林业局、江西省赣州市崇义县林业局、江西
　　　　　　　省抚州市金溪县林业局、江西省抚州市乐安县林业局

负责人：魏运华

成　员：曹　敏　刘江静　李启勇　林明海　蓝　徽　左英明
　　　　张绍斌　黄清华

西藏自治区项目组：西藏自治区林业厅

负责人：田建文

成　员：岳志磊　江永贵　次仁朗杰　范　超　张　超　格桑尼玛

四川省项目组：四川省林业厅、四川省林业宣传中心、四川省生态文化
促进会

负责人：毛德忠

成　员：吴开翔　钟　毅　陈大执　杨薛松　尹程龙

江苏省项目组：江苏省林业局办公室

负责人：王学东

成　员：陆　青